A HARMONIA
DOS PRAZERES

Dados Internacionais de Catalogação na Publicação (CIP)
(Câmara Brasileira do Livro, SP, Brasil)

Corbin, Alain
  A harmonia dos prazeres : a história do prazer desde o Iluminismo até o surgimento da sexologia / Alain Corbin ; tradução de Francisco Morás. – Petrópolis, RJ : Vozes, 2024.
  Título original: L'harmonie des plaisirs
  Bibliografia.
  ISBN 978-85-326-6518-8
  1. Iluminismo 2. Prazer 3. Psicologia 4. Sexualidade I. Título.

23-166927   CDD-155.3

Índices para catálogo sistemático:
1. Sexualidade : Psicologia 155.3

Eliane de Freitas Leite – Bibliotecária – CRB 8/8415

Alain Corbin

A HARMONIA DOS PRAZERES

A história do prazer desde o Iluminismo até o surgimento da sexologia

Tradução de Francisco Morás

Petrópolis

© Perrin, un département de Place des Éditeurs, 2008, 2014.

Tradução do original em francês intitulado *L'harmonie des plaisirs – Les manières de jouir du siècle des Lumières à l'avénement de la sexologie*

Direitos de publicação em língua portuguesa – Brasil:
2024, Editora Vozes Ltda.
Rua Frei Luís, 100
25689-900 Petrópolis, RJ
www.vozes.com.br
Brasil

Todos os direitos reservados. Nenhuma parte desta obra poderá ser reproduzida ou transmitida por qualquer forma e/ou quaisquer meios (eletrônico ou mecânico, incluindo fotocópia e gravação) ou arquivada em qualquer sistema ou banco de dados sem permissão escrita da editora.

CONSELHO EDITORIAL

Diretor
Volney J. Berkenbrock

Editores
Aline dos Santos Carneiro
Edrian Josué Pasini
Marilac Loraine Oleniki
Welder Lancieri Marchini

Conselheiros
Elói Dionísio Piva
Francisco Morás
Gilberto Gonçalves Garcia
Ludovico Garmus
Teobaldo Heidemann

Secretário executivo
Leonardo A.R.T. dos Santos

PRODUÇÃO EDITORIAL

Aline L.R. de Barros
Marcelo Telles
Mirela de Oliveira
Otaviano M. Cunha
Rafael de Oliveira
Samuel Rezende
Vanessa Luz
Verônica M. Guedes

Conselho de projetos editoriais
Isabelle Theodora R.S. Martins
Luísa Ramos M. Lorenzi
Natália França
Priscilla A.F. Alves

Editoração: Fernando Sergio Olivetti da Rocha
Diagramação: Sheilandre Desenv. Gráfico
Revisão gráfica: Nilton Braz da Rocha
Capa: Lara Gomes

ISBN 978-85-326-6518-8 (Brasil)
ISBN 978-2-262-01929-7 (França)

Este livro foi composto e impresso pela Editora Vozes Ltda.

SUMÁRIO

Introdução – A febre, o delírio e o descaminho, 7

Primeira parte – A regulação dos ardores, 17

1 O desejo da natureza, 19

2 A qualidade e os detalhes dos prazeres, 46
   A escalada do desejo, 50
   As condições da "boa cópula", 68
   O momento do gozo inefável, 86
   O enigma de Tirésias, 105
   A exaltação dos "esposos tranquilos" (Lignac), 112

3 Da suspeita à confissão, 124

4 As angústias da abstinência e dos excessos, 150
   Os malefícios da privação, 150
   A dissipação que esgota, 169

5 "Prazeres fictícios" e enfraquecimento das volúpias, 192
   As desastrosas consequências do prazer solitário, 193
   A perda seminal involuntária e "a ejaculação precipitada", 219
   A tardia emergência da "fraude conjugal", 231
   Lésbicas e sodomitas, 235

6 Os caprichos dos órgãos, 244
   Impotência e anafrodisia, 244
   As causas do "aniquilamento da faculdade voluptuosa", 254

7 A justa proporção das lascívias, 270
   Aquecer os cônjuges, 273
   "Esfriar os fogosos", 290

Segunda parte – A rebelião da carne, 311

Prolegômenos – Esboço de uma genealogia da luxúria, 313

8 O leito conjugal: seus interditos e seus prazeres, 322
   Espiritualidade conjugal e vida amorosa, 322
   O onanismo dos cônjuges, perigo maior, 337
   Posturas e intensidade dos afagos no "ato conjugal", 346
   A esposa do onanista deve "provisionar o acoplamento"?, 361

9 Sofisticação do exame interior da lubricidade, 368

10 Meticulosidade da confissão e aritmética das faltas, 391

Terceira parte – O auge dos prazeres, 425

11 Fascinação pelo obsceno e propedêutica do prazer, 427
   Excitar os leitores e as leitoras, 428
   O projeto filosófico, 436
   As referências temporais e espaciais, 438
   O despertar da curiosidade feminina, 453

12 "Arte de transar" e delírios eróticos, 464
   O corpo da mulher ou a elasticidade da carne, 464
   O imaginário dos afagos e dos prazeres epidérmicos, 478
   A abertura da grande cena da cópula, 486
   O paroxismo do descaminho ou a despossessão do eu, 504
   Acessórios e máquinas de gozar, 521
   A orgia e a arte das "conciliações", 527
   Os prazeres "antifísicos" (contranaturais), 530
   O fracasso e a varíola na literatura de ficção, 539
   E a política?, 543

13 O século XIX e a busca de inovações, 546
   O triunfo da história picante, 548
   A representação figurada das relações carnais confortáveis, 553
   As sutilezas do erotismo conjugal, 558
   As pinturas da alteridade inconfessável e das identidades incertas, 563

Conclusão – O advento da sexologia e a retração temporária da harmonia dos prazeres, 575

Agradecimentos, 581

Índice onomástico, 583,

INTRODUÇÃO
A febre, o delírio e o descaminho

Leiamos, primeiramente, alguns episódios da obra *L'Enfant du bordel* [O garoto do bordel], publicada em 1803, e geralmente atribuída a Pigault-Lebrun.

Enquanto Théodore, fugitivo da prisão, refugiado junto à Mlle. S., uma atriz leviana, fazia folia em companhia de sua anfitriã, os guardas que o perseguiam exigem que brutalmente se lhes abra a porta. "O que fazer? Como safar-se! Realmente, ele tinha com que perder a cabeça. Mlle. S., que jamais a perdia, exceto nos braços de seu amante, não encontra outro meio, relata o garoto, senão deitar-me na cama e colocar-se exatamente sobre mim; meus pés estavam debaixo do travesseiro, de forma que minha cabeça se encontrava exatamente entre as suas pernas.

"Os cérberos, apesar de terem sido advertidos pelos domésticos que a patroa estava doente, entraram no quarto de Mlle. S., e começaram a revirar tudo. A posição que o acaso me havia colocado, no entanto, era por demais apetitosa para que eu não tentasse tirar proveito dela; não obstante o perigo, minha língua buscava introduzir-se na reduzida paixão que tínhamos acabado de festejar com tanto prazer. Mlle. S., que não sabia recusar nenhum momento de desfrute, apesar do perigo que nos ameaçava prestou-se aos meus desejos, de forma que no momento em que os cúmplices de Saint-Lazare, após terem vasculhado tudo, lhe perguntaram se acaso não sabia de um prisioneiro que se havia evadido e, diante de tão pouca lógica e tamanha falta de bom-senso em sua resposta, não duvidaram de que ela realmente estava muito doente, e que seu devaneio devia ser o efeito de seu arrebatamento. E então se retiraram [...]".

Interiormente destruída pelo prazer, a heroína apresenta aos espectadores uma desordem que interpretam espontaneamente como sintoma de uma febre que a fez enlouquecer.

Pouco tempo antes, Théodore tinha ido ao encontro amoroso que a inocente Cécile lhe havia fixado. Ansiosa por aprender os prazeres, ela "pôs-se num canto, para não ser vista da rua, ajoelhou-se na borda de uma cadeira, inclinou a parte superior do tronco para a frente, e liberou o resto ao felicíssimo Théodore" que descobre maravilhado "a bela caverna sombreada de musgo de ébano que vazava por entre as adjacências de alabastro da bela jovem"[2].

Subitamente, Cécile reconheceu horrorizada a voz da velha Geneviève, criada da casa, que voltava do escritório. Ela rebaixou rapidamente a saia sobre a qual aprisionava seu amante, no exato instante em que a intrusa adentrou o local. E eis que a velha se convenceu de que Cécile estava recitando suas orações.

"Ah! minha querida senhorinha, resmungava entre os dentes... É um anjo... Continua, minha menina... Continua. Estás no caminho da salvação; trata de jamais afastar-te dele. – Sim, minha criada, diz sincopadamente a bela Cécile. – Permaneça nas aptidões em que te encontras, minha menina, eu volto à igreja para concluir minhas orações; mas, por mais que eu tente, dizia a velha, vejo em teu ar compenetrado que minhas orações nunca serão tão fervorosas quanto as tuas." E eis a velha Geneviève a retornar claudicando ao Deus da misericórdia [...].

"O que fazia Théodore ao longo da conversação? [...] Sua língua havia maquinalmente buscado penetrar ('a joia encrespada' de Cécile); [...]; havia

---

1. PIGAULT-LEBRUN. L'Enfant du bordel. *Romanciers libertins du XVIII siècle*. Paris: Gallimard, 2005, p. 1.270 [Bibliothèque de la Pléiade].
2. *Ibid.*, p. 1.238.

encontrado o meio de ali introduzir-se [...], e foram as titilações desta língua ágil que causaram nos sentidos de Cécile essa desordem que Geneviève havia tomado por ardor devocional[3]."

Uma vez mais, a testemunha ocular comete um grave erro de interpretação. A genuflexão da jovem virgem, seu pressuposto fervor, as boas disposições que a serva parece detectar nela, a alusão ao Deus misericordioso que perdoa os pecados, tudo isso transforma o episódio erótico em enganosa cena sacramental. As referências ao "caminho de salvação" e ao "ar compenetrado" de Cécile realçam a confusão estabelecida entre uma desordem que a velha atribui à devoção e o transtorno irreprimível, suscitados pelos afagos no clítoris.

"Numa manhã em que me encontrava no quarto de Mme. D.Y., confessa algum tempo mais tarde Théodore, à época instalado num bordel, Félicité entrou, fechou a porta com cuidado [...]. Ela deitou-se na cama de Mme. D.Y., a abraça dizendo ter algo a confessar-lhe [...]. Então, puxando as cortinas, ela se posiciona de modo a que seu busto fique entre a alcova e seu traseiro virado para mim. Por sua iniciativa, as cortinas se cruzavam exatamente sobre os seus seios; subsequentemente, por um mecanismo sem dúvida de antemão maquinado, sua anágua despenca sobre os seus pés. [...]

Freneticamente transformado por esta visão, iria lentamente ajoelhar-me diante daquele ânus divino [...] minha língua libertina o penetrou e dali fi-la bombear o néctar ardente da volúpia.

Passei sem demora a prazeres mais sólidos: direcionei meu dardo para aquele covil charmoso; nele ele penetrou sem dó, graças à saliva que minha língua lhe propiciou. Não creio, em vida, ter gozado com tamanho deleite [...]. Mas, para não me trair, fui suficientemente mestre de mim mesmo; entretanto, o mesmo não aconteceu com Félicité; ela continuava sua conversação com Mme. D.Y.: no auge, ela perdeu tão visivelmente a cabeça

---

3. *Ibid.*, p. 1.239.

que Mme. D.Y. perguntou-lhe rindo se ela estava tresloucando. Para todas as suas respostas, Félicité colava sua boca na de sua concorrente, e, para desviar sua atenção, começava a masturbá-la. Esta última, que jamais se rebelava a tal ofensiva, se abandonava inteiramente, e os três chegamos quase simultaneamente à meta final.

[...] ela [Félicité] retomou sua conversação com Mme. D.Y., e só ouvi o final dela nestes termos: 'Ah! minha querida, que temperamento tens!'"[4]

Nova invectiva, obviamente, mas a interpretação, neste caso, se desloca para o desvario. O caráter frenético da cena é atribuído aqui ao excesso de temperamento, à violência do desejo lésbico, aos efeitos do gesto obsceno que presumivelmente o satisfaz. O prazer a três e a simultaneidade dos intercâmbios constituem tantos lugares-comuns do romance pornográfico. Assim como por ocasião dos dois episódios precedentes, o corpo da mulher que goza vê-se cortado em dois. O prazer experimentado no ânus e na vagina, abandonados aos afagos do homem, sobe dos órgãos genitais em direção ao pescoço e ao rosto, incapazes de conter os gritos, os trejeitos faciais e a desordem da linguagem.

Quer seja uma menina galante, virgem ou prostituta, junto à mulher a parte inferior, que diz a verdade, sente tamanho prazer que a parte superior não pode conter, mas que em simulacro pode metamorfosear. As três cenas se harmonizam com outro lugar-comum da literatura erótica, que evidencia a estrita partilha entre o público e o privado: debruçada em sua janela, a esposa monitora a rua, espreita o eventual retorno do marido, ao passo que ao ardor de seu amante abandona a nudez do resto de seu corpo cuidadosamente dissimulado pelas cortinas.

Ao longo dos três episódios precedentes, o homem trabalha em silêncio. Ele parece ter, por única função, penetrar e propiciar à sua parceira um prazer estimulado pelo risco, pela astúcia, pela despreocupação com

---

4. *Ibid.*, p. 1.250-1.251.

os espectadores. As três mulheres não escondem seus prazeres – seriam visivelmente incapazes –, mas a situação impede que eles sejam corretamente interpretados pelos espectadores. Nos cursos de literatura erótica, este procedimento não é novo; já era usado nas *Historiettes* de Tallemant des Réaux.

Eis os erros de leitura de que são vítimas as testemunhas que emergem dos três modelos de interpretação aqui expostos: a febre, o êxtase e a alucinação. *L'Enfant du bordel* [O garoto do bordel] indica assim as três vias que seguiremos, visando a ter acesso à compressão da "vida sexual" daquele tempo: a medicina, a teologia moral e a pornografia.

Estes sainetes convidam à exploração de um país estranho: nos sugerem adotar uma abordagem de antropologia histórica, fundada na ótica compreensiva e preocupada em evitar o anarquismo psicológico. Ao invés de adotar um método genealógico[5], por outro lado legítimo, urge esquecer nossas crenças, nossas convicções, nossa experiência e desfazer-nos de todos os conceitos posteriormente elaborados. Para tanto, nos ateremos ao espaço geográfico em que a língua francesa é falada; aquele, consequentemente, em que predominantemente domina a tradição católica, ou seja, uma maneira específica de conceber o pecado e de experimentar o medo e o remorso por ele inspirado. A leitura das grandes sínteses consagradas à história da sexualidade no Ocidente convenceu-me da necessidade desse recuo. O domínio anglo-americano, protestante, tem sua maior parcela de culpa neste domínio. No entanto, lá as relações carnais ocorrem num contexto mental totalmente diferente do espaço que decidimos observar. A cronologia, por sua vez, difere: deste modo, é absurdo usar, neste domínio,

---

5. Que consiste em voltar no tempo a fim de esclarecer a situação presente e compreender a sua lógica. A título de exemplo, cf. CHAPERON, S. *Les Origines de la sexologie, 1850-1900*. Paris: Audibert, 2007. • No presente trabalho traduziremos livremente o título dos livros citados pelo autor, ou algumas de suas expressões, colocando-os entre colchetes, no intuito de facilitar a compreensão. Tudo o que estiver entre colchetes é iniciativa do tradutor [N.T.].

o epíteto "vitoriano", totalmente desprovido de sentido, quando se trata do espaço francês e, mais amplamente, do conjunto dos países latinos.

Por sorte, ao longo do período que se estende de 1770 aos anos de 1860, a área linguística escolhida constitui um laboratório privilegiado. O prestígio dos médicos suíços e, mais ainda, dos clínicos de Paris e Montpellier, era incontestável. É somente na França que a prática do coito interrompido, que nos diz respeito em primeiro lugar, alimenta os debates dos teólogos da época. A partir de meados do século XVII, esse país assumiu o lugar de comando, que até então pertencia à Itália; ele tornou-se o lugar onde se elaboram os novos cânones da literatura pornográfica[6].

Esqueçamos o aporte da primeira sexologia! Dentro desta perspectiva abordaremos aqui um mundo no interior do qual não se trata de voyerismo, de exibicionismo, de fetichismo, de masoquismo, de inversão; elementos, aliás, constitutivos do longo catálogo das "perversões" outrora referidas por Michel Foucault[7]. Pretendemos igualmente evitar com cuidado a "patologização" dos indivíduos, à maneira com que os sábios do final do século XIX tentaram diagnosticar as doenças mentais de todos os grandes homens do passado. Esqueçamos igualmente o freudismo, o sentido que ele conferiu ao "desejo", o conceito de "sexualidade" que ele criou e impôs. Com mais razão ainda, esqueçamos tudo o que emergiu da atual reflexão relativa à construção das identidades sexuais, seus compartilhamentos, sua eventual intermitência.

No período que nos concerne, também não se trata de homossexualidade, de bissexualidade e, com mais razão ainda, de heterossexualidade. Urge-nos ter claro o vocabulário em uso naquele tempo: o termo "sexualidade" não era empregado; "órgão" era sinônimo de eretismo; "frigidez"

---

6. Sucintamente – mas isto poderia ser objeto do debate –, parece-me que, durante o período escolhido, o mundo anglo-saxão aporta menos, ao que nos diz respeito, do que a Itália ou o mundo germânico.

7. FOUCAULT, M. *Histoire de la sexualité – T. 1: La volonté de savoir.* Paris: Gallimard, 1977.

ainda não tinha o sentido claro que lhe atribuímos; clímax do gozo era percebido como espasmo. Examinaremos um período em que a linguagem do paroxismo do prazer feminino frequentemente era turbinado pelo recurso a um vocabulário religioso, onde o homem, obcecado por sua "necessidade de mulheres" e preocupado com a aritmética dos desempenhos, devia, acima de tudo, exibir sua virilidade, a qualidade de sua ereção; período em que ele alimenta por desejo a brancura, a corpulência, a elasticidade da carne feminina. Viajaremos por um mundo onde a mulher, perpetuamente submissa aos desregramentos de seus "sentidos", aparece, por essa razão, como vítima de inúmeras patologias específicas, e no qual médicos, teólogos e pornógrafos avaliavam que a vítima de estupro – como a esposa do marido "onanista" – não podia furtar-se ao gozo.

Até a aurora dos anos 1840, ignorava-se a "postura" (ovulação) espontânea, que só será experimentada, pela mulher, muito mais tarde; e os pornógrafos, assim como alguns teólogos, sugeriam que a mulher, por sua vez, era portadora de esperma.

Abordaremos um território onde persistem, pois, convicções hoje abandonadas ou relegadas a um plano secundário: uma grande importância era então dada à simultaneidade dos gozos; àquilo que o Dr. Menville de Ponsan qualificava de "espasmo isócrono"[8]. Muitos estudiosos continuavam acreditando que a mulher sentia um arrepio particular quando concebia. O enigma de Tirésias, que consistia em perguntar-se se ela goza mais ou menos como o homem, sempre preocupou as mentes. Tratava-se de fantasmas que hoje desapareceram. Os contemporâneos daquele período receavam os malefícios do prazer solitário, da espermatorreia, da ira uterina, e pouco tempo depois da "fraude conjugal".

Mais amplamente, médicos e teólogos apontavam sem cessar as consequências nefastas do exercício incontrolado da função genital. Os primeiros

---

8. Cf. *infra*, p. 105.

enfatizavam com insistência os riscos da continência, dos excessos, dos abusos. Tratava-se então de taras que dependiam do inconfessável, mesmo no consultório médico. O mesmo podemos afirmar da impotência masculina e, mais ainda, da masturbação feminina, cuja função dos confessores, por sua vez, era combater. Ao mesmo tempo, inspirados no naturalismo e na preocupação do destino da espécie, os médicos, convencidos, aliás, da profundidade do dimorfismo que diferencia os sexos, consideravam, sem preocupar-se com o sentimento, que o "gozo venéreo" era incontrolável, indescritível, mas também, a longo prazo, mortífero. Eles o julgavam sobretudo necessário. Também pediam que seus pacientes zelassem pelo bom uso de seus órgãos genitais, que observassem suas sensações, que avaliassem a qualidade e a harmonia de seus prazeres.

Por outro lado, o século que escolhemos observar não é monolítico. A teoria do duplo sêmen desaparece, os progressos da fisiologia reprimiam pouco a pouco o sensualismo e o vitalismo, muitos teólogos tornaram-se relativamente tolerantes ao "orgasmo conjugal", ao passo que emergem novas figuras do desejável e que a pornografia, senão a literatura picante, parece ter entrado em declínio nos últimos decênios.

Antes de lermos os diários íntimos ou as correspondências, antes de mergulharmos nos romances de Mme. de Staël, de Stendhal, de Balzac, de Flaubert, de George Sand ou de Gautier, é necessário, para melhor compreendê-los, fazer um estudo das crenças, das convicções e das normas que à época regulavam o encontro dos corpos. Ao lado da *Artes Moriendi* (Arte de bem morrer) e da "arte de conservar a própria saúde", os manuais dos confessores, os tratados médicos destinados aos cônjuges, os romances pornográficos e outras "artes de fazer amor" se conjugam para desenhar um entrelaçamento de voluptuosidades compatíveis. Injunções, sugestões, tabus dão o colorido a essas obras. Todas propõem catálogos de atitudes, de gestos, de emoções, e editam normas. Os autores são pródigos em conselhos, modulados segundo suas representações de um eventual além-morte, segundo a função que estabelecem entre a alma e o corpo, segundo a concepção do desejo da natureza, segundo a missão do indivíduo, segundo a importância que atribuem à história, à geografia, à influência do "clima" e aos caprichos meteorológicos...

Tudo isso ordena os prazeres da cama, tanto os da boa consciência quanto os da transgressão; tudo isso impõe escrúpulos e remorsos.

Esses catálogos de injunções e conselhos incidem sobre as morfologias que convém saborear, ou adquirir, sobre as posturas, os ritmos, o ardor dos beijos, sobre a gama de emoções causadas, sobre a natureza dos sinais ostensivos dos prazeres, das fadigas e da satisfação. Os teólogos exigem o exame atento do desejo, do consentimento, do deleite e da volúpia. Os médicos esperam do paciente a tomada de consciência do próprio temperamento, de sua idiossincrasia, da história de seus costumes, da estimativa do grau de obediência de seus órgãos e da intensidade de seu prazer.

Médicos, teólogos e pornógrafos moldam os desejos, os prazeres, os arrependimentos; provocam as transgressões, determinam as atitudes em relação ao outro, divididas entre o sonho fusional e a instrumentalização. Às vezes, esses catálogos, ou, se preferirmos, esses manuais, coincidem; às vezes se contradizem. O dever do historiador é o de ler todos eles, o de jamais recusar-se a entendê-los, o de compreender suas lógicas, por vezes antagônicas.

Cada indivíduo daquele século teve que fazer seus ajustes, lidar com as diversas opções apresentadas, frequentemente entrelaçadas, escolher as maneiras de comportar-se, e de satisfazer-se também. O estudo das práticas só adquire sentido para aquele que, à luz do que o precede, se revela capaz de interpretar as frequências e os ritmos, as emoções, as sensações, os prazeres, os desapontamentos e os arrependimentos; em suma, as formas de viver a união carnal, seus prazeres, suas decepções e suas tristezas.

Evitemos, pois, avaliar, pretensiosamente, do alto de nosso saber contemporâneo e de nossas exigências morais, as soluções adotadas pelos homens e mulheres daquele tempo; e, por hora, embarquemos rumo a essa longínqua Citera [ilha da Grécia] que, infelizmente, se nos tornou estranha.

PRIMEIRA PARTE
A regulação dos ardores

Na sequência desta obra, os itálicos que aparecem nas citações são, às vezes, acrescentados pelo autor, visando a tornar mais claro o essencial da matéria.

I
O DESEJO DA NATUREZA

Naquele final de século XVIII, o corpo humano, sensível, irritável, é explicado pelo funcionamento da fibra e do nervo. Ele é o teatro de tensões, de vibrações e de espasmos, produzidos pela densidade da rede nervosa. O neo-hipocratismo, em plena moda à época, impregna o discurso consagrado à volúpia e leva a acentuar a influência do meio ambiente, sem esquecer, obviamente, os progressos da medicina anatômico-química, sobre a qual falaremos mais demoradamente mais adiante. Numa abordagem eclética, apesar de dominada pelo vitalismo, pelo sensualismo e pela vontade de inscrever-se na perspectiva de uma história natural, os médicos de então tentam racionalizar o mistério dos prazeres experimentados no encontro carnal entre o homem e a mulher[1].

---

1. Dentre os trabalhos consagrados ao naturalismo e ao vitalismo citamos: EHRARD, J. *L'Idée de nature en France dans la première moitié du XVIIIe siècle*. Paris: Sevpen, 1963 [reed.: Paris: Albin Michel, 1994]. • ROGER, J. *Les Sciences de la vie dans la pensée française du XVIIIe siècle – La génération des animaux de Descartes à l'Encyclopédie*. Paris: Armand Colin, 1963. • REY, R. *Naissance et développement du vitalisme en France de la deuxième moitié du XVIIIe siècle à la fin du Premier Empire*. Oxford: Voltaire Foundation, 2000. • DUCHET, M. *Anthropologie et histoire au siècle des Lumières*. Paris: Albin Michel, 1971. • HOFFMANN, P. *La Femme dans la pensée des Lumières*. Paris: Ophrys, 1977. • BUFFON. *Œuvres*. Paris: Gallimard, 2007; prefácio de M. Delon; apresentação de S. Schmitt [Bibliothèque de la Pléiade]. • KNIBIEHLER, Y. Les médecins et "l'amour conjugal" au XIXe siècle. In: VIALLANEIX, P.; EHRARD, J. (dir.). *Aimer en France, 1760-1860*. T. II. Clermont-Ferrand, 1980, p. 357-366. • KNIBIEHLER, Y. Les médecins et la nature féminine au temps du code civil. *Annales ESC*, v. 31, n. 4, p. 824-845, 1976. • LAQUEUR, T. *La Fabrique du sexe – Essai sur le corps et le genre en Occident*. Paris: Gallimard, 1992. • VASQUEZ GARCIA, F.; MORENO MENGIBAR, A. *Sexo y razon – Una genealogia de la moral sexual en España (siglos XVI-XX)*. Madri: Akal, 1997. Para o conjunto da questão, obviamente: FOUCAULT, M. *Histoire de la sexualité – T. 1: La Volonté de savoir*. Paris: Gallimard, 1977.

Naquela época, o termo "sexualidade" ainda não existia na língua francesa. Ele aparece em 1837 na tradução de um livro de Karl-Friedrich Burdach, antes mesmo de muito timidamente difundir-se nos dois decênios seguintes. Em suas três raras ocorrências, seu sentido não é o que hoje lhe atribuímos. Ele designa, junto aos vegetais, aos animais e aos homens, aquilo que permite a geração pela diferença dos sexos e a maneira com que esta função essencial, que garante a sobrevivência da espécie, penetra e impregna qualquer ser. Daí a definição inicial que aparece na tradução da obra de Burdach: "A sexualidade é uma cisão da espécie". A expressão "vida sexual", por sua vez, é onipresente no discurso médico. Ela expõe a tensão percebida entre o indivíduo e a espécie, da forma como Moreau de la Sarthe e Virey, dentre outros[2], tentam popularizar. O "sexo" – que, segundo estes autores, deriva do latim "secare" (*dividir*) – designa o que distingue genericamente o macho e a fêmea no reino animal. Ele é constituído de órgãos – "as partes sexuais" – destinados a manter "a perpetuação dos seres mortais" (os indivíduos). Não existe sexo, pois, "senão entre as criaturas capazes de geração, isto é, sujeitas à morte". "As partes sexuais são as únicas que representam a espécie"[3]. Os sistemas que garantem a alimentação, a respiração, a circulação do sangue, bem como as outras funções, dizem respeito apenas aos indivíduos. Mas eles não são nada por si mesmos; eles pertencem ao domínio da morte"; a espécie, em contrapartida, esta subsiste. O indivíduo, com efeito, é submetido ao "instinto que

---

2. MOREAU DE LA SARTHE, J.L. *Histoire naturelle de la femme, suivie d'un traité d'hygiène appliquée à son régime physique et moral aux différentes époques de la vie*. Paris: Duprat/Letellier, 1803. Quanto ao que concerne a Virey, além dos artigos citados *infra*: VIREY, J.J. *De la femme sous ses rapports physiologique, moral et littéraire*. Paris: Crochard, 1825. Sem esquecer, mais tardiamente, a tradução de BURDACH, C.F. *Traité de physiologie considérée comme science d'observation* [com acréscimos dos professores Baer, Meyer etc.]. Paris: J.-B. Baillière, 1837, nota 2, p. 2 e t. 1, p. 303 sobre a função. Sobre a sexualidade como "cisão da espécie", t. I, p. 391. Neste primeiro tomo da obra citada de Burdach, uma subdivisão do cap. II é intitulada: "Des rapports de la sexualité avec l'organisme en général", e outra: "Résumé des considérations sur la sexualité".

3. VIREY, J.J. Verbete "Sexe". *Dictionnaire des Sciences Médicales*. T. 51. Paris: Panckoucke, 1821, p. 218-219. Bem como as citações que seguem.

denominamos amor", que por sua vez constitui o "princípio vital"; antes de desaparecer, ele deve realizar o *desejo da natureza*; ou seja, procriar.

O animal – ao qual, aqui, tudo se refere – mostra espontaneamente o desejo de garantir esta perpetuação da espécie. A natureza, que representa "a soma das qualidades" das quais os animais e o homem são dotados em vista de cumprir sua missão, "ornou sobretudo o momento dos prazeres" de todos os atrativos que lhe foi possível prodigar. Em suma, o naturalismo, dessa forma difundido, leva a apresentar a cópula como o ato principal que o indivíduo deve realizar ao longo de sua existência; como aquele que suscita um desejo irresistível e que proporciona um prazer insuperável. Esta importância justifica o esforço dos médicos em orientá-lo.

Segundo esta mesma lógica, o estado dos órgãos genitais decide as qualidades de um animal. Mas "o sexo" – como o havia destacado, desde 1775[4], o Dr. Roussel – não se reduziria a esses órgãos, certamente primordiais. Ele é, em si mesmo, princípio de divisão entre o macho e a fêmea; por conseguinte, engloba tudo o que constitui "a diferença dos meios" que tornam o indivíduo apto à reprodução da espécie; o que leva a pensar, paradoxalmente, que ele se estende a todas as partes do organismo do homem e da mulher.

Disso resulta, por exemplo, que a mulher, simples fêmea da espécie, "não é mulher apenas em uma parte localizada dela, mas em todos os ângulos pelos quais ela pode ser analisada"[5]. O mesmo vale para o homem, porém mais superficialmente, já que sua maneira de realizar sua missão se dá sob o signo da exterioridade e depende de uma temporalidade totalmente diferente. De forma consequente, este primado do desejo da natureza só se exerce durante o período em que a mulher existe enquanto tal,

---

4. ROUSSEL, P. *Système physique et moral de la femme ou tableau philosophique de la constitution, de l'état organique, du tempérament, des mœurs et des fonctions propres au sexe*. Paris: Chez Vincent, 1775.
5. *Ibid.*, p. 2.

ou seja, após ter superado o estágio da vida individual constituído pela infância para aceder à "vida sexual" consagrada à espécie, e antes de ter encerrado o seu período fértil.

Em tudo isso Roussel reflete o lugar preponderante ocupado pelos assim chamados médicos "animistas", ao longo da metade do século XVIII. Aos olhos desses médicos, em conformidade com as concepções de Georg Ernst Stahl, a feminidade resulta de uma natureza preexistente, concebida como uma essência. Ela reflete a intencionalidade de uma alma "reitora", que comanda o desabrochar e o desenvolvimento do ser. A felicidade da mulher, nesta perspectiva, está em sua conformidade com este princípio vital, apresentado como modelo. Rousseau, e depois dele Roussel, nutrem a utopia de um acordo entre a mulher e sua natureza; isto, graças ao desenvolvimento de sua sensibilidade e à maternidade.

Em contrapartida, os ideólogos, notadamente Cabanis, rejeitam, na aurora do século XIX, este esquema. Eles se interessam sobretudo pelas relações de reciprocidade entre o orgânico, o mental e o social. Assim, a feminidade não depende, segundo eles, de uma ontologia, mas de uma fisiologia e de uma sociologia. A mulher não é mais considerada então um ser metafísico, mas um objeto de observação e de análise.

No entanto, é preciso compreender que esta transformação da ordem teórica concerne essencialmente à história das ciências. Ao longo de todo o período que nos concerne, as representações do homem, da mulher e da união carnal guardam uma grande coerência. Os clínicos e os fisiologistas da primeira metade do século XIX conseguiram efetivamente a proeza de construir um novo edifício que, apesar de sua ruptura com o sensualismo, com o animismo e com o vitalismo, permitiu a sobrevivência da crença em uma diferença radical entre os sexos. Esta noção resistiu às descobertas anatômicas, fisiológicas e clínicas, que poderiam tê-la questionado. É esta continuidade que fundamenta a unidade deste período.

Roussel, antes mesmo que esta noção fosse aprofundada pelos ideólogos, considera que a "vida sexual" sustenta uma "cadeia de relações físicas e morais"[6], notadamente junto à mulher. Ao longo de todos esses trinta anos que separam a puberdade da idade crítica, a mulher vê-se acometida de incessantes variações, agitações e perturbações. Se quisermos compreender as manifestações de seu desejo e de sua disponibilidade ao prazer, é necessário estudar essas turbulências, essas mutações contínuas determinadas pelo útero e por aquilo que a vincula aos outros sistemas.

É nesta perspectiva, estritamente derivada da história natural, que precisamos, no interior da espécie humana, *considerar em conjunto e em suas diferenças* o macho e a fêmea. O estudioso não deve analisar a maneira com a qual, no interior do reino animal, a organização sexual – princípio de divisão – determina os hábitos e as tendências das diferentes espécies. Junto ao homem, esta organização sexual revela-se, e de longe, a mais perfeita. "O consentimento e a harmonia dos sentidos, a perfeição do tato, o desenvolvimento do cérebro, a posição perpendicular e o instinto de sociabilidade"[7] fundamentam sua absoluta superioridade.

O que precede coloca a relação carnal, o prazer, portanto, no centro da ciência do homem. Estes predicados designam os órgãos genitais como peças essenciais do sistema orgânico e levam a destacar a importância da relação que eles instauram entre o físico e o moral, tanto no homem quanto na mulher.

Antes de descrever os efeitos da cisão operada, fixemo-nos um instante no momento do acesso à "vida sexual", esta metáfora que constitui a puberdade para meninos e meninas. Os médicos, a partir de Buffon, adoram demorar-se nesta etapa, que poeticamente buscam descrever. O momento em que o indivíduo vai ter que apagar-se a fim de estar pronto para cumprir sua missão primordial constitui a etapa maior de uma vida. Essas

---

6. *Ibid.*, p. 7. Sobre estas considerações de ordem geral nos baseamos em toda a obra de Jean-Pierre Peter, que continua sendo o melhor conhecedor da medicina daquele tempo, em território francês.
7. MOREAU DE LA SARTHE, J.L. *Histoire naturelle de la femme... Op. cit.* T. 1, p. 672. O autor desenvolve aqui várias páginas de Buffon (cf. *Histoire naturelle de l'homme*). Doravante podemos acessar facilmente a este texto graças à publicação recente de *Œuvres de Buffon. Op. cit.*, p. 181-307.

"forças interiores" que denominamos "natureza", escreve Roussel, só se ocupam da espécie depois de ter aperfeiçoado o indivíduo[8]; isto, de acordo com etapas que podem acelerar ou desacelerar um conjunto de causas morais ligadas à educação, à vida social e, de uma maneira mais ampla, à civilização. O menino e a menina que sofrem "o novo modo de impulsão vital" experimentam a perturbadora revelação de uma necessidade. Graças à metamorfose que neles se opera, os sentidos – e primeiramente o próprio "sentido genital" – acedem à capacidade do prazer.

A puberdade define-se por este acesso à "vida sexual", por esta passagem do "estado de repouso" de todo um sistema ao estado de "consciência", aguardando o "estado da ação"[9]. Na perspectiva vitalista, dominante aqui, este momento corresponde a uma prodigiosa atividade orgânica. O orgasmo – isto é, o eretismo – venéreo junto à menina, o estado de ereção e de uma superabundância no menino, suscitam então impulsos "que não são senão a voz tirânica e suave da volúpia"[10].

Mais tarde, de fato, o quadro da puberdade não é efetivamente alterado, mas torna-se objeto de uma inesgotável literatura. Este quadro, inaugurado por Buffon, que lhe consagra um capítulo essencial em sua *Histoire naturelle de l'homme* [História natural do homem], é desenvolvido com paixão por Roussel, teorizado posteriormente por Cabanis, que se debruça sobre as solidariedades estabelecidas entre os órgãos genitais, o útero e o cérebro[11], antes de ser abundantemente documentado por Raciborski[12] e Brierre de Boismont[13].

---

8. ROUSSEL, P. *Système physique et moral... Op. cit.*, p. 80.
9. DESLANDES, L. *De l'onanisme et des autres abus vénériens considérés dans leurs rapports avec la santé.* Paris: Lelarge, 1835, p. 32.
10. ROUSSEL, P. *Système physique et moral... Op. cit.*, p. 82.
11. CABANIS, P.-J.-G. *Rapport du physique et du moral de l'homme.* Usamos a edição de 1843 (Paris: Fortin/Masson), que tem uma longa introdução do Dr. Cerise. Cf. notadamente, p. 203-226, sobre as modificações fornecidas pelos dois sexos à puberdade.
12. RACIBORSKI, A. *De la puberté et de l'âge critique chez la femme: au point de vue physiologique, hygiénique et médical, et de la ponte périodique chez la femme et les mammifères.* Paris: J.-B. Baillière, 1844.
13. BRIERRE DE BOISMONT, A.-J.-F. *De la menstruation considérée dans ses rapports physiologiques et pathologiques.* Paris: Germer-Baillière, 1842.

Os médicos percebem esta metamorfose como uma tempestade inaugural, um terremoto, um abalo, todos portadores de riscos imensos, exatamente no instante em que se opera a cisão que constitui o "sexo" e o acesso à "vida sexual". Essa transformação é primeiramente marcada por mudanças orgânicas. "A massa celular é abalada", escreve Roussel, sob a ação de uma força interior e "se institui" ao redor dos seios e dos órgãos sexuais[14]. Junto ao menino e à menina, trata-se de um momento de "reduplicação de atividade das forças nutritivas"[15]. Mudanças morfológicas ocorrem, ordenadas por dois chefes de orquestra: o sistema genital e o cérebro.

Tese após tese[16], os médicos não cessam de cantar esse apogeu da beleza feminina que lança ao desejo do homem um apelo cuja intensidade jamais será igualada. A voz faz-se então "indício do estado dos órgãos uterinos". Segundo uma concepção que se perpetua de Hipócrates a Gall, passando por Bordeu, o pescoço e as glandes inflam toda vez que os órgãos genitais aumentam de volume. A tez se colore. Os olhos irradiam uma luz que é a nova expressão dos desejos. Os contornos se delineiam sob a ação dos ovários. É então que toma forma "esta curva tão agradavelmente arredondada da parte inferior da coluna vertebral, conhecida vulgarmente sob o nome de 'queda dos rins', que se perde discretamente na saliência dos músculos glúteos e na parte posterior das coxas"[17].

"As forças sensitivas, transportadas para as partes genitais"[18], fazem-nas desenvolver-se. Os seios [que] se inflam "são inicialmente duros e abrasivos", em seguida os mamilos das adolescentes adquirem sua "resistente elasticidade"[19], à imagem dos seios de Julie que devastam Saint-Preux no meio do bosque. "O mamilo cresce, avermelha-se, adquire uma

---

14. ROUSSEL, P. *Système physique et moral...* Op. cit., p. 81.
15. DESLANDES, L. *De l'onanisme...* Op. cit., p. 28.
16. Uma das mais características: POLINIÈRE, A.-P.-I. *Essai sur la puberté*. Tese de doutorado. Paris, 1815, n. 157.
17. RACIBORSKI, A. *De la puberté...* Op. cit., p. 91.
18. VIREY, J.J. Verbete "Fille". *Dictionnaire des Sciences Médicales.* Op. cit. T. 15, 1816, p. 501, bem como a citação subsequente.
19. A expressão é utilizada em ROUSSEAU, J.-J. *La Nouvelle Héloïse*, p. 371.

sensibilidade tão viva que entra em solidariedade com os órgãos uterinos"[20]; "a púbis sombreia-se de pelos, as ninfas tornam-se avermelhadas, muito sensíveis, o clítoris avoluma-se, a membrana do hímen distende-se, o canal da vagina, que às vezes encolhe pela inflação dos órgãos circunvizinhos, torna-se suscetível de dilatação e adquire uma viva sensibilidade através do orgasmo venéreo"[21]. O sangue flui no útero; pletora que se despeja mensalmente. O surgimento das regras é acompanhado de um calor novo, de uma aceleração da pulsação, de uma transpiração e de um hálito de odor mais acentuado do que antes. O útero adquire então "suas dimensões inalteráveis"[22].

Junto ao menino, o sistema muscular se avantaja, a voz se viriliza, a barba emerge, a ereção dos órgãos genitais se manifesta e, muito frequentemente, impõe-se contra a vontade.

Simultaneamente impõe-se uma profunda mudança na maneira de sentir, notadamente junto à menina. O orgasmo, "a turgescência"[23], o "prurido voluptuoso"[24] da vulva inflama este sistema genital e exerce uma influência particular nas partes que lhe são alheias; "sozinho, [o orgasmo] faz com que tudo mude de semblante, e de tal forma que as sensações propriamente ditas não são mais as mesmas; mesmo que elas consigam dar a todos os objetos da natureza um aspecto novo e novas cores, é ainda ao orgasmo que devemos atribuir esta poderosa influência"[25].

Mais importante ainda se revela a nova ausculta de um "sentido genital", dominador. Nas "profundezas do tecido", ou seja, no interior daquilo que não vemos, desenvolve-se um "sentido especial", um "sentido

---

20. VIREY, J.J. Verbete "Fille". *Dictionnaire des Sciences Médicales. Op. cit..*, p. 501.
21. *Ibid.*
22. RACIBORSKI, A. *De la puberté... Op. cit.*, p. 92.
23. DESLANDES, L. *De l'onanisme... Op. cit.*, p. 34.
24. COLOMBAT DE L'ISÈRE, *Traité complet des maladies des femmes et de l'hygiène de leur sexe*. 3 v. Paris: Labé, 1843, t. 1, p. 28.
25. CABANIS, P.-J.G. *Rapport du physique et du moral... Op. cit.*, p. 104-105.

venéreo"[26]. Este caracteriza a nova fase e parece eliminar as outras sensações. Infelizmente, não é possível descrever este sentido, por mais vivo e imperioso que possa ser. Sozinho ele explica as enxaquecas, as lágrimas e as febres que atormentam o período da puberdade.

Os médicos se deliciam *ad infinitum* com o quadro de mudanças psicológicas que acompanham "a turbulência moral". "O constrangimento encantador", a "vergonha ingênua", o desejo vago, a fase de devaneio permanente, a perda da "alegria galhofeira"[27] suavizam o quadro. Mas este é ensombrado por "ternas inquietações"[28], por uma agitação da alma, por um perigoso desejo de solidão, longe dos prazeres ruidosos da infância, podendo chegar inclusive à triste melancolia[29]. A menina, "tornada languescente e pálida, tem seus caprichos, suas inconstantes variações de humores; chega a surpreender-se em lágrimas involuntárias rolando de seus olhos; às vezes suspira; vê e não enxerga; sem objeto fixo, sem desejo seguro, ignora a si mesma". Ela cora e empalidece, "arde e congela"[30] alternadamente. Primeiramente a natureza provoca nela uma certa aversão aos homens. Mas, rapidamente, a curiosidade impõe-se. Tanto nos meninos quanto nas meninas, pouco a pouco "seus sentidos" vão se concentrando no sexo oposto.

"O adolescente busca o desconhecido, mas o procura pela inquietação do desejo [...]; sua imaginação se nutre de imagens imprecisas"[31]. Junto à menina, a transformação revela-se mais brusca. "É a partir de então que o universo começa verdadeiramente a existir [...]; é então que a cortina

---

26. DESLANDES, L. *De l'onanisme... Op. cit.*, p. 36, bem como a citação seguinte.
27. Conjunto de expressões extraídas de POLINIÈRE, A.-P.-I. *Essai sur la puberté. Op. cit.*, p. 20 e de RACIBORSKI, A. *De la puberté... Op. cit.*, p. 102.
28. ROUSSEL, P. *Système physique et moral... Op. cit.*, p. 82.
29. RACIBORSKI, A. *De la puberté... Op. cit.*, p. 103.
30. VIREY, J.J. Verbete "Fille". *Dictionnaire des Sciences Médicales. Op. cit.* T. 15, p. 500.
31. CABANIS, P.-J.-G. *Rapport du physique et du moral... Op. cit.*, p. 104, assim como a citação seguinte.

parece abrir-se repentinamente aos olhos desses seres inseguros e maravilhados; que sua alma recebe em turbilhões todos os sentimentos e todos os pensamentos relativos à [...] questão principal de sua vida."

Curiosa dos "mistérios do amor", a menina interroga, por assim dizer, todos os objetos e todas as ações das pessoas que se lhe apresentam. Gestos, palavras fugidias, livros que caem em suas mãos, "tudo favorece suas buscas e sua curiosidade, que aumenta com as descobertas, e acaba gerando nela violentos desejos"[32]; e sua imaginação – a palavra-chave é dita – age com mais força graças a esses "novos materiais". O espírito é assaltado por imagens, "a alma [é] agitada pela aflição"[33]. Tudo acontece sob o império dos órgãos internos, sem necessidade de participação dos sentidos externos.

O acionamento da imaginação – que é objeto de uma longa diatribe, na França notadamente, desde o período clássico – pode, de fato, estimular ideias generosas, mas a imaginação é produtora principalmente de ilusões. A menina, mais do que o menino, é submetida a esse perigoso trabalho; especialmente porque a natureza, "que extraiu de dentro dela seus órgãos mais secretos, parece comprometê-la a esconder e a conter inclusive os próprios desejos"[34]; igualmente grandes são os riscos ao longo dessa perigosa passagem que separa a puberdade da nubilidade, seguida do matrimônio. Virey avalia que "a condição de virgem, em nossas instituições civis, é um *estado de violência* contra os estímulos da natureza"[35]. Diferentemente das jovens fêmeas dos animais, as da espécie humana não olham para o macho sempre ao sentir necessidade; especialmente porque, em geral, elas são menos capazes de expressar suas preferências e aversões.

---

32. LABRUNIE, E. *Dissertation sur les dangers de la privation et de l'abus des plaisirs vénériens chez les femmes*. Tese de doutorado. Paris, ano XIV, 1805, n. 549, p. 34-35.
33. CABANIS, P.-J.-G. *Rapport du physique et du moral... Op. cit.*, p. 105.
34. VIREY, J.J. Verbete "Fille". *Dictionnaire des Sciences Médicales. Op. cit.*, p. 503.
35. *Ibid.*, p. 502.

A menina núbil, portanto, corre o risco de embrenhar-se em falsos caminhos sugeridos pela própria imaginação. O perigo é particularmente grande na cidade; nesse ambiente, segundo Cabanis[36], não damos à puberdade o tempo para que ela emerja naturalmente: a antecipamos. Como, a partir de então, nos surpreender que os incidentes nervosos, junto à menina sobretudo, se multipliquem ao aproximar-se a puberdade? Raciborski, que se embrenha numa interminável quantificação, cita, a este respeito, a catalepsia, a coreia, a ninfomania, a histeria, a alienação mental... O esquema convulsivo, herdado da medicina antiga, que somos induzidos a fazer menção, determina os tormentos daquela que doravante se vê submetida à necessidade do prazer.

Descobre-se então que este quadro da puberdade é indispensável ao estudo ulterior do priapismo bem como o das doenças das mulheres; tantos males suscitados pela rejeição do desejo da natureza... tanto os relativos à continência excessiva quanto os da prática da masturbação, da sodomia, da bestialidade...

Mais adiante analisaremos a lógica da higiene física e moral propalada naquele tempo, que visava a conter os malefícios suscitados por essa recusa ou por esses abusos junto àqueles e, sobretudo, àquelas que foram privados do remédio supremo, isto é, do exercício da cópula.

Esta necessidade do "prazer conjugal" – os médicos têm dificuldade de diferentemente qualificá-lo em suas publicações – só acaba impondo-se, de fato, um ano ou dois após o surgimento das regras junto às meninas, e da ejaculação espontânea nos meninos; tudo isso para conceder à natureza o tempo de perfazer a metamorfose e permitir que os jovens evitem as atribulações dos "prazeres prematuros".

Ao longo desse período, a natureza não deixa de insuflar o desejo nascido da cisão constitutiva do "sexo"; cisão que, ao aprofundar-se, acentua

---

36. CABANIS, P.-J.-G. *Rapport du physique et du moral... Op. cit.*, p. 103.

o mistério do Outro e aviva a curiosidade inspirada por ele. Aguçado pelo espetáculo sempre mais evidente da diferença, o desejo se exacerba e incita sempre mais fortemente à fusão. A diferença, entretanto[37], deverá permanecer limitada. Ser fiel à natureza, neste caso, implica guardar-se de qualquer exagero. Se a similaridade, ou a simples parecença, apaga o mistério, a curiosidade e finalmente o desejo, o excesso de diferença leva ao mesmo resultado criando estranheza. Os animais só se acasalam instintivamente com as fêmeas que pertencem à própria espécie, e que, por consequência, não lhes são radicalmente diferentes. Junto ao homem ou à mulher, a propensão para a semelhança é criminosa. Ela ludibria a natureza; mas uma diferença excessiva também quebra a harmonia. Assim vai se desenhando uma busca recíproca que supõe muito discernimento, cuja orientação os médicos buscam oferecer. Graças à arte desses médicos de decifrar os sinais imperceptíveis aos outros, só eles saberiam evitar qualquer desarmonia. Em 1824, o fisiólogo Adelon, à sua maneira, brinca com a semelhança e a diferença. Ecoando Roussel, complica o pensamento deste último: "O homem e a mulher [escreve], não se diferenciam apenas pelos órgãos genitais propriamente ditos; todas as outras partes do organismo deles, *embora análogas*, carregam a *marca da diferença* do próprio sexo"; todos os órgãos que lhes são comuns "*apresentam algumas especialidades*"[38].

Esta afirmação matizada, que privilegia o selo distintivo, sugere uma apreciação fortemente sutil da diferença. Seja como for, no discurso médico, a mulher é "mulher em todas as suas formas de existir"[39], apesar da aparente semelhança de outros sistemas que vão além dos genitais. Por conseguinte, ela é mulher "tanto em seus prazeres quanto em suas dores".

O naturalismo dominante impôs uma concepção de beleza. Seu desenho afigura-se inseparável do desejo de prazer endereçado ao outro. Para

---

37. Como destaca Roussel com sutileza.
38. ADELON, N.P. *Physiologie de l'homme*. T. IV. Paris: Compère, 1824, p. 41.
39. MOREAU DE LA SARTHE, J.L. *Histoire naturelle de la femme… Op. cit.*, p. 70, bem como a citação que segue.

esses médicos, só há corpo realmente lindo se desejado. Nesse sentido, os médicos falam da beleza da arte tão somente para escarnecê-la. Aquela que eles celebram implica ser revelada por uma nudez total, incluindo a transformada em arte. Diferentemente dos pintores e escultores, à época preocupados com a remoção e a eliminação dos sinais mais manifestos do orgânico, os médicos não rejeitam a descrição de nenhum sinal clínico da beleza desejável. No entanto, contrariamente aos autores da literatura erótica ou pornográfica, o quadro que oferecem da nudez jamais visa a excitar abertamente o leitor.

Para eles, a beleza resulta da aptidão evidente de responder ao desejo da natureza, isto é, à capacidade de procriar. Ela está intimamente associada ao sentimento de sucesso previsível da cópula. A natureza, verdadeiramente admirável, lembra Roussel, imprime "sobre os próprios elementos dos seres que ela produz, os usos que deles deve tirar"[40]. Sem sê-lo sempre plenamente consciente, o homem e a mulher buscam uma série de diferenças, geralmente pouco perceptíveis, mas suscetíveis de realizar uma harmonia – dos corpos, dos temperamentos –, presságio da boa realização do desejo da natureza. Este impulso tipicamente platônico visando à reconstituição harmoniosa de uma totalidade alimenta um eugenismo sutil, como Anne Carol claramente o demonstrou[41].

Os quadros dos corpos da mulher e do homem, pintados pelos médicos, são deduzidos do que precede; e um dá sentido ao outro.

O corpo da mulher, ao longo dos cerca de trinta anos em que ela pode almejar essa condição, se caracteriza por uma "harmonia perfeita"[42], que

---

40. ROUSSEL, P. *Système physique et moral... Op. cit.*, p. 12.
41. ANNE CAROL. *Histoire de l'eugénisme en France: les médecins et la procrétaion, XIX-XX siècle*. Paris: Du Seuil, 1995 [L'Univers historique].
42. MENVILLE DE PONSAN, C. *Histoire philosophique et médicale de la femme considérée dans toutes les époques principales de la vie*. T. 1. Paris: Baillière, 1846. Usamos a edição de 1858, p. 153.

remete à Vênus de Médicis[43]. Posteriormente este equilíbrio se desfaz. Este corpo feito para receber responde aos esquemas da interioridade, da centralidade e da umidade. Ele é, sobretudo, cilada cujo objetivo é atiçar o desejo do homem, convidá-lo à penetração e à emissão do esperma.

Os médicos, na esteira de Buffon e Roussel, começam a esboçar seu retrato pela descrição do figurino e das "partes sólidas". As proporções das peças que formam a moldura são exaustivamente descritas. Os ossos da mulher, menos duros e mais brancos que os do homem, também têm volume menor. Sua bacia é mais ampla, mais alargada, mais circular; as ancas mais afastadas, o ventre mais largo, o arco pubiano mais aberto a fim de melhor receber o homem. "O sacro, o cóccix, os ossos inominados" são os que apresentam as mais nítidas diferenças entre os dois sexos. "As nádegas [são] mais salientes e mais elevadas"[44]. Em sua parte superior, os fêmures são mais afastados na mulher[45], os joelhos, "um pouco arredondados internamente"[46], são mais grossos, mais próximos um do outro e mais fechados, as coxas mais curtas, os pés menores e mais estreitos. O andar feminino, igualmente, é "vacilante e inseguro". Segundo Burdach, a mulher não avança senão a passos curtos, e a corrida lhe é difícil. Comparados aos dos homens, seus ombros parecem mais estreitos, menos salientes, e seus braços mais curtos, mais grossos e arredondados. "A mão é menor, suave, branca, mais roliça, e os dedos mais delgados"[47].

---

43. Estereótipo que encontramos, a título de exemplo, em MOREAU DE LA SARTHE. *Histoire naturelle de la femme... Op. cit.* T. 1, p. 253.
44. ADELON, N.P. *Physiologie de l'homme. Op. cit.* T. IV, p. 43.
45. P. ex., MOREAU DE LA SARTHE, J.L. *Histoire naturelle de la femme... Op. cit.*, p. 96. • BURDACH, C.F. *Traité de physiologie... Op. cit.* T. 1, p. 329.
46. ADELON, N.P. *Physiologie de l'homme. Op. cit.* T. IV, p. 43. Sobre Adelon, encontramos um retrato muito detalhado em sua *Physiologie de l'homme. Op. cit.* T. IV: p. 42-45, para o físico; p. 45-51, para o moral e a sensibilidade; p. 52-54, para tudo o que diz respeito às funções.
47. ADELON, N.P. *Physiologie de l'homme. Op. cit.* T. IV, p. 43, assim como para as anotações precedentes.

A proporção entre o peito e os quadris se delineia em razão inversa segundo o sexo. Em face da perspectiva da realização do desejo da natureza e, portanto, do desejo inspirado num eventual parceiro, o essencial reside na eloquência das formas, "espelho fiel do interior"[48]. Na mulher, as formas impõem-se pela suavidade, pelo polimento e pela regularidade. A impressão de unidade do corpo encontra-se aqui reforçada pela virtuosidade do modelo da esfera, pela repetição dos semicírculos, o que não impede que cada autor escolha sua comparação. Virey avalia que o corpo da mulher "eleva-se em forma de pico", Burdach percebe nele um oval alongado, Adelon uma pirâmide, Menville de Ponsan uma espiral; mas todos destacam a harmonia das linhas, sinuosas ou onduladas segundo Burdach, "flexuosas e serpenteadas"[49] aos olhos de Moreau de la Sarthe.

O olhar dos médicos se detém com evidente deleite nos mamilos, nos quadris, nas coxas arredondadas. Não se fala do traseiro como na literatura erótica, mas sua beleza é deduzida da descrição das partes. O acento posto na relevância dos "contornos" impressiona o leitor de hoje. Ele sempre é questão de fineza, de delicadeza, de sinuosidade. O "contorno perfeito dos relevos"[50] garante a plenitude das massas, a suavidade das transições, sutilmente gradativas, mesmo na estrutura do rosto. Esses médicos detestam a magreza que, para Raciborski[51], constitui-se em "horrível infortúnio" para as mulheres. Tudo o que remete ao anguloso, ao pontiagudo, eles desprezam.

Particularmente, eles se demoram na consistência das carnes, na impressão visual e sobretudo tátil, que do corpo da mulher emergem. A "flacidez" resultante da abundância do tecido celular garante a harmoniosa

---

48. BURDACH, C.F. *Traité de physiologie... Op. cit.* T. 1, p. 352.
49. MOREAU DE LA SARTHE, J.L. *Histoire naturelle de la Femme... Op. cit.*, p. 43.
50. MENVILLE DE PONSAN, C. *Histoire philosophique... Op. cit.* T. 1, p. 164. Mesma observação em ADELON. *Physiologie de l'homme. Op. cit.* T. IV, p. 44.
51. RACIBORSKI, A. *De la puberté... Op. cit.*, p. 168. O autor zomba das "ausências" e dos "ângulos" e deplora que não estejamos preocupados em "engordar" a espécie humana (p. 168).

maciez de suas formas, permitindo a eliminação dos relevos e das saliências, garantindo assim o preenchimento das cavidades. Aqui, a impressão sensorial se ajusta à delicadeza decretada pelo filamento nervoso e por sua perfeita proporção de gordura, com a predominância do fluxo linfático sobre o sangue.

No entanto, esta carne menos compacta que a do homem deve dotar-se da elasticidade resistente que caracteriza o corpo "saltitante"[52] da mulher, notadamente quando se trata dos seios, do ventre e das coxas. Com efeito, a consistência suave não deve privar o corpo de um suficiente tensionamento tornado necessário pelos impactos e pelas distensões futuras, resultado do vigor dos ardores masculinos e do crescimento do feto. Esta consistência combina harmoniosamente com a brancura do corpo, no máximo ornado com manchas cor-de-rosa. Este modelo, como ainda o veremos, reina desde a Idade Média. Ele indica pureza, virgindade, inocência.

O quadro do corpo da mulher desenhado pelos médicos dá grande ênfase ao tato. A pele é aqui descrita com uma precisão justificada pelo papel que as sensações que ela proporciona são convidadas a exercer por ocasião do encontro carnal. Sua transparência deve permitir a perfuração do "azul das veias"[53]. Sua polidez, sua suavidade, evocadora do veludo, sua ausência de asperezas impõe-se particularmente no pescoço, nos braços e por entre as coxas. Além disso, a pele da mulher deve ser suavemente reativa[54]. Segundo Burdach, mais suave, mais translúcida, a pele da mulher beneficia-se de um menor suprimento de sangue que a do homem, que é mais resistente, mais tensionada, mais dura, mais odorífera[55]. A pele dos lábios femininos designa sutilmente a imagem e o colorido da vulva; a

---

52. BURDACH, C.E. *Traité de physiologie... Op. cit.* T.1, p. 321.
53. Trata-se de um princípio orientador que encontramos, a título de exemplo, em Moreau de la Sarthe.
54. Cf. a insistência nestes traços na obra citada de Menville de Ponsan.
55. BURDACH, C.F. *Traité de physiologie... Op. cit.* T. 1, p. 313.

cabeleira anuncia o tosão pubiano; a boca, menor que a do homem, deve deixar emergir a brancura dos dentes[56].

Os movimentos da mulher conciliam uma mobilidade difícil, uma vivacidade, uma flexibilidade, uma graça, uma leveza eternamente destacadas, como se a contradição permanecesse despercebida. Evidentemente, o conjunto deste quadro, que, por outro lado, combina com as formas femininas desenhadas pelos pintores e escultores daquela época, faz sentido apenas na perspectiva da realização do desejo da natureza, ou seja, da união carnal.

A sensibilidade emprestada por esta literatura médica à mulher[57] se nos reveste da maior importância, tendo em conta nosso objeto de estudo. Junto à mulher, o nervo domina, assim como o músculo domina no homem. Ela é toda "estremecimento"; é que suas "extremidades nervosas parecem mais grossas, mais desenvolvidas", notadamente, enfatiza Adelon, as que atingem a pele, a língua e os olhos; igualmente, a "afetividade" é mais viva na mulher, como o são, em geral, todas as suas sensações[58]. Por outro lado, seus músculos, especifica Menville de Ponsan, mais soltos, combinam com uma fibra mais flexível e mais úmida[59]. O diafragma – e sabemos a importância deste órgão na análise da sensibilidade no Século das Luzes – é mais facilmente afetado que o do homem; além disso, o útero constitui, junto à mulher, uma réplica desta parte sensível. A isso acrescente-se uma irritabilidade (Haller) particular dos tecidos, embora, de fato, pouco durável. Enfim, se comparado ao do homem, o corpo da mulher caracteriza-se por uma maior disseminação dos tecidos eréteis.

---

56. Sobre estas avaliações, a título de exemplo, cf. MOREAU DE LA SARTHE, J.L. *Histoire naturelle de la femme... Op. cit.*, p. 77.
57. Longo desenvolvimento sobre este assunto em ADELON, N.P. *Physiologie de l'homme*, *Op. cit.* T. IV, p. 45-51.
58. Sobre todos estes pontos e citações, cf. MOREAU DE LA SARTHE, J.L. *Histoire naturelle de la femme... Op. cit.*, p. 113. • ADELON, N.P. *Physiologie de l'homme. Op. cit.* T. IV, p. 45.
59. MENVILLE DE PONSAN, C. *Histoire philosophique... Op. cit.* T. 1, p. 161.

A sensibilidade – e isto constitui para nós o essencial – difere profundamente no homem e na mulher. Esta sofre mais intensamente "a tirania das sensações"; daí sua submissão às "causas imediatas"[60]. Convém destacar esta temporalidade feminina do sensitivo, feita, ao mesmo tempo, de vivacidade, de profundidade, mas também de predominância das coisas fugazes. Junto à mulher, garante o Dr. Capuron, as impressões se sucedem com rapidez, sem fixar-se[61]. Esta sensibilidade "palpitante", mas pouco durável, se parece, segundo Roussel, com a agitação; é o que testemunham, por exemplo, as incessantes "inflexões" e "modulações" da voz. "Seu rosto, seu olhar e seu sorriso [escreve Adelon], falam incessantemente; o riso e o choro nela explodem pelo menor motivo; suas mãos e pés estão em movimentos contínuos; sua respiração frequentemente transforma-se, e assume as formas de suspiro, de soluço"[62].

A mulher vítima "de abalos frequentes", muitas vezes tempestuosos, com frequência opostos, ou vítima de uma sucessão de espasmos e de períodos de abatimento[63], continua inteiramente sujeita ao *instante*. Ela sofre para livrar-se do presente; daí seus chiliques, sua inconstância; daí seus rubores súbitos e passageiros; daí, igualmente, a maneira com que seus olhos informam sobre o estado de seus órgãos genitais. Em suma, a mulher é um "ser que participa da própria vida nos mínimos detalhes"[64]. O quadro assim desenhado prepara, nesta sequência também, as páginas consagradas aos "prazeres venéreos". Ainda voltaremos a este tema.

Os médicos não se satisfazem com essa apreciação global da sensibilidade feminina. Eles buscam harmonizar essas generalidades com a análise da receptividade de cada um dos sentidos. Junto à mulher, o tato

---

60. ROUSSEL, P. *Système physique et moral... Op. cit.*, p. 30.
61. CAPURON, J. *Traité des maladies des femmes depuis la puberté jusqu'à l'âge critique inclusivement.* Paris: Croullebois, 1817, p. 8-9.
62. ADELON, N.P. *Physiologie de l'homme. Op. cit.* T. IV, p. 51.
63. MOREAU DE LA SARTHE, J.L. *Histoire naturelle de la femme... Op. cit.*, p. 118-122.
64. MENVILLE DE PONSAN, C. *Histoire philosophique... Op. cit.* T. 1, p. 186.

é elegante, graças à suavidade da pele. Ele capta os detalhes, as nuanças. Em contrapartida, o tato feminino delicia-se menos no exercício da carícia que o tato do homem, à medida que a epiderme deste último se revela mais áspera que a da mulher. "Talvez [escreve Moreau de la Sarthe], vós não sejais tão sensíveis quanto nós em relação ao prazer de percorrer formas arredondas e bem torneadas, e sobre as quais nossas mãos e nossos lábios passeiam com prazer. Vossos afagos vivos e suaves parecem ser mais o efeito do sentimento que o do prazer do toque. É bem verdade que nossas formas não são arredondadas como as vossas, e que não temos uma pele tão suave e tão fina quanto a vossa"[65]. Este esboço de análise que contrasta a carícia é interessante, dado que o longo tratado de Moreau de la Sarthe destina-se primeiramente às leitoras. Contrariamente ao que resulta do verbete da *Enciclopédia*, e pondo de lado a alusão que precede, não conseguimos detectar, até o momento, no discurso dos médicos, qualquer entusiasmo do sentimento e da felicidade que ele acrescenta às emoções físicas da fusão dos corpos[66]. Tudo acontece como se os médicos não se tivessem impregnado da tonalidade da carta 52 endereçada à Julie por Saint-Preux, no dia seguinte de sua primeira noite de amor, e continuam mais próximos da perspectiva desenhada, desde 1749, por Buffon.

Aos olhos da mulher, acrescenta Moreau de la Sarthe, é suficiente uma luz suave e cores "de uma vivacidade medíocre"[67]: lilás, azul suave, alaranjada, verdejante e não avermelhada ou de extrema brancura. Ruídos fortes e sons estridentes abalam seus ouvidos. Ela mal suporta "uma música doce e suave, alegre e tristonha". Os médicos concordam em vangloriar a acuidade da sensação olfativa na mulher. "As volúpias do olfato – escreve

---

65. MOREAU DE LA SARTHE, J.L. *Histoire naturelle de la femme... Op. cit.*, p. 81.
66. BENREKASSA, G. O verbete "jouissance" e a ideologia erótica de Diderot. *Dix-huitième Siècle*, n. 12, 1980, "représentations de la vie sexuelle", p. 9-34, *passim*.
67. MOREAU DE LA SARTHE, J.L. *Histoire naturelle de la femme... Op. cit.*, p. 80, bem como as citações subsequentes. De igual modo, as observações de ADELON, N.P. *Physiologie de l'homme. Op. cit.* T. IV, p. 45.

ainda Moreau de la Sarthe, de olho em suas eventuais leitoras – vos dispõem talvez mais do que a nós, quanto aos desejos do sexto sentido." Da mesma forma, a mulher acusa um apetite mais sofisticado, mais refinado e menos ávido que o demonstrado pelo homem. Ela sente-se ferida por sabores fortes, por pratos muito temperados, por licores destilados, mas adora bebidas simples, alimentos doces, leite, frutas, legumes... Burdach propaga as mesmas certezas que seus colegas: "Os sentidos da mulher têm uma receptividade mais delicada, e bastam leves *estímulos* para colocá-los em ação de maneira natural e agradável [...]. Tudo o que age com força sobre os seus sentidos lhe é desagradável e insulta"[68]. É evidente que o discurso dos médicos relativo aos modos da sensualidade feminina convida o leitor a transpô-los e a ver neles uma evocação sutil do prazer carnal.

Globalmente, a mulher demonstra mais destreza na análise de suas sensações. Assim, sua visão, mais rápida e mais ativa, a autoriza à apreensão de nuanças e detalhes. Esta capacidade sutil de análise prenuncia a acuidade deste sexto sentido, cujas percepções são tão incorporadas nela que, à época, os médicos mal conseguiam tentar adivinhá-las. Não esqueçamos que a inexata alusão aos "sentidos" constituía, naquela época, para a mulher respeitável, a única maneira admissível de manifestação do desejo, de alusão à sua sensibilidade erótica. Evidentemente, essa *expressão* vaga só expressa secundariamente as impressões recebidas pelos cinco sentidos. Tudo acontece como se a opacidade das sensações que emerge mais profundamente na "vida sexual" preservasse o pudor de qualquer precisão indecente.

A cadência orgânica do desejo na mulher impõe-se com uma evidência que os médicos não cessam de destacar. Esta convicção nutre o debate criado ao redor do eventual vínculo estabelecido entre as oscilações da luxúria e as etapas do ciclo menstrual. Os médicos concordam em destacar

---

68. BURDACH, C.F. *Traité de physiologie... Op. cit.* T. 1, p. 332.

a disponibilidade contínua da mulher, que ignora, estritamente falando, o cio da fêmea animal; mas esta unanimidade se desfaz quando se trata de medir os caprichos do desejo. A maioria, no entanto, parece admitir que as regras, nem mesmo por causa do orgasmo (eretismo, turgescência), que as acompanha, avivam a sensibilidade genital.

Enfatizemos, enfim, que graças à influência da rica antropologia das Luzes, os médicos, nas sendas de Buffon, que em meados do século XVIII havia apresentado em sua *História natural do homem* o estado da questão deste tema, realçam a variedade das sensualidades segundo "os climas", a situação geográfica, o temperamento, a idiossincrasia; tantos dados sobre os quais, mais adiante, voltaremos a falar. Enfim, os estudiosos gostam de descrever a regressão progressiva da beleza na mulher, ao longo de todas as etapas de sua "vida sexual". O prazer conjugal, defendido na medida em que liberta das angústias da continência que acompanham com mais frequência a puberdade, aporta uma série de desgraças. A mulher que começou a realizar o desejo da natureza não está mais sujeita à mesma necessidade de agradar. A abundância e a regularidade dos prazeres, tanto quanto uma eventual maternidade, colocam suas impressões digitais em seu corpo: "Quando o desejo da natureza é satisfeito [...], escreve Roussel, a mulher perde pouco a pouco o seu brilho [...]. A força expansiva da qual os órgãos extrairiam seu colorido e sua forma sedutora diminui, desacelera; e uma flacidez desagradável sucederia a maleabilidade e a *firmeza elástica* de que os órgãos eram dotados, se esse excesso de peso que leva ordinariamente à idade adulta não sustentasse essa maleabilidade e essa firmeza, e não lhes impusesse um certo ar de frescor". Um pouco mais tranquilizador, nosso autor acrescenta: "Se esta nova modificação é incomparável com a leveza, a fineza de aspecto e este tamanho flexível, que dividem a puberdade, ela pelo menos admite graças majestosas e encantos"[69].

---

69. ROUSSEL, P. *Système physique et moral... Op. cit.*, p. 83-84.

Colombat de l'Isère faz a mesma constatação, mas atribui uma influência maior aos prazeres: "A frequência dos espasmos eróticos"[70] junta-se aos efeitos nefastos da maternidade sobre a beleza das mulheres; aquelas sobretudo que são de uma índole amorosa, ou que são dotadas de uma excessiva sensibilidade, perdem logo seu frescor; elas logo veem desaparecer os contornos arredondados que as pessoas de uma constituição fria e difícil de comover conservam".

Quando a mulher "é totalmente abandonada à espécie"[71], uma vez chegada à idade crítica, a própria natureza *"abandona seu indivíduo* a fim de que ele desfrute dos últimos momentos que lhe restam". Esta transição, ou, melhor dizendo, este retorno à individualidade opera-se em etapas muito sutis: "Há ainda um espaço de tempo [...] em que ela [a vítima da idade crítica] se interessa em razão de um remanescente de atrativos que trazem à memória os que ela já não possui mais". Em seguida, abre-se "o inferno das mulheres": "Tudo murcha, tudo é destruído; o impulso vital que animava todos os seus órgãos volta-se para dentro, e mal faz-se sentir nas partes externas; a corpulência que lhe servia de suporte se dissipa, e abandona estes órgãos à sua própria sorte [...]"[72].

Esta crueldade do olhar clínico está presente em Moreau de la Sarthe. A gordura torna-se invasiva. O abdômen aumenta, perde sua firmeza, seu polimento; as pregas e rugas se acumulam, o pescoço se afina, os seios não se sustentam mais, as clavículas tornam-se sobressalentes, as articulações perdem sua elasticidade; imperceptivelmente o útero se apaga. "A mulher é advertida de que já não representa mais nada para a espécie"[73].

Colombat de l'Isère, por sua vez, evoca "o inferno das mulheres". A exemplo de outros, destaca a perda de "firmeza elástica da pele", ao passo

---

70. COLOMBAT DE L'ISÈRE. *Traité complet des maladies de femmes... Op. cit.* T. 1, p. 48, bem como as citações subsequentes.
71. ROUSSEL, P. *Système physique et moral... Op. cit.*, p. 84 e as duas citações subsequentes.
72. *Ibid.*, p. 85.
73. MOREAU DE LA SARTHE, J.L. *Histoire naturelle de la femme... Op. cit.*, p. 408.

que o "útero pouco a pouco cessa de reagir empaticamente com toda a estrutura e entra nas categorias dos demais órgãos"[74]. Reveremos ainda as angústias de algumas mulheres que, à época, buscavam, não obstante tudo, "com novos prazeres, extinguir o ardor que ainda lhes ardia"; tentativa que as expunha a "acidentes terríveis".

É indispensável verificar, por meio destas citações, o teor poético do discurso destes estudiosos, esperando que ao longo do meio século seguinte esse tom não dê lentamente espaço a uma relativa frieza científica. Vale antecipar, porém, que o fervor dos médicos não esmorecerá verdadeiramente antes do final do período que nos ocupa. Em 1846, o médico Menville de Ponsan ainda tenta ensaiar uma inspiração poética: "Seu olho [escreve nosso autor sobre a mulher], tem as fascinações do mar, sua rica cabeleira é uma lareira ardente, as ondulações de seu corpo virginal rivalizam em graça e flexibilidade com as curvas dos rios e os entrelaçamentos dos cipós, e o Criador deu a seu belo seio a forma dos mundos"[75].

O corpo do homem não deixa de estar presente, de forma indireta, em tudo o que precede. Para esses médicos, no entanto, este tema, continuamente posto à prova, não esconde a mesma parte do mistério, nem suscita a mesma escrita inflamada. A ausência da fascinação desejante, tão evidente na mulher, leva a uma maior simplicidade; tanto que tudo o que diz respeito à função genital é bem menos complexo. O quadro da beleza do corpo masculino implica menos detalhes, pois, segundo Menville de Ponsan, ele não exige tanta atenção. Aqui, o desejo da natureza está menos profundamente inscrito no corpo; ele se volta mais para fora. Os órgãos genitais lhe são, essencialmente, externos, de certa forma periféricos. Esta relativa exterioridade implica que tudo depende do entusiasmo, da

---

74. COLOMBAT DE L'ISÈRE. *Traité complet des maladies de femmes... Op. cit.* T. 1, p. 49, 51 e 54, no tocante às duas citações subsequentes.
75. MENVILLE DE PONSAN, C. *Histoire philosophique... Op. cit.* T. 1, p. 168.

expansividade, da atividade que implica vigor, esforço, energia. À umidade do corpo da mulher opõe-se o calor e a secura do corpo do homem.

"O corpo de um homem bem-feito deve ser quadrado", nos assegura Moreau de la Sarthe[76], citando Buffon, embora sem dizê-lo. Virey, por sua vez, vê nele uma pirâmide invertida. Segundo Burdach, "a dimensão do comprimento predomina (se comparado ao corpo da mulher); ele forma uma cavidade mais alongada, cônica, comprimida nos lados, encolhida por baixo"[77]. Mas, para todos, a silhueta masculina opõe-se à forma esférica. Tudo, nesta silhueta, deve ter retidão, rigidez, consistência. O rijo, o sólido se opõem à maciez do corpo da outra. No corpo do homem, o ângulo predomina. A esse respeito, os médicos não falam em contornos, mas em saliências, em segmentos distintos. Os músculos, "rigidamente expostos"[78], indicam força. Eles estão inseridos em ossos mais grossos, mais duros que os da mulher. Aqui, predomina a densidade da fibra, o odor forte, a pilosidade abundante. Não se trata, porém, de alcançar as qualidades exageradas do atleta, vítima da concorrência que opõe o músculo e o sistema genital; mas é bom evitar igualmente as formas achacadas do homem de letras.

A sensibilidade masculina situa-se do lado oposto da feminina, ou, se preferirmos, é um desenho sem contornos. Junto ao homem, a acuidade sensorial e a capacidade de análise das mensagens são inferiores. Em contrapartida, a impressão revela-se mais durável. As manifestações do desejo e as impressões eróticas são menos disseminadas pela superfície do corpo; elas concentram-se nos órgãos genitais externos. A capacidade erétil do pênis e a sensibilidade da glande tendem a resumir os instrumentos destinados a cumprir a missão conferida ao homem pela natureza, que é a

---

76. MOREAU DE LA SARTHE, J.L. *Histoire naturelle de la Femme... Op. cit.*, p. 72. • BUFFON. *Œuvres. Op. cit.*, p. 236.
77. BURDACH, C.F. *Traité de physiologie... Op. cit.* T. 1, p. 278.
78. MOREAU DE LA SARTHE, J.L. *Histoire naturelle de la femme... Op. cit.*, p. 72.

de penetrar. Acrescente-se a importância do tato e dos prazeres propiciados pela carícia das curvas voluptuosas da mulher.

Como vimos, a cisão proporcionada pelo sexo, segundo os médicos, leva a diferenças no funcionamento dos outros sistemas de órgãos. Assim, a digestão difere. Burdach considera que "o homem se assemelha aos animais carnívoros e a mulher aos herbívoros"[79]. Alguns são propensos a alimentos de origem animal, que os tornam mais toscos, ferozes, mais robustos; outros são mais propensos aos vegetais e ao leite. O homem necessita de temperos e licores alcóolicos para reavivar "sua irritabilidade poderosa, mas obtusa" e para "dar novamente vigor à própria musculatura". Também a respiração, por sua vez, não é similar entre os gêneros. A mulher tem os pulmões menores; consome pouco oxigênio. Esta combustão não passa de uma "incandescência calma e tranquila [...], ao passo que junto ao homem é um fogo incandescente"[80].

Roussel, por sua vez, já advertia que a pulsação feminina é mais fraca e mais acelerada. Em suma, garante Capuron, "A circulação, a respiração, a digestão, a alimentação e as secreções se realizam com menos energia, mas com mais rapidez na mulher do que no homem"[81]. É evidente que este conjunto de convicções e de observações pesa no discurso dos médicos, sobretudo quando se trata de descrever os impulsos confusos da cópula e de realçar a diferença. O homem, voltado para fora, foi dotado pela natureza daquilo que favorece a ação, o esforço, a ambição, "o engrandecimento do eu", a expansão e, portanto, o progresso. Nele, tudo evoca movimento, expansão, devir. Para Burdach, "a mulher é, o homem se torna; logo, o devir é sempre uma incerteza"[82]. Sua companheira terá, essencialmente, por missão, ajudá-lo a restabelecer os laços que o unem à natureza.

---

79. BURDACH, C.F. *Traité de physiologie...Op. cit.* T. 1, p. 307, bem como a citação subsequente, p. 308.
80. *Ibid.*, p. 309.
81. CAPURON, J. *Traité des maladies des femmes...Op. cit.*, p. 8.
82. BURDACH, C.F. *Traité de physiologie...Op. cit.* T. 1, p. 377.

A mulher, por sua vez, identifica-se com tudo aquilo que depende da interioridade. Ela é dotada de uma capacidade de escuta mais forte daquilo que resulta do orgânico, do natural. Enquanto a missão de gerar do homem resume-se à brevidade da ejaculação, a da mulher se estende desproporcionalmente à concepção, à gestação, ao aleitamento, a todos os deveres da maternidade. Felizmente, ela é menos dependente das crises externas que seu companheiro. Sensível ao presente, à emoção do instante, ela se beneficia, por essa razão, do sentido da nuança, da preocupação com o detalhe, da minúcia das pequenas coisas.

Para ela, a queda é inapelável. A mulher que falhou renunciou ao desejo da natureza. Ela abriu-se ao exterior. Ela entregou seu corpo e seu útero ao prazer sem propósito. Ela perdeu as qualidades de seu sexo. Diante desta mulher perfila-se um destino irreversível. A partir de então ela se revela capaz de todos os excessos. As barreiras naturais a protege do vício. Mas transpô-las constitui-se para ela um ato decisivo. Obviamente, as paixões fortes dizem respeito à constituição do homem, e este não encontra, em si mesmo, fortes obstáculos à transgressão. Portanto, restabelecer-se e reencontrar sua situação primeva não era difícil para ele.

A mulher, no instante em que consegue suplantar as barreiras contra a sua extinção, escreve Menville de Ponsan, "cai, e dessa forma rola de queda em queda sem jamais conseguir encontrar suficiente força, não digo para voltar a suplantá-las novamente [as barreiras] e retornar ao ponto de partida, mas até mesmo para levantar-se [...]. Em curto espaço de tempo ela não será nem mulher, nem homem; será um ser assustador, capaz de qualquer excesso, um ser no qual a moralidade não tem mais força sobre ela"[83]. A naturalização da moral sexual e a de seu duplo padrão são levados assim a cabo. Segundo esta lógica, o alcance da transgressão, os

---

83. MENVILLE DE PONSAN, C. *Histoire philosophique... Op. cit.* T. 1, p. 201. Os perigos mortais provocados pela superação de uma primeira barreira por uma mulher sábia constituem o objeto de Clarissa Harlowe, no romance de Richardson, que teve enorme sucesso.

itinerários da imoralidade, a metamorfose do ser diferem radicalmente segundo o sexo. Ao ponto que, aos olhos de Parent-Duchâtelet, a prostituta é identificada com a carne morta[84]. Tentar um estudo da relação carnal, entre 1770 e 1860, sem ter sempre em mente o espírito deste naturalismo difundido pelos médicos seria privar-se de toda compreensão do objeto de pesquisa que escolhemos.

---

84. CORBIN, A. Introduction à Parent-Duchâtelet (Alexandre). *La Prostitution à Paris au XIXᵉ siècle*. Paris: Du Seuil, 1981 [L'Univers historique].

2
A QUALIDADE E OS DETALHES DOS PRAZERES

Tudo aqui começa com Haller. Ele propôs em 1774[1] uma grade de leitura do "prazer venéreo" cujos elementos serão incessantemente retomados e enriquecidos até meados do século XIX. Ele primeiramente estuda a secreção do sêmen masculino e as causas psicológicas que estimulam sua elaboração. Dado que a ereção não obedece à vontade, Haller é levado a enfatizar o papel essencial da imaginação, notadamente a função dos fantasmas provocados pelas imagens sensuais, pelas leituras eróticas, pelas lembranças dos prazeres. Ele examina os outros estímulos do desejo masculino: os toques, o odor das partes genitais da mulher, ao qual atribui uma importância decisiva. Enquanto médico, ele se detém um instante nos graus da ereção, de algum modo em sua qualidade. E considera que a sede do prazer está na glande. Depois de descrever a penetração ele ensaia uma medida de intensidade da ejaculação, produzida, segundo ele, por um "esforço convulsivo dos nervos" no momento em que "o prazer é levado ao seu mais alto grau"[2]. Esta análise o leva a concluir que o homem é "dentre os animais o que tem menos esperma, e o que possui a menor força para o ato venéreo"[3]; suas façanhas são pobres, se comparadas ao burro, ao

---

1. Utilizaremos aqui o texto, em língua francesa, *La Génération ou exposition des phénomènes relatifs à cette fonction naturelle*. traduzido de HALLER, M. *Physiologie*. Paris, 1774.
2. *Ibid.* T. I, p. 82.
3. *Ibid.*, p. 88.

cavalo ou ao javali. Em seguida Haller volta à descrição do prazer propriamente dito, "espasmo extremo", acompanhado de um "grande tremor"[4]. Enquanto a pulsação acelera, o coração palpita e a respiração torna-se fatigosa, como por ocasião de esforços violentos. Em seguida considera a restauração [das forças] que o ato venéreo impõe ao homem. E fixa sua duração em três dias, prazo que varia, no entanto, em função de uma série de parâmetros: provisão de sêmen, vivacidade do desejo, número de repetições do ato, duração dos intervalos... Haller conclui com os riscos que os excessos trazem: enfraquecimento dos olhos, a *tabes dorsalis*[5], ou morte súbita. Vale lembrar que ele procura diferenciar o quadro do prazer masculino do quadro feminino, concedendo longos parágrafos ao primeiro.

A descrição que Haller oferece do prazer feminino coloca o problema das fontes, sobre as quais ainda voltaremos. Seja como for, sua apresentação da ascensão do desejo da mulher é de enorme precisão. Sob o efeito das titilações do clítoris e de sua ereção, esta foge ao controle da mulher: seus joelhos tremem e lhe fogem enquanto seus mamilos aquecem, ficam avermelhados, inflam e se enrijecem em forma de cilindro. Haller, no entanto, não exclui o papel da vagina; não minimiza os efeitos da titilação luxuriante do conjunto das partes externas dos órgãos reprodutores. Depois de Buffon, mas muito antes de Cabanis e dos ideólogos, nosso autor destaca a estreita solidariedade que une o útero e os seios. Em seguida chega aos mecanismos propriamente ditos do gozo feminino. Os tecidos da vagina se inflam e fecham o pênis com deleite até à ocorrência de um "espasmo venéreo" que envolve trompas e ovários. Haller, de fato, varre com autoridade a antiga teoria do duplo sêmen de Hipócrates e Galeno. Enfaticamente afirma: "Não se forma nenhum sêmen nas mulheres"[6]. Contenta-se apenas em evocar o papel das mucosidades. Em contrapartida, na linha

---

4. *Ibid.*, p. 83.
5. Cf. *infra*, p. 189-191.
6. *La Génération... Op. cit.* T. I, p. 49. Quanto à solidariedade entre o útero, os seios e a cabeça, cf. BUFFON. *Œuvres. Op. cit.*, p. 217.

de Hipócrates e concordando com Buffon, não exclui a existência de um arrepio que sinalizaria à mulher o sucesso da concepção.

Sem resolver a questão, ele se pergunta pelo eventual papel das regras na obtenção do prazer. Em contrapartida, soluciona com uma fórmula o enigma de Tirésias que consiste em perguntar quem, entre o homem e a mulher, goza com mais intensidade na hora da união carnal. Segundo ele, pelo fato de a glande ser mais grossa que o clítoris, e mais inflada durante "o ato venéreo", é evidente que, "no momento da ejaculação, o macho é muito mais transportado do que a fêmea"[7]. Raciocínio que revela a extrema dificuldade de conceber, em meados do século XVIII, o prazer feminino de outra forma senão a da ejaculação, mesmo abandonando a teoria do duplo sêmen.

Os textos dos médicos mostram a importância que eles atribuem ao ato que, aos seus olhos, é o mais importante da existência humana, pois, nessa circunstância, o indivíduo se submete ao desejo da natureza e se consagra inteiramente à perpetuação da espécie. Por isso ele se esquece e beira a morte em razão da intensidade de sua emoção. Em razão deste ato transcender o indivíduo ele permite experimentar um prazer indescritível, incomparável a qualquer outro. É em razão deste ato submergir o indivíduo que ele implica um consumo incomparável de energia. Para nós é difícil, descendentes de Freud, impregnados do conceito de sexualidade elaborado mais tarde, compreendermos o que naquela época constituía a força da união carnal do homem e da mulher[8]. Daí a impressão de desorientação que essa literatura médica proporciona, tal como a contemplação das nudezas da arte daquela época.

---

7. *La Génération... Op. cit.* T. I, p. 84.
8. É que, excluídas as análises de Michel Foucault, os textos médicos da aurora do século XIX foram interpretados apenas nas perspectivas de uma história da dominação masculina ou de uma repressão sexual; que não entra aqui, em nossa proposta de estudo.

O importante é compreender bem a amplitude das emoções suscitadas à época pela realização do que é considerado, aqui, como a primeira das funções. Urge abandonar a ideia de que o século XXI, com sua pornografia e suas máquinas orgásticas, represente o auge de um movimento secular de valorização da união carnal. Urge igualmente compreender que a leitura desse discurso médico dos anos de 1770-1860 mostra que a própria noção de heterossexualidade era indispensável. Esta implicava a elaboração de dois conceitos, à época desconhecidos: primeiramente o de sexualidade; em seguida o de uma homossexualidade, que dissociava o desejo e o prazer do ato sexual na concretização do "desejo da natureza".

Entre a aurora dos anos de 1770 e meados do século XIX, um certo retraimento do entusiasmo poético e uma crescente vontade de distanciamento e de precisão clínica caracterizam o discurso médico consagrado à cópula; evolução, repitamo-lo, acompanhada de certo enfraquecimento da influência do vitalismo, ou sensualismo, em benefício das manifestações psicológicas observáveis e mensuráveis. A leitura destes quadros leva a outras constatações: excetuando-se o *De rerum natura* de Lucrécio, cuja referência é frequente nos médicos da época, não existem elementos genealógicos de tais descrições. A literatura erótica, embora responda a uma explícita intenção de excitar, não se fixa senão raramente, com tanta complacência, precisão, ou entusiasmo, no gozo venéreo. Podemos nos impressionar com a evidente liberdade de estilo dos médicos, os quais, quando não se trata nem de excesso nem de abuso contra a natureza, não se preocupam em redigir em latim a descrição dos prazeres. Ora, algumas de suas obras – como a de Béraud[9] – são lidas fora do círculo de seus colegas. Os tratados de Moreau de la Sarthe e de Deslandes são inclusive destinados aos educadores e às mães de família; e isto numa época em que a censura se exerce com severidade contra a literatura romanesca!

---

9. BÉRAUD, B.J. *Eléments de physiologie de l'homme et des principaux vertébrés*. Paris: Germer-Baillière, 1857. Ele foi, à época, lido por Michelet, que diz tê-lo apreciado.

Será necessário, portanto, analisarmos o que aproxima e o que diferencia a literatura erótica das obras de medicina. A questão essencial, no entanto, diz respeito às origens deste saber. Evidentemente, os autores que acabamos de citar não puderam livrar-se de uma observação clínica da cópula. Seus conhecimentos resultavam, pois, de uma observação de suas próprias emoções e as de seus companheiros, além dos relatórios extraídos de alguns de seus pacientes. É igualmente provável que a observação de crises convulsivas, de ataques de ninfomania ou de histeria lhes tenham permitido, efetuando uma transferência implícita, mobiliar seu próprio quadro, senão do conjunto da cena carnal pelo menos do "espasmo venéreo", que à época estava em seu apogeu.

Uma série de processos contribui, entre os anos de 1770 e meados do século XIX, para o aperfeiçoamento do quadro e para uma mudança das interpretações: o abandono geral e definitivo da teoria do duplo sêmen; um melhor conhecimento da anatomia e sobretudo da fisiologia dos órgãos genitais do homem e da mulher, particularmente da inervação da glande e do clítoris; os avanços da compreensão dos mecanismos da concepção e a afirmação, no final do período, da teoria da "ovulação espontânea"; e, sem dúvida, mais do que tudo, o esforço realizado em vista de promover a auto-observação prescrita e de aperfeiçoar os protocolos de interrogação relativa aos medos e aos fracassos do ato venéreo. Esta abordagem culmina com a análise dos graus do desejo e do prazer, elaborada primeiramente por ocasião do tratamento da impotência e posteriormente da frigidez; sem esquecer as perturbações – mas também alguns aportes – induzidas nestes domínios pela moda efêmera da frenologia e pela atenção dada à espermatorreia.

A escalada do desejo

Tentemos esboçar uma análise mais exata dos quadros do desejo e do prazer, da forma como eles aparecem nos textos dos médicos. Eliminemos desde já o que será qualificado, no início do século XIX, de erotomania, isto é, todos os desejos que não desembocam na união carnal ou na masturbação. Para os médicos, a boa relação entre o homem e a mulher implica: 1) a reciprocidade do desejo; 2) a prática da cópula; 3) a "comoção" compartilhada. Concisamente o cirurgião Lignac[10] pede, em 1772, que se evite confundir "o ardor das paixões" com o gozo venéreo. Convém inclusive, como o aconselhava outrora Lucrécio, evitar todo fantasma, caso se pretenda realmente degustar inteiramente o sabor do prazer.

Esta análise do desejo venéreo, da forma como é conduzida no final do século XVIII e na aurora do século XIX, permanece dependente da história natural e do comparatismo que ela implica. Nesta perspectiva, os médicos exaltam a superioridade do desejo no homem bem como sua constância. Em 1811, Richerand retoma o que já constitui um princípio orientador: "Só o homem se aproxima em todos os tempos de sua companheira e a fecunda em todas as latitudes e em todas as temperaturas"[11]. O animal que se acasala "não goza e se toca apenas por um órgão, [ele] quase não conhece o poder dos afagos, porque sua pele é eriçada de pelos"[12]. Trata-se apenas, para ele, que "não imagina nem saboreia quase nada", de "uma volúpia grotesca" e de "sexo reduzido a alguns instantes".

O homem é dentre todos "o mais beneficiado em termos de volúpias"[13]. Já, junto aos animais de sangue quente, os prazeres são preparados, acesos por "provocações mais fortes" do que junto aos outros animais. Os mamíferos gozam de maneira particularmente intensa. Eles revelam uma maior "disposição libidinosa". Suas fêmeas dispõem de um clítoris. Nos mamíferos, a introdução pode ser mais profunda do que nos outros

---

10. DE LIGNAC. *De l'Homme et de la femme considérés physiquement dans l'état du mariage*. 2 v. Lila: Henry, 1772.
11. RICHERAND, A. *Nouveaux élémens de physiologie*. T. 2. Paris Caille & Ravier, 1811, p. 369.
12. VIREY, J.J. Verbete "Homme". *Dictionnaire des Sciences Médicales. Op. cit.*, 1817, p. 230-231, bem como os verbetes subsequentes.
13. *Ibid.* Verbete "Libertinage", p. 117-118, bem como as citações seguintes.

animais. Mas é o homem que se situa no topo dos prazeres, graças à sua extrema sensibilidade, ao físico quanto ao moral, graças à sua nudez; portanto, ao seu "tato universal" que o torna suscetível a "titilações vivas"[14]. Na espécie humana, as relações entre os sexos são mais complexas, mais frequentes, mais íntimas, nos garante ainda Virey, em 1825; "a nudez da pele torna as aproximações mais imediatas, as sensações mais luxuriantes, os contatos mais cariciosos"[15]; fato que aumenta o "poder de ilusão". Sua "pele é naturalmente muito excitável". Ora, acrescenta Virey, "conhecemos [...] todas as relações amistosas que unem as funções da pele às funções dos órgãos genitais"[16]. A posse da mão confere, neste domínio, uma grande superioridade ao homem[17]. Acrescente-se que, diferentemente do que se constata junto aos animais, todos os seus sentidos vibram de forma harmoniosa.

Contrariamente aos animais, "sua imaginação ardente [lhe] apresenta mil imagens, seja de delícias, seja de tormentos, que antes da prova multiplicam para ele tanto os suplícios quanto os prazeres"[18]. Além disso, a estação certa faz com que, nele – notadamente junto à mulher –, "o sangue seja incessantemente levado para a cavidade da pélvis", fato que aviva mais a sensibilidade venérea. Junto às fêmeas dos animais, a direção da vagina é paralela ao abdômen; no homem, em contrapartida, a direção oblíqua do canal vulvo-uterino – especifica Moreau de la Sarthe – faz com que os parceiros, na união conjugal, se encontrem numa posição que não se limita, como nos animais, a um "prazer local": "O homem abraça sua companheira, embriaga-se de seus prazeres, acompanha a progressão das emoções, conhece e saboreia os *detalhes da volúpia*, é feliz por vários sentidos, e

---

14. *Ibid.*, p. 119. Virey desenvolve aqui as considerações de Buffon que aparecem em L'Histoire naturelle de l'homme. *Œuvres. Op. cit.*, p. 301.
15. VIREY, J.J. *De la femme... Op. cit.*, p. 192.
16. VIREY, J.J. Verbete "Libertinage". *Op. cit.*, p. 146-147.
17. *Ibid.*, p. 208. Buffon já havia insistido nesta função da mão. Voltaire, em seu *Dictionnaire Philosophique* (verbete "Amour"), estimava que os animais que se acasalam apenas gozam através de um único sentido.
18. VIREY, J.J. Verbete "Libertinage". *Op. cit.*, p. 119. Cf. tb. a citação seguinte.

faz participar todas as faculdades [...] no exercício de sua função mais importante"[19]. Enfim, se o homem é o mais apaixonado de todos os seres da criação é porque a maneira com que se alimenta proporciona materiais mais abundantes à secreção de seu esperma.

Mas é igualmente verdade que o macho da espécie humana paga o preço desta superioridade por sua presciência da morte, que é avivada no momento dos prazeres. A cópula, pela fadiga a que induz, constitui uma prefiguração de um desaparecimento, que ela, por outro lado, antecipa[20].

Depois de tentar estabelecer o que distingue o animal e o homem quando ambos se preparam para realizar o desejo da natureza, os clínicos e os fisiologistas de nosso *corpus* esbarram na escalada do prazer. O discurso sobre esta temática geralmente é desarticulado, misturando os resultados da observação com hipóteses vagas, ou irracionais. Na maior parte do tempo os médicos se concentram no observável e no mensurável, ou seja, no estado dos órgãos genitais. O essencial de seus discursos reporta-se ao eretismo, ao orgasmo, ao prurido, à irritação; o homem desejando sexo, a mulher desejando os órgãos inflados por um afluxo sanguíneo. A isto junta-se a hipótese da irradiação, da solidariedade entre os sistemas e da comunicação entre os tecidos eréteis.

Para além dessa interpretação do sangue e dos nervos, uma questão impõe-se, e diz respeito a uma eventual existência de um chefe de orquestra: cérebro ou cerebelo. Questão esta que introduz, entre esses clínicos e fisiólogos, um questionamento muito vago sobre o papel das faculdades da alma, notadamente em relação à imaginação e à memória. Eles, no entanto, excluem a paixão, que perturbaria o desempenho da natureza que estudam. Preferem dissertar longamente sobre um sentimento natural, instituído por eles como encenador da peça que rege a união carnal do homem e da mulher.

---

19. *Ibid.* Verbete "Homme", p. 198. Cf. MOREAU DE LA SARTHE, J.L. *Histoire naturelle de la femme... Op. cit.* T. I, p. 48.
20. Cf. *infra*, p. 119.

É a natureza que confere *o desejo* ao homem e à mulher, fazendo-os perceber a diferença dos sexos. A partir do momento em que se conscientizam daquilo que os diferencia, não lhes será mais permitido olhar-se a sangue-frio. "O homem vê na mulher, como a mulher vê no homem, a única coisa no mundo que pode transformar suas preocupações em prazeres"[21]. "Um não vê no outro senão um meio de felicidade, e o complemento de seu ser: um se lança na direção do outro com uma vivacidade proporcional à força com que a natureza lhes fala em favor da espécie"[22]. Os órgãos genitais "indóceis ao freio da vontade" impõem a independência de seus desejos ou, melhor dizendo, "a insolência temerária de seus caprichos"[23].

O homem é um composto de necessidades, reguladas pelo prazer e pela dor; e a primeira delas é acasalar-se em vista da perpetuação da espécie. "Existe uma idade [escreve Montègre], em que os prazeres físicos do amor se tornam necessários a todo ser bem-organizado"[24]. O desejo, garante Burdach, resulta primeiro, junto ao homem, de uma necessidade "de exoneração" do sêmen e, junto à mulher, de uma congestão dos órgãos procriadores, notadamente os ovários. Estas são as "leis gerais da excitação"[25]. A necessidade suscita o desejo; e a paixão não é senão, segundo Descuret, sua exacerbação, isto é, "a tirania de uma necessidade"[26]. Ora, esta aparece "todas as vezes que nossos aparelhos estão aptos a funcionar"[27]. Em suma, o desejo "nasce da estimulação primitiva impressa pela necessidade ao

---

21. ROUSSEL, P. *Système physique et moral… Op. cit.*, p. 145-146.
22. *Ibid.*, p. 143.
23. VIREY, J.J. Verbete "Frigidité". *Dictionnaire des Sciences Médicales. Op. cit.*, 1816, p. 23.
24. DE MONTÈGRE. Verbete "Continence". *Dictionnaire des Sciences Médicales. Op. cit.*, 1813, p. 102.
25. BURDACH, C.F. *Traité de physiologie… Op. cit.* T. II, p. 17, 19-20.
26. DESCURET, J.B.F. *La médecine des passions ou les passions considérées dans leurs rapports avec les maladies, les lois et la religion.* Paris: Béchet et Labé, 1841, p. 6.
27. *Ibid*, p. 19.

órgão mais especialmente encarregado de satisfazê-la, e sua força é sempre em razão da ideia de prazer atribuído à sua realização"[28].

O sensualismo e a visão dos ideólogos relativa às relações estabelecidas entre o físico e o moral ordenam a leitura dos mecanismos da escalada do desejo. Estes combinam, num jogo de "dependências inexplicáveis" e de "solidariedades ativas", a ação exercida pelas mensagens dos sentidos – e sobretudo pelas impressões do sexto sentido ou do "instinto de reprodução"[29] – sobre os órgãos genitais e o papel do cérebro, considerado chefe de orquestra que dirige a ativação da imaginação, sob o impulso destes fenômenos orgânicos. Interações complexas, portanto, se estabelecem, e exigem que se busque compreender melhor a maneira como funciona este processo.

Os médicos pouco se concentram no desejo masculino, como se o compreendessem tão bem a ponto de dispensar-se de dedicar-lhe a devida atenção. A constatação da diferença dos sexos, de sua morfologia, de seu odor, de seu colorido, da consistência de suas carnes e da textura de sua pele basta para determinar a ereção, que alguns atribuem à ação dos zoospermas. O desejo, segundo os médicos, parece concentrar-se nas impressões e no orgasmo do pênis, e sobretudo da glande, que é a sede de um tato particular. Sua pele cresce e se dilata, se alarga, sua tonalidade faz-se "mais viva"[30]. Por conseguinte, "um leve calor" é transmitido a todo o aparelho genital.

Em 1824, o clínico Adelon descreve a ereção de um pênis com precisão: "Suas artérias batem com força, suas veias ficam mais infladas, a

---

28. *Ibid.*, p. 222. Aqui, Descuret está em total acordo com Destutt de Tracy, segundo o qual o desejo orgânico é a base do amor (*De l'Amour*, 1815. Cf. ed. G. Chinard. Paris: Les Belles Lettres, 1926, p. 2).
29. Em 1767, Le Cat descreve o "sexto sentido" como um sentido superior de prazer e de volúpia, diferente do simples toque (LE CAT, C.-N. *Traité des sensations et des passions en général et des sens en particulier*. T. II. Paris: Vallat-La Chapelle, 1767, p. 215-217). Saint-Lambert o identifica com a "necessidade de se reproduzir". Cf. Analyse de l'homme et de la Femme. *Œuvres philosophiques*. T. I. Paris: H. Agasse, p. 55.
30. RULLIER. Vebete "Génital". *Dictionnaire des Sciences Médicales. Op. cit.*, 1817, p. 124.

pele que o reveste é mais colorida, seu calor aumenta; de redondo que era tornou-se triangular [...]"³¹. A ereção, fenômeno que permanece misterioso, é às vezes brusca, às vezes lenta e gradual. Ela, que não responde à vontade, revela-se frágil, caprichosa e "suscetível de graus diversos". Sua pouca constância, antes de aperfeiçoar-se após a introdução, faz com que ela "não sofra nenhuma distração", com que ela "seja excluída de qualquer outro ato". Segundo Adelon, ela resulta da influência do cérebro: o desejo ardente de geração irradia uma irritação no corpo cavernoso, exercendo uma estimulação direta sobre o pênis e sobre todos os órgãos do aparelho genital que estão ligados a ele por algumas solidariedades internas.

O Prof. Lallemand simplifica o quadro: "A requintada sensibilidade [da] vasta superfície sensitiva" da glande, escreve ele bem antes de Kobelt, garante "seu domínio instantâneo sobre o resto do aparelho"; e é ela que, graças às suas "papilas nervosas", enormes e "muito salientes", conduz o jogo³².

Certos afagos exercem, simultaneamente, uma ação estimulante e decisiva; e isto nos indivíduos de ambos os sexos. "Os lábios se desenvolvem, se aproximam, se inflam e se colorem no desejo"³³. Seus afagos mútuos provocam de uma maneira "quase constante a disposição erétil das partes genitais". As relações que estas mantêm com a audição são menos diretas; Rullier enfatiza, no entanto, o poder de excitação do timbre de uma voz. A interação entre a mensagem sensorial dos órgãos genitais é mais complexa no caso da visão. A imagem da beleza excita mais; em contrapartida, o estado dos órgãos da reprodução influencia o olho e confere "ao olhar a expressão mais própria a caracterizar o desejo e todos os matizes sob os quais ele se apresenta". Os olhos tornam-se

---

31. ADELON, N.P. *Physiologie de l'homme. Op. cit.* T. IV, p. 68; cf. p. 6, 70 para as citações subsequentes.
32. LALLEMAND, C.F. *Des pertes séminales involontaires.* T. 2. Paris: Béchet Jeune, 1836-1842, p. 158-159.
33. RULLIER. Verbete "Génital". *Dictionnaire des Sciences Médicales. Op. cit.*, p. 125. Cf. tb. a citação seguinte.

então, mais do que em qualquer outro momento, "espelho da alma"[34]; é o que manifestam com particular evidência o olho luxurioso do sátiro e o olhar provocador do cretino.

Os médicos dissertam interminavelmente sobre a escalada do desejo na mulher. O primeiro debate refere-se ao papel desencadeado pelo estado geral dos órgãos genitais. O afluxo sanguíneo que as infla, as faz ruborizar – orgasmo ou eretismo –, propicia uma satisfação de estado pesaroso no útero e na parte lombar. O prurido que às vezes acompanha esse estado é suficiente para que muitos estudiosos determinem um ardor que, levado ao extremo, pode estimular a masturbação, a introduzir objetos estranhos na vagina, ou a uma crise de ninfomania. Esta convicção é claramente enunciada em 1785 por Chambon de Montaux. A este respeito, ele distingue cuidadosamente o prurido das partes externas e o da passagem estreita do útero. Este último, geralmente intolerável, pode causar "um descontrole, um aparente furor, movimentos convulsivos, distorções do tronco, inchaço no baixo-ventre"[35]. Somente o licor seminal pode então aliviar, refrescando, por um instante, o calor da passagem estreita do útero.

O segundo debate refere-se à localização precisa do desencadeamento do desejo feminino. A quase totalidade dos médicos insiste no papel maior exercido pelo clítoris e na constatação de sua importância, pois esta geografia que denominaremos erógena faz com que o prazer, sendo externo, se revele independente das sensações do útero e da vagina. Por conseguinte, as mulheres podem obtê-lo, sozinhas ou entre elas, sem o falo e sem o pênis artificial. Virey destaca este primado do clítoris. Ele registra, no entanto, a ereção simultânea deste órgão, dos lábios e dos seios[36]. Moreau de la Sarthe compartilha este ponto de vista indicando a grande variedade de dimensões do clítoris nas mulheres; o que, segundo ele –

---

34. *Ibid.*, p. 126.
35. CHAMBON DE MONTAUX, N. *Des maladies des filles*. T. II. Paris, 1785, p. 73.
36. VIREY, J.J. *De la femme... Op. cit.*, p. 185.

tema que ainda será abordado –, determina "uma infinidade de matizes e de diversidades na maneira de obter prazer"[37]. Renauldin, num verbete frequentemente citado do *Dictionnaire des Sciences Médicales*, faz do clítoris a sede principal da volúpia na mulher[38]. Segundo Deslandes, ele é, por outro lado, uma prova deste papel decisivo: a extração deste órgão enfraquece a capacidade de vivenciar os prazeres venéreos[39]. Mais tarde – ainda o veremos –, Richerand partilha deste parecer e Roubaud lembra, a este respeito, que a amputação do clítoris curou a erotomania[40]. Resta que, em sua visão, este fato não esgota realmente a fonte dos prazeres.

Em conformidade com vários médicos que o precederam, ele avalia que existem outros órgãos desencadeadores do prazer. A prova é que durante a aproximação sexual, algumas vezes os esposos assumem posturas em que é impossível que o clítoris seja tocado pelo pênis do homem, "e, não obstante isso, a mulher não é frustrada em seus direitos; diríamos inclusive que ela consegue uma soma até maior de deleites"[41]. Existem mulheres que, segundo Roubaud, por confissão própria afirmaram ser totalmente "insensíveis às titilações do clítoris" e que não sentem prazer "senão pelas fricções do pênis ou de qualquer outro corpo contra as paredes de entrada da vagina"[42]; opinião reforçada pelas atuações de muitas masturbadoras.

Os que tendem ao primado do clítoris especificam que, se ele for muito desenvolvido, as mulheres geralmente se tornam "indiferentes aos afagos do homem"[43] e se desviam para o tribadismo, impulsionadas por uma imperiosa necessidade de buscar com mulheres um "prazer clitoridiano",

---

37. MOREAU DE LA SARTHE, J.L. *Histoire naturelle de la femme... Op. cit.*, p. 190.
38. RENAULDIN. Verbete "Clitoris". *Dictionnaire des Sciences Médicales. Op. cit.*, 1813, p. 374.
39. DESLANDES, L. *De l'onanisme... Op. cit.*, p. 421.
40. ROUBAUD, F. *Traité de l'impuissance et de la stérilité chez l'homme et chez la femme, comprenant l'exposition des moyens pour y remédier*. Paris: J.-B. Baillière, 1855, p. 533.
41. *Ibid.*, p. 533.
42. *Ibid.*
43. MENVILLE DE PONSAN, C. *Histoire philosophique et médicale de la femme... Op. cit.* T. 3, p. 289.

que aumenta o "delírio de sua imaginação". Felizmente, sinaliza Menville de Ponsan, "a amputação deste órgão ordinariamente leva a mulher a adquirir preferências naturais, dispondo-a a ser fecundada"[44].

Há médicos – voltaremos a este tema – que consideram que a vulva – as ninfas –, as paredes da vagina, as pequenas glandes que a revestem são acionadas por ocasião da escalada do desejo, e no subsequente desencadeamento do prazer. Para Murat, que se reporta à autoridade de Haller, a vagina e as ninfas exercem uma grande função[45]. Huguier[46], um dos maiores clínicos a ter-se especialmente consagrado ao estudo dos órgãos sexuais da mulher, teoriza o vínculo que une a hipersecreção vaginal à força do desejo e ao surgimento de determinadas doenças no aparelho genital. Sua teoria organicista do prazer feminino, enunciada entre 1843 e 1845, repousa nas secreções, nas inflamações e na irritação que elas provocam. Elas seriam, por si mesmas, segundo Huguier, capazes de exacerbar o desejo, notadamente pelo viés desses pruridos que já evocamos. No período de seus ardores, as mulheres sujeitas a um excesso de secreções seriam frequentemente levadas a praticar uma sexualidade intermitente.

Colombat de l'Isère pende por uma ação simultânea do clítoris e das ninfas; o que o leva a reivindicar respeito a todos os órgãos genitais das mulheres por ocasião de operações cirúrgicas, a fim de não correr o risco de privá-las da capacidade de gozar[47]. Em suma: vale evitar demasiadas exigências de distinção dos pontos de vista. Os clínicos não estão realmente divididos entre uma visão clitoridiana e uma visão vaginal do desejo e do prazer. Permanece, entre todos, antes da intervenção de Kobelt no debate, a extrema importância concedida às noções de eretismo, de orgasmo, de

---

44. Ibid. T. III, 1821, p. 290.
45. MURAT. Verbete "Vagin". *Dictionnaire des Sciences Médicales. Op. cit.*, 1828, p. 163.
46. HUGUIER, P.G. *Mémoire sur les maladies des appareils sécréteurs des organes génitaux externes de la femme.* Paris: J.-B. Baillière, 1850.
47. COLOMBAT DE L'ISÈRE, *Traité complet des maladies de femmes... Op. cit.*, p. 62-64.

irritação, de prurido, de exasperação, e a crença na interminável lista de doenças que estes fenômenos são suscetíveis de desencadear; lista cuja leitura é indispensável à compreensão da atitude dos médicos no tocante aos excessos e aos abusos.

De acordo com esta lógica, certos clínicos, como Deslandes, restauram a importância do surgimento das regras na exacerbação do desejo. "É notório que a excitação que precede e acompanha o fluxo menstrual torna muitas mulheres mais lascivas"[48]; alguns clínicos evocam inclusive o cio das fêmeas dos animais. Segundo Deslandes, os ovários constituem um "abrigo desse gênero de entusiasmo"[49]. Para ele, o grande volume de artérias e veias ováricas é causa de lascívia. A extinção destes órgãos, realizada com outros objetivos, determinou uma indiferença completa ao ato venéreo. Os castradores o sabem perfeitamente. Um deles fez inclusive sua filha sofrer a castração, pois a julgava demasiadamente lasciva; o que não deveria, pondera Deslandes, "servir de exemplo de conduta"[50].

A escalada do desejo não resta acantonada aos órgãos genitais da mulher e aos mamilos dos seios que lhe são unidos por solidariedade. Um conjunto de irradiações faz com que as impressões se transmitam e que muitas outras partes "vibrem em uníssono"; é a razão pela qual todo clínico deve conhecer bem as irradiações de solidariedade do útero. Ele deve saber que, em contrapartida, o menor toque em uma parte do corpo é suscetível de agir sobre o útero. Desde 1822, Friedrich Tiedemann, de Heidelberg, esforçou-se para explicar este jogo das irradiações pelo estudo dos traçados nervosos.

Falta saber se os nervos localizados nos órgãos genitais podem, sozinhos, transmitir estas impressões voluptuosas: "Não existe órgão algum,

---

48. DESLANDES, L. *Del'onanisme... Op. cit.*, p. 442.
49. *Ibid.*, p. 444.
50. *Ibid.*, p. 446.

afirma Rullier em 1817 no *Diccionnaire des Sciences Médicales*, que sinta mais fortemente a influência das afeições morais e das ideias"[51]. A influência da imaginação é sobre elas decisiva. A simples ideia de um objeto amável as excita, "o pensamento sobre qualquer objeto repugnante as congela [...]; a tristeza, o medo, a timidez as pressionam e as aprisionam". Igualmente, na mulher, o útero e os mamilos recebem a influência das afeições morais como o demonstram o ritmo e a intensidade de suas secreções. Os mecanismos desta influência não são menos misteriosos aos olhos de Rullier, dividido entre uma "hipótese bastante vaga e muito incerta de uma espécie de reação das extremidades nervosas do sistema genital, sobre o próprio centro nervoso"[52] e a da estimulação do cérebro por um sangue impregnado de substâncias segregadas pelos testículos ou pelos ovários.

Cabanis, alguns anos antes, foi mais peremptório. Os órgãos genitais, para ele, dotados de uma sensibilidade muito viva, exercem uma influência particularmente forte sobre o centro cerebral. Por conseguinte, "os nervos das partes procriadoras, em ambos os sexos", sem ser muito volumosos, "são formados por muitos nervos diferentes"[53]. Eles agem pelo sistema do grande simpático, que lhes serve de vínculo comum, com as "divisões mais essenciais do conjunto do sistema nervoso" que são capazes de influenciar. Além disso, avalia Cabanis, as partes dos órgãos da geração que são o principal centro de sua sensibilidade própria – os testículos e os ovários – são de natureza glandular. Ora, todas as glândulas se comunicam mutuamente; e seu estado "influencia grandemente o do cérebro"[54]. No conjunto, por consequência, os órgãos genitais "devem reagir fortemente sobre o órgão sensitivo geral, e sobre outras partes muito sensíveis

---

51. RULLIER. Verbete "Génital". *Dictionnaire des Sciences Médicales. Op. cit.*, 1817, p. 126. Cf. p. 127, para a citação subsequente.
52. *Ibid.*, p. 126.
53. CABANIS, P.-J.-G. *Rapport du physique et du moral... Op. cit.*, p. 198.
54. *Ibid.*, p. 199.

como eles, com os quais estão em relações diretas de solidariedade"[55]. A importância do papel do sistema glandular explica a antiga observação segundo a qual os prazeres venéreos, notadamente os primeiros, determinam o inchaço do pescoço na mulher; e Rullier cita o caso de uma jovem esposa cujas glandes jugulares tumeficadas e supuradas, poucos dias após o casamento, aumentavam ou diminuíam de volume "segundo sofria ou evitava os beijos do marido"[56].

Para Gall, é o cerebelo e não o cérebro "a base do estado de cio". Para seus discípulos, ele constitui "o legislador das partes sexuais", "o lar do instinto da difusão", numa palavra, "a sede do amor físico". Por conseguinte, parece lógico afirmar que a massa do cerebelo está em relação direta com a intensidade dos desejos genitais. Ora, segundo Gall e seus discípulos, o volume deste órgão é reconhecido exteriormente pelo comprimento ou *inchaço da nuca*: o que significa dizer que os indivíduos dotados desta particularidade se diferenciam por sua luxúria[57].

Uma série de observações de Gall reforça esta teoria. Um caso descrito pelo Dr. Chauffard é, neste particular, incessantemente repetido. Um homem de 53 anos, piedoso, modesto, de hábitos serenos, vítima de uma queda acidental, bateu violentamente a nuca no canto de sua cama; fato que desencadeou nele uma luxúria extraordinária. "Ele perseguia à exaustão sua mulher, sua filha, e todas as pessoas do outro sexo"[58]. Este delírio erótico não cessou de aumentar ao longo de três meses. Um dia, após uma forte raiva, causada pela recusa de sua mulher, o desafortunado foi acometido de uma convulsão. A dor se deslocou e o delírio erótico foi substituído por um delírio religioso.

---

55. *Ibid.*, p. 202.
56. RULLIER. Verbete "Génital". *Dictionnaire des Sciences Médicales. Op. cit.*, p. 132.
57. Cf. DESLANDES, L. *De l'onanisme... Op. cit.*, p. 386.
58. LALLEMAND, C.F. *Des pertes séminale involontaires. Op. cit.* T. II, p. 50.

Chauffard, Voisin, Londe e o próprio Deslandes pensaram, pois, que seria conveniente agir sobre o cerebelo, notadamente colocando gelo ou sanguessugas na nuca, se quisessem curar seus excessos de luxúria.

Esta localização é, ao mesmo tempo, fortemente contestada, principalmente por Flourens e Bouillaud. O próprio Willis, antes mesmo de Gall publicar seus estudos sobre o cerebelo, já havia localizado a necessidade de reprodução na medula espinhal. Para ele, a ação deste órgão se exerceria diretamente sobre os aparelhos secretores e excretores de esperma, ou sobre a ereção do pênis e, de uma maneira geral, sobre o "sentido venéreo"[59]. Dupuytren avalia que o priapismo resulta assim de uma lesão da medula. Por essa razão Deslandes aconselha, em caso de satiríase, aplicar duchas frias sobre a coluna vertebral, particularmente sobre as regiões lombares e sacrais; sem deixar de recorrer a ventosas aplicadas nas lombares, ao gelo triturado e às sanguessugas no ânus.

Destaca-se que, para estes médicos, a intensidade do desejo é modulada segundo as morfologias, os temperamentos e as idiossincrasias. Cada indivíduo possui sua "sensibilidade genital", um "sentido genital" dotado de uma impressionabilidade particular, uma luxúria especial; e uma das tarefas do médico é discernir, pela observação clínica, o temperamento de cada um de seus pacientes e mensurar sua impressionabilidade própria pela recomendação a auto-observações regulares. E somente com esta medida o clínico consegue evitar as exasperações do desejo e exercer uma sábia regulação.

Visando a uma maior clareza, consideremos, a título de exemplo, o quadro clínico da mulher particularmente desejosa, desenhado por Louyer-Villermay, no *Dictionnaire des Sciences Médicales*. Suspeita-se de luxúria aquela "cujo sistema nervoso é predominante, portadora de

---

[59]. Sobre todos estes pontos, cf. DESLANDES, L. *De l'onanisme... Op. cit.* • LALLEMAND, C.F. *Des pertes séminale involontaires. Op. cit.* T. II, p. 57ss.

músculos muito pronunciados e pouco providos de tecido celular"; e, mais ainda, aquela que, além disso, apresenta "um sistema piloso abundante e fortemente colorido, cabelos, cílios, pelos em grande quantidade e muito pretos; olhos da mesma cor, grandes e vivos; uma fisionomia expressiva e móbil", cujos "atributos sexuais são muito salientes, bem como um seio bem posicionado, firme e de um volume proporcionado; quadris bem desenhados e arqueados, uma bacia alargada, com saliências arredondadas; enfim, com membros abdominais muito desenvolvidos, cintura esbelta, estreita [...]"; uma "boca grande, lábios grossos e de um vermelho carmesim, dentes brancos, sadios e bem-alinhados"[60]. O leitor, obviamente, sente uma dificuldade enorme de entender a coerência deste retrato da mulher naturalmente lasciva; a menos que o presente quadro corresponda tão somente ao gosto do autor.

A escalada do desejo responde igualmente a um trabalho da imaginação e ao conjunto das faculdades da alma detalhadas pelos ideólogos. Richerand, inspirando-se nos *L'Eléments d'Idéologie* [Elementos de Ideologia], de Destutt de Tracy, os enumera em 1811: memória, associação das ideias, comparação, julgamento, raciocínio. Sua exaltação, estimulada pelo desejo, constitui a paixão. "Sentir [...] é ter a consciência de uma sensação; lembrar é sentir a lembrança de uma sensação experimentada; julgar é sentir as relações entre nossas recepções; enfim, querer é desejar alguma coisa"[61]. Sensações, lembranças, julgamentos e desejos se entrelaçam para formar todas as ideias complexas.

Labrunie, que consagra sua tese tanto aos efeitos da privação quanto ao abuso dos prazeres venéreos, considera que a imaginação constitui a verdadeira fonte do prazer, "seja quando, precedendo os desejos, ela os faz eclodir, seja quando, precedida pelos desejos, ela se sente por eles acordada

---

60. LOUYER-VILLERMAY. Verbete "Nymphomanie". *Dictionnaire des Sciences Médicales. Op. cit.*, 1819, p. 568-569.
61. RICHERAND, A. *Nouveaux élémens de physiologie. Op. cit.* T. 2, p. 172.

e abrasada"[62]. Alimentada pelas paixões, portanto, a imaginação age por sua vez sobre elas. Ela as fortifica e as estimula. Esta imaginação, assegura Fournier, nos leva a desejar os prazeres do amor "mesmo quando os nossos sentidos, sobrecarregados pelos prazeres incessantemente acumulados, se tornaram inábeis a favorecer novos prazeres"[63]. Deste ponto de vista, o homem difere do animal.

Roussel já nos garantia que cada um carrega em si um modelo [sic] com o qual compara os objetos que o atingem e que, frequentemente, resulta das "imagens sob as quais a volúpia se oferece a [ele] pela primeira vez"[64]. Isto, para Fournier, "nos êxtases que a visão de uma bela mulher provoca; naqueles, talvez, não menos vivos, provocados pela lembrança dos prazeres cuja posse nos fez saborear; os efeitos da exaltação das faculdades intelectuais comprovam o quanto o órgão do pensamento age com força sobre as partes genitais [...] [e] provam quão grande é a influência destes últimos [órgãos genitais] sobre as determinações do próprio eu"[65]. Além disso, é a imaginação que suscita os sonhos eróticos. Neste tema, muitas vezes médicos e filósofos pisam em terreno que pertence a especialistas em teologia moral. Mas, contrariamente a estes últimos, Morel de Rubempré aconselha que se faça uso diurno da imaginação a fim de facilitar a ereção vespertina e melhor elaborar o esperma que será ejaculado, uma vez chegada a noite[66].

Ainda veremos como os médicos, preocupados em sanar os excessos, os abusos, as impotências e a fragilidade souberam elaborar uma panóplia de meios terapêuticos mirando sobretudo o domínio ou a exaltação

---

62. LABRUNIE, E. *Dissertation sur les dangers...* Tese cit., p. 34.
63. FOURNIER. Verbete "Coït". *Dictionnaire des Sciences Médicales. Op. cit.*, 1813, p. 524.
64. ROUSSEL, P. *Système physique et moral... Op. cit.*, p. 151.
65. FOURNIER; BÉGIN. Verbete "Masturbation". *Dictionnaire Des Sciences Médicales. Op. cit.*, 1819, p. 109.
66. MOREL DE RUBEMPRÉ, J. *Les secrets de la génération ou l'art de procréer à volonté des filles ou des garçons, de faire des enfants d'esprit...* 12. ed. Paris: Jules Ador, 1840, p. 225ss.

da imaginação. Sua vontade de agir simultaneamente sobre as faculdades de sentir, imaginar e pensar traduz-se por uma disciplina dos sentidos, pela adesão a uma rica farmacopeia, pelo conselho a realizar movimentos e exercícios, pela injunção de regimes e práticas higiênicas, pelas táticas de vigilância e, mais largamente, por uma educação moral que lembra de perto os preceitos dos teólogos; e isto independentemente do desregramento que importa sanar: ninfomania, satiríase, "prazeres prematuros", excessos venéreos junto aos jovens casados, devassidão, masturbação envolvendo garotos e garotas[67].

Ainda não dissemos nada sobre o papel do pudor nos mecanismos do desejo, não obstante essencial. Este sentimento é percebido pelos médicos como um conjunto de táticas, desejadas pela natureza visando a exacerbar a excitação natural do homem, a permitir-lhe que elabore melhor seu esperma e favoreça a manifestação de sua energia, condição de uma ejaculação fecunda. A exasperação do desejo pelo obstáculo aparece aqui como essencial, bem como o preço acordado à entrega final. Da mesma forma que a resistência da mulher, prévia à sua entrega, tranquiliza o homem e acalma suas preocupações relativas à virtude de sua parceira. Aos olhos dos médicos, o pudor feminino, portanto, é uma conduta natural e não fruto da astúcia.

Roussel, que se inspira em Rousseau, colocou os alicerces do seguinte discurso médico, que, aliás, não será questionado ao longo dos decênios seguintes: o pudor, associado à graça sedutora, rejeita os desejos "a fim de aumentar sua atividade"[68]. Ele tem por tarefa "prolongar a duração". Ele eleva o preço do objeto e o ardor daquele que o cobiça. Este jogo necessário do desejo e do obstáculo prepara o terreno, faz nascer a autoestima do

---

67. Será necessário reagrupar o conjunto das prescrições a fim de mostrar a coerência e evitar detalhá-las em relação a cada uma das condutas que os médicos consideram como outras tantas patologias.
68. ROUSSEL, P. *Système physique et moral... Op. cit.*, p. 169.

outro. Obviamente, o pudor implica, da parte da mulher que resiste para melhor render-se, uma certa dissimulação, que também resulta "do medo de encontrar-se aquém de seus próprios desejos, de que é objeto, e que tende a estimular"[69]; é assim que a esta estimulação mescla-se uma real timidez, um sentimento de fraqueza. De fato, a resistência da mulher é ardentemente desejada pelo homem. Quando este "tiver afastado todas as barreiras, [...], desfilando de vitória em vitória, [quando] se pretende mestre de tudo, e que não lhe resta senão gozar, adora encontrar ainda outro obstáculo que subitamente o detenha; no fundo ele espera que a passagem que mais deseja transpor lhe seja fechada"[70]. Em uma palavra: o pudor é enaltecido pela salvaguarda do hímen que, melhor do que tudo, o atesta, e que, portanto, eleva a excitação do homem ao seu ponto culminante. De uma maneira geral, repetem esses médicos, qualquer obstáculo que retarde o prazer aviva sua necessidade, e os prazeres são tanto mais intensos quanto menos prodigalizados forem"[71].

O pudor apresenta outras vantagens. Segundo Virey, ele impede a mulher "de esgotar, de destruir [sic] o homem"; o que, sem este louvável sentimento, não deixará de se reproduzir, já que ela deve estar "pronta a qualquer momento". O pudor confere um poder à mulher. "Reservando-se o direito de sucumbir, ela escraviza [o homem] por sua fraqueza, tanto quanto o rebelaria por sua força"[72].

Esta prova de virtude que favorece a preparação do terreno, nos assegura Morel de Rubempré, é particularmente necessária por ocasião da primeira cópula com uma esposa ou com uma amante. O homem é então

---

69. *Ibid.*, p. 171.
70. *Ibid.*, p. 216-217.
71. Alibert (em sua *Physiologie des passions ou Nouvelle doctrine des sentiments moraux*. T. II. Paris: Béchet, 1825, I, p. 385) enuncia a "lei dos obstáculos" e a coloca em relação à intensidade dos efeitos do pudor com os progressos da civilização.
72. VIREY, J.J. Verbete "Fille". *Dictionnaire des Sciences Médicales. Op. cit.*, p. 500. • VIREY, J.J. Verbete "Femme". *Dictionnaire des Sciences Médicales. Op. cit.*, 1815, p. 506. Ele volta ao mesmo tema em seu livro *De la femme...*

obrigado a conceder-lhe "a suave satisfação da violência"[73]. De qualquer modo, o pudor, o comedimento, a resistência se revelam decisivos sobretudo na perspectiva da boa e velha *callipédie* [conjunto de conselhos ou arte de criar filhos formosos]. Esta implicaria uma organização refinada dos desejos e dos prazeres, lembrados por Morel de Rubempré: "Esposas, mantendo um excesso de amabilidade, afastai o tanto quanto possível o feliz momento do sacrifício [...]. Saibam manter sempre, por vossa sábia reserva, vosso marido em condições de apenas vos fornecer um licor entranhado de princípios poderosamente vivificantes", graças a "esta poderosa excitação genital, de que em grande medida deve depender o vigor e a energia do novo ser que ireis entregar à sociedade [...]"[74].

As condições da "boa cópula"

Compreende-se perfeitamente que, chegada a hora de descrever o que, aos seus olhos, deveria ser uma boa cópula, os médicos se sintam obrigados a recorrer à própria inspiração poética. Moreau de la Sarthe lamenta, a este respeito, que não se possa, junto ao homem, observar o ato venéreo por transparência, como pode ser feito com um vaga-lume. O hino à grandeza da cópula, à sua necessária intensidade, aos seus prazeres indizíveis, mas igualmente a denúncia dos riscos que ele faz incorrer e seus vínculos com a morte, acompanham todos os especialistas. Precisamos eliminar aqui a ideia de um século "vitoriano", inimigo do prazer e pouco preocupado com seus requintes. Com os quadros confusos da união carnal do homem e da mulher, entramos no coração da medicina clínica e psicológica daquele tempo.

Entre 1770 e meados de 1820 este repertório lírico continua sujeito às perspectivas do vitalismo. Não há existência intensa e plena, segundo

---

73. MOREL DE RUBEMPRÉ, J. *Les secrets de la génération... Op. cit.*, p. 253.
74. *Ibid.*, p. 253-254.

Virey, senão "no momento do amor e da geração". Copular é "gozar da plenitude de seu ser"[75]; igualmente, segundo o conselho de Aristóteles, é necessário gozar totalmente, jamais negligentemente, "pensando em outras coisas". Os animais que se acasalam "se entregam inteiramente a este tipo de atividade"[76]. A ereção não é verdadeiramente a do indivíduo, mas a da espécie; e se, às vezes, existem resistências a este encontro, é, sem dúvida, porque os conteúdos eram de medíocre qualidade. Virey resolve dessa maneira o antigo enigma formulado por Agostinho, relativo à desobediência dos órgãos genitais às ordens da vontade. Mas, repitamo-lo, este prazer indizível faz conviver com a morte, prefigurada por ele. É exatamente esta a dupla missão da mulher, que gera vida acelerando a morte. Engendrar é abreviar os próprios dias; "é, por assim dizer, elaborar o próprio testamento e preparar a morte para si"[77]. A intensidade do prazer não está lá apenas para aliviar este triste sentimento. O que os machos realmente desfrutam é, em primeiro lugar, a transmissão da vida. O que eles adoram, segundo Virey, não é "suas fêmeas, mas o novo ser do qual elas são simplesmente depositárias"[78], aquele que deve emanar delas.

Morel de Rubempré entoa o mesmo hino: "Gozar a vida" é desempenhar as funções dos órgãos genitais. "O ato propagador [...] faz os sexos experimentarem sensações deleitáveis das quais expressão alguma saberia dar a mais simples ideia. É esta atração irresistível dos prazeres sexuais [sic] que dá a este tema essa enorme importância que todos os médicos fisiologistas são concordes em atribuir-lhe"[79]. Montègre, por sua vez, garante que a cópula propicia ao homem "as maiores delícias que lhe é dado a conhecer"[80].

---

75. VIREY, J.J. Verbete "Génération". *Dictionnaire des Sciences Médicales. Op. cit.*, 1817, p. 13.
76. *Ibid.*, p. 28.
77. *Ibid.*, p. 25.
78. *Ibid.*, p. 23.
79. MOREL DE RUBEMPRÉ, J. *Les secrets de la génération... Op. cit.*, p. 263.
80. DE MONTÈGRE. Verbete "Continence". *Dictionnaire des Sciences Médicales. Op. cit.*, 1813, p. 125.

Encontramos estes acentos nas teses mais simples; o que prova que os grandes mestres que compõem as bancas os entendem nesta toada. Bilon, no *Dictionnaire des Sciences Médicales*, entende que a cópula é "o que dá à existência seu valor"; e os prazeres que resultam da "realização dos atos de reprodução" revelam-se "incomparavelmente mais vociferantes do que os realizados no exercício das funções nutritivas". Ele os considera portadores da igualdade dos direitos, já que, neste domínio, os prazeres são iguais para todos os seres suscetíveis de desfrutá-los. As emoções da cópula, "absorvendo sozinhas a totalidade da faculdade de sentir [...], reúnem *num ponto e num único instante* todas as forças da vida que multiplicam e eternizam"[81].

Mas, nesta perspectiva, enfatiza Haguette, não há verdadeiro prazer senão aquele que está em conformidade com a natureza; os demais são artificiais ou falaciosos[82]. A exclusão atinge, simultaneamente, a continência, a masturbação, a sodomia e a bestialidade.

Segundo o Prof. Fournier, a cópula é a "união amorosa de dois indivíduos da *mesma espécie* e de *sexos diferentes*"; o que exclui a bestialidade, a sodomia e o tribadismo. "A cópula, acrescenta ainda Fournier, é um *ato natural* que provoca um determinado orgasmo de nossos sentidos, uma espécie de embriaguez de nossa imaginação: é uma *necessidade* imperiosa, *irresistível*, que a natureza impõe a *cada indivíduo*, com a finalidade de garantir a propagação de sua *espécie*"[83].

No entanto, os médicos se preocupam com as condições da boa cópula; e primeiramente com a atmosfera geral na qual ela deve se desenvolver. "A cópula, para ser bem-feita [escreve Fodéré], requer complacência, tranquilidade, silêncio e confidência. Ela é como que magicamente interrompida

---

81. BILON. Verbete "Plaisir". *Dictionnaire des Sciences Médicales. Op. cit.*, 1820, p. 132-133.
82. HAGUETTE, A. *Essai sur le plaisir considéré relativement à la médecine.* Tese de doutorado. Paris, 1820, p. 36.
83. FOURNIER. Verbete "Coït". *Dictionnaire des Sciences Médicales. Op. cit.*, p. 521.

pelo barulho, pelo pavor, pelo medo, pela exposição pública, pela desconfiança de suas próprias forças, pela inveja, pelo desprezo, pela repugnância, pela impureza, por um amor excessivamente respeitoso [...]"[84].

Existe, obviamente, outra tradição que valoriza os prazeres furtivos. Muitos autores citam o caso dos jovens lacedemônios casados, citados por Licurgo. Dois lugares, portanto, se opõem: a cama, obviamente, cujas qualidades exigidas são repisadas, e o que autoriza o amor às escondidas, com o qual, é bem verdade, os médicos pouco se preocupam.

Ao escolher uma nova estada, da forma como o faz o jovem provinciano que se instala em Paris, ou o europeu que visita os trópicos, é melhor, segundo Deslandes, respeitar um necessário período de "aclimatação"[85] antes de copular. De igual modo, é preferível abster-se dos prazeres venéreos em tempos de epidemia, de convalescença ou de ausência de sono. Por outro lado, se os médicos pouco falam do lugar do ato venéreo, eles destacam a importância do momento[86]. Deslandes desaconselha a cópula após uma prolongada frequentação dos laboratórios de dissecação, ou dos corredores hospitalares. Trabalhos excessivos, uma masturbação recente, uma situação de tédio, de remorso ou de tristeza "igualmente suportam muito mal o ato venéreo"[87]. O mesmo diga-se da miséria e da sujeira.

Seria possível copular quando a parceira está menstruada? Esta questão, que tanto havia ocupado as mentes nos séculos precedentes, já não suscita mais nenhum debate. Os médicos já não acenam mais para a proibição; apenas dizem que se trata de um período em que é melhor evitar os excessos. A cópula ao longo da gestação merece mais atenção. Os antigos enfatizam "os inconvenientes que podem receber" as mulheres grávidas

---

84. Fodéré, *apud* MARC. Verbete "Impuissance". *Dictionnaire des Sciences Médicales. Op. cit.*, 1818, p. 179.
85. DESLANDES, L. *De l'onanisme... Op. cit.*, p. 90.
86. Os tempos aconselhados para a abstenção já não são os da teologia moral.
87. *Ibid.*, p. 91.

dos solavancos inseparáveis da cópula; Hipócrates, igualmente – mas não Aristóteles –, aconselha a abstenção. De fato, o ato venéreo aumenta a pletora excepcional do útero devido à gestação. Além disso, a sensibilidade do útero é "exasperada" pelo prazer; daí o risco de hemorragias, de convulsões, de contrações, de cirro e sobretudo de parto prematuro. Em 1803, Moreau de la Sarthe[88], na esteira de Mauriceau, Mahon e muitos outros médicos do século precedente, apela para a prudência. Callard avalia que o feto sofre com a "luta da cópula" e com "as sacudidas sofridas nesses momentos de amor e prazer", uma vez que o abdômen da mulher é comprimido; sem contar a "desordem produzida em toda a estrutura pelo êxtase da volúpia"[89]. Mas Courby acrescenta que, por maiores que sejam as desordens produzidas pelos prazeres do amor nas mulheres grávidas, seria lamentável privar as dotadas de um temperamento ardente. Estas não sofreriam graves inconvenientes após uma "cópula moderada", ao passo que uma abstinência alteraria excessivamente seus costumes[90].

Este é o parecer quase geral dos médicos do século XIX. Haguette, que compartilha e igualmente reivindica muita reserva quanto aos "beijos conjugais" em razão dos riscos de aborto provocados pelos espasmos luxuriosos, reconhece que, às vezes, "a mulher grávida sente aumentar nela o apetite venéreo", e que é impossível exigir-lhe uma abstinência absoluta[91]. Por essa razão o Dr. Mollard a aconselha a evitar leitos demasiadamente macios que provoquem "a excitação genital" e a afastar de seus olhos tudo o que pode estimular os desejos voluptuosos. Mas reconhece que uma abstinência total seria "desumana"[92]. Ele pensa notadamente na

---

88. MOREAU DE LA SARTHE, J.L. *Histoire naturelle de la femme... Op. cit.*, p. 190.
89. CALLARD, F.M. *Dissertation sur les dangers de l'incontinence pendant la gestation.* Tese de doutorado. Paris, ano XIII (1805), n. 435, p. 13.
90. COURBY, P. *Des effets généraux des passions dans l'économie animale et de leur influence chez les femmes grosses.* Tese de doutorado. Paris, 1807, n. 9, p. 28.
91. HAGUETTE, A. *Essai sur le plaisir...* Tese cit., p. 25.
92. MOLLARD, C.L. *Essai sur l'hygiène des femmes enceintes.* Tese de doutorado. Paris, 1815, n. 158, p. 34.

jovem casada junto à qual a gravidez exaltou os apetites venéreos, geralmente muito fortes. Da mesma forma que Moreau de la Sarthe, Mollard avalia que o espasmo voluptuoso pode ser até benéfico às mulheres linfáticas cujo útero goza apenas da atividade necessária para o trabalho da gestação. Estas, portanto, não devem ter medo do eretismo que determina a cópula junto às mulheres de temperamento colérico. Callard deplora inclusive o fato que certas esposas tenham que suplicar aos maridos que se entreguem aos prazeres conjugais somente por inveja ou por medo de que busquem alhures o próprio prazer no período da gestação[93].

Em 1843, Colombat de l'Isère concluiu que "as aproximações conjugais" devem ser proibidas ao longo dos primeiros meses, a não ser que o desejo seja muito fortemente sentido por ambas as partes; assim, haveria mais inconvenientes em resistir ao desejo do que satisfazê-lo moderadamente. Depois desse período, escreve nosso autor, é possível entregar-se à cópula com menos cuidado[94]. Menville de Ponsan, três anos mais tarde, compartilha desse juízo, mas aconselha os esposos a adotarem a posição menos desfavorável ao feto[95].

Mais interessantes se revelam as intervenções consagradas à atitude a ser adotada pela mulher que amamenta, pois estas dizem respeito à relação estabelecida entre dois prazeres. A maioria dos médicos é da opinião de que a mulher sente prazer ao oferecer o seio. Balzac, aqui, não faz senão apropriar-se de uma opinião comum. Em 1811, Richerand escreve com autoridade: "A ereção dos mamilos pelas cócegas exercidas sobre os seios e a ação espasmódica e convulsiva que acompanha este tipo de excitação podem ser levadas a ponto de jorrar líquido a uma certa distância. Ao longo da excreção, as mulheres experimentam uma sensação nos seios

---

93. CALLARD, F.M. *Dissertation sur les dangers de l'incontinence...* Tese cit., p. 19.
94. COLOMBAT DE L'ISÈRE. *Traité complet des maladies de femmes... Op. cit.* T. 3, p. 1.355-1.356.
95. MENVILLE DE PONSAN, C. *Histoire philosophique et médicale de la femme... Op. cit.* T. 2, p. 194.

que não é destituída de prazer"[96]. Percebe-se que a progressão do quadro vai da ereção à ejaculação e ao gozo. Richerand, nas sendas de Bordeu, acrescenta que as fêmeas dos animais amamentam preferentemente os pequenos que sabem lhes propiciar "uma sensação em que elas parecem se comprazer".

O útero e o órgão da lactação, nos garante um terço de século mais tarde Menville de Ponsan, estão em estreita empatia. "Um não saberia provar uma sensação sem provocar uma sensação análoga ao outro". Também ele evoca a ereção dos mamilos que "dardejam para fora o líquido". Este autor relata as sensações descritas por uma de suas pacientes no início de seu primeiro aleitamento: "Eu senti uma comoção que só posso comparar com a produzida por uma faísca elétrica; tão viva quanto a faísca, ela me colocou de pé e me arrastou para o meu filho, e logo se espalhou por todo o meu corpo propiciando um calor delicioso ao qual sucedeu a calma de um prazer indescritível"[97]. Rullier, por sua vez, lembra que várias amas de leite confessaram a Cabanis ter sentido uma viva impressão de prazer, compartilhado em certa medida com os órgãos genitais[98]. "Ninguém ignora [escreve Colombat de l'Isère em 1843], que a titilação e a sucção do mamilo pela criança, muitas vezes estimulam uma sensação mais ou menos prazerosa aos órgãos da geração"[99].

Seria necessário então que a mulher que amamenta se privasse dos prazeres do amor? Alguns autores o aconselham, temendo que a criança à qual a mãe ou a ama de leite amamenta após "ter-se entregado à cópula" se torne vítima de convulsão; como se houvesse o risco de produzir-se um contágio espasmódico. Deslandes, no entanto, reconhecendo que as

---

96. RICHERAND, A. *Nouveaux élémens de physiologie. Op. cit.* T. 2, p. 442.
97. MENVILLE DE PONSAN, C. *Histoire philosophique et médicale de la femme... Op. cit.* T. 1, p. 414, 434.
98. RULLIER. Verbete "Génital". *Dictionnaire des Sciences Médicales. Op. cit.*, p. 133.
99. COLOMBAT DE L'ISÈRE. *Traité complet des maladies de femmes... Op. cit.* T. 1, p. 88-89.

mulheres lascivas não são vistas como boas cuidadoras, observa que um grande número delas presta-se a abordagens conjugais sem inconvenientes. Em conclusão poderia dizer que o interdito, tão destacado pelos especialistas de demografia histórica, seria então pouco respeitado. O Dr. Bonhomme, por sua vez, reivindica que as mulheres não sejam proibidas dos prazeres no período da lactação[100]. Coquin, no entanto, em sua modesta tese, aconselha as que amamentam – assim como as moças tentadas pela masturbação, as grávidas e todas as que sofrem de doenças suscitadas pelos excessos venéreos – a evitar a contemplação de pinturas lascivas ou a ler livros obscenos que excitem desejos "capazes de lembrar às partes genitais uma influência contrária à secreção do leite"[101]. O pior, para elas, seria o hábito de ler romances, principalmente à noite.

Capuron mostra-se mais severo. A que amamenta, diz ele, e que continua submetida às paixões violentas, corre o risco de infanticídio[102]. Além disso, a agalaxia – falta de leite – pode resultar de um abuso de prazeres venéreos. A mulher que pretende amamentar, portanto, deve renunciar ao prazer da cópula, a não ser que se trate de uma mulher muito lasciva. Neste caso, a mulher é aconselhada a buscar a moderação, a acalmar-se após o orgasmo [sic] venéreo, e só depois disso oferecer [à criança] o seio[103]. Quando, em contrapartida, a mulher sofre de um excesso de leite, a cópula e o exercício dos membros abdominais – aqui colocados no mesmo plano – podem ser vistos como "excelentes distrações para desviar [...] os fluidos que tendem a concentrar-se nos mamilos"[104].

---

100. BONHOMME, A. *De la lactation et de l'allaitement*. Tese de doutorado. Paris, 1859, n. 89, p. 48.
101. COQUIN, J. [vulgo Martel]. *Essai sur l'hygiène de la femme après l'accouchement*. Tese de doutorado. Paris, 1815, n. 156, p. 25.
102. CAPURON, J. *Traité des maladies des femmes depuis la puberté jusqu'à l'âge critique inclusivement*. Op. cit., 1817, p. 576.
103. *Ibid.*, p. 599.
104. *Ibid.*, p. 603.

A influência do neo-hipocratismo e a boa e velha obra de Nicolas Venette continuam por longo tempo ordenando os conselhos que dizem respeito não mais ao instante, mas à estação, ao dia ou à hora mais favorável à cópula. Na perspectiva da medicina antiga, de uma maneira geral o calor parece mais favorável à escalada do desejo do que o frio; é a razão pela qual, na opinião de Virey e de muitos outros, as mulheres do sul da Europa são muito mais voluptuosas do que as mulheres do norte, e todas são mais ardorosas no verão do que no inverno. Mas a primavera, aos olhos dos médicos deste final de século XVIII – os quais, mais uma vez, fazem frequentemente referência a Lucrécio –, constitui-se a estação mais favorável aos encontros amorosos, como o prova à porfia o comportamento dos animais. Esta referência ao espetáculo da natureza constitui-se em lema. Burdach garante que uma dama da alta sociedade lhe confessara que, "uma vez passado o mês de maio [no Hemisfério Norte], ela precisava vigiar-se a fim de evitar alguns tropeços"[105].

Se o calor parece favorável ao desejo, ele não o é para a fecundação. Paradoxalmente, as mulheres que copulam no norte concebem mais facilmente do que as mulheres que copulam no sul. O calor, ao provocar uma transpiração abundante, relaxa demasiadamente as veias. Convém, portanto, no verão, não tomar por base a contabilização dos gozos na avaliação das possibilidades de maternidade. Se, para alguns indivíduos, o prazer de verão parece prolongar-se mais do que o prazer invernal, isso se deve, especificamente em clima quente, à própria fraqueza dos órgãos. Segundo essa mesma lógica, o outono parece mais favorável ao aumento da população do que o verão. Assim sendo, assegura-nos Lignac, "nossos órgãos se recuperam"[106]. Os habitantes das cidades, sem dúvida, escolhem o inverno para copular. Esta preferência não responde aos impulsos

---

105. BURDACH, C.F. *Traité de physiologie… Op. cit.* T. II, p. 32. Para o que precede, cf. VIREY. J.J. Verbete "Femme" *Dictionnaire des Sciences Médicales. Op. cit.*, p. 517.
106. DE LIGNAC, *De l'homme et de la femme… Op. cit.* T. 1, p. 369.

naturais. Ela é fictícia. Neste ambiente, os aquecedores artificiais transmitem aos corpos um calor contranatural, do qual os voluptuosos se beneficiam. As pessoas ricas, sobretudo elas, enganadas pela paixão, são levadas então a "quebrar a harmonia que deve reinar entre a ambiência e os homens"[107]. A antiga tradição das estações benéficas vê-se então confirmada pela ascendência das atividades ao ar livre, triunfantes naquela época.

Quanto aos dias e às horas, os médicos de então se limitam aos antigos clichês, detalhados outrora por Venette e pelos charlatães. A ciência, aqui, pouco aporta. Faz-se, ao contrário, mais apelo ao bom-senso popular. Sabemos que em muitos temas, notadamente no domínio da meteorologia, estratos de saber de natureza diferente se sobrepõem. O mesmo pode ser tido dos conselhos dispensados aos momentos privilegiados dos prazeres.

Alguns médicos, que prolongam os ensinamentos de Nicolas Venette, desaconselham ainda, naquele final de século, copular logo após as refeições. Lignac não compreende a proibição; exceto se a digestão correr o risco de dificultar "o ardor que leva ao prazer" e provocar "algum retardamento"[108]. Alguns são da opinião de que é preferível que os tísicos se abstenham neste momento, dado que a saciedade do estômago torna mais trabalhosa a respiração.

Alguns clínicos aconselham a noite, favorável ao descanso. Outros pendem para a aurora, que, de alguma forma, corresponde à primavera. Segundo Venette, este é o período escolhido pelo artesão, que tão bem o desfruta. Ele se entrega aos prazeres, e logo em seguida se dirige aos próprios afazeres, enquanto sua mulher permanece deitada "a fim de conservar o precioso depósito que ele acaba de lhe confiar"[109]. Há também quem afirme que existem homens que só podem realmente gozar de dia. Eles

---

107. *Ibid.*, p. 371.
108. *Ibid.*, p. 377-378.
109. *Ibid.*, p. 380.

necessitam da luz e de todos os estímulos capazes de iluminar seus desejos; desta forma, "suas mulheres não teriam senão alguns leves sinais de amor"[110], caso rejeitassem os afagos diurnos de seus esposos.

Lignac, no entanto, muito liberal, limita-se a algumas recomendações. Para ele, o artesão deve evitar abandonar seu trabalho "para entregar-se à volúpia, enquanto seu corpo ressente as fadigas que se opõem ao prazer". Mas, continua nosso autor, "tão logo o repouso restabeleça os espíritos dissipados ao longo do dia, ele se entregará com sucesso aos afagos de sua mulher"[111].

Nesta viragem dos dois séculos, o sentimento da diversidade das aptidões e das preferências segundo os gêneros de vida, o nível intelectual, a profissão e sobretudo a idiossincrasia tendem a impor-se. Rullier, neste domínio, destaca o papel do costume, que aumenta o prazer. Ele avalia, como muitos de seus colegas, nas sendas de Cabanis e, outrora, de Tissot, que os homens letrados e estudiosos são vítimas de uma "diminuição notável" do apetite venéreo. A tensão do cérebro estabelece "uma espécie de *diverticulum* da vida dos órgãos reprodutores"[112]. Os atletas, por sua vez, sofrem de uma diminuição da aptidão genital. Em contrapartida, os ociosos, os preguiçosos, e principalmente os estultos, cujos órgãos genitais são desmesurados, revelam-se muito luxuriosos. Virey considera que os últimos "se tornam tão apaixonados quanto as feras"[113]. Em última análise, tanto a atividade do músculo quanto a do cérebro atenua os desejos, enfraquece os prazeres. Em igual medida, a prostituta solicitada com muita frequência sofre, neste domínio, de uma "inércia sensitiva".

Os médicos enfatizam doravante a individualidade das condutas. Não há regra geral, nos garante o cirurgião Lignac, quanto ao momento

---

110. *Ibid.*, p. 381.
111. *Ibid.*, p. 379.
112. RULLIER. Verbete "Génital". *Dictionnaire des Sciences Médicales. Op. cit.*, p. 122.
113. VIREY, J.J. *De la femme... Op. cit.*, p. 409.

dos encontros sexuais. O essencial é aguardar, em si, os "sinais inequívocos da necessidade do prazer". Existe, para cada indivíduo, "uma estação, um dia, talvez uma hora, em que circunstâncias maravilhosas podem influenciar os desejos"[114], e torná-los fecundos. A busca pelo momento favorável à geração induz a uma arte erótica que depende do temperamento do indivíduo, de sua maneira de viver, da temperatura ambiente. Portanto, são necessárias muitas dessas maneiras de viver, garante Lignac, para que o "dever conjugal" possa ser *comandado por um tambor*, tal como foi praticado na Índia. A cópula preenche uma função "livre, independente, caprichosa, algumas vezes rebelde a tudo, exceto ao temperamento que varia em todos os homens". Não nos impressionemos, por consequência, com a constatação de que as crianças de alguns casais nasçam todas na mesma estação do ano.

Os autores de obras médicas, por conseguinte, passam rapidamente por cima dos conselhos gerais relativos ao espaçamento dos atos conjugais. Obviamente, convém evitar os excessos e guardar sempre, mesmo fora do leito conjugal, o leve desejo que facilitará, ulteriormente, o vigor da repetição. Mas a cadência, mais uma vez, é questão de intensidade do desejo, de temperamento, de idiossincrasia. As capacidades diferem profundamente segundo os indivíduos. Portanto, é um pouco negligentemente que os médicos lembram os conselhos dos antigos: Zoroastro fixava o espaço da repetição em nove dias; Solon tendia para uma tríplice copulação mensal; Mahomet, mais liberal, aconselhava praticá-la uma vez por semana; Venette pregava três ou quatro relações mensais. Duas copulações semanais parecem constituir, para Haller e Burdach, uma boa média[115]. Em geral, mais uma vez, o conselho é evitar o excesso masculino, tornando assim o risco menor para a mulher.

---

114. DE LIGNAC. *De l'homme et de la femme... Op. cit.* T. 1, p. 365, bem como p. 366 para as citações subsequentes.
115. A título de exemplo, cf. BURDACH, C.F. *Traité de physiologie... Op. cit.* T. II, p.168.

Os clínicos desconfiam da pesquisa e do desempenho e, paradoxalmente, dessa atenção à aritmética copular que à época os diários pessoais masculinos revelam. Tudo isso lhes parecia destituído de sentido. Virey garante que, no homem, "estes tipos de esforços não ultrapassam, no máximo, seis ou sete atos [...] com emissão de esperma"[116]. Os que tentam superar esta marca, "ou não expelem mais", ou não oferecem senão um sêmen incolor, sem densidade, quando não é sangue. Urge, portanto, desconfiar da mulher, às vezes insaciável, que, com todas as formas, "resiste mais tempo às tentativas multiplicadas". Messaline, segundo o sempre citado Juvenal, continuou insatisfeita após vinte e cinco relações. Virey enuncia um aforismo que será retomado ao longo de todo o século XIX, e que encontramos no dicionário de Pierre Larousse: "Parece, pois, que nesta esgrima a mulher valeria por aproximadamente dois homens e meio". Dado que ela consome menos e tem a capacidade de "nunca dizer: estou satisfeita".

Mas os ardores, uma vez mais, variam segundo os hábitos. Um "exercício diário", escreve Rullier, regra a ação das partes genitais "de modo que os prazeres da véspera pedem, solicitam e dão, por assim dizer, razão aos do dia seguinte"[117]. Isto vale, aqui, tanto para a cópula quanto para a masturbação. O hábito provoca um crescimento dos órgãos, que, por sua vez, aumenta o apetite venéreo. É a razão pela qual os libidinosos têm tanta dificuldade de conter-se. Em contrapartida, "alguns meses de abstinência dos prazeres de Vênus habituam facilmente à sua privação".

O hábito também pode facilitar, entre um homem e uma mulher, o consenso dos *tempi* e a intensidade dos prazeres. O essencial, nesta questão, reside na *harmonia dos parceiros*. O consenso das idades, dos temperamentos e das morfologias é frequentemente apresentado como condição essencial para o bom desempenho da cópula.

---

116. VIREY, J.J. Verbete "Femme". *Dictionnaire des Sciences Médicales. Op. cit.*, p. 539-540, bem como as citações subsequentes.
117. RULLIER. Verbete "Génital". *Dictionnaire des Sciences Médicales. Op. cit.*, p. 120, tb. para as citações que seguem.

Dois corpos que se complementam permitem gozar de "sensações de consonância harmônica". A este respeito, o quadro é clássico. O amor mais perfeito, escreve Virey, impõe-se quando "um macho moreno, peludo, magro, quente e impetuoso, encontra o outro sexo sensível, úmido, macio, branco, tímido e recatado"[118]. O amor perfeito acontece, portanto, quando o homem encarna o "princípio da superabundância, da força, da generosidade" e quando a mulher, "*sendo constituída em menos*", tende a "receber, a absorver [...] *o mais* do outro". Ou, dito diferentemente: "A um homem muito seco, muito magro e forte de constituição, faz-se necessária uma [parceira] úmida, gorda e um pouco lânguida"[119]. Na mulher o amor resulta da carência, no homem da superabundância.

Simultaneamente, terríveis podem ser os malefícios da desarmonia. No ato, em primeiro lugar, é necessário que haja uma harmonia perfeita entre os órgãos genitais dos dois sexos. *A ausência de proporções exatas entre estas partes pode provocar graves inconvenientes*[120]. O pênis de dimensões excessivas "colide com violência com o colo do útero". Isso provoca dores, inflamação, perdas e inclusive cirro. O pênis, portanto, deve harmonizar-se com as dimensões da vagina. Esta, em média, mede de seis a oito polegadas. Se o pênis ultrapassa este comprimento, pode, em algumas mulheres, estimular a dor e, em outras, criar sensações de prazer[121]. De fato, esclarece Marc, a periferia da vagina não tem medidas fixas, e sabemos de qual grau de dilatação este canal é suscetível. Algumas mulheres são vítimas de um estreitamento excessivo.

A harmonização das partes genitais está longe de ser suficiente. Ela deve igualmente, enfatiza Marc, referir-se ao conjunto da constituição orgânica; daí a importância daquilo que muito frequentemente se classifica

---

118. VIREY, J.J. *De la femme... Op. cit.*, p. 195, bem como as citações subsequentes.
119. *Ibid.*, p. 206.
120. Esta injunção constitui lugar-comum nas obras que consultamos.
121. Cf. MARC. Verbete "Impuissance". *Dictionnaire des Sciences Médicales. Op. cit.*, p. 200.

como "capricho" e que não faz senão manifestar a sensação da probabilidade dessa harmonia geral. É esta harmonia que inspira a "linguagem do coração"[122], clarividente, em particular, na mulher, pois ela resiste melhor do que o homem à cegueira do desejo.

A necessidade da harmonia havia levado Buffon a incentivar o cruzamento das famílias e raças. Marc, por sua vez, reivindica insistentemente um certificado de saúde, estabelecido por ocasião de cada casamento, a fim de evitar a transmissão de taras familiares. O médico devia identificar as pessoas infratoras, os indivíduos portadores de alguma doença venérea, como a lepra, a tuberculose pulmonar, a escrófula, o raquitismo, a epilepsia, bem como as pessoas que apresentam um estado de consumpção resultante da libertinagem ou do excesso de masturbação. Ele deveria avaliar a intensidade dos prazeres "aos quais poderiam pretender dois seres destinados a viver juntos"[123] e considerar "os transtornos que a coabitação imprime a nossos nervos" e, portanto, o vigor necessário a quem pretende suportar "uma perda repetida de líquido seminal". Marc questiona igualmente a liberdade de escolha.

As posições que os parceiros devem adotar durante o ato venéreo nunca deixaram de preocupar os médicos e os teólogos, desde a Antiguidade. Neste domínio, porém, os do período estudado neste livro se calam. Tudo, aqui, é questão de nuança. O essencial, considera Fournier, muito liberal, reside no consenso sobre as necessidades, os desejos e a vontade dos dois parceiros. Para a totalidade dos clínicos, no entanto, trata-se simplesmente de uma posição natural a ser adotada sem a necessidade de consultar obras de medicina. Anteriormente vimos a morfologia da fêmea do homem, a obliquidade de sua vagina, assim como a convidativa posição ereta. Burdach o explica claramente: que a mulher se deite de costas. "Esta posição é a que [lhe] permite a extensão de sua arcada pubiana, a distância

---

122. MARC. Verbete "Copulation". *Dictionnaire des Sciences Médicales. Op. cit.*, p. 520.
123. *Ibid.*, p. 524.

entre os quadris, a direção da vagina e a posição do membro viril"[124]. As outras posições são menos humanas e mais animalescas. Morel de Rubempré acrescenta que esta posição natural é exatamente a que comporta menos risco de ferir os órgãos, já que ela não permite a completa introdução do pênis na vagina[125]. Sobretudo é a que propicia mais prazeres.

Aos olhos dos clínicos, o essencial está aí. Mais uma vez, quando se trata de prazeres, o discurso assume tonalidades líricas. Nesta posição: "O homem saboreia sua felicidade por meio de todos os sentidos; as pulsações de seu coração dão o sinal de alerta do prazer a todas as partes de seu corpo; seus beijos fogosos convidam a volúpia; ele vê com seus olhos rosados sua esposa pulsando em seus braços como um buquê de lírios [...]. Goza antes do gozo! [...] E finalmente se entrega à amplitude máxima de seus arrebatamentos, quando o amor, fechando as pálpebras daquela que o excita, anuncia que vai abrir-lhe as fontes do prazer"[126].

Os médicos também são concordes em denunciar os malefícios da posição vertical. Primeiramente, ela seria pouco favorável à concepção. As pessoas do povo o sabem perfeitamente, tanto que a adotam para evitar especificamente a gravidez. Trata-se, segundo Lignac, de um hábito desconfortável e constrangedor. Nosso autor descreve seus incômodos e fadigas: todas as partes nervosas trabalham, os olhos ficam ofuscados, "a espinha dorsal sofre, os joelhos tremem"[127]. Esta posição é fonte de inúmeras doenças, que Tissot pormenoriza. Chopart, e posteriormente Bouley em sua obra *Recuel de médécine vétérinaire* [Coletânea de medicina veterinária], publicada em 1830, explica seus perigos: "No homem que pratica a cópula em pé, é para o abaulamento lombar da medula que convergem os diversos esforços destinados a conservar a rigidez e a posição retilínea da

---

124. BURDACH, C.F. *Traité de physiologie… Op. cit.* T. II, p. 156.
125. MOREL DE RUBEMPRÉ, J. *Les secrets de la génération… Op. cit.*, p. 73.
126. DE LIGNAC. *De l'homme et de la femme… Op. cit.* T. 1, p. 300.
127. *Ibid.*, p. 296.

espinha dorsal"[128]. Em 1859, o Dr. Bourbon – ainda o veremos –, consagra a totalidade de sua tese a esta posição, apontando notadamente os riscos de paralisia que ela pode provocar[129]. Sélignac e Olivier d'Angers denunciam mais genericamente os malefícios de todas "as posições forçadas", suscetíveis, notadamente, de determinar "uma vasodilatação espinhal intensa [...] na parte lombar". Só Civiale, até onde sabemos, autoriza a cópula em pé. Para ele, esta postura, que torna difícil demorar-se, se presta menos do que as outras a esses refinamentos de libertinagem que são a causa das mais graves desordens[130]. É numa perspectiva semelhante que alguns clínicos, hostis a esta posição, a toleram, todavia, só quando os parceiros apressados só conseguem entregar-se ao prazer por apenas alguns "instantes furtivos e conturbados"[131].

A posição mais debatida é a adotada geralmente pelos quadrúpedes. Ela parece propiciar aos animais, incapazes, como o vimos, de gozar de outra forma senão pelo órgão que os vincula e junto aos quais a imaginação não aviva os prazeres. No homem, esta posição não permite experimentar da volúpia pela totalidade dos sentidos como acontece quando se adota a maneira natural. Além disso, como já o dissemos, o membro viril penetra mais fundo; o que não é isento de risco. Não obstante tudo, a posição tradicional apresenta vantagens. Algumas mulheres, segundo Roubaud, não conseguem gozar de outra forma[132]. Ela é aconselhável durante a gravidez[133], após o quarto ou quinto mês da gestação. Lignac a recomenda às mulheres muito sensíveis que exigem mais cuidados. Ela se

---

128. Apud SÉLIGNAC, A. *Des rapprochements sexuels dans leur rapport étiologique avec les maladies*. Tese de doutorado. Paris, 1861, n. 209, p. 22.
129. BOURBON, A. *De l'influence du coït et de l'onanisme dans la station sur la production des paralysies*. Tese de doutorado. Paris, 1859, n. 115.
130. CIVIALE, J. *Traité pratique sur les maladies des organes génitourinaires*. T. II. 2. ed. Paris: Fortin, 1841, p. 160-161.
131. DE LIGNAC. *De l'homme et de la femme... Op. cit.* T. 1, p. 296.
132. Cf. *supra*, p. 58.
133. MOREAU DE LA SARTHE, J.L. *Histoire naturelle de la femme... Op. cit.* T. II, p. 190.

impõe, segundo ele, quando as proporções do homem são excessivas. De fato, para gozar, a mulher não deve temer nada, "e os beijos apaixonados, avalia o cirurgião, não serão menos acalorados, por serem dados de uma maneira menos direta"[134]. Roubaud aconselha esta posição em alguns casos de esterilidade, mas somente depois de um exame anatômico da mulher[135]. Alguns médicos, na verdade, pensam que por ocasião de uma cópula assim praticada a situação horizontal do peito e a elevação das costas favorecem a boa direção do fluido gerador. Isto supõe, no entanto, que a mulher esteja sobre suas mãos e seus pés e não sobre suas mãos e seus joelhos. Além disso, não é necessário que ela estimule, por movimentos muito lascivos, o ardor de seu esposo e solicite uma efusão exagerada que o esgote. Além disso, tais movimentos correm o risco de remover "o fluxo da fenda". Nesta posição, o ato conjugal exige, pois, da esposa, "sentidos calmos, sangue-frio e sem repulsa"[136].

No final do período estudado neste livro, Roubaud complica os dados do problema. A cópula provoca em algumas mulheres estéreis deslocamentos uterinos. Convirá, portanto, examinar as pacientes antes de determinar a postura a aconselhar. Para tanto, o médico fará a mulher estéril assumir a posição que ela geralmente adota. Isto lhe permitirá identificar os mecanismos dos eventuais deslocamentos uterinos e dispensar os conselhos autorizados. Há igualmente mulheres que, segundo Roubaud, não podem ser fecundadas senão "verticalmente". Ele conheceu uma esposa, que por muito tempo permaneceu estéril na posição horizontal, mas que, em seguida, engendrou quatro crianças, todas concebidas enquanto "a pélvis estava na posição vertical"[137].

---

134. DE LIGNAC. *De l'homme et de la femme... Op. cit.* T. 1, p. 301.
135. Cf. *infra*, p. 145-146.
136. MENVILLE DE PONSAN, C. *Histoire philosophique et médicale de la femme... Op. cit.* T. 2, p. 164.
137. ROUBAUD, F. *Traité de l'impuissance... Op. cit.* T. 2, p. 772.

Mesmo assim, os médicos juntam-se aos teólogos para condenar a posição da mulher instalada sobre o homem ou, para usar a formulação de Lignac, a esposa "que se joga sobre os prazeres"[138]. Muitos são os acidentes dos quais os homens foram vítimas ao longo de seus atos sexuais. Demarquay lhes consagrou uma obra inteira. Isto pode ir até a ruptura do pênis, torcido contra o púbis ou as coxas da mulher. Jean G., palafreneiro de 37 anos, teve, em 1853, uma relação sexual dramática com sua esposa. Esta se colocou sobre ele e "por um falso movimento, pressionando todo o peso de seu corpo sobre o pênis em violenta ereção, ela o vergou bruscamente em direção ao períneo e a coxa"[139]. O desafortunado morreu de gangrena no dia seguinte.

Pela mesma razão, Lignac desaconselha o uso de cadeiras, bastante comum na alta sociedade, bem como as posições que dependem da indolência ou da preguiça. Estas permitem a longa duração da cópula e impedem, por essa razão, o vigor da ejaculação. Quanto à complexa ginástica aconselhada por alguns adeptos da *callipédie* [conjunto de conselhos ou arte de criar filhos formosos] aos esposos desejosos de conceber um menino ou uma menina, ela tornou-se obsoleta.

O momento do gozo inefável

Os autores se demoram no "instante do gozo". Eles quase não dão conselhos sobre aquilo que, no século XXI, denominamos preliminares. Para eles, o essencial não é o tipo de afago que esta noção designa, mas tudo o que favorece a elaboração e o aumento do esperma: a continência prévia, as táticas do pudor, as preliminares do duelo destinado a abrir as relações sexuais, a constatação da harmonia dos órgãos e de seu estado de

---

138. DE LIGNAC. *De l'homme et de la femme... Op. cit.* T. 1, p. 298.
139. DEMARQUAY. *Des lésions du pénis déterminées par le coït.* Paris: Asselin, 1861, p. 10. Isto está pormenorizado em SÉLIGNAC, A. *Des rapprochements sexuels...* Tese cit., p. 60. O caso resulta de uma observação de Huguier, datada de 1853.

preparação, o entendimento que evidencia a boa gestão dos prazeres do casal. Da mesma forma, os médicos quase não dão conselhos sobre as maneiras de acessar ao "espasmo insensível". A exceção fica por conta do cirurgião Lignac, que exalta a ciência "destas pequenas coisas" que algumas mulheres possuem, capazes de ordenar sabiamente o momento do espasmo, de solicitá-lo, de facilitá-lo, de acelerá-lo ou retardá-lo conforme o próprio desejo[140]. Lignac invoca, a este respeito, a liberdade e a idiossincrasia dos prazeres. O discurso erudito acompanha aqui a literatura erótica.

Os médicos e os filósofos são concordes quanto à dificuldade, ou à impossibilidade de descrever o auge do prazer. Na visão de Maine de Biran, o apetite venéreo "absorve então a inteligência, a direção das ideias, a ordem de todos os movimentos". As ações se tornam animalescas "enquanto o *ego* não encontra nelas parte ativa e quando igualmente acontecem sem sua contribuição"[141]. A cópula, escreve Virey, "absorve inteiramente a alma e o corpo; não se ouve, nada mais se vê; tudo está morto, exceto o prazer; a alma é completamente tomada pelo sentido do amor; vimos pessoas perder a vida nesta crise"[142]. Em outro texto, Virey, prefigurando o que escreverá Zola aproximadamente um século mais tarde, define as duas etapas que distinguem a capacidade analítica. Se consideramos, escreve ele, que "a alma desvairada flutua num oceano de prazer; que todas as fibras do corpo estremecem sob as mais tenras carícias; que as pessoas se sentem mergulhadas num encantamento universal, e estão encantadas e em êxtase com o excesso de felicidade, compreende-se que *é necessário voltar desse estremecimento geral* para entregar-se mais especialmente a um *gozo particular*. Provavelmente elas não estão frias nestes primeiros instantes do delírio da volúpia; elas, ao contrário, se sentem como que

---

140. DE LIGNAC. *De l'homme et de la femme… Op. cit.* T. 2, p. 137.
141. MAINE DE BIRAN. Les Discours philosophiques de Bergerac. *Œuvres.* T. 5. Paris: Alcan, 1925, p. 37. Cf. tb. BILON. Verbete "Plaisir". *Dictionnaire des Sciences Médicales. Op. cit.*, 1820, p. 133.
142. VIREY, J.J. Verbete "Génération". *Dictionnaire des Sciences Médicales. Op. cit.*, 1817, p. 29.

absorvidas e submersas, se buscam e não se encontram"[143]. Texto decisivo para os historiadores do conhecimento de si, no século XIX.

Na fase de preparação do prazer, escreve Deslandes em 1835, "não se tem mais preocupação com a riqueza, com o apreço, com as honrarias; inclusive não se tem preocupação com a vida [...]. Todas as necessidades desapareceram diante de uma única. Já não temos mais fome, nem sede; jamais teremos fome ou sede. É um delírio [...] todos os sentidos são encadeados por um único sentido"[144].

"À medida que a obra avança, a inteligência se apaga. Chega um momento em que ela já não é mais suficientemente forte, até para delirar. Então sentir, reunir as mil e uma sensações que se lançam da lareira comum e crepitam de todos os lados, é a única ocupação da alma, a única da qual é capaz. A vontade é suspensa. Não é mais a ela, mas aos centros nervosos fortemente exasperados que os músculos pertencem"[145].

Em 1857, Béraud destaca que, quando a emissão espermática chega à beira da explosão, "a consciência do indivíduo é inteiramente abolida", só existem desde então movimentos que colocam em cena as excitações recíprocas da glande e do aparelho muscular do bulbo[146]. Por volta de meados do século XIX, ainda o veremos, este tipo de análise, que depende primeiramente da psicologia e, secundariamente, da clínica, é gradualmente substituído e evidenciado pelas descrições e explicações que dependem da psicologia[147].

Até aquela data os prazeres experimentados pelos dois parceiros são supostos a variar de natureza e de intensidade segundo uma série complexa de dados psicológicos que Berthier enumera na tese por ele consagrada

---

143. VIREY, J.J. Verbete "Frigidité". *Dictionnaire des Sciences Médicales. Op. cit.*, 1816, p. 24.
144. DESLANDES, L. *De l'onanisme... Op. cit.*, p. 37.
145. *Ibid.*, p. 41.
146. BÉRAUD, B.J. *Eléments de physiologie... Op. cit.* T. 2, p. 375.
147. Cf. *infra*, p. 93-94.

a este tema em 1821: as sensações sentidas são *"modificadas ao infinito pelas diferenças orgânicas de nossas partes, por nossa imaginação, pelo estado moral em que nos encontramos no momento em que as experimentamos"*[148], pelo hábito, pelo grau de saciedade, pela novidade eventual das emoções, pela arte de variar as causas dos prazeres; sem esquecer o aforismo de Bichat para quem o prazer de outrora embota a atração daquele que os parceiros sentem no momento e que, para saborear perfeitamente a volúpia, precisam esquecer, mesmo que outrora lhes tenha proporcionado felicidade. Em última análise, esta dificuldade de interpretar um prazer sempre único procede, segundo Haguette, daquilo que as diversas faculdades da alma põem em marcha.

O vínculo entre a brevidade da cópula e a intensidade do gozo é geralmente admitido pelos médicos. O discurso que desenvolvem sobre este tema se afasta radicalmente do prestígio da gradação que governa a literatura erótica. É que a atenção dos médicos se concentra no "espasmo", no "tremor". O esquema convulsivo ordena a reflexão; no entanto é confrontado com a metáfora do choque elétrico, já evocado por Virey, e sobre o qual se demora Burdach. O homem e a mulher que gozam são, segundo ele, dois polos positivos e negativos, ligados por uma corrente. A seu juízo, a eletricidade acompanha todo o encontro: "O contato da pessoa amada parece oferecer uma comoção elétrica que percorre o corpo inteiro, e um conflito elétrico se manifesta no poder do olhar de dois seres acorrentados pelos vínculos do amor"[149].

Por outro lado, os médicos diferenciam o prazer masculino do gozo feminino. O primeiro, em particular, é concebido então como um tremor – o da ejaculação –, sucedendo-se sensações que são percebidas como

---

148. BERTHIER, J.M.F. *Considérations physiologiques et médicales sur le plaisir.* Tese de doutorado. Paris, 1821, n. 39, p. 10.
149. BURDACH, C.F. *Traité de physiologie... Op. cit.* T. II, p. 343. O choque elétrico já havia sido evocado por Pierre Roussel e por outros estudiosos que citam Burdach.

oriundas da irritação. O grande clínico Richerand vê nisto, em 1811, uma propagação desta do exterior – dos tecidos do pênis – para o interior – dos testículos e das vesículas seminais. "Quando a irritação é levada a um certo grau", as vesículas se esvaziam "pela contração espasmódica de suas paredes membranosas, ajudadas nesta excreção pelos distensores do ânus"[150]. Segundo uma tradição que remonta a Hipócrates, o próprio espasmo, gerador de um prazer geralmente qualificado como indizível, é colocado em perspectiva com outros fenômenos observáveis, notadamente com a epilepsia.

Burdach, por sua vez, atribui grande importância à vagina, que em razão de seu congestionamento abraça mais estreitamente o pênis, e a ação de seu esfíncter. As pregas turgescentes aumentam os pontos de contato, e a "secreção mucosa"[151], estimulada pelo efeito da fricção, aumenta, no homem, a intensidade da sensação.

Wichmann discerne dois tempos na ejaculação. Para ele, o primeiro sêmen que emerge é "claro, tênue, parecido com o da polução diurna involuntária"[152]. Sua emissão só estimula um medíocre prazer; escorre ao invés de ejacular. O sêmen que o sucede, mais abundante, mais branco, mais espesso, mais odorífero, eleva ao mais alto grau a sensação de volúpia. Mas Wichmann reconhece que estes dois emissores ordinariamente se confundem num único, e que o segundo não passa de uma "continuação indizível do primeiro"; mas adverte, no entanto, que nem sempre é assim. Em algumas circunstâncias, que nem sempre são tão raras, a primeira emissão acontece sem que haja uma segunda; "o que permite estudar estes dois atos separadamente". O que Wichmann chama de "compartilhamento da ejaculação", frequente em alguns indivíduos que, às vezes,

---

150. RICHERAND, A. *Nouveaux élémens de physiologie. Op. cit.*, p. 382.
151. BURDACH, C.F. *Traité de physiologie... Op. cit.* T. II, p. 163.
152. WICHMANN, E. *Dissertation sur la pollution diurne involontaire* (1782). Trad. de E. Sainte-Marie. Lion: Reymann, 1817, p. 79, bem como o que segue, p. 80.

perdem o segundo sêmen algum minuto após o primeiro, bem como em alguns doentes ou algumas vítimas de poluções noturnas, precisamos ter em mente se quisermos compreender a análise da espermatorreia.

Willeneuve, por sua vez, enfatiza que a intensidade do prazer é maior no início da ejaculação: "Os primeiros jatos são sempre mais impetuosos e mais abundantes". É deles que depende sobretudo "as titilações deliciosas da membrana, de uma sensibilidade muito requintada, que reveste"[153] o canal da uretra.

Mas, para todos – e aí está o essencial daquilo que define o erotismo do discurso médico antes do surgimento da sexologia –, o prazer é ainda mais "exaltado" quando uma maior quantidade de líquido espermático tiver sido elaborada, por longo tempo, nas vesículas seminais; daí a pobreza de prazer muito frequentemente reiterada, fruto de um líquido deteriorado, empobrecido pelo excesso. A grande intensidade do gozo inicial está sempre em relação com o volume dos líquidos seminais e com a força e a velocidade de sua expulsão.

Segundo o Prof. Lallemand, o mesmo indivíduo, situado nas mesmas condições, copulando com a mesma mulher "experimenta sensações bem diferentes, consoante o esperma tenha sido lentamente secretado, por muito tempo preservado, ou tenha sido fornecido precipitadamente e depositado após ter permanecido um curto espaço de tempo em seu reservatório". Tomando seu leitor como testemunha, Lallemand acrescenta: "É o que qualquer um pode facilmente avaliar, comparando os atos precedidos de alguns dias de repouso com outros realizados em datas muito próximas. [...] O ato se torna cada vez mais insignificante à medida que o líquido se torna mais aquoso"[154]. Todos os seus pacientes observaram esta

---

153. VILLENEUVE. Verbete "Ejaculation". *Dictionnaire des Sciences Médicales. Op. cit.*, 1815, p. 245.
154. LALLEMAND, C.F. *Des pertes séminales involontaires. Op. cit.* T. 1, p. 622-623.

diminuição. As ereções são menos completas, menos prolongadas, a ejaculação mais rápida e a sensação debilitada.

Em 1835, Deslandes, por sua vez, se esforça para descrever o que vincula a "sensação genital" ao desencadeamento do espasmo masculino: "O tecido erétil [...] chama para si e retém o sangue, se infla com a maior quantidade que dele pode conter, endurece e se alonga o maximamente possível. Ao mesmo tempo, a sensação genital transpõe rapidamente todos os graus da exaltação, transborda os órgãos que lhe servem ordinariamente de limites, se dissemina sobre os outros, e amplia toda a sensibilidade que aí encontra. Logo alcança proporções que não consegue mais suportar, nem exceder, nem conservar, e a convulsão toma então conta de tudo o que é músculo e fibra motora no aparelho gerador: as vesículas seminais, os músculos que cercam a uretra e os músculos vinculados ao ânus se contraem com violência, e o esperma, este licor cuja perda esgota mesmo quando é feita sem emoção, é convulsivamente expulso [...]. Ao longo dessa grande desordem [...] o rosto cora, o pescoço infla, as veias engrossam, a pele brilha e se encharca de suor, a respiração faz-se ofegante, o coração palpita no peito; trata-se, enfim, de um *estado de febre* que quase autoriza a situar o ato venéreo no rol das doenças. Simultaneamente, os centros nervosos, o cérebro, o cerebelo e a medula espinhal sentem tamanha pressão que não sei se poderiam suportar outra maior"[155].

Em 1844 – mas sua obra só será editada na França em 1851 – Georg Ludwig Kobelt, o professor de Fribourg-en-Brisgau, lamenta, não sem alguma dose de exagero, que até então nos tenhamos limitado às descrições clínicas do prazer e às análises psicológicas, sem colocar verdadeiramente a questão de sua fisiologia. Segundo este autor, ainda não é possível saber "a quais partes especiais dos órgãos sexuais se vincula, em ambos os sexos, a sensação voluptuosa". A fisiologia, além disso, não soube explicar como "estas diversas porções do aparelho da sensação genital *convergem para*

---

155. DESLANDES, L. *De l'onanisme... Op. cit.*, p. 39-41.

uma ação simultânea a fim de produzir *a excitação venérea* no próprio indivíduo e no sexo oposto; ela ainda não demonstrou [...] a concordância de ação, da qual eles [os órgãos] são a sede, *a sucessão dos fenômenos* que eles experimentam a fim de chegar ao objetivo da natureza"[156].

Kobelt não mede esforços em sua tentativa de responder a esta série de questões, e em sua esteira, só para limitar-nos à França, some-se Adelon, Béraud, Roubaud. Esses autores elaboraram uma série de trabalhos ensaísticos que levam a uma primeira definição moderna do "orgasmo sexual", esta excitação de uma natureza totalmente particular que constitui o "ponto culminante"[157] do ato venéreo.

No homem, a glande, muito rica – o sabemos desde sempre – em ramificações arteriais e venosas, ao menor contato experimenta "*comoções* [que] percorrem todo o organismo com *rapidez de relâmpago*"[158]. A partir de então, "*a vida própria da glande*" tem início. Ela passa a ser, para o indivíduo, *um órgão realmente novo*, cuja existência percorre diversas fases: preparação, excitação venérea por fricção, titilação voluptuosa, ejaculação. A contribuição de Kobelt é a de garantir que a glande é, nestas circunstâncias, dotada de uma sensibilidade específica e, sobretudo, completamente nova. Nada disso lhe dizia respeito em estado de repouso. Daí a hipótese formulada: existiria no interior da glande "nervos particulares da volúpia"[159], além dos nervos da sensibilidade geral. Tais nervos seriam ativados pela compressão mecânica do sangue. Eles acionariam o aparelho muscular do bulbo, que, por sua vez, desencadearia as contrações e os movimentos espasmódicos que levariam à ejaculação. A partir de então,

---

156. KOBELT, G.L. *De l'appareil du sens génital des deux sexes dans l'espèce humaine et dans quelques mammifères au point de vue anatomique et physiologique*. Trad. de H. Kaula. Paris: Labé, 1851 [Ed. alemã, 1844. Fribourg-en-Brisgau]. Na p. VII Kobelt exagera a questão colocada na França por Richerand.
157. *Ibid.*, p. 115.
158. *Ibid.*, p. 33.
159. *Ibid.*, p. 34-35.

por sua ação, "a consciência do indivíduo seria totalmente abolida"[160]. O essencial, portanto, não seria mais a irritação externa da glande; a sensação voluptuosa resultaria da tensão sofrida pelos *nervos especiais da sensação genital*. Ao longo do resto do tempo da vida do indivíduo, os órgãos e, sobretudo, os nervos específicos deste sentido, permaneceriam em estado de inanição.

Em 1857, Béraud, inspirado por Kobelt, munido do senso da exatidão clínica e de um grande conhecimento da fisiologia, descreve as inflexibilidades, as fricções, os modos de compressão, as contrações e os três ou quatro tremores que constituem a ejaculação, composta de jatos cuja rapidez e força variam. "Quanto mais o ato se repete [especifica nosso autor], mais a quantidade diminui." Béraud analisa muito finamente "o tremor universal", "os movimentos involuntários e convulsivos", a "espécie de delírio nervoso provocado no paroxismo do gozo"[161]. Ocorre que, naquela nova aurora, é o Dr. Roubaud que descreve mais longamente, e mais precisamente, as manifestações físicas da cópula. Após ter seguido passo a passo todos os gestos da penetração, todas as etapas das turgescências, analisado todas as fricções e, sobretudo, reconhecido todos os graus da volúpia que se interpõem entre "alguns sobressaltos fracamente sentidos" e o "paroxismo da exaltação", assim descreve este último: "A circulação se acelera, as artérias batem mais forte; o sangue venoso, parado nos vasos pela contração dos músculos, aumenta o calor geral, e esta estagnação, mais pronunciada no cérebro pela contração dos músculos do pescoço e pela reversão da cabeça para trás, determina uma congestão cerebral momentânea, ao longo da qual a inteligência se extravia e todas as faculdades desaparecem. Os olhos, injetados, se fazem espavoridos, e o olhar faz-se mais vago; ou, na maioria dos casos, os olhos esporadicamente se fecham para evitar o contato da luz.

---

160. *Ibid.*, p. 38.
161. BÉRAUD, B.J. *Eléments de physiologie....Op. cit.* T. 2, p. 383.

"A respiração, ofegante e entrecortada em alguns, em outros é suspensa pela contração espasmódica da laringe. E o ar, esporadicamente comprimido, finalmente é expelido em palavras incompreensíveis e sem nexo. Os centros nervosos [...] já não comunicam senão sensações e volições confusas: a motilidade e a sensibilidade acusam uma desordem inexprimível, e os membros, envoltos em convulsões e, algumas vezes, em câimbras, balançam em todos os sentidos, ou se esticam e se retesam como barras de ferro; as mandíbulas comprimidas uma contra a outra fazem ranger os dentes, e alguns levam o delírio erótico tão longe que esquecem do companheiro de suas volúpias, e mordem até sangrar um ombro que por imprudência se lhes foi entregue. "Este estado frenético, esta epilepsia e este delírio ordinariamente duram pouco [...]; esta excitação termina por uma evacuação de esperma mais ou menos abundante"[162].

Para o homem, em razão da intensa emoção que o ato venéreo lhe propicia, os riscos de morrer de prazer não são insignificantes. Uma prolixa literatura médica, que Deslandes cataloga, aponta, desde a Antiguidade, a gravidade deste perigo. Trata-se, aqui, de um lugar-comum. Tissot, Hoffmann, Pinel, Londe e muitos outros, como Dionis na dissertação que consagrou às mortes súbitas[163], em seguida Berthier, Courby, em suas teses, alertam os pacientes contra este eventual drama. "Muitos homens morreram sobre os seios de uma jovem esposa e de uma amante adorada"[164], garante Berthier. Relata-se que Píndaro e Tasso teriam sucumbido desta maneira.

Dionis dizia ter conhecido em pessoa jovens que perderam a vida "nos primeiros abraços de mulheres que amavam perdidamente"[165]. É que as emoções da cópula convivem com a "apoplexia do cérebro ou do cerebelo", notadamente, segundo Deslandes, quando ela acontece ao longo da

---

162. ROUBAUD, F. *Traité de l'impuissance...* Op. cit. T. 1, p. 38-39.
163. DIONIS, P. *Dissertation sur la mort subite*. Paris: Houry, 1710.
164. BERTHIER, J.M.F. *Considérations physiologiques...* Tese cit., p. 46.
165. Apud COURBY, P. *Des effets généraux des passions...* Op. cit., p. 12.

digestão de uma farta refeição. Não seria este fenômeno concebido desde a Antiguidade como uma "breve epilepsia"? Algumas vítimas dessa doença sofrem um ataque sempre que se excitam com maior intensidade. Richerand informa, além disso, sobre o risco cardíaco. Corroy, um rapaz do anfiteatro do Hospital da Caridade, morreu dessa forma "em meio aos delírios" com uma garota[166]. A autópsia revelou a ruptura de um aneurisma do arco da aorta.

Esta doença espreita particularmente os idosos, os indivíduos sanguíneos e os dotados de um temperamento colérico, muito excitável. Imaginem, exclama Deslandes, o ato venéreo "golpeando com seus tremores um edifício que desmorona de todos os lados"[167]. A morte penaliza então os esforços que não deveriam mais ser tentados; e relata-se reiteradas vezes o caso de um velho de 80 anos que expira nos braços de sua esposa, uma jovem virgem tirada naquele dia do convento onde havia crescido[168].

As mulheres são menos expostas a semelhantes dramas, não obstante o sentimento de conviver com a morte que lhes emprestam os autores da literatura erótica ao evocar suas emoções. É que seus nervos à flor da pele lhes propiciam às vezes falaciosas sensações. Boerhaave ouviu falar de uma mulher que desmaiava a cada cópula. Hoffmann conheceu outra, muito devassa, que, após o ato venéreo, era vítima de um ataque de epilepsia.

Isto nos leva muito naturalmente a analisar o discurso médico consagrado ao prazer feminino. Este permaneceu por longo tempo um grande mistério para os estudiosos. Burdach confessa: "Para nos esclarecer sobre os fenômenos interiores da mulher, dispomos apenas de suas sensações"[169]. O tema é particularmente sensível pelo fato de caracterizar-se

---

166. Apud FOURNIER; BÉGIN. Verbete "Masturbation". *Dictionnaire des Sciences Médicales. Op. cit.*, p. 117.
167. DESLANDES, L. *De l'onanisme... Op. cit.*, p. 83.
168. Cf. FOURNIER. Verbete "Coït". *Dictionnaire des Sciences Médicales. Op. cit.*, p. 525.
169. BURDACH, C.F. *Traité de physiologie... Op. cit.* T. II, p. 210.

por uma grande variedade segundo os indivíduos. Assim, Moreau de la Sarthe assegura que a variedade das dimensões e da sensibilidade do clítoris determina uma enorme gama de matizes e diferenças na maneira de gozar[170]. Lignac, à época, escrevia: "O prazer é *um* em todos os homens, ao passo que junto às mulheres é um *proteu*, que talvez varie em cada indivíduo", acrescentando com perspicácia: "Só me refiro aqui às mulheres que conhecem o prazer"[171].

Depois que os estudiosos abandonaram a teoria de Hipócrates e Galeno relativa ao duplo sêmen, o mistério se aprofundou. Obviamente, existe a ereção do clítoris. Mas, como, se pergunta Lignac em 1772, só o arrefecimento desta minúscula parte poderia, "no gozo", contrabalançar "as vantagens que a natureza concedeu aos homens?" Estes últimos não gozam apenas da ereção[172]. O prazer poderia ser propiciado pelo humor "que exprime-se das glandes que observamos no canal do pudor e no orifício do útero"[173]; no entanto, aos olhos de Lignac, a questão continua problemática. E com certo desencanto escreve: "Devemos concluir que a causa imediata do prazer das mulheres ainda é desconhecida"[174]. Ao ouvi-lo, o observador só dispõe de dois dados seguros: a extrema sensibilidade do clítoris em uma parte das mulheres, e a emissão de um licor qualquer em outras. O que representa o esboço de um compartilhamento entre orgasmo clitoridiano e orgasmo vaginal.

Os que, a exemplo de Morel de Rubempré, pendem para a ação da sensibilidade das ninfas e da vagina evocam o esboço de uma ejaculação, transferência empobrecida da teoria do duplo sêmen. Os corpos glandulares "participam [na cópula] do estado de entusiasmo do aparelho genital

---

170. Cf. *supra*, p. 57-58.
171. DE LIGNAC. *De l'homme et de la femme... Op. cit.* T. 2, p. 341.
172. *Ibid.*, p. 221.
173. *Ibid.*, p. 222.
174. *Ibid.*, p. 224.

e segregam o líquido em tão grande abundância que todas as partes circunvizinhas da vulva ficam algumas vezes inteiramente molhadas. Nas mulheres muito voluptuosas, as duas glandes mais fortes do que as outras podem projetar este líquido com uma força que *simula perfeitamente* a ejaculação espermática"[175]; Burdach, por sua vez, evoca o "jato repentino" que acontece quando o prazer é exacerbado. Pretende-se inclusive, acrescenta nosso autor, que isto ocorra por ocasião da masturbação[176].

No final do período, lembramos, Roubaud, após muitas interrogações, constata que muitas mulheres são totalmente insensíveis às titilações do clítoris e não experimentam o prazer senão pela fricção do pênis ou de qualquer outro corpo na entrada da vagina. Béraud, ao contrário, concordando com Kobelt, avalia que não se deve dar à vagina senão uma participação muito fraca à produção da sensação voluptuosa no orgasmo feminino. Ele oferece com frieza o cenário fisiológico que leva ao prazer simultâneo dos dois parceiros, mais especialmente o da mulher, e atribui uma importância decisiva aos nervos do clítoris.

"Do lado da fêmea, os músculos do bulbo [...] pressionam o sangue que os alonga na glande do clítoris já turgescente; além disso, este é fortemente abaixado e levado ao encontro da face dorsal da glande e do corpo do pênis pela porção anterior do músculo compressor. Esta ação é sustentada pela ação dos músculos ísquio-cavernosos, que oferece à alavanca entrecortada do corpo do clítoris uma elasticidade e uma resistência sempre mais fortes. Estes diversos fenômenos mecânicos, por sua vez, reagem sobre o órgão do macho, de sorte que cada movimento influencia ao mesmo tempo os dois sexos, e ajuda, no ponto culminante desta excitação mútua e recíproca, a levar à ejaculação e à recepção do licor seminal"[177].

---

175. MOREL DE RUBEMPRÉ, J. *Les secrets de la génération... Op. cit.*, p. 79.
176. BURDACH, C.F. *Traité de physiologie... Op. cit.* T. II, p. 163.
177. BÉRAUD, B.J. *Eléments de physiologie... Op. cit.* T. 2, p. 415.

Trousseau, uns vinte anos antes, no período em que reinava a clínica e não ainda essa fisiologia fria da qual dão testemunho as obras de Kobelt e seus sucessores, havia feito uma bela descrição do gozo feminino: "Tomemos por protótipo uma mulher que sente fortemente as sensações que acompanham o exercício deste ato natural. Batimentos precipitados e tempestuosos na região pericordial, respiração forte e frequente, suspiros entrecortados e singulares, globos dos olhos alargados, reversão para trás do pescoço e do tronco, movimentos clônicos e convulsivos dos quadris, contrações dos membros ora contínuos ora clônicos, mas sempre involuntários; enfim, no instante da consumação do ato, tremedeira e agitação espasmódicas de todo o sistema muscular, gritos sufocados, algumas vezes desfalecimento completo... em seguida o orgasmo entra numa dissolução progressiva e numa languidez que suavemente induzem ao sono"[178].

Infelizmente, uma prática frequente, revelada por inúmeras confissões, torna ainda mais difícil a observação: muitas mulheres simulam o prazer. Constatação reforçada pelo abandono da teoria do duplo sêmen: se a mulher não emite o "esperma", como ter certeza da realidade de seu prazer? Ela tranquilamente pode fingir que está se deleitando de prazeres já desprovidos de provas materiais, a exceção de modestas secreções; que podem resultar de uma simples excitação, talvez mais dolorosa do que prazerosa. O homem geralmente é enganado em seu orgulho. Desde 1772 Lignac ridiculariza os que se imaginam propiciar um êxtase que se esforçam por partilhar, mas que não passam de joguetes da falsidade de sua parceira. Mais tarde, Cangrain, em sua tese, igualmente denuncia a frequência da simulação. "Mais de uma mulher [escreve nosso autor], confessou-me usar de todas as suas dissimulações imagináveis para fingir estar sentindo os prazeres do homem, pois elas sabem muito bem que o homem gosta de acreditar que seus prazeres são compartilhados, gosta de propiciá-los

---

178. TROUSSEAU, A.; PIDOUX, H. *Traité de thérapeutique et de matière médicale*. T. 2. Paris: Béchet, 1851, p. 277-278

enquanto os sentem, e que sua paixão poderia diminuir ou fixar-se em outro objeto se ela não alimentasse nele a ilusão sobre este ponto"[179].

Existe outra complicação: ao longo do período que nos ocupa, e antes da publicação das teses de Kobelt, os médicos distinguiam dois tipos de prazer feminino. O primeiro concerne ao "espasmo cínico", constatável à época, mas nem totalmente explicável nem descritível pelo homem, enquanto estes prazeres dependem do sexto sentido, do "sentido genital" da mulher. Mas é patente que a concepção pode acontecer sem este espasmo. O mesmo vale para certas vítimas de violação, para mulheres abusadas enquanto dormiam, ou sob os efeitos de narcóticos e, mais geralmente, para esposas insensíveis aos beijos de seus maridos. Sabemos, em contrapartida, que o fato de sentir o espasmo voluptuoso nem sempre, longe disso, leva à fecundação. Em suma, para os médicos que clinicavam na época em que a convicção na existência de uma ovulação espontânea ainda não era consensual, já se evidenciava que o prazer mais comum não era suficiente nem para determinar nem para indicar a fecundação. O banimento da teoria do duplo sêmen complica o problema. Por qual sinal é possível detectar ou, no mínimo, antever o sucesso provável da cópula?

Portanto, existe um período que separa o abandono da crença numa ejaculação feminina da vitória da teoria da ovulação espontânea, ao longo do qual os médicos, as parteiras e as pacientes buscavam, mais do que nunca, um sinal inegável de concepção. Muitos, segundo a doutrina de Hipócrates – substituída, mas já minuciosamente criticada por Buffon – foram convencidos de que um conjunto de sensações voluptuosas particulares, geralmente resumidas sob o termo "arrepio", permitiam à mulher ficar atenta ao momento da fecundação. Sensações distintas, obviamente, mas normalmente somadas ao "espasmo venéreo", que por sua vez testemunhariam o caráter insaciável de um útero simultaneamente faminto de desejos de volúpia e de fecundação.

---

179. CANGRAIN, A. *Du célibat*. Tese de doutorado. Paris, 1838, n. 214, p. 26.

O interesse do tema reside nesta diferença, que implica uma atenção específica. Esse arrepio da mulher fecundada inaugura uma gama de sensações fortes – mas também de incômodos: os da gestação, do parto, do aleitamento, da maternidade; sensações separadas por consequência do espasmo voluptuoso propriamente dito, mais resultantes, elas também, da união carnal com o outro sexo.

As parteiras fingem conhecer este arrepio sobre o qual tagarelam com suas clientes. Muitas mulheres do povo reivindicam ser capazes de identificar o momento em que se sentem fecundadas; e muitos médicos compartilham, por algum tempo, esta convicção. Assim, continua válido um vínculo entre uma certa emoção e a concepção, diferente da que resultava da crença numa ejaculação feminina.

Portanto, não convém acreditar que o abandono da teoria de Hipócrates e Galeno tenha imediatamente levado a uma depreciação da função da emoção feminina na união carnal. As mulheres desejosas de ser fecundadas ou, inversamente, preocupadas em evitar uma gravidez, jamais deixaram de ouvir o próprio corpo. Ao longo desse período, o prazer feminino não é ainda desqualificado. Ele simplesmente adquiriu uma nova complexidade.

O "arrepio", resultado, segundo o parecer expresso por Hipócrates no tratado *Dos desejos*, depois por Galeno, de uma contração do útero que faz com que a mulher tenha convulsões e ranja os dentes quando concebe, é doravante descrito sob a forma de uma irritação específica, de uma certa agitação, de um modo de estremecimento particular do útero, das trompas e dos ovários, tremor julgado necessário à união dos espermatozoides e dos óvulos da mulher. Esta agitação e este tremor facilitariam a viagem do esperma e sua aspiração pelas trompas, além de ajudá-lo a fixar-se nos ovários; mas vale lembrar que os erros científicos, quando compartilhados, exercem igualmente uma significativa função de verdade.

Seja como for, este eventual arrepio provoca incontáveis discursos. Em 1772, Lignac se esforça para popularizar a crença nesta impulsão necessária, nesta convulsão que se comunica com as trompas de Falópio e produz uma aspiração do "licor prolífico" para os ovários. Guilhermond, em 1802, admite o mesmo processo. No entanto, considera que este conjunto de sensações não é, sozinho, um sinal infalível do sucesso da fecundação[180]. Após ter salientado o papel provavelmente benéfico da simultaneidade dos espasmos voluptuosos, Burdach, que se reporta a Haller, se demora longamente nesta manifestação sensível do sucesso da cópula. Para ele, algumas mulheres, notadamente as que engravidam pela primeira vez, sentem arrepios que partem das costas. Outras sentem uma dor – por consequência, o sinal nem sempre seria voluptuoso – na região umbilical, uma espécie de movimento no baixo-ventre, algumas cócegas nas virilhas. Ele evoca alhures uma *sensação particular* que sacode o corpo inteiro, e vê nisto, sempre dentro da perspectiva vitalista, a tormenta de um organismo "que se abrasa de repente, como um relâmpago", no instante em que a própria vida da mulher se resume em duas vidas diferentes uma da outra[181]. Obviamente, reconhece nosso autor, trata-se de sensações que variam segundo as individualidades e que falham quando a sensibilidade é obtusa ou o ardor excessivamente forte. A intensidade do gozo, no entanto, corre o risco de privar a mulher fecundada da sensação de um arrepio. Isto combina com a convicção, largamente difundida, da oposição entre gozos extremamente fortes e aptidão à concepção; opinião, aliás, combatida por aqueles médicos que estavam convencidos de que o prazer intenso é, no mínimo, um presságio favorável ao sucesso da cópula.

Para alguns deles, inclusive, é desnecessário evocar um arrepio específico. Moreau de la Sarthe considera que o espasmo voluptuoso é suficiente para movimentar o conjunto dos órgãos por um tremor generalizado, para incitar as trompas a aplicar seu poder contra o ovário e conduzir "o

---

180. GUILHERMOND. *Lettre au Millot sur son système de la génération et sur l'art de procréer les sexes à volonté.* Paris: Ouvrier, 1802.
181. BURDACH, C.F. *Traité de physiologie... Op. cit.* T. II, p. 225, 210. No tocante à descrição evocada, cf. BUFFON. *Œuvres. Op. cit.*, p. 235.

germe fertilizado no interior do órgão da geração"[182]. Ele reconhece, no entanto, que um prazer repetido muitas vezes, exagerando sua irritação, interfere neste mecanismo. Compreendemos perfeitamente que este discurso médico, que se pretende fundado em testemunhas, implica, da parte das mulheres, uma escuta de si num momento em que esta escuta devia revelar-se particularmente difícil. Seja qual for a posição adotada por esses médicos, suas palavras voltam a destacar a importância do movimento desordenado, do abalo, da convulsão do aparelho genital inteiro. Estamos longe, aqui, do vínculo geralmente destacado entre o abandono da teoria do duplo sêmen e a inutilidade da atenção voltada para as emoções femininas.

Burdach prolonga e, portanto, reforça seu propósito com a descrição dos distúrbios que a gravidez revela ao longo dos dias que sucedem imediatamente à cópula. O que mostra perfeitamente bem que o famoso "arrepio" inaugura uma verdadeira cadeia de sensações e de emoções cuja lista Buffon havia anteriormente tentado elaborar: dor leve no útero, entorpecimento de todo o corpo, sonolência contínua, dor de cabeça e de dentes, vertigens, palidez, vômitos, expectorações... Segundo Burdach, a mulher é advertida de seu novo estado por uma sensação geral e estranha, muito especial. Ao mesmo tempo, ela passa por uma sensação de plenitude e de peso no baixo-ventre, acompanhada de uma propensão a cruzar as coxas, ora passa por um movimento febril, ora por leves arrepios e baforadas de calor. Tantas manifestações de um estado de turgescência que justificaria a antiga crença segundo a qual um inchaço do pescoço sinalizaria, junto à jovem casada, o sucesso da fecundação. Poder-se-ia pensar que, numa abordagem regressiva, a atenção voltada para as sensações do início da gravidez estimularia a buscar as que se manifestam no instante do ato venéreo.

Richerand, cuja autoridade já era reconhecida, em vez de um arrepio, evoca, na perspectiva de Galeno, uma certa contração espasmódica do

---

182. MOREAU DE LA SARTHE, J.L. *Histoire naturelle de lad femme... Op. cit.*, p. 190.

útero, que seria o sinal mais seguro da fecundidade da cópula. Ele acrescenta que esta convicção resulta de confissões de algumas mulheres "que haviam conservado suficiente sangue-frio para poder observar-se em tais circunstâncias"[183].

O Prof. Lallemand, por sua vez, se baseia no testemunho de parteiros para afirmar que existem mulheres que, *no mesmo instante*, adquirem consciência da própria fecundação. A maioria delas lhe afirmava que nunca se haviam enganado[184]. Em 1847, Menvile de Ponsan percebe, tardiamente, que algumas mulheres dizem ter reconhecido sua fecundação graças a um arrepio ou a um "distúrbio qualquer"[185]. Alguns anos mais tarde, Alexandre Mayer acredita ainda neste sinal premonitório. Este tema ensina pormenorizadamente sobre as maneiras com que certas mulheres - e talvez tenham sido muitas - viveram à época o próprio intercâmbio venéreo.

Existe outra questão que aflige os médicos e que sem dúvida influenciou as condutas de seus pacientes: trata-se da utilidade, ou da necessidade do prazer experimentado simultaneamente pelos dois parceiros desejosos de gerar. Roussel enfatizava suas virtudes; o que leva a destacar mais uma vez que os defensores do naturalismo que exaltavam uma certa forma de passividade feminina e que tomavam suas distâncias em relação à teoria do duplo sêmen, não desqualificavam, entretanto, o prazer da mulher, nem que fosse apenas pela própria obsessão sobre necessária harmonia dos genitores. "Todo o mundo [escreve Roussel], parece convir que a concepção é mais garantida quando os dois indivíduos que para tanto cooperam, perdem-se simultaneamente nos arrebatamentos [...]"; possivelmente "esta breve alienação [simultânea] na qual sua alma parece, por

---

183. RICHERAND, A. *Nouveaux éléments de physiologie. Op. cit.* T. 2, p. 386.
184. LALLEMAND, C.F. *Des pertes séminales involontaires. Op. cit.* T. II, p. 522.
185. MENVILLE DE PONSAN, C. *Histoire philosophique et médicale de la femme... Op. cit.* T. 1, p. 350.

um instante, passar inteiramente para o novo ser que dela deve resultar"[186] seja necessária. Mas pode haver outra vantagem. Virey, fiel a uma antiga tradição, vê nesta "harmonia venérea"[187] uma boa condição da qualidade do produto. Ela constitui o inverso daquilo que ele mesmo qualifica de "discordância intempestiva[188], ou seja, esta discrepância dos prazeres dos dois parceiros. Segundo Burdach, a "simultaneidade da efusão"[189] favorece o sucesso da cópula.

Menville de Ponsan continua, em 1846, compartilhando este ponto de vista. Ele cita as autoridades segundo as quais a concepção acontece ou pode ser presumida quando o homem e a mulher "sentiram um pelo outro um prazer mais forte do que ordinariamente, pelo contato mais imediato das partes sexuais, e um *espasmo mútuo, instantâneo, isócrono,* que pode ajudar a diferenciar a sensação que ocorre após uma cópula infrutífera"[190].

O enigma de Tirésias

Estas avaliações, que datam de um momento em que, por assim dizer, a teoria da ovulação espontânea tende lentamente – mas vimos que temos que ter aqui muita precaução – a separar a fecundação da exaltação e da simultaneidade dos prazeres, justificam a extrema fascinação exercida pelo antigo enigma de Tirésias. Qual dos dois parceiros, entre o homem e a mulher, gozam com mais intensidade? Da parte dos médicos, colocar uma questão dessas significa discutir sobre a vivacidade do gozo feminino, já que o prazer masculino, que constitui a base da comparação, lhes é conhecido. A insistência com que o discurso médico se fixa neste enigma

---

186. ROUSSEL, P. *Système physique et moral... Op. cit.*, p. 258.
187. VIREY, J.J. Verbete "Génération". *Dictionnaire des Sciences Médicales. Op. cit.*, 1817, p. 59.
188. VIREY, J.J. Verbete "Frigidité". *Dictionnaire des Sciences Médicales. Op. cit.*, 1816, p. 24.
189. BURDACH, C.F. *Traité de physiologie... Op. cit.* T. II, p. 206.
190. MENVILLE DE PONSAN, C. *Histoire philosophique et médicale de la femme... Op. cit.* T. 1, p. 359.

traduz também, ao menos é imaginável, a tensão entre dois sentimentos: o ciúme em relação a uma eventual superioridade feminina e o medo de uma relativa passividade, suscetível de entregar o homem, perdido na volúpia, a uma mulher consciente e de posse de sua razão.

Esta tensão talvez explique a divergência das respostas dadas a este enigma. Os médicos – ainda voltaremos a este tema – esbarram na impossibilidade de conhecer o que os atormenta e o que os fascina: o "sentido genital", o sentido interior da mulher e as emoções misteriosas que estas lhe proporcionam. O enigma, por conseguinte, concerne igualmente à natureza das emoções da gestação e dos prazeres do aleitamento.

A maioria dos médicos considera que é a mulher que experimenta os prazeres mais intensos, vividos segundo um ritmo diferente que os prazeres masculinos. A convicção não é nova. Na Renascença, Jean Riolan o Velho explicava esta superioridade pelo fato que o homem se esvazia enquanto a mulher se enche. Ela sente o prazer, portanto, tanto pela emissão quanto pela recepção. Seu útero se deleita com o sêmen, como um ventre afamado se deleita com a comida[191]. Em 1772, Lignac, que proclama a superioridade do prazer experimentado pelas mulheres, o atribui à delicadeza da constituição feminina, à própria fraqueza que predispõe as mulheres a serem mais facilmente dominadas pelos prazeres, ao grande número de partes que, nelas, contribuem para "comover a volúpia" e à agitação que estas partes comunicam às outras. Ele está convencido dos poderes da imaginação, que é mais ativa junto às mulheres, bem como da superioridade de seu sistema nervoso, "mais suscetível de ser influenciado"[192]. Para finalizar, nosso autor realça que os traços da volúpia são mais facilmente detectáveis nelas, o que indica a intensidade de seus prazeres.

---

191. Apud ROGER, J. *Les Sciences de la vie dans la pensée française du XVIIIe siècle – La génération des animaux de Descartes à l'Encyclopédie*. Paris: Armand Colin, 1963, p. 60.
192. DE LIGNAC. *De l'homme et de la femme...* Op. cit. T. 2, p. 142. Para o que precede e que segue, cf. p. 141 e 139.

Virey considera que a superioridade do prazer sentido pela mulher advém do fato que ela é "insaciável"; o que Roubaud – aliás, especialista em tratamento da frigidez – designará, no final do período que nos interessa, como uma aptidão "mais tenaz"[193]. Por ocasião da cópula, "a secreção mais abundante dos fluidos das fendas da vagina e do útero", escreve Virey, pouco desgasta; igualmente sua sensibilidade permanece "viva e exasperada" nesta circunstância, ao passo que as excreções repetidas do esperma privam o homem deste princípio estimulador e "o exasperam mais instantaneamente do que a imensidão de seus desejos lhe permite acreditar".

Em relação não mais à disponibilidade ou ao descompasso das saciedades mas à intensidade propriamente dita dos prazeres, se considerarmos que as mulheres possuem o sistema nervoso muito mais sensível e mais móbil que o do homem, que dispõem de uma pele mais fina e mais delicada, que seus *beijos são mais íntimos* – o que, aqui, constitui sem dúvida o essencial –, que o seio delas sente igualmente titilações vivas, "que elas sucumbem mais facilmente à sedução por leves carícias, podemos convir [...], escreve Virey, que seus prazeres têm mais *alcance e conexões com todo o organismo* do que os dos homens". Acrescente-se que elas se entregam mais intensamente ao prazer do que seus parceiros. A mulher não deixa de "receber o homem" ao longo de sua gravidez; prova que ela apresenta um temperamento mais erótico do que as fêmeas dos animais, "nas quais, tão logo concebem, o calor diminui"[194].

Virey, no entanto, reportando-se a Roussel, admite que, "em nossos climas" ao menos, encontramos muitas mulheres que não parecem sentir nenhum prazer no ato. No final de sua obra ele volta ao tema e acrescenta mais argumentos ao dossiê. A mulher, se comparada ao homem, é mais submissa aos delírios eróticos, sobretudo no período do "tributo menstrual" que determina uma hiperestesia do útero. "Um sistema

---

193. ROUBAUD, F. *Traité de l'impuissance... Op. cit.* T. 2, p. 532.
194. Para as citações precedentes, cf. VIREY, J.J. *De la femme... Op. cit.*, p. 165-167.

muscular franzino e delgado, que deixa mais domínio ao sistema nervoso; uma lei de pudor mais severa, que, *comprimindo ainda mais os desejos os duplicam pela limitação*; uma imaginação mais versátil, um coração mais terno, sentidos mais sensíveis, e, por essa razão, mais irritáveis: tudo conspira a suscitar, na mulher, esta exaltação sobre a qual ela não tem o controle"[195]. Sensibilidade geral mais viva, estimulação do desejo e do prazer por um sentimento mais forte de transgressão, interioridade, intimidade das sensações, primado dos nervos, conexões estreitas entre as zonas que desencadeiam os prazeres, deste modo multiplicados, impressionabilidade particular dos tecidos, fraqueza relativa do corpo incapaz de oferecer uma resistência às tormentas da volúpia: estes traços são sem cessar retomados nas teses de medicina, por intermédio das quais os autores tentam resolver o enigma de Tirésias. Herpain detalha um argumento anatômico vagamente sinalizado por Lignac: as partes destinadas a estimular os prazeres venéreos são mais numerosas na mulher do que no homem[196]. Dance considera que ela sente melhor o prazer se sua estreia foi suficientemente "inspiradora". Desta forma ele se reconecta com o velho esquema da mulher iniciadora e educadora dos prazeres[197]. Segundo Kobelt, o fisiólogo mais competente no assunto, a mulher experimenta uma soma maior de volúpia, ou, se preferir, um orgasmo mais forte que o homem, em razão notadamente da grande densidade dos nervos concentrados no pequeno espaço que constitui o clítoris[198].

---

195. *Ibid.*, p. 405.
196. HERPAIN, J. *Essai sur la nymphomanie ou fureur utérine*. Tese de doutorado. Paris, 1812, n. 43, p. 5.
197. DANCE, J.E. *De l'influence des passions sur la santé des femmes*. Tese de doutorado. Paris, 1811, n. 32, p. 15.
198. KOBELT, G.L. *De l'appareil du sens génital... Op. cit.*, p. 116, nota 1. Kobelt, cujo aporte é decisivo no tocante à definição moderna do orgasmo, escreve que "o aparelho dos órgãos" (da mulher) é "perfeitamente análogo, em cada uma de suas partes, ao do macho" (p. 71). Ou seja, este descobridor permanece, em meados do século XIX, fiel ao *one-sex model*, de que fala Thomas Laqueur.

Em 1857, Béraud compartilha este parecer relativo à inervação, e pende, por sua vez, para a superioridade do prazer feminino. Ele observa que "em geral, a sensação voluptuosa é [obviamente] mais rápida no homem, mas [que ela é] mais forte na mulher"[199]. A insistência na diferença de *tempo* [compasso] dos prazeres, segundo os sexos, era observada havia tempo. Assim, Venette exigia que cuidadosamente se fizesse a distinção, na mulher, da duração e da intensidade do prazer. Diderot, mais tarde, avaliava que o homem goza mecanicamente ao passo que sua parceira se beneficia de sensações voluptuosas mais longas porque indefinidas. Outros autores, como Bienville, se referiam a uma soma de prazeres; a mulher experimentando o mesmo prazer que o homem que ejacula, mas se beneficiando de um excedente de volúpia.

Descuret, em contrapartida, não acredita nem na intensidade nem na persistência do desejo e do prazer femininos. "Em muitas delas [escreve ele a propósito das mulheres], este ato [venéreo], depois de algum tempo de união, é bem menos uma necessidade do que um testemunho de afeição acordada à exigência de uma paixão que elas apenas passam a sentir pelo coração"[200], sobretudo quando já se tornaram mães. Neste aspecto Descuret segue Burdach. Contrariamente ao que acontece no homem, os desejos da mulher, assegura este autor, nascem de uma congestão que incide mais sobre os ovários do que sobre as partes externas; por isso sua tendência profunda impele ao próprio fim da propagação, ao passo que a tendência do homem o direciona mais para os meios de como chegar lá; o que faz com que os órgãos externos sejam mais ativos nele. Isto significa dizer que

---

199. BÉRAUD, B.J. *Eléments de physiologie...* Op. cit. T. 2, p. 416. Percebemos que Béraud, que se inspira em Kobelt, a ponto de às vezes recopiá-lo, duvida, em 1857, da ovulação sempre espontânea. Ele é do parecer (p. 397) de que "o acasalamento, sem ser a causa essencial do declínio dos óvulos, tem pelo menos o poder de apressar a realização deste fenômeno e frequentemente de impedi-lo que aborte"; nova prova das complicações da recepção da teoria da ovulação espontânea. No entanto, é necessário evitar qualquer simplificação neste assunto.

200. DESCURET, J.B.F. *La médecine des passions...* Op. cit., p. 520-521.

ele alcança todos os seus prazeres da cópula e do "espasmo cínico", enquanto que a mulher já pensa, por ocasião da união carnal, que seus maiores prazeres resultarão da gestação e da maternidade; a não ser que não se trate de uma pessoa corrompida que situa "o prazer dos sentidos" antes "da união dos corações e da progenitura"[201].

Raciborski afirma alto e bom som a raridade do prazer junto às mulheres: se é verdade, escreve ele em 1844, que algumas dentre elas sentem durante as "relações sexuais [sic] *alguma coisa* que lembre a felicidade constante dos homens, não é menos verdade que *três quartos* delas não fazem, por assim dizer, senão sofrer as aproximações do homem"[202]. Entretanto, não esqueçamos, Raciborski é um dos primeiros defensores da hipótese da "ovulação espontânea".

O Dr. Dufieux, clínico de menor importância, panegirista da virgindade, contesta, ele também, a intensidade do prazer feminino. Para tanto usa uma linguagem mais próxima da teologia moral e da espiritualidade conjugal que da ciência médica. A mulher sempre tem, segundo ele, menos propensão que o homem "às sensualidades da carne, e muitas vezes sua frieza não é somente indiferença, é uma repugnância acentuada". No momento em que ela se abandona "às *doçuras dos lençóis nupciais*, é menos por volúpia do que por sentimento [...]; não é tanto uma satisfação que ela procura, mas uma prova de afeição que ela dá"[203].

Deslandes critica o ponto de vista segundo o qual as mulheres manifestariam menos abertamente um prazer tão intenso quanto o do homem, pois o pudor que as acompanha as impediria de manifestá-lo. Este argumento, escreve ele, não pode resistir à observação diária que estabelece, como fato de notoriedade geral, que as mulheres são menos levadas do

---

201. BURDACH, C.F. *Traité de physiologie... Op. cit.* T. II, p. 69, bem como para o que precede.
202. RACIBORSKI, A. *De la puberté... Op. cit.*, p. 486.
203. DUFIEUX, J.-E. *Nature et virginité – Considérations physiologiques sur le célibat religieux.* Paris: Julien/Lanier, 1854, p. 496.

que os homens aos prazeres do amor e que elas sentiriam menos cansaço após entregar-se aos prazeres. "Elas executam menos este ato do que se prestam: igualmente elas apenas necessitam do desejo necessário para não se recusar a exercê-lo"[204]. Nossos costumes, neste domínio, não fizeram senão registrar uma "circunstância fisiológica". Outra prova, segundo este especialista: as garotas se masturbam menos do que os garotos. Existiriam prostitutas, se pergunta ele, "se a cópula causasse ao sexo feminino tantos tremores e fadigas quanto o outro?" Por outro lado, se a vida das mulheres é mais longa que a dos homens, é justamente porque as sensações que acompanham o ato venéreo são menos vivas nelas. Desta forma reaparece o vínculo estabelecido entre a vivacidade dos prazeres e a morte.

Ao longo da pesquisa percebemos que nenhum desses médicos distingue, ao longo do debate, a frigidez propriamente dita e a intensidade do prazer experimentado pelas mulheres que gozam. Além disso, não sabemos suficientemente se a divergência de opiniões, junto ao efetivo dos estudiosos, resulta de uma posição teórica que leva a concluir ou não pela passividade feminina, e se isto é resultado de entrevistas junto às suas pacientes, ou, mais simplesmente, de observações feitas ao longo das copulações pessoais.

Existe um terceiro grupo de autores que considera que o enigma de Tirésias constitui um falso problema. É uma "questão ociosa"[205], escrevia Roussel já em 1775; ela se refere a dois prazeres incomparáveis, já que de natureza diferente. Posição que se inscreve muito logicamente no desejo de aprofundar, tanto quanto possível, tudo o que diferencia os dois sexos. O prazer da mulher "tem sua nuança própria, seu caráter [escreve Moreau de la Sarthe em 1803]; ele é sem dúvida nem mais fraco nem mais forte, ele é outro"[206]. Bilon avalia, no verbete que consagra ao tema, que

---

204. DESLANDES, L. *De l'onanisme... Op. cit.*, p. 48-51.
205. ROUSSEL, P. *Système physique et moral... Op. cit.*, p. 215.
206. MOREAU DE LA SARTHE, J.L. *Histoire naturelle de la femme... Op. cit.*, p. 190.

os prazeres venéreos são iguais para os seres suscetíveis de usufruir dele. Junto a um e outro sexo, "absorvendo por conta própria toda a faculdade de sentir, eles reúnem *num ponto* e *num momento* todas as forças da vida que multiplicam e que eternizam"[207]. Dumont vai na mesma linha, prestando simultaneamente, de certa maneira, os seguintes pontos de vista: a boa cópula é a cópula de fecundação; o ideal reside, pois, para ele, na união de dois prazeres que não devem ser similares. Nesta perspectiva, o prazer feminino não se define, como o do homem, pelo "ardor no ato", mas pela "complacência suave", por "afeições ternas", por "sentidos calmos", mas "sem frieza". Equilíbrio que parece muito difícil de ser estabelecido e sobretudo mantido. Disso decorre que as mulheres estéreis são ou "frias e inacessíveis ao amor"[208], ou excessivamente ardentes e, portanto, muito irritáveis. Adelon avalia que o problema posto é insolúvel, pois não podemos comparar sensações a não ser as que experimentamos pessoalmente.

A exaltação dos "esposos tranquilos" (Lignac)

Outro problema é posto, de ordem social, que diz respeito à natureza e à intensidade do prazer segundo o estado de vida e a profissão. Ele remete a tudo o que depende da eventual concorrência entre músculo, cérebro e os órgãos da geração, visto que todos se vinculam no acionamento do prazer. Vimos anteriormente que uma tradição já antiga contestava as aptidões venéreas dos indivíduos dedicados aos trabalhos intelectuais e atléticos; ela exaltava a aptidão dos desprovidos de inteligência e preguiçosos.

Lignac alarga e especifica a reflexão. O homem ocioso, pensa nosso autor, tem a imaginação mais viva em amor do que aquele que exercita seu corpo em trabalhos que exigem força. Conclamando sem cessar o prazer,

---

207. BILON. Verbete "Plaisir". *Dictionnaire des Sciences Médicales. Op. cit.*, 1820, p. 133.
208. DUMONT, F.G. *Dissertation inaugurale sur l'agénésie, l'impuissance et la dysgénésie.* Tese de doutorado. Paris, 1830, n. 223, p. 75-76.

este o solicita com violência. Infelizmente, nele, "a imaginação dissipou antes do prazer a fonte das delícias". Assim, rapidamente se torna incapaz de degustar a embriaguez de seu estado. Daí a superioridade do homem que, evitando qualquer excesso, "fortifica seu corpo pelo exercício, [ele] conhece o prazer em todo o seu alcance, porque só se entrega no momento em que o próprio amor o solicita"[209]. Além disso, quem se entrega aos trabalhos físicos tem um corpo mais "musculoso", menos sobrecarregado de gordura; tem os membros mais sólidos; carrega peso com facilidade. Imaginemo-lo no exercício de uma cópula praticada em pé...

A intervenção de Lignac é importante enquanto tende a desqualificar o erotismo dominante no Século das Luzes e, mais precisamente, em benefício de uma exaltação do Hércules popular. Ora, a distinção que ele estabelece em 1772 cria as bases das representações sociais da relação carnal ao longo da Revolução. Ela determinará a política à época conduzida em matéria de sexo e de gênero. Ao longo do período que se estende entre 1770 e 1790, a própria literatura erótica se reorienta e tende a exaltar o Hércules oriundo do povo[210]. Se seguimos Lignac, a lascívia, que resulta de um excessivo trabalho da imaginação, não é mais tão condenável porque ela escraviza o indivíduo aos requintes da volúpia, mas porque ela o torna incapaz de saborear o prazer em toda a sua intensidade e alcance. Essa é a sutil estrutura de um prazer fundado na natureza. Na exaltação do casal formado por Hércules popular, poderoso, e sua esposa legítima, encontramos a lógica hedonista, de natureza epicurista, que oferece a base da condenação do excesso; que se trate da masturbação, da sodomia, da bestialidade ou das complicações da libertinagem. A dupla formada por Hércules popular e sua esposa representa a antítese da dupla formada pelo janota e seu amante, símbolo da libertinagem aristocrática.

---

209. DE LIGNAC. *De l'homme et de la femme... Op. cit.* T. 1, p. 98.
210. Cf. *infra*, p. 519.

Só a primeira dupla é capaz de sentir o verdadeiro prazer de fazer amor. É que ela sabe se preparar e "fixar o gozo", sem precipitá-lo em lampejos demasiadamente rápidos. Ela sabe escasseá-los, evitando os desvios da imaginação que causam a "volitização" das sensações, a "evaporação"[211] dos prazeres fortes. O esposo fiel oferece ao seu licor prolífico o tempo de aperfeiçoar-se e confere aos músculos ejaculadores toda a "sua força impulsiva"; o que lhe permite, assim como o permite ao animal, gozar com tranquilidade e experimentar fortemente, ao longo da cópula, a emoção de sua existência. Melhor que qualquer outra, esta dupla, preocupada em *dar "energia à volúpia"*, acede àquela harmonia que autoriza a simultaneidade dos prazeres.

Mas não é só a pertença social e o gênero de vida que levam a um modelo erótico ou, se preferirmos, a uma *ars erotica* [arte erótica]. Essencial, neste domínio, se revela igualmente a noção de *prazer idiossincrático*, a consciência da infinita diversidade das modalidades do prazer. Segundo os autores de tratados médicos daquele tempo, impregnados aliás de neo-hipocratismo, cada um vive à sua maneira a forma com que as estações, os riscos da meteorologia e as circunstâncias incidem sobre seu desejo e seu prazer. Esta individualização dos dados, já o vimos, inscreve a cópula no domínio da liberdade. Este ato manifesta o bom uso de uma função "independente, caprichosa, às vezes rebelde a tudo"[212].

O que precede nos leva ao quadro da "boa cópula", interminavelmente pintado pelos médicos. Eles aperfeiçoam um erotismo da moderação, essencialmente pregado no quadro da união conjugal. Lignac dá o tom: o marido deve estar "mais preocupado em dar energia à volúpia do que em multiplicar os sacrifícios que a convidam"[213]. Urge-lhe recusar as vãs

---

211. Quanto à sucessão das formulações citadas, cf. DE LIGNAC. *De l'homme et de la femme... Op. cit.* T. 1, p. 268-272.
212. *Ibid.*, p. 366.
213. *Ibid.*

sutilezas da devassidão. O aforismo de Lignac resume a opinião dos médicos ao longo dos decênios subsequentes. No *Dictionnaire des Sciences Médicales*, em 1813, Fournier oferece estes conselhos: é conveniente "preparar-se [...] para uma continência preliminar, a fim de que o licor seminal seja abundante [...]. Também conviria não aproximar demasiadamente os atos de coabitação, para não levar ao útero uma irritação que geralmente o força a rejeitar o germe que ele contém"[214]. Outros estudiosos oferecem os mesmos conselhos, mas tendo primeiramente em vista a intensidade de um prazer que não deve ser atenuado pelo excesso; é o que Montègre teoriza no verbete "continência", do mesmo dicionário. A continência, quando sabiamente limitada, se torna um bom "condimento dos prazeres"; assim o desejo é mais exaltado, o gozo mais completo, e "o estado de bem-estar e de hilaridade posterior a esses momentos de delírio testemunha o quanto esse ato se conforma com as leis de nosso organismo"[215].

Entretanto, a boa cópula implica, da parte da mulher, uma moderação dos ardores. Uma excessiva volúpia correria o risco de impedir a fecundação. Os criadores o sabem perfeitamente bem quando aspergem com água fria a garupa das mulas no cio, visando a que elas retenham o esperma, que, por sua vez, as atacam agudamente após o acasalamento.

Este tipo de convicções é encontrado na maioria das teses de medicina consagradas ao ato venéreo. O Dr. Haguette[216], que se coloca numa perspectiva aristotélica, prega o uso moderado dos prazeres. Hébert exalta o casamento porque permite "uma suficiente satisfação dos sentidos, moderada pela liberdade e pelo hábito dos prazeres". A conjugalidade opõe aos desejos desenfreados limites naturais "desde o instante em que se chega a possuir aquilo que mais se havia desejado". Em suma, "não podemos conceder

---

214. FOURNIER. Verbete "Coït". *Dictionnaire des Sciences Médicales. Op. cit.*, 1813, p. 527.
215. DE MONTÈGRE. Verbete "Continence". *Dictionnaire des Sciences Médicales. Op. cit.*, 1813, p. 120.
216. HAGUETTE, A. *Essai sur le plaisir...* Tese cit., p. 20.

senão uma propriedade excitante e exuberante ao exercício moderado do casamento"[217]; a mulher, segundo Hébert, é a grande beneficiária.

Para acalmar os êxtases dos sentidos, escreve Fodéré, "a razão concebeu o casamento". O homem evita assim encontrar a morte nos excessos, pois, contrariamente aos animais, lhe é possível "fazer amor [sic] em qualquer tempo"[218]. O uso moderado dos prazeres, escreve Burdach, torna o amor mais íntimo, já que a saciedade engendra o desgosto. O casamento, além disso, facilita a fusão das "maneiras de sentir, de pensar e de agir"[219]; e, para Burdach, ajuda a exaltar a harmonia dos esposos felizes. Quando esta harmonia tarda a estabelecer-se, é ao médico que compete "mudar a sensibilidade genital" dos dois parceiros[220].

Lallemand faz-se o mais perspicaz paladino do prazer bem-regrado, da harmonia e dos benefícios psicológicos que ele propicia: "Uma sábia moderação leva – junto aos esposos – imagens, ideias e desejos análogos, embora mais calmos, e o exercício resultante não se limita a produzir um arrebatamento maior do outro sexo; a sábia moderação também torna todas as afeições mais ternas, todas as sensações mais agradáveis, e a lembrança que disso decorre conserva inclusive um maior encanto. Então é uma espécie de prisma que colore e embeleza todos os objetos"[221].

A exaltação dos "esposos tranquilos"[222] é acompanhada, repitamo-lo, da preocupação com a qualidade do prazer sentido. A boa cópula deve ser uma cópula voluptuosa. Os médicos dos dois primeiros quartos do século XIX não cessarão de se preocupar com a intensidade das emoções e trabalhar nesse sentido.

---

217. HÉBERT, F.C.L. *Considérations sur l'utilité du mariage et de la grossesse dans plusieurs maladies*. Tese de doutorado. Paris, 1821, n. 137, p. 14.
218. FODÉRÉ. Verbete "Mariage". *Dictionnaire des Sciences Médicales. Op. cit.*, p. 26.
219. BURDACH, C.F. *Traité de physiologie... Op. cit.* T. 2, p. 61-62.
220. MONDAT. *De la stérilité de l'homme et de la femme et des moyens d'y remédier*. 4. ed. amp. 1833, p. 171 [1. ed., 1820].
221. LALLEMAND, C.F. *Des pertes séminales involontaires. Op. cit.* T. III, p. 109.
222. DE LIGNAC. *De l'homme et de la femme... Op. cit.* T. 2, p. 139.

O "verdadeiro prazer", aos olhos de Lignac, "é aquele que se oferece aos nossos sentidos, quando estamos aptos a responder a esses sentidos, quando somos capazes de sentir toda a sua doçura, toda a sua energia, quando estamos prontos a saborear seus deliciosos êxtases, a prolongá-los mesmo que por inocentes artimanhas. Impossível obter esses *detalhes do prazer* se os órgãos não forem capazes de responder a esses sentidos"[223]. Este texto mostra claramente que o ideal da moderação é acompanhado de um erotismo que zomba do excesso e que, nisto, se opõe à literatura pornográfica do tempo, sem renegar a busca da volúpia. Ao longo de todo o século seguinte os médicos, na verdade, são unânimes em ressaltar que os "esforços redobrados" não permitem senão uma ejaculação do humor prostático; e que os que a ele se entregam deveriam dar-se conta da mediocridade do ato da própria "tibieza", da própria "indolência"[224] de seu prazer.

É na perspectiva deste erotismo conjugal que Lignac propõe que os cônjuges se aconselhem periodicamente a fim de determinar, com a ajuda dos médicos, os meios de "dar energia à volúpia". Isto pode possibilitar "que examinem os obstáculos que se opõem à própria felicidade, e que adotem as medidas necessárias em vista do sucesso"[225]. Segundo Lignac, urge que os cônjuges evitem "elucubrações" e se lembrem das decisões tomadas em comum ao deparar-se com o calor do ato sexual. Lignac zomba de quem se entrega a profundas reflexões, consulta os astros, a chuva ou o bom tempo para regular seus prazeres, e dos que transformam "em especulações os momentos preciosos destinados ao prazer"[226]; ou seja, ridiculariza a antiga *callipédie* [conjunto de conselhos ou arte de criar filhos formosos]. Vale lembrar que estas "elucubrações", bem como a atenção voltada para as estações, tendem a desaparecer ao longo do século XIX.

---

223. *Ibid.*, p. 238.
224. *Ibid.*, p. 343.
225. *Ibid.* T. 1, p. 304.
226. *Ibid.*, p. 382.

Lignac se dedica, além disso, ao aconselhamento sobre o ritmo que convém adotar para regular o curso dos prazeres, e contesta, sem defini-los enquanto tais, os artifícios anticoncepcionistas. Nada, escreve ele, deve retardar "o jorro do licor prolífico", nem opor-se a que ele penetre no útero. "Estes subterfúgios voluptuosos, estes prazeres preparados pela arte, fatigando os órgãos lhes tolhem a elasticidade. O homem pode muito bem roçar superficialmente o desfrute a fim de restabelecer a harmonia que deve reinar; mas que a mulher não procure aumentar demais a sede que o devora, antes de acalmá-lo"[227]. Estas poucas linhas permitem, uma vez mais, medir a distância que separa o erotismo médico da literatura pornográfica, mostrando o requinte e a precisão dos conselhos do homem letrado – neste caso, o médico –, desejoso de promover a boa cópula. Lignac ataca os "arroubos voluptuosos dos amantes" e tudo aquilo que depende mais da imaginação do que dos sentidos; o pior, aos seus olhos, quando eles visam a um "deleite quase espiritual"[228].

Dentre os conselhos que ele dispensa, um, em particular, merece destaque: trata-se do perigo de dar ouvidos ao prazer ao qual muitas mulheres indecentes se entregam. As que praticam excessivamente "*a arte de analisar o prazer*", "*a arte de racionalizar a volúpia*"[229], em geral geram indivíduos franzinos. Além disso, "o prazer em quem a imaginação substitui a força corporal, degenera" geralmente em doença. "Os prazeres sentimentais"[230] levam as mulheres a ter convulsões; assim se perfila aquilo que constituirá a erotomania, segundo Esquirol. Note-se, além disso, que, com exceção de Morel de Rubempré, que se mostra preocupado, os médicos, contrariamente aos teólogos, parecem pouco interessados na ejaculação excessivamente rápida.

---

227. *Ibid*, p. 304-305.
228. *Ibid.*, p. 305.
229. *Ibid.* T. 2, p. 128.
230. *Ibid.*, p. 129.

Quando a cópula termina, os dois parceiros se sentem cansados. Este cansaço é mais intenso no homem. Isto resulta, segundo o espiritualista Burdach, daquilo que o homem experimentou no instante do enfraquecimento que acompanha a ejaculação, ou seja, a "noção confusa e distanciada que a alma assume de sua destruição"[231]. Já encontramos, repetidas vezes, no discurso dos médicos, a estreita união entre *eros* e *thanatos*. Assim, Cangrain fala do "pressentimento de nossa morte" que acompanha o espasmo voluptuoso, da passagem do arrebatamento a uma silenciosa languidez, dos "sentimentos de um Deus" que está desapontado por ter que voltar "ao estado selvagem"[232]. Descuret identifica junto ao amante um frequente desejo de fuga; o que será implacavelmente realçado do amor venal.

Para "o amante saciado de prazeres [escreve Simon em 1805] [...] os olhos de sua amante perderam seu brilho, bem como o colorido de suas faces: este sorriso charmoso já não passa de uma carranca habitual, e o timbre encantador de sua voz um burburinho monótono que convida o sono por sua cansativa persistência; a divindade já não passa de uma mulher e a saciedade pôs por terra seus altares"[233].

Tanto Deslandes quanto o grande clínico Trousseau desenharam um quadro preciso do instante que sucede o ato sexual. Observem, escreve o primeiro, o indivíduo que acaba de entregar-se à cópula: "sua face é pálida; suas pálpebras estão entreabertas e os olhares perdidos. Se busca erguer seus membros, os encontra pesados, dormentes, sem força e como que paralisados. Seu corpo não lhe devolve senão sensações de mal-estar, dor. Sua cabeça lhe dói [...], [ele] se diz quebrado, mortificado [...]; se busca desafiar sua inteligência, a encontra embaraçada, preguiçosa [...]. A audição obscura, a vista turva [...], este sexo, este indivíduo, estas formas, cuja

---

231. BURDACH, C.F. *Traité de physiologie... Op. cit.* T. 2, p. 169.
232. CANGRAIN, A. *Du célibat.* Tese cit., p. 26.
233. SIMON, G.T.R. *De l'influence des passions sur l'économie animale.* Tese de doutorado. Paris, ano XIV, 1805, n. 570, p. 12.

lembrança, cuja imagem ocupavam sua mente e abrasavam seu coração, perderam os atrativos; e chega a surpreender-se de tê-los encontrado [...]. A alma [...] se deixa levar por uma espécie de languidez, tristeza, desencorajamento e até desgosto [...]: acrescentai a fraqueza dos batimentos cardíacos, a pequenez da pulsação, a flacidez das veias, a coloração lívida das pálpebras... e então fareis uma ideia bastante exata do estado observável após o ato venéreo"[234]. Os órgãos da geração, "ainda há pouco animados, agora estão frios e mirrados. Suas bolsas, ainda há pouco quase apagadas, se tornaram flácidas e quase pendentes. A ereção já não existe mais: um inchaço flácido [...], um sentimento de torpor, de fadiga, de cocção, que faz recear os próprios toques há pouco tão pródigos [...]; a lareira também esfriou, apagou; nela não se pode remexer senão cinzas"[235]. Junto aos que se masturbam, afirma ainda Deslandes, este estado transitório que sucede a ejaculação tende a tornar-se contínuo e jamais se dissipa completamente.

Em contrapartida, a mulher, junto à qual, lembremo-lo, o "espasmo cínico" é, aos olhos de Trousseau, tão enérgico quanto ele o é no homem e inclusive "frequentemente muito mais", não experimenta mais, segundo ele, esta extrema fadiga; na mulher ele não resulta do "esgotamento de forças consideráveis"[236]. Por outro lado, Labrunie, como ainda o veremos, está longe de minimizar a fadiga feminina[237].

Verificamos a contradição entre a fadiga e a tristeza masculinas no final da cópula, entre os riscos que o ato venéreo pode fazer incorrer e o canto de louvor interminável que os médicos consagram aos seus benefícios. A contradição não é senão aparente: a cópula benfazeja é a que responde à exigência da moderação; e o estado de tristeza e de languidez

---

234. DESLANDES, L. *De l'onanisme... Op. cit.*, p. 42-43. Cf. tb. TROUSSEAU, A. *Clinique médicale de l'Hôtel-Dieu de Paris.* Paris: J.-B. Baillière, 1862, p. 221.
235. DESLANDES, L. *De l'onanisme... Op. cit.*, p. 40.
236. TROUSSEAU, A. *Clinique médicale... Op. cit.*, p. 221.
237. Cf. *infra*, p. 190.

não é senão transitório; efeitos benéficos o sucedem. Passado o momento de fadiga física que a sucede, a cópula aumenta o vigor, conserva a saúde, proporciona euforia. Inversamente, o estado de boa saúde pode ser definido como "a faculdade de entrar em ereção e de fornecer à mulher um licor espermático capaz de fazê-la conceber"[238]; o que, por outro lado, aumenta a intensidade do prazer.

Lignac, desde 1772, declara que a cópula mantém a alegria junto aos sanguíneos, a engendra nos melancólicos, cura os preguiçosos da dormência, preserva da insônia e dos sonhos fatigantes, restabelece a saúde aos coléricos. Morel de Rubempré garante que o "combate amoroso" oferece um impulso salutar à vitalidade, torna mais fácil o entretenimento dos órgãos, ativa as operações intelectuais, inspira sentimentos de alegria, torna o indivíduo mais amável, mais disposto. Ele "espalha sua influência benigna sobre todas as funções da vida"[239]. Montègre garante, no *Dictionnaire des Sciences Médicales*, que os desejos sexuais podem servir como excelente termômetro do grau da saúde[240]. E o que dizer dos benefícios dos quais a mulher se beneficia da impregnação espermática? Nela, particularmente, a cópula "aviva todas as suas funções [...] oferece mais desenvoltura e atividade à sua estrutura [fazendo-a] se sentir melhor"[241].

Segundo Berthier, os efeitos da embriaguez produzida pela "impressão voluptuosa" levam ao corpo todo "este fogo sagrado da natureza". O indivíduo usufrui de um bem-estar geral; ele experimenta "sensações de contentamento". O prazer "amplia a nossa existência"[242].

Uma série de teses é especialmente consagrada a este ditirambo; o que mostra a difusão desta convicção. O Dr. Durand garante que os

---

238. MOREL DE RUBEMPRÉ, J. *Les secrets de la génération... Op. cit.*, p. 257.
239. *Ibid.*, p. 271.
240. DE MONTÈGRE. Verbete "Continence". *Dictionnaire des Sciences Médicales. Op. cit.*, 1813, p. 120.
241. VIREY, J.J. Verbete "Fille". *Dictionnaire des Sciences Médicales. Op. cit.*, p. 505.
242. BERTHIER, J.M.F. *Considérations physiologiques...* Tese cit., p. 29.

prazeres que o casamento proporciona chamam o útero às suas funções, determinam muitas vezes o fluxo menstrual, curam uma grande quantidade de doenças complicadas, dentre as quais a clorose. Melhor, estes prazeres "conservam a alegria junto às mulheres sanguíneas; a fazem nascer junto às melancólicas; levam um suave calor e uma energia moderada"[243] junto às de temperamento linfático.

Acreditando em Bousquet, que se refere a Celso, os prazeres venéreos – assumidos moderadamente – dão destreza e leveza ao corpo, favorecem a transpiração, aumentam o apetite e aguçam o espírito. A prática do "ato propagador" é "propícia a despertar o princípio de conservação"[244]. A satisfação dos desejos constitui muitas vezes, segundo o Dr. Huguette, o remédio mais seguro no restabelecimento da saúde; ela é soberana na clorose, aconselhada na epilepsia e na histeria. Hébert elabora uma longa lista de doenças evitadas graças aos atos venéreos, e Rullier assegura que "o ato reprodutor" aquece e influencia na nutrição[245].

Segundo Fabre, a cópula regula o fluxo menstrual desde sua primeira aparição; a tal ponto que nos ambientes populares, as amigas da garota que entra na puberdade aconselham a cópula com esse único objetivo. Ela igualmente parece soberana nas neuroses da vulva[246]. A tese do Dr. Plantier é totalmente consagrada a vangloriar sua ação terapêutica. Quando se trata de mulheres linfáticas, a cópula entra na classe dos remédios estimulantes; "ela contribui poderosamente, e inclusive vitoriosamente, ao oferecer aos órgãos a energia de que necessitam"[247]. Ela se revela igualmente

---

243. DURAND, J.A. *De l'influence de la puberté, de la menstruation et du mariage sur la santé et sur les maladies des femmes.* Tese de doutorado. Paris, 1816, n. 136, p. 41.

244. BOUSQUET, J. *Du mariage considéré comme moyen préservatif et curatif des maladies.* Tese de doutorado. Paris, 1820, n. 32, p. 22, *passim*.

245. HAGUETTE, A. *Essai sur le plaisir... Op. cit.* • HÉBERT, F.C.L. *Considérations sur l'utilité du mariage...* Tese cit. • RULLIER. Verbete "Génital". *Dictionnaire des Sciences Médicales. Op. cit.*, p. 133.

246. FABRE (org.). *Bibliothèque du médecin praticien.* T. 2. Paris: Bureau de la Gazette des Hôpitaux, 1844, p. 130.

247. PLANTIER, F.C. *Considérations sur le mariage sous le rapport médical.* Tese de doutorado. Paris, 1829, n. 262, p. 8, 10, 13.

soberana no caso de leucorreia graças à comoção que produz em toda a estrutura. A cópula alivia e, o mais frequentemente, cura todas as pequenas doenças das garotas – enxaquecas, odontalgias, nevralgias, gastrodinias –, produzidas geralmente pela "atividade impaciente do útero"; sem falar da ninfomania e da histeria! Mas com a ressalva de que o ato sexual se revela às vezes funesto. Plantier, no entanto, considera que ele pode preservar da loucura, da epilepsia, da tuberculose, das escrófulas. Única contradição formal: seu uso após a idade crítica.

No caso de entupimento uterino sem induração, "será permitido, decide Colombat de l'Isère, o uso moderado da cópula que, ao proporcionar uma leve excitação, contribuirá na dissipação do resto da doença"[248]. De uma maneira geral, escreve Burdach, as jovens mulheres que usam moderadamente os prazeres com um esposo que elas amam ficam mais gordas, suas colorações se avivam, adquirem mais alegria e altivez; "tudo nelas exala satisfação"[249]. Este ato, segundo esse autor, também no homem exerce uma influência fortificante e vivificante.

Por outro lado, Labrunie[250], e muitos outros, se recusam doravante a utilizar a titilação do clítoris e desencadear assim o espasmo voluptuoso para curar as doenças das mulheres, como outrora o aconselhava Hipócrates, e como por longo tempo foi praticado com a histeria.

Tudo o que precede explica claramente a denúncia das angústias de uma continência, tão condenável, aos olhos dos médicos, quanto os excessos e o abuso.

---

248. COLOMBAT DE L'ISÈRE. *Traité complet des maladies de femmes… Op. cit.* T. 2, p. 569.
249. BURDACH, C.F. *Traité de physiologie… Op. cit.* T. II, p. 170.
250. LABRUNIE, E. *Dissertation sur les dangers…* Tese cit., p. 41.

3
DA SUSPEITA À CONFISSÃO

O médico consultado por um paciente acometido de distúrbios dos órgãos genitais deve fazer um exame anatômico, exigir uma descrição das desordens, ordenar uma autoescuta que permita iluminá-las com mais exatidão, e em seguida tentar discernir o que impede a boa realização da união carnal. Mas a complexidade das solidariedades que vinculam estes órgãos aos outros sistemas e a crença obstinada num processo sempre possível de metamorfose mórbida tornam particularmente difícil, neste campo, o trabalho do clínico.

Poderíamos agrupar em cinco categorias as causas vislumbráveis, à época, do mau funcionamento: 1) *a falta*, ou seja, a continência, responsável pela desordem de uma função que desapareceu ou que não é mais acessada; 2) *o excesso*, seja de cópulas prematuras ou demasiadamente repetidas, notadamente da parte de jovens casados, ou de prazeres de mulheres na menopausa; 3) *o abuso* na entrega aos prazeres que não respondem ao desejo da natureza: masturbação, sodomia, tribadismo, bestialidade, "fraude conjugal", ou seja, coito interrompido; 4) a doença venérea e, mais largamente, a série de patologias que atrapalham o exercício da função genital: perda seminal involuntária no homem (espermatorreia), leucorreia, clorose, neuroses e prurido dos órgãos genitais, ou cirro (câncer), na mulher; 5) os fracassos da impotência masculina e a esterilidade feminina.

Uma vez o diagnóstico estabelecido, o médico impõe uma bateria de remédios reparadores – incluído o controle da imaginação –, farmacológicos, ortopédicos, cirúrgicos ou sociais, bem como medidas de vigilância e coerção; conjunto de recursos utilizáveis para impedir, indiferentemente, os malefícios da continência, do excesso, do abuso, da doença ou do insucesso. Tedioso seria enumerar aqui cada uma dessas desordens.

Portanto, desde o seu primeiro encontro com o paciente o médico conjuga a observação clínica, o interrogatório, a ordem de escuta do corpo e, se necessário, a experimentação. Então ele analisa! Por fim, após um "colóquio singular", apresenta seu diagnóstico, dispensa os devidos conselhos e prescreve os remédios necessários.

Muito tem sido dito sobre a observação clínica, de modo que basta recordá-la: "Mal tendo chegado [prescreve Monfalcon no *Dictionnaire des Sciences Médicales*], o médico se sentará ao lado da cama, de modo a poder olhar o doente de frente; primeiramente examinará tudo o que diz respeito ao aspecto exterior do corpo: postura, movimento, coloração da pele etc.; depois comparará o estado atual das funções com sua situação natural, examinando sucessivamente os sentidos externos, a respiração, a circulação, o estado de pulsação do coração, a digestão, as secreções, as excreções, a geração, a sensibilidade, a irritabilidade, a voz, os movimentos voluntários, o sono, as faculdades intelectuais, o calor do corpo"[1]. Ele deve conhecer as circunstâncias, a natureza e a intensidade dos sintomas da doença, a dieta seguida pelo paciente. Depois, tendo em conta a idade, o sexo e a profissão, examina "as paixões, os hábitos, o gênero de vida" do paciente[2]. Ele se informa sobre as doenças de todos os membros de sua família e as que teve desde a sua infância... Vale lembrar que um questionário sobre a função genital deve estar acompanhado de todos os exames clínicos.

---

1. MONFALCON, J.B. Verbete "Médecin". *Dictionnaire des Sciences Médicales. Op. cit.*, 1819, p. 370-371, bem como o que segue. Sobre este tema, indicamos a leitura de HOERNI, B. *Histoire de l'examen clinique*. Paris: Imhotep-Maloine, 1996. Sem esquecer, obviamente, FOUCAULT, M. *Histoire de la clinique*. Paris: PUF, 1963.
2. *Ibid.*, p. 370.

Note-se que dois sentidos são privilegiados: a visão e o tato. Aqui não se trata absolutamente de recorrer à percussão e à escuta dos órgãos internos, tanto quanto os sinais que dependem da olfação. Vale lembrar que é exatamente o que liga o interior e o exterior do corpo que se trata de discernir, sobretudo junto às mulheres.

O interrogatório constitui o essencial no tocante à função genital. Trata-se, para o clínico, de evoluir da suspeita à confissão. Os textos normativos redigidos pelos mestres evocam os manuais destinados aos confessores. As duas séries de textos [interrogatórios e manuais] especificam as táticas usadas em vista de obter a confissão, as maneiras de contabilizar as faltas e de medir a evolução de sua frequência. Se o médico às vezes ordena imposições que parecem verdadeiras penitências, ambos têm em comum a missão de consolar.

O vocabulário confessa esta proximidade. O Dr. Durand evoca a função de "direção" do médico[3]. Mérat evoca o seu "ministério", que é o de "frequentemente fortalecer, reforçar, consolar e curar"[4]. Já Doussin-Dubreuil espera do masturbador uma "confissão geral"[5]. Ele evoca a necessidade que o médico sente de mensurar o intervalo das faltas. E que um de seus pacientes lhe declarou: "Ouso confessar-vos meu estado"[6]. Lallemand recebe de seus pacientes uma confissão escrita[7]. O médico deve ler o coração do doente, acrescenta Monfalcon, e buscar sem cessar "a verdade em suas confissões"[8]. Saberá, ele também, dispensar admoestações e brandir

---

3. DURAND, J.A. *De l'influence de la puberté...* Tese cit., p. 66.
4. MÉRAT, F.V. Verbete "Interrogation" [dos doentes]. *Dictionnaire des Sciences Médicales.* Op. cit., 1818, p. 527.
5. DOUSSIN-DUBREUIL, J.L. *Lettres sur les dangers de l'onanisme et conseils relatifs au traitement des maladies qui en résultent – Ouvrage utile aux pères de famille et aux instituteurs.* Paris Moreau, 1806, p. 13.
6. *Ibid.*, p. 51.
7. LALLEMAND, C.F. *Des pertes séminales involontaires.* Op. cit. T. 1, p. 93.
8. MONFALCON, J.B. Verbete "Médecin". *Dictionnaire des Sciences Médicales.* Op. cit., p. 369-370.

a ameaça dos castigos. À imagem do confessor, o médico é instado a uma discrição total. Jamais deverá revelar a confidência do doente, mesmo sob ameaça de morte. Às vezes, os ministérios do confessor e do médico se misturam na medida em que compartilham de um objetivo comum: "Uma jovem mulher que muito se havia masturbado antes de casar-se [escreve Deslandes], que a cuida em razão da mesma patologia, doravante incorrigível, contou-me que ela sempre suspendia seus hábitos quando fazia sua Páscoa, recuando diante das confissões que ela teria que fazer no 'tribunal da penitência'. Muitas vezes, até onde sei, o medo da confissão oral produziu o mesmo resultado em jovens"[9].

Assim como os penitentes, os pacientes mergulham numa cultura do exame de consciência e da confissão, que impregna a medicina e a "vida sexual" na França da primeira metade do século XIX. Esta se traduz, junto ao médico, por um tom e procedimentos autoritários e, junto ao paciente, por um sentimento de culpabilidade, de arrependimentos, ou remorsos. Obviamente, o confessor e o médico não se situam na mesma perspectiva. O segundo não se preocupa com a salvação de seu paciente. Seu objetivo imediato é diametralmente oposto ao do sacerdote, já que se trata, para ele, de possibilitar ao doente experimentar plenamente os prazeres da união carnal. Igualmente, contrariamente ao confessor, o médico não se limita ao rastreamento dos excessos e abusos; ele ataca primeiramente a continência, que aos olhos do sacerdote constitui um valor essencial.

A arte de interrogar exige do médico uma série de qualidades. Ele, se pretende coletar com toda serenidade as confidências femininas sem inquietar seus maridos, deve ser casado. Será necessário ele evitar a rigidez e dar provas de sensatez. Não deve ser exageradamente calado, tampouco demasiadamente loquaz. "O médico [escreve Monfalcon], deve ter o cuidado de abrandar as inflexões de sua voz, escolher expressões que denotem

---

9. DESLANDES, L. *De l'onanisme... Op. cit.*, p. 525.

a maior benevolência, ocupar-se enfim do coração de seu paciente, tratando-o com o mais vivo interesse"[10]. Será necessário ele evitar questionamentos bruscos que desestimulem os desabafos, perguntar com leveza, demonstrando compaixão.

O médico deve sobretudo colocar-se ao alcance do doente, usar uma linguagem simples, evitar a ênfase e o recurso aos homens de letras. Se necessário, é permitido a ele utilizar termos indelicados para fazer-se compreender.

O médico se esforçará por vencer os aborrecimentos sentidos ao ouvir "discursos intermináveis"[11]. Igualmente deve evitar o risco de ferir o pudor exigindo detalhes não indispensáveis ao diagnóstico – o que corresponde exatamente a um conselho incessantemente dispensado pelos autores de manuais de teologia moral aos confessores. "Que opróbrio para um médico que, após um exame e algumas interrogações superficiais, acusar uma mulher de costumes ilibados de ser portadora de infecção sifilítica, ou anunciar a gravidez, em base à sinais enganadores, de uma pessoa jovem de conduta irrepreensível!"[12]

Mas, neste tema, o médico deve simultaneamente dar provas de sabedoria. Urge-lhe constantemente levar em conta a propagação das doenças[13] e saber detectar suas dissimulações. "Em geral, os indivíduos cujos sofrimentos são consequências da própria libertinagem ou reconhecem causas cuja confissão os faria corar, buscam ludibriar o médico sobre a origem de suas doenças substituindo a causa verdadeira por circunstâncias estranhas. Urge muita sagacidade para distinguir a verdade através da astúcia que suas narrativas buscam impor"[14].

---

10. MONFALCON, J.B. Verbete "Médecin". *Dictionnaire des Sciences Médicales. Op. cit.*, p. 370.
11. MÉRAT, F.V. Verbete "Interrogation". *Dictionnaire des Sciences Médicales. Op. cit.*, p. 526.
12. MONFALCON, J.B. Verbete "Médecin". *Dictionnaire des Sciences Médicales. Op. cit.*, p. 372.
13. *Ibid.*, p. 374.
14. *Ibid.*, p. 371.

Que o médico não meça esforços para pôr ordem em seu interrogatório no intuito de evitar que o doente não se perca em digressões inúteis, ou o sufoque com detalhes insignificantes. Quando se trata de uma paciente, ordena Capuron, o médico atento e circunspecto deve sempre saber sua idade, seu temperamento "geral ou uterino"[15], seu regime alimentar, seus hábitos, suas paixões. Mérat destaca a importância das questões relativas ao grau de sensibilidade. As pessoas simples dificilmente se queixam, muito provavelmente porque gozam de uma certa insensibilidade; mas, dentre as classes mais abastadas, em geral os sofrimentos destas pessoas doentes são supervalorizados[16].

A história do indivíduo e das doenças pelas quais ele passou desde a sua infância se constitui em dado essencial na elaboração de um diagnóstico; este dado também deve ser do conhecimento do confessor. Quanto à questão genital, é essencial que os médicos conheçam a eventual prática da masturbação, o número de blenorragias, a intensidade dos excessos... O médico deve saber tudo sobre os agentes circundantes que dependem da constituição médica do local em que os sintomas surgiram, a natureza e a intensidade destes últimos, o regime alimentar que o doente seguiu desde a aparição da desordem e os medicamentos utilizados. "O doente, em suas confissões, deve fazer uso de uma franqueza escrupulosa, sem esconder nenhuma circunstância da história daquilo que sente"[17].

Só então tem início, para o médico, o primeiro tempo da meditação. Os sintomas raramente são claros, sobretudo quando se trata da função genital. Muitas vezes, neste domínio, é aconselhável praticar a arte da pergunta indireta, ou fingir curar outra doença a fim de aliviar os males que resultam de "erros inconfessáveis". O Dr. Civiale se apresenta como especialista nesta área. "Devemos nos preocupar, aconselha Civiale, com

---

15. CAPURON, J. *Traité des maladies des femmes... Op. cit.*, p. 100.
16. MÉRAT, F.V. Verbete "Interrogation". *Dictionnaire des Sciences Médicales. Op. cit.*, p. 525.
17. MONFALCON, J.B. Verbete "Médecin". *Dictionnaire des Sciences Médicales. Op. cit.*, p. 371.

a doença não confessada, deixando inteiramente de lado aquela da qual mais longamente se fala. Mas, sobre a cura obtida, convém desiludir o doente"[18]. Civiale cita como exemplo o grupo de mulheres – o mais numeroso – em que um falso pudor as impede de falar de suas masturbações. Disfarçadamente, sugere ele, podemos alegar estar tratando-as de uma fleuma da vagina ou da uretra. Desta forma as interrogamos, por "uma artimanha", sobre suas eventuais serosidades brancas; então "as confissões começam a emergir"[19].

Segundo os médicos, os homens confessam mais tranquilamente seus excessos de relações carnais, mas não os abusos; ou seja, essencialmente, confessam a masturbação. Jamais ousam, no entanto, falar de sua eventual impotência. Quanto à prática da sodomia, da bestialidade e, até o momento em que estamos estudando, da "fraude conjugal", trata-se de temas que raramente são levados ao consultório clínico.

Desde o século XVIII, as angústias da confissão do masturbador constituem um lugar-comum da literatura médica. O desafortunado é "obcecado com a dissimulação", atormentado pela vergonha interior, pelo remorso, ou por um real desespero capaz de levá-lo ao suicídio. Dando ouvidos a Deslandes, uma confissão nunca nasce espontaneamente; tudo reside, portanto, na arte de obtê-la. Felizmente, com os jovens, o médico pode usar o termo "masturbação", pois, para seus ouvidos masculinos, não há nenhuma novidade. Mas Deslandes começa por um conselho: sonde-se a maneira com que o tema é recebido. Em geral, no final desta observação, a hesitação desaparece. Assim, ao invés de começar perguntando, é melhor ir dizendo logo ao paciente que sua masturbação não é ignorada. Assim é possível poupá-lo do sacrifício da confissão, considerada vergonhosa ou ridícula. "Raramente [o jovem paciente] busca defender-se, ou,

---

18. CIVIALE, J. *Traité pratique sur les maladies des organes génito-urinaires. Op. cit.* T. 2, p. 184.
19. *Ibid.*, p. 217.

se inicialmente o tenta, não persistirá por muito tempo"[20]. Segundo o especialista Deslandes, o médico só deve perguntar sobre o que parece ser acessório. Ao invés de dizer: "Acaso tens o hábito de te masturbar?", ele informará sobre "a época em que, pela primeira vez, [o garoto] começou a tocar-se, e se ainda o faz com frequência. [...] O mais penoso, para quem se masturba, não é ser conhecido enquanto tal, mas confessá-lo"[21]. Desta forma, o médico deve evitar a impressão de estar prestes a dispensar-lhe uma lição de moral. Muito pelo contrário: invocará uma má dieta alimentar, um excesso de trabalho, uma doença inoportuna[22]... dando assim a impressão de que o jovem é desculpável. Desta maneira a confissão se revelará mais fácil. E muito dificilmente levará o paciente às lágrimas.

Mais difícil é confessar a impotência. Urge desconfiar, aqui, do testemunho do paciente e das causas por ele alegadas. Geralmente ele subestima o efeito das circunstâncias, da fadiga, de uma doença recente. Quando a confissão tem lugar, geralmente transforma-se em drama. "Cada vez que o interrogava [relata Lallemand a respeito de um capitão que não tinha mais ereções há mais de oito ou dez anos] via as lágrimas rolando de seus olhos; mas esta dolorosa confissão nunca se lhe subtraía completamente"[23].

O interrogatório de mulheres se revela mais difícil ainda, e requer muita perspicácia. O médico jamais deve esquecer que elas são suas clientes principais. Sondar esses misteriosos "abismos do coração" feminino, detectar as masturbações ou outras formas de obter os prazeres, para além dos obstáculos do pudor natural e de todas as repugnâncias que dificultam a confissão, evidentemente é algo que fascina os clínicos. O Dr. Dunal de Montpellier evoca, em 1840, o caso de Mme. A., casada há

---

20. DESLANDES, L. *De l'onanisme... Op. cit.*, p. 378.
21. *Ibid.*, p. 379.
22. *Ibid.*, p. 380.
23. LALLEMAND, C.F. *Des pertes séminales involontaires. Op. cit.* T. 2, p. 86.

16 anos, com 33 anos de idade, mãe de três filhos, para quem a cópula é dolorosa e desagradável, não obstante uma "imaginação rica e ardente"[24]. O medo de encontrar-se com um médico ao qual se sentiria obrigada a relatar-lhe detalhes íntimos afastou-a de qualquer cuidado ao longo de dois anos e meio. Finalmente ela se decide a buscar ajuda de um clínico, mas recusando-se obstinadamente a qualquer exame. Dunal, que tem vínculos com um membro de sua família, consegue "obter a confiança da paciente". E obtém inclusive o poder de praticar um toque vaginal e prescreve banhos de mar, recomendando-lhe ter o cuidado de expor a pélvis e a região abdominal à onda; fato que lhe permitiu uma contínua melhora.

As mulheres casadas, escreve Monfalcon, buscam no médico "um coração afetuoso e sensível", cheio de cuidados, de "delicadas atenções"[25]. Desta forma elas "o fazem depositário de *mil pequenos segredos* que precisam desabafar, mas que pretendem depositá-los na conta da amizade mútua e não soltá-los aos quatro ventos". O médico deve igualmente munir-se de precauções que lembram as impostas ao confessor. Quando se trata de examinar os órgãos de uma mulher casada, aconselha o Prof. Guilbert, é necessário, caso ela sinta sua "moral ofendida", dirigir-lhe palavras "encorajadoras ou moderadoras, palavras que consolem, que transmitam esperança"[26], ditas com naturalidade. Ao mesmo tempo, o médico se esforçará em receitar "panos e absorventes que cubram inteiramente as partes afetadas [das mulheres]"[27].

No caso de virgens, com pudores ainda mais tímidos, faz-se necessário falar-lhes de outra coisa – daquilo que sentem na região do baixo-ventre,

---

24. DUNAL, B. *Études médico-chirurgicales sur les déviations utérines*. Paris: Victor Masson, 1840, p. 75-78.
25. MONFALCON, J.B. Verbete "Médecin". *Dictionnaire des Sciences Médicales. Op. cit.*, p. 374, bem como as passagens subsequentes.
26. GUILBERT, J.N. *Considérations pratiques sur certaines affections de l'utérus, en particulier sur la phlegmasie chronique de cet organe et sur les avantages de l'application immédiate des sangsues*. Paris: J.-B. Baillière, 1826, p. 109.
27. *Ibid.*, bem como o que segue.

na região renal, lombar... – a fim de obter informações sobre o estado do útero, que para elas nada representa. Quando examina os "encantos mais secretos"[28] de uma jovem moça, prescreve Monfalcon, o médico exigirá a presença da mãe ou de um parente próximo; em caso de uma esposa, o acompanhamento do marido na hora da consulta. Que o médico jamais esqueça que os homens lhe confiam o que de mais precioso possuem: a honra de sua mulher e de suas filhas.

Mas o exame anatômico não é tudo: em caso de uma desordem da função genital, o médico deve avaliar a intensidade do desejo venéreo na mulher; e isto, primeiramente, só pela observação. Em sua tese, o Dr. Robion se inscreve na tradição galênica quando esboça o retrato da mulher desejosa, à evocação daquele que a transtorna: "Seu rosto se anima e muda subitamente de cor, seus olhos brilham qual fogo, sua voz se enfraquece e aflora entrecortada, às vezes a palavra morre em seus lábios tremulantes; a pulsação, por sua vez, cresce e se acelera, a respiração faz-se mais curta e mais rápida, o peito infla e desinfla em movimentos convulsivos"[29]. Esta clássica descrição do desejo e da desconfiança que precede a confissão desenha um protocolo de decodificação do sinal no qual se inspira a literatura romanesca.

As mulheres sentem enorme dificuldade de responder questões que dizem respeito às suas regras ou aos seus excessos carnais. Existem algumas, no entanto, de impressionante precisão. O Dr. Sélignac cita o caso de Marie, moça de má reputação, com 25 anos de idade, que deu entrada em 20 de agosto de 1857 no Hospital Saint-Antoine. Ela ordinariamente tinha

---

28. MONFALCON, J.B. Verbete "Médecin". *Dictionnaire des Sciences Médicales. Op. cit.*, p. 302.
29. ROBION, R.A. *Essai sur la nymphomanie ou fureur utérine*. Tese de doutorado. Paris, 1808, n. 137, p. 12. Aqui o Dr. Robion se refere implicitamente a uma observação de Galeno, sempre citada. Ele havia conseguido detectar o amor que uma senhora da alta sociedade romana tinha por um jovem dançarino de nome Pílades, através da observação da pulsação. Sobre este ponto, cf. BOUDON-MILLOT, V. Un médecin grec dans la société romaine de son temps: Galien de Pergame (II siècle). In: FLAMBARD-HÉRICHER, A.M.; MAREC, Y. *Médecine et société de l'Antiquité à nos jours. Cahiers du GRHIS*, n. 16, 2005.

entre quatro e cinco relações por dia, mesmo durante o período de menstruação. No dia 7 de agosto, não obstante suas regras, ela não interrompeu sua atividade. No domingo 9 de agosto, "após quinze cópulas"[30], sentiu dores no baixo-ventre. Não obstante obrigada a permanecer na cama, no dia 12 do mesmo mês lhe impuseram duas relações sexuais muito doloridas. Após um repouso de dois dias, no dia 15 de agosto, entregou-se mais onze vezes. No dia 2 de novembro veio a óbito.

Roubaud diz ter conseguido conhecer de algumas das pacientes de sua clientela particular as posições que adotavam ao longo da união carnal; e as fazia imitar. Foi desta forma que descobriu que uma delas, que era estéril com seu marido, foi fecundada por seu amante. Isto simplesmente porque ela adotava posições diferentes com um e com outro[31].

Segundo Deslandes, extrair a confissão da masturbação requer uma arte especial. Literalmente ele afirma que "só a conseguimos quando a provocamos"[32]. Tanto as mulheres casadas quanto as "senhoritas" não conseguem ouvir falar disso sem corar; geralmente, os clínicos são incompreendidos. A confissão, em geral, é acompanhada de choros. Não obstante, segundo os médicos, ela é indispensável à cura. Rozier cita o caso de uma mulher que, no auge da agonia, "confessa, entre lágrimas, que ela mesma havia contribuído para a perdição ao entregar-se, quase constantemente e há vários anos, a uma fraqueza confidencial e mortífera"[33]. Uma "senhora abastada", afetada por uma grave febre perniciosa, também confessa sua prática, não obstante esposa e mãe. Desta forma os médicos conseguem às vezes obter patéticas confidências *in articulo mortis*; o que os aproxima, mais ainda, dos confessores que, por sua vez, conseguem obter confissões de moribundos antes de ministrar-lhes a Extrema-unção.

---

30. SÉLIGNAC, A. *Des rapprochements sexuels...* Tese cit., p. 41.
31. Cf. *infra*, p. 265ss.
32. DESLANDES, L. *De l'onanisme... Op. cit.*, p. 376.
33. ROZIER, D. *Des habitudes secrètes ou des maladies produites par l'onanisme chez les femmes*. 3. ed. Paris: Audin, 1830, p. 50 e 21.

A confidência é ainda mais difícil de ser obtida quando se trata de uma mulher na menopausa. Junto a algumas delas, garante Gardanne, a tendência ao onanismo cresce porque "a cópula [é] mais desejada do que habitualmente"; a "luta interior" é então tão forte que a mulher sente vergonha de manifestar seus desejos. Ora, a prática da masturbação no período da menopausa ofereceu a Gardanne "exemplos numericamente significativos". Ele cita o caso de uma paciente que declara, entre os 39 e os 41 anos, ter experimentado ela mesma "um violento orgasmo nos órgãos da geração"[34].

No final do século XVIII, Chambon de Montaux, em um texto que evoca uma das grandes cenas da literatura erótica do tempo, relata confidências sobre a origem dos desejos e prazeres. "Mulheres me confessaram que as primeiras emoções que haviam sentido tinham por causas o próprio testemunho ocular do amor que seus pais consumaram; elas acrescentaram que sem demora sentiam uma inclinação irresistível, que as levavam [sic] a bisbilhotar secretamente tudo o que se passava entre eles. Algumas se expuseram ao perigo de ser descobertas, colocando-se na iminência de gozar de um espetáculo do qual se faziam a mais deliciosa ideia; dentre estas, conheço algumas que se abandonaram sem reserva à embriaguez de seus sentidos, já que, nesses momentos de delírio, se mostravam incapazes de resistir ao transtorno que as agitava"[35].

Chambom de Montaux, em sua busca por confissões mais completas interpela, à semelhança de um confessor, suas jovens pacientes e lhes pede que retomem o trabalho de imaginação que provoca ou estimula nelas os prazeres solitários. "Reflitam [diz nosso autor] sobre o que se passou naqueles instantes de grande rebuliço, quando extenuada pelos prazeres anteriores, vossa mente tornou-se o agente mais ativo de vossas paixões:

---

34. GARDANNE, C.-P.-L. *Dissertation sur les avis à donner aux femmes qui entrent dans l'âge critique*. Tese de doutorado. Paris: Didot Jeune, 1812, n. 108. Cf. tb. *De la ménopause ou de l'âge critique des femmes*. 2. ed. Paris: Méquignon-Marvis, 1821, p. 419-420.
35. CHAMBON DE MONTAUX, N. *Des maladies des filles. Op. cit.* T. 2, p. 88.

fatigante o trabalho relativo à *lembrança dos homens* que atraíram vossos olhares... para que vossa atenção se fixasse naquele que poderia excitar em vós a ação de vossos órgãos debilitados. Eh! qual homem escolhestes naqueles momentos de desordem?"[36] Preocupado em aprofundar a confissão, médico e sacerdote aqui se equiparam. Um e outro se interessam, sobretudo, pelo trabalho de imaginação da pessoa que se masturba.

Trousseau, meio século mais tarde, enfatiza a extrema dificuldade de obter das mulheres sifilíticas a confissão de sua eventual masturbação, bem como a qualidade de seus parceiros e a natureza das relações que com eles tiveram. "A mulher afetada possui mil razões para dissimular a doença"; além de nunca ter a certeza *se* e *como* "ela a contraiu"[37]. É comum que um homem consulte às vésperas do casamento, mas "jamais sereis consultados por uma mulher"; a sífilis é uma patologia que exige dissimulação e inverdade.

Quando, em meados do século XIX, Roubaud passa a dedicar-se ao estudo da frigidez, seu intento é o de aprofundar simultaneamente a observação clínica e o interrogatório de suas pacientes. Urge-lhe, primeiramente, avaliar "as disposições eróticas" da mulher[38], detectá-las, sobretudo pela observação de seus movimentos e pelo modo como caminham; dados estes indispensáveis, segundo ele, na detecção da probabilidade da frigidez. Em seguida, cabe ao médico perscrutar o "temperamento intelectual" e os hábitos da mulher. É que as "mulheres fortes", "nas quais a razão soberanamente domina, geralmente são insensíveis [...] à embriaguez do amor". Finalmente, chega o momento da confidência, que constitui o essencial: na maioria dos casos, o médico vê-se obrigado a apelar para as confissões da doente, notadamente para detectar nos cônjuges uma "falta de harmonia entre suas mútuas excitações", antes da prescrição de um "medicamento que estimule o órgão copulador".

---

36. *Ibid.*, p. 100-101.
37. TROUSSEAU, A.; PIDOUX, H. *Clinique médicale de l'Hôtel-Dieu de Paris. Op. cit.*, p. 670.
38. ROUBAUD, F. *Traité de l'impuissance... Op. cit.* T. 2, p. 522, 524 e 528.

Quando se trata de "fraude conjugal" ou coito interrompido praticado por amantes, pode acontecer que o médico receba conjuntamente os dois parceiros e lhes ministre admoestações. Em 1857, o Dr. Alexandre Mayer curou Mons. M., jovem de 25 anos. Paulatinamente este paciente foi se tornando impotente com sua amante, uma companheira de trabalho no mesmo escritório. Temendo, sobretudo, a revelação da má conduta, os dois amantes "ludibriam a natureza". Mas, finalmente, o doente faz sua confidência, abrindo pistas ao clínico. Este, vinculando os sintomas à "realização anormal do ato reprodutivo", ordena-lhe total abstenção de relações culpáveis, ou uma volta ao desejo da natureza. "Uma confissão franca teve então lugar, e uma cena comovente seguiu-se entre os dois amantes: na hora a jovem mostrou-se inconsolável, mas o ocorrido lhe fez tamanho bem que pouco tempo depois pôde ser chamada de Mme. M."[39] Três anos mais tarde, o acaso fez Mayer encontrar-se com seu paciente que, além de manifestar sua alegria, disse-lhe estar totalmente restabelecido.

Muito frequentemente a confissão assim obtida é insuficiente para o médico. Então ele impõe ao paciente a prática de uma meticulosa auto-observação. Já evocamos as queixas de clínicos que lastimam a dificuldade de o indivíduo ouvir a si mesmo no instante do gozo venéreo. Este exame interior, no entanto, parece necessário ao médico que busca "regrar a cópula"[40]. Segundo Civiale, muitas vezes a natureza precisa ser, para esta finalidade, "secundada pela arte", bem como por uma árdua arte de instinto e inspiração. Esta lógica revela-se indispensável no caso de impotência e frigidez. Neste caso impõe-se uma série de injunções relativas à análise íntima da força dos desejos, aos graus da ereção, à qualidade da ejaculação, e, mais ainda, à medição das intensidades da volúpia; sem esquecer a aritmética das reiterações. É assim que o Dr. Civiale busca a "sensação voluptuosa" junto aos seus pacientes. Nesta lógica, o Dr. Mondat se ocupa

---

39. MAYER, A. *Des rapports conjugaux considérés sous le triple point de vue de la population, de la santé et de la morale publique*. 3. ed. Paris, 1857, p. 149-150 [1. ed., 1849].

40. CIVIALE, J. *Traité pratique sur les maladies des organes génito-urinaires. Op. cit.* T. 2, p. 196.

com um senhor, recém-casado, "que perdeu completamente a faculdade de ejacular, embora experimente a mesma capacidade e o mesmo gozo voluptuoso no exercício do coito"[41].

Por outro lado, os médicos demonstram plena consciência em relação aos perigos do excesso da auto-observação. Segundo Lignac, a auto-observação praticada por uma mulher luxuriosa pode levar ao risco de gerar crianças raquíticas[42]. Velpeau se assusta com o número de doenças do útero, atribuídas, aos seus olhos, a uma escuta ansiosa do funcionamento dos órgãos genitais femininos[43]. Vigiar exacerbadamente os efeitos dos remédios, escreve Roubaud, dificulta a cura da impotência[44].

Na aurora do século XIX, a auto-observação imposta já possui sua história. O onanista, à escuta de si mesmo, assim como as confissões desse "doente", eram práticas recorrentes no Século das Luzes. Na Inglaterra, a *Onania* não havia cessado de inflar-se de provas sucessivas; e Le Fonds Tissot transborda de consultas epistolares. Tudo isso encaixa-se na moda do diário de cura mantido pelos *inválidos* ingleses, indo à época hospedar-se nos *spas* do interior ou nas estâncias balneares[45].

A prática da consulta epistolar merece uma atenção especial. A carta é, aqui, "ocasião de apresentar um *eu* recapitulativo e solitário diante das próprias percepções"[46]. Como por ocasião de uma confissão geral, o paciente faz simultaneamente um ato de memória e um ato de síntese

---

41. *Ibid.*, p. 93.
42. Cf. *supra*, p. 118.
43. VELPEAU, A.A.L. *Maladies de l'utérus*. Paris: Baillière, 1854, p. 61-62 (lições de 9 de outubro e de 6 de novembro de 1849).
44. ROUBAUD, F. *Traité de l'impuissance... Op. cit.* T. 1, p. 427.
45. Cf. CORBIN, A. *Le Territoire du vide – L'Occident et le désir de rivage*. Paris: Aubier, 1988, p. 104-113 [reed., Le Seuil, Col. "Champs", 1990, p. 104-113].
46. Cf. SARDET, F. Consulter Tissot: hypothèses de lecture. In: BARRAS, V.; LOUIS-COURVOISIER, M. (org.). *La Médecine des Lumières – Tout autour de Tissot*. Genebra: Georg, 2001, p. 58. Cf. tb. na mesma obra e sobre o mesmo tema: RIEDER, P.; BARRAS, V. Ecrire sur la maladie au siècle des Lumières. Este capítulo é apaixonante, mas não estou certo se na França, ao longo da primeira metade do século XIX, as narrativas dos doentes são tão falantes, menos subjetivas, e que o corpo se revele um espaço "neutralizado", "libertado de sua história particular", por estar mais aberto ao olhar e ao saber, como sugerem os autores.

quando começa a descrever a evolução de suas doenças, muitas vezes crônicas. Graças a tais textos, torna-se cristalina a figura do doente engajado num inventário retroativo de suas sensações, detalhadas da melhor forma possível, em vista de fazer delas uma confissão.

A divulgação da intimidade é acompanhada, nessas cartas, de todo um ritual destinado a exorcizar o constrangimento do escritor. Essas correspondências revelam a vontade do paciente de evitar as continências, os excessos e os abusos, bem como a vontade de fazer de todas as funções um uso que seja conforme ao desejo da natureza, cuja soberania consentida impõe-se à leitura de tais fundos de correspondência. Seus epistológrafos não veem a hora de saber "como usar as coisas", como aguardar o andamento regular e habitual das funções[47]. Aqui, o controle do natural extrapola o nosso estrito objetivo: o que constitui o exercício da função genital.

Entre 1830 e 1860, a auto-observação imposta entra em outra fase e muito provavelmente conhece o seu apogeu. A tradição ligada à obsessão pela masturbação e pela crença neo-hipocrática na virtude benéfica de certas frequentações em *spas* ou balneários é consolidada pelo crescimento de novas angústias. O fantasma da espermatorreia involuntária, a ansiedade crescente suscitada pela metamorfose de um simples fiasco em uma impotência vivida como um destino, a busca sempre mais intensa das sensações da mulher que deseja ou que teme a gravidez levam a uma análise reforçada das sensações, que, por sua vez, suscita a palavra e a escrita.

Desde então, o consultório do médico passa a ser não mais simplesmente o lugar da observação clínica, do interrogatório, da extração da confissão; ele passa a ser, e mais frequentemente do que nunca, receptáculo de cartas, ou de autobiografias. Processos aí são montados, pesquisas coletivas aí são elaboradas; sem esquecer as perspicazes experiências tentadas no cliente, senão autotestadas no clínico em si mesmo. Entre 1835 e

---

47. SARDET, F. Consulter Tissot: hypothèses de lecture. *Op. cit.*, p. 65.

1860 funda-se assim um saber novo sobre a sexualidade, no momento em que, na França, o termo começa a insinuar-se, muito timidamente ainda, no discurso médico.

Tudo isso implica a visita periódica do paciente, geralmente por meses a fio, senão anos, ao médico que o observa, o examina, o apalpa, o ouve, impondo-lhe autoavaliar-se, prescrevendo-lhe remédios e comportamentos. Assim se elabora – fato claríssimo em Lallemand e Roubaud – um estudo da "vida sexual" ou, se preferirmos, da trajetória da função genital, embasado no conhecimento dos desejos, na contabilização das ereções, dos orgasmos e dos eretismos, fundado no relato do desenvolvimento das masturbações, das posições e das práticas da união carnal entre o homem e a mulher, bem como na análise da natureza e da intensidade dos prazeres; sem esquecer, como pano de fundo, os horrores da doença venérea, multiforme. Ao longo dessa pesquisa o exame anatômico sempre guardou seu devido valor.

Às vezes, não satisfeitos em aconselhar seus pacientes à escuta de si mesmos, os médicos colocam em confronto as confidências de seus colegas. Um deles detalha assim, à boca miúda no ouvido de Roubaud, as razões que fizeram com que fosse difícil, a um de seus pacientes, manter satisfatoriamente suas ereções[48]. Outro lhe relata as consequências de uma intoxicação saturnial sobre os seus desempenhos.

Naturalmente, os objetos dessa auto-observação variam segundo o sexo. Nos homens ela visa as qualidades da ereção, da ejaculação, do prazer e da capacidade de reiteração; dados todos presentes nas correspondências masculinas de então. As mulheres são tidas por máquinas de autoanálise bem mais complexas. As sensações propiciadas pela irrupção das regras, as súbitas manifestações orgânicas da escalada do desejo, os prazeres da cópula, o eventual arrepio que sinaliza a concepção, as

---

48. ROUBAUD, F. *Traité de l'impuissance... Op. cit.* T. 1, p. 227, 304.

emoções da gestação e do aleitamento propõem um espaço quase contínuo à auto-observação.

Já em 1772, Wichmann, que podemos considerá-lo o pai da patologia denominada *espermatorreia*, exigia de seu paciente que o relatório de suas observações fosse feito sob juramento. Frequentemente, os médicos exigiam – assim como os confessores – uma contagem das cópulas e, sobretudo, dos prazeres solitários. Os "casos médicos" relatados em suas obras muito frequentemente impressionam o leitor de hoje pela precisão. Um exemplo, aqui, é suficiente: o do chefe de Estado-Maior G., curado pelo Prof. Lallemand e que sofria de perdas seminais involuntárias desde a idade dos 30 anos; fato que causou nele uma impotência total. O desafortunado consultou o professor de Montpellier em 1836, com a idade de 45 anos. Pouco tempo depois ele voltou para relatar como havia transcorrido o seu ano. "As poluções noturnas só se reproduziram 43 vezes ao longo dos doze meses que acabavam de se concluir; foi uma diminuição maior do que 50%"[49].

Alguns destes relatórios dependem da obsessão aritmética. Aquele redigido por um oficial inscreve-se na tradição estabelecida no século XVIII, mas com uma precisão maior. "Eu comecei, aos 12 anos, a entregar-me à masturbação, e só parei aos 23 anos. Entre os 13 e os 18, a ela entreguei-me com furor; algumas vezes até dez ou onze vezes por dia, sem jamais abster-me por mais de quatro ou cinco dias. Avaliei os excessos destes cinco anos em números que equivalem, segundo uma média geral, a 3.650 vezes. Omito tudo o que precedeu ou se seguiu, já que foi de forma irregular e impossível de ser submetida ao cálculo [...]. Apesar de minha aversão por garotas, a elas recorri, em 1835, oito vezes, no espaço de onze meses, e sempre me dei mal"[50]. Impossível deixar de mencionar, aqui, a precisão das

---

49. LALLEMAND, C.F. *Des pertes séminales involontaires. Op. cit.* T. 2, p. 91.
50. *Ibid.* T. 1, p. 557-558.

contabilizações às quais se entregaram Benjamim Constant, Vigny, Flaubert e, melhor ainda, Michelet, em seus diários íntimos.

O relatório oral não se limita à aritmética das práticas. Ele diz respeito também às sensações, segundo uma tabela criada pelo clínico. Consideremos uma ficha reproduzida na tese do Dr. Sélignac: M., com a idade de 22 anos, "sistema genital muito desenvolvido [...]. Muito jovem começou a sair com mulheres [...], mas sempre com moderação e observando longos intervalos". Nele, "a aproximação de uma mulher determinava uma ereção quase instantânea, e a ejaculação não se fazia esperar por muito tempo". – O que é considerado, aqui, um sinal de boa saúde. "No dia 10 de setembro, M., deitou-se às 11 horas com uma mulher; não a via há três meses. Para seu grande espanto, a ereção só deu suas graças após uma hora, e com a ajuda de estimulações manuais. Uma primeira cópula foi seguida de uma ejaculação com um sentimento de volúpia inabitual; a ereção persistiu. Após meia hora, querendo fazer cessá-la, renovou a cópula; desta vez a ejaculação veio rápida; em seguida sobreveio um estado de espasmo que, mantido pelas provocações incessantes da mulher, durou aproximadamente duas horas; ao mesmo tempo, a ejaculação se deu várias vezes sem as aproximações da mulher"[51]. Pelas 4 horas da manhã o doente entregou-se novamente à cópula, "e desta vez, ao invés de uma sensação voluptuosa, sentiu dores extremamente fortes".

Deslandes relata as sensações de pacientes suspeitos de tuberculose dorsal, considerada consequência de excessos ou abusos venéreos: "Assim, um homem que, há dois anos, se entregava de manhã e de noite à cópula, a mim se queixava de puxões que sentia a cada instante entre os ombros [...]; outros dizem que é como um nódulo que têm nas costas [...]"[52].

Lallemand, relatando o caso de um de seus colegas que consultava desde 1824, especifica: "Toda vez ele vinha a mim com grandes detalhes

---

51. SÉLIGNAC, A. *Des rapprochements sexuels...* Tese cit., p. 48-49.
52. DESLANDES, L. *De l'onanisme... Op. cit.*, p. 181.

sobre seu estado"⁵³. Ele retornou, com grande frequência, por quinze anos. Antes de se consultar, alguns pacientes, como este colega de que estamos falando, preparam uma anotação em vista de descrever com mais precisão seus distúrbios e suas sensações. Mas, o mais frequentemente, é o próprio médico que pede que as observações sejam postas por escrito. Belmer, a uma ninfomaníaca em vias de cura, impôs-lhe fazer anotações, todos os dias, sobre o seu estado, "e isto em seus mínimos detalhes"; o que constitui um belo exemplo de "diário de saúde"⁵⁴.

Após ter-se masturbado dos 17 aos 20 anos, M.N., professor de Filosofia, corrigiu-se. Chegado à idade de 48 anos, ele descreve sua doença em notas fortes e precisas. Lallemand o considera um homem "muito inteligente, habituado a observar-se". "Eu nunca fiz uso da cópula mais de oito ou nove vezes por ano [escreve este paciente], e sempre senti, imediatamente depois, distensões nos nervos, tremores nos tendões, seguidas de fadiga, abatimento e sobretudo estultícia, que permanecia por vários dias. Há doze anos me impus quatro ou cinco meses de intervalo entre cada ato; mesmo assim, no dia seguinte à cópula, minha cabeça estava totalmente dominada. Assemelhava-me a um idiota por quinze ou vinte dias seguidos [...]"⁵⁵. Sua confissão continua longamente, e enfatiza inclusive sua sensibilidade às mudanças do clima.

Lallemand cita ainda a confissão de um "aluno de medicina", muito inteligente, que descreveu o efeito de suas gonorreias, evocando, com muita exatidão, suas ereções e seus desejos venéreos⁵⁶. É uma longuíssima confissão, redigida por um de seus colegas, destinada ao professor, que merece uma publicação. Ela se estende dos 13 anos até a cura de uma

---

53. LALLEMAND, C.F. *Des pertes séminales involontaires. Op. cit.* T. 2, p. 112.
54. BELMER, A.S. *Dissertation sur la nymphomanie ou fureur utérine.* Tese de doutorado. Paris, 1818, n. 187, p. 29.
55. LALLEMAND, C.F. *Des pertes séminales involontaires. Op. cit.* T. 1, p. 560-561, 563.
56. *Ibid.*, p. 93ss.

espermatorreia de mais de 21 anos. Graças às autocauterizações, este colega considera-se tardiamente curado. Suas "ereções são mais vigorosas, a ejaculação não é mais precipitada: e é acompanhada [escreve ele], de sensações cuja vivacidade me era desconhecida. Minhas funções intelectuais, acrescenta, adquiriram um novo vigor"[57]. Seu entusiasmo é tamanho que agora trata de seu velho pai... acometido, por sua vez, de poluções noturnas.

A literatura médica contém centenas de casos desse gênero, os quais, às vezes, assumem a dimensão de verdadeiras autobiografias sexuais. Não somente a tradição epistolar do século XVIII se prolonga, mas também se percebe nestes textos o eco das "confissões" ao estilo de Rousseau. Lallemand, por exemplo, se demora em relatos retrospectivos que lhe foram feitos sobre as emoções vividas por garotos que azucrinavam a paciência das domésticas. "Vemos alguns abaixar-se para espiar uma mulher que trabalha a terra; aproximar-se de uma escada sobre a qual outra mulher está passando; permanecer em contemplação debaixo de uma sacada para ver uma perna que se aproxima; entrar furtivamente num quarto para assistir à toalete de uma irmã, ou espiá-la enquanto dorme"[58].

"Suas ideias são vagas, acrescenta Lallemand ao referir-se a esses pacientes, mas todas as sensações a elas associadas permanecem muito vivas, e deixam, em sua jovem imaginação, uma marca profunda, indelével, cuja lembrança ainda se conserva com uma perfeita nitidez tanto na idade adulta quanto na velhice." Daí a riqueza de seus apelos à reminiscência. "Os detalhes minuciosos nos quais entraram muitos de meus doentes, sobre circunstâncias dessa natureza que datavam de trinta ou quarenta anos, e que tinham tido grande influência sobre o resto de suas vidas", precisavam ser registrados. "Tenho debaixo de meus olhos uma enormidade de confissões desse gênero, que mereceriam a mesma publicidade"[59],

---

57. *Ibid.*, p. 178.
58. *Ibid.*, p. 414, bem como as citações subsequentes.
59. *Ibid.*, p. 418.

declara ele, após ter evocado as emoções de Rousseau sob as chicotadas de Mlle. Lambercier, ou por ocasião da descoberta do "mamilo mal-afamado" de uma cortesã italiana.

Alguns médicos aproveitam da capacidade de auto-observação de seus pacientes para dedicar-se a verdadeiras pesquisas relativas a uma determinada dimensão. Deslandes estuda assim um grupo de mulheres acometidas de serosidades brancas e constata que muitas delas – notadamente as servas – se haviam abandonado à masturbação[60]. Raciborski obriga várias de suas pacientes a anotar a data de suas regras e de suas cópulas a fim de fazer uma correlação entre ambas. Desta forma ele espera determinar os momentos mais favoráveis à fecundação[61]. Brierre de Boismont pede às suas clientes que anotem a duração de suas regras, que mensurem a quantidade e a qualidade do sangue menstrual, e que o recolham num frasco. Também ele as incentiva a auto-observar-se, as interroga sobre seu ardor, sobre a frequência das "aproximações"; enfim, sobre "a influência do casamento". E também analisa as consequências de fixar residência na cidade, notadamente em Paris e em Londres[62].

A pesquisa mais interessante é a que foi feita por Roubaud sobre o grau de prazer sentido por duzentas mulheres que se consideravam frígidas, "das quais algumas viviam desenfreadamente e outras eram casadas, ou viviam maritalmente com um único homem. Sobre as duzentas mulheres cujas confissões anotei [...] [escreve ele], foi-me permitido examinar os órgãos genitais de pelo menos 150 delas"[63]. Para responder a algumas de suas questões, Roubaud escolheu um efetivo mais restrito de parisienses que escolheram seus amantes, ou seja, pacientes "hábeis na cópula"[64],

---

60. DESLANDES, L. *De l'onanisme... Op. cit.*, p. 348.
61. RACIBORSKI, A. *De la puberté... Op. cit.*, p. 471-478.
62. BRIERRE DE BOISMONT, A.J.F. *De la menstruation considérée dans ses rapports physiologiques et pathologiques. Op. cit.*, p. 153-163.
63. ROUBAUD, F. *Traité de l'impuissance... Op. cit.* T. 2, p. 761.
64. *Ibid.*, p. 792, 760.

situadas entre duas categorias: prostitutas e mulheres da alta sociedade fiéis aos seus maridos.

Nas instituições que acolhem as mulheres durante a gravidez são feitas pesquisas sobre seu comportamento sexual a fim de melhor compreender sua história. Jürgen Schlumbohm analisou assim, com rigor, a pesquisa realizada dentro da maternidade da Universidade de Göttingen, por volta do ano 1800[65].

Alguns chefes, ajudados por seus internos, realizaram em âmbito hospitalar pesquisas sistemáticas sobre a função genital. A pesquisa realizada pelo Prof. Huguier constitui uma das mais específicas. Com o objetivo de compreender a etiologia das doenças dos órgãos genitais que afetam suas pacientes, ele procede a um longo interrogatório, mas não antes de observá-las, apalpá-las, senti-las, não antes de mensurar suas secreções, a consistência de suas carnes, a idade com que foram defloradas, a frequência de suas relações e a intensidade do prazer que sentem. Além disso, pergunta-lhes se são propensas aos excessos e à masturbação. Concomitantemente este professor nos fornece preciosos ensinamentos sobre a idade da primeira relação sexual[66].

A mais ambiciosa das pesquisas relativas às modalidades da atividade genital, no entanto, continua sendo ainda a realizada pelo Dr. Bourbon, visando a detectar a existência eventual de um vínculo entre a paralisia e a prática da cópula consumada em pé. O questionamento do pesquisar incide sobre o hábito da masturbação juvenil, sobre a idade da primeira relação, sobre a frequência das blenorragias, da cópula e a posição habitualmente adotada.

---

65. SCHLUMBOHM, J. Les limites du savoir: médecin et femmes enceintes à la maternité de l'université de Göttingen aux alentours de 1800. *Revue d'Histoire Moderne et Contemporaine*, n. 52(1), jan.-mar./2005.
66. HUGUIER, P.C. *Mémoire sur les maladies des appareils sécréteurs des organes génitaux externes de la Femme. Op. cit., passim.*

Victor A., negociante de velharias, com 58 anos, faz uma retrospectiva até sua infância sobre sua atividade genital. Dos 14 aos 18 anos masturbava-se, em média, uma dezena de vezes por mês, e quase sempre em pé. A ejaculação só aconteceu aos 16 anos. A partir dos 18 anos passou a copular "quase regularmente uma vez por dia, mas ocorreu-lhe, e com muita frequência, antes de casar-se [em 1828, aos 27 anos de idade], de copular cinco ou seis vezes em duas horas"[67]. E só conseguia copular em pé uma única vez, tamanho o cansaço que esta posição impunha. Seus ardores eróticos foram diminuindo depois dos quinze anos de casado. Em 1843, ao alcançar a idade de 42 anos, "as aproximações" só aconteciam três ou quatro vezes por semana. Mas em 1850, com 49 anos de idade, "uma recrudescência fez-se sentir, e ele passou então a praticar a cópula quase todos os dias. Para chegar à ereção jamais fez uso nem de manipulações nem de meios artificiais".

É raro que o historiador disponha, fora das pesquisas que citamos, tais biografias sexuais dos homens do povo. A série de observações realizada mostra a diversidade das práticas e dos ritmos ao longo da existência. Assim, diferentemente de Vitor A., Pierre, cocheiro, com 68 anos de idade, diz nunca ter feito uso da masturbação. Ele "viu" mulheres, a partir dos 14 anos de idade, e dos 25 aos 50 praticou a cópula regularmente três ou quatro vezes por dia, o mais frequentemente em pé, ou apoiado na cama[68].

Benjamim J.B., professor, e Jean-Xavier D., viticultor, com 55 anos, ambos se entregaram à masturbação durante toda a vida. O segundo começou esta prática enquanto vivia no campo, com 9 anos de idade. Por dezesseis anos, quase todos os dias, entregou-se ao prazer solitário, e muito frequentemente em pé. Com 25 anos teve relações com uma mulher, mas sem sentir prazer algum; e continuou se masturbando até os 48 ou 49 anos[69].

---

67. BOURBON, A. *De l'influence du coüt et de l'onanisme...* Tese cit., obs. 12, p. 28.
68. *Ibid.*, p. 19.
69. *Ibid.*, obs. 16-17, p. 32-34.

As práticas de N.Y., pintor, 26 anos, se revelam mais complicadas: "Desde a idade dos 10 ou 11 anos também praticou atos secretos muito frequentes, quase todos realizados em pé. Por volta dos 16 anos começou a sair com mulheres; excedeu-se todos os dias, e inclusive várias vezes por dia, tanto na masturbação quanto na cópula, e muito frequentemente em pé"[70]. Aos 20 de idade consultou um médico que o fez mensurar as funestas consequências desses dois hábitos. A partir desta consulta, que sempre lhe ficou impressa no espírito, afirma ter renunciado completamente a masturbação. "Quanto à cópula, declara ele, não a pratiquei senão duas vezes mais. Só o medo de ficar louco operou em mim esta conversão, que jamais será desmentida."

Só muito mais raramente, segundo nossas observações, os médicos que formam nosso *corpus* recorreram à experimentação. Lembramos, no entanto, que Roubaud buscou observar o efeito dos afrodisíacos nas mulheres[71]; e isto teria sido imposto a ele pelo fato de tentar curar a frigidez. Além disso, embora sem muita precisão, ele teria se dedicado a inúmeras experiências sobre aquilo que vincula a fecundidade e a "soma dos prazeres"[72] que a mulher sente na cópula. Segundo ele, existe uma relação entre estes dois dados.

Bourbon declara ter-se beneficiado do serviço de três pessoas – sem qualquer outra precisão – para fazer a experiência da cópula praticada em pé, e para analisar com exatidão as sensações que ela proporciona. Este fato o levou a afirmar que o cerebelo não é, "nesta circunstância", a única sede da dor. E acrescenta que todos os sintomas detectados pelos doentes, e em suas três "cobaias", igualmente estavam presentes "nas mulheres que costumam copular em pé, de acordo com os ensinamentos exatos que obtivemos sobre este tema"[73].

---

70. *Ibid.*, p. 38, bem como a citação seguinte.
71. ROUBAUD, F. *Traité de l'impuissance...* Op. cit. T. 2, p. 528.
72. *Ibid.*, p. 752.
73. BOURBON, A. *De l'influence du coït et de l'onanisme...* Tese cit., p. 44.

Roubaud, por sua vez, também fez uso da autoexperimentação com uma prostituta, com o objetivo de mensurar o efeito do ópio sobre os desempenhos masculinos; o resultado, à ocasião, foi simplesmente desastroso[74].

Veremos mais adiante os conselhos e as prescrições dos médicos para conter os excessos, os abusos e curar os fracassos; sem esquecer as *"precauções copulares"*[75] destinadas, segundo eles, a "regularizar o coito".

---

74. ROUBAUD, F. *Traité de l'impuissance...* Op. cit. T. 1, p. 309ss. Sobre esta experiência, cf. CARROY, J. Les "visions tout idéales dues au haschich" de Félix Roubaud – Intoxication par le haschich. *Le Portique*, n. 10, 2º sem./2004.
75. *Ibid.* T. 2, p. 792.

4
AS ANGÚSTIAS DA ABSTINÊNCIA E DOS EXCESSOS

Apesar do abandono da teoria do duplo sêmen, e do descrédito da medicina humoral desde o final do século XVIII, a "necessidade de evacuar o licor seminal, quando ele irrita demasiadamente os órgãos"[1], impõe-se a todos os clínicos, mas segundo um equilíbrio, difícil de manter, entre "a permissividade que esgota e a continência que atrapalha as funções da alma e do corpo"[2]. A abstinência e o excesso são, uma e outro, terríveis; tanto mais quando levam com frequência ao abuso.

Os malefícios da privação

Os médicos não se cansam de repetir em seus muitos aforismos: não fazer uso da função genital é ultrajar a natureza. Esta, escreve o Dr. Cangrain em 1838, "não deu órgãos para não ser exercitados"[3]. Os prazeres do amor, necessários a partir de certa idade, constituem, segundo Montègre, o único meio de dissipar a desordem, "a inquietação extrema" que os órgãos genitais levam ao moral[4]. Labrunie considera que a cópula responde

---
1. DE LIGNAC. *De l'homme et de la femme... Op. cit.* T. 2, p. 275. Vale lembrar que Buffon, em sua *Histoire naturelle de l'homme*, havia destacado os riscos da continência, como os do excesso. Cf. *Œuvres. Op. cit.*, p. 227-228.
2. *Ibid.*
3. CANGRAIN, A. *Du célibat.* Tese cit., p. 5.
4. DE MONTÈGRE. Verbete "Continence". *Dictionnaire des Sciences Médicales. Op. cit.*, 1813, p. 357.

a um apetite que não podemos escamotear[5]. Richerand considera que a realização das funções às quais cada órgão é destinado é necessária "à sua própria existência"[6]. O Dr. Quesnel vai mais longe: trata-se, segundo ele, de um direito atribuído a todo homem "de procriar sua semelhante"[7]. Neste aspecto os médicos são unânimes até o final do período que nos ocupamos. Em 1855, Roubaud declara que o homem não pode subtrair-se à missão do aparelho genital[8]. Tais convicções alimentam a incessante diatribe contra o celibato que "enfraquece o corpo e desagrada a alma"; e que, além disso, traz problemas às famílias "ou se torna o opróbrio dos costumes públicos"[9].

Obviamente, existem indivíduos que se vangloriam da própria continência. Dando-lhes ouvidos, ela seria uma prova de força da vontade. Os médicos são unânimes em minimizar seus méritos. O mais frequentemente, trata-se, segundo eles, tanto de fingimento quanto de ausência de desejo ou medo de fracassar. A continência exibida conviveria com a impotência. Segundo Lallemand, "uma grande facilidade de suportar a privação absoluta dos prazeres venéreos deve fazer presumir pouca potência nos órgãos genitais"[10]. Os homens que vivem na continência alegam, segundo os casos e as situações, a força da alma, dos princípios morais, o respeito aos deveres sociais, um sentimento de dignidade pessoal, o medo do escândalo ou de uma gravidez, o desgosto suscitado pelas mulheres fáceis, o perigo que constituem as filhas sem reputação. De fato, alega Lallemand, eles são "o triste pressentimento da catástrofe que os aguardaria"[11]

---

5. LABRUNIE, E. *Dissertation sur les dangers...* Tese cit., p. 14.
6. RICHERAND, A. *Nouveaux éléments de physiologie. Op. cit. Apud* BOUSQUET, J. *Du mariage considéré comme moyen préservatif et curatif des maladies.* Tese cit., p. 15.
7. QUESNEL, F.C. *Recherches relatives à l'influence de la continence sur l'économie animale.* Tese de doutorado. Paris, 1817, n. 201, p. 7.
8. ROUBAUD, F. *Traité de l'impuissance... Op. cit.* T. 1, p. 372.
9. CANGRAIN, A. *Du célibat.* Tese cit., p. 6.
10. LALLEMAND, C.F. *Des pertes séminales... Op. cit.* T. II, p. 245.
11. São do mesmo mesmo parecer: CIVIALE, J. *Traité pratique sur les maladies des organes génito-urinaires. Op. cit.*, p. 195. • LALLEMAND, C.F. *Des pertes séminales... Op. cit.* T. II, p. 242.

se tivessem tentado copular. Quando uma oportunidade lhes é dada, eles retardam o encontro; ou esperam ser recusados, tamanho o temor da fraqueza de seus órgãos.

Seja como for, as consequências da privação são terríveis. Elas podem inclusive ser desastrosas. Quando não podem satisfazer-se segundo a natureza, os animais se unem com fêmeas de outras espécies. "Vi com meus próprios olhos muitíssimas vezes [escreve Montègre], pavões acasalar-se com fêmeas de patos"[12]. A privação leva os macacos a se masturbar, bem o sabemos! O mesmo clínico observou cães que se entregavam a este abuso graças a sábios artifícios. Todos os cavalos se entregam ao prazer sozinhos quando não dispõem de fêmeas. A camela, "quando entra no cio, atira-se sobre tudo o que encontra e o pressiona sobre o seu ventre"[13]. No zoológico, um elefante morreu de tanto se masturbar.

O mesmo acontece com a espécie humana. As desordens da continência que afligem as viúvas já foram outrora realçadas por Galeno. Hipócrates e Aetius já haviam elaborado catálogos das doenças específicas que ameaçavam as virgens. Na época moderna, muitos médicos, como Boissier de Sauvages e o célebre Tissot, ampliaram as mesmas convicções, longamente enunciadas na *Enciclopédia*.

No tocante à mulher, o quadro clínico dos riscos incorridos, inspirado na medicina antiga, já está bem desenhado no final do século XVIII. Em 1785, Chambon de Montaux o esboça com minúcia. Os órgãos genitais, notadamente o útero e a vagina, são os primeiros afetados pela ausência de prazeres. Eles são vítimas de congestão, "de estufamento geral". As secreções dilatam os reservatórios cheios de uma "matéria seminal" espessa. É o que lança a desordem nos nervos. Estes recebem "uma mobilidade excessiva"; daí o sentimento de inquietação, de constrangimento, de

---

12. DE MONTÈGRE. Verbete "Continence". *Dictionnaire des Sciences Médicales. Op. cit.*, 1813, p. 118.
13. *Ibid.*, p. 119.

desconforto que intensificam a irritação. O desastre acontece quando o sangue esquenta nas partes da geração[14]; então o furor explode.

Os estudiosos do século XIX detalham estes malefícios e aperfeiçoam a etiologia. Se, por um lado, a continência lhes é particularmente temível, por outro, nas mulheres, a não satisfação dos desejos afeta o organismo inteiro; tanto que sua imaginação, muito ativa, aumenta prodigiosamente os prazeres do amor bem como os riscos que produzem. A mulher, mais do que o homem, se vê dividida entre o desejo e o medo. É frequente que os impulsos imoderados, avivados pela continência, se fixem numa imagem fantasmagórica que a persegue por toda parte e que determina uma desordem generalizada das funções.

A continência desorganiza o sistema da menstruação. Ela suscita inúmeras doenças dos órgãos genitais, que, muito frequentemente, leva ao câncer. Há muito tempo os médicos consideram que a clorose resulta da não satisfação das necessidades e dos desejos. De uma maneira geral, a continência agrava a virulência de todas as patologias. É o caso, notadamente, da escrófula. Esta "lamentável sabedoria" constitui igualmente um obstáculo à cura. Obviamente, ela favorece a emergência de distúrbios mentais e tudo o que se refere ao sistema convulsivo. Ela às vezes culmina na ninfomania. E pode levar ao suicídio[15].

Na melhor das hipóteses, a mulher *se consome*. Esta imagem retorna muito frequentemente nos escritos dos médicos. As mulheres privadas dos prazeres sexuais se destroem; e as desafortunadas que precisam lutar para manter-se castas sofrem mais do que as outras os tormentos da abstinência. "A dor, a tristeza, o tédio, as perturbações mensais, o desgosto ou os estranhos desejos, as caquexias diferentes às quais são sujeitas as religiosas e as mulheres que não coabitam com seus maridos partem do mesmo

---

14. CHAMBON DE MONTAUX, N. *Des maladies des filles. Op. cit.* T. 1, p. 41-42, 46.
15. Encontramos o quadro dessas cifras nas teses citadas de Quesnel, Cangrain, Labrunie, Haguette, Bousquet e Durand.

princípio"[16]. A literatura médica oferece exemplos de filhas continentes curadas da clorose, da hipocondria, da ninfomania, da histeria pela solução milagrosa que constituem a cópula e a excitação da secreção vaginal que disso resulta.

Quanto às mulheres isoladas que se resignam, estas definham. Elas se refugiam na preguiça ou na glutonaria, segundo um processo de vasos comunicantes entre os pecados capitais; isto quando não centram "fogos mal-apagados [...] em cachorros, em pássaros, ou até em plantas"[17]; tantos símbolos da inutilidade, aos olhos da natureza.

As mulheres às quais impõe-se uma continência nova passam pelos piores sofrimentos. Desde a Antiguidade, a privação brutal dos "prazeres costumeiros" a que é submetida a jovem viúva afigura-se como a mais terrível das situações. Tissot publicou vários casos desastrosos de mulheres "que tinham usufruído *muito frequentemente* e por *longo tempo* do físico do amor" antes de privar-se desta prática. Uma jovem dançarina ferida, obrigada a suspender sua atividade, só podia ser aliviada[18] por "fortes fricções das partes genitais, que lhe propiciavam um tremor convulsivo seguido de uma abundante ejaculação". Então, "ela recobrava seus sentidos"[19]. As virgens e as viúvas não são as únicas vítimas da continência: Moreau de la Sarthe considera, nas mulheres casadas, que "gozos superficiais, interrompidos" são "geralmente mais irritantes do que a privação"[20].

A continência revela-se quase tão nociva junto ao homem, mas de outras formas. Aquele que resiste à necessidade pode ser vítima do priapismo, da satiríase, ou erotomania. Criaturas inacessíveis, brinquedos de sua

---

16. GARDANNE, C.P.L. *De la ménopause... Op. cit.*, p. 33.
17. CANGRAIN, A. *Du célibat*. Tese cit., p. 28.
18. Como era o caso das vítimas de transtorno dos nervos até os primeiros decênios do século XIX.
19. *Apud* DE MONTÈGRE. Verbete "Continence". *Dictionnaire des Sciences Médicales. Op. cit.*, 1813, p. 117.
20. MOREAU DE LA SARTHE, J.L. *Histoire naturelle de la femme... Op. cit.* T. 2, p. 280.

própria imaginação, vêm obcecar sua mente; verdadeiro delírio que não se manifesta nem pela ereção nem pela ejaculação. Segundo Lallemand, a continência masculina constitui, em si mesma, uma doença, já que ela diminui "a resistência tônica dos canais ejaculadores, enfraquece sua sensibilidade e perverte sua função"[21]. Ela torna a expulsão do esperma sempre mais fácil, sem diminuir na mesma proporção sua produção. Ela está, por essa razão, na origem da perda seminal involuntária. Esta se caracteriza pela emissão do sêmen sem desejo violento e sem ereção. Esta patologia acaba com a necessidade e o desejo; fato que favorece a "lamentável sabedoria", que agrava a doença. É no interior desse círculo vicioso que luta o desafortunado Amiel. O celibato dos padres revela-se, a este respeito, particularmente nocivo. De uma maneira mais geral, se dermos crédito a Lallemand, os que se submetem ao voto de castidade com mais facilidade e mais constância são os mais expostos à lamentável doença. O homem não deve ser tranquilizado por uma calma de sentido quando este não resulta da masturbação, mas de perdas seminais involuntárias devidas à continência.

O coro dos médicos denuncia incansavelmente o celibato eclesiástico[22]. Compreende-se que, a partir de 1780, muitos padres reivindiquem o direito natural ao prazer venéreo, antes mesmo que seu casamento lhes fosse permitido, durante a Revolução[23].

O Dr. Dufieux, que defende o celibato eclesiástico e que exalta a virgindade dos religiosos, constitui uma exceção. Lendo seus argumentos, bem com os do Padre Debreyne, percebe-se que estes de fato são da alçada da teologia moral[24].

---

21. LALLEMAND, C.F. *Des pertes séminales... Op. cit.* T. II, p. 252.
22. A título de exemplos, os doutores Cangrain, Baguette, Simon (teses cit.) e Mayer (*op. cit.*).
23. Cf. CORBIN, A.; COURTINE, J.-J.; VIGARELLO, G. (org.). *Histoire du corps.* T. 2. Paris: Le Seuil, 2005, p. 66-67 [Trad. bras.: *História do corpo.* Petrópolis: Vozes].
24. DUFIEUX, J.-E. *Nature et virginité – Considérations physiologiques sur le célibat religieux. Op. cit., passim.*

Mesmo assim, os médicos não esquecem que para eles o excesso é tão temível quanto a continência, e que, por conseguinte, é preciso não confundir a abstinência total e aquela temperança que embasa o erotismo que eles pregam[25]. É porque o celibato é um Jano: ele devasta pela privação a que induz ou, totalmente o contrário, pelos excessos que aos devassos estimula a cometer.

Alguns clínicos levam a denúncia da continência até suas consequências políticas e sociais. Tendo em conta os riscos que ela suscita, o Dr. Cangrain solicita que se permita às moças autorizadas pela polícia a entrar uma vez por semana nas prisões para aliviar aqueles detentos que tiveram o mérito deste privilégio por seu trabalho e obediência[26]. Segundo ele, os marinheiros cessariam de entregar-se aos seus excessos ao pernoitar nos portos se algumas mulheres fossem admitidas em suas instalações. Vemos aflorar aqui a lógica que ordena o regulamento em matéria de amor venal.

Lallemand leva o raciocínio mais longe. Ele reivindica uma mudança das leis a fim de permitir que os jovens pratiquem a cópula pré-nupcial[27]. Ele lamenta que, na França, um intervalo de seis ou sete anos separe a puberdade do casamento; tanto mais que esse período corresponde à "época mais crítica da vida sexual". Dado que a lei fisiológica é a mais poderosa de todas as instituições, estas últimas deveriam submeter-se a ela e conformar-se assim com as mensagens da natureza.

Duas doenças levam ao paroxismo os transtornos produzidos pela continência: a satiríase e a ninfomania. A primeira, que diz respeito ao homem, revela-se menos frequente que a segunda. Isto se explica, segundo o grande especialista desta patologia Duprest-Rony[28]. Em primeiro lugar,

---

25. Cf. *infra*, p. 308ss.
26. CANGRAIN, A. *Du célibat*. Tese cit., p. 9-10.
27. LALLEMAND, C.F. *Des pertes séminales... Op. cit.* T. II, p. 261-264.
28. DUPREST-RONY, A.P. *Dissertation sur le satyriasis*. Tese de doutorado. Paris, ano XII (1804), n. 404.

"o homem não vive tanto quanto a mulher sob a dependência dos órgãos da geração"[29]. Além disso, ele é menos contido pelo pudor; ele não deve, portanto, envolver-se em lutas interiores de grande intensidade. Enfim, a vida ativa, na qual ele é mais profundamente engajado, o subtrai ao domínio que estes mesmos órgãos poderiam exercer sobre ele.

O quadro da satiríase se espelha naquele do cio animal. Seu diagnóstico implica a associação de três sintomas: ereções contínuas, desejos imoderados e delírio erótico. A ereção contínua sem desejo resulta do simples priapismo, que por sua vez resulta em geral da continência. O delírio erótico sem ereções depende da erotomania. A ereção e o desejo sem delírio algum não são senão manifestações de um temperamento genital intensificado.

A fim de compreender bem o que constitui a satiríase, para o conjunto dos médicos, ouçamos o que dizem, em 1833, Roche e Sanson num tratado destinado ao conjunto de seus colegas. Este texto se inspira estreitamente no longo quadro apresentado por Duprest-Rony em sua tese, e depois no *Dictionnaire des Sciences Médicales*, de 1820: "No início, não são senão ereções frequentes que acontecem sem causa ou à primeira vista de uma mulher [...]; as ideias se exaltam, o doente sente desejos sempre mais violentos; sua imaginação é perturbada por eles; está continuamente obcecado por imagens voluptuosas e eróticas; elas o perseguem até no sono, que o interrompem por frequentes poluções. Logo os desejos venéreos se tornam irresistíveis, a face cora e se anima, os olhos brilham e, por assim dizer, saem das órbitas. Uma baba abundante e espumosa foge da boca; a sede é devorante, e o doente busca saciar sua raiva amorosa, mesmo com a mulher mais repugnante [...]. Se, em seu delírio, tem uma mulher à sua disposição, se é casado, por exemplo, ele repete a cópula um número tão grande de vezes, e com tal furor, que as partes genitais se inflamam e são

---

29. RONY. Verbete "Satyriasis". *Dictionnaire des Sciences Médicales. Op. cit.*, 1820, p. 49.

algumas vezes sujeitas à gangrena. Uma morte rápida é a consequência. Felizmente, este desfecho é raro; o mais ordinário é a cura"[30].

A doença, geralmente devida à continência, também pode resultar do excesso e do abuso. Ela afeta preferencialmente os homens de temperamento sanguíneo. O médico poderá então aconselhar o paciente a privar-se das mulheres, exceto se a doença resulta manifestamente de uma continência excessiva. Então convirá, ao contrário, recomendar-lhe uma.

A literatura médica apresenta uma dezena de casos de satiríase. O mais frequentemente citado, na esteira de Buffon, é o de Blanchet, vigário de Cours, perto de La Réole. Vale lembrar que a vítima relatou sua dramática experiência numa curta autobiografia, enquanto ainda militava em favor do casamento dos padres. Chegado à puberdade aos 11 anos de idade, o jovem rapaz sofre, desde então, de poluções noturnas; igualmente ele observa constantemente suas sensações e diminui inclusive a quantidade de comida a fim de abater seu vigor. Certa manhã, já com 32 anos de idade, e após ter assumido o estado eclesiástico há tempo, ele acorda com os "órgãos da geração fortemente abalados" e "a imaginação aquecida por imagens voluptuosas"[31]. Naquele mesmo dia, entrando num salão, dirigiu seu olhar sobre duas pessoas libidinosas. Elas lhe parecem "luminosas", como se tivessem sido eletrizadas[32]. Atribuindo estas sensações ao demônio, retira-se imediatamente. Mas o encontro com outras mulheres criou nele a mesma ilusão. No dia seguinte, é tomado por um violento movimento convulsivo seguido de um delírio. É então sangrado, banhado, sem sucesso. Então, escreve ele, "minha imaginação foi assaltada por uma multidão

---

30. ROCHE, L.C.; SANSON, L.J. *Nouveaux éléments de pathologie médico-chirurgicale ou traité théorique et pratique de médecine et de chirurgie*. T. 2. 3. ed. Paris: J.-B. Baillière, 1833, p. 324.
31. DUPREST-RONY, A.P. *Dissertation sur le satyriasis*. Tese cit., p. 7.
32. *Ibid.*, p. 8. E para as citações subsequentes: *Les funestes effets de la vertu de chasteté dans les prêtres ou Mémoire de M. Blanchet, curé de Cours, près de la Réole, en Guyenne avec des observations médicales*, acompanhada de endereço enviado ao Congresso Nacional, em 12 de junho de 1790. Paris: Imprimerie de l'abbé de Saint-Pierre, 1791.

de imagens obscenas". Todas as beldades da corte de Luís XV lhe foram sucessivamente oferecidas. O desafortunado imaginava que era o Duque de Richelieu que estava lhe propondo essas beldades "com impertinência"; e que "estes objetos eram levados até seu leito e que lhe estão fazendo violência". Ele solta "gritos assustadores"; torna-se violento; é amarrado; e entra em um profundo sono.

Mais tarde seu delírio erótico muda de forma e reflete o alargamento planetário da imaginação que caracteriza aquela época. "Eu vi [escreve o pároco de Cours], mulheres de todas as nações, de todas as cores: minha imaginação impressionada, surpresa, era confundida e sobrecarregada por esta multidão e variedade." Ele escolhe um certo número dessas mulheres e se acredita obrigado a casar com cada uma delas segundo os costumes de sua nação, certo de que isto não o faria cair na desgraça e na indolência. Após ter-se percebido um novo Santo Antônio, eis que passa a temer ser outro Sardanapale [legendário rei assírio luxurioso]. Ele confessa, a este respeito, nunca ter acariciado nem abraçado mulher alguma. No entanto, os órgãos de seus sentidos adquirem uma deliciosa sensibilidade. Ele se imagina transportado ao Jardim do Éden. A música, os perfumes lhe proporcionam ou prazeres inauditos ou desgostos insuportáveis. Tornado à razão, mesmo assim recusa a proposta pelo abade de Saint-Pierre que, para acalmar seus sentidos, dormiu com sua governanta.

Outro caso, também muito relembrado, diz respeito a um moço, porte atlético, onanista dos 15 aos 18 anos. Ele se entregava de preferência a esta prática em seu banho, e "algumas vezes havia elevado esta soma de poluções até o número quinze num mesmo dia"[33]. Mas, após dois anos, renunciou sua prática e passou a viver na continência. Sua memória e suas outras faculdades mentais haviam, por isso, recuperado seu antigo vigor. Colocado junto a um negociante, o moço conjectura que a esposa de seu

---

33. DUPREST-RONY, A.P. *Dissertation sur le satyriasis*. Tese cit., p. 4.

patrão o ama perdidamente. "Quando, por acaso, ela lhe lançava uma espiadela, ele entrava em ereção, e não demorava a ejacular"[34]. Depois de uma leitura de *Fedro*, de Racine, ele se pretende Hipólito. E se lança aos pés do comerciante tomando-o por Teseu, garantindo-lhe que seu crime não está ainda consumado e que ele resistiu às súplicas e aos encantos de sua esposa. "Não sou mais dono de mim mesmo [declara ele], e se vós não me afastardes de sua presença, vou ter que sucumbir." O negociante, assustado, decide afastar o rapaz de sua jovem mulher. Isto dissipa o delírio, mas não as ereções e as emissões de sêmen, que terminam, no entanto, por ceder ao uso de tônicos e antiespasmódicos[35].

Duprest-Rony pôde observar pessoalmente uma crise exemplar de satiríase que durou nove dias. Um homem de 40 anos, de temperamento sanguíneo, robusto, muito afeito aos prazeres do amor desde a puberdade, se vê tomado por um delírio erótico em consequência de um reumatismo. As ereções e as poluções se sucedem, sem qualquer toque no pênis. Ele tenta violar sua cuidadora, não obstante velha e horrorosa. E só fala "da felicidade dos maometanos, de seus haréns, onde uma multidão de jovens beldades disputa os favores de um único senhor, que passa alternadamente nos braços de cada uma"[36]. Sua face é vibrante, seus "lábios espumosos", sua "pulsação acelerada".

Esta presença do furor da satiríase na literatura médica é geralmente negligenciada pelos historiadores. Estes se mostram mais interessados na ninfomania, entidade à época percebida como o resultado da exacerbação

---

34. *Ibid.*, p. 5, bem como as citações subsequentes.
35. O caso do homem de Orgon (Pireneus) apresentado por Cabrol se torna, nas obras dos médicos, o protótipo do doente afetado pela satiríase; mas nele a doença não resultou da continência. Ele estava "tão furioso no ato venéreo, garante Cabrol, que a mulher nos jurou por Deus que ele a havia cavalgado, em duas noites, 87 vezes, sem incluir mais de dez vezes em que ele se havia desmoralizado; e mesmo no tempo em que conversávamos, o pobre homem espermatizou três vezes na nossa presença, abraçado ao pé da cama, e agitando-se contra ele, como se fosse sua mulher" (DUPREST-RONY, A.P. Tese cit., p. 17).
36. *Ibid.*, p. 15.

do desejo feminino, fato que leva os médicos a observá-la com fascinação. A variedade de termos que definem esta patologia é muito extensa. Fala-se, segundo os autores, de furor uterino, de uteromania, de metromania, fato que leva a privilegiar a ação do útero; também se fala em andromania, em melancolia uterina ou, por erro, em erotomania, que, como vimos, constitui uma patologia específica. Alguns usam termos como ginaicomania, aidomania ou, mais simplesmente, de prurido e luxúria. Pinel Cullen, Louyer-Villermay preferem falar de ninfomania, que alguns, por erro, confundem com a histeria[37].

Importa, de fato, como destaca Louyer-Villermay, distinguir cuidadosamente as duas patologias. "Desejo violento e desregrado dos prazeres do amor, esquecimento imediato de qualquer sentimento de pudor, obscenidade nojenta, irritação vaginal, delírio parcial ou monomania acentuada, com a sujeição das faculdades mentais ao poder desenfreado do sistema uterino"[38]: eis as manifestações características da ninfomania. Seu desfecho, às vezes funesto, é acompanhado de lesões do útero e de seus anexos, tais como as autópsias as revela. A histeria, em contrapartida, apresenta "acidentes menos contínuos, acessos menos violentos, uma suspensão das faculdades intelectuais menos constante e bem menos prolongada"[39], bem como um desfecho geralmente mais favorável. O hábito da masturbação é raro na histeria. Em contrapartida, a ninfomaníaca, que se entrega frequentemente ao prazer solitário, ignora o enfraquecimento e a movimentação de todos os membros. "Vemos mulheres cujos apetites venéreos são saciados, nas quais todas as funções do útero são perfeitamente regulares,

---

37. Sobre todos estes pontos relativos ao vocabulário, cf. BAGET, J.E.P. *Questions sur diverses branches des sciences médicales – 1ª) Des causes de la nymphomanie, et de son siège...* Tese de doutorado. Paris, 1839, p. 5. • LEMANSKI, J.S.L. *Des caractères de la nymphomanie.* Tese de doutorado. Paris, 1843, n. 153. • BAYARD, H.L. *Essai médico-légal sur l'utéromanie* (nymphomanie). Tese de doutorado. Paris, 1836, n. 324, p. 9.
38. LOUYER-VILLERMAY. Verbete "Nymphomanie". *Dictionnaire des Sciences Médicales. Op. cit.*, 1819, p. 576.
39. *Ibid.*

serem afetadas pela histeria"[40]. Na ninfomania, o delírio só gira ao redor de um objeto; na histeria, é "um delírio geral" que se junta aos excessos[41]. A erotomania feminina, por sua vez, deve ser considerada uma alienação provocada por um objeto, ora real, ora imaginário. Aqui, os afagos do amado só são solicitados enquanto testemunham o amor e não para satisfazer uma necessidade física. Tais distinções voltam com frequência nos tratados de medicina da época.

Outro problema se impõe aos estudiosos: a ninfomania deveria ser considerada uma variante da alienação mental? Georget, Louyer-Willermay, Broussais e, mais modestamente, Bayard, avaliam que se trata de uma monomania. Não esqueçamos o poder que à época exerce esta espécie de nosologia.

Como a doença se manifesta? Os médicos da primeira metade do século XIX se referem vagamente a Bienville[42], ao qual censuram o pouco rigor de suas observações clínicas. Ao mesmo tempo, a ninfomania era atribuída a um estado pletórico, a uma flogose do útero ou, se preferirmos, a um estado inflamatório das partes internas da geração que se comunica com as vísceras vizinhas. Uma constituição ardente, uma vida vivida no luxo, o calor, a proximidade ou a chegada repentina das menstruações eram então considerados fatores predisponentes. Junto às virgens e viúvas que viviam em absoluta castidade, a excessiva retenção corria o risco de provocar, brutalmente, uma impressionante metamorfose da castidade em fúria; até que a crise se dissipasse por uma excreção do líquido do útero, ordinariamente solicitada por toques, fricções, ou ruptura das

---

40. BAYARD, H.L. *Essai médico-légal sur l'utéromanie...* Tese cit., p. 33.
41. LOUYER-VILLERMAY. Verbete "Nymphomanie". *Dictionnaire des Sciences Médicales. Op. cit.*, p. 576. Há uma bela exposição sobre o que distingue ninfomania e histeria, com diferentes posições dos estudiosos da época em FABRE (org.). *Bibliothèque du médecin praticien*. T. 2. Paris: Bureau de la Gazette des Hôpitaux, 1844, p. 216-250.
42. BIENVILLE, J.D.T. *De la nyphomanie ou Traité de la fureur utérine*, 1771 [Reed., com apres. de J.-M. Goulemot. Paris: Le Sycomore, 1980].

partes da geração. Os médicos daquele século buscam descrever os graus da doença, desde o surgimento dos sinais da invasão até a recuperação. Uma observação de Chambon de Montaux se impõe. Ela diz respeito a uma moça de 24 anos que, "atormentada pela aversão de seus pais" na sequência de uma crise de furor uterino, passou a vagar por 18 dias, entregando-se ao primeiro homem que encontrasse. Esgotada, ela volta ao seu pai e passa a viver no isolamento. Enfim decide seguir um regimento de infantaria de passagem em sua província, "e morreu ao chegar na guarnição em consequência das fadigas que havia suportado pelo excesso de seus prazeres"[43]. Evidentemente, a referência à Messalina, evocada na sexta sátira de Juvenal, está à época presente em todas as mentes dos autores.

No século seguinte, os médicos debatem – como no tocante à histeria – sobre a sede e o órgão implicado na ninfomania. Segundo Louyer-Villermay, a função do útero é, aqui, irrecusável; a anatomia-patologia revela os ovários e o clítoris muito grossos nas ninfomaníacas. Herpain[44] compartilha seu ponto de vista, mas ambos destacam a importância do jogo das irradiações.

Segundo Gall e os frenologistas, nenhum vício erótico pode ter sua sede nas próprias partes genitais. Sendo o cerebelo o órgão do instinto da proliferação, é dele que dependem as "irritações intensas e os incômodos"[45] deste órgão. Para outros, como Georget, a sede se situa no cérebro. Outros, enfim – como no caso da histeria – tentam combinar a ação dos órgãos genitais e a do cérebro, segundo o modo de ação das causas que fazem emergir a doença. Esta é a opinião de Fabre, que se pretende embasado na observação clínica, e a de Colombat de l'Isère[46].

---

43. CHAMBON DE MONTAUX, N. *Des maladies des filles*. Op. cit. T. 2, p. 238-239.
44. HERPAIN, J. *Essai sur la nymphomanie ou fureur utérine*. Tese cit.
45. BAGET, J.E.P. *Questions sur diverses branches des sciences médicales...* Tese cit., p. 19.
46. Cf. o cap. de Colombat de l'Isère sobre a ninfomania em *Traité complet des maladies de femmes... Op. cit.* T. 3, p. 1.018ss.

A ninfomania é desde então atribuída a tudo aquilo que é suscetível de despertar ou exacerbar o desejo; isto é, acima de tudo, à continência. A aposentadoria, o isolamento, o celibato, a separação do marido ou do amante, a viuvez bastam para provocá-la. A "Vênus pública" obrigada a uma reclusão forçada[47] e a mulher fogosa cujo marido é incapaz de satisfazê-la são as vítimas prediletas.

Mas existe uma longa série de outras causas. As mulheres fortes, sanguíneas, que ignoram a saciedade, bem como as que são dotadas de um grande clítoris, como já se acreditava na Antiguidade, são predispostas à ninfomania. A estada numa região de clima quente, o surgimento das regras, o prurido dos órgãos genitais e as irritações da pele podem ser suficientes para desencadear a doença. É igualmente o caso "dos prelúdios e das carícias indiscretas"[48]. Bayard, descrevendo uma observação de Esquirol, evoca uma mulher surpreendida e tornada excessivamente ardente por "toques excepcionais"[49] de seu marido. Obviamente, os excessos da cópula e a masturbação são considerados, à semelhança da continência, outras práticas suscetíveis de levar à ninfomania. Os médicos desenvolvem, além disso, um interminável catálogo de fatores relativos aos desregramentos do instinto reprodutivo. Eles evocam o gênero de vida, a prática da equitação, o abuso de perfumes e condimentos, o gosto pelos licores alcoólicos e, sobretudo – a isto voltaremos –, tudo aquilo que pode estimular a imaginação: leitura de romances, contemplação de pinturas lascivas ou objetos obscenos, escuta excessiva da música, conversas indecentes, participação de espetáculos e bailes. Os médicos, a este respeito, concordam plenamente com os especialistas em teologia moral. Colombat de l'Isère acrescenta a esta longa lista a visão fortuita de atos sexuais[50].

---

47. CAPURON, J. *Traité des maladies des femmes... Op. cit.*, p. 76ss. Cf. tb. as teses citadas de Baget, Herpain e Robion (*Essai sur la nymphomanie ou fureur utérine*. Paris, 1808, n. 137).
48. BELMER, A.S. *Dissertation sur la Nymphomanie ou Fureur utérine*. Tese cit., p. 12.
49. BAYARD, H.L. *Essai médico-légal sur l'utéromanie...* Tese cit., p. 22.
50. COLOMBAT DE L'ISÈRE. *Traité complet des maladies de femmes... Op. cit.* T. 3, p. 1.022.

Desta vez ainda, nos orientaremos pelas páginas que Roche e Sanson consagram à doença na obra que destinam aos clínicos, indicando, aqui e acolá, os matizes aportados por este ou aquele estudioso.

As preliminares da ninfomania são marcadas por lutas interiores, por esforços desesperados da vítima em vista de manter o domínio da própria imaginação. A mulher, escreve Louyer-Villermay, tenta defender sua razão "contra a influência dos órgãos reprodutores"[51].

O médico deve captar no rosto da paciente os sinais destas emoções premonitórias: "Ar triste e sonhador, voz abafada, suspiros lânguidos, olhar fixo ou vago [...]; conserva a mulher, às vezes, a mesma atitude? Tem ela a cabeça levemente inclinada para o lado, a boca entreaberta, um pouco levantada em suas extremidades? [...]. As diferentes paixões imprimem na face um caráter que a arte da dissimulação raramente consegue apagar, e que somente a arte da imitação pode parcialmente reproduzir"[52]. O clínico deve igualmente saber adivinhar os sonhos eróticos, as poluções noturnas, as masturbações.

Raramente, portanto, a invasão é súbita: "ela é ordinariamente precedida de desejos ardentes, mas sobre os quais a razão conserva ainda seu domínio total; a mulher fica triste, sonhadora, seu olhar é alternadamente lânguido ou animado; ela se perturba e cora sem causa aparente na presença e sobretudo ao ouvir a voz da maioria dos homens"[53]; sua imaginação se exalta, sua linguagem se torna viva e animada. Ela busca a solidão e ali se entrega à masturbação. Depressa, manifesta-se um peso nas costas, um calor no abdômen e nos seios, um prurido nas partes genitais; "e quase sempre a isso se junta um fluxo pela vulva, variável em quantidade e em essência"[54].

---

51. LOUYER-VILLERMAY. Verbete "Nymphomanie". *Dictionnaire des Sciences Médicales. Op. cit.*, p. 577.
52. HERPAIN, J. *Essai sur la nymphomanie ou fureur utérine.* Tese cit., p. 13-14.
53. ROCHE, L.C.; SANSON, L.J. *Nouveaux éléments de pathologie médico-chirurgicale... Op. cit.* T. 2, p. 335-336.
54. *Ibid.*, p. 336.

Em seguida o acesso se especifica. Segundo Bayard, os sintomas que hábeis pacientes na arte da auto-observação lhe confessaram marcam, desde então, o fim das lutas interiores. A mulher entrega-se então ao arrebatamento de seu temperamento. Abandona-se aos assaltos delirantes de sua imaginação, e as faculdades do entendimento começam a ser lesadas. Roche e Sanson assim descrevem este segundo estágio: "A doença se agrava pela não satisfação dos desejos e a mulher se alimenta de leituras obscenas; ela provoca conversas voluptuosas; não alimenta senão ideias lascivas; à visão de um homem, seus olhos brilham, sua face se anima, seu rosto se cobre de rubor e sua respiração se acelera; suspiros, linguagem, rubor, atitudes: tudo nela respira volúpia e provoca acessos amorosos"[55]. É principalmente nas proximidades da menstruação que sintomas dessa natureza se agravam.

O último estágio é esboçado segundo o modelo antigo da bacante, que abala ou dilacera[56]; então a mulher é submetida ao poder de uma "audácia furiosa" que poderá levá-la a oferecer-se até aos melhores amigos do homem[57]. "Finalmente [escrevem Roche e Sanson], a razão se perde; para satisfazer essa paixão delirante, a ninfomaníaca provoca o primeiro homem que encontra; habilidade, ardileza, orações, súplicas, ameaças e violência: ela faz uso de tudo para obter seus afagos. Ao mesmo tempo uma sede ardente a devora; a boca fica seca e quente, o hálito torna-se fétido, os lábios se cobrem de espuma. Às vezes range os dentes, tenta morder, experimenta uma espécie de estrangulamento e horror de tudo o que é líquido. O estado de loucura faz-se contínuo [...]; em muitas mulheres o clítoris aumenta em volume, os grandes lábios e a vagina se inflam e escorrem um fluxo mais ou menos espeço e geralmente fétido. As doentes morrem no marasmo ou na exacerbação violenta e súbita da doença"[58].

---

55. Ibid.
56. Cf. ROBION, J.A. *Essai sur la nymphomanie ou fureur utérine*. Tese cit., p. 10.
57. LEMANSKI, J.S.L. *Des caractères de la nymphomanie*. Tese cit., p. 8.
58. ROCHE, L.C.; SANSON, L.J. *Nouveaux éléments de pathologie médico-chirurgicale... Op. cit.* T. 2, p. 336-337.

A literatura médica apresenta um número considerável de casos de ninfomania; alguns deles são privilegiados e reproduzidos à exaustão. Eis quatro deles, dentre os mais difundidos. O primeiro, relatado por Esquirol, diz respeito a uma jovem moça de província, de família muito honrada. Na noite de seu casamento, ela desaparece e toma a estrada de Paris. Ela escapa por um tempo das buscas. Mas acaba sendo encontrada nas proximidades do Palais-Royal, trajando vestes de prostituta. "Às reprimendas e às lágrimas ela responde elogiando o seu novo gênero de vida por sorrisos de satisfação e, surda às orações, às súplicas de sua mãe, obstina-se a continuar em um ofício que lhe proporcione os prazeres dos quais se sente insaciável"[59].

Esquirol, percebendo que uma de suas jovens doentes se prostituía num bairro popular, perguntou-lhe sobre o que fazia por lá. Ela respondeu: "Eu me curei"[60]. Louyer-Villermay redige uma observação de Jauzion relativa a uma moça que se ofereceu ao seu confessor, em seguida a um carpinteiro, e que, antes de sucumbir, recitava a *Ode a Príapo*[61].

Igualmente lembrado é o caso, não menos teatral, da cuidadora de carneiros relatado por Alibert. Após ter-se longamente masturbado "nos arbustos", ela teve um ataque ninfomaníaco. Na enfermaria do Hospital Saint-Louis onde recebe os cuidados, a simples visão de homem bastava para provocar nela um espasmo voluptuoso. "A mão de qualquer pessoa, que não fosse de seu sexo, causa-lhe a sensação de estar posta sobre a sua vagina"[62]. Pouco tempo depois de sua internação, várias mulheres, hospitalizadas na mesma enfermaria, decidiram imitá-la.

O Dr. Bayard, que fez do estudo da ninfomania sua especialidade, apresenta uma série de observações pessoais. Ele cura, no Hospital da

---

59. BAYARD, H.L. *Essai médico-légal sur l'utéromanie...* Tese cit., p. 60.
60. *Ibid.*, p. 46. • LOUYER-VILLERMAY. Verbete "Nymphomanie". *Dictionnaire des Sciences Médicales. Op. cit.*, p. 587.
61. *Ibid.*, p. 570-571.
62. BAYARD, H.L. *Essai médico-légal sur l'utéromanie...* Tese cit., p. 36.

Charité [Caridade], uma jovem de 19 ou 20 anos, que se apaixonou pelos dois filhos da senhora que a empregou. Sua doença faz-se acompanhar de delírios religiosos. Ora a ouvimos citando sermões, "ora proferindo as palavras mais obscenas, entregando-se aos gestos mais repugnantes. Aos gritos chama seu amante ou provoca os cuidadores. [...] Pela fricção das coxas ou simplesmente oscilando os quadris, propicia-se os mais vivos prazeres, traduzidos pelas expressões de seu semblante". Quando, nos momentos de calma, a liberam da camisa de força, "ela se atira sobre o leito, se joga por terra, e lá, totalmente nua, abandona-se às ações mais indignantes"[63]. Bayard acrescenta que muitas outras doentes experimentam esses mesmos prazeres femininos.

Obviamente, os médicos veem na cópula conjugal, ou nos "favores antecipados", o melhor dos remédios. Mas sobre esta cópula afirmam ser necessária muita prudência, pois ela tanto pode dissipar quanto exacerbar a doença. Geralmente ela é apenas uma etapa, já que é da maternidade que se deve esperar a verdadeira cura, graças à total satisfação dos desejos.

Esta literatura médica é hoje analisada, de maneira banal, como se ela visasse a criar uma mulher sem paixão e a desenvolver o medo do desejo sexual feminino; o que seria uma tautologia. O mais interessante, nesta perspectiva, é o estudo dos casos que mostram que a patologização do desejo foi assumida pelas mulheres; foi o que destacou Carol Groneman, no tocante à América Latina[64]. No que diz respeito à França, convém, entretanto, ser prudente e não seguir precipitadamente os passos dos historiadores anglo-saxões que detectam no ambiente local uma "dessexualização da mulher". O essencial é considerar a multiplicidade social e intelectual dos modos de representação e de compreensão das relações carnais entre o homem e a mulher; é o que estamos tentando fazer.

---

63. *Ibid.*, p. 38.
64. GRONEMAN, C. *Nymphomani: A History.* Nova York: W. Norton, 2000.

A dissipação que esgota

A noção de excesso venéreo – isto é, da cópula – é relativa. Ela é ajustada segundo a intensidade da necessidade; o que nos obriga a retomar a noção tão carregada de temperamento, que exerceu um poder tão forte sobre a sexologia do final do século XIX. Segundo Hipócrates, quatro elementos ordenam o temperamento: o quente, o frio, o seco e o úmido. Eles se harmonizam reciprocamente, numa combinação mais ou menos forte, com os quatro humores dominantes do corpo humano: o sangue, a linfa ou pituíta, a bílis e o humor melancólico ou atrabile. Galeno distinguiu assim quatro temperamentos simples: sanguíneo, linfático ou pituitoso ou ainda fleumático, bilioso ou colérico, melancólico ou atrabiliário, bem como quatro temperamentos compostos e um temperamental[65]. O declínio da teoria humoral obrigou a uma redefinição. Assim, em 1803, Moreau de la Sarthe escreve que o termo "temperamento" é doravante sinônimo de "natureza individual". Ele designa "a soma das diferenças que diferenciam cada indivíduo, e que lhe dão um caráter cuja expressão mais categórica, mas compatível com a conservação da saúde, se encontra constantemente no tipo e na progressão de suas doenças, em sua forma física em geral, e na natureza de seu espírito e de suas afeições"[66]. Cada indivíduo, por consequência, "tem o seu próprio [temperamento], ao qual deve seu estado de saúde e felicidade, seu modo de existência"[67]. Trata-se de situações que efetivamente mudam com a idade, com a influência dos diversos climas, com o exercício de determinadas profissões; "enfim, com os costumes e com o efeito mais ou menos marcado por diferentes maneiras de usar ou de abusar da vida". Resta saber o que, no organismo, embasa estas dessemelhanças de natureza entre os indivíduos.

---

65. Lignac, e este é apenas um exemplo, popularizou com precisão este quadro no final do século XVIII.
66. MOREAU DE LA SARTHE, J.L. *Histoire naturelle de la femme... Op. cit.*, p. 414.
67. *Ibid.*, p. 415, bem como para a citação subsequente.

Segundo Hallé, o temperamento resulta da "diversidade de relações ou de disposições respectivas entre as partes que constituem a estruturação do corpo humano"[68]. O essencial aqui não resulta mais da predominância de um humor, mas, simultaneamente: 1) "do excesso de força [da] *ascendência de um órgão ou de um aparelho de órgãos* cuja área de atividade se estende a todas as outras funções e as modifica de uma maneira característica"[69]; 2) e, ao mesmo tempo, resulta da "*falta de energia de um órgão ou de um sistema de órgãos*" que determina "disposições constitucionais, não menos importantes do que o excesso de seu domínio e de sua reação"[70]. Este indivíduo "vive mais diretamente sob o domínio dos nervos ou do cérebro; em outro indivíduo, os músculos se sobrepõem ao órgão intelectual; um terceiro indivíduo vive mais do estômago ou do exercício dos órgãos de reprodução"[71]. Junto aos indivíduos que compõem um tipo apolínio, todas as partes estão em harmonia perfeita; então "a vida transcorre e se desenvolve simultaneamente em todos os sentidos e em todas as direções".

Em 1811, Richerand especifica, à sua maneira, a renovação. Doravante, escreve ele, "dá-se o nome de temperamentos a determinadas diferenças físicas e morais que os homens apresentam e que dependem da *diversidade das proporções e das relações entre as partes* que entram em sua organização, bem como os *graus diferentes na energia relativa* de determinados órgãos"[72].

Esta definição não se afasta daquela apresentada por Hallé, mas Richerand acrescenta que "a predominância de tal ou tal sistema de órgãos transforma toda a estrutura, imprime diferenças impressionantes [...] e não tem menos influência sobre as faculdades morais e intelectuais do

---

68. *Ibid.*, p. 414.
69. *Ibid.*, p. 415-416.
70. *Ibid.*, p. 416.
71. *Ibid.*, bem como a citação subsequente.
72. RICHERAND, A. *Nouveaux éléments de physiologie. Op. cit.* T. 2, p. 470.

que sobre as faculdades físicas"[73]. Enfim, ele faz intervir outra noção: "Existe, além disso, para cada indivíduo, uma *maneira de ser* particular que diferencia o seu temperamento de qualquer outro, com o qual, no entanto, tem muita semelhança". Chamamos de "idiossincrasias estes temperamentos individuais"[74].

Aqui, estamos no cerne de nosso objeto de estudo. A combinação do temperamento e da idiossincrasia sanciona, na aurora do século XIX, o triunfo do indivíduo. Ela traduz a certeza de sua particularidade absoluta. Sua "vida sexual" resulta disso. Não se trata, portanto, de procurar, neste domínio, as regularidades e as atitudes compartilhadas. O estudo da maneira, extremamente diversa, com que os indivíduos daquele tempo conduziam a própria vida sexual apenas ilustra as novas convicções dos estudiosos.

A ciência fisiológica moderna leva assim à definição de temperamentos "protótipos", fundados nas diferenças de energia dos órgãos. Sua combinação com a idiossincrasia funda, aos olhos dos médicos, o próprio conceito de indivíduo, ordena toda tentativa de escuta e de conhecimento de si; este conceito guia a observação clínica. É ilusão tentar um estudo da vida sexual, daquele período muito frequentemente negligenciado, sem embasá-lo nestas duas noções reconhecidas, à época, como decisivas. A tensão entre a determinação pelo temperamento e a interpretação que autoriza a idiossincrasia torna particularmente complexa qualquer tentativa de análise e descrição. Ela abre a cada clínico um amplo leque de interpretações.

O dever de todo indivíduo que se autoanalisa, assim como o de todo clínico que observa, é o de detectar nele ou em seu paciente a parte predominante que determina as emoções mais fortes, as grandes mudanças orgânicas, bem como a parte mais fraca cuja falta de energia explica a progressão das doenças, já que, geralmente, estas entram no corpo ou na alma pelos pontos menos resistentes.

---

73. *Ibid.*
74. *Ibid.*

A fisiologia define cinco temperamentos protótipos. Ela esboça, desta forma, uma psicologia. Esta participa, na França, do vasto empreendimento de tipificação que se elabora, após a Revolução, em vista de vencer a opacidade social. Cada estudioso pode, desde então, mostrar sua virtuosidade no manuseio dessa série de temperamentos.

Distingue-se então, tentando moldar a nova acepção no quadro antigo, cinco temperamentos principais, embasando-os na predominância de determinados sistemas – linfático, sanguíneo, colérico, atlético, melancólico –, bem como uma série de temperamentos parciais, resultantes da ascendência dos órgãos mais precisamente designados – cerebral, abdominal, genital ou uterino nas mulheres –, cada um deles sendo[75] suscetível de uma "infinidade de matizes e graus".

O temperamento linfático modela um corpo em formas arredondadas. Ele se caracteriza pela turgescência do tecido celular e pelo desenvolvimento acentuado das glandes. A aparência do indivíduo traduz uma "morbidez geral", uma "espécie de definhamento"[76]. A fisionomia é apagada, a pulsação sem energia. As sensações carecem de vivacidade e de profundidade. A imaginação permanece lenta, congelada. A propensão, os desejos, os apetites são de fraquíssima intensidade. Aqui, a inércia, a indolência, a quietude dominam.

Nos indivíduos deste temperamento, escreve Roubaud em 1855, a ereção "tem não sei o que de flácido que se harmoniza com a fraqueza dos outros tecidos"[77]; fato que reflete a calma e a lerdeza dos desejos venéreos. Além disso, essa ereção tarda a se apresentar: "É necessário [para tanto] toques prolongados e de todas as espécies". Ela, sobretudo, não "se sustenta"; "cede à menor fadiga e à menor causa debilitante". Frequentemente,

---

75. Como o temperamento uterino descrito por Moreau de la Sarthe.
76. MOREAU DE LA SARTHE, J.L. *Histoire naturelle de la femme... Op. cit.*, p. 421.
77. ROUBAUD, F. *Traité de l'impuissance... Op. cit.* T. I, p. 228-229.

ao longo da cópula, "a turgescência da vara se inclina, passando assim da excitação dos toques ou dos manuseios lascivos à excitação vaginal"; o que nunca acontece entre os dedos por ocasião da masturbação. Roubaud cita o caso de um jovem deste temperamento, incapaz de ejacular ao ter que enfrentar o desafio da cópula, e que só alcança sucesso "no silêncio da masturbação"[78]. Na mulher, este temperamento, bastante raro em estado puro, se caracteriza pela nulidade das funções dos órgãos da geração, que permanecem sob o signo da indiferença.

O temperamento sanguíneo, em contrapartida, se caracteriza por uma circulação sanguínea muito rápida, por um "desempenho vital" muito fácil, por uma inteligência instantânea, por apetites violentos, por paixões fortes, mas efêmeras. É o temperamento da saúde, da beleza, do encanto e da felicidade, mas igualmente o da inconstância e da frivolidade. Os sanguíneos, garante Roubaud, entram facilmente em ereção. Esta, muito rígida, podemos compará-la "a uma barra de ferro", mas neles, destaca Richerand, a repugnância segue de perto a volúpia. Se lhes for impossível renunciar ao prazer dos sentidos, eles "ponderam o abandono em meio aos mais inebriantes afagos"[79].

O temperamento colérico tende a aumentar com o grau de civilização, pois ele muito frequentemente é adquirido. Fisicamente, ele se caracteriza pela magreza, pela fraqueza dos músculos, pela astúcia; moralmente, por uma "dissimulação extrema". A vivacidade das sensações, a mobilidade, o hábito do prazer fazem com que as paixões se exaltem[80]. As mulheres deste temperamento multiplicam os chiliques[81]. Elas muitas vezes são submetidas aos flatos [*vapeurs*], a todas as afeições espasmódicas e, de uma

---

78. *Ibid.*
79. RICHERAND, A. *Nouveaux éléments de physiologie. Op. cit.* T. 2, p. 473.
80. *Ibid.*, p. 488.
81. Um bom quadro deste temperamento se encontra em GARDANNE, C.P.L. *De la ménopause... Op. cit.*, p. 73-74.

maneira geral, às insanidades e abalos mais turbulentos, notadamente ao longo da união carnal.

O temperamento atlético é mais próprio ao homem, exceto nas regiões rurais onde muitas mulheres herdam este temperamento. Ele se assemelha ao temperamento sanguíneo, mas com uma força, um vigor, uma energia maior em razão da predominância do aparato muscular. As paixões são aqui pouco desenvolvidas e os sentidos difíceis de emocionar-se. O amor, para os dotados deste temperamento, não passa de uma necessidade física, mas "a este eles aportam uma força desconhecida aos outros homens"[82].

Os dois sexos compartilham em igual proporção os temperamentos bilioso e melancólico. No primeiro, "o padrão do corpo é seco"[83], a sensibilidade muito viva e muito móvel. Ela se associa a uma vontade absoluta, opinativa, e a uma hiperatividade. Os que pertencem ao temperamento melancólico ou atrabiliário [colérico] adoram a solidão e tendem à dissimulação, mas podem entregar-se às mais desenfreadas libertinagens.

Por outro lado, os tipos de temperamento muito raramente são puros. Além disso, eles variam, repitamo-lo, sob a influência da idade, do clima, da educação, da maneira de viver, dos costumes adquiridos, do regime alimentar, da profissão, das paixões vividas, das leituras, dos traumas sofridos, da prática ou não do exercício corporal.

Dentre os temperamentos parciais, um nos diz respeito particularmente, e o médico precisa reconhecê-lo antes dos outros; trata-se do temperamento genital ou uterino. Este geralmente se harmoniza com o sanguíneo ou com o bilioso. Ele é comum nas grandes cidades. No homem, uma voz grave e sonora, uma relativa magreza, uma pilosidade preta e abundante, um olhar lascivo, associados às características destes

---

82. *Ibid.*, p. 77.
83. *Ibid.*, p. 78.

dois temperamentos, permitem detectá-lo[84]. Moreau de la Sarthe considera que, quando o temperamento uterino da mulher se mantém "numa simples neutralidade [...], tudo definha"[85]. A beleza, ela mesma, não se desenvolve absolutamente, já que resulta da evidência da energia genital. A falta de atividade desse centro é nociva. Por consequência, é de lá que "partem as ideias, as inclinações, as taras e as virtudes próprias à mulher". O Dr. Cangrain esboça o retrato da pessoa que os antigos denominavam "*viragine*" [virago = mulher-macho], já que sua insensibilidade erótica sanciona um processo virilizante. Existem, escreve ele, "mulheres frias nas quais toda virtude reside na falta de temperamento, numa *insensibilidade uterina* que na sequência resulta numa insensibilidade moral para com o ato gerador; elas se aproximam dos homens pela própria constituição corporal: voz grave e forte, maxilar e lábio superior pilosos, cor da pele morena, peito geralmente coberto de pelos. Elas têm poucas regras ou nenhuma"[86]. Se, em contrapartida, o temperamento uterino é levado a um grau muito elevado, como o vimos, ele pode revelar-se perigoso. Felizmente, o mais frequentemente, a mulher dispõe de um temperamento uterino "intermediário".

Antes de abordar o excesso propriamente dito, fixemo-nos um instante num caso particular, que suscita debate: o prazer que foi definido pelas noções de "gozos prematuros" e de "gozos antecipados"; que Lignac já designava sob a expressão "puberdade fictícia". Os médicos não cessam de exclamar: o verdadeiro prazer não pode antecipar-se à natureza. Segundo Virey, a *praematura copulatio*, frequente nos climas quentes, tende a proliferar-se nas grandes cidades, sobretudo com o desenvolvimento do luxo. Ora, o perigo, aqui, resulta do fato que o crescimento do corpo corre o risco de ver-se freado para favorecer a secreção genital. Os criadores de

---

84. DESCURET, J.B.L. *La médecine des passions... Op. cit.*, p. 66.
85. MOREAU DE LA SARTHE, J.L. *Histoire naturelle de la femme... Op. cit.*, p. 419, bem como a citação que segue.
86. CANGRAIN, A. *Du célibat*. Tese cit., p. 25.

animais o sabem perfeitamente: "Nada atrofia, abastarda, avilta mais as raças do que a multiplicidade prematura das reproduções, que estimula os indivíduos a que aumentem seus prazeres"[87]. A primeira ninhada de uma cachorra compõe-se de cachorrinhos nanicos. O mesmo vale para a espécie humana; "de lá esses trastes de seres que pululam sem trégua as cidades mais corrompidas". De lá, segundo Virey, a prática, em determinadas cidades, da infibulação de garotas e, às vezes, de garotos[88]. Se os germânicos descritos por Tácito eram de tão alta estatura, é porque eles não se aproximavam das mulheres antes dos 20 anos.

Mas as convicções de Virey, o qual, aliás, não foge às contradições, não são unânimes. Desde 1813, Montègre salienta que, tendo em conta os riscos que a continência faz incorrer, é melhor que os jovens se entreguem às cópulas, obviamente antecipadas, ao invés de masturbar-se.

Richerand não se satisfaz com declarações assim desferidas. Enquanto clínico respeitado, tenta discernir, na mulher, um eventual vínculo entre o gozo antecipado – isto é, a seus olhos, aquele que aparece na primeira aparição das regras – e o câncer do útero. A pesquisa que ele realizou no Hospital Saint-Louis revela, à primeira vista, uma certa correlação: sobre 47 mulheres afetadas por esta doença e curadas por Richerand, 11 (ou seja, 23%) tinham sido defloradas antes de ter tido as regras, 7 (14%) no momento da aparição de suas primeiras menstruações, e 29 (63%) mais tardiamente. O que não significa, no entanto, que elas ainda fossem virgens. Barailler enfatiza que, para ele, "a introdução voluntária e muito frequentemente repetida de corpos estranhos na vagina"[89] produz o mesmo efeito nefasto que a cópula prematura. É evidente que tais resultados deveriam ser levados a um efetivo representativo das mulheres daquele tempo. A

---

87. VIREY, J.J. Verbete "Jouissances anticipées". *Dictionnaire des Sciences Médicales. Op. cit.*, 1818, p. 418, bem como a citação seguinte.
88. VIREY, J.J. Verbete "Infibulation". *Dictionnaire des Sciences Médicales. Op. cit.*, 1818, p. 458.
89. Resultados da pesquisa citados em BARAILLER-LAPLANTE, P. *Dissertation sur le cancer de l'utérus*. Tese de doutorado. Paris, 1812, n. 104, p. 9, bem como a citação seguinte.

pesquisa mostra, no entanto, que, no ambiente implicado pelos cuidados hospitalares, o "gozo prematuro" dizia respeito a um número importante de garotas.

O Dr. Barailler-Laplante afirma que existe uma correlação entre este gozo prematuro e o câncer. "Os gozos imoderados e prematuros", escreve ele, são perigosos "sobretudo quando houve desproporção extrema dos órgãos". Quanto a Richerand, ele destaca que a maioria das 18 mulheres (38%) vítimas de prazeres antecipados ficou estéril e quase todas haviam sofrido dores violentas...

Isto convida a deter-nos um instante na defloração sem, no entanto, tratar do interminável debate a que se entregam os estudiosos a fim de saber se existem sinais reconhecíveis da virgindade[90]. Em meados do século XVIII, Buffon, após ter analisado os diversos pareceres dos médicos, considerou que este sinal não existe. E não mediu esforços para destruir os "preconceitos ridículos" formados sobre este tema. E zombou "a espécie de insanidade" que fez um ser real da virgindade das garotas, enquanto ele não passa, segundo ele, de uma mera abstração. Concordando com os teólogos, ele via na virgindade "uma virtude que só consiste na pureza de coração" e não num objeto físico. A maioria dos médicos avalia em seguida que se ela constitui um obstáculo, uma dificuldade para o homem que tenta possuir uma garota, a virgindade não deixa de ser impossível de detectar *com certeza*. Tanto que certas mulheres se entregam a uma "fraude perniciosa"[91]. Algumas usam adstringentes nocivos para a própria saúde, outras esperam o período da menstruação para conceder seus favores; sem esquecer as que se tornaram mestras na arte de simular apertando "fortemente o músculo constritor da vagina", exercendo "sobre os grandes

---

90. A a preservação do hímen, notadamente, é um deles. J. Capuron (*La médecine légale relative à l'art des accouchements*. Paris: Croullebois, 1821, p. 25ss.) faz um balanço desta questão. Quanto a Buffon, cf. *Œuvres. Op. cit.*, p. 221-223.
91. CHAMBON DE MONTAUX, N. *Des maladies des filles. Op. cit.* T. 2, p. 151.

lábios movimentos retroativos"[92], fingindo estar sentindo dor, dando gritos agudos e de tristeza num instante em que "o homem é muito menos observador, já que seu espírito está inteiramente absorvido pela volúpia". Os historiadores do amor venal, como os autores da literatura erótica do século XVIII, fazem frequentes alusões a este conjunto de práticas.

Seja como for, muitos homens que viveram durante o período que nos concerne atribuíram um grande valor à virgindade da parceira, particularmente à virgindade da própria esposa. A desejam e a apreciam; e isto, segundo Virey, e mais tarde Menville de Ponsan, por uma dupla razão: querem dar à própria esposa "a primeira lição de prazer"[93], já que avaliam que a mulher se apega mais ao homem com o qual ela "experimentou as primeiras delícias do amor; e porque este dom de seus primeiros favores é um grande título de fidelidade"[94]. "É bom, por outro lado, que cada mulher acredite que seu marido é o mais forte Hércules no amor."

Os viajantes mostraram, no entanto, que tais sentimentos, muito difundidos em muitas regiões, não eram do consenso de todos os homens. Em alguns países do Norte recorre-se aos serviços de uma "pessoa indigente"[95] para preparar a via. Em outros, isto depende de uma tarefa servil. Em outros ainda, as garotas "mais bem-treinadas"[96] são preferidas, já que julgadas mais desembaraçadas. Tudo isso depende da tomada de consciência da relatividade geográfica dos costumes, tema sobre o qual ainda voltaremos.

Que os sinais da virgindade, e, portanto, da defloração, tenham sido então desqualificados pelos médicos não deve privar-nos de um breve lembrete, haja vista que as antigas convicções se perpetuaram por longo

---

92. MOREL DE RUBEMPRÉ, J. *Les secrets de la génération... Op. cit.*, p. 77.
93. MENVILLE DE PONSAN, C. *Histoire philosophique et médicale de la femme... Op. cit.* T. 1, p. 333.
94. VIREY, J.J. Verbete "Infibulation". *Dictionnaire des Sciences Médicales. Op. cit.*, p. 458, bem como para o que segue.
95. ROUSSEL, P. *Système physique et moral... Op. cit.*, p. 218.
96. VIREY, J.J. Verbete "Femme". *Dictionnaire des Sciences Médicales. Op. cit.*, 1815, p. 539.

tempo, em muitos lugares. Tradicionalmente, reinava a certeza de que a virgem e a garota deflorada podem simplesmente ser diferenciadas pela observação. A primeira conserva belos olhos, limpidamente brancos, um rosto simpático, um nariz carnudo, uma voz clara, um pescoço fino, um bico de seio medíocre, peito branco, um pelo pubiano liso. A segunda apresenta olhos tristes e abaixados, cuja brancura é afetada, um rosto encrustado, um nariz magro, uma voz áspera, um pescoço grosso, um mamilo vermelho-bronzeado, um pelo pubiano levantado. A isto acrescente-se a consistência da urina, clara na primeira, turva na segunda[97].

Os médicos, repitamo-lo, se riem destes pretensos sinais. Fodéré conclui que o mais seguro, nesta questão, é prestar atenção ao caráter, aos costumes da pessoa e indivíduos que ela frequenta, à sua idade, à sua conduta, às suas ocupações, à educação que recebeu... o que implica uma minuciosa pesquisa. Capuron, por sua vez, duvida deste método: mais de uma virgem, garante nosso autor, foi deflorada após ter, até então, levado uma vida irrepreensível[98].

O excesso de prazeres venéreos – isto é, experimentados na companhia de uma mulher (Vênus) por ocasião de uma cópula – constitui-se, simetricamente à falta, em uma fonte de malefícios. O filósofo Volney havia denunciado esses perigos e considerava "a moderação no uso da mais forte de nossas sensações", como "indispensável na manutenção das forças da saúde". Um aforismo do Dr. Civiale relativo aos órgãos genitais resume a opinião dos médicos: "O exercício os fortifica, a inação os enfraquece, o excesso os empobrece e os mata"[99]. Virey alerta contra os

---

97. Cf. CAPURON, J. *La médecine légale relative à l'art des accouchements. Op. cit.*, p. 38ss.
• DE LIGNAC. *De l'homme et de la femme... Op. cit.* T. 2, p. 324-326.
98. CAPURON, J. *La médecine légale relative à l'art des accouchements. Op. cit*, p. 38-39.
99. CIVIALE, J. *Traité pratique sur les maladies des organes génito-urinaires. Op. cit.* T. 2, p. 200. Volney já havia esboçado um quadro minucioso da vítima da libertinagem e dos males que atacam. Cf. CHASSEBŒUF, C.F. [Conde de Volney]. *La Loi naturelle*. Paris: Garnier, 1980, p. 53-54.

"perigosos efeitos das volúpias desordenadas"[100]. O animal as ignora. Ele sabe obedecer às mensagens da saciedade. Obcecado por todo desperdício, o mesmo autor garante que uma "efusão frequente do esperma debilita, quebra e enfraquece o animal mais forte"[101]. A este respeito, ele assume o cervo como exemplo. Esta emissão diminui o vigor, embota os órgãos genitais, atenua a satisfação psicológica que resulta da cópula, enfraquece a faculdade de sentir e, portanto, a volúpia. Da mesma maneira, o excesso da cópula leva a mulher a uma perda de sensações. Os órgãos se tornam pouco a pouco insensíveis, não por outra razão senão pelo endurecimento da vagina; é o que mostra o exemplo das prostitutas.

Acontece que, aos olhos dos clínicos dos decênios seguintes, não é fácil definir o excesso da cópula, tão frequentemente evocado. Qual ato venéreo, se pergunta Lallemand, pode ser julgado útil, moderado? "Onde começa o excesso, ou seja, o perigo?" "Nesta avaliação, cada qual consultando sua própria experiência, chegou a conclusões diferentes"[102]. Nenhum órgão da estrutura apresenta tanta desigualdade. É evidente, portanto, que "toda avaliação por números fixos seria ilusória". Lallemand termina sua reflexão com um aforismo: "Só as necessidades do sentido genital podem oferecer dados aplicáveis a todos os casos".

Infelizmente, estes geralmente se mostram enganosos. Como, então, diferenciá-los das necessidades reais? Ora, o médico, antes de aconselhar seu paciente, deve avaliar esta realidade. O exame anatômico, neste caso, se revela insuficiente; ele não permite medir as energias. A palavra do indivíduo não constitui um bom critério. Muitas vezes, o paciente – ou a paciente – subestima suas necessidades, baseando-se em ereções ou eretismos fictícios. O melhor método permanece, pois, o de ouvir atentamente a

---

100. VIREY, J.J. *De la femme... Op. cit.*, p. v.
101. VIREY, J.J. Verbete "Libertinage". *Dictionnaire des Sciences Médicales. Op. cit.*, p. 144.
102. LALLEMAND, C.F. *Des pertes séminales... Op. cit.* T. I, p. 598, bem como as citações que seguem.

história do desenvolvimento e a descrição dos efeitos imediatos do ato venéreo. Se este foi acompanhado de um sentimento de alegria, escreve Lalleland, de bem-estar geral, de vigor novo... tão logo a cabeça estiver mais livre, mais liberada, o corpo mais leve, mais solto, "quando se observa mais disposição aos exercícios do corpo, aos trabalhos intelectuais e sobretudo um aumento de vigor e de atividade dos órgãos genitais, então uma necessidade imperiosa foi satisfeita nos limites necessários à saúde"[103].

Quando, em contrapartida, "a cópula é seguida de um sentimento de tristeza, de mal-estar, de fadiga, de saciedade; quando se manifesta uma dor de cabeça, uma disposição à sonolência e ao descanso, lentidão nas ideias, preguiça nos movimentos, incerteza nos desejos, aí podemos afirmar que o ato foi demasiadamente repetido, ou, ao menos, exercido em circunstâncias desfavoráveis"[104]. Cabe ao paciente, portanto, analisar-se bem. Lallemand zomba de Virey e de todos os vitalistas que falam a torto e a direito dos perigos da cópula. No entanto, ele reconhece que, mais frequentemente, o homem se sente num estado intermediário, e que "no andamento ordinário da vida [...], a cópula não é acompanhada de nenhum fenômeno extraordinário".

Roubaud, por sua vez, enfatiza a necessidade de distinguir os "excessos copuladores" e os "excessos voluptuosos"[105]; diferenciação que poderíamos aplicar à incontinência. Ele insiste, a este respeito, no perigo que pode significar para as mulheres os excessos de "coito incompleto", sem recepção de licor espermático, ao qual corresponde, por essa razão, uma falta de luxúria[106].

Civiale, Lallemand e Roubaud concordam, no entanto, ao avaliarem que o melhor sinal permitindo afirmar que o homem não comete

---
103. *Ibid.*, p. 601.
104. *Ibid.*, p. 602, bem como para a citação que segue.
105. ROUBAUD, F. *Traité de l'impuissance... Op. cit.*, p. 758.
106. *Ibid.*, p. 767-768.

excessos reside na vivacidade dos desejos e na intensidade da sensação propiciada pela ejaculação. Tudo isso corresponde à erótica médica definida precedentemente. A gravidade do ato é indicada pelo enfraquecimento ou pela perda dos desejos e, sobretudo, pela fraqueza do prazer. É exatamente a intensidade deste que os três especialistas colocam no centro da reflexão e análise.

Como o indivíduo pode realmente reconhecer o momento a partir do qual se entrega ao excesso? Como ele – ou ela – pode reconhecer a passagem do orgasmo, da flegmasia, à irritação? Aquele onde cessa o progressivo crescimento do poder viril que marca o início da prática da cópula? Civiale coloca todas estas questões ao longo do exame clínico. Perscrutar a intensidade do desejo e da volúpia é difícil, pois estes dois indicadores variam segundo a idade – o que parece particularmente claro na mulher –, segundo o temperamento e o trabalho da imaginação que lhe é associada, segundo a vivacidade do "sentido genital", segundo, não obstante tudo, a qualidade dos orgasmos sexuais, quer se trate de seu volume ou de sua atividade, segundo o clima etc. Além disso, a paixão que suscita alegria, orgulho e felicidade compartilhada tem muitas vezes um efeito mágico que ultrapassa os limites do excesso. Ela faz suportar desgastes dos quais a pessoa não se imaginava capaz[107]. Seja como for, o caminho para o excesso segue, geralmente, um itinerário identificável, pois "o perigo aumenta com a imperfeição do ato"[108]. Cabe ao doente, pois, analisar-se. A título de exemplo, Civiale imagina um de seus pacientes – a menos que o quadro não resulte de uma autoavaliação. Ele "destaca que as ereções não são mais completas, que a ejaculação se realiza com demasiada precipitação, muitas vezes já no momento da introdução do pênis na vagina, que ela causa menos prazer, que é seguida de abatimento, de mal-estar, de preocupações. O esperma é mais líquido, menos odorífero, pelos menos em um

---

107. LALLEMAND, C.F. *Des pertes séminales... Op. cit.* T. I, p. 621.
108. *Ibid.*, p. 624.

bom número de casos; o pênis se apresenta mais mole, flácido; os testículos mais soltos; os desejos menos vivos, menos frequentes"[109]. É a partir disso que podemos dizer que a cópula oscilou em direção ao excesso e que uma vigilância ativa se torna necessária. Além do mais, cada indivíduo exige preocupações particulares, à luz das idiossincrasias.

Especificando o caminho a seguir, Civiale distingue um segundo estágio nas manifestações do excesso. Após o enfraquecimento progressivo das sensações, eis que as poluções aparecem, indicando o mau funcionamento dos órgãos. A impotência e a senilidade precoce então se esboçam. Lembramos que este itinerário se calca sobre aquele que os médicos designam de evolução dos prazeres da conjugalidade e do concubinado: a idade chegando, o hábito introduzindo uma relativa saciedade, a mulher descobrindo outros prazeres – gestação e maternidade –, tudo isso leva a uma atenuação dos desejos e prazeres; daí, já fizemos menção, a necessidade, para os cônjuges, de regrar o ritmo das próprias relações sexuais e espreitar uma continência relativa, única capaz de manter acesas as volúpias.

O esposo ou a concubina que alcança o segundo estágio do excesso, definidos acima por Civiale, incorre em um risco real. Se seu médico não consegue regularizar os prazeres conjugais, melhor será, para seu paciente, encontrar junto a garotas corrompidas, se possível sem excesso nem abuso, a ocasião de novas copulações, únicas suscetíveis de reestimular os desejos e os prazeres. Adentramos aqui na raiz do sistema regulamentarista, teorizado por Parent-Duchâtelet. Os médicos justificam, em geral implicitamente, o duplo padrão da moral sexual. Em matéria terapêutica, a preferência recai sobre a venalidade sexual. A ligação, e todas as volúpias que consideramos extramatrimoniais, insuficientemente diferenciadas daquelas da conjugalidade, lhes parecem pouco eficazes. Marc o diz claramente: esta forma de uniões carnais permite menos facilmente do que a prostituição

---

109. CIVIALE, J. *Traité pratique sur les maladies des organes génito-urinaires. Op. cit.* T. 2, p. 165-166.

a adaptação dos prazeres às necessidades e aos desejos do homem. Além disso, elas apresentam, segundo ele, maiores riscos sanitários[110].

Lallemand consagra um capítulo de sua obra a uma série de observações relativas aos horrores do excesso conjugal. Todas mereceriam ser citadas. Eis um único exemplo, bastante resumido. Monsieur N., de temperamento sanguíneo, entrega-se tarde e raramente à masturbação. Solteiro, praticou poucos excessos com mulheres; o que não o impede de contrair três blenorragias aos 20, 23 e 30 anos. Com 32 anos de idade casou-se. As relações conjugais aconteciam duas vezes por dia por algum tempo, sempre de uma maneira muito rápida. Passados três meses, os primeiros transtornos do excesso apareceram. Dois engravidamentos sucessivos vieram temperar os ardores. Em seguida, novas aproximações excessivas fazem reaparecer os desconfortos. A mãe da esposa se dá conta então que os lençóis e os pijamas de seu genro aparecem marcados com matéria seminal. Ela se descontrola, culpando-o de negligenciar sua mulher para entregar-se a prazeres vergonhosos. Na realidade o desafortunado só havia sido afetado por um novo estágio no processo do excesso. Ele se dá conta então que suas poluções noturnas acontecem sem ereção e sem prazer. Consulta então o Dr. Lallemand, que lhe explica o motivo de sua doença. Monsieur N., que teme o regresso à sua esposa, promete recato e se submete à vigilância assídua de sua sogra. "Nos primeiros dias [relata Lallemand] a severidade foi exemplar da parte de todos; mas logo o relaxamento voltou, atenuando-se a vigilância sobre os jovens esposos." Dois meses depois os transtornos e as poluções reaparecem; e o clínico, desiludido, conclui: estes são, às vezes, os tristes "efeitos produzidos pelo casamento"[111].

A pior armadilha do excesso venéreo, ao atingir um determinado estágio, é que ele ameaça "enganar a natureza" pela busca de "prazeres fictícios", busca reconstituir os desejos e a volúpia e despertar os órgãos

---

110. MARC. Verbete "Copulation". *Dictionnaire des Sciences Médicales. Op. cit.*, p. 550.
111. LALLEMAND, C.F. *Des pertes séminales... Op. cit.* T. I, p. 524-525.

recorrendo a novas receitas. Esta tentação espreita particularmente os idosos. Enfim, o excesso pode levar à prática do manuseio pela mulher venal, à felação – na época mais rara –, à sodomia, ao tribadismo e a todos esses "furores nojentos" e a todas essas "torpezas horríveis"[112] que inauguram um processo de feminização do homem e a virilização da mulher.

O triste quadro da libertinagem, apresentado com deleite pelos filósofos e médicos, ilustra a concretização dessa degradação. "Uma perspectiva audaciosa, um olhar indecente, uma boca voluptuosa, uma tez pálida ou rosada, maneiras e palavras mais ou menos indecentes, um hálito impuro que enoja ou repulsa: tudo isso faz o observador reconhecer o meio adotado pelo indivíduo que se entrega aos excessos da devassidão"[113]. Note-se que o quadro difere profundamente daquele apresentado pelo masturbador que, desde sempre, engana a natureza. Foram as "ejaculações excessivamente numerosas", garante Morel de Rubempré, que causaram a queda do Império Romano[114]. É em razão das facilidades oferecidas aos habitantes pela civilização citadina, repete incessantemente Virey, que doravante se sucedem "gerações ignóbeis e frouxas"[115].

As inúmeras observações de Lalleland feitas junto à sua clientela privada atrai a atenção para uma categoria de homens e mulheres suscetíveis de ser brutalmente vítimas dos temores do excesso, sem sequer ter acompanhado o processo precedentemente evocado: trata-se de jovens casados, confrontados com os riscos específicos da noite de núpcias e dos primeiros tempos de sua união. Aqui estamos diante de um tema igualmente ruminado pelos estudiosos. Os jovens esposos são particularmente ameaçados, pois, neles, a progressão da idade, dos costumes, das gestações, das maternidades, ainda não os impediu de praticar excessos. "A primeira

---

112. VIREY, J.J. Verbete "Homme". *Dictionnaire des Sciences Médicales. Op. cit.*, 1817, p. 236.
113. DESCURET, J.B.F. *La médecine des passions... Op. cit.*, p. 482.
114. MOREL DE RUBEMPRÉ, j. *Les secrets de la génération... Op. cit.*, p. 284.
115. VIREY, J.J. Verbete "Libertinage". *Dictionnaire des Sciences Médicales. Op. cit.*, p. 113.

lição de prazer", segundo Lignac, vem às vezes acompanhada de acidentes conhecidos de todos[116]. Esse autor deseja, por essa simples razão, que as garotas recebam uma educação adaptada ao marido que se lhes destina. Obviamente, para a mulher, geralmente esta primeira lição revela-se muito benéfica. Virey não cessa de cantar os benefícios da impregnação espermática. Ela aviva as funções, dá mais fogo e atividade a toda a estrutura corporal. A jovem esposa é, portanto, a mais beneficiada. Sua timidez transforma-se em segurança varonil, ao passo que sua carne se enche de odor e assume nova consistência[117]. Cabanis, por sua vez, escreve que "o primeiro ensaio dos prazeres do amor é geralmente necessário para completar o desenvolvimento dos órgãos que o abrigam, e a sensibilidade dos órgãos só aparece em sua completude após ter sido exercitada"[118].

A "comoção" provocada pela noite de núpcias também comporta riscos consideráveis. Ela impõe precauções que Moreau de la Sarthe relata. Seu desejo é que os pais fiquem atentos para que a data do casamento coincida com as regras, ou que seja realizado nos dias imediatamente posteriores. A defloração, por essa razão, seria mais fácil. A jovem esposa poderá preparar-se com banhos de vapores, fomentações emolientes, ou aplicação de produtos untuosos e oleosos. Os dois parceiros, notadamente o marido, devem evitar "esforços violentos", "movimentos bruscos e forçados". O esposo poderá sabiamente aproveitar o "relaxamento produzido pela efusão sanguínea". Os cônjuges não devem assustar-se com os eventuais espasmos aos quais podem ser submetidos, "depois dos primeiros gozos", sendo os "ovários de alguma forma pegos de surpresa"[119]. Em todas as circunstâncias, conclui Moreau de la Sarthe, os jovens cônjuges devem proporcionar seus prazeres às suas forças[120]. Lallemand adverte contra a

---

116. DE LIGNAC. *De l'homme et de la femme... Op. cit.* T. 2, p. 124.
117. VIREY, J.J. Verbete "Fille". *Dictionnaire des Sciences Médicales. Op. cit.*, p. 505.
118. CABANIS, P.J.G. *Rapport du physique et du moral... Op. cit.*, p. 204.
119. MOREAU DE LA SARTHE, J.L. *Histoire naturelle de la femme... Op. cit.* T. 2, p. 283.
120. *Ibid.*, p. 284.

vanidade, responsável por boa parte dos excessos dos jovens casados, que se entregam a "demonstrações recíprocas"[121] fora das necessidades reais, desejosos que são de "não perder o nível inicial". Em seguida, as esposas "cujos gozos as fatigaram" devem seguir um regime alimentar fortificante.

Os casados incautos correm o risco de viver uma noite de núpcias dramática, à imagem daquela que é apresentada no *American Journal of Medical Sciences*. Entregando-se muito violentamente à cópula pela terceira ou quarta vez da noite, um jovem esposo sente tamanha dor que se obriga a abortar a cópula. E então se dá conta de que está sangrando pelo pênis; situação que o médico que o acode consegue estancar através de uma dolorosa cauterização a ferro em brasa. Mas, ao mesmo tempo, a "jovem senhora" perde abundantemente seu sangue em razão de uma hemorragia uterina...[122] Deslandes evoca, por sua vez, as febres que, em geral, sucedem a noite de núpcias.

Muito mais frequentemente, veremos ainda, são os fracassos que acompanham estas primeiras tentativas. Um jovem casado, que havia respeitado uma continência absoluta até os 35 anos, acompanhadas de poluções noturnas, se beneficia dos "efeitos vantajosos das relações conjugais"[123]. Mas foi-lhe necessário esperar um mês antes de conseguir consumar seu casamento. Ao longo desse tempo, sob ordem de Lallemand, o doente entregou-se a uma minuciosa observação de suas sensações. Durante as primeiras relações, as ereções foram muito vigorosas, mas a ejaculação, provocada ao menor contato, não permitia a completa realização do ato. Nos dias seguintes não houve ejaculação, mas apenas um fluxo lento de esperma, que tornou as ereções incompletas. Essa transudação acontecia à noite e era provocada, de dia, por quaisquer afagos conjugais. "Na verdade, ela era pouco abundante, mas repetia-se com frequência, e toda vez era

---

121. LALLEMAND, C.F. *Des pertes séminales...* Op. cit. T. I, p. 615.
122. *Apud* SÉLIGNAC, A. *Des rapprochements sexuels...* Tese cit., p. 53-54.
123. LALLEMAND, C.F. *Des pertes séminales...* Op. cit. T. II, p. 227.

precedida por uma turgescência do pênis, mas jamais completa"[124]. Uma observação dessas, a 114ª da obra, poderia parecer ociosa, mas ajuda a compreender a precisão da auto-observação que era prescrita à época.

Os jovens esposos encontram-se então sujeitos a riscos específicos. Segundo os clínicos, eles podem ser, notadamente, vítimas de violações dos órgãos genitais – vermelhidão, hemorragias, abcessos, neurose da vulva –, afetações nervosas espasmódicas e algumas doenças específicas, como a clorose e a blenorragia dos jovens cônjuges; sem esquecer o risco de uma perda rápida das sensações. A isto some-se uma eventual esterilidade temporária, ligada à vivacidade excessiva das relações venéreas que falseia "as relações de oposição dos órgãos".

"Jovens esposos [escreve Capuron], se acusam reciprocamente de esterilidade, porque o arrebatamento ou o ardor da paixão esgota às vezes a faculdade de que dispõem de reproduzir-se. Os prazeres venéreos, aos quais se entregam sem medida, os mantêm num estado contínuo de orgasmo ou de irritação, que vai da satiríase do macho ao furor uterino da fêmea. O abuso de seus órgãos genitais acaba destruindo sua sensibilidade"[125].

Este excessivo ardor às vezes acaba na morte dos cônjuges. "Eu vi [escreve Durand], no hospital civil de Bordeaux, uma jovem casada, de uma constituição muito erótica, que, tendo-se entregue com ardor aos prazeres de seu novo estado, experimentou, quatro dias depois de suas núpcias, uma febre contínua muito forte, acompanhada de uma sede imoderada, de dores no hipogástrio, de devaneios e uma grande dificuldade de respirar"[126]. Os médicos conseguiram, momentaneamente, aliviar seu sofrimento, "mas tendo voltado para a sua casa, entregou-se novamente aos abraços de seu marido. Imediatamente deflagrou-se uma febre forte, que persistiu até sua morte, três meses depois. Na autópsia cadavérica encontraram as

---

124. Ibid., p. 228.
125. CAPURON, J. Traité des maladies des femmes... Op. cit., p. 253.
126. DURAND, J.A. De l'influence de la puberté... Tese cit., p. 44.

vísceras do abdômen totalmente obstruídas, e de uma consistência maior do que em seu estado normal"; foi o que o diagnóstico constatou. Se o casamento emerge, aos olhos de muitos clínicos, como uma verdadeira solução milagrosa, nem sempre é um remédio inofensivo.

De uma maneira geral, os excessos venéreos podem causar todo tipo de patologias, segundo cronologias e lógicas detectáveis. Em primeiro lugar, eles determinam doenças orgânicas diretamente ligadas à cópula: na mulher, tão frequentemente doente, trata-se 1) de inflamações dos órgãos, de hemorragias, de regras excessivas; 2) de afecções dos ovários ou das trompas, de úlceras e câncer de útero, de leucorreia (serosidades brancas), de moléstias dos grandes lábios. Huguier enfatiza a frequência dos abcessos dos órgãos genitais. Além disso, o excesso faz com que a vagina se estreite, se resseque, endureça, se torne insensível.

A cópula violenta, mesmo fora da noite de núpcias, pode igualmente levar a acidentes; disso dá testemunho a "métrica balística" de Beau[127], à qual faz alusão Michelet em seu diário. Ela é causada pela percussão muito brutal do pênis. A isto se juntam as peritonites e a dilaceração da divisória retrovaginal, igualmente suscitas pelos ardores excessivos do homem.

Os excessivamente fortes prazeres correm o risco de atentar contra os nervos e o cérebro. Os abalos que muito frequentemente acompanham o prazer às vezes produzem espasmos, convulsões, tremores, vertigens. Eles podem gerar a histeria, a ninfomania, ou a paralisia. Impossível reproduzir nesta análise todas as observações dos médicos relativas às patologias devidas aos excessos venéreos[128]. Sua lógica é evidente.

Considerando todos estes riscos, Labrunie conclui: "Quando uma mulher, após gozos mais ou menos repetidos, segundo a energia de suas

---

127. Cf. SÉLIGNAC, A. *Des rapprochements sexuels...* Tese cit., p. 39.
128. Quanto ao quadro das patologias resultantes do excesso feminino, confira especialmente estes autores e suas respectivas obras já citadas: Sélignac, Fabre, Colombat de l'Isère, Deslandes, Gardanne, Barrailler, Huguier, Labrunie, Burdach.

faculdades físicas, sente um desencorajamento e um abatimento, a diminuição de suas funções digestivas, o entorpecimento em todos os membros e transtornos em suas ideias etc., ela deve imediatamente suspender os prazeres que não pode mais usar sem expor sua saúde às mais funestas consequências"[129]. Urge repousar-se e "evitar com cuidado ver homens que ainda possam estimular seus desejos".

No homem, o excesso se traduz inicialmente por todos os sinais que derivam do antigo *definhamento dorsal*[130] – e que às vezes afeta também as mulheres. O quadro de Hipócrates é incessantemente retomado pelos médicos de nosso *corpus*, acompanhado de referências a Celso, a Galeno e a Aetius, bem como a estudiosos dos séculos precedentes: Boerhaave, Hoffmann, Van Swieten e Tissot.

O quadro do definhamento dorsal é particularmente desenterrado ao longo da segunda metade do século XVIII. A doença parte do "núcleo da espinha dorsal". Ela se traduz por um emagrecimento generalizado. O indivíduo aos poucos "*se consome*". Sonhos eróticos o acompanham. Um formigamento nas costas, na cabeça ou no sacro o persegue. A cabeça lhe pesa, as orelhas são invadidas por zumbidos contínuos, os cabelos caem, os olhos se afundam, as bochechas murcham e empalidecem. Além disso, o doente sofre perdas seminais ao urinar e estando deitado. Suas vértebras definham, seu corpo se curva, suas pernas não conseguem mais carregá-lo. Seja qual for sua idade, seu corpo é a imagem da velhice. O todo remete à paralisia; uma febre aguda às vezes culmina na morte. Ao longo dessa degradação progressiva um abatimento, um desprazer generalizado, uma degradação total do espírito impedem qualquer elevação da alma.

---

129. LABRUNIE, E. *Dissertation sur les dangers...* Tese cit., p. 43, bem como para a citação seguinte.
130. Lugar-comum desta literatura. Encontramos um quadro muito particular na obra citada de Lignac (*De L'homme et de la Femme...* T. 2, p. 118-119). O autor reorganiza o quadro de Nicolas Venette.

Mesmo fora desse quadro terrível do definhamento dorsal, os excessos suscitam poluções noturnas. Eles enfraquecem a acuidade dos sentidos, notadamente a audição e a visão. E podem levar à estupidez e à demência. Em suas mais diferentes formas, eles determinam uma degradação moral. Burdach não hesita em mostrar esse quadro assustador: "Vimos homens, após uma noite de devassidão, sentir um priapismo sem ejaculação ou com emissão de sangue, mergulhar no tétano, empalidecer de repente e até mesmo sucumbir"[131].

Os estudiosos da primeira metade do século XIX se esforçam para remodelar o quadro embasados em novas lógicas, mas sem de fato transformá-lo. Eles refletem o progresso da anatomia e da fisiologia. O excesso provoca assim, no homem, neuroses da uretra e dos testículos; uma cópula demasiadamente intensa às vezes provoca uma laceração da mucosa da glande, uma ruptura do frênulo, quando não é a veia dorsal do pênis; o que leva à gangrena. Segundo os médicos, o excesso venéreo favorece a tuberculose pulmonar e torna as convalescências mais difíceis e mais prolongadas.

Geralmente a mulher sofre menos gravemente do que o homem. Tudo somado, ela suporta melhor os excessos do que as abstinências; a menos que seu parceiro a coloque em perigo por suas exigências ou por inaptidão. Os espasmos nervosos aos quais é submetida parecem menos perigosos do que as ejaculações excessivas. Além disso, muitas esposas apenas prestam-se ao ato sexual; ora, avalia Lignac, "não nos incomodamos à mesa quando lá estamos tão somente por decência"[132].

---

131. BURDACH, C.F. *Traité de physiologie... Op. cit.* T. II, p. 172.
132. DE LIGNAC. *De l'homme et de la femme... Op. cit.* T. 2, p. 127.

5
"PRAZERES FICTÍCIOS" E ENFRAQUECIMENTO DAS VOLÚPIAS

Aos olhos dos clínicos, o excesso venéreo, seja qual for a gravidade dos riscos a que ele incorra, não deixa de responder ao desejo da natureza. "Um médico [escreve Lallemand a respeito de um de seus pacientes], o aconselha à frequentação de mulheres"[1]; neste caso, não há referência alguma à situação matrimonial destas últimas. A fornicação em geral, o recurso às prostitutas em particular, a defloração de uma jovem adolescente, o adultério etc., não constituem transgressões aos olhos da medicina, já que todas essas práticas respondem a um desejo, objetivam propiciar o prazer natural e podem ser acompanhadas de uma gestação.

Por outro lado, os médicos incorporam aquilo que, para a teologia moral, constitui-se um pecado quando se trata, segundo eles, de ofensas feitas não a Deus, mas à natureza; o risco já não é mais a danação, mas a desorganização da função, a doença e a morte. Os médicos censuram tudo aquilo que depende, segundo eles, do "prazer fictício", bem como todas as práticas ou artifícios que levam a um "enfraquecimento das volúpias". O pecado contra a natureza e contra a espécie é, portanto, dirigido contra si, contra a capacidade de gozar. O abuso leva a enfraquecer, ou a impossibilitar, os prazeres compartilhados entre o homem e a mulher. Cedo ou

---

1. LALLEMAND, C.F. *Des pertes séminales... Op. cit.* T. I, p. 160. A expressão "uso" ou "frequentação de mulheres" retorna repetidamente nas obras dos médicos.

tarde ele leva à impotência, à esterilidade e àquilo que à época começa a denominar-se frigidez.

As desastrosas consequências do prazer solitário

O pior dos danos ocasionados tanto pela abstinência quanto pelo excesso, já o vimos, é o de levar ao abuso; isto é, às diversas ilusões causadas pela masturbação. Esta, pela necessidade particular que suscita, destrói o desejo sexual propriamente dito, provoca a "fraude conjugal", que causa insatisfação e aversão, alenta a bestialidade, quase negligenciada pelos médicos, instiga a sodomia, que à época situava-se fora da esfera da terapêutica e do tribadismo, e que, no fim das contas, era menos terrível aos olhos dos clínicos à medida que lhes parecia facilmente curável pela prática da cópula.

Obviamente, a propósito da sodomia e do tribadismo, os médicos apresentam a especificidade de formas de desejo, embora evitem muitas vezes este tema, já que se sentem totalmente desamparados.

Mais ou menos explicitamente, os clínicos atribuem o crescimento dos abusos da função genital ao desenvolvimento do luxo e à indolência operada no seio das elites[2], aos novos ritmos da vida que favorecem o temperamento agitado, à excessiva sensibilidade que impele o indivíduo, cada vez mais autônomo, a auscultar seus desejos, suas frustrações e suas possibilidades de prazer, à exaltação crescente da imaginação, mais vivamente solicitada do que nunca, ao costume novo de vibrar em consonância com os fenômenos cósmicos e as contingências meteorológicas. Os médicos raciocinam em função destes dados. Segundo eles, a civilização favorece um processo de desvirilização, ou de feminização, que se transforma em ameaça de dissolução social. Entrementes a "fraude conjugal", a degenerescência,

---

2. O que Thomas Laqueur, por sua vez, chama de progresso do consumo. Cf. LAQUEUR, T. *Le Sexe en solitaire – Contribution à l'histoire culturelle de la sexualité*. Paris: Gallimard, 2003, p. 305ss. ("Masturbation, modernité et marché").

a perversão, as heredo-sífilis não venham atormentar os espíritos ao longo da segunda metade do século XIX e no momento em que a angústia suscitada pela masturbação e pela varíola tendem a atenuar-se, o pesadelo de um eventual enfraquecimento do desejo, do desregramento do sistema genital, no homem e na mulher, de uma perda de potência tendiam a ocupar o primeiro plano no quadro dos malefícios temidos pelos estudiosos.

Na aurora do século XIX muitos médicos reconhecem a utilidade da leitura do célebre livro do médico suíço Tissot. Bem como, mais tarde, a frequentação de alguns museus consagrados às consequências desastrosas do prazer solitário, seu *Onanismo*, de matizes assustadores, desviou, segundo eles, muitos indivíduos da masturbação[3]. O próprio Menuret de

---

3. Sobre o livro de Tissot, cf., TARCZYLO, T. *Sexe et liberté au siècle des Lumières*. Paris: Presses de la Renaissance, 1983, notadamente p. 114ss. • TARCZYLO, T. Prêtons la main à la nature – I: L'onanisme de Tissot. *Dix-huitième Siècle*, n. 12, p. 79-96, 1980. • BARRAS, V.; LOUIS-COURVOISIER, M. (orgs.). *La Médecine des Lumières – Tout autour de Tissot. Op. cit.* A respeito da epidemia que precedeu a publicação da *Onanie*, na aurora do século XVIII, os conhecimentos foram profundamente renovados por Michaël Stolberg (cf. Self-pollution, moral reform, and the venereal trade: notes on the sources and historical context of Onania (1716). *Journal of the History of Sexuality*, v. 9, p. 37-62, jan.-abril/2000). Tão graves quanto a perda seminal pelo ato da masturbação são os efeitos suscitados por uma simples solicitação mental sobre as glandes, sobre as fibras dos órgãos genitais, bem como os riscos de impotência pelo enfraquecimento das ereções e dos fluxos de um esperma fluido, mal-elaborado por um simples ato mental. No tocante às mulheres, evocava-se o risco de um alongamento do clítoris e o medo que o útero não pudesse mais reter o sêmen do homem. No domínio da patologia moral, a denúncia da masturbação se integrava, naquele final de século XVII, a uma campanha mais ampla contra a impureza, visando o adultério, a prostituição, a sodomia e o risco de propagação de uma série de doenças. Tantos dados que levaram a relativizar a novidade da obra de Tissot e, antes, a obra *Onania*, que era uma simples compilação. Theodor Tarczylo já enfatizava, um quarto de século antes (*Sexe et liberté au siècle des Lumières. Op. cit.*, p. 110), que esta obra não passava "de um pálido reflexo dos tratados de teologia moral". Em perspectiva semelhante, Patrick Singy – aguardando a publicação de sua tese – destaca, por sua vez (Friction of the genitals and secularization of morality. *Journal of the History of Sexuality*, v. 12, n. 3, jul./2003, e resumo crítico da obra citada de Thomas Laqueur (*Le Sexe en solitaire, Critique*, 2006), o erro que consistia em ver na *Onanie* a prova de uma secularização da moralidade sexual. Se o autor utiliza uma linguagem médica, a estrutura do livro não deixa de ser de ordem teológica. Da mesma forma, não existe, aos olhos de Tissot, contradição entre a lei divina e a lei fisiológica. Nesta perspectiva, o trabalho do médico suíço foi utilizado para reforçar um velho tabu, de origem religiosa. Perspectiva que, tudo somado, não está distante daquela de Anne Carol (*Les médecins et la stigmatisation du vice solitaire, fin XVIIIe siècle-début du XIX siècle* [inédito]). A mim me parece que a diatribe médica contra a fraude conjugal (cf. p. 231-234), a partir dos anos de 1860, surgiu do mesmo processo. Ela apenas reforçou o assim chamado "onanismo conjugal" dos teólogos.

Chambaud, autor do verbete "Manstupration ou Manustupration" da *Enciclopédia*, inspirou-se largamente na obra do médico suíço. Em 1772, o cirurgião Lignac avalia que estamos diante de um livro que "as pessoas jovens deveriam saber de cor, desde o momento em que aprendem a ler"[4]. "Há poucos homens que não o tenham lido", assegura ainda Deslandes, em 1835, "e a ação reformista por ele exercida é realmente grande"[5]. O Prof. Lallemand confirma este ponto de vista[6].

Muitos médicos daquela época fazem referência direta ao *Onanismo* de Tissot; alguns casos apresentados por ele – notadamente um, muito célebre, o do relojoeiro que morreu por sofrimentos atrozes em razão da masturbação – são repisados. Nos hospitais, nenhum questionário clínico omite o prazer solitário. No entanto, estudiosos de renome preferem manter distância da obra. Hallé deplora os casos de melancolia suscitados por sua leitura. Em 1817, o Dr. Sainte-Marie, tradutor de Ernest Wichmann, enfatiza o medíocre talento do médico suíço, que nada inventou, nada descobriu, nada universalizou, embora excessivamente elogiado. Em 1813, Montègre considera, num verbete do *Dictionnaire des Sciences Médicales*, que Tissot exagerou, que sobrecarregou o quadro de afirmações aterrorizantes, cujos efeitos foram nefastos[7]. Fournier, seis anos mais tarde, faz troça do valor revigorante atribuído ao esperma; fato que nenhuma observação direta jamais verificou. Esta substância não determina a puberdade, tampouco garante o vigor intelectual[8]. Georget, por sua vez, denuncia o exagero que caracteriza o *Onanismo*. Deslandes vai mais longe, e evoca duas vezes os "efeitos deploráveis" da obra[9]. Em 1836,

---

4. DE LIGNAC. *De l'homme et de la femme... Op. cit.* T. 2, p. 257.
5. DESLANDES, L. *De l'onanisme... Op. cit.*, p. 526.
6. LALLEMAND, C.F. *Des pertes séminales... Op. cit.* T. I, p. 314.
7. WICHMANN, E. *Dissertation sur la pollution diurne involuntaire. Op. cit.*, p. 88. • DE MONTÈGRE. Verbete "Continence". *Dictionnaire des Sciences Médicales. Op. cit.*, 1813, p. 360.
8. FOURNIER; BÉGIN. Verbete "Masturbation". *Dictionnaire des Sciences Médicales. Op. cit.*, 1819, p. 122-125.
9. DESLANDES, L. *De l'onanisme... Op. cit.*, p. 528.

Lallemand, mais atento agora, reforça a acusação: o livro de Tissot não passa, segundo ele, de "uma péssima compilação sem discernimento sobre velhas autoridades, geralmente malselecionadas ou insignificantes, propagadoras de graves erros, sobretudo em questões de terapêutica; tudo em estilo incorreto e muitas vezes declamatório, razão pela qual seu sucesso foi tímido entre estudiosos e clínicos"[10]. Mas Lallemand, baseando-se em inúmeras confidências recebidas "dos que se haviam corrigido", reconheceu, repitamo-lo, a utilidade prática da obra. Roubaud, no final do período que nos interessa, não lhe reconhece nem mesmo essa virtude; e condena um livro desmesurado, inútil e perigoso[11].

Este ataque não significa que doravante os médicos considerem a masturbação inofensiva: para eles, ela continua sendo um abuso, denunciado até por volta de 1875. Mas se esforçam para adaptar a própria reflexão à nova percepção das relações estabelecidas entre o físico e o moral, às exigências de uma rigorosa observação clínica, aos aportes da autópsia, à fisiologia patológica iniciada por Bichat, à doutrina da irritação segundo Broussais, em suma, buscam acompanhar de perto a progressão da ciência médica. Daí a emergência de quadros extremamente compósitos, elaborados a partir de uma acumulação de sinais, de sintomas, de patologias e prognósticos que mostram um ecletismo, ou uma bricolagem um tanto quanto confusa. Não é raro, nesta temática, surpreender médicos em flagrante delito de contradição.

Dessa forma, o catálogo das causas do abuso da masturbação, que abre grande espaço às referências antigas, é elaborado de forma desordenada, ou incoerente; sem esquecer a continência excessiva, geralmente evocada, com explicações que dependem do orgânico. O vício solitário resultaria, pois, de uma "disposição congenial" dos órgãos sexuais, de um clítoris ou de ninfas desmesuradas, razão pela qual vítimas de permanentes fricções.

---

10. LALLEMAND, C.F. *Des pertes séminales...* Op. cit. T. I, p. 313.
11. ROUBAUD, F. *Traité de l'impuissance...* Op. cit. T. 2, p. 556-557.

Raciborski evoca um "estado primitivo do sistema nervoso"[12]. Mais frequente é a referência, antiga, ao temperamento ou a uma disposição "idiopática". Chambon de Montaux, no final do século XVIII, evoca a irrepreensível exaltação dos sentidos da jovem moça vigorosa, e ensaia uma análise substancial: "As sensações que ela experimenta na genitália forçam-na às vezes a *gozar espontaneamente* [...] uma sensação dolorosa que exaure estes órgãos faz com que ela leve a mão até eles, mesmo sem pretensão libidinosa. A sensação que brota desse contato *transforma-se* em sensação de prazer, e o gozo tem seu desfecho antes que qualquer reflexão seja possível. Destaca-se que a lembrança de um instante de delícias, frequentemente trazido à mente pelo excesso de saúde, é inesquecível; os prazeres se multiplicam, o hábito é contraído"[13]. Quarenta anos depois, Raciborski reporta-se às "exigências tirânicas das sensações" suscitadas por um temperamento uterino. Quando a masturbação é tão idiopática, ela se revela incurável. "Constantemente ela é alimentada por sensações impossíveis de controlar. Uma jovem moça, de caráter muito tranquilo, capaz de tudo sacrificar, no intuito de agradar os próprios pais ou qualquer outra pessoa por quem sente amor sincero, involuntariamente se rende às imperiosas exigências das sensações das quais se considera escrava"[14]. Autores da alçada de Chambon de Montaux, de Trousseau, de Buet ou Menville de Ponsan não se cansam de evocar o prurido, os dartros, as titilações da vulva, os ascarídeos como fatores deflagradores[15].

Alguns médicos destacam o papel da descoberta fortuita do prazer solitário e das sensações que o constituem. Lallemand cita o caso de um

---

12. RACIBORSKI, A. *De la puberté... Op. cit.*, p. 280, e, para a citação seguinte, p. 281.
13. CHAMBON DE MONTAUX, N. *Des maladies des filles. Op. cit.* T. 2, p. 94-95.
14. RACIBORSKI, A. *De la puberté... Op. cit.*, p. 281-282.
15. CHAMBON DE MONTAUX, N. *Des maladies des filles. Op. cit.* T. 2, p. 67. • MENVILLE DE PONSAN, C. *Histoire philosophique et médicale de la femme... Op. cit.* T. 3, p. 569. • TROUSSEAU, A.; PIDOUX, H. *Traité de thérapeutique et de matière médicale. Op. cit.* T. 2, p. 603. • BUET, N.M. *Dissertation sur la masturbation, et les moyens propres à y remédier.* Tese de doutorado. Paris, 1822, n. 221, p. 6.

jovem moço em quem a prática da equitação provoca sua primeira perda seminal. Ele "correu o risco de perder a própria vida pressionando convulsivamente os flancos de sua montaria enquanto lhe dava rédea"; "este acontecimento tornou-se a causa da depravação de seus gostos"[16]. Founier e Bégin, como o fazem com todos os abusos, evocam o desenvolvimento excessivo da sensibilidade nervosa, resultado de uma educação que mira demasiadamente nas faculdades intelectuais e negligencia a ginástica[17]. Evidentemente, na mesma perspectiva, as leituras são incriminadas. Lallemand cita o exemplo específico de um jovem moço que começou a masturbar-se lendo La Fontaine e Piron[18].

Permanece o papel essencial do exemplo; e, em primeiro lugar, a revelação de um novo sentido junto ao bebê por "contatos estranhos"[19]. Algumas babás provocam ereções por "favores abomináveis" que dispensam aos pequenos; outras simulam com eles gestos do coito. Aos olhos dos fisiologistas alemães que se ocuparão com o problema ao longo dos anos de 1780, e cujos trabalhos foram popularizados pelo pedagogo Joachim H. Campe, nem é necessário que as babás deem provas de luxúria para que o aleitamento dessas mulheres predisponha à masturbação. Naquele final de século XVIII, a diatribe que persegue as babás e a campanha em favor do aleitamento materno encontram sua fonte na fobia contra a masturbação.

Levando mais longe a análise, Simon Richter[20] avalia que o recurso ao aleitamento de babás leva à aprendizagem do excesso e à irregularidade na alimentação. Aquela que dá o seio a uma criança que não é sua o faz a partir

---

16. LALLEMAND, C.F. *Des pertes séminales... Op. cit.* T. I, p. 458.
17. FOURNIER; BÉGIN. Verbete "Masturbation". *Dictionnaire des Sciences Médicales. Op. cit.*, p. 103, 128.
18. LALLEMAND, C.F. *Des pertes séminales... Op. cit.* T. I, p. 368.
19. FOURNIER; BÉGIN. Verbete "Masturbation". *Dictionnaire des Sciences Médicales. Op. cit.*, p. 103-105.
20. RICHTER, S. Wet-nursing, Onanism, and the Breast in 18th century Germany. *Journal of the History of Sexuality*, v. 7 (1), p. 17-20, jul./1996.

do momento em que percebe dispor de muito leite. Assim a criança faz a experiência de um gozo frequente e, sobretudo, é saciada fora do ritmo ditado pela necessidade; fato que a predisporia a encontrar uma satisfação análoga na masturbação. Interpretação com a qual, obviamente, os médicos de então sequer sonham, e que não é isenta de risco de anacronismo.

Subsequentemente ao exemplo das domésticas, a audição fortuita de conversações imoderadas entre os pais pode estimular a curiosidade da criança. Chambon de Montaux viu "garotas sábias abandonarem um círculo de conversa para pôr em prática as máximas que acabavam de ouvir. Se o costume exige que elas não se ausentem por longo tempo, acrescenta ele, basta observá-las ao seu retorno para facilmente perceber a vermelhidão que brota da timidez, cuja fonte lança raízes no erro ao qual acabaram de submeter-se"[21].

A masturbação de crianças impressiona os médicos. Fournier lembra, na esteira de Tissot, que algumas delas se entregam aos prazeres solitários desde o berço. Montègre observou um menininho de 4 anos e meio que se masturbava. Parent-Duchâtelet publica, em 1832, nos *Annales d'hygiène publique et de médicine légale* [Anais de higiene pública e de medicina forense], a mais detalhada observação sobre esta temática. Deslandes, na esteira de Fournier e Bégin, cita o caso da menina que, desde a idade dos 4 anos, entregava-se "como que por instinto" à masturbação. Ao atingir a idade de 8 anos ela foi descoberta. A partir de então, passaram a amarrar seus pulsos, mas ela atingia os seus fins "ou aproximando suas coxas fazendo-as exercer movimentos propícios, ou sentando sobre um móvel próprio a favorecer o onanismo". Aos 12 anos ela morreu em consequência de um "marasmo repulsivo. [...] Esta, em seus últimos momentos, continuava com suas mãos sobre suas partes sexuais, e expirou masturbando-se"[22]. Rozier cita o caso de outra menina de 7 anos[23] e Moreau de la Sarthe,

---

21. CHAMBON DE MONTAUX, N. *Des maladies des filles. Op. cit.* T. 2, p. 90.
22. DESLANDES, L. *De l'onanisme... Op. cit.*, p. 282.
23. ROZIER. *Des habitudes secrètes... Op. cit.*, p. 193.

o de duas outras da mesma idade[24]. Lallemand apresenta um detalhado catálogo de fatos análogos. Segundo esses autores, a descoberta de desejos e prazeres "idiopáticos" nas crianças diz respeito majoritariamente às meninas; é que a curiosidade delas é julgada mais aguda, e também porque muitas vezes elas se sentem incomodadas pelas frequentes "coceiras".

Existe uma causa de longa data que incita à masturbação: a lembrança de espetáculos eróticos ocorridos ao longo da infância. Os médicos, a este respeito, apresentam uma série de casos que não surpreendem os leitores de Rousseau e Stendhal. Essa tomada de consciência de um erotismo infantil constitui um lugar-comum, outrora detectado por Michel Foucault. Lallemand evoca o caso de um menino que, com a idade de 6 anos, quase morreu por ter contemplado, fascinado, as pernas nuas de uma lavadeira. Aproximando-se demais da barranca do rio, e a terra tendo desmoronado sob seus pés, ele teria se afogado se a mulher não o tivesse socorrido. 45 anos mais tarde este paciente confessa que a lembrança dessas pernas nuas contribuiu, mais do que tudo, em suas masturbações, sobretudo estimulando sua imaginação[25].

Uma criança de 7 anos de idade é levada à margem de um rio por sua mãe, que lá foi banhar-se com as amigas. A criança observa as formas femininas. "Estando posteriormente sobre os joelhos de uma dessas mulheres, sentiu um prazer inexprimível ao forçar seus ombros contra as saliências que antes havia observado, e das quais apreciava a firmeza com uma forte sensação de prazer"[26]. Aquilo nunca saiu de sua memória, e, mais tarde, sua imaginação se apoderaria deste fato para recuperar e alimentar os prazeres solitários que teriam arruinado sua saúde.

Algumas crianças, acrescenta Lallemand, em um dado momento de suas vidas acabaram surpreendendo uma mulher adormecida numa

---

24. MOREAU DE LA SARTHE, J.L. *Histoire naturelle de la femme... Op. cit.* T. 2, p. 268.
25. LALLEMAND, C.F. *Des pertes séminales... Op. cit.* T. I, p. 414.
26. *Ibid.*, p. 415.

posição um tanto quanto provocante; outras podem ter avistado um seio descuidado de uma babá ou de uma cozinheira, e tais espetáculos acabaram suscitando "conjecturas infinitas" e, anos depois, podem ter levado a "prazeres pérfidos, alimentados por tais devaneios"[27]. Como já indicamos, o Prof. Montpellier garante que em seus dossiês conserva ainda muitos testemunhos desse gênero[28].

As crianças que foram "cuidadas por mulheres [...] antes da puberdade" guardam uma viva lembrança disso; chegadas à adolescência, "sua imaginação se nutre disso, as transtorna e volta a transtorná-las de mil maneiras; essas imagens voluptuosas atravessam seus pensamentos mais fortes, perturbando todas as suas meditações, e as perseguem até nos sonhos"[29]. Elas as incitam não somente à masturbação, mas também aos prazeres antecipados em companhia de mulheres. Se são de temperamento colérico, acrescenta Lallemand, estes indivíduos colorem suas lembranças, as embelezam de encantos imaginários. Eles se inventam beldades perfeitas, prazeres inefáveis; e como a realidade os decepciona, se masturbam e se refugiam em si mesmos para "aí encontrar os prazeres que se harmonizem com suas criaturas, para desfrutar do sexo ao bel-prazer, da mulher que mesmo sem seu consentimento adoram"[30].

Chegada a puberdade, os colégios e pensionatos emergem aos olhos dos médicos, que se inscrevem aqui numa longa tradição, como latrinas do vício. Nos liceus, alegam Fournier e Bégin, "o ato da masturbação, por assim dizer público, [é] confessado sem constrangimento, realizado sem pudor [...], quase debaixo dos olhos dos mestres"[31]. Os mais velhos recorrem à mão dos mais jovens e os forçam "seja sob ameaças, seja por sevícias, a

---

27. Ibid.
28. Ibid., p. 418.
29. Ibid., p. 611-612.
30. Ibid., p. 613.
31. FOURNIER; BÉGIN. Verbete "Masturbation". Dictionnaire des Sciences Médicales. Op. cit., p. 105, bem como a citação seguinte.

prestar-lhes um ministério abominável". Quanto à masturbação no interior dos pensionatos de meninas, ela se esconde sob a máscara da amizade. "Um mesmo leito às vezes recebe duas amigas"[32]. Langlois de Longueville, Buet e Lallemand confirmam este testemunho. O primeiro aconselha a desconfiar particularmente dos "passeios reservados com uma companheira adorada"[33].

O último destes estudiosos garante que é muito fácil obter péssimos livros nos colégios, locais por ele denominados "lares de contaminação"[34]. As obras circulam com imprudência e acobertamento. Ele faz igualmente alusão às ameaças e à violência; e pretende embasar-se em provas "múltiplas" e coincidentes[35]. Deslandes acrescenta a este catálogo uma alusão às questões indiscretas do confessor. Fato mais raro, ele incrimina uma certa esposa insaciável que estimula seu marido a masturbar-se sem parar, a fim de gozar com o espetáculo[36].

Os clínicos são concordes quanto aos mecanismos de fixação do hábito e quanto ao papel tanto da memória quanto da imaginação. "A lembrança da sensação que experimentaram"[37] constitui, segundo Fournier e Bégin, a principal instância da prática da masturbação; assim como a visão de uma bela mulher, "a lembrança dos prazeres que sua posse nos fez saborear"[38] interfere com força na estimulação de nossos pensamentos. Quando o trabalho da imaginação se junta a tais recursos da memória, os desejos se exacerbam e a masturbação faz-se incontrolável. A gravidade

---

32. *Ibid.*, p. 106.
33. LANGLOIS DE LONGUEVILLE, S.N.P. *Education physique et morale de la jeune fille*. Tese de doutorado. Paris, 1819, n. 260, p. 24.
34. LALLEMAND, C.F. *Des pertes séminales... Op. cit.* T. I, p. 423.
35. *Ibid.*, p. 424.
36. DESLANDES, L. *De l'onanisme... Op. cit.*, p. 205.
37. FOURNIER; BÉGIN. Verbete "Masturbation". *Dictionnaire des Sciences Médicales. Op. cit.*, p. 110.
38. *Ibid.*, p. 109.

da doença emerge quando começa a influência dos fantasmas, ou, se preferirmos, a influência das representações fantasmagóricas.

"Sempre que os sentidos são a única causa de um engano [escreve Rozier], este tem pelo menos por limite a influência dos sentidos. Mas, a partir do momento que a imaginação se apodera deste engano, ela perde seus limites; se os sentidos ainda permitem alguns instantes de paz, a imaginação já não deixa mais intermediários entre engano e razão"[39]. Distinção essencial, bastante próxima daquela que estimula os especialistas em teologia moral a elaborar uma estrita divisão entre tentação e deleite. Ela se embasa nas solidariedades estabelecidas entre os órgãos genitais e o cérebro. O pior, obviamente, acontece quando os dois sistemas de órgãos se associam contra a virtude; e quando a inclinação à masturbação se torna, por essa razão, obsessiva.

A intervenção da imaginação é tão determinante que o ato de se masturbar impõe à própria imaginação uma forte tensão. O indivíduo deve representar-se objetos desejáveis de uma maneira suficientemente intensa para poder aceder ao prazer. Lá reside a diferença essencial que diferencia o vício solitário do exercício da cópula. Fournier e Bégin realçam essa "tensão prodigiosa da imaginação, que deve exaltar-se a ponto de representar com maior vivacidade, a sujeitos enfraquecidos, os fabulosos objetos de seus vergonhosos êxtases"[40]. O masturbador solicita "alternadamente que sua imaginação estimule seus órgãos, e que seus órgãos inflamem sua imaginação". Em suma, a masturbação é primeiramente "um trabalho do espírito"[41]. Para deleitar-se, o indivíduo deve inventar ininterruptamente. Aí reside o perigo desta prática, outrora denunciada por Rousseau. O labor da imaginação é tanto mais crucial quando "os tremores" voluptuosos

---

39. ROZIER. *Des habitudes secrètes... Op. cit.*, p. 231-232.
40. FOURNIER; BÉGIN. Verbette "Masturbation". *Dictionnaire des Sciences Médicales. Op. cit.*, p. 118.
41. DESLANDES, L. *De l'onanisme... Op. cit.*, p. 53, bem como o que segue.

dos quais se beneficia o masturbador resultam da sua intensidade e da forma como ele dispôs o corpo a senti-los. Sem esquecer que este jogo, conduzido com sutileza, atrasa mais facilmente o desfecho do que ao longo da cópula; "é assim que, com uma arte realmente funesta, o indivíduo consegue dar ao vício que o corrói todo o poder que ele pode obter". Para chegar a tais fins, o masturbador encontra, por conseguinte, menos obstáculos do que o indivíduo que se diverte com uma mulher, até porque "nenhuma causa distrai quem se abandona ao onanismo, ao passo que mil circunstâncias distraem e acalmam sem cessar a mente de quem gosta de mulheres"[42].

Estando a imaginação totalmente subjugada, aquele e aquela que se entregam à masturbação só têm duas coisas em mente: "Dissimular e gozar; eles não querem e nem poderiam querer mais nada"[43]. Rozier disserta longamente sobre a jovem mulher entregue ao vício solitário. Quando a masturbação pousou sobre ela o seu domínio, "as últimas conveniências do pudor, da piedade filial, do amor conjugal, do amor materno [...], tudo desapareceu, tudo se apagou [...]. Os lençóis nupciais não recebem mais senão um corpo insensível, e agora estranho, de uma pessoa que outrora foi uma esposa carinhosa"[44].

Raramente os médicos descrevem com exatidão os artifícios masculinos ordinários, como se estes fossem óbvios. Bourbon, já o vimos, ensaiou um estudo quantitativo da masturbação praticada em pé; fato este que o leva a dar importância à frequência. Já citamos alhures um caso de prazer solitário regularmente obtido no banho. Mas os médicos, amantes do paroxismo e da virtuosidade, preferem detalhar as masturbações conseguidas a cavalo, no salão de baile, na própria família ou em sala de aula.

---

42. FOURNIER; BÉGIN. Verbete "Masturbation". *Dictionnaire des Sciences Médicales. Op. cit.*, p. 119.
43. DESLANDES. *De l'onanisme... Op. cit.*, p. 137.
44. ROZIER. *Des habitudes secrètes... Op. cit.*, p. 125-126.

"Agindo através de pressões [escreve Deslandes a respeito de certas masturbações] [...] os indivíduos não fazem nenhum ou quase nenhum movimento: podem, por conseguinte, estar vestidos, sentados, ter as mãos livres, simular interesse numa conversação, numa leitura, ou entregar-se a um trabalho qualquer, e, não obstante, estar praticando o onanismo." Este artifício, no entanto, não foge ao observador atento; "há na compostura, na fisionomia, no silêncio do indivíduo [...] algo de insólito"; "seria sobretudo impossível subtrair aos olhos vigilantes a emoção final, e, por mais bem-executada que ela seja pelo masturbador [...], é possível observar igualmente que a imobilidade do corpo é mais afetada do que total, e que a parte inferior do tronco não a compartilha inteiramente"[45].

Lallemand cita o caso pitoresco de um jovem rapaz que, à época da puberdade, tinha percebido que, ao suspender-se pelos braços, gozava de uma ereção enérgica, seguida de uma ejaculação particularmente voluptuosa; e isto sem fazer uso das mãos. "Ele continua, portanto [conclui o clínico], a suspender-se nos móveis, nas portas etc."[46] Um oficial superior, aos 10 anos de idade, havia experimentado suas primeiras sensações esfolando-se contra o pé de uma mesa, fazendo o dever de casa. "E continuou, por anos, usando o mesmo artifício"[47].

Fournier e Bégin enumeram uma lista de ferramentas, como, por exemplo, anéis de cobre, chaves, candelabros, isqueiros... que permite aos masturbadores comprimir o pênis. Deslandes cita ataduras feitas para produzir este efeito. Bem mais assustadores são os artifícios usados por indivíduos que buscam o prazer "invadindo" os órgãos. Alguns fazem uso de corpos pontiagudos – raminhos de palha, pedaços de madeira, grandes alfinetes – para se titilar a uretra. Dumont nos apresenta o homem da bengala de junco. Este indivíduo, com 22 anos de idade, observado na Escola

---

45. DESLANDES, L. *De l'onanisme... Op. cit.*, p. 380-381.
46. LALLEMAND, C.F. *Des pertes séminales... Op. cit.* T. I, p. 456.
47. *Ibid.*, p. 457.

de Medicina de Toulouse, havia contraído o hábito de masturbar-se desde os 18 anos, mas, para evitar a perda de seu sêmen, "cada vez que pretendia ter uma polução [o que lhe acontecia várias vezes por dia], colocava sobre o períneo, imediatamente atrás do escroto, o apoio de mão de uma bengala, sobre a qual se apoiava com muita força; a compressão resultante obliterava a uretra"[48]; isto bloqueava a ejaculação, mas não o prazer.

O caso do pastor da região de Languedoc, Gabriel Gallien, muito citado, leva o pavoroso ao extremo. Desde os 15 anos ele se masturbava até oito vezes por dia. E assim, com o passar do tempo, só raramente conseguia ejacular. Ao longo de 11 anos ele só se servia das mãos; mas, aos 26 anos, não podendo mais chegar aos seus objetivos, "ele passa atiçar a uretra com um pedacinho de madeira de aproximadamente 6 polegadas"[49]; isso todos os dias, diversas vezes, e por um período bastante longo. "Por 16 anos ele se fazia ejacular com a ajuda desta fricção rudimentar." Com o passar do tempo, este brinquedo cessou de ser coroado de êxito; então, ele corta a glande e se impõe uma horrível mutilação, fendendo o pênis a meio, friccionando-o com um barbante preso à sua mão. Segundo Deslandes, muitos masturbadores introduziam um objeto na uretra.

A literatura médica também faz referência a cenas de masturbação coletivas, notadamente da parte de pastores e, mais geralmente, de camponeses. O Prof. Dunal, decano da Faculdade de Ciências de Montpellier, por ocasião de uma coleta de plantas na região de Cevenas, França, surpreendeu "um dia, no meio do bosque, cinco ou seis jovens pastores sentados em círculo, entregando-se às suas infâmias frente a frente um do outro. Somente minha presença inesperada os impediu de continuar"[50]. Berthelot, agricultor com 23 anos de idade, de temperamento fleumático,

---

48. DUMONT, F.G. *Dissertation inaugurale sur l'agénésie, l'impuissance et la dysgénésie*. Tese cit., p. 56-57.
49. DESLANDES, L. *De l'onanisme... Op. cit.*, p. 277, bem como para as citações seguintes.
50. LALLEMAND, C.F. *Des pertes séminales... Op. cit.* T. I, p. 442-443.

muitas vezes, entre os 10 e os 14 anos de idade, entregou-se à masturbação com outros adolescentes da aldeia[51]. Tais cenas permitem Lallemand enfatizar que os pensionatos e liceus não detêm o monopólio de tais práticas; e que, por consequência, é duvidoso que se atribua grande importância ao luxo, à civilização e à sofisticação das sensibilidades neste tema.

Os artifícios femininos são, em geral, segundo os médicos, mais detalhados que os artifícios dos homens. Um debate opõe os que, como Virey, pensam que este vício "parece mais comum nas mulheres"[52] aos que, como Fournier e Raciborski, relutam a se manifestar, embora simultaneamente reconhecendo que a masturbação é, sem dúvida, menos difundida nelas e de igual modo mais facilmente dissimulável e mais dificilmente suspeitável. Seja como for, todos destacam o grande número de objetos e artifícios utilizados pelas mulheres para propiciar-se o prazer. "A vagina é talvez o órgão no qual encontramos o maior número de corpos estranhos", garante o Dr. Frabre em sua *Bibliothèque du médicin-practicien*[53]. Este maior número é explicável: segundo Roubaud, estes artifícios passam despercebidos daquelas que os utilizam "no momento do espasmo cínico"[54]. Em 1785, Chambon de Montaux considerava que este tipo de artifício, longe de aliviar o desejo feminino e de acalmar a irritação, o acentuava. Ele observa, no entanto, que algumas jovens mulheres conseguiam propiciar-se um real prazer introduzindo corpos estranhos na uretra, notadamente alfinetes que permitiam romper ou escoriar o órgão com volúpia[55]. De fato, vários autores se referem a agulhas de sedenho e a agulhas de frisar, utilizadas para "fins criminosos" de mulheres que os introduziam neste canal.

---

51. *Ibid.*, p. 576.
52. VIREY. Verbete "Fille". *Dictionnaire des Sciences Médicales. Op. cit.*, p. 504. • RACIBORSKI. *De la puberté et de l'âge critique chez la femme. Op. cit.*, p. 280.
53. FABRE (org.). *Bibliothèque du médecin praticien. Op. cit.* T. 1, p. 86.
54. ROUBAUD, F. *Traité de l'impuissance... Op. cit.* T. 2, p. 509.
55. CHAMBON DE MONTAUX, N. *Des maladies des filles. Op. cit.* T. 2, p. 74, 77.

Fournier e Bégin evocam a grande rolha de cortiça proveniente do gargalo de uma garrafa que uma mulher introduziu na vagina "para satisfazer os caprichos de sua imaginação"[56]. Mas foi por ocasião das *Lições orais* que Dupuytren apresentou aos seus alunos, em 1827, o caso subsequente mais frequentemente referido. Trata-se de uma masturbadora que havia, do mesmo modo, inserido um pequeno pote de faiança destinado a conter pomada. O mesmo professor relata aos seus alunos que pessoalmente teve a oportunidade de extrair de uma paciente um grande número de agulhas espalhadas na vagina, procedentes de um grande estojo "que havia aberto após sua introdução"[57]. Colombat de l'Isère garante ter constatado casos semelhantes.

Em contrapartida, se compararmos a insistência da literatura erótica sobre este tipo de objetos e a literatura médica, vemos que os médicos são pouco eloquentes quanto ao emprego dos assim chamados dildos. Eles tendem a reservá-los às asiáticas e, em menor escala, às mulheres do Sul. As referências às viagens levam Fournier e Bégin a permitir-se, no erudito *Dictionnaire des Sciences Médicales*, uma descrição digna de uma obra pornográfica. Esta página, mesmo que parecendo desnecessária, pelo menos serviu para demonstrar a fascinação exercida sobre os médicos pelo paroxismo do prazer feminino. Na Ásia, dizem eles, mulheres introduzem uma bola vazia na vagina, colocam-na em contato com um orifício de fole de peixe, em seguida a põem em contato com outra bola – enchida com mercúrio líquido. "Então, o menor movimento das coxas, do baixo-ventre, ou a mais leve ereção das partes exteriores da geração colocam as bolas em jogo causando uma titilação que se prolonga conforme o desejado pela mulher"[58]. Viajantes garantem "que as mulheres, quando prolongam esta

---

56. FOURNIER; BÉGIN. Verbete "Masturbation". *Dictionnaire des Sciences Médicales. Op. cit.*, p. 108.
57. COLOMBAT DE L'ISÈRE. *Traité complet des maladies de femmes... Op. cit.* T. 2, p. 511-512.
58. FOURNIER; BÉGIN. Verbete "Masturbation". *Dictionnaire des Sciences Médicales. Op. cit.*, p. 127.

bizarra maneira de se masturbar, entram num estado convulsivo que às vezes chega a estimular o tétano, e que nessas ocasiões suplicam aos que estão próximos que as libertem destes perigosos agentes de seus prazeres".

Se a literatura médica negligencia os dildos, ela não é menos repleta de casos de prazer solitário, irreprimível ou paroxístico. Roubaud relata os desejos de uma mulher casada, movida por paixões avassaladoras, que paga um estrangeiro para fazer-se masturbar; e isto, "não obstante os princípios religiosos e honestos que havia herdado de sua própria família"[59]. O Dr. Belmer viu em um dos hospitais de Rouen uma garota, vítima de um amor desafortunado, que introduzia na vagina pedras, tampões de palha, pedaços de madeira. Depois de lhe terem atado as mãos, "ela esfregava as partes genitais nas barras de ferro do alojamento para ainda propiciar-se prazeres". Ela morreu conservando, até seu último respiro, o desejo de entregar-se "aos mais violentos êxtases do amor"[60].

Mais interessante, em nossa perspectiva, é a atenção voltada pelos médicos aos sinais, às marcas que permitem a identificação da masturbação. A este respeito, os dados anteriores, acumulados desde as antigas observações de Celso, são enriquecidos pela acuidade do olhar clínico dos médicos da primeira metade do século XIX. Há muito tempo, o brilho dos olhos pareceu significativo neste domínio, e naquele da defloração; é que ele reflete a atonia ou a intensidade da necessidade genital com particular nitidez: vossa paixão, escreve Chambon de Montaux às jovens que se masturbavam, "*se delineia a todo instante em vossos olhos; vê-se viver lá o desejo* que vos leva incessantemente ao excesso dos prazeres [...]; um olhar [que] em vossa face já não lembra mais aquela vermelhidão que acompanha a modéstia [...], sobretudo quando surgido de uma conversação com pensamentos excessivamente livres; mesmo que ele pareça velado o bastante

---

59. ROUBAUD, F. *Traité de l'impuissance... Op. cit.* T. 2, p. 530.
60. BELMER, A.S. *Dissertation sur la Nymphomanie...* Tese cit., p. 17.

para não chamar a atenção, seu sentido pode ser lido em vossos olhos [...]". Aqui, "a dissimulação é inútil"[61].

Meio século mais tarde, Lallemand aprofundou esta clínica do olhar. À perda do brilho junta-se rapidamente a incerteza da visão. "Seu olhar inseguro [escreve ele a propósito dos masturbadores], jamais suporta outro olhar confiante: ele se esquiva precipitadamente numa espécie de constrangimento, e acaba se fixando no chão, após vagar por algum instante na aventura. Nesta incerteza do órgão da visão há algo que lembra o tremor da voz, a hesitação da palavra, a gagueira produzida pela emoção, a instabilidade dos membros inferiores quando o indivíduo está em pé, a agitação habitual das mãos, a frequência das palpitações etc."[62]

Além disso, os olhos dessas pessoas são opacos, abatidos, cavernosos, realçados por olheiras azuladas ou lívidas, mais marcados em seu ângulo interno. O relaxamento da pupila inferior, o "tremor espasmódico da pupila superior"[63] geralmente acompanham o conjunto destes sinais. O rosto descarnado, as maçãs salientes, o nariz parecendo demasiadamente grande, os lábios pálidos, a tez obtusa, o hálito fétido e, melhor que tudo, as pústulas supuradas numa testa enrugada designam o vício solitário aos clínicos[64]. Rozier observou que a voz das infelizes que se masturbam se torna frequentemente rouca, abafada, fraca, e que ela "acaba se extinguindo"[65].

Existem, para o médico, sinais secretos. No homem, a puberdade prematura, seguida pela flacidez dos órgãos genitais, é uma demonstração do prazer solitário. Segundo Rullier, nos dois sexos, a visão das partes sexuais elucida melhor que qualquer clínico, e isto desde a primeira olhada, quer

---

61. CHAMBON DE MONTAUX, N. *Des maladies des filles. Op. cit.* T. 2, p. 101-102.
62. LALLEMAND, C.F. *Des pertes séminales... Op. cit.* T. III, p. 76.
63. *Ibid.*, p. 77.
64. Quer se trate de Fournier, Buet, Langlois de Longueville, Deslandes, Menville de Ponsan ou Rozier, todos estes clínicos descrevem a masturbação solitária em termos similares.
65. ROZIER. *Des habitudes secrètes... Op. cit.*, p. 66.

se trate da aparência do clítoris ou, melhor ainda, da forma e do volume adquirido pelo membro viril dos jovens rapazes[66]. Richerand especifica o quadro: ao círculo azulado que espreita os olhos, segundo ele, se junta o esmalte branco embaciado e acinzentado dos dentes. "As carnes perdem sua firmeza, parecem fundir-se" num ser de inteira palidez, magreza e enrugamento[67]; o peito da jovem mulher "não oferece mais senão círculos ósseos". Uma noção efêmera que perpassou todo o século, que resume a aparência da pessoa "onanista": o emurchecimento.

O clínico saberá reconhecer não somente o *sinal distintivo* do onanista, mas também as manifestações de seu ato. Às vezes ele consegue derrotar dissimulação e a máscara de um falso sono. Mas logo após ele deitar-se ou antes de levantar-se, é possível flagrar o culpado em flagrante delito. Jamais suas mãos se encontram fora dos cobertores; e em geral ele costuma esconder sua cabeça debaixo das cobertas. Mal se deita, parece mergulhar num sono profundo; é o artifício mais revelador dos sinais. E então, ao nos aproximarmos, "vemo-lo ruborizado e coberto de suor [...], com a respiração simultaneamente mais acelerada, as pulsações aumentadas, mais fortes, mais rápidas, as veias mais grossas e o calor mais forte do que em estado habitual"[68]. Assim detecta-se esta sorte de "turgescência geral" que acompanha o ato. Se "tirarmos os cobertores bruscamente do jovem rapaz, o flagramos com as mãos [...] sobre os órgãos com os quais comete excessos, ou em suas proximidades". Também é possível perceber o pênis em ereção, bem como, às vezes, "os traços de uma polução recente [...], da qual os dedos estão impregnados". "As máculas espermáticas que os lençóis ou a camisa do pijama oferecem também podem colocar-nos no bom caminho"[69].

---

66. RULLIER. Verbete "Génital". *Dictionnaire des Sciences Médicales. Op. cit.*, p. 140.
67. ROZIER. *Op. cit.*, p. 20.
68. DESLANDES, L. *De l'onanisme... Op. cit.*, p. 370.
69. *Ibid.*, p. 370-371.

Os médicos que rastreiam a masturbação também especificam suas táticas; progresso tão necessário que, apesar do relativo descrédito de Tissot, o vício solitário ainda parece engendrar muitas doenças. Segundo Roubaud, o prazer solitário não é em si mais perigoso do que o propiciado pelo coito, mas, ao contrário deste, é mais fácil entregar-se em excesso a ele. O dia a dia oferece menos oportunidades de copular do que se masturbar. O coito exige o mais absoluto isolamento, bem como um acordo perfeito entre um homem e uma mulher. Além disso, ele "é ordinariamente o apanágio do homem que alcançou [...] a um grau suficiente de energia"[70]; o que está longe de ser o caso da masturbação.

Com isso Roubaud está expressando uma opinião tardia, que a maioria dos médicos dos cinquenta primeiros anos do século não compartilha; muito embora, a exemplo de Fournier, alguns pensem que é necessário observar os efeitos mórbidos da masturbação e não decretá-los. Deslandes, por sua vez, convida a diferenciar as doenças preparadas de longa data pelo vício solitário, como a loucura, das produzidas no imediato pelo prazer culposo, bem como das doenças agravadas pela masturbação; sem jamais esquecer que esta suscita muitos transtornos que não podem ser considerados doenças. Segundo Deslandes, os efeitos mais comuns do onanismo "consistem antes em indisposições menos graves, e em certas violações do caráter, do que em doenças com formas definidas e um lugar garantido nos quadros nosológicos"[71]. Percebe-se claramente que, em 1835, o tom não é mais o mesmo, se comparado ao posicionamento outrora assumido por Tissot.

Segundo Deslandes, como já visto anteriormente, a permanência do estado que normalmente sucede ao ato venéreo constitui a primeira destas indisposições específicas induzidas pelo vício solitário. O que faz com que, pouco a pouco, toda a sensibilidade se torne genital, e todas as

---

70. ROUBAUD, F. *Traité de l'impuissance... Op. cit.* T. 1, p. 376.
71. DESLANDES, L. *De l'onanisme... Op. cit.*, p. 528.

faculdades pareçam se confundir em uma única. A primeira manifestação específica deste estado seria, segundo ele, "a impressionabilidade excessiva"[72]; por exemplo, o fato de sentir fortemente as mudanças do clima, "o frio, o calor, o seco, o úmido, a chuva [...]"[73]. "Eu me tornei verdadeiramente sensível", confessa um jovem de 22 anos, que se masturba desde a puberdade, e por alguns anos seguidos com tamanho furor que "a menor mudança do tempo, um temporal, me faz muito mal [...]; tanto no frio quanto no calor sinto mal-estar"[74].

Além disso, as lógicas são idênticas às que ordenam as consequências do excesso venéreo. Encontramos, em relação ao vício solitário, tudo aquilo que recai na esfera da antiga tísica ou definhamento dorsal. Após ter lembrado a lista das autoridades que apoiam suas afirmações – Boerhaave, Hoffmann, Van Swieten, Haller, Boissier de Sauvages, Hufeland –, Rozier oferece um quadro clássico, mas que, desta vez, diz respeito às mulheres. O corpo das onanistas emagrece e definha. "Elas têm a impressão de que formigas descem da cabeça em direção à espinha dorsal. A corrida, e até mesmo uma simples caminhada [...] as deixam ofegantes, fracas, ocasionando-lhes suores, peso na cabeça e zumbidos no ouvido. Doenças do cérebro e dos nervos, bem como estupidez e insensatez as acometem. O estômago incomoda, a palidez, o entorpecimento e a preguiça se impõem. Pessoas jovens assumem ares e enfermidades da velhice; seus olhos se nos apresentam afundados, seu corpo curvado, suas pernas não as conseguem mais carregar [...], e muitas caem na paralisia"[75]; quando uma febre lenta ou aguda não vem abreviar-lhes os dias. Buet observou no Hospital Pitié-Salpêtrière um jovem rapaz que se masturbava quatro ou cinco vezes por noite, cujos membros atrofiados se recusavam a carregá-lo[76].

---

72. *Ibid.*, p. 119.
73. *Ibid.*, p. 120.
74. *Ibid.*, p. 121-122.
75. ROZIER. *Des habitudes secrètes... Op. cit.*, p. 5.
76. BUET, N.M. *Dissertation sur la masturbation...* Tese cit., p. 10.

Os médicos buscam e encontram na dissecação as provas do que alegam. O quadro do definhamento dorsal se liga doravante à clínica do raquitismo. Segundo Marc-Antoine Petit, o prazer solitário constitui uma das principais causas da tuberculose pulmonar[77]. O mesmo se pode dizer da escrófula e, obviamente, das doenças das glândulas, notadamente a do bócio, atribuída à influência exercida pelo ato venéreo sobre o conjunto dos órgãos.

O prazer solitário, ainda o veremos no tema relativo às perdas seminais involuntárias, provoca um *relaxamento de todo o sistema genital*. Ele o irrita; ele enfraquece os órgãos; e os torna flácidos e esponjosos. Ele faz com que, pouco a pouco, a ereção se torne lenta e incompleta. Como o excesso venéreo, esta espécie de abuso prejudica o sistema nervoso; e Deslandes se deleita em enumerar todos os transtornos induzidos pela masturbação. É inútil retomar esta ladainha. Mais interessante é a menção das câimbras específicas sofridas pelo responsável. Segundo o próprio Deslandes, este nunca mais terá, mesmo durante uma cópula completa, a *mesma maneira de gozar que outros homens*[78]. Estamos às voltas desta redenção impossível que mais tarde atingirá o heredo-sifilítico. Deslandes indica ainda uma série de "espasmos essenciais", característicos da prática solitária, que podem levar à paralisia[79].

O onanista corre o risco de atentar particularmente contra suas faculdades intelectuais. Pinel relaciona este vício com o surgimento da loucura. Mais ordinariamente, são a atenção, a memória, a compreensão que podem sentir-se afetadas, ou dilapidadas; sem esquecer a obstrução da imaginação[80].

---

77. ROZIER. *Des habitudes secrètes... Op. cit.*, p. 12. O autor cita as *Observations sur le rachitisme*, de Portal, em seguida as de Marc-Antoine Petit.
78. DESLANDES, L. *De l'onanisme... Op. cit.*, p. 125-126.
79. *Ibid.*, p. 188.
80. ROZIER. *Des habitudes secrètes... Op. cit.*, p. 88-92. O autor se refere a Pinel, Campe, Vogel...

Resta o essencial, para o que nos interessa: a reflexão sobre a natureza, as formas, as características específicas do prazer experimentado pelo masturbador e o repertório das consequências psicológicas do abuso ao qual ele se entrega. Este prazer não é verdadeiramente um prazer. É fictício. Ele não implica troca alguma, já que consiste em "concentrar em si mesmo os prazeres que a pessoa não compartilha"[81]. Trata-se de prazeres fáceis, aos quais nenhum obstáculo se opõe, mas que não podem ser seguidos senão por uma forma de decepção que os torna mais perigosos do que os prazeres propiciados pela cópula. O masturbador, que, por outro lado, tem o sentimento de ser ridículo, "não pode isolar seus prazeres sem contaminá-los; uma preocupação contínua domina então o espírito; uma melancolia vaga, que lança sobre todos os objetos uma tonalidade escura [...] solapa toda coragem, e faz ver o mundo inteiro como um vasto deserto no qual não se espera nem auxílio nem encorajamento para o tempo presente, nem desejo nem esperança para o futuro"[82]. O prazer solitário vincula-se, de alguma forma, à doença do século, bem como – o veremos ainda – à ansiedade então suscitada pelo fantasma da impotência. Fournier e Bégin colocam no centro da análise "o descontentamento interior"[83], fonte de uma hipocondria fundada nas lamentações amargas e no remorso. Deslandes prefere atribuir à "vergonha interior"[84] as doenças psicológicas sofridas pelo onanista. Desta forma ele faz coro com os teólogos moralistas.

De acordo com os médicos, existe uma consequência particularmente grave: a perda da atração pelos prazeres venéreos. Trata-se lá de um fio condutor, visto que o fechar-se em si mesmo e o desencantamento do vínculo social produzidos pelo vício solitário comprometem a perpetuação

---

81. DE MONTÈGRE. Verbete "Continence". *Dictionnaire des Sciences Médicales. Op. cit.*, p. 100.
82. *Ibid.*, p. 100-101.
83. FOURNIER; BÉGIN. Verbete "Masturbation". *Dictionnaire des Sciences Médicales. Op. cit.*, p. 119.
84. DESLANDES, L. *De l'onanisme... Op. cit.*, p. 127.

da espécie. Lallemand, no entanto, se pergunta – mas é o único – se, no homem, esta pretensa perda de desejo pela união carnal com uma mulher não resulta, simplesmente, do medo do fracasso. Doravante, o estudo daquilo que vincula o vício solitário e a impotência não diz mais respeito apenas ao estado dos órgãos genitais; ele se centra nos desastres psíquicos suscitados pelo prazer "concentrado em si mesmo".

Seja como for, segundo a lógica que os guia, a maioria dos médicos considera, repitamo-lo, a perda da atração pela cópula uma consequência desastrosa da masturbação. O modesto Dr. Dupuis interroga, em 1816, uma senhorita de 23 anos, de temperamento colérico, que teve suas primeiras regras aos 15 anos e que, pouco tempo depois, foi vítima de uma leucorreia. Ela se queixa de cefalia, de dor no peito, nas costas e nas coxas. Sua face é amarelada. Dupuis, que suspeita da masturbação, busca certificar-se disso "com a máxima reserva possível: com grande dificuldade [escreve ele], obtive a confissão de que, por volta dos 14 anos, uma camareira lhe havia inspirado o gosto pelos prazeres solitários, e que desde então – ou seja, ao longo de nove anos – ela havia se entregado a este gênero de excesso com uma espécie de furor. A sociedade dos homens se lhe havia tornado totalmente indiferente, e algumas vezes até insuportável"[85]. Felizmente, Dupuis consegue inspirar-lhe repulsa por esta "propensão funesta". Sua paciente recupera então a saúde e o apetite pelos homens. Menville de Ponsan explica pelo vício solitário, e pela indiferença aos "prazeres legítimos do hímen" que ele suscita, o celibato de muitas mulheres. Sobretudo, ele lamenta que este sentimento se estenda "até o leito nupcial", já que algumas onanistas odeiam para sempre os "meios legítimos de amortecer o aguilhão da carne"[86].

---

85. DUPUIS, A.I. *Dissertation sur le catarrhe utéro-vaginal (leucorrhée)*. Tese de doutorado. Paris, 1817, n. 220, p. 32-33.
86. MENVILLE DE PONSAN, C. *Histoire philosophique et médicale de la femme... Op. cit.* T. 2, p. 62.

Mas de onde vem então a atração pelos prazeres solitários? Os médicos debatem sobre esta espinhosa questão. No final do período, Roubaud garante que este prazer é específico; fato que explica sua persistência no seio da união conjugal. Segundo ele, a doença induzida pela masturbação pouco a pouco devasta a sensibilidade geral, e a "sensibilidade genital" sofre um atentado indireto. Esta repugnância pelo coito difere muito profundamente, pois, da saciedade suscitada pelo excesso venéreo, visto que ela não afeta o desejo de obter prazer. "Os excessos do onanismo só congelam os desejos de copular", mesmo que aumentem "o ardor pelos prazeres solitários"[87]. É a razão pela qual os masturbadores e as masturbadoras casados guardam intacta sua necessidade específica, mesmo após a união carnal.

Lallemand, por sua vez, alguns anos antes, havia se esforçado para aprofundar a distinção. Na qualidade de clínico das perdas seminais involuntárias, ele exorta a que se tome o devido cuidado de não confundir quatro dados patológicos: a suscetibilidade das partes, a aceleração da ejaculação, a evolução das sensações voluptuosas e as dores cujos testículos e o pênis podem ter sua sede. Claramente: a masturbação atinge, simultaneamente, mas em graus diferentes segundo os indivíduos, o estado dos órgãos genitais aos quais ela confere a flacidez e o ritmo da sensação à medida que estes mesmos órgãos tornados mais flácidos se fazem paradoxalmente mais sensíveis e tornam a ejaculação mais precoce, ao passo que a vivacidade dos prazeres diminui e até dores podem surgir. Um aforismo de Lallemand resume a aparente contradição: junto àquele que se masturba, "a vivacidade do prazer pode diminuir à medida que a suscetibilidade dos órgãos aumenta"[88].

O vício solitário induz, mais do que o excesso de cópulas, a um relaxamento dos órgãos, a uma ereção imperfeita, a um fluxo e a uma ejaculação cada vez menos controlável pela vontade, a uma volúpia decrescente,

---
87. ROUBAUD, F. *Traité de l'impuissance...* Op. cit. T. 2, p. 558.
88. LALLEMAND, C.F. *Des pertes séminales...* Op. cit. T. I, p.487.

mas facilmente repetitiva, a uma dificuldade de praticar a cópula e a uma perda total de prazeres. Compreende-se, a partir disso, que é um pouco artificial diferenciar, como costumamos fazer, os sintomas clínicos da masturbação, as perdas seminais involuntárias da impotência. Os estudiosos gostam de seguir o caminho que leva a esta perda da "sensação ou [a] percepção racional do eu interior"[89] denunciado por Rozier; embora Founier e Bégin, referindo-se a Tissot, deplorem, junto à pessoa que busca o prazer solitário, um "sentimento da existência infinitamente menos vivo [...]. Tudo o que acontece no presente [confessa a pessoa que se masturba], parece-me quase um sonho; é o que mais tenho dificuldade de entender [...]"[90]. A inclinação, ou o delírio homicida da solidão, constitui-se em sintoma mais evidente deste mal-estar interior.

Neste contexto compreende-se melhor os estragos provocados pelas terríveis predições dos médicos aos homens e às mulheres que se entregam ao prazer solitário. No intuito de corrigi-los, os clínicos às vezes arrancam de seus pacientes alguma esperança de cura, com a ameaça de um fim trágico. "A morte da qual se dá conta [escreve Deslandes a respeito do masturbador], muitas vezes o lança no mais terrível desespero. Ele se lembra da época em que, cheio de saúde, ainda não conhecia o onanismo [...], do que lhe foi dito para afastá-lo deste hábito funesto, do que leu; e tudo o que lembra este fim que lhe foi anunciado torna-se ainda maior, e, além de próximo, o considera inevitável"[91], justamente por ainda sentir-se dominado por "seu insaciável hábito". "Eu não imaginava, acrescenta Deslandes, uma posição moral tão assustadora"; igualmente nosso autor compreende a razão pela qual os masturbadores se tenham suicidado ou tentado fazê-lo: para pôr "um fim assassino às próprias angústias".

---

89. ROZIER. *Des habitudes secrètes... Op. cit.*, p. 94.
90. FOURNIER; BÉGIN. Verbete "Masturbation". *Dictionnaire des Sciences Médicales. Op. cit.*, p. 112. Os médicos, aqui, se inscrevem na linha de Tissot; a repetição incessante de "simples convulsões dos músculos ejaculadores", já deplorava o médico suíço, induz a uma "perda da energia da faculdade de pensar". Mas os clínicos do século XIX não se contentam com a onda de tal formulação.
91. DESLANDES, L. *De l'onanisme... Op. cit.*, p. 128-129.

A novidade, no tocante a este abuso, da parte dos médicos que se inspiram em Tissot, tanto para criticá-lo quanto para aprofundar a análise psicológica, é uma evidente angústia diante de um universo de masturbadores, de vítimas de perdas seminais involuntárias, de vítimas de impotência, ou sodomitas; ou seja, diante de indivíduos que se afastam da sociedade, porque, cuidadosamente guardado dentro de si mesmos, carregam um segredo inconfessável.

Esta solidão e este fechamento em si mesmos são evidentes, e em igual medida, tanto na mulher quanto no homem. A este respeito, impressiona o parentesco existente entre a figura da masturbadora e a da jovem moça romântica, vítima de um destino trágico. A silhueta esbelta, a magreza, um rosto e um nariz descarnados, olhos cerrados que testemunham a vivacidade senão o brilho do desejo, a ameaça de tuberculose que espreita a jovem moça submetida aos nervos, o drama interior suspeitado junto a um ser hipersensível, amante da solidão e dotado de uma imaginação viva: todos estes são fatos corriqueiros.

A masturbação, a perda seminal e a impotência impõem em todas as suas vítimas um jogo secreto, uma arte da dissimulação e da contenção, uma manipulação sutil dos sinais, uma opacidade que o olho do médico precisa desvendar. É assim que os estudiosos elaboram uma galeria de modelos, e que sua arte se assemelha à dos escritores, obrigados, eles também, a rastrear a nuança, o detalhe, o sinal intangível, mas revelador.

A perda seminal involuntária e "a ejaculação precipitada"

A perda seminal involuntária, por sua vez, constitui uma doença especificamente masculina, já que os médicos deixaram de crer na existência de um duplo sêmen. Detectada desde a Antiguidade, já que ela se inscrevia facilmente na lógica da teoria humoral, descrita no século XVII por Tauvry (1693), em seguida por Morgagni e apresentada no *Dictionnaire de Médecine*, de James em meados do século, esta patologia parece quase esquecida ao longo do quarto de século seguinte. Wichmann, que, por conseguinte, pode aparecer como um epígono, faz em 1772 uma primeira observação sobre ela, e dez anos mais tarde a transforma em objeto de uma dissertação. A perda seminal involuntária, no entanto, não sai do esquecimento antes que, em 1817, o Dr. Sainte-Marie traduza a obra de Wichmann, recheada de um grande número de notas, observações e reflexões. Com isto ele chama a atenção de seus colegas sobre um fluxo espermático que não depende nem da ejaculação produzida ao longo da cópula nem da masturbação, tampouco da polução noturna, propaladas pelos especialistas em teologia moral.

Wichmann e Sainte-Marie descrevem seus sintomas principais. Em 1809, um mestre de dança, que se apresentava em uma pequena cidade, sentia-se, há 14 meses, afetado por uma impotência acompanhada de perda seminal. Ora, outrora ele se revelava muito vigoroso e muito inclinado aos prazeres amorosos. Sem ser absolutamente vítima de doença venérea, eis que, brutalmente, não sente mais nenhuma sorte de desejo. "Se, no entanto, a visão de uma bela mulher atraísse um pouco sua atenção, o sêmen, estimulado por este simples desejo moral, fluía imediatamente, sem causar-lhe outra sensação senão a de um líquido quente que escapava pelo canal da uretra. O mesmo lhe acontecia quando andava a cavalo, e até mesmo caminhando, unicamente pela fricção da roupa, se a glande não estivesse completamente coberta pelo prepúcio. Ele perdia com frequência o sêmen durante o sono, sem ereção, e mesmo sem ser estimulado por sonhos eróticos. Bastava, para tanto, apenas estar deitado de costas"[92].

O quadro não será alterado até que esta patologia desapareça dos tratados de medicina. Desde o início sua existência havia sido contestada: Boerhaave, pouco tempo antes, jurava jamais ter visto o sêmen fluir sem uma ligeira estimulação. Haller e Hunter, principalmente, concordavam

---

92. WICHMANN, E. *Dissertation sur la pollution diurne involontaire. Op. cit.*, p. 17-18.

com sua desconfiança. Apesar da publicação da obra de Wichmann, a perda seminal involuntária permaneceu numa relativa obscuridade até que o Prof. Lallemand, que a estudava desde 1822, a impusesse à comunidade médica entre 1836 e 1842. Sua obra, que conta com aproximadamente duas mil páginas, teve grande repercussão. Desde sua publicação, reconhece ainda o Dr. Dufieux em 1854, "as academias, as faculdades, as sociedades de medicina, os professores das escolas, todos os médicos passaram a ocupar-se muito com a espermatorreia"[93]. Ellen Bayuk Rosenman mostrou, com esplêndida precisão, a extensão mundial do que ela denomina *The spermatorrhea panic*[94]. Desde 1839, Raspail não hesita em escrever na *Gazette des Hôpitaux* que, dentre todas as doenças, trata-se agora da "mais grave, após a loucura, que possa afligir o espírito dos pobres mortais"[95]. Deslandes, por sua vez, acredita piamente no mesmo raciocínio, embora afirme que esta entidade nosológica continue sendo contestada, sobretudo em suas consequências funestas. Dentre os que acreditam no poder devastador da perda seminal involuntária, alguns, em igual medida, criticam a cauterização praticada por Lallemand, que desta forma pretende curá-la. Esta doença só desaparecerá verdadeiramente do horizonte dos médicos após o período que nos concerne; Trousseau, na edição de sua *Clinique médicale de l'Hôtel-Dieu de Paris* [Clínica médica do Hotel-Dieu de Paris], datada de 1862, ainda lhe reserva um lugar importante.

Dando crédito às quase 150 observações fornecidas por Lallemand, trata-se de uma doença, de origem complexa, que se situa na confluência dos malefícios suscitados pela continência – muitos padres teriam sido afetados –, pelo excesso de cópulas, pela masturbação e, mais tarde, pela fraude conjugal. Em suma, eis uma doença sancionada pela relação equivocada com os desejos e os prazeres; *é nisto que ela aparece como um*

---

93. DUFIEUX, J.-E. *Nature et virginité...* Op. cit., p. 330.
94. ROSENMAN, E.B. Body doubles: the spermatorrhea panic. *Journal of the history of sexuality*, v. 12, 2003, p. 365-399.
95. *Apud* LALLEMAND, C.F. *Des pertes séminales...* Op. cit. T. II, p. 305.

tema central para quem busca compreender a lógica do pensamento médico relativo à função genital. Importa perceber claramente a especificidade desta doença e, sobretudo, não confundi-la com a masturbação, como é habitualmente comum.

Na perspectiva da medicina humoral, a polução noturna era vista como um bem; é o que Trousseau nunca deixou de reconhecer[96]. Falava-se, a este respeito, de "evacuação espontânea", de "crise benéfica", principalmente junto aos jovens adolescentes quando afetados pela "pletora espermática". O próprio Lallemand admite, neste caso, a utilidade da emissão, embora deplorando que os homens junto aos quais ela se revela benéfica não pratiquem a união carnal com uma companheira. E então propõe que ela seja considerada o equivalente a uma menstruação masculina, acrescentando ser desejável que ela seja acompanhada por "sensações de excitação"[97]. Segundo sua lógica, compartilhada por seus colegas, toda ejaculação deve ser acompanhada de prazer, do contrário entraria na esfera do mórbido. É desejável, nesta perspectiva, que um sonho erótico determine a polução. Lallemand explica, aliás, o que, segundo ele, produz a ejaculação noturna. As imagens lascivas, assim como as ereções e as contrações espasmódicas das vesículas seminais, resultam dos "movimentos rápidos e incessantes dos animálculos [espermatozoides] no esperma bem-elaborado, [que] titilam a membrana mucosa dos reservatórios"[98].

A perda seminal involuntária, noturna ou diurna, difere assim da espermatização. Trousseau a denomina polução passiva[99], e Lallemand "espermatorreia não convulsiva"[100]. Nesta doença, "a emissão se opera sem sonho, sem ereção, sem prazer e até mesmo, especifica Lallemand, sem

---

96. ROUSSEAU, A. *Clinique médicale... Op. cit.* T. 2, p. 216ss.
97. LALLEMAND, C.F. *Des pertes séminales... Op. cit.* T. II, p. 327.
98. *Ibid.*, p. 336.
99. TROUSSEAU, A. *Clinique médicale... Op. cit.*, p. 217.
100. DESLANDES, L. *De l'onanisme... Op. cit.*, p. 314.

qualquer sensação particular". Ela é súbita; "é de um momento para o outro que eles – os doentes – se veem inundados" por um licor sem consistência, sem cor, sem odor. Eles se surpreendem ao constatar "estas evacuações aquosas" sobre "a base do pênis, que escorrem pela virilha, ou sobre a coxa", sob a forma daqueles rastros "que as lesmas de nossos jardins deixam atrás de si"[101].

Segundo uma *transição imperceptível*, que nem o doente nem o médico conseguem compreender direito, a doença se agrava ao longo de estágios sucessivos. Lallemand considera que a doença, em si, emerge com a polução noturna. Em seguida indica sua progressão: a espermatorreia debuta por "uma estimulação exagerada das partes genitais" devida ao excesso de cópula ou de masturbação. Ela continua por "um estado de irritação que persiste nos órgãos espermáticos após a sensação destes excessos"[102]; o que pode provocar "ejaculações precoces, sob a influência de ereções incompletas e quase sem prazer". O relaxamento dos canais ejaculadores acompanha em seguida esta irritação patológica. Esta acaba expulsando o esperma sem que se manifestem nem a menor ereção nem qualquer prazer; fato que ocorre sobretudo durante a defecação ou durante a emissão da urina.

Se o doente tenta o coito, em razão do enfraquecimento do sistema genital, da flacidez adquirida pelos órgãos, da "atonia nervosa" e da languidez do aparelho, o sêmen flui em uma ejaculação precoce[103]. Trousseau descreve o caso de um jovem rapaz de 27 anos, que sofria de perdas seminais logo após uma blenorragia crônica que se prolongou por três anos,

---

101. LALLEMAND, C.F. *Des pertes séminales... Op. cit.* T. II, p. 329-330.
102. *Ibid.*, t. 1, p. 6. Em sua modesta tese, datada de 1805 (*Essai sur les causes de l'impuissance... Op. cit.*, p. 19-20), o Dr. Maur havia enfatizado que o excesso do onanismo sedia lugar a "uma sensibilidade tão exaltada que era seguida, o mais frequentemente, de emissão involuntária do licor seminal", sem total ereção do pênis. Ele cita o caso de um jovem rapaz vítima deste mal resultante de "familiaridades muito frequentes como jovens mulheres acostumadas a exercer sobre ele toques lascivos".
103. Cf. DESLANDES, L. *De l'onanisme... Op. cit.*, p. 316ss.

mas da qual havia se curado uns nove ou dez meses antes. Quando o doente se entregava à cópula, quase imediatamente ejaculava, antes mesmo de uma completa ereção. "Este jovem moço contou-nos que, passando um dia diante da vitrine de uma loja onde estava exposta uma pintura representando um casal apaixonado, a visão desta imagem lasciva fora suficiente para causar-lhe uma poluição abundante sem prévia ereção"[104].

Roubaud considera, em contrapartida, que a "ejaculação precoce" não constitui um fenômeno mórbido quando vinculada ao ardor dos desejos juvenis ou quando resulta de uma paixão violenta, por demasiado tempo reprimida. Um jovem rapaz, após ter deixado de masturbar-se ao completar 18 anos de idade, apaixonou-se por uma jovem moça. "Todas as vezes em que se encontrava com ela ou que sua imagem se apresentasse ao seu espírito, ele entrava em ereção, e o menor contato do pênis lhe provocava uma ejaculação. Assim via-se obrigado a ficar imóvel para impedir a fricção de seu órgão com a roupa; certa feita ele inclusive teve perda seminal pelo simples fato de tocar a mão de sua amada"[105]. Roubaud admite que esta manifestação do desejo só se constitui em doença se ela for persistente.

Este sêmen aquoso que flui, sem cor, sem odor, sem consistência se assemelha ao líquido prostático; essencialmente ele contém zoospermas pouco numerosos, mais lentos e defeituosos. Lallemand se mantém informado sobre as inúmeras pesquisas, sobretudo as de Raymond Turpin e de Devergie, que se dedicaram às análises do esperma, notadamente dos enforcados. Ele, por sua vez, observou esta substância, dia após dia, com o auxílio do microscópio. Seu primeiro passo foi recolher o esperma pouco depois do ato venéreo – e pôde constatar que os zoospermas têm então "movimentos mais rápidos do que em qualquer outra circunstância"[106], e que eles vivem mais longamente; o que o consolida na ideia de que o coito

---

104. TROUSSEAU, A. *Clinique médicale... Op. cit.* T. 2, p. 226.
105. ROUBAUD, F. *Traité de l'impuissance... Op. cit.* T. 1, p. 392.
106. LALLEMAND, C.F. *Des pertes séminales... Op. cit.* T. II, p. 422.

constitui "o procedimento mais natural e o mais rápido"[107] para quem quer entregar-se a este tipo de pesquisa. Devergie provou, além disso, que o número de zoospermas diminui quando este ato é repetido em um curto espaço de tempo.

Lallemand, por outro lado, observou o esperma dos doentes afetados pela espermatorreia. Ele pede que seus pacientes defequem e urinem por ocasião de suas visitas ao seu próprio consultório, e os faz recolher o licor seminal "num copo disponibilizado para este fim", e o professor coloca este material "imediatamente no centro do microscópio"[108]. De passagem ele observa que os zoospermas não têm a mesma densidade e a mesma configuração segundo a idade dos pacientes. Se Lallemand examina desta forma o produto das poluções diurnas, mas igualmente as noturnas – sem que saibamos, a este respeito, como procede –, ele o faz em vista de detectar o estágio da doença. O exame microscópico completa as indicações dadas pelos doentes sobre a qualidade de suas ereções, de suas voluptuosidades e a consistência do esperma. Segundo Roubaud, a perda seminal involuntária é um "início de revolta do aparelho copulador"; uma sedição que leva à impotência, objeto de seu trabalho. Ela sinaliza uma perda de "domínio sobre o genital", que todo indivíduo autônomo deve controlar, e que se torna então "refratária [...] às ordens da vontade"[109].

A perda seminal involuntária pode advir simplesmente de malformações orgânicas, às vezes "congênitas": comprimento excessivo do prepúcio, pequenez ou fraqueza constitucionais dos testículos, incontinência urinária... A espermatorreia pode igualmente resultar de doenças anteriores: blenorragias, uretrites de origem diversa, bem como tudo aquilo que pode exasperar, inflamar e excitar os órgãos, quer se trate de prisão de ventre, hemorroidas ou presença de ascarídeos. As neuroses, as vesanias das partes

---

107. *Ibid.*, p. 395.
108. *Ibid.*, p. 409.
109. ROUBAUD, F. *Traité de l'impuissance... Op. cit.* T. 1, p. 393.

genitais que tornam o ato venéreo rápido demais são suficientes para provocar uma perda seminal involuntária. "O ato venéreo deve durar um certo tempo, decreta Trousseau; se for rápido demais, indica neurose; ele não pode, em estado normal, ser ininterruptamente repetido; e nos homens que possuem esta aparência de virilidade exagerada, há espermatorreia"[110].

A isto se juntam eventuais causas farmacológicas, por exemplo, a absorção de purgantes ou de diuréticos, sem esquecer os inúmeros fatores que dependem da higiene de vida: os banhos de rio que fazem urinar, a prática do balanço e da equitação, as viagens de automóvel, uma posição sentada por longo tempo, bem como uma larga gama de fatores que se estendem do abuso de bebidas alcoólicas à leitura de obras eróticas.

Os efeitos psicológicos da perda seminal involuntária dificilmente se diferenciam das outras perdas de fluxos de sêmen. Os médicos enfatizam, no entanto, como se isto fosse específico, um sentimento de preocupação precedente às primeiras relações sexuais, o pouco prazer que estas últimas propiciam, uma ejaculação demasiadamente fraca para que o líquido seja injetado com força suficiente para a concepção e, por outro lado, muito frequentemente precipitada e portadora de zoospermas cujos desenvolvimentos foram bloqueados. Roubaud, por sua vez, é mais categórico do que Lallemand. Para ele, a espermatorreia sempre vem acompanhada de impotência; sem esquecer uma forma de angústia que aflige as centenas de clientes do professor de Montpellier.

Obviamente, os sintomas da perda seminal involuntária são, além disso, os do excesso e os da masturbação: *tabes dorsalis*, suscetibilidade patológica dos sentidos, diminuição de sua acuidade, opressão dificultando a respiração etc. As consequências da doença se revelam poliformes, pois, segundo Trousseau, a espermatorreia se mostra particularmente sensível às idiossincrasias; sua evolução varia drasticamente segundo as

---

110. TROUSSEAU, A. *Clinique médicale...* Op. cit. T. 2, p. 185.

disposições individuais, as circunstâncias e as complicações que ela causa. Lallemand, pelo viés da patologia da qual se tornou uma sumidade, inaugura uma perspectiva que será adotada pelos sexólogos do final do século XIX: o diagnóstico retrospectivo dos grandes escritores do passado. Para ele, tudo o que Rousseau revelou de sua personalidade e de suas aptidões genitais deriva de uma evidente espermatorreia. Lallemand desconfia que o desafortunado Pascal foi vítima da mesma doença.

O professor de Montpellier denuncia com ênfase as terríveis consequências da perda seminal involuntária, considerada por ele um dos muitos malefícios provocados pelo progresso da civilização: "desesperos inexoráveis", "suicídios inesperados", "glórias abortadas" brutalmente, ou, mais simplesmente, "carreiras interrompidas [...]"[111]. São estes excessos que seus adversários mais fortemente recriminam em Lallemand.

Ellen Bayuk Rosenman avalia que o pânico causado na Inglaterra pela espermatorreia afetou essencialmente a *middle class* [classe média], e que ela teve por função, ou no mínimo por efeito, aprofundar a identidade masculina ao centrar a atenção na força da ejaculação, bem como na quantidade e na qualidade do esperma. Baseando-se na leitura das obras do grande médico britânico William Acton, mais tardias do que as de Lallemand, ela destaca o quanto, nesta literatura, a ereção constitui o grande sinal exterior da virilidade, a manifestação física que confere ao homem a consciência da sua dignidade, a força de seu caráter; em suma, o que fundamenta a sua dominação. Simultaneamente, a boa ereção qualifica a conformação física e moral de todo homem. O pênis, acrescenta Ellen, não apenas representa, mas produz a masculinidade. A literatura consagrada à espermatorreia tende, aos seus olhos, a exaltar o pênis e o *self-control*. Ela faz simultaneamente do esperma o que se identifica com a paixão sexual do homem e o que compromete o ideal da virilidade. A

---

111. LALLEMAND, C.F. *Des pertes séminales...* Op. cit. T. II, p. 291.

espermatorreia permite apresentar uma enciclopédia fora do comum da masculinidade; isto é, um quadro do homem que perde o controle de seu corpo, de suas emoções, de sua confiança em si mesmo, portanto, de seu poder. Interpretações dificilmente contestáveis, mas com a ressalva de que a impotência delineia melhor ainda o quadro da virilização que assombra aquele período.

Em contrapartida, é ariscado ver, como sugere Ellen Bayuk Rosenman, na prática do Prof. Lallemand, no manejo dos órgãos genitais de seus pacientes e em todas as cauterizações que faz, o testemunho simultâneo de sua autoridade e o de um mórbido desejo homossexual[112].

Mais adiante estudaremos a série de remédios destinados à regularização da função genital. Aqui destacamos apenas os que Lallemand recomenta ou sempre utiliza no caso de uma espermatorreia: o uso de mulheres, quando a doença resulta da continência e quando este meio ainda é possível ser empregado; a cauterização ou a autocauterização da uretra, remédio que às vezes permite a alguns doentes em vias de cura a "voltar às mulheres", ao passo que, para outros, a terapêutica feminina permanece inoperante. Segundo Lallemand, um exercício regular da cópula é necessário para prevenir o enchimento excessivo das vesículas, para romper com o hábito de suas contrações espasmódicas involuntárias e para desenvolver a tonalidade dos tecidos. Sem este retorno à ação fisiológica é impossível obter uma cura completa. O que faz com que a cura dos eclesiásticos se revele desesperadora, já que fizeram o voto de castidade.

M.L., politécnico de 30 anos de idade, de temperamento sanguíneo e de corpulência atlética, tinha o hábito de se masturbar da infância aos 25 anos de idade. Em 1836, passa a ser vítima de poluções noturnas quase

---

112. Nós não seguimos, de fato, Ellen Bayuk Rosenman, quando ela sugere que a relação entre o médico e o paciente por ocasião da cauterização da uretra, no caso de espermatorreia, reanime o caso da masturbação recíproca que acontecia nos colégios (p. 504), e que a espermatorreia ofereceu realmente (p. 507) uma espécie de substituto à atividade "homoerótica". Cf. BAYUK ROSENMAN, E. Body doubles...

cotidianas. Para fazê-las cessar, ele frequenta mulheres, mas muito raramente e sem prazer, já que a emissão é quase sempre "precipitada" e "a sensação muito nebulosa". Ele rompe quando os vínculos parecem agravar seu estado, mas, quando as poluções passam a repetir-se com demasiada frequência, "volta às mulheres"[113], mesmo não se sentindo realmente melhor. Uma cauterização severa, seguida de banhos regulares em águas termais dos Pireneus, permite-lhe obter a desejada cura.

Um desafortunado cobrador de tributos, de 34 anos, de temperamento colérico, que começou a masturbar-se desde a puberdade, sofre, desde os 18 anos, de perdas seminais. Os médicos lhe aconselharam a "frequentação de mulheres", mas, contra todas as expectativas, ele se sentia pior ainda. Então ele decide consultar-se com Lallemand, já que parece suportar sofrimentos dignos de um Santo Antônio. O professor descreve retrospectivamente seu estado: "Obsessão extraordinária por ideias eróticas, apesar do pouco desenvolvimento dos órgãos genitais: nada conseguia afastar de seu pensamento as imagens lascivas; elas voltavam em meio às suas leituras mais importantes, às suas ocupações mais sérias. Inutilmente evitava espetáculos, noitadas etc.; realmente ele recorria a livros de piedade, buscava conversas religiosas, discussões científicas; não obstante tudo, era continuamente assaltado por visões libidinosas; elas se reproduziam sob todas as formas, e seus sonhos apresentavam a mesma característica"[114]. Lallemand, situando-se na perspectiva de Gall, pensa que somente uma excitação anormal do cerebelo pode explicar tal disposição erótica. E avalia que a realização do ato venéreo pode fazer cessar a congestão. E reenvia então o paciente à "frequentação de mulheres", embora o efeito deste remédio não lhe pareça radical.

Lallemand espera ter encontrado na espermatorreia a explicação dos pesadelos e das cenas de horror noturno. Sonhos escabrosos antecipam

---

113. LALLEMAND, C.F. *Des pertes séminales... Op. cit.* T. I, p. 554-555, obs. 78.
114. *Ibid.* T. II, p. 47-48.

a última parte da perda seminal involuntária. Em seguida o sono quase desaparece. Os doentes rolam na cama, ora com arrepios, ora ardendo. Sentem angústias até o raiar do dia. Alguns vagueiam agitados pelas ruas durante a noite. Somente a caminhada lhes propicia um bem-estar; mas quando atingem os últimos "graus do agravamento", este exercício se torna impossível: os doentes "tropeçam ao menor obstáculo"[115].

Detenhamo-nos um instante na glória ou, pelo menos, na importância de Lallemand. Retrospectivamente, pode ser que ele possa até fazer o leitor apressado a achar graça, não por outra razão senão por sua maneira sistemática de espreitar a perda seminal involuntária e de detectá-la junto a um número tão grande de pacientes. À primeira vista, ele parece anacrônico. A maneira com que valoriza os efeitos da espermatorreia parece o exagero de uma antiga tradição médica, que Lallemand, à sua maneira, relança. Dada a nossa sensibilidade, este professor nos assusta, já que a cauterização – e talvez mais ainda a autocauterização da uretra – nos parece desumana; em especial porque esta prática, aqui, é anterior à anestesia. Mas precisamos situar este remédio no conjunto dos meios terapêuticos daquele tempo. A cauterização da uretra, no fim das contas, devia ser menos dolorosa do que a aplicação da *moxa*[116], ou do corte da cirurgia destinada a extrair os cálculos da vesícula.

A importância de Lallemand está alhures. Melhor seria enfatizar sua reunião infatigável, operada ao longo de decênios, de casos clínicos relativos às diversas disfunções do aparelho genital; ele foi igualmente um precursor da sexologia. Não menos importante se revela seu permanente recurso ao microscópio, a fim de observar o estado dos espermatozoides e detectar assim o estágio atingido pela doença. Que muito rapidamente se tenha deixado de crer na espermatorreia não deve impedir o reconhecimento

---

115. *Ibid*. T. III, p. 91-92.
116. Cone de estopa aceso aplicado sobre uma parte do corpo para estimular o sistema nervoso.

a Lallemand, também neste domínio, de seu papel precursor. Sobretudo porque sua longa prática de uma clínica, denominada genital, permitiu-lhe, ao longo do tempo, realizar um estudo do desejo e do prazer masculinos e das diversas sensações e emoções experimentadas por seus pacientes. Esta busca minuciosa, feita em consultório, no seio de uma clientela privada, associando o uso do microscópio, o emprego do olhar clínico, o questionário e a auto-observação prescrita se revela, claramente, profética. Lallemand tentou infatigavelmente, ao longo de decênios, relacionar o estado do esperma, dos órgãos genitais e seu modo de funcionamento com o estado geral, físico e psíquico, do indivíduo. Sua maneira de combinar o ardor do "sentido genital", a vivacidade dos desejos e dos prazeres com o estudo clínico e com a análise dos zoospermas o coloca, em companhia de Roubaud, na linha de frente dos especialistas do tema que nos concerne. Além disso, sua coleção de casos, rapidamente publicada, constitui uma preciosa fonte sobre as práticas dos homens daquele tempo.

A tardia emergência da "fraude conjugal"

Existe, segundo os estudiosos, além da masturbação, outra maneira de "enganar a natureza": é a prática da "fraude conjugal". Neste tema, a prudência se impõe. Os médicos daquele tempo não desaprovam sistematicamente – não, obviamente, sem algum embaraço – o que nós chamamos de contracepção. Eles conhecem a gravidade das doenças venéreas, sobretudo a partir do momento em que conseguem diferenciar suas diversas formas. Sabem inclusive que o preservativo pode fazer obstáculo ao contágio. Existe no *Dictionnaire des Sciences Médicales* páginas consagradas à sua descrição, à sua produção, às modalidades de seu uso, ao seu comércio, às suas vantagens, igualmente aos seus riscos, muitas vezes por falta de solidez. O autor do verbete consagrado aos "*redingotes anglaises*"[117] deplora sua fraca

---

117. Verbete "Redingotes anglaises". *Dictionnaire des Sciences Médicales. Op. cit.*, 1820, p. 329.

difusão e prega a liberalização de sua venda. Especialmente porque o preservativo tem outras vantagens além das relacionadas com a proteção contra a doença venérea. Ele pode impedir a "gravidez reprovada"[118], inclusive a das esposas adúlteras que desta forma evitam introduzir um bastardo sub-reptício no seio da família. O preservativo também protege as mulheres solteiras. Ele colabora, portanto, na diminuição do abandono de crianças e, mais geralmente, na diminuição de abortos e infanticídios. As amas de leite que o utilizam não correm o risco de corromper seu leite por uma lamentável intrusão de esperma. Obviamente, e em última análise, os médicos são favoráveis a uma presença salutar do redingote nos bordéis. Em resumo, eles tentam conciliar, a este respeito, a higiene, o bem da sociedade e a moral que proíbe enganar a natureza.

O contexto é radicalmente diferente em matéria de "fraude conjugal". A este respeito, o clero está à frente do corpo médico. Veremos o quanto a tomada de consciência da difusão do "onanismo conjugal" levou a uma inflexão da teologia moral e da pastoral. Os clérigos denunciam esta praga desde o final do século XVIII. O que não é ainda o caso dos médicos. A defasagem é aqui essencial. Somente a partir dos anos de 1860 o tema da "fraude conjugal" invadirá o discurso médico e passará a ser concebido como estando na origem de uma patologia específica; esta nova preocupação vem substituir então a angústia suscitada pelo vício solitário e, mais especificamente, pela perda seminal involuntária.

Por outro lado, se os médicos lhe derem pouco interesse, a argumentação está presente, como o mostra a leitura da obra do Dr. Dufieux, precursor do tema, graças, sem dúvida, à atenção que ele dedica à teologia moral. A fraude conjugal constitui um abuso contra a natureza, como qualquer artifício que impeça o contato do sêmen e do óvulo. Note-se, a este respeito,

---

118. Sobre todos estes pontos, cf. CORBIN, A. Les prostituées du XIX siècle et "le vaste effort du néant". *Le Temps, le désir et l'horreur.* Paris: Flammarion, 1991, p. 117-141 [Col. Champs]. • MCLAREN, A. *Histoire de la contraception de l'Antiquité à nos jours.* Paris: Noêsis, 1996.

que Dufieux, em 1854, está muito familiarizado com a teoria da ovulação espontânea, que ele mesmo admite. Uma "poluição" que não tem por objetivo "a espermatização da mulher" constitui um abuso que só responde ao "egoísmo da sensação"[119] e aos requintes da morbidez da libertinagem. O coito interrompido é, em si mesmo, uma masturbação; o homem se excita na vagina da mulher que o estimula a gozar, enquanto ela sabe perfeitamente que será privada do esperma. O mesmo, obviamente, vale para os afagos do pênis e do clítoris, do coito anal, do coito bucal, de qualquer uso de instrumentos ou de dedos introduzidos na vagina sem intenção alguma de fazer destes artifícios as preliminares de uma cópula completa.

A fraude conjugal comporta, pois, todos os riscos de doenças específicas que os clínicos das gerações posteriores terão o maior prazer em detalhar. Dufieux, aliás, que afirma que os médicos, assim como os confessores, são ininterruptamente confrontados, na prática cotidiana, com os artifícios contraceptivos confessados pelos pacientes, não mede esforços em descrever os estágios daquilo que ele entende como uma grave patologia. O retraimento do homem engana a natureza no "cumprimento do ato copulador"; o que leva a uma frustração lamentável, a uma *transformação dos prazeres*[120], tornados imperfeitos. Assim – e este constitui o segundo estágio –, pouco a pouco aumenta, junto aos dois parceiros, o desejo de compensar esta imperfeição, esta restrição das volúpias legítimas pela necessidade egoísta e nova "de aumentar [...] o domínio do prazer" recorrendo "a todos os requintes da libertinagem". Dufieux não ousa especificar, mas sua alusão aos meios que "irritam ainda mais os órgãos da sensibilidade venérea, e parecem ampliar o prazer pelas impressões exageradas que determinam"[121], bem como aquela que ele faz aos "instrumentos do prazer" convidam o leitor a se representar toda a gama de "opressões imundas"[122].

---

119. DUFIEUX, J.-E. *Nature et virginité... Op. cit.*, p. 453ss., 458, 462.
120. *Ibid.*, p. 461.
121. *Ibid.*
122. *Ibid.*, p. 462.

O último estágio é o de uma corrida cega: os órgãos, maltratados, perdem sua capacidade de prazer, as membranas da vagina e do pênis se endurecem, seus nervos perdem a sensibilidade. "O requinte da libertinagem paralisa a sensibilidade orgânica"[123]. Pouco a pouco, impõe-se o desprezo por um ato "que tornou-se incapaz de gerar prazer". Os cônjuges, inicialmente unidos pelo sentimento, passam a experimentar assim a aversão um pelo outro; tanto que o homem, ao esperma doravante mal-elaborado, tende à impotência e à esterilidade, caso, um dia, pretenda engendrar alguém.

Segundo Dufieux, "a frequência dos atos onanistas" é, para a mulher, ainda mais funesta que o excesso. "Ela entorpece particularmente a sensibilidade do clítoris pelo engrossamento da membrana mucosa que o cobre"[124]. Ela "bloqueia o orifício uterino pela inflamação". A alteração, a "desorganização" do colo do útero, determinam "o marasmo e a consumpção pela perda de substância, e sobretudo pelo transtorno produzido então na inervação". Em suma, o onanismo conjugal esgota, interfere na sensibilidade, altera os tecidos; sem esquecer que "a aspereza relativa dos instrumentos usados" na fraude conjugal corre o risco de levar à esterilidade. Assim se concretiza este "amplo esforço do nada" que corrói silenciosamente a sociedade e priva de vitalidade as gerações futuras[125]. Quando a mulher se nega a admitir as opressões imundas, o homem busca a prostituta, que por sua vez propõe muito frequentemente o modelo de práticas infames. Isto só intensifica o desentendimento dos esposos. Do contrário, o casal, na busca do domínio e da autonomia dos prazeres, emancipa-se perigosamente; abandonando o desejo da natureza, fechando-se na busca da sensação egoísta, o casal imita e se junta ao indivíduo que se abandona ao vício solitário.

---

123. *Ibid.*, p. 463, bem como para a citação seguinte.
124. *Ibid.*, p. 464-465, bem como as duas citações subsequentes.
125. *Ibid.*, p. 467.

Lésbicas e sodomitas

Os médicos pouco se detêm no tribadismo. Em geral tratam este "abuso" por alusões ou por incidentes inscritos na trama do discurso consagrado ao temperamento ou aos órgãos genitais, notadamente ao clítoris. Mesmo assim, eles reconhecem[126] que este vício era bastante difundido na Antiguidade, que ele ainda o é, mas pensam que diminuirá. Eles sabem que algumas lésbicas, à semelhança de Safo, cujas tendências não ignoram, sem deixar-se abusar por seus legendários amores por Faonte, têm verdadeiramente "preferência por mulheres". O mais frequentemente a explicação deste desejo, mal-esboçado, muda repentinamente de direção; e, como o mostrou Marie-Jo Bonnet[127] em seu discurso médico, o homem sempre é mantido em segundo plano nas práticas sáficas.

Assim, Menville de Ponsan tenta explicar este apreço pelo temperamento e pelas características orgânicas que o acompanham: as lésbicas são másculas, viris. Já que elas vivem sua ausência de diferença em relação ao homem e apreciam este contraste natural, elas buscam mulheres esperando tornar-se desta forma mais fêmeas; da mesma forma que o homem efeminado busca os indivíduos de seu sexo para tornar-se mais viril. "A fêmea muito forte tem necessidade de enfraquecer-se e o macho a necessidade de fortalecer-se, cada qual voltando-se para o seu próprio gênero"[128]; sendo o ideal, na união, a busca da "exata paridade de diferença". É exatamente o que sugere Virey ao distinguir dois estágios no amor da mulher por seu próprio sexo. A lésbica busca primeiro uma parceira para acariciá-la, penetrá-la, fazendo assim o papel masculino a que seu temperamento e sua estrutura a predispõe; mas, num segundo tempo, ela sente o desejo de receber os mesmos afagos; portanto, quer exercer o papel

---

126. O que não é nosso objetivo aqui.
127. Cf. *infra*, p. 523, 531.
128. MENVILLE DE PONSAN, C. *Histoire philosophique et médicale de la femme... Op. cit.* T. 2, p. 172.

feminino. As lésbicas "perseguem as jovens moças com um furor *quase* igual ao do homem; mas, em seguida, sentindo diminuir o erotismo, buscam mulheres para delas receber semelhantes volúpias"[129]. Estes médicos dos quais falamos sempre raciocinam no quadro do dualismo e do dimorfismo, que ordenam sua lógica.

Quando estes médicos entram em mais detalhes, propõem, segundo os casos, três explicações. A primeira se refere à insuficiência, e se harmoniza com aquilo que costumam dizer da masturbação. O fechamento dos pensionatos e dos conventos obriga a acalmar os impulsos do desejo por uma masturbação recíproca cuja preferência pode dissipar-se com a prática da cópula. O tamanho excessivo do clítoris constitui uma referência quase obrigatória quando os clínicos abordam o tribadismo. É um órgão de tamanho desproporcional, escreve Lignac, que leva mulheres a abusar de outras mulheres[130]. Nosso autor garante que era assim com Safo. Em 1813, Renauldin é mais explícito: afirma-se, escreve ele e muitos de seus colegas que se apropriam desta comparação, "ter visto clítoris tão forte quanto o pescoço de um ganso", e com um comprimento de até doze polegadas. É "sem dúvida" com a mesma disposição "que é necessário relatar este comércio revoltante, este vício vergonhoso, que aproxima uma das outras, algumas dessas mulheres devassas"[131]; e Renauldin, referindo-se a Marcial, reproduz seus estereótipos: "As mulheres assim constituídas [...] dão mais conta do recado que o homem; geralmente elas têm uma estatura mais elevada, membros vigorosos, fisionomia máscula, ar dominador, atitudes ousadas"[132].

Muito mais tarde, Menville de Ponsan aprimora o quadro: o desenvolvimento do clítoris não somente torna a lésbica indiferente aos afagos do

---

129. VIREY, J.J. Verbete "Libertinage". *Dictionnaire des Sciences Médicales. Op. cit.*, p. 145.
130. DE LIGNAC. *De l'homme et de la femme... Op. cit.* T. 2, p. 197.
131. RENAULDIN. Verbete "Clitoris". *Dictionnaire des Sciences Médicales. Op. cit.*, 1813, p. 374.
132. *Ibid.*

homem, mas a "volúpia clitoridiana é para esta espécie de mulheres [...] uma necessidade imperiosa que aumenta incessantemente o delírio da própria imaginação"[133]. Por outro lado, o "vício da lésbica" é hoje e doravante muito menos frequente. Menville de Ponsan acrescenta, no entanto, que "há alguns anos, em Paris, relatou-se que uma dama dispunha de um clítoris cujo comprimento e grossura se igualava a um membro viril. Rica e muito devassa, esta *virago* pagava suas amantes, as exauria e as consumia em um curto espaço de tempo"[134]; isto tanto jovens moças – preferidas por ela – quanto mulheres casadas. O interesse de Menville de Ponsan se volta para essas esposas que, em condições de fazer comparações, garantiam que "a lésbica funcionava como um homem, porém mais voluptuosamente e mais demoradamente". Fica assim explicado, sem colocar em dúvida a dualidade dos papéis masculino e feminino, o apego de algumas mulheres, desprovidas de aparência e de constituição viril, por relações lésbicas. Estas são descritas segundo o esquema da mulher insaciável, de prazeres fáceis e de possibilidades convulsivas infinitas; imaginário suscetível de inspirar uma curiosidade gulosa. Menville de Ponsan, no entanto, prefere tranquilizar aqueles que poderiam estar preocupados com tais práticas. "A amputação deste órgão [clítoris] leva ordinariamente a mulher a preferências por gostos naturais, predispondo-a a ser fecundada"[135]. Um romano, cuja esposa tinha inclinação para o próprio sexo, lhe "cortou" o clítoris com seu punhal. "A partir daquele momento, a lésbica perdeu completamente suas preferências contranaturais, *voltou a ser mulher*, a amar o seu marido, concedendo-lhe vários filhos." A crença no tamanho excessivo do clítoris implicava a evidência do "remédio".

Alguns médicos apresentam uma terceira explicação. O excesso de cópulas, o endurecimento das paredes da vagina e a insensibilidade julgada

---

133. MENVILLE DE PONSAN, C. *Histoire philosophique et médicale de la femme... Op. cit.* T. 3, p. 289.
134. *Ibid.* T. 3, p. 290, bem como a citação subsequente.
135. *Ibid.*

resultante disso, somada à fadiga, leia-se ao desprazer inspirado pela excessiva reiteração do ato, estimulariam algumas mulheres a buscar outros modos de excitação. Tanto que a frequência das relações venéreas emerge, sozinha, como fator de virilização, por excesso de espermatização. Assim se explica o grande número de lésbicas entre as pensionistas dos bordéis, das quais Parent-Duchâtelet salienta, por outro lado, a rouquidão da voz.

Mas, neste assunto, este grande observador aparece como um precursor. Ele parece ter sido o primeiro a ter contestado a excessiva dimensão do clítoris de prostitutas lésbicas, bem como o vínculo estabelecido entre as características orgânicas e a natureza dos desejos. Após ter feito vigiar por seis semanas uma mulher devassa, detida na Prisão Les Madelonnettes [As Madalenazinhas] e que era dotada de um enorme clítoris, esta não mentia quando se dizia indiferente tanto aos homens quanto às mulheres. Este tipo de pesquisa sobre "a atividade das paixões eróticas"[136], feita pelos médicos da prisão, ilustra, com particular clareza, esta vontade de saber, destacada por Michel Foucault. Bem mais tarde, Roubaud, após inúmeras observações, confirma o ponto de vista do especialista de esgotos e bordéis. Ele conheceu lésbicas, examinou-as cuidadosamente, e nada constatou de anormal nem de excepcional nas partes externas da geração; no máximo uma "ausência quase completa dos seios" e... "uma inclinação muito pronunciada pela equitação"[137]. Ao invés destes detalhes que marcam uma necessidade contínua de busca de uma causa orgânica da inclinação, interessa-nos a última observação: segundo este autor, as lésbicas são "muito frequentemente" frígidas com os homens. Assim, o raciocínio dos estudiosos vai se modificando. Roubaud se pergunta sobretudo pelo eventual vínculo, de natureza totalmente psicológica, estabelecido entre a atração por mulheres e a frigidez com os homens, sem outra característica

---

136. Cf. Alain Corbin. Apresentação de estratos da obra de Alexandre Parent-Duchâtelet intitulada *De la prostitution à Paris*. Paris: Le Seuil, 19871 [Col. L'Univers Historique].
137. ROUBAUD, F. *Traité de l'impuissance... Op. cit.* T. 2, p. 461.

orgânica, sem virilização aparente, sem alusão à falta ou ao excesso de coito, sem inclusive referência a uma lascívia pronunciada.

Ao longo do período que se estende de 1770 a 1860, uma abundante literatura, essencialmente policial e panfletária, diz respeito aos indivíduos classificados como "infames", sodomitas, vagabundos ou pederastas. Ela descreve a aparência dessas pessoas, indica seus sinais de reconhecimento, enumera suas formas de sociabilidade, detalha algumas de suas práticas, negligencia um pouco o que concerne precisamente à relação carnal[138]. Em contrapartida, as obras de cunho médico, notadamente as que são redigidas em língua francesa, são discretas neste tema. Ao lê-las percebe-se uma vontade de resguardo em face aos comportamentos, obviamente os considerados patológicos, mas em relação aos quais ainda não se imagina uma terapêutica. É apenas nos casos da medicina legal, e, mais precisamente, em matéria de atentado aos costumes e contra a violência exercida pelos "pederastas" que os especialistas abordam este tema, num estilo próprio à competência que os caracteriza. A obra de Ambroise Tardieu, redigida no final do período que nos concerne, chamou a atenção, com razão, dos historiadores.

Seja como for, o sodomita e o pederasta são objetos de repúdio da parte dos estudiosos. Sobre eles, a diatribe não visa apenas os riscos do excesso e do abuso; ela vem acompanhada de uma grave condenação ética. Aos olhos dos médicos, as práticas, aqui, desafiam simultaneamente a natureza, a razão e a moral. As noções de infâmia, de abjeção, de aberração do sentido reprodutivo impregnam o discurso médico ao longo de todo o período considerado; e isto, sem nenhuma reserva. Segundo Reydellet, a pederastia e, melhor ainda, a postura da opinião pública a seu respeito constituem excelentes termômetros. Elas permitem mensurar o grau de

---

138. Esta história é particularmente fecunda quanto à ambiência anglo-saxônica. Quanto à França, vale destacar a importância dos trabalhos de Michel Rey, sobre os quais soltaremos ainda. Cf. *infra*, p. 536ss.

corrupção dos costumes em uma determinada época. Qualquer condescendência em relação a uma prática dessas é sinal eminente de uma dissolução dos vínculos morais[139]. Os médicos, no entanto, evitam apelar para medidas repressivas, sejam quais forem. Pretendendo-se tranquilizadores, eles repetem que o vício contra a natureza tornou-se raro "entre nós". Além disso, o pudor coletivo faz com que a sodomia seja cercada de mistérios e se esconda na mais profunda escuridão. Os maiores desenvolvimentos que lhe são consagrados se referem à Antiguidade ou aos países exóticos. Os antigos põem aos médicos um difícil problema, que os paralisam. A "pederastia" seduziu homens tão importantes e famosos, e em relação a eles as sociedades antigas mostraram tamanha indulgência ou, ao menos, tamanha indiferença, que causa espanto. Um relativo desprezo em relação às mulheres poderia, por si só, dar conta de tal comportamento.

Urge tentar explicar esta preferência que parece absurda. Mais uma vez, faz-se referência à continência como uma abstinência ou uma insuficiência. A sodomia diz respeito particularmente aos prisioneiros e aos marinheiros, bem como, mais discretamente, aos que são obrigados ao celibato eclesiástico. Ou seja, ela é própria a todos os indivíduos que não podem satisfazer a necessidade de usufruir dos prazeres segundo a natureza. No Oriente, os ardores do clima reforçam os tormentos da abstinência. Muitos homens, com desejo ardente, são, nessa região, vítimas de um déficit de mulheres.

À época a sodomia era quase sempre percebida pelos médicos como uma prática adquirida. Ela seria a descoberta de um outro prazer, de alguma forma de um prazer anexo, por homens e mulheres que desceram, passo a passo, degrau por degrau, as escadarias da libertinagem. Dessa

---

139. REYDELLET. Verbete "Pédérastie". *Dictionnaire des Sciences Médicales. Op. cit.*, 1819. O verbete que Fournier e Pescay consagram à "sodomie", no mesmo dicionário, em 1821, diz respeito unicamente à prática exercida pelo homem com as mulheres e/ou com outros homens. Confira a distinção feita pelos teólogos entre a sodomia perfeita e a sodomia imperfeita. Cf. *infra*, p. 321.

forma a sodomia resultaria, o mais frequentemente, de tão excessiva copulação que levou à saciedade. Esta prática poderia ser também uma simples consequência do envelhecimento. O libertino que começa a envelhecer, que sente aumentar sua impotência física e moral e seu progressivo esgotamento venéreo, que constata a "moleza flácida"[140] de seus órgãos, seria então tentado a reascender essa forma de desejos e prazeres que vão se dissipando. Fato que, pouco a pouco, o estimularia a vestir-se como uma mulher e a assumir uma postura feminina. Esta forma de raciocínio associa o sodomita à coorte de indivíduos libertinos e entediados. Ela interfere, portanto, no reconhecimento de um desejo diferente e na construção de um modelo, da forma como mais tarde será codificado pelo discurso médico.

Por outro lado, vários clínicos avaliam que existe algo a detectar, que se situa para além dessas etiologias ligadas à abstinência, à saciedade, ao enfraquecimento dos desejos venéreos propriamente ditos. Alguns se impressionam ao constatar, tanto na mulher quanto no homem, um prazer específico propiciado pela simples prática da sodomia. Fournier, que viu mulheres "horrivelmente incomodadas" por terem se surpreendido com tais tendências, também encontrou uma dama, "nascida em uma das classes superiores da sociedade", que lhe confessou "que estava aquém de suas forças renunciar à sodomia, visto que ela lhe proporcionava prazeres muito superiores aos que a natureza promete". O mesmo acontecia, segundo nosso autor, com alguns jovens tidos por homossexuais. "Um desses pervertidos [sic], na ausência de cúmplice de sua espécie, servia-se de seu cachorro, grande mastim, que ele o adestrava para este papel"[141].

---

140. Esta é a explicação desenvolvida por Virey. Cf. verbete "Libertinage". *Dictionnaire des Sciences Médicales. Op. cit.*, p. 145.
141. FOURNIER. Verbete "Sodomie". *Dictionnaire des Sciences Médicales. Op. cit.*, p. 446-447. Mais uma vez, se Fournier sinaliza um prazer específico, trata-se daquele propiciado, no homem e na mulher, apenas pela prática da sodomia, que continua sendo, segundo Fournier, um "coito infame".

Outros estudiosos quiseram ver na pederastia o resultado de uma "constituição particular e desafortunada". Virey se refere assim a Parmênides[142], que pensava que a disposição à sodomia existia desde o nascimento, ou desde a concepção, e que ela resultava, como já vimos, de um sentimento de incompletude, de um déficit de diferença impulsionando o indivíduo afetado a procurar um homem a fim de virilizar-se. Este tipo de raciocínio perdura por muito tempo; o que não impede que vários médicos se empenhem na busca de eventuais causas genéticas, constitucionais, daquilo que será uma "indolência essencial"[143] da "faculdade estimuladora do sentido gerador", que teria "descarrilhado de sua via normal" e levado à aberração. Esta busca não difere radicalmente daquela que visa a especificidade do desejo de se masturbar. Nos dois casos, as práticas resultam da necessidade "de estimulações fictícias". Os termos são os mesmos; eles estigmatizam qualquer abuso, tanto dos que se masturbam quanto dos que praticam a sodomia.

Roubaud, o mais audacioso dos estudiosos em relação a tudo aquilo que concerne à observação clínica das manifestações da função genital, evita o problema. Ele avalia que, para além das explicações pela abstinência, pela saciedade ou pela curiosidade, a sodomia resulta da história, ao mesmo tempo inesgotável e impossível, das "bizarrices do espírito humano"[144].

Quanto ao quadro anatômico de um tipo, ou de uma espécie, como o que será apresentado na sequência, ele começa timidamente a ser elaborado, por fragmentos, notadamente nos discursos dos especialistas em venereologia. Cullerier, o maior dentre eles, garante que pode reconhecer presencialmente um pederasta pela conformação de seu reto em "funil"[145];

---

142. VIREY, J.J. Verbete "Libertinage". *Dictionnaire des Sciences Médicales. Op. cit.*, p. 145.
143. ROUBAUD, F. *Traité de l'impuissance... Op. cit.* T. 1, p. 438, bem como as citações seguintes.
144. *Ibid.*, p. 439.
145. *Apud* REYDELLET. Verbete "Pédérastie". *Dictionnaire des Sciences Médicales. Op. cit.*, p. 45.

e diz ter conseguido ver a frequência do cirro deste órgão junto aos indivíduos que praticam a sodomia. Em 1821, Fournier de Pescay, baseando-se nos especialistas de medicina legal, detalha os sinais físicos da "violação sodomita" de um menino ou de uma menina. Ele descreve os órgãos dos que são "habituados a servir de homossexuais". Estes têm "a protuberância do ânus grossa, espessa, larga, empolada; o esfíncter perdeu grande parte de sua propriedade de se contrair voluntariamente e, consequentemente, seu estado de contração habitual; o dedo entra sem esforço no reto"[146], podendo gerar hemorroidas consideráveis, fístulas profundas e cirro. "Em geral, uma morte cruel é o castigo que a natureza inflige" aos que a enganam desta forma. Ambroise Tardieu especificará o quadro.

---

146. FOURNIER. Verbete "Sodomie". *Dictionnaire des Sciences Médicales.* Op. cit., p. 447, bem como a citação que segue.

6
OS CAPRICHOS DOS ÓRGÃOS

Impotência e anafrodisia

Quando aborda o que os médicos daquele tempo consideram um fracasso da função genital, o leitor dessas obras se depara com a indecisão, ou com uma confusão terminológica, e diante de uma evidente imprecisão conceitual. Uma única noção impõe-se por sua clareza: a noção de impotência masculina. Ela designa a incapacidade de realizar a cópula, quer a vítima sinta ou não desejo. Este tipo de deficiência raramente diz respeito à mulher, tema que ainda será abordado. O termo "esterilidade" indica a incapacidade de engendrar, não obstante a aptidão ao coito. No homem, este fracasso é suposto resultar seja de um déficit de energia, seja de um mau estado do esperma e dos animálculos contidos no esperma. Na mulher, a inaptidão de conceber resulta de uma má conformação dos órgãos internos ou de uma falha no funcionamento fisiológico do aparelho gerador. Infelizmente, para o leitor, os estudiosos confundem e usam com frequência, e indiferentemente, em relação à mulher, os termos impotência e esterilidade. Sendo a missão da mulher a de engendrar, sua incapacidade de cumpri-la é por muito tempo vista como a modalidade feminina da impotência, simétrica, de alguma forma, à incapacidade de intromissão e de ejaculação do homem.

Obviamente, os médicos às vezes diferenciam na mulher a anafrodisia, isto é, a ausência de desejo ou de prazer, e a agenesia, ou incapacidade de conceber. Mas, como, para eles, o essencial na mulher está em engendrar, seus desejos e seus prazeres venéreos são exclusivamente considerados na perspectiva da fecundação. Alguns estudiosos acreditam na utilidade, ou na necessidade dos prazeres femininos; outros estão convencidos de seu papel nefasto. Os médicos se preocupam, pois, com este prazer, persuadidos de que devem, segundo os casos, estimular o ardor ou refreá-lo, a fim de criar condições favoráveis à concepção. Alguns, como já vimos, concentram-se no gozo simultâneo dos dois parceiros e, mais particularmente, neste enigmático arrepio, neste "sentimento de volúpia indescritível, que parece preceder e sobretudo acompanhar o momento da fecundação"[1]. Para esses médicos, repitamo-lo, é preciso preocupar-se com a anafrodisia feminina, mas na perspectiva de evitar a agenesia, e não visando a satisfazer um desejo de prazer individual e autônomo.

O que denominaremos, para melhor fazer-nos compreender, "era Roubaud" (1855), constitui um marco, ainda impreciso. Trata-se, desta vez, de observar e de tratar a anafrodisia feminina fora da perspectiva da fecundação; de considerar igualmente um prazer desvinculado de qualquer ideia de recompensa antecipada que viria compensar as angústias da gestação e as dores do parto. Roubaud reivindica o direito da mulher de usufruir dos desejos e prazeres venéreos. Ele inclusive lhe concede um dever de sentir uma volúpia necessária à harmonia conjugal, mas igualmente necessária à própria satisfação e ao seu próprio bem-estar. Se ela ignora estas emoções é porque é vítima de uma patologia: a frigidez, que convém, pois, curar[2]. Estas poucas especificações relativas às inflexões do vocabulário são indispensáveis para quem pretende interpretar corretamente o propósito dos médicos e compreender a importância da reviravolta ocorrida em meados do século XIX.

---

1. DESCOURTILZ, M.E. *Propositions sur l'anaphrodisie distinguée de l'agénésie et considérée comme impuissance en amour*. Tese de doutorado. Paris, 1814, n. 208, p. 16.

2. O termo, é bem verdade, havia sido alguma vez empregado, notadamente por Virey, mas sem ser desvinculado da perspectiva da fecundação e sem, por consequência, revestir-se do mesmo sentido que o empregado na obra de Roubaud, que não deixa de ser um especialista em esterilidade, uma vez que não era previsto que mulheres respeitáveis fossem consultá-lo em razão da frigidez, sem outro pretexto.

Segundo o Dr. Descourtilz, que, cinquenta anos antes, se fazia especialista desta patologia, a impotência, abundantemente descrita e analisada por Pinel, que a considera uma "neurose dos órgãos da geração", não consiste, no homem, na "perda do apetite venéreo, mas na suspensão, na subversão ou na abolição das faculdades próprias de satisfazer este apetite"[3]. Duas referências literárias são, a este respeito, repisadas pelos médicos: a noite da vergonha retratada por Ovídio em seus *Amores* e, mais ainda, as considerações que Montaigne consagra aos fracassos dos jovens casados, ao papel da imaginação nesta dolorosa ocorrência e aos meios psicológicos destinados a superar a incapacidade. Na esteira de Buffon e de Cabanis, Adelon e Chaussier redigem um aforismo que se harmoniza com a proposta do autor dos *Ensaios*: "O pênis se erige mais facilmente e mais fortemente pela influência da imaginação do que pela estimulação direta"[4]. Os teólogos, nas sendas de Santo Agostinho, viam na impotência uma consequência do pecado e uma manifestação da queda. Os médicos que citaremos, sempre concordando com Buffon e Cabanis, constatam, por sua vez, mas sem fazer referência ao Livro do Gênesis, a independência dos órgãos da geração em relação à alma e à vontade.

Os estudiosos, por outro lado, acreditam na existência de uma marca distintiva, que deveria permitir detectar, pelo simples olhar, o impotente ou a mulher "anafrodita"; abordagem análoga à que permite, segundo eles, identificar o indivíduo que se entrega ao abuso venéreo. A descrição da impotência constitui, desde Hipócrates, uma porção da intrepidez dos textos médicos consagrados à função genital. Virey se embrenha nisto em 1816. Ele enumera traços constitutivos característicos: "tez esbranquiçada insípida, cabelos excessivamente brancos e esvoaçantes, olhos de um cinza pálido e de pouca vida à luz do dia, pele úmida e flácida, muito lisa, ou

---

3. PINEL, P. *Nosographie philosophique ou méthode de l'analyse appliquée à la médecine*. Paris: Brosson, 1807. • DESCOURTILZ, M.E. *Propositions sur l'anaphrodisie...* Tese cit., p. 19.
4. CHAUSSIER; ADELON. Verbete "Erection". *Dictionnaire des Sciences Médicales. Op. cit*, 1815, p. 144. A este respeito, cf. BUFFON. *Œuvres. Op. cit.*, p. 230.

quase sem vilosidade, sem barba nem pelos nas diversas partes do corpo, tecido celular macio e gorduroso como nas mulheres, glândulas inchadas e aquosas, formas arredondadas, femininas e graciosas, ombros estreitos, quadris alargados, ventre proeminente, um caráter medroso, um andar molengão, atitudes efeminadas, voz áspera e aguda, um cheiro acre ou insípido de transpiração"[5], testículos pequenos "caídos e soltos", um pênis de uma flacidez extrema. Envelhecendo, o tom de voz torna-se "ininteligível ou truncado". A forma de urinar, por si mesma, revela a impotência: o líquido flui lentamente da uretra e cai entre as pernas[6]. Marc[7], em 1818, e Ganne[8], em 1837, retomam e recopiam o quadro quase idêntico ao de seus colegas.

Segundo Virey, as mulheres anafroditas são mais numerosas do que os homens impotentes, mas delas apenas podemos desconfiar de sua incapacidade. Além disso, seu caráter distintivo se confunde, abusivamente, desde Hipócrates, com o da mulher estéril. Virey destaca, no entanto, uma diferença essencial: a mulher desprovida de ardor pode fazer o homem gozar, ao passo que a impotência não pode satisfazer aos desejos de sua parceira; distinção também feita pelos teólogos.

Virey descreve as mulheres frias e estéreis, associando intrinsecamente as duas, com a seguinte evocação: Trata-se "dessas mulherzinhas tão loiras, tão brancas, tão delicadas e tão exasperadas, quase sem pescoço ou seios, sem regras e desprovidas destes pelos que sombreiam o órgão genital, e que apenas se fazem ouvir por um pequeno fio de voz [...], com um clítoris quase não encontrável e *sem ereção*"[9]. Algumas dessas mulheres

---

5. VIREY. Verbete "Frigidité". *Dictionnaire des Sciences Médicales. Op. cit.*, 1816, p. 14-15.
6. *Ibid.*, p. 18.
7. MARC. Verbete "Impuissance". *Dictionnaire des Sciences Médicales. Op. cit.*, 1818, notadamente p. 185.
8. GANNE, L.A. *De l'impuissance et de la stérilité*. Tese de doutorado. Paris, 1837, n. 139, notadamente p. 40-41.
9. VIREY. Verbete "Frigidité". *Dictionnaire des Sciences Médicales. Op. cit.*, 1816, p. 15. • MARC. Verbete "Impuissance". *Dictionnaire des Sciences Médicales. Op. cit.*, 1818, p. 186

se tornam extremamente gordas. Marc, em 1818, destaca, por sua vez, a insensibilidade do clítoris e a descoloração da auréola do seio.

Em 1855, Roubaud especifica o quadro e alarga o campo de observação da esposa frígida, considerando o sentido novo que ele confere a este tema. É necessário, escreve ele, "antes de pronunciar-se sobre as disposições eróticas de uma mulher, estudar não somente as manifestações externas de sua estrutura, mas também o grau de energia da vitalidade que sempre é traída pelos *hábitos do corpo*"[10]. Além disso, considera que o sistema piloso fornece, sozinho, sinais "praticamente insuspeitáveis". Assim, os cabelos da mulher frígida "não oferecem, como nas naturezas ardentes, senão pequenos tufos encaracolados nas têmporas"; as sobrancelhas são pálidas e quase invisíveis; elas deixam entre si, na raiz do nariz, um espaço considerável. As axilas são guarnecidas por alguns raros pelos "de cor questionável e de consistência nula"; "enfim, o púbis, através de uma penugem curta, pálida e descolorida, deixa apenas adivinhar um monte de Vênus, cuja magreza e aridez devem servir de espantalho à volúpia". Em contrapartida, o médico observou que os seios destas mulheres não oferecem nada de particular. Roubaud considera como outros indícios "o acabrunhamento das faculdades intelectuais", "a apatia nas afeições da alma"; traços estes, como já aventamos, que pertencem ao temperamento linfático. A isto ele acrescenta sinais que se referem aos costumes e não ao aspecto físico: algo de viril no caráter moral, uma vontade firme, uma dominação excessiva da razão, uma "supremacia do aspecto intelectual"[11], sobretudo uma "segurança e uma altivez"[12] nos movimentos e na postura que "não são ordinariamente o apanágio da mulher". Mas, na maioria dos casos, o melhor é reportar-se às confissões da paciente... Observação importante, já que faz deslocar a observação clínica para a confidência.

---

10. ROUBAUD, F. *Traité de l'impuissance...* Op. cit. T. 2, p. 522-523, bem como as citações subsequentes.
11. *Ibid.* T. 2, p. 526. Percebe-se que Roubaud não evita a contradição.
12. *Ibid.*, p. 524.

Os médicos, como os romancistas, perscrutam as reações do impotente relacionadas ao fracasso. A anafrodisia como caminho de análise psicológica constitui um dado essencial da ciência daquele tempo. Uma sexologia se esboça[13] através do discurso consagrado a esta patologia. O primeiro traço que à época caracteriza o impotente é sua recusa em reconhecer-se enquanto tal. Lallemand enfatiza longamente, a este respeito, "os subterfúgios do amor-próprio"[14]. Ele reproduz a longa lista de alegações de seus pacientes: repugnância pela mulher da vida, respeito em relação a uma amante; um diz ter comido em demasia antes do encontro, ou ter-se excedido no ponche, ou ter tomado muito suco de morango; outro se considera vítima de uma resistência excessivamente prolongada. Alguns reclamam do chá, do café, de um vinho muito capitoso; outros se sentem perturbados por um pavor súbito, por uma forte emoção, por um "pressentimento". E, posteriormente, a lembrança dos fracassos congela a imaginação, paralisa as faculdades. Os impotentes, diz nosso autor, "jamais [fazem] claramente esta penosa confissão, inclusive ao próprio médico; só o fazem depois de muitos rodeios e explicações, sem jamais usar o fatídico termo". Eles "falam em voz baixa, ao pé do ouvido"[15]. Os que são obrigados a se consultar por escrito colocam suas cartas em vários envelopes sobrepostos, as cobrem de selos, "as enviam pelo correio [...]".

Quando é imprescindível confessar a verdade, geralmente as lágrimas rolam. E então falam da vergonha e da dor que os queimam, da raiva no coração e do desprezo em relação a si mesmos, e de uma "infinidade de dificuldades sempre dissimuladas". O essencial aqui é o segredo longamente guardado. O impotente teme o desdém de sua parceira. Ele aguarda pacientemente o retorno da aurora para evadir-se do leito conjugal.

---

13. Que parece ignorada por Michel Foucault.
14. LALLEMAND, C.F. *Des pertes séminales...* Op. cit. T. II, p. 203. Na p. 195, Lallemand descreve o caráter distintivo do impotente e destaca a importância da conformação dos quadris.
15. *Ibid.* T. III, p. 123-124.

Lallemand aprofunda a análise: o sentimento de impotência degrada o homem diante de si mesmo, "sem deixar-lhe uma única ilusão possível, um único instante de misericórdia"[16]. "A impotência do homem, por sua própria evidência, é avassaladora"[17]. A privação da liberdade não é nada diante dessa tortura interior e contínua, que se revela pior que a perda da honra, da fortuna, das relações mais caras; especialmente quando o impotente não pode prender-se a ninguém e não pode esperar nenhuma compreensão de seus semelhantes. Sabendo que só pode inspirar piedade, ele se refugia no segredo mais absoluto. Só aquele que alcança os seus 60 anos, e cujo instinto genésico está em vias de apagar-se, mais facilmente se consola.

De qualquer forma, os médicos devem tratar a doença. Para tanto, primeiramente devem descrever as formas e identificar as causas. Cada clínico se esforça para estabelecer uma taxinomia, embora seja tedioso ter que reproduzir por longo tempo estes catálogos. Os estudiosos concordam em afirmar que se trata de uma impotência absoluta, constitutiva, que resulta da inexistência dos órgãos genitais, da imperfeição do pênis ou da vagina. Roubaud acrescenta a isso as dimensões "liliputianas" destes órgãos. O pênis em ereção, escreve ele a propósito de um de seus pacientes, "tinha mais ou menos a grossura de um ferrão ordinário da defesa natural do porco-espinho, medindo umas duas polegadas. Os testículos tinham o volume de uma avelã alongada"[18]. O mesmo clínico acrescenta a estas deficiências as consequências das hérnias e da fimose, bem como as anomalias do travamento pessoal; tantas doenças que podem opor-se à volúpia ou suscitar uma total extinção dos desejos.

Trata-se igualmente, segundo os mesmos estudiosos, de uma impotência absoluta por "inércia da atividade genésica"; é o que o Dr. Dumont qualifica de "ausência de energia nervosa do aparelho reprodutor"[19];

---

16. *Ibid.*, p. 123.
17. *Ibid.*, p. 126 e, para o que segue, p. 119.
18. ROUBAUD, F. *Traité de l'impuissance... Op. cit.* T. 1, p. 161.
19. DUMONT, F.G. *Dissertation inaugurale sur l'agénésie, l'impuissance et la dysgénésie.* Tese cit., p. 14.

outros falam de neurose ou de "síncope genital", e Roubaud de impotência idiopática. Trata-se da "impossibilidade de exercer a cópula à margem de qualquer lesão aparente ou constatável dos órgãos genitais, à margem de qualquer estado patológico de outro aparelho qualquer senão o genital, à margem das leis fisiológicas"[20]. Portanto, uma inércia não explicada nem pela anatomia "nem pelas relações de solidariedade psicológica ou mórbida do sentido gerador com as outras funções da economia animal".

Isso não deixa de ser impreciso. Falar, depois de Barthez, de distúrbio da função vital ou de "desordem da inervação" continua sendo, neste caso, bastante vago. A observação clínica, conduzida notadamente por Cockburn ou Lignac, permite, é bem verdade, fazer algumas distinções. A primeira forma de impotência pode ser qualificada de *"agenesia anticipans"*[21], ou, segundo Virey, ejaculação nas primeiras abordagens; impotência absoluta que difere, pois, da incapacidade de intromissão por causa orgânica. Ela é evocada em quase todas as obras. Alguns raros médicos chamam a atenção para aquilo que será, bem mais tarde, qualificado de ejaculação precoce; o que é compreensível, já que dão importância aos prazeres simultâneos. Descourtilz explica o mecanismo desta antecipação. Para que a cópula se realize é necessária "uma harmonia constante, uma correlação recíproca entre a energia do sistema muscular e a suscetibilidade do sistema sensitivo"[22]; ambos os mecanismos estando, segundo nosso autor, sob o império da imaginação.

A ereção efêmera[23] constitui a segunda forma de incapacidade absoluta, fora de qualquer vício de conformação. Roubaud aí se demora, algumas décadas depois de Virey: ele descreve o indivíduo que "tomba à própria porta do santuário feminino, após alguns instantes apenas de

---

20. ROUBAUD, F. *Traité de l'impuissance... Op. cit.* T. 1, p. 177, bem como a citação seguinte.
21. JOUBERT, L. *Des caractères de l'anaphrodisie...* Tese de doutorado. Paris, 1841, n. 97, p. 13.
22. DESCOURTILZ, M.E. *Propositions sur l'anaphrodisie...* Tese cit., p. 16.
23. O que Virey qualifica de impotência por falta de persistência da ereção.

duração", e o outro que "se sustenta por bastante tempo dentro da vagina", mas desaparece no exato instante em que eles [os doentes] acreditam atingir o seu objetivo"; o que faz com que "o homem se frustre com o prazer que parecia promissor"[24]. Existe lá, escreve Roubaud, enfraquecimento da excitação apesar "da persistência da ação da causa" ou, se preferirmos, colapso prematuro do apetite venéreo[25]. Ele cita o caso de um de seus pacientes que se fazia masturbar por sua amante até ejacular, no intuito de esconder dela sua incapacidade de gozar na vagina de uma mulher[26]. Uma observação dessas permite entrever o teor das entrevistas que aconteciam no consultório médico. Além disso, vale lembrar que, em 1855, Roubaud considera este comportamento uma "perversão". É assim que ele define os casos em que "solicitações anormais" são necessárias para determinar "a excitabilidade moral".

O terceiro tipo de impotência sem defeito orgânico corresponde ao que o Dr. Joubert qualifica de "*agenesia cunctans*"[27], e o Dr. Maur de "dispermasia", designando com isso "a emissão tardia, difícil ou até nula do esperma"[28]. Lignac, já em 1772, destaca o caso de um indivíduo cuja "ereção mais forte não era acompanhada desse jato precioso que faz conhecer toda a extensão da volúpia"[29].

Além destes graves distúrbios, formas de impotência parcial, relativa ou temporária, podem resultar de uma conformação um pouco inadequada dos órgãos. Trata-se da patologia que os clínicos buscam remediar, com maior sucesso. Dentre estas anomalias orgânicas eles citam a grossura anormal do pênis[30], sua má direção, sua curvatura excessiva ou lateral,

---

24. ROUBAUD, F. *Traité de l'impuissance... Op. cit.* T. 1, p. 220.
25. *Ibid.*, p. 226.
26. *Ibid.*, p. 220, e p. 221 para as citações que seguem.
27. JOUBERT, L. *Des caractères de l'anaphrodisie...* Tese cit., p. 13.
28. MAUR, P. *Essai sur les causes de l'impuissance et la stérilité.* Tese de doutorado. Paris, ano XIII (1805), p. 21.
29. DE LIGNAC. *De l'homme et de la femme... Op. cit.* T. 1, p. 209.
30. Desenvolvimentos nas obras citadas de Maur, Dumont, Ganne, Marc e Roubaud.

quando em ereção. Esta bifurcação, sempre evocada, parece tão prejudicial que esses médicos se convencem de que a boa adaptação do pênis ao colo do útero é indispensável à fecundação. Na mesma ordem de ideias situa-se "a estreiteza da vagina"[31], os espasmos e o estreitamento convulsivo deste órgão, as nevralgias da vulva[32], o comprimento excessivo do clítoris ou das ninfas. Pontos sobre os quais não precisamos nos demorar. Melhor ater-nos aos modos com que os médicos buscam remediar estes inconvenientes, notadamente a grossura excessiva do pênis; conformação particularmente lamentável aos olhos da parceira, pois, segundo um aforismo muito conhecido dos clínicos à época, "o membro viril é tanto menos capaz de erigir-se quanto mais desmesuradas forem suas proporções". O homem da Rua Saint-Honoré, descrito em 1829, era dotado de um pênis de 14 polegadas de comprimento, "com dimensões proporcionais em espessura". Estando impossibilitado de frequentar mulheres, embora sua ereção fosse perfeita, ele estava decidido a "subtrair" a metade do seu órgão[33].

Resta a impotência considerada consecutiva a um desacordo entre os parceiros, destituída de qualquer causa aparente. A natureza, enfatiza Virey, provoca "discordâncias de relações entre os sexos" que fogem à observação do homem. Para ele, os "caprichos" dos órgãos genitais e sua "insolência temerária"[34] constituem um dos misteriosos benefícios de uma natureza cujos desígnios, como os de Deus, geralmente são impenetráveis. Em nosso caso, ela impede, sem dúvida, a produção de seres imperfeitos. O argumento de Agostinho se encaixa como uma luva no raciocínio de Virey. Se os órgãos se mostram desobedientes, é para o bem de todos e para a preservação da espécie. A busca da harmonia entre os parceiros que os médicos buscam realizar encontra assim seus limites.

---

31. MONDAT. *De la stérilité de l'homme et de la femme... Op. cit.*, p. 122.
32. ROUBAUD, F. *Traité de l'impuissance... Op. cit.* T. 2, p. 489.
33. DUMONT, F.G. *Dissertation inaugurale sur l'agénésie, l'impuissance...* Tese cit., p. 45.
34. VIREY. Verbete "Frigidité". *Dictionnaire des Sciences Médicales. Op. cit.*, 1816, p. 23, bem como para as citações subsequentes.

Os estudiosos caem de costas diante "desses arrefecimentos incompreensíveis", e "desses ardores desenfreados, também inconcebíveis, que surpreendem subitamente, que congelam ou que inflamam diante desse ou daquele objeto. Dois seres, igualmente perfeitos em seus respectivos sexos, se unem pelos laços mais singelos; tudo anuncia a fecundidade de um feliz matrimônio; no entanto, um frio glacial às vezes se espalha sobre o leito nupcial [...]; que esse vínculo seja quebrado, que cada cônjuge passe para outra aliança, menos bem combinada na aparência, dela podem nascer numerosas crianças bem como um amor mútuo doravante ardente, inseparável".

As causas do "aniquilamento da faculdade voluptuosa"

O mistério da desobediência dos órgãos desafia a análise das causas às quais, não obstante tudo, os médicos se entregam de corpo e alma; sejam elas determinantes ou ocasionais. Seus catálogos são intermináveis. Marc, no *Dictionnaire des Sciences Médicales*, alega que o frio "opera uma constrição espasmódica" desfavorável à ereção do pênis, e o calor "enfraquece suas potencialidades motoras"[35]. Quanto a Roubaud, ele julga nefasta a mudança brusca da temperatura. Para fundamentar sua afirmação, cita o caso de um negociante que ficou impotente após um banho de mar, realizado no mês de janeiro[36]. A temperatura parece essencial nesta matéria. Os linfáticos e os melancólicos, contrariamente aos sanguíneos, aos coléricos ou biliosos, são ameaçados pela anafrodisia. A idade, por sua vez, também explica a impotência, quer se trate de adolescentes ou idosos. Maur considera que a doença afeta o homem, em média, "por volta dos 60 e 62 anos"[37]; assim como seus colegas, ele deleita-se em apresentar uma

---

35. MARC. Verbete "Anaphrodisie". *Dictionnaire des Sciences Médicales. Op. cit.*, 1818, p. 185.
36. ROUBAUD, F. *Traité de l'impuissance... Op. cit.* T. 1, p. 186. • Vale lembrar que este e outros casos se referem ao contexto da França, um país europeu, em que "janeiro", para eles, diferente do Hemisfério Sul, significa o auge do inverno [N.T.].
37. MAUR, P. *Essai sur les causes de l'impuissance...* Tese cit., p. 10.

série de exceções. A evocação de Catão, octogenário, inaugura uma longa lista, que se prolonga naquela dos que chegaram aos 100 anos satisfazendo ou engravidando suas mulheres. Entretanto, "ele sente prazer [escreve o Dr. Ganne, a respeito do idoso], mas o mais frequentemente a capacidade copuladora lhe falta; o sêmen é ejaculado sem força e demasiadamente líquido; a ereção é imperfeita, lenta, difícil; os canais deferentes se obliteram, as vesículas espermáticas e os testículos se atrofiam"[38]. O pior é que os efeitos da idade agem igualmente sobre o produto da cópula: podemos ser constitutivamente impotentes por termos sido gerados por um "pai velho demais"[39], que agiu "com languidez", ou por termos sido fruto de volúpias prematuras.

Algumas circunstâncias são reconhecidas como causas ocasionais da impotência. O mesmo vale para toda sobrecarga do estômago, abuso do fumo ou de "revigorantes". Lallemand conheceu um professor universitário, de 30 anos de idade, vítima de uma "impotência absoluta" por ter recorrido ao café como meio de prolongar suas vigílias[40]. O abuso de licores fortes produz o mesmo resultado.

As práticas do excesso e as do abuso são, no entanto, consideradas fatores principais da anafrodisia. Esta, nas palavras de Virey, assola particularmente os habitantes das cidades, esgotados pelos prazeres e pela frequentação de mulheres. Marc e Ganne são da mesma opinião. Em contrapartida, Roubaud mostra-se mais reservado quanto ao vínculo estabelecido entre o excesso venéreo e a impotência. Ele ressalta, em tom provocativo, que os "abusos do órgão copulador às vezes aumentam o orgasmo – afluxo sanguíneo – ao invés de enfraquecê-lo"[41]. A prática da masturbação, neste discurso médico, impõe-se como a via real que leva os homens e as mulheres à impotência e à anafrodisia.

---

38. GANNE, L.A. *De l'impuissance et de la stérilité*. Tese cit., p. 35.
39. VIREY. Verbete "Frigidité". *Dictionnaire des Sciences Médicales. Op. cit.*, 1816, p. 19.
40. LALLEMAND, C.F. *Des pertes séminales... Op. cit.* T. II, p. 30.
41. ROUBAUD, F. *Traité de l'impuissance... Op. cit.* T. 1, p. 292.

Lallemand resume diligentemente a autobiografia de um de seus colegas afirmando que ele "encontrou" o prazer solitário a partir da idade de 10 anos. A este prazer entregou-se por vários anos, mas com longos intervalos. Aos 19 anos quis "desfrutar de uma boa ventura"[42], mas suas tentativas culminaram num belo fracasso: não houve ereção, intromissão, ejaculação, tampouco prazeres. Mais tarde, permitiu-se, ao longo de oito meses, "prazeres artificiais e recíprocos" em companhia de uma pessoa mais jovem. Então seu desejo por mulheres renasceu. Enquanto estudante de medicina ainda, consultou e posteriormente decidiu procurar "uma mulher de experiência", incapaz de amedrontá-lo – sem dúvida uma prostituta. Novo fracasso. Ficou então mais três longos anos sem ensaiar outra tentativa. Consultado, o Prof. Fages lhe prescreveu loções de água fria com vinagre sobre as partes genitais. Já o Prof. Delpech lhe aconselhou, pura e simplesmente, ter mais confiança em si mesmo. Mas nada mudou. Eis que finalmente, dez dias depois, tudo parecia ter mudado. Mas só aparentemente: "Eu obtive tudo [relata ele a Lallemand], exceto o último favor, que fracamente solicitei, *por medo de obtê-lo*. O que devo fazer?" O professor, como de costume, cauteriza sua uretra. Ao longo dos meses subsequentes, o paciente consulta vários outros clínicos. Tenta, desastradamente, o vinho de Málaga, a infusão de cantáridas, duas horas antes do encontro. Mas passa a perder então o sono e o apetite. Finalmente, à força de cauterizações, Lallemand consegue curá-lo, embora não deixe de ser seu paciente por mais quinze anos a fio.

Se a masturbação leva assim à impotência, é em razão dela destruir toda possibilidade de partilha relacional entre dois seres. "Semelhantes prazeres, solitários e imoderados, esgotam, arrefecem a sensibilidade genital, e o amor íntegro. Como Narciso, estes homens se amam a si mesmos, e pela própria miséria se tornam envergonhados às aproximações do sexo oposto, diante do qual não podem mais apresentar-se como homens.

---

42. LALLEMAND, C.F. *Des pertes séminales...* Op. cit. T. II, p. 108-111.

Na mulher, um abrandamento dos órgãos uterinos e, sua consequência, a inaptidão de reter o esperma, tornam estéreis e frias todas as que se entregam a estes detestáveis hábitos"[43].

Dumont cita o caso de um rapaz, conhecido seu, que contraiu o hábito da masturbação no seminário de Toulouse, onde estudava teologia. "Entregando-se a esta prática até três ou quatro vezes ao dia"[44], acabou adoecendo. O superior enviou-o então a respirar os bons ares de sua infância; voltou para casa. Observado por seu irmão que alertou seus pais, vigiado e admoestado pelo médico, ele acabou se corrigindo. Recuperou-se. Não obstante isso, permaneceu "incapaz de provar uma ereção perfeita, mesmo sentindo o desejo e a necessidade de unir-se ao outro sexo e consumar o ato venéreo; [e não obstante] dirigindo-se às mulheres da rua para obter seus 'instrumentos' mais desenvolvidos. Sua ejaculação, entretanto, continuou imperfeita [...]".

Outra paciente do Dr. Deslandes contraiu o hábito da masturbação no pensionato. Casada aos 17 anos, sua união passa a ser uma fonte de desconfortos, de dores, de uma total desilusão. Na melhor das hipóteses, ela permanece insensível aos afagos; na pior delas, estes a mergulham num "estado doloroso de espasmo e de convulsões"[45] que se estendem por horas a fio.

A continência, mesmo que parcial, também leva à impotência[46]. Ela determina uma diminuição, uma retração dos órgãos genitais que "se tornam pequenos, rugosos, inertes"[47]. Há cinco anos, escreve o Dr. Dumont a respeito de um rapaz que viveu na abstinência, ele "não sente mais as atrações do prazer, seu pênis está continuamente colapsado e ninguém

---

43. VIREY. Verbete "Frigidité". *Dictionnaire des Sciences Médicales. Op. cit.*, 1816, p. 21.
44. DUMONT, F.G. *Dissertation inaugurale sur l'agénésie, l'impuissance...* Tese cit., p. 23-24, bem como as citações subsequentes.
45. DESLANDES, L. *De l'onanisme... Op. cit.*, p. 272.
46. MAUR, P. *Essai sur les causes de l'impuissance...* Tese cit., p. 19-20.
47. VIREY. Verbete "Frigidité". *Dictionnaire des Sciences Médicales. Op. cit.*, 1816, p. 22.

consegue tirá-lo deste estado"[48]. É que, segundo um aforismo de Virey, "um órgão não usado, com o tempo perde [...] sua faculdade de agir"[49]. A inatividade dos órgãos genitais, garante Lallemand, o enfraquece, o torna flácido, "diminui sua energia e sua atividade"[50]. Nosso autor evoca a confissão de um jovem negociante que, após ter perdido sua adorada mulher, fez votos de não mais conhecer outra. Com 37 anos de idade, sua saúde degradou-se muito. Ele passa então a sofrer de poluição diurna e corre o risco de impotência total. Os sodomitas e as lésbicas, assim como os que se masturbam, se revelam anafroditas porque suas "faculdades copuladoras não respondem mais às suas excitações naturais, tanto internas quanto externas"[51]. Trata-se aí, garante Roubaud, de uma impotência por "aberração" total da "faculdade genésica", que só responde às solicitações anormais e que têm a ver com um tratamento moral.

Várias patologias também são tidas por causadoras de impotência, notadamente as doenças venéreas e a leucorreia. O mesmo vale para algumas intoxicações: inalação de gás, consumo abusivo de sedativos, de analgésicos e, sobretudo, de ópio. Roubaud, como já vimos, certificou-se dos efeitos debilitantes desta última substância em companhia de uma prostituta[52]. Em geral, as doenças longas, sejam quais forem, a convalescência, os sangramentos frequentes bem como os "prazeres antecipados" carregam em seu bojo a ameaça da anafrodisia.

Muito frequentemente, esta resulta simplesmente de um estilo de vida pouco saudável. Virey evoca a "esterilidade" de uma mulher que, no verão, quase só se alimentava de saladas[53]. Ele culpa até um aleitamento demasiadamente prolongado. A diatribe contra a prática da equitação

---

48. DUMONT, F.G. *Dissertation inaugurale sur l'agénéise, l'impuissance...* Tese cit., p. 25.
49. VIREY. Verbete "Frigidité". *Dictionnaire des Sciences Médicales. Op. cit.*, 1816, p. 22.
50. LALLEMAND, C.F. *Des pertes séminales... Op. cit.* T. II, p. 248.
51. OUBAUD, F. *Traité de l'impuissance... Op. cit.* T. 1, p. 437.
52. Cf. *supra*, p. 149.
53. VIREY. Verbete "Frigidité". *Dictionnaire des Sciences Médicales. Op. cit.*, 1816, p. 20.

também constitui um *leitmotiv*. Referência é feita, invariavelmente, à impotência dos cavaleiros citas, descritos por Heródoto. Lallemand pôde verificar, repetidas vezes, junto à sua clientela, os efeitos nefastos da equitação. Roubaud, por sua vez, destaca o papel deletério de qualquer abuso do sistema muscular. A fadiga corporal "enfraquece as paixões". "Perto de um homem exausto pela corrida ou por qualquer outro exercício, a mulher desperdiça as seduções de suas carícias"[54].

Antes que Tissot detalhasse os efeitos mórbidos dos trabalhos do espírito, esta denúncia constituía um *topos*. Nenhum médico, depois disso, podia eximir-se. Virey incrimina os "estudos intensos" e Marc as "reflexões" e as "vigílias excessivas". "Junto aos homens de letras [acrescenta este último], o encéfalo absorve toda a atividade, à custa das partes genitais que são com frequência emaciadas e murchas"[55]. Uma jovem mulher, duas vezes viúva de dois homens letrados, sempre frustrada por essa razão, declara que se vier a assumir um terceiro esposo, este não será escolhido dentre os literatos ou eruditos[56]. Os especialistas retomam em uníssono o caso do matemático apresentado por Peyrilhe, por ocasião de um de seus cursos. "Profundamente ocupado com certos problemas que não conseguia resolver, [ele] quase se esquecia de sua esposa, toda vez que ia compartilhar seus ardores com ela; ou seja, sua imaginação, transportando-o para tais problemas durante o ato, o impossibilitava de ejacular." Peyrilhe aconselha à mulher, vindo consultá-lo, que o faça beber e aproveite o momento de "embriaguez jubilosa" assim provocada "para receber seus afagos". "O marido, abstraído de suas profundas meditações, entra então em todos os seus direitos"[57]. Mondat, por sua vez, avalia que a maior parte das mulheres que se entrega ao estudo das ciências é estéril[58].

---

54. ROUBAUD, F. *Traité de l'impuissance... Op. cit.* T. 1, p. 351.
55. MARC. Verbete "Impuissance". *Dictionnaire des Sciences Médicales. Op. cit.*, p. 181.
56. DUMONT, F.G. *Dissertation inaugurale sur l'agénésie, l'impuissance...* Tese cit., p. 29.
57. *Ibid.*, p. 28.
58. MONDAT. *De la stérilité de l'homme et de la femme... Op. cit.*, p. 152.

O mais interessante, para o nosso estudo, no entanto, são as causas psicológicas que, segundo os clínicos, resultam o mais frequentemente da idiossincrasia; o que os fascina. A maior parte da obra de Descourtilz lhe é consagrada. Marc e Mondat as enumeram com precisão. A impotência provém, como nos garante Montaigne, das "afeições da alma".

Paradoxalmente, o excesso de desejo, a satisfação plena "do ardor amoroso", a "lascívia tão impetuosa"[59] de certos indivíduos emergem como os principais fatores do fracasso; a frequente impotência de jovens cônjuges o prova abundantemente. Marc cita o caso de um homem recasado que não podia ejacular com sua segunda esposa porque sua ereção era demasiadamente forte[60]. À semelhança de Montaigne, Marc aconselhou o marido a não hostilizar-se após o fracasso de uma primeira tentativa, mas que tivesse um segundo encontro, "tendo sobretudo o cuidado de não sobrecarregar a imaginação com o instante em que alcança o preço de seu amor. Moderando os desejos, restabeleceria o equilíbrio, a calma e a harmonia entre o grau de energia do sistema muscular e o do sistema sensitivo"[61]. Marc atribui este tipo de impotência também ao "êxtase que sobrevém à vista dos atrativos de uma mulher maravilhosamente bela"[62].

O medo, a paralisia dos tímidos e dos envergonhados, a repentina desconfiança em relação às próprias forças geralmente são alegadas pelos médicos. Roubaud fala de impotência pelo simples medo de ser afetado por ela. Mas existem muitos outros medos: o de não ser amado, o de ser surpreendido pelos pais, o do entorno, o do marido, ou amante. Roubaud fala do medo relativo a causas incontáveis[63], sem esquecer o que resulta de uma devoção exacerbada.

---

59. VIREY. Verbete "Frigidité". *Dictionnaire des Sciences Médicales. Op. cit.*, 1816, p. 17.
60. MARC. Verbete "Impuissance". *Dictionnaire des Sciences Médicales. Op. cit.*, p. 181.
61. *Ibid.*, p. 193.
62. *Ibid.*, p. 179.
63. ROUBAUD, F. *Traité de l'impuissance... Op. cit.* T. 1, p. 186. Para outras observações sobre estes medos, cf. os verbetes citados de Virey, "Frigidité"; de Chaussier e Adelon, "Erection"; de Marc, "Impuissance"; e a tese citada de Descourtilz.

Existem outros sentimentos que congelam. Sua gama se estende do remorso à decepção. O mesmo vale para o arrependimento por ter abusado de um amigo, ou de "enganar uma virgem inocente que será desonrada"[64]. Lignac alega conhecer indivíduos que não sofrem de impotência senão ao relacionar-se com virgens. Burdach aponta fracassos devidos ao simples fato de pensar sobre a animalidade do ato[65]. Marc deplora, com Zacchias, os tristes efeitos da raiva, neste domínio. Joubert evoca as consequências nefastas do ciúme e da raiva; Roubaud as de uma excessiva alegria. Ele diz ter conhecido um homem que se tornou impotente por ter sido contemplado com o prêmio lotérico de 30 mil francos[66]. Episódios mais dramáticos produzem efeitos idênticos, como, por exemplo, a tristeza causada pela perda de uma criança. Qualquer susto indescritível pode determinar "a síncope genital". Uma das vítimas de um acidente de trem na ferrovia de Versalhes ficou seis meses sem ter ereções[67].

A anamnese pode, sozinha, levar à impotência. A lembrança de um precedente "fracasso copular" com uma mulher ou, ao contrário, o encanto outrora vivido, ou fontes de excitação anteriores são suscetíveis de impedir a ereção. Roubaud indica, a este respeito, um efeito paradoxal: "Eu vi, relata nosso autor, mulheres completamente nuas, sob o nome de *matrizes vivas*, não somente inspirar uma profunda rejeição por estas mulheres, cuja beleza das formas era, no entanto, evidente, mas também produzir uma verdadeira anafrodisia que perpetuava a lembrança deste espetáculo"[68]. A simples leitura da *Justine*, de Sade, leva um jovem de sua clientela aos mesmos efeitos.

A impotência, nas palavras dos pacientes, resulta às vezes de sensações experimentadas no decorrer do próprio ato, no jogo dos intercâmbios com a parceira. Anteriormente vimos o matemático de Peyrilhe pensar

---

64. JOUBERT, L. *Des caractères de l'anaphrodisie...* Tese cit., p. 11.
65. BURDACH, C.F. *Traité de physiologie... Op. cit.* T. II, p. 223.
66. ROUBAUD, F. *Traité de l'impuissance... Op. cit.* T. 1, p. 186.
67. *Ibid.*
68. *Ibid.*, p. 357.

em outra coisa; fato não raro, se dermos crédito a Roubaud. Este nos garante que o fracasso muito frequentemente acontece quando a imaginação cessa "de guiar o ato copulador"[69]. A decepção, a repugnância ou a aversão inspiradas pelo corpo da outra pessoa, ou por algumas de suas atitudes, matam o desejo. Roubaud, como muitos outros, cita, a este respeito, a descoberta das regras. A natureza do homem em geral se congela, "se estreita" diante de uma parceira lúgubre[70]; ou diante de um velhote perverso. Além disso, Roubaud se demora sobre a ação enfraquecedora do muco vaginal. Um colega lhe confessou que sofreu um fiasco provocado por uma mulher excessivamente seca. Outras mulheres, ao contrário, repugnam por ser excessivamente úmidas; dessa forma, o parceiro tem a sensação de trabalhar numa "banheira de água quente"[71]. Virey evoca o "repentino horror"[72] e a aversão súbita, às vezes inexplicáveis. Nos casamentos arranjados, os cônjuges são feitos reféns da sensação de partilhar de "prazeres obrigatórios", de entregar-se a "arrebatamentos melancólicos" e de tão somente conhecer "êxtases sombrios"[73].

"A discordância intempestiva", a defasagem no ritmo dos prazeres é suficiente para suscitar o fracasso. Obviamente, este conjunto de dados leva a tratar a impotência específica que certos homens experimentam com as prostitutas; notadamente porque estas exigem ser pagas antecipadamente. O fracasso também pode se reproduzir, segundo Lignac, quando o cliente só vai ao bordel para experimentar suas forças[74].

Roubaud acrescenta a este catálogo a desordem criada por um excesso de facilidade advinda bruscamente após uma longa coação. A mulher

---

69. *Ibid.*, p. 365.
70. VIREY. Verbete "Frigidité". *Dictionnaire des Sciences Médicales. Op. cit.*, 1816, p. 23.
71. ROUBAUD, F. *Traité de l'impuissance... Op. cit.* T. 1, p. 227.
72. VIREY. Verbete "Frigidité". *Dictionnaire des Sciences Médicales. Op. cit.*, 1816, p. 23.
73. DE LIGNAC. *De l'homme et de la femme... Op. cit.* T. 1, p. 201.
74. *Ibid.*, p. 202. • DUMONT, F.G. *Dissertation inaugurale sur l'agénésie, l'impuissance...* Tese cit., p. 29.

amada que se entrega sem aviso prévio, após ter-se recusado por longo tempo, envia um aviso surpreendente que pode ser suficiente para desarmar o seu parceiro. Em sentido inverso, Roubaud cita o caso de um ator incapaz de honrar, ao longo da noite de suas núpcias, a mulher que tinha por amante e que ele satisfazia com ardor[75]. Existe também, nestas obras eruditas, a rejeição específica experimentada por algumas mulheres em relação a um homem, pelo simples fato de ser seu marido.

Os médicos detalham à saciedade as ocasiões de impotência eventual. Uma doença vinda após uma separação muito longa pode matar o desejo, ou provocar uma amnésia total. Os reencontros podem ser então desastrosos, como foi o caso daquele príncipe que, segundo Marc, não estava mais apaixonado "senão de memória"[76].

Qualquer zombaria da mulher sobre a insuficiente qualidade das investidas do homem e suas reprovações relativas à sua "pouca exatidão no ato venéreo"[77], assim como tudo aquilo que resulta de "esperanças não realizadas no ato conjugal"[78], revelam-se, em geral, desarmantes. Só por isso Civiale desaconselha formalmente aos cônjuges a prática do leito comum, pouco conciliável, aos seus olhos, com uma sábia economia do desejo e dos prazeres[79].

A diversidade dos riscos de arrefecimento genital justifica uma prática mental, muito frequente, segundo Roubaud. Muitos homens, segundo nosso autor, "só conseguem concluir uma cópula iniciada transportando-se em pensamento para junto de outra pessoa, ou transformando as formas da mulher que têm nos braços em encantos imaginários ou

---

75. ROUBAUD, F. *Traité de l'impuissance...* Op. cit. T. 1, p. 445.
76. MARC. Verbete "Impuissance". *Dictionnaire des Sciences Médicales*. Op. cit., p. 184.
77. DUMONT, F.G. *Dissertation inaugurale sur l'agénésie, l'impuissance...* Tese cit., p. 29.
78. JOUBERT, L. *Des caractères de l'anaphrodisie...* Tese cit., p. 11.
79. CIVIALE, J. *Traité pratique sur les maladies des organes génito-urinaires*. Op. cit. T. 2, p. 198.

vislumbrados em sonho"[80]. Os poetas, os grandes artistas e os sábios, dada a lenta imaginação erótica e a baixa excitabilidade destes indivíduos, acostumaram-se a essa manobra mental. Note-se, para concluir, que o argumento do sortilégio, isto é, da impotência por feitiço, deixou de povoar o horizonte dos clínicos daquele tempo e, ao que parece, o de seus pacientes também.

Os médicos são muito menos eloquentes quando se trata de analisar as causas da anafrodisia no homem. Vale lembrar que o tema lhes permanece obscuro, carente de qualquer possibilidade de auto-observação e de verdadeiro discernimento clínico. A ausência de desejo e de prazer não é, aqui, verificável. Os clínicos, repitamo-lo, limitam-se à confidência e à confissão. O resto só podem deduzir por suposição.

O Dr. Capuron propõe considerar como anafrodita a mulher junto à qual "a visão ou a presença do macho não provoca nenhuma titilação em seus órgãos genitais, tampouco este prazer amoroso que a leve a copular com ele"[81]. Pode-se supor que evoque um homem totalmente nu e, provavelmente, em estado de ereção. Seja como for, eis uma definição que se distancia do esquema de uma parceira etérea, à época sugerido pelos poetas; este esquema não parece absolutamente penetrar a literatura médica.

Já que a mulher ignora, salvo em casos excepcionais, os problemas de intromissão e que lhe é suficiente ser passiva para permitir que o homem a penetre, seu interrogatório só diz respeito ao grau de lubricidade, de lascívia, de luxúria ou de atração para o coito, para retomar a lista dos termos utilizados pelos médicos. Como em relação ao homem, este grau varia segundo o temperamento. A flacidez e a gordura são desfavoráveis à estimulação do desejo. O mesmo ocorre com a fadiga, a doença, a prática da masturbação e, em algumas mulheres, uma "aversão geral ao coito"; sem

---

80. ROUBAUD, F. *Traité de l'impuissance... Op. cit.* T. 1, p. 226.
81. CAPURON, J. *Traité des maladies des femmes... Op. cit.*, p. 253-254.

esquecer a falta de amor, a ausência de conveniência, ou a repugnância que o parceiro lhe provoca. Em resumo: muitas evidências repetitivas, poucas análises completas. É esta atonia do discurso que Roubaud tenta quebrar.

Obviamente, em seu discurso nem tudo é novo; longe disso. Assim, desde 1785 – e é apenas um exemplo – Chambon de Montaux evidenciou em algumas mulheres não uma falta de lascívia, mas uma grande dificuldade de "finalizar convenientemente [seus] prazeres"[82]; fato que provocou nelas irritações e inflamações, sobretudo quando a intensidade de seus desejos causava um grande fluxo sanguíneo nos órgãos genitais. Descourtilz, em 1814, e Ganne, em 1837, detiveram-se na frigidez das mulheres, mas, repitamo-lo, esta dificuldade de gozar jamais é considerada em si mesma. A anafrodisia interessa porque talvez aumente em sua vítima os riscos de esterilidade.

Enquanto o jesuíta desvincula parcialmente o prazer venéreo do escopo de procriação para realçar os benefícios que dele tira a união afetiva dos cônjuges[83], Roubaud, tratando exclusivamente da impotência masculina e da esterilidade, considera os prazeres femininos suscitados pela relação conjugal de um ponto de vista estritamente hedonista: "Perguntamo-nos [escreve ele, colocando a questão de maneira mais geral], se a cópula, na raça humana, é apenas o primeiro ato da geração, e se, tendo em conta a nossa natureza moral, ela não seria *também* um meio, um instrumento, se assim posso falar, de sociabilidade?"[84] "Os desejos e os prazeres venéreos recaem, pois, sobre a mulher da mesma forma que incidem sobre o homem, e uns e outros [sic] entram na ordem normal das condições psicológicas da cópula"[85]. A ausência de prazer tem a ver com um estado mórbido. Na união carnal, detalhada por Roubaud, podemos distinguir três

---

82. CHAMBON DE MONTAUX, N. *Des maladies des filles. Op. cit.*, T. 2, p. 260.
83. Cf. *infra*, p. 340.
84. ROUBAUD, F. *Traité de l'impuissance... Op. cit.* T. 2, p. 541.
85. *Ibid.*, p. 450, bem como para o que segue.

sequências. A alma da mulher se vê primeiramente assaltada por desejos venéreos, sendo, portanto, ativa. Num segundo momento, totalmente orgânico, a mulher recebe passivamente o pênis do homem. Mas, ao longo de uma terceira fase, sua alma e seus órgãos deverão ativamente participar do prazer comum. Roubaud, portanto, reduz a passividade feminina só ao momento da intromissão. A frigidez propriamente dita, que deixa, aqui, de ser assemelhada à esterilidade, se refere às relações subsequentes à penetração.

As pacientes de Roubaud o consultam por dois motivos diferentes. A maior parte delas espera que ele as cure da esterilidade, mas algumas lhe pedem para remediar sua anafrodisia. Neste último caso, Roubaud deplora que os dois cônjuges sejam, acima de tudo, impulsionados pelo desejo de restabelecer ou de manter a paz de seu lar, ameaçada pela repugnância que a esposa frígida sente em relação ao ato venéreo. Roubaud, na verdade, prefere que a mulher o consulte na esperança de criar ou de reconstruir o próprio prazer; e isto unicamente pela satisfação que o prazer propicia.

Ao ler sua obra, constata-se que a anafrodisia feminina se autonomiza; que a incapacidade de gozar é estudada em si mesma, sem referência à necessidade ou ao desejo de maternidade. Ao médico parece que as mulheres frígidas o são por temperamento; elas "não abrem sua alma a nenhum desejo e seus sentidos a nenhuma volúpia"[86]. Outras devem sua anafrodisia unicamente à falta de jeito do marido ou "à falta de harmonia entre suas mútuas excitações". A atenção de Roubaud concentra-se no clítoris. Se este é de uma pequenez excessiva, dificilmente desencadeará os espasmos. Algumas mulheres sofrem de uma dormência prolongada da sensibilidade deste órgão, embora de dimensões normais. Tais situações não são desesperadoras. O médico saberá dispensar conselhos apropriados para, apesar dos defeitos, suscitar a "excitação cínica".

---

86. *Ibid.*, p. 521, e p. 522 para a citação seguinte.

A frigidez também pode resultar de neuroses, isto é, de "afecções da inervação"; quer se trate de um ataque ao sistema nervoso que suscita "a aniquilação parcial ou total da faculdade voluptuosa"[87], quer se trate, mais simplesmente, de uma disfunção dos nervos dos órgãos genitais destacados por Kobelt. A anafrodisia impõe-se à evidência – como a impotência do homem – quando "a sensibilidade genital é pervertida", notadamente junto às lésbicas e às que se masturbam. Por outro lado, como vimos, um número excessivo de cópulas entorpece a volúpia. Enfim, a frigidez, notadamente a atonia do clítoris, pode resultar de causas acidentais, ou de um simples parto. Uma jovem mulher confessa que, "querendo masturbar-se alguns dias depois do parto, [ela] nunca mais conseguiu, fosse qual fosse a forma, propiciar-se das sensações voluptuosas que procurava"[88].

Sua maneira de pensar leva Roubaud a reexaminar o vínculo estabelecido entre o prazer feminino e a fecundação. Roubaud nutre um sonho: "Se pudéssemos [escreve ele], examinar o útero nestes rápidos instantes do delírio cínico, ficaríamos impressionados com sua regularidade funcional em meio à desordem da ação"[89]. Como as águas profundas do mar, o útero permanece insensível às tempestades da superfície. Ao mesmo tempo, Roubaud desmonta uma antiga convicção. Ele garante que "a exultação e os espasmos particulares que algumas mulheres pretendem sentir no momento de uma cópula fecundante"[90] não passam de ilusões de sua imaginação, fundadas em fábulas ridículas. Em suma, o prazer não é o que excita a irritabilidade do útero. A fim de demonstrar a verdade de tais afirmações, Roubaud diz ter-se dedicado a inúmeras experiências e a múltiplas observações sobre o que vincula a fecundidade à "soma dos prazeres" que a mulher "leva à cópula"[91].

---

87. *Ibid.*, p. 531.
88. *Ibid.*, p. 549.
89. *Ibid.*, p. 755.
90. *Ibid.*, p. 582.
91. Cf. *supra*, p. 145, 148.

Ele afasta, pois, qualquer vínculo eventual, em matéria de prazer, entre o órgão da cópula e o órgão da gestação, entre o "sentido venéreo" e as funções do útero: "Os espasmos cínicos não implicam fatalmente os espasmos uterinos"[92]. Da mesma forma, Roubaud – contrariamente a alguns de seus colegas – nega a existência de qualquer relação entre os ovários e o prazer do órgão copulador. A comparação estabelecida outrora por Haller e Camus entre estes órgãos e os testículos não tem nenhuma razão de ser. Algumas mulheres desprovidas de ovários não são menos lúbricas. Roubaud reconhece, quando muito, que a aproximação das regras excita o desejo venéreo e aumenta a intensidade do "espasmo cínico". Mas esta exaltação só é devida ao aumento do orgasmo das partes genitais; é assim que as mulheres voluptuosas são, em geral, afetadas por um fluxo menstrual abundante.

Poderíamos, pois, pensar que naquele momento em que se difunde a hipótese da ovulação espontânea, a negação de qualquer vínculo entre o espasmo voluptuoso e o funcionamento do aparelho da gestação, o abandono da crença num arrepio que testemunha os movimentos do útero e das trompas ao longo de uma cópula fecundante desqualificariam o prazer feminino, tornado decididamente inútil à concepção. Ora, é precisamente esta desqualificação que estimula Roubaud, e muitos outros depois dele, a raciocinar fora da perspectiva da gestação, a considerar o prazer feminino em si mesmo, como um benefício considerável para o casal e para o sujeito implicado.

O prazer e os meios de propiciá-lo não são mais totalmente enclausurados no triângulo dos três seres formados pelo homem, pela mulher e pela criança vindoura. Quando Roubaud publica sua obra, a prática da contracepção está em pleno desenvolvimento. À primeira vista, ele apenas adaptou aqui o raciocínio médico à autonomização das condutas do casal e à promoção do sujeito feminino.

---

92. *Ibid.*, p. 777.

A verdade, no entanto, não é tão simples assim. É no momento em que este conjunto de processos se desenha ou se acelera que Roubaud, assim como seus colegas, passa a enfatizar os malefícios da "fraude conjugal", que por sua vez passa a fazer sua entrada triunfal nas obras de medicina. Precisamos, neste domínio, evitar cuidadosamente o anacronismo. A atenção voltada para a necessidade do prazer feminino, em si, não significa que os dois indivíduos que formam o casal possam entregar-se a não importa quais subterfúgios em vista de um gozo sem limites. Os médicos, tendo à sua frente Roubaud, continuam convencidos dos riscos do excesso e do abuso. O prazer feminino, da forma como é pregado em vista da satisfação dos dois parceiros, implica que a "espermatização" se realize em boas condições. Do contrário, como vimos, as práticas eróticas se reduzem a uma "variedade de masturbação"; o pior para o homem sendo o coito contido, o realizado sem ejaculação. Em caso de "fraude conjugal", a irritação que afeta a mulher não é acalmada pela ação antiespasmódica do licor seminal. A exaltação do "espasmo cínico" "é forçada a esgotar-se e extinguir-se em seus próprios sobressaltos"[93]. À cópula incompleta corresponde um prazer igualmente incompleto. Ora, Roubaud, como mais tarde Bergeret, advoga em favor de um gozo plenamente alcançado.

---

93. *Ibid.*, p. 819.

7
A JUSTA PROPORÇÃO DAS LASCÍVIAS

Os médicos devem cuidar para que os indivíduos exerçam plenamente sua função genital, que constitui, segundo o Dr. Roubaud, "o coroamento e o objetivo" de todas as outras funções[1]. Eles devem avaliar o estado dos órgãos sexuais e certificar-se de suas boas relações com os outros sistemas, notadamente, tendo em conta as solidariedades particularmente próximas que os unem com o cérebro e com todos os nervos. Para conduzir esta marcha harmoniosa do sistema genital, o bom clínico, guiado pelo "instinto médico", aprecia, em primeiro lugar, as idiossincrasias e depois avalia "a força da ação e da reação dos vários órgãos"[2]. Uma vez diagnosticados os malefícios da continência, do excesso, do abuso ou dos fracassos sofridos, ele deve desenvolver uma terapia condizente.

Tanto para as mulheres quanto para os homens, o casamento constitui o primeiro dos remédios para todos os males causados por esses comportamentos. Em segundo lugar, os médicos incluem "a frequentação de mulheres". Em suma, quando a função genital se apresenta avariada, impõe-se o coito terapêutico, cujo efeito, para algumas esposas particularmente lascivas, pode ser reforçado pela gravidez. Não cessaria o cio das fêmeas dos animais quando são fecundadas? Somente um "exercício regular" dos órgãos, segundo o Prof. Lallemand, pode permitir a cura do "hábito desastroso" e das perdas seminais involuntárias, desde, obviamente,

---

1. ROUBAUD, F. *Traité de l'impuissance... Op. cit.* T. 1, p. 405.
2. *Ibid.*, p. 195.

que o indivíduo não seja vítima de impotência. Ele avalia, além disso, que a "frequentação de mulheres" acelera a cura de todas as convalescências.

Quanto às jovens que se masturbam, as ninfomaníacas, as viúvas, as continentes, o casamento constitui uma solução milagrosa. "Mais de uma vez [escreve o Dr. Deslandes], uma única cópula foi suficiente, em mulheres, para acalmar os ardores excessivos"[3]. O Prof. Lisfranc imagina uma paciente vítima de uma série de doenças: "Desejos venéreos a perseguem; a atormentam mesmo durante a noite; seu sono é agitado; ela se cansa de sonhos eróticos mais ou menos multiplicados, geralmente incompletos e às vezes fortemente dolorosos: é indispensável então tentar relações conjugais com todas as precauções necessárias; elas podem ter sucesso." O Dr. Civiale vai mais longe do que a maioria de seus colegas: além da frequentação de mulheres, ele aconselha, sobretudo aos homens que duvidam de suas capacidades, a prática do casamento experimental. Isto preserva da agonia da noite de núpcias. "Embora esta opção não seja a mais moral, especifica o especialista, pelo menos é a mais segura." Já que é aos primeiros atos "que todas as dificuldades se reportam"[4], um ensaio feito serenamente faz com que o homem se sinta menos preocupado com o resultado; outra vantagem: este período transitório permite à mulher adquirir treinamento e habilidade. Não resta mais senão "regrar o exercício segundo as necessidades individuais"; e então, em seguida, "o casamento pode ser aconselhado"; e assim "se completará o aperfeiçoamento".

O hímen, de qualquer forma, proporciona vantagens que, por si mesmas, proporcionam benefícios que podem curar múltiplas patologias. Um jovem rapaz de 23 anos, garçom no café parisiense La Rotonde, quase se tornou impotente em razão de uma doença do estômago. "A ereção não

---

3. DESLANDES, L. *De l'onanisme... Op. cit.*, p. 522. • LISFRANC. *Clinique médicale.* T. 2, p. 671.
4. CIVIALE, J. *Traité pratique sur les maladies des organes génito-urinaires. Op. cit.* T. 2, p. 197, bem como para as citações subsequentes.

se sustentava e despencava na vagina [...] antes da ejaculação do esperma"; além disso, "a cópula não era realizável, nem durante as digestões [...] nem em posição horizontal". Roubaud aconselha então o casamento. Ele faz seu paciente sentir "como seria mais rápida, sob o domínio dos cuidados domésticos, a cura de sua doença de estômago, e como seria mais fácil a cópula quando realizada em meio a todas *as comodidades do leito conjugal*"[5]. Em março de 1854, o jovem foi comunicar-lhe suas núpcias. Em seguida, não se continha de satisfação em virtude do tão bem-sucedido tratamento.

O casamento, no entanto, nem sempre é um bom remédio. Às vezes, "o excesso de excitação inerente à união dos sexos [se revela] eminentemente nociva"[6]. O mesmo vale nos casos de tísica ou ninfomania avançada. Os médicos se demoram sobre a pertinência deste remédio segundo as patologias. Quando a doença resulta do excesso, impõe-se um relativo repouso. O casamento pode então, segundo os casos, ser aconselhado ou desaconselhado. O essencial é sempre proporcionar "o próprio exercício da função [...] ao que resta de energia"[7] e ao estado atual dos órgãos. Tudo depende da apreciação médica.

Como vimos, a regulação da cópula conjugal impõe aos clínicos a prescrição de ritmos, intervalos e posturas. Cabe ao médico fixar os limites dos excessos, segundo os temperamentos e as idiossincrasias. Mas quando se trata realmente de curar, ele pode recorrer à cirurgia, à ortopedia, à farmacopeia ou, simplesmente, preconizar o uso de exercícios mecânicos, bem como a prática de um estilo de vida física e mental saudável; o todo, em vista de aquecer os indivíduos pouco inclinados aos prazeres venéreos e arrefecer os que se entregam aos excessos ou aos abusos.

---

5. ROUBAUD, F. *Traité de l'impuissance... Op. cit.* T. 1, p. 410-411.
6. CIVIALE, J. *Traité pratique sur les maladies des organes génito-urinaires. Op. cit.* T. 2, p. 199.
7. *Ibid.*, p. 200.

Aquecer os cônjuges

Consideremos inicialmente a terapêutica destinada àqueles cujos ardores convém estimular. Aqui, a cirurgia é totalmente descartada; no máximo, faz-se menção a incisões quando se trata de remediar uma obliteração da vagina ou operar uma fimose. Em contrapartida, a imaginação de alguns especialistas, notadamente a do mais eminente dentre eles, o Dr. Mondat, revela-se criativa quando urge remediar pela ortopedia inúmeras deficiências. Se o homem não possui mais o pênis, em consequência de um traumatismo, urge propiciar-lhe um. O Tenente-coronel L. precisou, no dia seguinte à Batalha de Wagram, amputar o pênis. Ora, o desafortunado se havia casado dias antes de partir para a guerra. E, ao seu retorno, "sentia-se na obrigação [...] de pagar à sua jovem esposa o tributo conjugal". Mondat interveio. Ele providenciou a fabricação, em borracha elástica, de "uma espécie de cone de cinco polegadas e meia [17cm], aberto em suas duas extremidades, das quais a mais estreita abraçava o colo do útero, ao passo que a outra, mais larga, foi adaptada ao coto do pênis. Um supositório de borracha elástica foi colocado no reto, ao mesmo tempo que leves fricções praticadas sobre o períneo tinham por objetivo estimular a contração das vesículas e dos músculos ejaculadores"[8]. Mme. L., graças a este aparelho, teve a felicidade de ter sido duas vezes mãe.

O Dr. Mondat, segundo o cirurgião do regimento, curou M.D., um coronel de cavalaria, vítima de um tumor surgido após violentos esforços no exercício da cópula. Determinou a fabricação de um cilindro de borracha elástico próprio para colocar o pênis, e disposto de maneira a exercer uma compressão sobre o tumor. M.D., após dois anos de casado, "adquiriu o título de pai, embora só pudesse completar o ato conjugal com o instrumento de que estamos falando"[9].

---

8. MONDAT. *De la stérilité de l'homme et de la Femme... Op. cit.*, p. 43-44.
9. *Ibid.*, p. 47.

Se o pênis, ao contrário, encontra-se superdimensionado, Mondat, como vários de seus colegas, tem a solução. Mme. de Saint..., casada há 17 anos, permaneceu por longo tempo estéril e sofria o martírio por ocasião de cada cópula. Mondat aconselha colocar na vulva um chumaço de borracha elástico, perfurado em seu centro para colocar o pênis e diminuir assim o seu tamanho. "Com a ajuda desse instrumento, Mme. de S., passados nove meses, tornou-se mãe"[10]. Outras vezes, os clínicos aconselham simplesmente ao esposo portador de um órgão superdimensionado que só introduza a metade.

Mondat se preocupa também com os homens incapazes de ereção e com os dotados de um pênis demasiadamente pequeno. Pensando neles bolou um aparelho destinado a gozar de um notável sucesso: o *congestor*. Este instrumento apresenta uma forma cilíndrica de cinco a oito polegadas de comprimento: "com uma extremidade livre, a outra é montada sobre um aparelho ao qual é adaptada uma bomba de sucção. Então introduz-se o pênis no cilindro, com o cuidado de trazer de volta o prepúcio; em seguida direciona-se o instrumento com o lado inclinado para cima, estando o indivíduo em pé. O *congestor* é então fixado por uma mão enquanto que a outra imprime ao pistão leves movimentos para criar um vácuo; o corpo cavernoso não demora a inflar; pouco a pouco o sangue o circunda totalmente; todo o aparelho genital sofre a impressão erétil do pênis cuja duração deve durar entre cinco e vinte minutos"[11]. A ereção é então garantida; além disso, ao longo das sessões, o *congestor* faz o pênis adquirir "enormes dimensões em ambos os sentidos", ao passo que seus músculos ganham força.

A lista dos sucessos obtidos com a ajuda desse aparelho é longa. Três exemplos bastam. O primeiro diz respeito a um jovem de Rouen, tratado pelo Dr. Flaubert. Após doze semanas de uso do *congestor*, acompanhado

---

10. *Ibid.*, p. 160-161.
11. *Ibid.*, p. 67-68.

de remédios mais clássicos, um desejo irresistível de masturbar-se apareceu. No final de vinte meses, seu pênis atingiu grandes dimensões: "A coluna dorsal se endireitou, a voz, de delgada que era, tornou-se grave, o pênis cercou-se de pelos; pequenos bigodes apareceram etc."[12] Passado um ano, o doente casou-se. E logo a mulher lhe deu um filho; não há como contestar suas ereções. "Ele consegue, sem fadiga, exercer o ato copular de dois em dois dias." Como de costume, o caso médico se torna, aqui, um verdadeiro conto de fadas.

Um jovem politécnico de 22 anos, após seis meses de "exercícios eretores", conferiu a seu pênis dimensões ordinárias, enquanto que um estudo de matemáticos havia considerado seu órgão "fino" e "flácido"[13] demais. O Conde Antoine de R., um russo de 23 anos, de constituição atlética, nunca havia tido ereções. Ora, ele estava em vias de se casar. Seu pênis, de uma polegada de comprimento, tinha o aspecto de um "grande tubérculo". Oito meses de "exercícios eretores" conferiram a este órgão um tamanho normal. No final de dois anos de tratamento, "as ereções se mostravam consistentes, desenvolvidas, e o exercício da cópula se realizava com desejo e sucesso total. A emissão seminal era abundante. Posteriormente, o conde contraiu matrimônio e teve três filhos"[14].

Trousseau, por sua vez, apresenta aos seus estudantes, ao longo de uma de suas lições, um aparelho que ele qualifica, com razão, de "medicamento singular", de "encantadora simplicidade"[15], que nunca cessou de aperfeiçoar. Este aparelho é destinado àqueles cuja ereção se revela impossível.

Em 1835 Trousseau havia aconselhado a um jovem rapaz de 26 anos, atormentado por uma impotência absoluta, mas prestes a casar-se, "de carregar no ânus [escreve ele], um aparelho que determinou fabricar. Era

---

12. *Ibid.*, p. 71-72.
13. *Ibid.*, p. 73-75.
14. *Ibid.*, p. 77.
15. TROUSSEAU, A. *Clinique médicale... Op. cit.* T. 2, p. 233.

uma espécie de ponteira de bengala de madeira semelhante à de um espéculo; uma vez introduzido no reto, o aparelho era mantido em posição por meio de panos". Passados quinze dias, "as aptidões viris começaram a reaparecer". Duas semanas depois, o jovem rapaz já estava em condições de contrair matrimônio. "Em toda a sua confidência, aprendi [acrescenta Trousseau], que ele era perfeitamente capaz de cumprir, como qualquer outro, o ato conjugal"[16]. Posteriormente, Trousseau usou regularmente esta medicação, em geral com sucesso.

Ele mostra ao seu auditório o último aparelho pensado por Mathieu, o fabricante de instrumentos cirúrgicos do hospital. Trata-se de uma "espécie de rolha de metal, com forma de azeitona alongada [...]. Este batoque vai se afinando, embaixo, em forma de gargalo" e é "soldado numa haste lisa do mesmo metal". Uma vez introduzido, os doentes mantêm-no durante toda a noite e mesmo durante todo o dia sem que seja necessário mantê-lo de outra forma"[17]. O volume varia segundo os indivíduos. Em geral, o sucesso começa a surgir após sete ou oito dias de uso.

Roubaud utilizou com frequência o *congestor* de Mondat para atrair o sangue para os corpos cavernosos. Ele também pensou num aparelho mais simples destinado aos detentores de um pênis de dimensão liliputiana, entretanto, em condições de entrar em ereção. Neste caso, de fato, a ausência de pressão exercida pelas paredes da vagina priva, ao longo dos movimentos de vai e vem, da necessária excitação para a ejaculação. Roubaud construiu, pois, um cilindro de látex destinado à introdução de um pênis demasiadamente pequeno. Ele o confeccionou, inicialmente, com a intenção de oferecê-lo a um estudante de medicina de 19 anos que sentia fortes desejos venéreos. Contratou então o jovem para se envolver em experiências com uma prostituta. Experiências, por sinal, coroadas de êxito. "Esta espécie de cópula realizou-se satisfatoriamente, ou seja, a ejaculação e os *fenômenos*

---

16. *Ibid.*, p. 232.
17. *Ibid.*, p. 233.

voluptuosos que a acompanham aconteceram como nos encontros ordinários dos sexos"[18]. Roubaud aconselhou o estudante a não entregar-se ao coito sem este aparelho, pelo menos quando estiver ao seu alcance.

Para quem perdeu a faculdade de ejacular em razão de uma fístula, Mondat diz ter concebido um aparelho muito parecido com o imaginado por Trousseau. Para curar os doentes, ele aconselha o uso de sondas e placas de borracha elástica. Desta forma ele diz ter curado, se dermos crédito ao seu testemunho, um general de cavalaria que estava casado. Por conseguinte, "satisfez os desejos de ambos os cônjuges"[19].

Quando uma má posição do útero impede o bom uso do ato conjugal, Roubaud se contenta, como muitos de seus colegas, em utilizar anéis uterinos para pressionar o órgão.

Felizmente a ortopedia não é necessária em todos os casos de insuficiência. Saliente-se que as situações descritas anteriormente dizem respeito aos aristocratas, aos militares de altas patentes, às vezes aos estrangeiros, ou aos jovens estudantes. O que significa dizer que os aparelhos pensados não estão ao alcance de todos. Em geral, os médicos se dão por satisfeitos em estimular os cônjuges, seus órgãos átonos, recorrendo a medidas simples, cujo catálogo se encaixa nas rubricas de boa saúde antiga. O clínico deve, previamente, saber se é questão de abrandamento ou de simples fadiga dos órgãos. Só então lhe será possível dispensar conselhos relativos ao entorno (*circunfusa*), convidar seus pacientes a passar um tempo fora da cidade a fim de beneficiar-se de um ar mais puro. A prescrição de uma viagem que favoreça a exaltação de uma lascívia constitui-se num *leitmotiv* do discurso dos médicos. Em 1772, Lignac elabora proibições que se inscrevem na perspectiva dos raciocínios de Hipócrates, codificados nos séculos XVII e XVIII. Os doentes precisam então prestar atenção à situação

---

18. ROUBAUD, F. *Traité de l'impuissance... Op. cit.* T. 1, p. 161.
19. MONDAT. *De la stérilité de l'homme et de la Femme... Op. cit.*, p. 97.

e à orientação do lugar de onde devem hospedar-se, bem como sondar a natureza do local. Existem lugares mais favoráveis do que outros "para a vivificação dos homens"[20]. A exposição, por sua vez, tem sua importância. Por conseguinte, as paixões são mais exaltadas nas cidades expostas ao levante. A qualidade das águas, a direção dominante dos ventos e a estação têm sua função. Mas vale lembrar que estas preocupações, no tema que nos interessa, estão em franco declínio no século XIX, com exceção da crença na influência dos imprevistos da meteorologia sobre os ritmos do desejo e sobre a intensidade dos prazeres. Para convencer-nos disto, basta ler o diário de Michelet e nele constatar os efeitos benéficos das estadas em Fontainebleau, em Hyères ou em Pornic sobre a frígida (?) Athénaïs, sua esposa.

Os exercícios (*gesta*) são, por sua vez, aconselhados, mas com prudência. Virey é do parecer que eles devem ser moderados e praticados "ao ar livre, sobretudo à luz do dia e debaixo de um calor tépido"[21]. Marc concorda com este parecer[22]. A isto acrescente-se os banhos tônicos de águas ferruginosas e sulforosas.

Os médicos não se cansam de dispensar conselhos relativos ao regime alimentar (*ingesta*). O leite suscita intermináveis debates; é que ele emerge como uma solução milagrosa, capaz tanto de aquecer quanto de congelar. Virey, Marc, Deslandes recomendam o leite de vaca, de jumenta ou de mulher; outros dizem que ao tomá-lo, diretamente da teta, pode, sozinho, estimular os desejos. As virtudes do leite, na perspectiva de uma antiga medicina humoral, combinam com a suposta parentela existente entre este líquido e o esperma, bem como os benefícios atribuídos a tudo o que se refere ao bombeamento de fluido do corpo. Este remédio se assemelha à transpiração inoculada, recomendada pelos médicos. Por outro lado, o Dr. Sainte-Marie confessa não ter obtido sucesso ao tentar valer-se do leite

---

20. DE LIGNAC. *De l'homme et de la Femme... Op. cit.* T. 1, p. 361.
21. VIREY. Verbete "Frigidité". *Dictionnaire des Sciences Médicales. Op. cit.*, p. 25.
22. MARC. Verbete "Impuissance". *Dictionnaire des Sciences Médicales. Op. cit.*, p. 186.

da mulher como tônico. Alguns de seus pacientes sentiam repugnância ao tomá-lo diretamente do peito da mulher. "Outros desconfiavam de si mesmos, e achavam que o abuso é muito fácil, muito próximo da exploração"[23]. Enfim, outros não eram tão ricos a ponto de poder adquirir "estas curas mercenárias vistas como tratamentos de luxo". Sainte-Marie concluiu que convém deixar o leite da mulher aos que facilmente podem permitir-se esta despesa. Mas enfatiza que este tratamento custoso continua, por ora, sendo pouco utilizado.

A ingestão de outras substâncias que podem turbinar o clima é mais ordinária. Sua lista é longa. Trata-se de "alimentos analépticos", de "consumos restauradores", de "sucos bem digestíveis", que exercem a função de "estimulantes do sistema interno". Os mais simples são os pratos considerados muito nutritivos: ovos, nata, peixes, sobretudo "cartilaginosos" como a raia ou o tubarão, bem como as "ovas" de outras espécies; sem esquecer os moluscos: sépia, ostra, escalope, polvo. No tempo de desova, principalmente, os peixes são ricos em sal e sobretudo em fósforo; o que convém aos carentes de lascívia.

As cebolas, as chalotas, as cebolinhas, as alcachofras, os tupinambos, a cenoura, os aspargos, bem como as "frutas nutritivas" como o figo, o cacau, o amendoim contêm substâncias que turbinam. Em seguida vêm as plantas crucíferas, "fortes e flatulentas": rúcula, rabanete, nabo, ervilhas, fava. Mais eficazes ainda são as "estimulantes picantes", as aromáticas, as especiarias: gengibre, pimenta, canela, cravo-da-índia, noz-moscada, açafrão, louro, menta apimentada, mostarda, bétele... A quina, o salepo, a segurelha de nossas hortas, em efusão ou em pó, o líchen da Islândia, a pieira, também denominada "erva-dos-gatos", possuem suas virtudes, mas estes últimos produtos se situam no limite da farmacopeia.

A farmacopeia era na época extremamente rica enquanto afrodisíaco. No topo da lista situam-se as cantáridas, a mais eficaz das "irritantes" das

---

23. WICHMANN, E. *Dissertation sur la pollution diurne involontaire. Op. cit.*, p. 113-114.

partes genitais, a que melhor estimula o ardor venéreo, graças ao prurido que provoca. Mas a flogose das mucosas que este produto ocasiona não é isenta de perigo. Muitas observações dizem respeito às catástrofes devidas a este "cáustico". Sélignac cita o caso de um aluno da escola veterinária de Alfort, de 23 anos de idade, que chegou à beira da morte porque a "Messalina" com quem se divertia obrigou-o a tomar a tintura de cantárida toda vez que ele "pagava o tributo à sua paixão"[24].

As pastilhas, os óleos, as resinas fétidas engolidas, usadas em fricções ou em anéis uterinos nas mulheres, figuram na lista dos afrodisíacos. O mesmo vale para as substâncias aromáticas: almíscar, âmbar, algália e, mais geralmente, escrófulas da vulva de todos os mamíferos no cio; produtos imaginados exercem os mesmos efeitos sobre os homens que os odores dos órgãos sexuais masculinos sobre os sentidos das mulheres.

Resta um número infinito de pastilhas, de pomadas, de loções, de xaropes, de marmeladas abundantemente difundidas, notadamente pelos charlatães, das quais os médicos desconfiam. Eles desaconselham, em particular, as mais difundidas destas preparações, isto é, as "pastilhas venezianas" e todos os filtros pretensamente importados da Itália. Somente as fórmulas à base de ginseng encontram graça aos seus olhos. Sabemos que Flaubert, de partida para o Oriente, tinha tido o cuidado de munir-se de pastilhas polvilhadas de cantáridas.

Muitos são os meios mecânicos, ou "agentes físicos", à disposição de indivíduos vítimas de carência de lascívia. Citemos, primeiramente, o mais banal de todos: a carruagem, cujos balanços são presumidos agir sobre os órgãos da mulher; estas, segundo Menville, são "mais afetadas"[25] pelos balanços.

---

24. SÉLIGNAC, A. *Des rapprochements sexuels...* Tese cit., p. 46. Os parágrafos precedentes se fundamentam especialmente nas obras ou verbetes citados por Ganne, Virey, Mandat, Rullier e Marc.
25. MENVILLE DE PONSAN, C. *Histoire philosophique et médicale de la femme... Op. cit.* T. 3, p. 301.

As ligaduras e a acupuntura raramente são evocadas. Em contrapartida, a flagelação e outras formas de fustigações constituem recursos que nenhum especialista negligencia. Capuron as recomenda no tratado destinado a todos os seus colegas. Roubaud propõe a seus leitores uma verdadeira biblioteca sobre o tema. Ela compreende as obras de Pico della Mirandola consagradas à algofilia como as do Abade Terrasson; sem esquecer o tratado de Dollet (*Traité du fouet et de ses effets sur le physique de l'amour ou aphrodisiaque externe*, 1788) e a *Histoire des Flagellans* do Abade Boileau. Alguns médicos situam a flagelação entre "estranhos na libertinagem da qual nosso ministério jamais deveria ser cúmplice"[26]. Apesar desta reticência de bom-tom, Roubaud prescreve esta técnica da qual ele mesmo pôde constatar várias vezes sua eficácia, lamentando, porém, que seus efeitos fossem "essencialmente passageiros". "Uma ou duas vezes por dia, no máximo [escreve ele], eu pratico por cinco ou dez minutos uma flagelação mais ou menos anódina, segundo os indivíduos, nas costas e nas nádegas; eu paro normalmente quando a pele começa a ficar vermelha, e jamais levo a operação ao sangramento das partes atingidas"[27]. Roubaud renunciou às correias, às cordas trançadas, aos açoites. Ele determinou construir "uma vassoura metálica que, pela diversidade de elementos que a compõe, libera uma determinada quantidade de eletricidade [...]; na ponta de um martelo comum, mandei colocar [escreve ele], uma braçadeira de cobre, na qual são implantados os fios de cobre, de bronze, de ferro, de platina etc., em número de 80 a 100, e de um comprimento de 40 a 50cm. Estes fios flexíveis, mas rígidos, se misturam e se chocam em suas extremidades livres durante a operação"[28]. Em contrapartida, Roubaud abandona a urticação nos bordéis, ao passo que o Dr. Ganne especifica, por sua vez, que só convém utilizar urtigas verdes.

---

26. ROUBAUD, F. *Traité de l'impuissance... Op. cit.* T. 1, p. 214.
27. *Ibid.*, p. 215.
28. *Ibid.*, p. 216.

Mais comuns ainda são as massagens e as fricções com toda espécie de linimentos. É saudável bater nas frígidas. Às vezes, estas práticas alcançam um elevado grau de sofisticação. Assim, o Dr. Sarlandière prescreve massagens por percussão feitas com a ajuda de um aparelho de sua invenção, composto de espátulas acolchoadas de crina[29]. As fricções podem ser secas ou úmidas. As primeiras são usadas com a palma da mão, ou com a ajuda de uma escovinha em flanela ou um pedaço de pano. As segundas, através de tecidos impregnados de líquido. Para tanto Mondat se serve de pedaços de sarja. Fricciona-se a coluna, o períneo ou a base do pênis; esta técnica é simultaneamente "estimuladora e excitante"[30].

O recurso à ação dos calóricos revela-se igualmente eficaz. Pode ser, simplesmente, a insolação das partes ou sua exposição a qualquer lareira quente. Mas também pode tratar-se de banhos a uma temperatura entre 25 e 35 graus ou, melhor ainda, de duchas de vapor. Trousseau aconselha os banhos quentes, com duração de uma meia hora, bem como os banhos de assento[31]. Capuron recomenda estes últimos às mulheres pouco lascivas, sobretudo quando passaram da "flor de [sua] juventude sem ouvir a voz da natureza"; era então uma maneira de dar a seus órgãos "a maleabilidade que perderam"[32]. Estas mulheres podem acrescentar à prática do banho de assento algumas estimulações emolientes. Roubaud prega as duchas de ar quente por seringa[33], aplicadas nos órgãos genitais, nas costas, no períneo ou no occipúcio. Além disso, aconselha a aplicação de sachês ou roupas quentes no escroto e no pênis.

Em continuidade com uma antiga tradição, alguns médicos evocam, mas um pouco descuidadamente, o contato entre corpos humanos ou

---

29. *Apud* ROUBAUD, F. *Traité de l'impuissance... Op. cit.* T. 1, p. 208. Marc, por sua vez, recomenda as fricções.
30. *Ibid.*, p. 208.
31. TROUSSEAU, A. *Clinique médicale... Op. cit.* T. 2, p. 234.
32. CAPURON, J. *Traité des maladies des femmes... Op. cit.*, p. 260-261.
33. ROUBAUD, F. *Traité de l'impuissance... Op. cit.* T. 1, p. 199, 209, 233.

animais[34]. Roubaud aconselha deitar o impotente entre duas belas jovens moças; mas este remédio depende tanto quanto, ou mais, do afrodisíaco do que do calórico.

Paradoxalmente, é possível curar a falta de ardor pelo frio, tendo em conta a reação escaldante e geralmente violenta subsequente à sua aplicação. É por essa razão que os banhos de mar ou de rio são prescritos, bem como a limpeza dos órgãos genitais, a lombar e o períneo, realizados todas as manhãs com água fria. O Dr. Sainte-Marie faz aplicar gelo moído sobre as mesmas partes[35].

Os sinapismos, em razão das "irritações especiais" que propiciam, são, por sua vez, aconselhados. Rullier os emprega em anéis uterinos para excitar os órgãos internos de suas pacientes. Roubaud os faz forrar com sementes de linho e de mostarda e prendê-los ao redor do pênis. Ele solicita ao doente que os suporte por dez minutos, ou até um quarto de hora. A crer nele, este remédio propiciou "prestimosos serviços", embora prescreva resfriar em seguida o pênis com água fresca, antes de qualquer cópula[36]. Marc evoca os banhos sinapizados[37]. É igualmente partidário de aplicações à base de álcool feitas no períneo e, sobretudo, a favor de todos os vapores aromáticos próprios para estimular os órgãos da geração. Roubaud aconselha as fumigações sobre cadeiras furadas, praticadas à maneira com que se cura os afetados pela sífilis, isto é, por vapores de mercúrio[38]. Civiale prefere as preparações sulfurosas.

As enumerações acima tornam pouco explícitos os tratamentos destinados a combater a insuficiência dos ardores. O mais frequentemente, o clínico combina vários destes remédios. Roubaud aperfeiçoa assim o

---

34. Ibid., p. 199.
35. WICHMANN, E. *Dissertation sur la pollution diurne involontaire. Op. cit.*, p. 90-91.
36. ROUBAUD, F. *Traité de l'impuissance... Op. cit.* T. 1, p. 217-218.
37. MARC. Verbete "Impuissance". *Dictionnaire des Sciences Médicales. Op. cit.*, p. 191, 187.
38. ROUBAUD, F. *Traité de l'impuissance... Op. cit.* T. 1, p. 209.

tratamento físico, que consiste em curar exclusivamente o aparelho genital. Ele aconselha, inicialmente, aplicar toda manhã loções frias sobre as partes e sobre o períneo. Em seguida prescreve que o homem se faça friccionar uma ou duas horas antes da cópula, por dez minutos ao menos, no períneo e na base do pênis, com a ajuda de uma "preparação estimulante" cuja composição é fornecida pelo médico. Na sequência o paciente deverá receber beijos e "toques lascivos", direcionando as fumigações aromáticas sobre suas partes. A fim de permitir estas operações, o doente será sentado, nu, sobre uma cadeira furada ou nas bordas de uma poltrona, com a "cintura apertada por um cobertor que envolve a bacia". O braseiro será "colocado imediatamente abaixo dos órgãos genitais".

Ao sair deste tratamento, o homem poderá imediatamente "encarar o desafio da cópula". Mas, para conservar intacta a ereção, deverá manter o cobertor que o protege, amarrá-lo ao redor de seu corpo e "executar a cópula numa cama previamente aquecida. Um certo apressamento deverá ser acrescido, sobretudo nas primeiras vezes, ao realizar o coito"[39]. Isto para evitar que os ardores diminuam. O conjunto das prescrições responde ao que Roubaud qualifica de técnica da "ereção passageira"[40].

Mondat cura um magistrado nas vizinhanças de um tribunal real, incapaz de deflorar sua esposa. "Aconselhei ao doente [escreve ele], a separar-se totalmente de seus livros e de toda ocupação relativa à sua profissão, para entregar-se ao exercício da caça, aos passeios a cavalo, e às ocupações manuais, notadamente a jardinagem [...]; a fricção diária foi praticada na parte interna das coxas com o linimento antianafrodisíaco, cuja dose aumentamos gradativamente; recomendei aplicar, continua nosso autor, de manhã e à noite, loções sobre as partes sexuais, preparadas à base de uma infusão de plantas aromáticas [...] ou [com a] pomada aromática asterásica [feita de plantas do gênero aster], ou recomendei banhos de ducha da

---

39. *Ibid.*, p. 234-235.
40. *Ibid.*, p. 231.

região francesa de Barège sobre as mesmas partes e na região lombar". Isto ao longo de dois meses e meio. "Mons. M. pôde [à época] coroar o ato conjugal, do qual obteve o mais cobiçado fruto"[41].

Um famoso *lorde* polonês, de 45 anos de idade, tornou-se impotente dez anos antes, em razão do abuso dos prazeres venéreos da juventude. Mondat pediu-lhe que se isolasse por seis meses, numa pequena casa de campo, em companhia de alguns amigos. Prescreveu-lhe xarope antianafrodisíaco, fricções com seu linimento e, sobretudo, o uso, dia e noite, de um "cinto asterásico no qual eram colocados tintura de âmbar cinzento e óleo de essências de rosas orientais"[42]. Em seguida, enviou-o para uma estada em Nice. Posteriormente o polonês contraiu matrimônio. Foi pai de três filhos.

Um jovem esposo revelou-se impotente por ocasião de sua noite de núpcias. "Embora sua imaginação fosse assaltada por imagens voluptuosas, sua ereção se desfazia no ato do coito". Mondat lhe prescreveu fricções asterásicas sobre o baixo-ventre, abluções, alguns banhos sinapizados. E lhe ordenou em seguida o uso do *congestor*. Isto levou o pênis à ereção. "Quando a ereção se tornava fraca, algumas colheres de xarope antianafrodisíaco bastavam para torná-la completa"[43].

Às vezes os médicos recomendavam práticas bastante ordinárias. Assim, quando um esposo sofria de uma emissão muito rápida, Menville de Ponsan o aconselhava a tomar um banho "antes da aproximação conjugal"[44]. Mas existem terapias novas, renovadoras da panóplia dos remédios. Trata-se, sobretudo, da eletricidade, na linha dos sucessos obtidos por Duchenne de Boulogne. Roubaud, desejoso de levar a ação terapêutica

---

41. MONDAT. *De la stérilité de l'homme et de la femme... Op. cit.*, p. 58-59.
42. *Ibid.*, p. 104-105.
43. *Ibid.*, p. 115-116.
44. MENVILLE DE PONSAN, C. *Histoire philosophique et médicale de la femme... Op. cit.* T. 2, p. 166.

a um nível mais elevado, visando a estimular as vesículas seminais, os canais ejaculadores e a uretra, passou a confiar no emprego da eletricidade, seja ela obtida por contato e faíscas magnéticas, seja por indução[45]. Mazard energizou assim com sucesso pessoas tornadas impotentes pela masturbação ou por excessos cometidos com mulheres. Ele "lançou faíscas no períneo, na espinha dorsal, ao longo do escroto, através de fricções elétricas sobre estas partes"[46].

No final do século XVIII, Graham pôs em funcionamento em seu *Templo da saúde*, em Londres, camas elétricas destinadas a despertar órgãos genitais sonolentos, e, tão somente com esta técnica, fez renascer muitos prazeres venéreos. Em um ambiente musical e perfumado, os cônjuges dispunham de camas magnético-elétricas, dispostas em suntuosos apartamentos, cheios de tapetes persas e cercados de pinturas voluptuosas. "Estas camas [eram] suportadas por seis pés de cristal e cobertas por lençóis de cetim púrpura, com franjas azuis [...]. Num cômodo vizinho, era instalada a máquina de onde emanava o fogo celeste, que condutores invisíveis projetavam sobre os leitos; as pessoas que neles se deitavam se sentiam abrasadas por uma chama tão vivificante que as mulheres mais indiferentes ou mais frias estremeciam sob o aguilhão dos desejos"[47], e os impotentes recobravam seu vigor. Estas camas mágicas podem ser consideradas verdadeiros "altares do matrimônio". O Dr. Bertholon acreditava na eficácia do método. Um casal, conhecido seu, fez eletrificar o próprio leito graças a uma máquina instalada num quarto contíguo[48].

Resta a aplicação médica da eletricidade às vesículas, geralmente dolorosa. Mas Trousseau aconselha grande prudência em seu uso[49]. Esta é

---

45. ROUBAUD, F. *Traité de l'impuissance... Op. cit.* T. 1, p. 203-204.
46. MARC. Verbete "Impuissance". *Dictionnaire des Sciences Médicales. Op. cit.*, p. 187.
47. MENVILLE DE PONSAN, C. *Histoire philosophique et médicale de la femme... Op. cit.* T. 3, p. 298. A mesma descrição das camas de Graham nas obras citadas de Marc e de Capuron.
48. *Ibid.*, t. 3, p. 299. O Dr. Bertholon antecipa que a "anafrodisia depende da eletricidade insuficiente, e que a erotomania é devida ao excesso de eletricidade".
49. TROUSSEAU, A.; PIDOUX, H. *Traité de thérapeutique et de matière médicale. Op. cit.* T. 1, p. 817.

feita através de um excitador colocado no reto. A operação normalmente desencadeia uma emissão de esperma.

Todos estes remédios são inconcebíveis sem um tratamento moral, indispensável, na verdade, a quem pretenda tonificar duravelmente os órgãos. Como visto anteriormente, Civiale ordena, acima de tudo, "eliminar as preocupações que envolvem o sujeito"[50] e lutar contra a convicção relativa à própria impotência. Na pior das hipóteses, o médico deverá, lentamente, proporcionar ao seu paciente a coragem de resignar-se. Cada doente, de acordo com este mesmo clínico, requer, a este respeito, precauções particulares. Quando se trata de "perversão total do órgão da reprodução", é inútil, escreve Roubaud, curar a excitabilidade física. Estes doentes dependem exclusivamente de um tratamento moral.

Um homem, cuja mulher o havia deixado, após a revolução de fevereiro de 1848, para encontrar-se, em Londres, com uma amante que vivia na opulência, viu-se desde então afetado pela impotência. Cada vez que tentava copular com uma jovem viúva que se havia interessado por ele, a lembrança de sua primeira mulher lhe congelava os órgãos. Ele consultou Roubaud. Este lhe restabelece a função, mas o infeliz sempre se sentia afetado novamente pela impotência à vista de um objeto que outrora pertencia à sua ex-esposa, ou pelo simples fato de lembrar dos afagos mutuamente intercambiados[51]. Desta forma, sob conselho de seu médico, ele passou a ter o cuidado de não mais deitar-se com sua amante naquele quarto e, sobretudo, no leito compartilhado com sua fujona[52].

Será necessário esperar até 1890 para que Binet imponha a noção de fetichismo. Desde os anos de 1850, no entanto, Roubaud dedica-se à cura de doentes cuja patologia poderia ter entrado no quadro que só será esboçado

---

50. CIVIALE, J. *Traité pratique sur les maladies des organes génitourinaires. Op. cit.* T. 2, p. 185.
51. ROUBAUD, F. *Traité de l'impuissance... Op. cit.* T. 1, p. 290.
52. *Ibid.*

no final do século. M.X., filho de um general do Primeiro Império, foi criado no castelo de seu pai. Lá, com 14 anos de idade, foi iniciado "nos prazeres do amor" por uma "jovem senhorita", amiga de seus pais. Esta, com a idade de 21 anos, toda loira, penteava os cabelos à inglesa, "isto é, à saca-rolhas". Visto que ele devia esconder-se para copular, ela só tinha relações com seu jovem amante "em trajes diurnos, isto é, calçada de borzeguins, exprimida dentro de um espatilho e trajando um vestido de seda"[53].

O jovem garoto, após ter passado por uma grave doença, devida aos seus "prazeres antecipados", foi admitido na Escola Militar, com a idade de 18 anos. E então se dá conta que seus "desejos venéreos só despertam" com certas mulheres, e em circunstâncias particulares. O traje de noite de uma parceira basta para congelá-lo. Urge-lhe que a parceira seja loira, penteada à inglesa, calçada de borzeguins, aprisionada a um espartilho, com um vestido de seda; e que tudo seja feito sem amor e sentimento. O desafortunado se nega aos desejos da família de vê-lo casado, visto que se sabe "incapaz de exercer o coito com alguém descuidadamente trajado, até mesmo no leito conjugal"[54]. Ora, este homem era de uma constituição muito forte. E confessa, além disso, copular com ardor e energia.

Em 1852, Roubaud, a quem consultou, combina dois tipos de remédios. Prescreve-lhe uma poção preparada à base de cantárida seca e fosforizada, e que devia ser ingerida duas horas antes da prática do coito com uma mulher morena, sem espartilhos. Na segunda tentativa, a experiência foi bem-sucedida. Ao longo dos seis meses seguintes, as aproximações só eram possíveis se precedidas da absorção da tal poção. Posteriormente este mesmo jovem conseguiu realizar o "ato de copular" em companhia de uma morena, desprovida de espartilho e sem ingerir a poção preparada. Roubaud avalia que é preferível que o médico, em casos tão difíceis assim, haja em comum acordo com a amante ou com a esposa do doente[55].

---

53. *Ibid.*, p. 439.
54. *Ibid.*, p. 440.
55. *Ibid.*, p. 441-442.

Alibert, por sua vez, também obteve um sucesso exemplar. Trata-se de um artista que entrava em ereção e ejaculava só em pensar em formas ideais do homem, mas que este professor cura, prescrevendo-lhe um estudo aprofundado das formas femininas[56]. Como se pode imaginar, esta referência a uma "perversão" e à excitabilidade moral, que data de meados do século, introduz em outro mundo fundado numa renovação das representações e das lógicas médicas, que é o da segunda metade do século XIX.

Mas voltemos ao tratamento moral destinado aos cônjuges. Roubaud mira na persuasão. No caso do "fracasso coital" entre os dois parceiros, o médico deve, acima de tudo, prometer o triunfo, garantir a eficácia de seu tratamento, suscitar a esperança de cura e impor uma fé inabalável na verdade de suas convicções. A impotência, na maioria das vezes, tem por fonte "um equívoco sobre a energia copuladora do aparelho genital"[57]; o que engendra a angústia. Além disso, o Dr. Amédée Latour, lidando com dois desafortunados cônjuges aos quais ele havia, sem sucesso, feito beber quina e tomar açafrão, ordena-lhes alguns banhos de mar; e anunciando-lhes, com toda certeza, que a cura já se processaria ao longo da estada[58].

Quando se trata de uma simples fadiga dos órgãos genitais, o clínico deverá adotar uma medicina dos opostos: pregará o descanso do corpo, a continência, a tranquilidade da alma, e ordenará afastar tudo o que poderia lembrar a atividade venérea e estimular a imaginação. Se, em contrapartida, faz-se necessário tratar uma fraqueza natural do ardor, o médico poderá apelar para estimulações intelectuais, aconselhar a leitura de obras eróticas, a contemplação de quadros lascivos, a participação de danças, a frequência em espetáculos, a participação do "clube das mulheres, sobretudo aquelas cujos costumes permitem certas familiaridades e

---

56. *Ibid.*, p. 223.
57. *Ibid.*, p. 423.
58. LATOUR, A. *Société médicale du Temple*, 03/01/1843. Apud ROUBAUD, F. *Traité de l'impuissance... Op. cit.*, p. 427.

certas liberdades de linguagem"[59]; desde que elas não inspirem repugnância. Virey já defendia as leituras e as conversações amorosas, evitando, no entanto, entregar-se a "tentativas demasiadamente forçadas"[60] que poderiam levar ao fracasso. Marc, por sua vez, aconselha a observar quadros voluptuosos, servir-se de leituras eróticas, mas, além disso, enaltece a poderosa influência exercida pela música sobre "a excitabilidade dos órgãos genitais"[61]. Assim como o Dr. Chaumeton, ele confia muito na contemplação do nu. Segundo ele, esta geralmente permite "reanimar os órgãos que os mais ternos afagos não puderam comover"[62]. É a razão pela qual Tibério, outrora, se fazia servir de belas garotas desnudas. Roubaud considera que este tipo de tratamento também pode ser aplicado às mulheres, sobretudo quando carecentes de lascívia: "para algumas, servia-lhes melhor a dança, os espetáculos, o clube dos homens; para outras, a poesia, os romances, a contemplação solitária das belas-artes; para estas, a contemplação da natureza"[63]; para aquelas, os encantos do mundo bucólico, as viagens...

"Esfriar os fogosos"

Os médicos têm igualmente por missão "resfriar", atenuar, eliminar os desejos demasiadamente ardentes, curar o excesso de abusos. Civiale considera que se trata de uma missão muito mais difícil que a de estimular. Fazer cessar o costume de masturbar-se ou de entregar-se a coitos desenfreados constitui, em geral, um projeto sem esperança. "Eu vi duas jovens mulheres [escreve desencantado o clínico], nas quais o hábito dos prazeres solitários havia-se tornado tão imperioso que nem mesmo o casamento conseguiu romper; uma delas foi obrigada a renunciar à pintura,

---

59. Ibid., p. 262. Os mesmos conselhos, a título de exemplo, em GANNE, L.A. *De l'impuissance et de la stérilité*. Tese cit., p. 49.
60. VIREY. Verbete "Frigidité". *Dictionnaire des Sciences Médicales. Op. cit.*, p. 25.
61. MARC. Verbete "Impuissance". *Dictionnaire des Sciences Médicales. Op. cit.*, p. 186.
62. Ibid., p. 187.
63. ROUBAUD, F. *Traité de l'impuissance... Op. cit.* T. 2, p. 529.

que cultivava com sucesso, porque ao enfronhar-se neste trabalho era impossível para ele resistir à sua triste propensão"[64]. Sempre que uma mulher adota o costume de entregar-se ao clitorismo com as amigas, a cura geralmente parece sem esperança.

Quando lhes é necessário atenuar os ardores, os médicos podem, obviamente, agir sobre o regime, o gênero de vida, utilizar uma antiga farmacopeia, embora apostem muito mais na vigilância, ou na coerção, e num tratamento moral adaptado ao entorno social. A deterioração do indivíduo suscitada pelo excesso ou pelo abuso, o flagelo que constitui essas libertinagens solitárias, conjugais ou coletivas, impõem uma terapêutica mais ampla daquela que só tem por alvo o reconhecimento dos ardores defeituosos. Por outro lado, no discurso médico, a vigilância e a coerção jamais são acompanhadas de um verdadeiro projeto punitivo. Os clínicos existem para informar, prevenir, curar, não para penalizar. Neste contexto, o fantasma da masturbação exerce fortemente seu domínio. Os garotos e as garotas são o alvo principal dos médicos quando se trata de lutar contra os desejos abusivos. Não esqueçamos, porém, que muitos consideram a excessiva lascívia das mulheres como uma causa da própria esterilidade; o que impõe lutar também contra as relações conjugais excessivamente delirantes.

Quanto às garotas, o médico é obrigado a intervir a partir da esfera privada, familiar, com o apoio da mãe. Cabe a esta exercer a primeira vigilância, perscrutar, discernir os sinais precursores do vício que, por sua vez, ainda não são os que o médico saberá detectar ao pousar um olhar clínico sobre a jovem doente. Quando a adolescente demonstra timidez, confusão, quando seu olhar se torna embaraçado, quando busca a solidão e sente "um certo distanciamento em relação ao casamento", uma mãe atenta deve desconfiar da prática do prazer solitário. A doença será confirmada pelo emagrecimento, pela invasão das afetações nervosas, pela aparição

---

64. CIVIALE, J. *Traité pratique sur les maladies des organes génitourinaires. Op. cit.* T. 2, p. 217.

de um estrabismo, pelo ranger contínuo dos dentes que se quebram. Convirá também visitar a filha enquanto dorme. Se ela estiver coberta de suor, afundada em seu leito, as dúvidas não serão mais permitidas[65].

Cabe à mãe usar então de uma "delicada persuasão" da filha, privilegiar o raciocínio, apelar para o sentimento, recorrer às preces. Ela lhe assegurará que a prática da masturbação ameaça a volúpia das cópulas futuras, bem como os prazeres de uma futura maternidade. Roubaud é do parecer que tais meios, às vezes, permitem obter bons resultados[66]. Seria útil, além disso, invocar o amor que vincula mãe e filha. Se este apelo ao sentimento se revela ineficaz, será necessário que a mãe não hesite em deitar-se com a jovem culpada ao longo das noites, e jamais perdê-la um só instante de vista durante o dia. O Dr. Rozier aconselha a filha a dirigir-se imediatamente à mãe cada vez que sente que sua imaginação e seus sentidos se "unem contra sua virtude"[67]. Ela deverá, além disso, fugir "dos distanciamentos e de todos os lugares afastados", muito favoráveis à satisfação de seus desejos. Enfim, será necessário que evite os "ermos naturais", com pouca frequentação. A terapêutica, aqui, ecoa a literatura erótica.

Quando se trata de garotos, e mais precisamente às vésperas de sua puberdade, os médicos abandonam a esfera privada. O olhar deles se fixará nos colegas e em outros espaços no interior dos quais a vítima potencial vive em coletividade. Aqui, a admoestação e a coerção se fazem mais firmes. A cama, os banheiros, a sala de aula se constituem em alvos privilegiados dos especialistas. Estes proscrevem a cama e até mesmo o quarto individuais. Pedem que o dormitório seja iluminado e desprovido de cortinas. Os monitores exigirão que os jovens garotos mantenham suas mãos fora das cobertas e observem o silêncio. Os mestres farão "inspeções silenciosas", "em horários indeterminados"[68].

---

65. Para o que precede, cf. ROZIER. *Des habitudes secrètes... Op. cit.*, passim.
66. ROUBAUD, F. *Traité de l'impuissance... Op. cit.* T. 2, p. 559.
67. ROZIER. *Des habitudes secrètes... Op. cit.*, p. 232, bem como as citações subsequentes.
68. DESLANDES, L. *De l'onanisme... Op. cit.*, p. 534.

Igualmente vigiarão para que os pensionistas não entrem sozinhos em "lugares secretos", ou permaneçam nesses lugares por muito tempo. Além disso, tais lugares devem ser bem-iluminados. É aconselhável que suas portas sejam munidas de uma abertura na parte superior. De maneira mais geral, urge impedir que os garotos se fechem em algum lugar. No interior da sala de aula, qualquer excesso de tranquilidade deve lavar à suspeição[69]. Durante as aulas, o professor vigiará, ininterruptamente, os alunos, "da cabeça aos pés"[70]. O Dr. Doussin-Dubreuil solicita que as mesas tenham "uma abertura na parte debaixo", e que o encosto dos bancos seja feito de simples travessas. "Tão logo o mestre perceba movimentos esquivos, ou excessiva tranquilidade, ou os olhos dos alunos não fixados nele, o aluno enfiando o nariz no próprio livro, ou fazendo qualquer outra coisa a fim de esconder-se, é nessa hora [escreve Doussin-Dubreuil], que ordeno que o mestre deve entrar na mais profunda inquietação"[71]. Quando as feições do aluno se "alteram", quando seus olhos parecem "lustrosos [sic] ou abatidos, então há tudo a apostar que algo de muito estranho está acontecendo na sala de aula". Ao professor, a partir deste momento, cabe fazer um interrogatório, obter a confissão, mas tudo no mais absoluto segredo, e jamais em sala de aula. De volta à classe, o culpado será colocado bem próximo ao supervisor, que lhe dará por ocupação "muito a escrever"[72]. Note-se, em tudo isso, o laço que se estabelece entre o mestre e o confessor.

Uma coorte de pedagogos alemães, respondendo às proibições de Rousseau relativas à necessidade da vigilância do jovem garoto, à época se serviram da luta contra a masturbação para assentar a própria autoridade. O onanismo, de fato, incluía um dos primeiros temas, cujo

---

69. DOUSSIN-DUBREUIL, J.-L. *Lettres sur les dangers de l'onanisme et conseils relatifs au traitement des maladies qui en résultent. Op. cit.*, p. 183.
70. *Ibid.*, p. 184.
71. *Ibid.*, p. 184-185, bem como para a citação seguinte.
72. *Ibid.*, p. 186. Quanto ao que segue, CF. EDER, F.X. Discourse and sexual desire: German language discourse on masturbation in the late 18th century. *Journal of the History of Sexuality*, v. 13, n. 4, out./2004.

comportamento e características mentais eram refletidos por seu comportamento sexual. A luta contra o que era simultaneamente um pecado e uma doença consolidava, notadamente na Alemanha, o alto valor dado à educação num momento em que a pedagogia se esforçava para estabelecer o seu domínio. Enquanto o corpo, dada a importância atribuída à fibra ou ao nervo, aparece como um território mais frágil e que nele se aprofundam a percepção sanitária de si e a análise das emoções, os pedagogos podiam apoiar-se na campanha que denunciava o vício solitário para atacar amas de leite, governantas, preceptores, ou confessores, e garantir assim seu próprio domínio. Por outro lado, não é evidente que este processo tenha sido tão evidente na França quanto na Alemanha.

Quando o desejo se torna incontrolável, impõe-se a coerção; tanto que, muito frequentemente, esta parece consentida. Assim como a jovem que se masturba, o garoto poderá ser vigiado à noite. A precaução vale tanto para o prazer solitário quanto para as perdas seminais involuntárias. O Dr. Doussin-Dubreuil cura um jovem que vivia com a cabeça abalroada de ideias lascivas, incapaz de resistir aos seus desejos. A quina, o leite e os exercícios, nada disso lhe valem. O doente começa então, por conta própria, a atar suas mãos antes de se deitar. Precaução inútil. Os banhos de Ostende, as águas de Spa e as viagens se revelam ineficazes. "Atualmente [confessa a vítima], faço-me vigiar à noite." "Durmo de três em três horas: se durmo mais, temo uma polução; também me levanto e caminho um pouco [...] Tenho sobre o ventre um círculo de madeira, para impedir que o cobertor toque minhas partes"[73].

O desafortunado acabou morrendo após 48 horas de agonia. No último ano de sua vida, ele "havia tido a coragem [conclui Doussin-Dubreuil], de passar a noite sentado numa cadeira com uma coleira ao pescoço e as duas mãos atadas a duas cordas amarradas nos dois lados de uma

---

73. *Ibid.*, p. 34. Cf. *supra* as precauções relativas às perdas seminais. Mas, no caso citado, trata-se claramente de coerção para lutar contra a masturbação.

cadeira". Seu irmão, que o vigiava, garante que o doente às vezes conseguia desembaraçar-se e "deslizar as mãos por sobre as suas partes íntimas"[74]. Este quadro, que se inscreve nas sendas daqueles traçados por Tissot, mostra que os médicos estavam convencidos da força irreprimível do desejo de gozar, bem como da extrema dificuldade de atenuar sua violência. A secreta transição, ou entrelaçamento, entre masturbação, perda seminal involuntária e impotência mostra, além disso, a dificuldade com que se deparam os que buscam desembaraçar esse novelo. É o caso dos historiadores de literatura que hoje se esforçam para compreender a situação em que se encontra o desafortunado Amiel.

Os aparelhos destinados a impedir a masturbação propriamente dita são legiões. Depois da publicação de um famoso artigo de Philippe Ariès, sua descrição tornou-se um lugar-comum nas obras dos historiadores. Rozier, Deslandes, Lallemand e todos os especialistas do tempo já se deliciavam em elaborar suas listas particulares. Quando qualquer outro remédio fracassa, escreve o primeiro destes *experts* a respeito das jovens moças, "se recorrerá ao enfaixamento, às camisas de força, aos coletes cujas mangas e extremidades serão guarnecidas, em toda a superfície, por crinas cortadas como escovas. Será adaptado na cadeira ataduras inventadas contra esta doença"[75]. Em 1827, o Dr. Simon simplesmente recomenda amarrar as mãos nas barras da cama. Deslandes é mais rigoroso: aconselha amarrar tanto os braços quanto os pés. E defende o colete fechado nas costas e cujas mangas, unidas uma à outra, forçam os braços a permanecer sobre o peito. Também prescreve diversos aparelhos em vista de impedir a aproximação das coxas: placas de cortiça atadas à parte interna de cada perna; "pedaços de madeira, cujas extremidades têm a forma de um

---

74. Ibid., p. 35-36.
75. ROZIER. *Des habitudes secrètes... Op. cit.*, p. 292-293. • SIMON. *Traité d'hygiène appliquée à l'éducation de la jeunesse. Apud* STENGERS, J.; VAN NECK, A. *Histoire d'une grande peur: la masturbation.* Paris: Les Empêcheurs de Penser en Rond, 1998, p. 22.

garfo de bengala"; roupa interior cuja abertura esteja nas costas[76]; cinturas contra o onanismo comercializadas pelos vendedores de ligaduras, seja de tela metálica, de prata ou de lata. Sua forma deve ser triangular para as garotas. As confeccionadas para os garotos comportam um molde adaptado ao pênis e ao escroto, com molas "para manter com força a aplicação". Pavet de Courteille propôs o uso de camisas maiores do que o corpo, e que seriam fechadas na extremidade dos pés com uma espécie de zíper"[77]. Deslandes duvida da eficácia do método. Infelizmente, lamenta ele, é impossível fazer uso de todos estes aparelhos nos colégios. Neste ambiente, onde a prática dos cuidados com a saúde é difícil, eles correriam o risco de aquecer, exasperar e umedecer os órgãos genitais.

Civiale acredita, acima de tudo, na eficácia de uma sonda envolvendo permanentemente a uretra e fixada de tal forma que o doente não consiga livrar-se dela[78]. Existem, de fato, meios mais delicados para estancar os desejos: Deslandes prescreve o uso do gelo ou de sanguessugas no escroto, bem como a colocação de um emplastro frio sobre as partes. Em 1845, Raspail recomenda o uso de calções com cânfora, ou envelopar os órgãos genitais com uma forte camada de pó deste mesmo produto; seria aconselhável, garante ele, injetar este pó entre o colchão e os lençóis.

Em 1842, o Prof. Lallemand apresenta o caso de um de seus pacientes, de 25 anos de idade. Escrúpulos religiosos haviam impedido o jovem rapaz de levar as mãos às suas partes genitais e de se relacionar com mulheres. Foi assim que um prurido do pênis acabou provocando ereções noturnas e manipulações involuntárias. O doente havia atado suas mãos como forma de impedimento, mas "se revirava sonhando e se propiciava

---

76. DESLANDES, L. *De l'onanisme... Op. cit.*, p. 536, bem como as citações anteriores e posteriores.
77. *Ibid.*, p. 536.
78. CIVIALE, J. *Traité pratique sur les maladies des organes génitourinaires. Op. cit.* T. 2, p. 215. • RASPAIL. *Manuel annuaire de la santé ou Médecine et pharmacie domestiques.* Paris, 1845, p. 211-212. Apud STENGERS, J.; VAN NECK, A. *Histoire d'une grande peur... Op. cit.*, p. 16.

fricções convulsivas contra a cama. Finalmente ele mesmo amarrava seus pés e suas mãos, todas as noites, *por anos a fio*, de uma forma tão apertada que os membros guardavam suas marcas ao longo de toda a jornada". Isto não o livrava de duas ou três poluções por noite. "A sensibilidade do pênis e do escroto era tamanha que o menor toque provocava uma espécie de convulsões epilépticas"[79]. Lallemand extirpa então o prepúcio. O restabelecimento não leva mais do que 15 dias. A interminável obra deste especialista do milagre terapêutico desenrola um longo martirológio do qual o caso acima não constitui senão um pálido exemplo.

Com 8 anos de idade, M.D., filho de um médico de renome, descobre o prazer da masturbação escorregando ao longo de um porta-cabides. Essa fatal descoberta, associada às lembranças dos contornos de uma costureira, surpreendida, num dia de verão, três anos antes, estendida sobre o seu próprio leito quase nua, levou a criança à "mais furiosa"[80] masturbação. Tornado adulto, o paciente de Lallemand se compromete a eliminar o vício solitário. Dorme na cama mais dura que existe, sem camisa, a fim de evitar qualquer fricção, cobrindo-se com um lençol suspenso por um aro, para evitar contatos. Seus braços estão sempre erguidos e cruzados por sobre a cabeça. Uma acompanhante passa a noite ao seu lado, com a ordem de acordá-lo se o desafortunado mudar de posição.

Ao se levantar, o doente coloca sobre a pele uma túnica de malha sem mangas – de um peso de 22 libras –, "semelhante à usada pelos antigos cavaleiros" e munida, em sua parte interior, de uma "vasilha de prata" destinada a receber os órgãos genitais. A veste só tem quatro aberturas: duas para os braços, duas para as pernas. A túnica de malha, cortada na frente para deixar o corpo livre, é fechada "por uma forte correia que passa por pequenos furos como se fosse um cadarço". Um cadeado fecha o último anel. Após tê-lo fechado, um funcionário assume o controle da chave e

---

79. LALLEMAND, C.F. *Des pertes séminales... Op. cit.* T. III, p. 282-283.
80. *Ibid.* T. I, p. 418-420 em relação a todas as citações subsequentes.

lhe é recomendado, sob pretexto algum, devolvê-la ao seu patrão. Desta forma as partes genitais estariam "completamente sequestradas", não fosse uma pequena abertura destinada ao escoamento da urina. "Por excesso de precaução [indica Lallemand], o doente havia feito soldar internamente quatro pontas de agulhas, na linha central, para resistir diretamente a qualquer ereção". Apesar das inflamações frequentes dos testículos, dos cordões espermáticos e das partes circunvizinhas, o paciente usou esta túnica por nove ou dez anos. Muitas vezes, no entanto, ele conseguia limar o cadeado; com frequência, ele batia "com fúria no dispositivo que se opunha às suas brutalidades".

Lallemand descreve ainda o famoso dispositivo destinado a tornar dolorosa qualquer eventual ereção. Trata-se de um tubo no qual se introduz o pênis, guarnecido, internamente, por pontas muito finas, recobertas com uma camada de algodão ou lã, "de tal sorte que a turgescência do pênis ao repelir os corpos flexíveis"[81] que recobrem as pontas permite que estas piquem a pele. Lallemand mostra-se resistente ao instrumento. Ele acusa o aparelho de acordar incessantemente o paciente e, paradoxalmente, favorecer as ereções. De uma maneira mais geral, o ceticismo exibido pelo autor em relação a todos os aparelhos e ataduras deixa prever o declínio, obviamente muito lento, da fobia contra a masturbação.

Note-se que, nos casos acima, é mais questão de autocontenção do que coerção. Deslandes evoca uma jovem moça que, por conta própria, decidiu confessar aos pais suas masturbações, implorando-lhes que a amarrassem todas as noites. Na sequência, chegada a noite, ela "suplicava ao próprio pai que não esquecesse do propósito; ela mesma lhe indicava a maneira com que os nós deviam ser feitos, a fim de não ser vencida pelos empecilhos; e que, ao sentir-se derrotada, ela mesma avisaria o próprio pai"[82]. O clínico, de maneira indiscreta, introduz-nos no cerne da esfera

---

81. *Ibid.* T. III, p. 500.
82. DESLANDES, L. *De l'onanisme... Op. cit.*, p. 267.

privada e nos informa sobre uma sincera e emocionante relação entre um pai e uma filha.

Quando todos os outros meios fracassam, resta ainda a cirurgia. Muito já se escreveu sobre o ressecamento do clítoris quando este parecia de tamanho anormal ou quando se transformava em sede do desejo de masturbação ou de tribadismo. Esta operação foi efetivamente praticada, mas muito raramente. Além disso, ela não parece ter suscitado na França tanto inquietação e debates quanto no outro lado da Mancha. Um exemplo de intervenção será suficiente. Em 1812, Pelletan e Dubois decidem pela remoção do clítoris de uma jovem mulher de 20 anos, casada há vários anos, mas incapaz de abandonar a masturbação. Acreditando nos médicos, a remoção foi coroada de êxito. A paciente, já à beira do marasmo, recobra então uma condição física satisfatória e conhece as alegrias da maternidade[83].

Por outro lado, os médicos se mostram muito mais reticentes quanto à extração dos ovários. Deslandes, como o vimos, cita com repugnância o caso do castrador, excedido, que desvencilhou sua filha destes preciosos órgãos a fim de torná-la menos lasciva[84]. Mas nenhum dos especialistas cujas obras lemos defende a ablação dos testículos em vista de conter uma excessiva lascívia. Estes órgãos, na visão deles, não poderiam ser comparados ao clítoris, visto que o desaparecimento deste último não impede definitivamente de engendrar. Deslandes, por sua vez, assim como alguns

---

83. MONDAT. *De la stérilité de l'homme et de la femme... Op. cit.*, p. 121. O meio é indicado como tratamento. Cf. GANNE, L.A. *De l'impuissance et de la stérilité.* Tese de doutorado, 1837, p. 47. Sobre a inquietação dos médicos e da sociedade britânicos, cf. MOSCUCCI, O. Clitoridectomy, circumcision and the politics of sexual pleasure in Mid-victorian Britain. In: MILLER, A.H.; ADAMS, J.E. *Sexualities in Victorian Britain.* Bloomington: Indiana University Press, 1996. O artigo, que concerne aos anos de 1850 e de 1860, mostra o vínculo que se estabelece entre a clitoridectomia, as representações de higiene e as da contenção sexual. Na França, o tema só se torna verdadeiramente objeto de discussão em 1864 quando, ao longo de um debate ocorrido em 13 de janeiro na Société de chirurgie de Paris, Richet expôs como curou, muito temporariamente, uma jovem que se masturbava, de boa família, praticando a amputação do clítoris. Cf. STENGERS, J.; VAN NECK, A. *Histoire d'une grande peur... Op. cit.*, p. 14.
84. Cf. *supra*, p. 60.

de seus colegas, é solicitado por pacientes que lhe suplicam castrá-los porque desejam recuperar uma tranquilidade perdida. Simon de Metz é um caso à parte: ele aconselha ligar o canal deferente ou a artéria espermática dos "onaníacos", mesmo com o risco de torná-los eunucos[85]. Por consequência, à época só se praticava nos homens a excisão do prepúcio em vista de fazer desaparecer o prurido, fonte de masturbações ou de perdas seminais involuntárias. Não esqueçamos, no entanto, algumas raras ligaduras do pênis e, obviamente, a cauterização da uretra, praticada por decênios, notadamente pelo Prof. Lallemand.

Felizmente, uma atenta vida saudável pode ser suficiente para curar, ou pelo menos prevenir, a sobrevivência dos desejos excessivos. Os médicos desenvolvem, a este respeito, um longo catálogo de remédios, os quais, às vezes, se parecem muito com os destinados a estimular os ardores. É assim que o recurso ao ar puro e seco da montanha pode, segundo o caso, aquecer as frígidas ou refrescar os ardorosos.

Os médicos são obcecados em prevenir sobre os riscos representados pela cama. Eles consagram longos desenvolvimentos ao repouso noturno, que deve garantir um sono tranquilo e reparador. Contra o prazer solitário não há maior salvaguarda do que essa. Sua cama, especifica Rozier a propósito de jovens moças em perigo, será "a mais dura que elas possam suportar, composta de crinas, que serão por assim dizer postas imediatamente sobre seu corpo, e, quanto ao resto, de palha. Ela será muito larga, a fim de que elas possam mudar frequentemente de lugar, evitando assim um calor prejudicial"[86]. O clínico enuncia a este propósito um dos aforismos do qual os médicos são tão afeiçoados: "Um leito fresco fortifica, um leito quente enfraquece"[87]. Além disso, "os doentes desta espécie [não] devem ficar na cama senão o menor tempo possível".

---

85. DESLANDES, L. *De l'onanisme... Op. cit.*, p. 450, 452. Deslandes cita SIMON DE METZ. *Hygiène de la jeunesse*, 1827, p. 174.
86. ROZIER. *Des habitudes secrètes... Op. cit.*, p. 220. O Dr. Rozier se inspira aqui no grande higienista Hallé.
87. *Ibid.*, p. 221.

Lallemand, que pensa nos homens, oferece mais especificações. Ele até imagina um dispositivo médico para colocar ao lado da cama erógena inventada por Graham: "O leito deve ser duro; é aconselhável estender um couro, ou alguma lona, entre o estrado de crina e o lençol". Se isto for insuficiente, se o masturbador continuar seus manuseios ou se as poluções noturnas persistirem, "faz-se necessário aplicar nas costas uma placa de chumbo, e, melhor ainda, adaptar a ela um pedaço de cortiça ou de madeira bem leve, que impeça totalmente o corpo de repousar-se de costas, por mais profundo que seja o sono [...]. A placa de chumbo, fixada num cinto de lona, previne o aquecimento que este aparelho poderia produzir, por mais leve que seja. Por outro lado, para aumentar a segurança, pode-se fixar o cinto por cima das costelas. Nesta posição ele não pode aquecer as costas"[88]. Compreende-se perfeitamente que a posição que convém evitar é, acima de tudo, o decúbito dorsal – isto é, deitar-se de costas –, pois à época esta posição era acusada de favorecer as ereções. Alguns clínicos aconselham vigiar com cuidado as cadeiras oferecidas às crianças. Londe preconiza cadeiras de palha ou de madeira e, nos casos graves, bancos de pedra ou de mármore.

Obviamente, a forma mais simples de acalmar momentaneamente os ardores continua sendo o banho fresco e as duchas frias. Capuron recomenda aos cônjuges voluptuosos, cujos órgãos genitais apresentam rigidez excessiva [sic], que não "se olhem senão na saída de um banho emoliente"[89]. Chaline[90], Rozier, Deslandes, aconselham as jovens moças lascivas a mergulhar em água-morna; ou seja, com temperatura entre 20 e 25 e cinco graus; com a precaução de que haja uma pessoa ajuizada acompanhando-as[91].

---

88. LALLEMAND, C.F. *Des pertes séminales... Op. cit.* T. III, p. 367-368. • STENGERS, J.; VAN NECK, A. *Histoire d'une grande peur... Op. cit.*, p. 20.
89. CAPURON, J. *Traité des maladies des femmes... Op. cit.*, p. 260.
90. CHALINE, L.A. *Du traitement de la nymphomanie...* Tese de doutorado. Paris, 1842, n. 142, p. 8. • DESLANDES, L. *De l'onanisme... Op. cit.*, p. 552.
91. ROZIER. *Des habitudes secrètes... Op. cit.*, p. 217.

Quem é tomado por desejos excessivamente agudos deve fugir da ociosidade e ocupar-se permanentemente. A caminhada, a corrida, o salto de obstáculos, os jogos com bola, peteca, bilhar são recomendados. Mas é necessário proibir qualquer exercício "que poderia ocasionar qualquer fricção nas partes genitais"[92]. Isto já era prescrito por Friedlander, em seu tratado *De l'éducation physique de l'homme* (1815) [Sobre a educação física do homem]. Nesse tratado ele proibia o cavalo de balanço para as meninas e, para os meninos, o costume de escorregar no corrimão de escadas ou a utilização de uma corda lisa. O Dr. Auguste Debay, em sua obra de grande sucesso, *Hygiène et physiologie du mariage* [Higiene e fisiologia do matrimônio], publicada em 1848, aconselha ao jovem rapaz que evite os exercícios antes de dormir; por exemplo, tirar água de um poço, moer café ou girar uma roda de fiar até fatigar-se. Em 1855, em seu *Traité d'anthropologie à l'usage de gens du monde* [Tratado de antropologia para o uso das pessoas mundanas], o Dr. Crommelinck recomenda instalar, com o mesmo objetivo, barras paralelas no quarto.

As moças mais franzinas poderão substituir os jogos pelo uso da gangorra, do balanço ou do "barquinho". Desta forma Rozier aconselha os passeios sobre a água e deseja que se ensine as donzelas a conduzir "barcos leves". Lallemand, nesta mesma perspectiva, solicita que se crie academias de ginástica. Ao longo de mais de um século, o exercício físico e o esporte figurarão como os melhores meios de garantir a moral sexual. As viagens, por sua vez, são um bom remédio para o excesso de lascívia, mas desde que realizadas em companhia de "guias esclarecidos e de reconhecida moral"[93].

O trabalho, a partir do momento em que se torna uma "suave rotina", uma prática cotidiana, regrada, moderada, constitui uma preciosa

---

92. LANGLOIS DE LONGUEVILLE, S.N.P. *Education physique et morale de la jeune fille.* Tese cit., p. 28. Sobre as opiniões de Friedlander, do Docteur Crommelinck e de Auguste Debay, cf. STENGERS, J.; VAN NECK, A. *Histoire d'une grande peur... Op. cit.*, p. 19, 21.
93. ROZIER. *Des habitudes secrètes... Op. cit.*, p. 253.

salvaguarda. A jovem moça poderá consagrar-se aos bordados, à confecção de buquês, ao "ajuste" de roupas...

A alimentação aconselhada aos indivíduos que se sentem – ou que são denominados – excessivamente lascivos deve ser à base de produtos refrescantes, de anafrodisíacos ou, ao menos, de "calmantes"[94]. A estes indivíduos impõem-se alimentos emolientes compondo um regime pouco palatável, à base de vegetais e frutas doces, de carnes brancas; isto é, de frango, de vitela, de cordeiro, de sopas, de "leite com manteiga", já recomendado por Tissot, de leite de vaca, mas cortado com água mineral ou, se necessário, de leite de mulher, que constitui, pois, uma solução milagrosa. Mas jamais animal selvagem, peixes, "conchas", tampouco mostarda. Parecem convir como bebidas apenas água, chás leves e sucos de frutas.

O lírio d'água constitui o principal dos anafrodisíacos, juntamente com a *assa faetida* e este famoso *agnus castus*, extraído de um arbusto, que se oferece, em forma de xarope, nos conventos, a fim de apagar a concupiscência eventual das freiras, mas cuja eficácia é, à época, discutível. A tudo isso acrescente-se, segundo os autores, o chiclete de amoníaco e a cânfora. Alguns produtos, que pertencem mais estritamente à farmacopeia, são igualmente recomendados quando se trata de apagar os desejos: o salitre e o chumbo em preparações, com os quais Civiale[95], no entanto, não concorda, assim como as águas ferruginosas que constituem, pois, assim como o leite de mulher, uma solução milagrosa. Esta farmacopeia é infinitamente mais reduzida da que compõe os remédios anafrodisíacos. Sem dúvida tratava-se mais de pacientes desejosos de excitar-se do que homens e mulheres que se sentiam vítimas de desejos excessivos; que, por sua vez, ainda podiam ser curados por judiciosas curandeiras ou pela aplicação de sanguessugas no local da irritação.

---

94. As indicações que seguem são extraídas das obras citadas de Capuron, Mondat, Rozier, Marc, Rullier, Lignac...
95. CVIALE, J. *Traité pratique sur les maladies des organes génito-urinaires. Op. cit.* T. 2, p. 183.

De fato, para acalmar os ardores, os médicos contavam sobretudo com o entorno social e com o tratamento moral. O doente só podia cercar-se de pessoas suscetíveis de oferecer-lhe bons exemplos. Convinha, a este propósito, garantir-se de bons domésticos e evitar a contratação de empregadas para tudo. O homem e a mulher assaltados por desejos evitarão os espetáculos e, acima de tudo, as conversações licenciosas. Será necessário a eles se preservar da companhia de pessoas corrompidas. Em tudo isso, os médicos não fazem senão recopiar as injunções dos especialistas em teologia moral[96]. É aconselhável que as jovens moças tentadas pela masturbação pratiquem a filantropia[97], mas sempre que possível em companhia de suas mães.

Rozier, Doussin-Dubreuil, Deslandes, assim como todos os especialistas, elogiam a visita ao museu do Dr. Bertrand, consagrado aos terríveis efeitos do vício solitário, já que suscetível de suscitar pavor. Assim, "a observação de uma pessoa que se masturba morrendo"[98] revela-se, em geral, muito salutar. Este fato leva a considerar as atividades intelectuais, então concebidas como os principais remédios contra os ardores ilícitos. Obviamente, o indivíduo excessivamente lascivo evitará a leitura de romances, notadamente o da *La Nouvelle Héloïse* [*A nova Heloisa*], tido então como o mais perigoso dos livros em circulação. As jovens moças aguardarão até a noite para "devorar" essas obras, diferentemente daquelas que escolhem este momento porque se sentem "mais livres para entregar-se às emoções que essas leituras propiciam"[99].

O Dr. Langlois de Longueville sabe confundir as leitoras que se deliciam com a masturbação. "Uma jovem moça, cuja família conheço [escreve ele em sua tese], está há algum tempo enfrentando uma perda uterina

---

96. Cf. *infra*, p. 387-390.
97. ROZIER. *Des habitudes secrètes... Op. cit.*, p. 280.
98. DESLANDES, L. *De l'onanisme... Op. cit.*, p. 531.
99. LANGLOIS DE LONGUEVILLE, S.N.P. *Education physique et morale de la jeune fille.* Tese cit., p. 35.

muito abundante. Em um momento em que este fluxo se aquietava, o acaso quis que eu me encontrasse exatamente naquela casa. A jovem estava deitada; enquanto me aproximava dela, percebi debaixo dos travesseiros o canto de uma brochura que me pareceu suspeita. Aproveitei o momento em que sua mãe, que me acompanhava, entrasse em outro quarto vizinho, e apossei-me daquele livro. Logo percebi que minhas conjecturas tinham fundamento: removendo a causa da doença, ela desaparece"[100]. As imagens eróticas, capazes, como vimos, de excitar as mais frígidas, têm efeitos funestos sobre as demasiadamente ávidas por prazeres.

Felizmente, segundo os médicos, existem atividades intelectuais suscetíveis de atenuar a violência dos desejos. É sobre este aspecto, negligenciado pelos especialistas em história literária, que convém, aqui, insistir. A jovem moça muito lasciva deve entregar-se ao estudo, mas segundo um programa cuidadosamente estabelecido. À sua maneira, os tratados contra a masturbação desenham o modelo de uma educação destinada às donzelas que pertencem às elites e que, por essa razão, se encontram particularmente ameaçadas pelas perturbações da imaginação. Para elas os médicos defendem uma "literatura conveniente", anafrodisíaca, calmante e refrescante, capaz de restabelecer "a calma em sua alma e em seus sentidos"[101]. Rozier alardeia "o amor aos livros"[102] – mas, obviamente, nem todos os livros – para as que estão com a cabeça cheia de ideias e imagens lascivas. Ele lhes propõe uma biblioteca lenitiva, formada, notadamente, por obras de história, de filosofia, de moral. A que se sente ameaçada a ceder ao desejo de masturbar-se lerá histórias de movimentos, tratados de arqueologia, descrições de museus e galerias, não sem algumas precauções. Será necessário, com efeito, "extrair destas obras os painéis e as folhas que conviria racionalmente extrair"[103]; responsabilidade atribuída

---

100. *Ibid.*, p. 35-36.
101. ROZIER. *Des habitudes secrètes... Op. cit.*, p. 256.
102. *Ibid.*, p. 268, e para o que segue, p. 256ss.
103. *Ibid.*, p. 265-266.

à mãe. Rozier empresta de Fénelon os cânones da literatura anafrodisíaca. Importante é evitar "a languidez e a luxúria" em favor do "nobre e o sublime"[104], a fim de definir o pensamento, proteger a memória, evocar a reflexão, orientar o julgamento e, sobretudo, direcionar as paixões em vista de retardar a turbulência.

A boa biblioteca conterá assim, além de livros de Fénelon, os poemas do Abade Dellile, os *Études de la nature* de Bernardin de Saint-Pierre, os *Idylles* de Gessner, as obras de viagem propostas pelo Abade Prévost, os cursos de literatura de La Harpe, de Lemercier ou de Noël, o *Essai de littérature à l'usage des Dames* de Dampmartin, as obras da Marquesa de Lambert. A isto acrescente-se os tratados de pedagogia, por exemplo, o de Johann Georg Zimmermann, consagrado à diligência. A biblioteca do Dr. Rozier, cuja publicação é de 1830, abre pouco espaço aos contemporâneos. Quanto às obras religiosas, o autor é muito prudente. Obviamente, recomenda o *Génie du christianisme*; a jovem moça poderá, além disso, enriquecer-se dos grandes pregadores do final do século XVII: Bossuet, Fléchier, Bourdaloue, Massillon. Mas aquela que sente aumentar o domínio de seus sentidos evitará cuidadosamente as narrativas de êxtase, os tratados de metafísica ou de teologia, bem como as obras que defendem as práticas ascéticas. Ela preferirá as biografias de São Vicente de Paulo.

A música, por sua vez, também exerce uma função de remédio, mas com muita cautela: se for "suave e terna", pode revelar-se de um "uso mortal". Existe uma música terapêutica, a que é "ora nobre e sublime, ora graciosa e intensa"[105]. Rozier lhe consagra várias páginas, o que prova sua esperança depositada nela, como nas obras-primas de pintura; por exemplo, os quadros de Rafael, de Poussin, de Redouté. A prática do desenho é aconselhada à jovem moça sempre que se sentir perturbada por sua imaginação, mas urge limitar-se à representação de flores e paisagens, ou à cópia de quadros de história e costumes.

---

104. *Ibid.*, p. 237.
105. *Ibid.*, p. 237-238, 242.

São as ciências que, paradoxalmente, têm a preferência de Rozier; principalmente a mineralogia, a botânica, a entomologia. Não se fala aqui de zoologia, de anatomia ou de fisiologia; obviamente compreensível numa época em que as faculdades e as escolas de medicina, como os escritórios de ceroplastia, permaneciam fechados às mulheres. Quanto à astronomia, sabemos de sua frequente associação à pornografia. A botânica, em contrapartida, merece destaque. Ela propicia o esquecimento da cidade que corrompe, permite respirar o ar campestre, suspende o curso dos costumes. Ela igualmente autoriza a multiplicação das "impressões exteriores". Sobretudo, ela ocupa "todos os sentidos simultaneamente" e muda "a ordem das impressões"[106]. Graças à botânica, o apetite é estimulado. A montagem de um herbário e a classificação que ele impõe provocam uma "leve fadiga". A excursão faz com que na volta o sono seja sem sonhos. Não fosse o ódio à *La Nouvelle Héloïse*, e a referência a Cabanis, poderíamos atribuir estas páginas de Rozier à influência de Rousseau, do qual ele não faz menção. "O estudo da botânica [conclui o clínico], deveria ser um estudo de predileção das mulheres"[107]. Na ausência dele, as mulheres poderiam consagrar-se à cultura de um jardim, "nem demasiadamente grande, nem demasiadamente pequeno".

A jovem moça lasciva pode ainda tentar a composição, o canto, a redação de um poema, a declamação ou a leitura em voz alta; sem esquecer, obviamente – mas Rozier não insiste, como se desconfiasse da agilidade dos dedos –, "os trabalhos com agulhas".

Quando se trata de desviar as pessoas jovens da escravidão dos sentidos, notadamente da masturbação, é sobretudo na palavra do médico que primeiramente se deve confiar. Este deve "martelar forte"[108], ordena Deslandes, se quiser obter uma "conversão". Mas será necessário igualmente,

---

106. *Ibid.*, p. 246-247
107. *Ibid.*, p. 249.
108. DESLANDES, L. *De l'onanisme... Op. cit.*, p. 529.

sobretudo em matéria de impotência, ser portador de esperança. Neste campo, um acordo deve ser estabelecido entre o clínico e o confessor. Descuret aconselha, por outro lado, que ambos se aliem nesta luta comum.

Deslandes propõe este modelo de discurso a ser proferido diante de uma pessoa que se masturba: "Em três meses você deixará de existir. Imediatamente percebemos este indivíduo empalidecer, perturbar-se; o coração e as forças lhe faltam; ele se sente fraco". Basta então acrescentar: "Em três meses você será curado, caso renuncie completamente, e sem demora, este seu hábito fatal"[109].

Todo o trabalho feito pelos especialistas em vista de combater os malefícios da continência, do excesso, do abuso, da impotência e da frigidez tem por horizonte o *bom coito*, de preferência conjugal. Este encontra-se aureolado do prestígio dos profundos prazeres definidos pela erótica médica; prazeres propiciados pela união carnal situada sob o signo da conveniência, da consistência, da serenidade, da moderação e, além disso, do desejo de maternidade; prazeres antitéticos daqueles que se encontram avivados pelo sentimento de transgressão. A prostituição *regulamentada*, igualmente sugerida e em seguida defendida pelos médicos, é copiada, à sua maneira, deste modelo. Ela deve perturbar o mínimo possível a conjugalidade, e por essa razão se constituirá em mal menor. Além disso, como vimos, a mulher venal pode buscar auxílio na terapêutica.

Somente a cópula conjugal, sabiamente controlada pelo médico de família, evita as desastrosas consequências sanitárias e sociais da continência, do excesso e do abuso. Os médicos elaboraram uma panóplia terapêutica que o Dr. Capuron resume, com serenidade: os cônjuges que demonstram ardor excessivo e vigor, o médico saberá temperá-los; se excessivamente frios, saberá estimulá-los. Concluamos com alguns belos parágrafos que refletem este otimismo terapêutico.

---

109. *Ibid.*

Junto a um casal, se a esposa é de temperamento linfático, é lícito, escreve Roubaud, sem jamais esquecer o devido respeito ao sexo, à honra e às virtudes do lar, utilizar, além de "estimulantes morais", uma medicação que estimule o "órgão copulador": banhos de mar, loções na vulva e nas costas, fricções secas ou compostas sobre o períneo, "fumigações aromáticas nas partes externas da geração, e, enfim, em alguns casos, choques elétricos"[110]. Quanto aos afrodisíacos internos, as experiências às quais Roubaud se dedicou convenceram-no de que elas, junto à mulher, não exercem a mesma ação que no homem.

Colombat de l'Isère traçou um quadro combinado de remédios em 1843: se a mulher demonstra "um ardor excessivo no ato genital [...], seria útil lhe prescrever um regime calmante, banhos, alimentos doces e bebidas refrescantes, e, sobretudo, que beba leite frio, adicionando-lhe uma colher de água de cal por xícara. Longas caminhadas e viagens serão vantajosas". Os cônjuges deveriam "separar-se por algum tempo, ou ao menos moderar os prazeres dos sentidos [...]. Em circunstâncias opostas, ou seja, quando a mulher [...] é fria e indiferente aos afagos conjugais, poderá aconselhar o bom ar do campo, os banhos tônicos e estimulantes, sobretudo os banhos de mar, de águas ferruginosas e sulfurosas, dentre outras, as de Forges, de Saint-Alban, de Vichy, de Aix-la-Chapelle, de Barèges, de Aix en Savoie. A paciente também poderá sentir-se melhor ingerindo alimentos substanciosos: carnes vermelhas, ovos, vinho tinto, chocolate, salepo, sagu, salsão, laranjas, trufas, baunilha, e todas as substâncias analépticas e excitantes. Enfim, no caso de anafrodisia completa poderá aconselhar a frequência a bailes, teatros, e até leitura de romances e outras obras mais ou menos eróticas"[111].

É evidente que estas receitas implicam questionários cuja precisão beira à indecência. Em última análise, elas supõem que o médico pergunte

---

110. ROUBAUD, F. *Traité de l'impuissance... Op. cit.* T. 2, p. 528.
111. Cf. COLOMBAT DE L'ISÈRE. *Traité complet des maladies de femmes... Op. cit.* T. 3, p. 1133.

à mulher – e às vezes ao seu marido – se ela goza um pouco, muito, ou não o bastante.

Menville de Ponsan dispensa o mesmo tipo de conselhos, mas complica o quadro ao supor uma eventual desproporção das luxúrias. O médico, neste caso, não deve se sentir inerme. Será necessário curar conjuntamente ambos os parceiros. Às vezes, escreve Menville, "nos deparamos com homens muito ardentes em seus exercícios de Vênus, mas obrigados a encarar uma mulher excessivamente fria. Neste caso devemos aconselhar à mulher alimentos quentes, condimentados, remédios tônicos, exercícios de toda espécie; mas aconselhar também ao marido produtos refrescantes, calmantes, leite etc. Eu, muitas vezes, tão somente através dessa estratégia, propiciei aos cônjuges a felicidade de ver-se renascidos"[112]. O otimismo poético dos médicos, acreditando em suas próprias palavras, funda-se em experiências, sem dúvida cuidadosamente selecionadas, pois em suas obras estas melindrosas terapias conjugais raramente culminam em fracasso.

---

112. MENVILLE DE PONSAN, C. *Histoire philosophique et médicale de la femme... Op. cit.* T. 2, p. 166.

SEGUNDA PARTE
A rebelião da carne

PROLEGÔMENOS
Esboço de uma genealogia da luxúria

Não se trata de fazer aqui, mesmo que sucintamente, a história do pensamento dos teólogos relativo à luxúria. Vamos nos contentar em lembrar os lineamentos indispensáveis à compreensão daquilo que constitui propriamente o nosso objeto, isto é, o tempo que separa a redação das obras de Afonso de Ligório da publicação das obras do jesuíta Jean Gury.

Segundo São Paulo, a carne representa a natureza humana enquanto oposta a Deus e à graça. Depois da queda, ela constitui a fortaleza do pecado e trava uma guerra contra a alma. Abandonar-se à própria cobiça é semear em si mesmo um germe de corrupção, é entregar-se passivamente à ação da doença. Desde o primeiro século começa assim a ser destacada, no Novo Testamento, a fraqueza da carne, manifestação evidente da fragilidade do homem. Os seres dotados dessa fraqueza opõem-se a Deus e às criaturas angélicas.

Obviamente, este princípio do mal que dilacera permanentemente a consciência do indivíduo em busca de reconciliação consigo mesmo, esta carne, submetida ao pecado que nela reside e que não se inclina senão para a morte, esta força hostil, este inimigo doméstico que somente a graça pode dominar é fonte de uma quantidade de faltas que ultrapassa de longe o que comumente chamamos de "carne". A impureza, a libertinagem e a devassidão, mas igualmente a raiva, a inveja, a idolatria, a magia e tantas outras transgressões sancionam a patética derrota do espírito, numa luta ao longo da qual suas vitórias, aquelas dos bens espirituais sobre os bens materiais, são apenas momentâneas. Mais tarde, a carne vem a ser designada, mais especificamente, como o desregramento do apetite sexual, ao longo de uma busca desordenada dos prazeres ligados às sensações corporais que obstaculizam o desenvolvimento de uma vida espiritual.

Tendo em conta sua concepção da carne, Paulo enuncia, ao longo de suas epístolas sempre comentadas e manipuladas, os princípios sobre os quais se embasam os teólogos quando abordam a concupiscência e os prazeres lícitos ou ilícitos do apetite sexual. Em primeiro lugar, Paulo exalta o estado de virgindade, bem como a castidade na viuvez. É inclusive preferível, aos seus olhos, que os cônjuges renunciem a estes prazeres dos sentidos, muito embora lhes sejam permitidos. Paulo define as três finalidades da união conjugal que exoneram o leito nupcial de qualquer mancha: 1) o desejo de procriar seres chamados a povoar a terra de fiéis e o céu de eleitos que cantarão, eternidade afora, os louvores ao criador; 2) a caridade que vincula entre si dois cônjuges iguais, cuja união simboliza a de Cristo com sua Igreja; 3) a necessidade de estancar a concupiscência do homem e da mulher pela obrigação recíproca de fazer o dever – ou a obrigação –, sem jamais, no entanto, deixar-se levar pela paixão e deleitar-se, através dela, da volúpia que este uso do casamento propicia.

Aline Rousselle mostra a desconfiança sentida, no início da era cristã, em relação à sensualidade que desvia a alma de suas ocupações puras e nobres[1]. Peter Brown[2], por outro lado, coloca em evidência as lógicas da renúncia à carne e, portanto, a exaltação da virgindade, do celibato e

---

1. ROUSSELLE, A. *Porneia – De la maîtrise du corps à la privation sensorielle, IIe-IVe siècles de l'ère chrétienne*. Paris: PUF, 1983 [Col. Les Chemins de l'Histoire].
2. BROWN, P. *Le Renoncement à la chair – Virginité, célibat et continence dans le christianisme primitif*. Paris: Gallimard, 1995 [Col. Bibliothèque des Histoires]. Quanto a Paulo, podemos nos reportar, notadamente, a BASLEZ, M.-F. *Saint Paul*. Paris: Fayard, 1991. Para Agostinho, cf. esp. BROWN, P. *La Vie de Saint Augustin* [1971]. Paris: Gallimard, 2001. Empregaremos, para o que segue, inúmeros verbetes que estão no *Dictionnaire de Spiritualité Ascétique et Mystique*. Paris: Beauchesne, 1937-1995, esp. os verbetes "Chair", "Virginité", "Chasteté", "Concupiscence", "Spiritualité".

da continência no seio do cristianismo primitivo. Os Padres da Igreja, como Jerônimo e Ambrósio, consideram que as relações sexuais são vinculadas a um enfraquecimento da majestade primeira e angélica de Adão e Eva. O casamento e a união carnal que ele implica não podem, a seus olhos, estar junto à natureza original do homem; o que o leva a exaltar a virgindade e a defender a continência.

Segundo Agostinho, cujo aporte, a este respeito, se revela decisivo nos cursos de teologia moral, havia uma união carnal entre Adão e Eva antes do pecado. O desejo sexual não estava, portanto, ausente do paraíso terrestre, mas coincidia perfeitamente com a vontade consciente. A unidade do querer e a sensação fazia da união corporal um encanto equilibrado, um amor sem turbulências, uma inesgotável alegria[3].

A queda é acompanhada de uma rebelião da carne, tornada princípio permanente de discórdia que quebra a harmonia anterior. No momento em que se retira a graça de Adão e Eva, estes ficam desorientados. Pela primeira vez, eles se envergonham da nudez do próprio corpo; é que sentem, na carne, um movimento desconhecido, uma "cínica estranheza"[4], aquela que constitui a autonomia do surgimento do desejo e da atividade dos órgãos. No próprio instante em que a alma, "embriagada pelo abuso de sua própria liberdade, desdenha o serviço de Deus"[5], eis que o corpo, "seu primeiro servidor, a desdenha" por sua vez; eis que a alma sente ter perdido sobre ele o domínio absoluto que era seu. "A partir desse momento começa a inveja da carne contra o espírito, esta guerra interior"[6] que constitui a concupiscência; a qual diz respeito, para além do que denominamos sexualidade, a toda a dinâmica do desejo que leva o homem a colocar no

---

3. SAINT AUGUSTIN. *La Cité de Dieu*. T. 1. Paris: Le Seuil, 1994, livros I-X. Para o aporte de Agostinho sobre o casamento: cf. *De Bono conjugali* [trad. mais recente: *Le Bonheur conjugal*. Paris: Payot, 2001].
4. SAINT AUGUSTIN. *La Cité de Dieu. Op. cit.* T. 2, p. 177.
5. *Ibid.*, p. 118.
6. *Ibid.*

lugar de Deus o poder, o conhecimento, o prazer[7]. A concupiscência não deixa ao espírito suficiente autoridade sobre ele mesmo para impedir o desejo, e tampouco tem suficiente domínio sobre os órgãos para que estes lhe obedeçam. O homem, desde então, experimenta uma "incapacidade misteriosa que segue sua própria vontade"; dissociação da pessoa humana "quase tão chocante quanto a anomalia obscena da morte"[8].

Neste caso, não é a substância do corpo, destinado à ressurreição, que aflige o homem e a mulher. Aos olhos de Agostinho, a corporeidade como a sensibilidade fazem parte da condição espiritual do homem segundo Deus[9]. O que, doravante, pesa sobre a alma, é o corpo tornado corruptível. Esta corrupção não constitui a causa do pecado da alma que se desviou de Deus para comprazer-se nela mesma; ela resulta, de fato, do orgulho. "Não foi absolutamente a carne corruptível que tornou a alma pecadora, mas a alma pecadora que tornou a carne corruptível"[10].

A vergonha que o homem e a mulher experimentam depois da queda resulta, repitamo-lo, da percepção de um movimento de rebelião da carne contra a alma, da resistência que o corpo opõe ao espírito. É a razão pela qual, no momento em que a cobiça quer se satisfazer, mesmo de forma legítima, busca fugir da luz e dos olhares. A vergonha impõe o segredo ao ato sexual, mesmo dentro de um bordel. Os próprios devassos não ousam exibir seus atos. Eles temem "sofrer a vergonha da luz [...]. O homem sofre melhor a presença de mil testemunhas quando se levanta injustamente contra seu irmão, ao passo que não sofreria uma única quando abandona os prazeres legítimos do matrimônio"[11].

---

7. CASAGRANDE, C.; VECCHIO, S. *Histoire des péchés capitaux au Moyen Age*. Paris: Aubier, 2000, p. 231.
8. DUPUIGRENET-DESROUSSILLES, F. Préface. In: SAINT AUGUSTIN. *De Bono conjugali*. *Op. cit.*, p. 30.
9. SAINT AUGUSTIN. T. 2. *La Cité de Dieu*. *Op. cit.*, livro XIV, p. 147-148.
10. *Ibid.*, p. 149.
11. *Ibid.*, p. 178, 180.

A concupiscência, deleite voluptuoso dos sentidos corporais, é desregramento dos apetites, desordem dos desejos que obscurecem a inteligência, que pesam sobre a vontade, que enfraquecem a liberdade do homem decaído. A nova exegese dos primeiros capítulos do Livro do Gênesis que Agostinho propõe explica a maneira como ele concebe o vínculo conjugal, ou, melhor, o "bom matrimônio". Contrariamente a outros Padres da Igreja, ele considera que é inútil buscar na virgindade uma majestade preexistente à queda; no máximo podemos aconselhar este estado. Em contrapartida, ele defende o casamento, embasando-o na benevolência amigável; que transcende "o interlúdio relativamente breve da atividade sexual"[12]. Os cônjuges devem socorrer-se um ao outro, na mútua fraqueza e no reconhecimento recíproco dos próprios desejos. O matrimônio é um bem. Jesus aceitou o convite às Bodas de Caná. A concórdia que deve reinar entre os esposos simboliza a unidade final da cidade de Deus. Se é verdade que ao longo das relações conjugais os corpos falam da queda de Adão, o matrimônio confere gravidade ao calor de suas relações carnais e de seu prazer.

Muito rapidamente uma leitura radicalizada e simplificada do pensamento de Agostinho tendeu a identificar a concupiscência com a concupiscência da carne e a do pecado original. O essencial, em relação ao que nos interessa aqui, se revela ser, na prática, a guerra contra a fornicação que os monges encetam e, mais precisamente, sua busca por uma castidade concebida como esquecimento do corpo, recusa do prazer, "custódia dos sentidos", vigilância dos órgãos, mortificação[13]. Modelo que faz da fornicação, acima de tudo, um vício da alma, uma atividade psicológica pecaminosa constituída de "imagens, de lembranças, de pensamentos e de afetos"[14]. Movimentos interiores outrora julgados, segundo Cassiano, mais importantes do que as próprias ações imundas. O objetivo, nesta

---

12. DUPUIGRENET-DESROUSSILLES, F. Préface *Op. cit.*, p. 25.
13. CASAGRANDE, C.; VECCHIO, S. *Histoire des péchés capitaux... Op. cit.*, p. 242.
14. *Ibid.*, p. 243.

perspectiva, é que "a alma cesse de pensar, de imaginar, de se relembrar, de assistir e de ouvir, numa palavra, de servir ao corpo"[15], e que este não seja mais o lugar de um desejo excessivo e desordenado, que deixe de ser carne, pois a falta já é completa em seu foro mais íntimo. A formulação mental do desejo, sua verbalização, sua realização no ato não indicam uma progressão do pecado, já completo na interioridade; este percurso manifesta apenas a visibilidade crescente da falta e a possibilidade de sua dimensão intersubjetiva. Segundo esta mesma lógica, o Concílio de Latrão IV, em 1215, codifica a pesquisa psicológica sobre a sexualidade individual, que constitui nosso objeto[16].

A luxúria, assim denominada pelo Papa Gregório no século VII, é, em seguida, elevada ao nível dos sete pecados capitais; é que ela passa a ser percebida como o único vício que tem sua sede nos diversos órgãos da atividade sensorial; vício que, por outro lado, pensava-se, leva à corrupção de todo o corpo e suscita complexas patologias[17].

Pouco depois do Concílio de Latrão IV, Tomás de Aquino, por sua vez, reflete sobre o exercício da função genital. Eis, para o essencial, o que os teólogos dos séculos seguintes retiveram de suas palavras. Não existe, segundo eles, contradição entre natureza, razão e lei divina; e isto se aplica ao corpo. "A lei divina ordena o homem segundo a razão em relação às realidades corporais e sensíveis"[18], daí esta afirmação: através destas, "o espírito do homem pode elevar-se até Deus [...] se não o usa de maneira indevida"[19]. Os órgãos do corpo são instrumentos da alma. O uso de cada um

---

15. *Ibid.*, p. 245.
16. Obviamente, no século XII havia se esgotado uma "dessexualização do pecado original"; o que não impede a tendência geral apontada.
17. Sobre todos estes pontos e sobre o que segue, cf. DELUMEAU, J. *Le Péché et la peur – La culpabilisation en Occident, XIIIᵉ-XVIIIᵉ siècles*. Paris: Fayard, 1983.
18. THOMAS D'AQUIN. *Somme contre les gentils – Livre sur la vérité de la foi catholique contre les erreurs des infidèles*. T. III. Paris: Garnier-Flammarion, 1999, cap. 121, p. 417.
19. *Ibid.*

deles responde a um fim. Deus, que move todas as coisas, colocou nelas as inclinações naturais. Ora, o uso dos órgãos genitais é a relação carnal. Esta, segundo a natureza e, portanto, segundo a lei divina, não pode ser má em si.

Mas o homem, por outro lado, não deve deixar-se dominar pelo ato sexual, que é a imersão nas coisas sensíveis, e menos ainda pelo prazer que este propicia. Pois este não se constitui, para ele, o caminho da felicidade; nele não está seu fim último. O prazer do ato sexual bloqueia a contemplação. Ele não corresponde às partes e às faculdades nobres do homem, que são da competência do intelecto. Ele tende a reduzi-lo ao nível dos animais. Esta criatura desenhada à imagem de Deus não pode situar seu bem supremo nos prazeres que lhe são comuns aos animais.

Estes predicados justificam a indissolubilidade do matrimônio. Ele é uma lei natural, que se aplica a todo o reino animal: a ejaculação do sêmen tem por objetivo a propagação da espécie; qualquer outra emissão é condenada, porque é contra a natureza. Por outro lado, "todo animal deseja gozar livremente do prazer [*voluptas*] do ato sexual [...] Ora, esta liberdade lhe é recusada se vários machos podem aproximar-se da mesma fêmea, ou o inverso"[20]. O homem, por sua vez, deseja ter certeza de sua descendência; o que seria impossível se vários parceiros se unissem a uma única mulher. Além disso, a amizade entre os esposos, a "terna associação"[21], a "partilha de qualquer intimidade doméstica" se tornariam impossíveis e a discórdia se instalaria. Se fosse permitido ao homem copular com todas as pessoas com as quais é forçado a coabitar, "um uso excessivo seguiria deste prazer"[22].

A finalidade da união conjugal não é somente a geração, mas igualmente a educação e a correção eventual da criança. A lei natural e a razão impõem, portanto, uma união durável. É "conforme à natureza humana

---

20. *Ibid.*, cap. 124, p. 426.
21. *Ibid.*, p. 424.
22. *Ibid.*, p. 429.

que o homem permaneça junto à mulher após o ato sexual, ao invés de separar-se logo em seguida e unir-se indiferentemente a qualquer outra, como o fazem os fornicadores[23]. Só a união durável pode permitir uma educação apropriada, bem como a correção que se impõe quando a criança alcança a idade da discrição. A autoridade do homem revela-se então indispensável, "já que junto dele a razão é mais perfeita para instruir e a força mais poderosa para punir"[24]. Esta lei natural, que a razão demonstra, está de acordo com a lei divina. O matrimônio indissolúvel é símbolo da união inseparável de Cristo com sua Igreja.

Os pecados de luxúria – cuja lista é estabelecida desde o século XII – são deduzidos destes princípios. Qualquer ato da carne realizado fora do matrimônio é ilícito. Pode tratar-se de fornicação simples, isto é, de cópula, desejada, imaginada ou realizada, entre um homem e uma mulher, que já perdeu a virgindade, sob a condição de que sejam, um e outro, solteiros e vivam no século, sem ser unidos por qualquer laço de parentesco, inclusive espiritual. Um marido ou uma esposa que, em pensamento, em desejo ou ato, peca fora do vínculo conjugal, comete um adultério. Um indivíduo (homem ou mulher) que está ligado por um voto de castidade, sobretudo se assumiu o estado eclesiástico, no momento em que se deleita, por imaginação ou ato, com um pecado da carne é culpado de sacrilégio. Quando um homem e uma mulher se unem ou se entregam aos afagos num espaço sagrado, ou sonham fazê-lo, cometem o mesmo tipo de pecado. Aquele que deflora uma jovem moça sem tê-la desposada torna-se réu de estupro, de rapto, se age com violência. O mesmo acontece com a vítima se, ao longo das relações, interiormente consente e se deleita com o coito, mesmo após algum tempo de resistência. Aqueles – homens e mulheres – que copulam, que o desejam, ou que imaginam fazê-lo, com um parceiro com o qual já estão unidos por um vínculo de parentesco, inclusive espiritual,

---

23. *Ibid.*, p. 420.
24. *Ibid.*, p. 421.

cometem incesto. Obviamente, os pecados abaixo, todos mortais, podem ser adicionados: um homem casado que deflora – ou que deseja realizar este ato – uma religiosa virgem, com a qual tem parentesco, comete quatro pecados mortais: adultério, estupro, incesto e sacrilégio.

Seja como for, o pior é pecar contra a natureza; isto é, emitir o sêmen fora do depósito natural que permite a geração. Estes pecados são três: a poluição voluntária fora da vagina de uma mulher, quer ela aconteça ao longo de um ato solitário, quer ao longo de uma cópula; a sodomia, perfeita ou imperfeita, isto é, realizada sobre uma pessoa do mesmo sexo ou de um sexo diferente; e a bestialidade.

A lógica desta taxinomia aparece claramente; mas o essencial, para nosso estudo, é que ao longo dos séculos, repitamo-lo, os pecados de luxúria aumentaram, obviamente, de maneira não linear, na escala dos pecados capitais, a ponto de, nas preocupações dos especialistas de teologia moral, prevalecerem sobre as outras faltas, principalmente no período que estamos abordando. Acrescentemos que, naquela época, a atenção tende a focalizar a poluição, *em geral*, e mais especificamente tudo o que acontece no leito conjugal.

8
O LEITO CONJUGAL: SEUS INTERDITOS E SEUS PRAZERES

Na aurora dos tempos modernos, persiste a antiga condenação feita pelos teólogos à impetuosidade das relações conjugais, à busca da volúpia, ao ímpeto da paixão em relação a uma simples criatura, dependente do amor de Deus. Os clérigos denunciam as cópulas demasiadamente repetidas, a imoralidade dos olhares, dos toques, das posições, sem esquecer a injunção de períodos de continência cadenciados pelo calendário litúrgico. A concepção paulina da obrigação recíproca ordena sempre, aos seus olhos, as relações entre os esposos. No conjunto, o matrimônio continua sendo percebido como um estado perigoso.

Espiritualidade conjugal e vida amorosa

Os prelados do Concílio de Trento (1543-1563) assumem o dever de responder aos protestantes, notadamente a Calvino, que reabilitaram o prazer conjugal. Eles se esforçam, portanto, em suprimir qualquer ideia de incompatibilidade entre o amor carnal e o amor espiritual. Eles ratificam a atenuação do pessimismo em relação à carne, já perceptível no início do século XVI nas obras de alguns teólogos, quer se trate da *Petite somme des péchés* [Pequena soma de pecados] do Cardeal Cajetan [Thomas de Vio], ou das *Sentences* [Sentenças] do dominicano espanhol Domingo de Soto. Eles trazem uma resposta positiva à questão essencial: é possível salvar-se em estado matrimonial? Fato que implica, como pano de fundo, debater com os apologistas a respeito da virgindade.

Para estabelecer claramente que ele permite santificar-se, os textos do concílio e o *Catecismo* de Trento hierarquizam de uma maneira nova as três finalidades do matrimônio. A primeira não é mais a geração de crianças destinadas a povoar a terra, e posteriormente o céu, mas a amizade que une os cônjuges. Nesta perspectiva, a relação conjugal é primeiramente percebida como um ato de caridade. A obrigação recíproca inscreve-se num desejo comum de salvação.

Em vista de promover esta espiritualidade conjugal[1], os padres conciliares acentuam tudo aquilo que leva à sacralização do casal; e entendem que a situação dos esposos deixa de ser tão depreciada em relação ao estado clerical. Exaltar a santidade do matrimônio leva, ao mesmo tempo, a recentrá-lo na célula conjugal, em detrimento do grupo familiar. Esta promoção do casal pôde, ao longo da segunda metade do século XVI, ser associada à do indivíduo, testemunhada pela proliferação das memórias, dos poemas autobiográficos, das narrativas de vida, das confidências que colorem as correspondências, em suma, pela amplificação desse "eu de papel" evocado pelo historiador Robert Muchembled[2]. Maurice Daumas, além disso, observa o surgimento, nos últimos decênios do século, de um discurso amoroso realizado por homens casados e o nascimento da expressão "amor conjugal". Segundo este historiador, o Concílio de Trento estimula um processo social em curso. Doravante, os jovens podem aspirar mais do que outrora ao prazer legítimo da carne, mas abrindo mais

---

1. Sobre todos estes pontos, especialmente em relação ao Concílio de Trento e o casamento, cf. WALCH, A. *La Spiritualité conjugale dans le catholicisme français, XVIe-XIXe siècle*. Paris: Cerf, 2002, *passim* [Col. Histoire Religieuse de la France, 19].
2. DAUMAS, M. *Le Mariage amoureux – Histoire du lien conjugal sous l'Ancien Régime*. Paris: Armand Colin, 2004, p. 49. Maurice Daumas desenvolve (p. 49-54) a fórmula de Robert Muchembled. Sobre o tema que nos ocupa aqui, cf. tb. belo artigo de Maurice Daumas: La sexualité dans les traités sur le mariage, France, XVe-XVIIIe siècles. *Revue d'Histoire Moderne et Contemporaine*, 51(1), p. 7-35, jan.-mar./2004.

largamente as portas do céu[3]. Maurice Daumas formula, além disso, a hipótese de que esta oscilação das representações da união conjugal leva sub-repticiamente a uma valorização da mulher.

O *Catecismo* de Trento reafirma com força o caráter sacramental da união matrimonial. A cerimônia de núpcias não é mais apenas solenizar um contrato; ela constitui, acima de tudo, um ato religioso, o momento de uma aliança que inaugura a ascensão de uma espiritualidade própria às pessoas casadas. Ao longo de decênios, a equiparação da união dos esposos àquela que une Cristo à sua Igreja será reiterada com uma insistência nova; o que equivale, observa Agnés Walch, a fazer o Sacramento do Matrimônio entrar na reflexão da Teologia da Encarnação.

A espiritualidade conjugal, que constitui o cerne da doutrina tridentina do casamento, é permitida por esta graça específica conferida pelo sacramento, que os teólogos não cessarão de detalhar até os anos de 1860, data em que termina a reflexão deste livro. Assim, em 1848, Thomas Gousset analisa longamente seus efeitos[4]. O matrimônio, que se realiza na Igreja, sela uma união que se inicia no próprio santuário. Ao longo da cerimônia, o principal não é a bênção e a comunhão dos cônjuges, mas a troca de consentimentos feitos livremente, sem temor, sem violência. É a partir de então que os esposos se conferem mutuamente o sacramento.

O Concílio de Trento faz firmemente oscilar a união conjugal para o campo do sagrado. Ao mesmo tempo, o sacramento reforça a prescrição de indissolubilidade. Ele confere uma força maior ao mandado de fidelidade. Ele acentua, portanto, a gravidade do adultério e focaliza a atenção na importância da graça sacramental que ajuda a fazer da vida conjugal o lugar de uma mútua caridade.

O sentimento que une os esposos é definido como um amor puro, santo, *particular*, sem qualquer comparação com outras formas de

---

3. *Ibid.*, p. 30ss., esp. p. 39, 54-56.
4. GOUSSET, T. *Théologie morale à l'usage des curé et des confesseurs.* T. 1. 5. ed. Paris: Lecoffre, 1848, p. 507.

vínculo. Ele é feito, acima de tudo, da união de duas almas numa obra comum de salvação. Ele é "caminho de eternidade"[5]. Os esposos devem igualmente trabalhar na santificação mútua. Urge-lhes praticar a devoção comum. O *Catecismo* de Trento, escreve Agnès Walch, "imagina-os juntos ao pé dos altares". O lar se faz assim santuário privado, prolongamento da igreja paroquial; o que implica, obviamente, o respeito dos tempos de continência litúrgicos, doravante inspirados por um espírito novo.

Uma certa defasagem separa as decisões do concílio de seu eco na literatura religiosa. Agnès, pelo estudo minucioso de 26 dessas obras, mostra que é somente entre os anos de 1640 e 1740 que os *Manuais de vida conjugal* tiveram uma certa popularidade. O matrimônio continuava sendo, então, o tema de incontáveis sermões e homilias, de exortações e admoestações em que se comenta à saciedade o episódio evangélico das Bodas de Caná.

Por conseguinte, o leito conjugal, que pouco a pouco se torna receptáculo dos segredos dos cônjuges apaixonados, atrai a atenção dos clérigos, no exato instante em que, na França, a literatura erótica, em vias de constituição, se demora com insistência na educação das meninas e em sua preparação para as revelações da carne[6]. Se o leito conjugal chama mais a atenção dos confessores do que outrora é porque os ensinamentos de Trento os intimidam ao sacralizá-los. O controle dos desejos e a moderação dos estímulos impõem-se especialmente pelo fato que o sacramento confere a graça de moderar a concupiscência. Mas, ao mesmo tempo, esta intensificação da atenção voltada para a conjugalidade e a maneira com que ela é exaltada levam sub-repticiamente a voltar o olhar para estes "prazeres sob os lençóis" dos esposos, que outrora Etienne Pasquier julgava, em última análise, menos excitantes que os prazeres "às escondidas"[7].

---

5. WALCH, A. *La Spiritualité conjugale... Op. cit.*, p. 49, bem como para as citações que seguem.
6. Cf. *infra*, p. 452-456.
7. Cf. DAUMAS, M. *Le Mariage amoureux... Op. cit.*, p. 53.

É exatamente esta atenção mais aguda que faz com que a obra do Padre Sanchez, *De santo matrimonii sacramento*, chegue em boa hora (1602). Ela tende a autorizar a busca do prazer, condenando, obviamente, qualquer busca de volúpia sem a intenção de procriar e qualquer prática contra a natureza. O Padre Sanchez, que não será seguido por Roma, mas cuja obra constitui sempre uma referência maior no século XIX, permite aos esposos uma gama específica de afagos e mostra uma benevolência que abre caminho, de uma certa maneira, ao espírito testemunhado por Afonso de Ligório, 150 anos mais tarde.

O leito conjugal propõe muitas questões aos especialistas de teologia moral dos séculos XVII e XVIII. Os casuístas se debruçam sobre quatro problemas, todos inscritos na crença na teoria do duplo sêmen[8]: 1) A mulher tem a obrigação de se esforçar para emitir o seu sêmen durante o ato? A maioria dos teólogos responde afirmativamente, dado que esta emissão é percebida como necessária ou, pelo menos, útil à geração, que constitui uma das finalidades do matrimônio. 2) O marido, tendo ejaculado, deveria continuar até a emissão da mulher, a fim de facilitar a concepção e ajudar sua companheira a apagar sua concupiscência? A este respeito, as opiniões são divididas. 3) Os esposos deveriam esforçar-se para emitir ao mesmo tempo seus sêmens? Segundo Jean-Louis Flandrin, a metade dos casuístas pensa afirmativamente. 4) Se o marido "se retirou", a mulher poderia acariciar-se sozinha, a fim de participar plenamente do ato conjugal? Sobre 17 autores que levantaram esta questão, 14 são de parecer positivo. Encontramos estas interrogações no momento em que a teoria do duplo sêmen, abandonada pelos médicos, começa a ser questionada pelos teólogos. Com as questões relativas à capitulação da obrigação conjugal, estes problemas, à época, continuam monopolizando a atenção.

---

8. Sobre este ponto, desenvolvimentos muito específicos se encontram em FLANDRIN, J.L. *Le Sexe et l'Occident – Evolution des attitudes et des comportements*. Paris: Le Seuil, 1981, p. 131-135.

Mas, seria um erro atermo-nos, aqui, à aridez da casuística. A noção de espiritualidade conjugal inspira um olhar sobre o leito dos esposos que a ultrapassa, e de longe. É o que mostra a leitura das obras de Francisco de Sales, publicadas na aurora do século XVII, mas convidadas a conhecer uma enorme difusão no século XIX. A *Introdução à vida devota*, sobretudo, mas igualmente o *Tratado do amor de Deus* contêm muitas páginas consagradas à união carnal. Segundo Francisco de Sales, o leito conjugal não deve ser o lugar de um amor natural, o dos pagãos e o dos animais, tampouco o do "amor louco" e o da paixão. Ele deve tornar-se o teatro de uma atividade carnal ordenada pela razão, pela caridade, sustentada pela fidelidade, inscrita, por consequência, neste longo período que constitui, essencialmente, a temporalidade conjugal. O leito dos esposos devotos é testemunha de relações amorosas submetidas a um estímulo espiritual, sustentadas pela graça sacramental. Os esposos devem adorar-se "com um amor santo, sagrado, totalmente divino", que testemunhe a "união indissolúvel de [seus] corações", e que seja totalmente moldado pela caridade[9].

"Conservai, pois, vós maridos, um terno, constante e cordial amor para com vossas mulheres [...], e vós, mulheres, amai ternamente, cordialmente, mas com um amor respeitoso e cheio de reverência, os maridos que Deus vos deu", para toda a eternidade[10]. Que o marido exerça esta autoridade "com grande estima, ternura e suavidade"[11], dando exemplo de fidelidade. Em conclusão: "É necessário amar o marido e a mulher com um amor *terno e tranquilo, firme e contínuo*"[12]. A linguagem amável de Francisco de Sales combina com a edulcoração do vocabulário usado para designar as relações conjugais. Fala-se, doravante, de "obra matrimonial", de "uso matrimonial", de "comércio nupcial [...]". A literatura piedosa e a teologia moral da segunda

---

9. FRANÇOIS DE SALES. Introduction à la vie devote. *Œuvres*. Paris: Gallimard, 1969, p. 234 [Col. La Pléiade, 212].
10. *Ibid.*, p. 235.
11. *Ibid.*
12. *Ibid.*, p. 303.

metade do século XVIII usarão a expressão "dever matrimonial" e os textos do século seguinte evocarão de preferência "o ato conjugal".

Francisco de Sales ousa, em linguagem francesa e destinada às suas leitoras, para as quais a *Introdução à vida devota* é especialmente destinada, aumentar as especificações em um capítulo consagrado totalmente ao leito conjugal. Este "deve ser imaculado"[13] e não aturar excessos, tanto na disciplina quanto na quantidade. Os esposos são obrigados à moderação. "Nós devemos [escreve Francisco de Sales, inspirado em Agostinho] nos comprazer das coisas espirituais e somente usar as corporais"[14]. Neste caso, uma certa continência impõe-se; injunção que substitui o tradicional conselho de abstinência. No leito conjugal, a mulher deve dar provas de modéstia, de pudor, de docilidade. Isto lhe será mais fácil se tiver guardado sua castidade de virgem até o casamento. "Guardai, pois, ciosamente, proíbe Francisco de Sales, vosso primeiro amor para o vosso primeiro marido"[15]. Seria um "grande engano apresentar, em lugar de um coração inteiro e sincero, um coração desgastado, adulterado e apoquentado de amor".

Uma vez casada, a mulher evitará colocar em risco o amor engrandecido pelo sacramento; nem por "pequenas tentações [...], namoricos, folias, vaidades, duplicidades, afetação, artifícios ou cogitações desonestas"[16].

O marido, que geralmente sabe o que se pratica na cama, deve moderar seus ardores a fim de não colocar em risco a virtude de sua esposa: "Quereis que elas sejam castas [escreve Francisco de Sales a respeito das mulheres], comportai-vos castamente com elas [...] [vós] lhes ensinais as velhacarias, não é nada encantador serdes desonrados ao perdê-las"[17]. Os cônjuges, demonstrando pudor, evitarão apresentar-se nus um diante do outro.

---

13. *Ibid.*, p. 240.
14. *Ibid.*, p. 243.
15. *Ibid.*, p. 249, bem como para as subsequentes.
16. *Ibid.*, p. 268.
17. *Ibid.*, p. 236.

A espiritualidade conjugal que inspira Francisco de Sales autoriza, no entanto, a profusão e a intensidade de alguns gestos amorosos. Ela exalta o beijo, sobre o qual nosso autor insiste. Os santos e as santas, destaca Francisco de Sales, "fizeram uso de muitos afagos recíprocos em seu matrimônio, afagos de fato amorosos mas castos, ternos mas sinceros"[18], baseados no modelo dos praticados por Isaac e Rebeca ou, bem mais tarde, por São Luís e sua esposa Margarida de Provence. O beijo conforta as palavras de amor: "Colamos uma boca na outra quando nos beijamos, para testemunhar que gostaríamos de derramar nossas almas reciprocamente uma dentro da outra, a fim de uni-las numa união perfeita"[19].

Francisco de Sales convida os esposos, a exemplo do elefante que vai purificar-se na água após cada cópula, a lavar-se o coração depois das "sensualidades e volúpias"[20].

Existem, segundo ele, duas espécies de êxtases e de arrebatamentos. Urge guardar-se daquela que rebaixa à condição de animal selvagem e que, por essa razão, é indigna do estado natural do homem. O autor do *Tratado do amor de Deus* estigmatiza os indivíduos "brutos, que se encantam com a volúpia sensual [...], [que] perdem completamente o uso e a atenção da razão e do entendimento, porque sua miserável alma, para sentir mais completa e atentamente o objeto brutal, se diverte com as operações espirituais, para *afundar-se* e converter-se totalmente ao estado animal e brutal"[21]. Infelizmente, "acontece com frequência que os sentidos e as faculdades da parte inferior tendem à união que lhe é própria"[22]. Francisco de Sales ataca os que pensam que "o amor bruto é mais resistente [...], porque mais violento e *turbulento*; mais sólido, porque mais grosseiro e terrestre;

---

18. *Ibid.*, p. 237.
19. FRANÇOIS DE SALES. Traité de l'amour de Dieu. *Œuvres. Op. cit.*, p. 377.
20. FRANÇOIS DE SALES. Introduction à la vie devote. *Œuvres. Op. cit.*, p. 243.
21. FRANÇOIS DE SALES. Traité de l'amour de Dieu. *Œuvres. Op. cit.*, p. 382-383.
22. *Ibid.*, p. 383.

maior, porque mais sensível e selvagem: mas, ao contrário, o amor é como o fogo, o qual, quanto mais delicada for a matéria, mais claras e belas são suas chamas [...]"[23]. O amor animalesco suscita repugnância. No final da cópula, aquele que apenas foi guiado pelo "amor de luxúria", isto é, pela busca de um proveito egoísta, permanece "triste, sombrio e perplexo"[24].

"O amor de bem-querença", em contrapartida, aquele "através do qual amamos alguma coisa para o seu bem"[25], propicia satisfações simultaneamente delicadas e profundas, assim como "o amor de complacência" ou "de desejo", que levam em conta a satisfação e o prazer do outro.

Paralelamente, Francisco de Sales contribuiu para o movimento irreversível de enfraquecimento das restrições ligadas ao calendário litúrgico e dos interditos relativos ao coito durante as regras e ao longo da gestação. Ele faz parte daqueles teólogos que não consideram que os esposos devam abster-se de comungar por terem copulado antes.

Compreende-se, pois, que seria demasiadamente simples reduzir a idade clássica à repressão. A leitura do *Catecismo* de Trento como a da *Introdução à vida devota* mostra que, à sua maneira, essas obras reabilitaram a carne e o prazer, mas somente no quadro do matrimônio contraído por amor, fidelidade, castidade, moderação voluptuosa, ou em vista da santidade[26]. Maurice Daumas se pergunta, em última análise, se este modelo não constituiria o início do casamento moderno, da forma como ele será concebido por ocasião do triunfo da esfera privada. Se a *Introdução à vida devota* foi objeto de 52 edições no século XIX, sem contar as edições das obras completas de Francisco de Sales, é justamente porque sua mensagem suscitara grande interesse, pelo menos o das jovens moças e o das mulheres piedosas.

---

23. *Ibid.*, p. 384
24. *Ibid.*, p. 385, 392.
25. *Ibid.*, p. 392.
26. À imagem do que Edmund Leites discerne junto aos puritanos. Cf. *La Passion du bonheur – Conscience puritaine et sexualité moderne*. Paris: Cerf, 1988 [Col. Passages].

A contrario, a maior intimidade, a autonomia ascendente do casal, a preocupação mais atenta com os prazeres do outro, o segredo mais ciosamente guardado das emoções conjugais podem igualmente ser interpretados como outros fatores favoráveis à prática do coito interrompido. A espiritualidade tridentina e a suavidade salesiana teriam então, paradoxalmente, facilitado o que imediatamente será considerado como pecado mais grave: o cometido por esposos decididos a desfrutar apenas da união dos corpos e das almas, evitando curvar-se à segunda finalidade do casamento, isto é, à procriação. Seja como for, Francisco de Sales libertou os leigos, notadamente as mulheres, dos medos e das obsessões suscitadas pelos perigos do estado matrimonial. À sua maneira, ele pacificou o leito conjugal.

A partir dos últimos decênios do século XVII, as representações da união carnal e as normas que a ordenam são feitas de tensões, ou contradições. Verifica-se então uma evidente volta ao rigorismo, mas igualmente a lenta ascensão do modelo de vida amorosa, que se desenvolve às vésperas da Revolução [francesa], por ocasião da chegada do período de exaltação do casal sentimental, percebido como união de duas almas sensíveis.

Ao longo da segunda metade do século XVII, enquanto se expande o espírito de Port-Royal, e se difundem as obras de Pierre Nicole e do grande Arnauld, interrompe-se o modelo de um casamento que seria conjunção das almas e caminho de salvação. Com o jansenismo, renasce um agostinismo adormecido. A união conjugal e seus prazeres se veem incluídos numa condenação global do mundo. A partir dos anos de 1680, os catecismos diocesanos testemunham o retorno de um medo, ou de um ódio em relação à carne, a elaboração de uma pedagogia centrada no pecado, a revivescência da imagem da mulher luxuriosa e tentadora, dotada de uma sensualidade diabólica[27]. Análise esta, é bem verdade, contestada por Marcel Bernos, que culpa os historiadores porque muito frequentemente

---

27. WALCH, A. *La Spiritualité conjugale... Op. cit.*, p. 295ss., bem como para o que segue.

eles apenas privilegiam os textos dos pregadores hostis às mulheres[28]. Seja como for, estes últimos, quando se trata de casamento, insuflam frequentemente o medo e as temeridades. A virgindade é a partir de então celebrada e enaltecida com uma força e uma ênfase reiteradas, que contradizem a exaltação tridentina e salesiana do casal.

As controvérsias sobre a graça, a diatribe dos jansenistas e, mais largamente, os rigorismos contra a comunhão frequente, os debates relativos à rejeição ou ao adiamento da absolvição centralizam a atenção. Neste contexto, a castidade conjugal, da forma como a havia desenhado Francisco de Sales, é julgada mais difícil de ser respeitada do que a exigida do celibatário. Saber exatamente quando é lícito ou não solicitar ou cumprir a obrigação, ser capaz de usufruir do matrimônio com moderação, abster-se estritamente de qualquer afago proibido e, obviamente, do adultério, implica a aprendizagem de um domínio das pulsões mais sábia e mais difícil do que a simples prática da castidade dos celibatários continentes que, muito frequentemente, rapidamente perderam o gosto e o hábito do prazer. O discurso dos clérigos centra-se, novamente, no risco de danação que o excesso dos ardores dos esposos faz incorrer.

As orações conjugais em vista de obter a graça sacramental se transformam num gênero no seio da literatura de piedade, ao passo que proliferam as representações pessimistas de uma vida de casal polvilhada de perigos, e destinada essencialmente à procriação. Então aumenta a denúncia dos "funestos segredos", isto é, das práticas anticoncepcionais, vistas como o pior dos desafios lançados por Deus e como deplorável sinal de um afastamento dos fiéis.

Urge, então, na ordem das representações, levar em consideração a complexidade de uma situação feita de tensão entre a espiritualidade

---

28. BERNOS, M. *Femmes et gens d'Eglise dans la France classique (XVIIe-XVIIIe siècle)*. Paris: Cerf, 2003 [Col. Histoire Religieuse de la France, 23].

conjugal dos esposos devotos, o rigorismo jansenista e o crescimento da libertinagem, sem esquecer a laicização dos sentimentos testemunhada pelo modelo de vida amorosa que beneficia a ascensão da alma sensível e o domínio da ideia de felicidade. Seja como for, cada um destes processos leva, à sua maneira, à formação de um casal mais autônomo. A espiritualidade conjugal, já vimos por quais razões, o jansenismo e todo o rigorismo, ao afastar os esposos da frequentação dos sacramentos, os devolve a uma solidão favorável às decisões individuais. A libertinagem e a exaltação da vida amorosa estimulam o esquecimento das normas religiosas e a liberdade das buscas voluptuosas.

Os esposos que correspondem a este último modelo se sentem como amantes. Eles usufruem em comum, a curto prazo, de prazeres não quiméricos, tão esquecidos que estão dos caminhos de salvação, nutrindo, às vezes, a vaga esperança de prolongamento do próprio amor para além da perdição; é o que Agnès Walch chama de "pré-romantismo conjugal"[29]. Esta "sentimentalização" da união opõe-se radicalmente ao rigorismo circunstante, e não pode ser confundida – embora haja nela, às vezes, interpenetração dos dois modelos – com a espiritualidade conjugal.

Maurice Daumas enfatiza que, no caso da vida sentimental, o amor precede as núpcias e se transforma naturalmente em amor conjugal por ocasião da celebração da união; o que, doravante, torna o casamento compatível com a paixão[30]. Em contrapartida, segundo Francisco de Sales, o amor conjugal derivaria do casamento à medida que se apoiava na graça sacramental.

O modelo do amor sentimental que une os esposos sanciona a autonomia do jovem rapaz. Este deve fazer um juízo prévio e seduzir uma namorada, o que constitui uma aventura individual, valorativa, reconhecida

---

29. WALCH, A. *La Spiritualité conjugale... Op. cit.*, p. 329.
30. DAUMAS, M. *Le Mariage amoureux... Op. cit.*, p. 260-261, bem como para o que segue.

pela sociedade; e que doravante torna seu o ponto de vista do indivíduo. Ao mesmo tempo, as representações do amor se parecem com as emoções da puberdade. Isto combina com a análise do discurso dos médicos daquele tempo e, de certa forma, com a literatura pornográfica, assombrada pelas aprendizagens.

Foi essencial atermo-nos mais longamente nos processos a tanto tempo instaurados. De fato, as jovens moças e as mulheres da elite cultivada da primeira metade do século XIX se deleitavam tanto com a *Introdução à vida devota* e com as obras de Fenelon quanto com *La Nouvelle Héloïse*, ao passo que seus confessores e pregadores continuavam trovejando contra os perigos do matrimônio. Entretanto, muitos homens daquele ambiente se nutriam da leitura de romances eróticos e de textos julgados mais ousados dos autores da Antiguidade. Este entrelaçamento de referências embasa a complexidade dos desejos e dos prazeres daquela época, dominada pelo ecletismo, presente até mesmo nas representações das volúpias carnais.

Desde a aurora do século XVIII, o discurso clerical tende, além disso, a transferir a atenção dos fiéis do casal para a célula familiar, maneira de refletir o sentimentalismo ambiente. Agnès Walch detecta, nesta "fusão da ternura e da pulsão erótica", a longínqua influência do quietismo, que incitava a inscrever a alma sensível nos cursos de teologia moral[31]. A insistente afeição que temos para com as crianças vem doravante confirmar e coroar o amor conjugal. Nesta perspectiva, "a vitória humana e espiritual da família depende do sucesso do casal"[32]; e os clérigos têm agora por foco não apenas os cônjuges, mas a célula familiar em seu conjunto.

Os homens e as mulheres do século XIX tentam harmonizar estes modelos e suas influências. Neste domínio igualmente, este período eclético e pouco inovador situa-se na linha da sedimentação dos afetos elaborados anteriormente. Ele sofre, no entanto, as influências dominantes.

---

31. WALCH, A. *La Spiritualité conjugale... Op. cit.*, p. 330-331.
32. *Ibid.*, p. 338.

O renascimento do discurso clerical que ocorre a partir dos anos de 1820 permite um retorno a uma teologia moral tradicional e sobretudo o triunfo efêmero da pastoral tridentina. Assim Thomas Gousset, que não deixa de ser um apóstolo do ligorismo, desenterra as três finalidades do matrimônio, outrora enunciadas por Paulo: destaca seu valor sacramental; mostra a importância da graça que permite aos esposos santificar-se em seu estado; torna o matrimônio símbolo da união de Jesus Cristo com sua Igreja. Gousset insiste no necessário consentimento dos cônjuges, que deve ser interior, real e não fictício, absoluto e não condicional, mas também exterior, isto é, apresentado livremente de parte a parte. Tantas injunções que registram e reforçam a autonomia dos indivíduos e do casal[33].

O imenso sucesso da literatura pós-tridentina no século XIX prova esta mesma filiação. 41% das obras de espiritualidade publicadas à época são anteriores ao ano 1800. As que saíram da Reforma católica só se tornaram obsoletas depois de 1870[34]. É, portanto, necessário lê-las e considerá-las quando buscamos desenhar um quadro daquilo que os contemporâneos designam com a expressão "vida sexual".

Esta corrente que exalta a espiritualidade conjugal e este retorno global à suavidade salesiana se conjugam, ao longo dos anos de 1820, com o tema, mais novo, do amor conjugal e a densificação dos sentimentos que se opera no quadro da célula familiar. Cada um dos membros desta "experimenta em sua carne que o amor conjugal, o amor parental, o amor filial e o amor entre irmãos são da mesma natureza"[35] e, por conseguinte, indissociáveis. Este primado da família está de acordo com o naturalismo que tanto aprofundou o dimorfismo entre os homens e as mulheres em vista de exaltar a maternidade.

---

33. GOUSSET, T. *Théologie morale à l'usage des curé et des confesseurs...* Op. cit. T. 2, p. 503-506.
34. Dominique Julia, apud WALCH, A. *La Spiritualité conjugale...* Op. cit., p. 343.
35. DAUMAS, M. *Le Mariage amoureux...* Op. cit., p. 281.

Analisaremos, mais adiante, um belo exemplo de fusão da espiritualidade conjugal com o amor sentimental, que, aqui, podemos chamar de romântico. Trata-se do amor vivido como uma graça no seio do casal formado por Frederico e Amélie Ozanam. Por volta de 1860, a esposa, tornada viúva, anota em sua caderneta[36]: "Na fruição do amor mistura-se um sofrimento muito real quando se ama intensamente: a impotência de penetrar a alma daquele que amamos. Nos curtos instantes do mais total abandono íntimo e da confusão de dois amores, estamos em possessão do corpo, mas da alma não possuímos senão o que emerge dos olhos e o que a palavra diz. Mas não é ainda a alma inteira. [...] Daí a imensa tristeza, inexplicável, que desliza nos momentos das mais íntimas efusões, e que domina o término dos mais vivos momentos de felicidade. Não é a saciedade, mas o irresistível desejo de ir além, e não saberia explicar-me por que jamais desejei mais vivamente morrer senão quando estava feliz". Palavra feminina a ter em mente dos textos médicos relativos à união carnal, analisados ao longo da primeira parte deste livro.

Paradoxalmente, esse feixe de influências dominantes detectáveis nesta primeira metade do século XIX opera embasada no rigorismo, na ordem da teologia moral. Assim, na Dordogne, escreve Ralph Gibson, a intransigência estava no ar, de maneira ininterrupta, desde o final do século XVII[37]. Os clérigos interpretam numa perspectiva rigorista a mensagem de Carlos Borromeu, que à época constituía uma referência forte junto aos confessores[38].

O triunfo do ligorismo que se dá sob a Monarquia de Julho transforma o clima; por volta do final dos anos de 1850 o otimismo salesiano e a

---

36. WALCH, A. *La Spiritualité conjugale... Op. cit.*, p. 341-342.
37. GIBSON, R. Rigorisme et liguorisme dans le diocèse de Périgueux, XVIIe-XIXe siècles. *Revue d'Histoire de l'Eglise de France*, n. 195, p. 319ss., jul.-dez./1989.
38. Cf. BERNOS, M. Saint-Charles Borromée et ses Instructions aux confesseurs – Une lecture rigoriste par le clergé français, XVIe-XIXe siècles. *Pratiques de la confession – Des Pères du désert à Vatican II*. Paris: Cerf, 1983.

indulgência da teologia moral manifestada nos últimos vinte anos também se interrompem; ocorre então uma volta à doutrina mais rígida, de inspiração agostiniana. Torna-se a partir de então difícil, senão impossível, na literatura religiosa, falar claramente da sexualidade das pessoas casadas. Uma piedade seráfica triunfa, em acordo com o Dogma da Imaculada Conceição (1854) e com a mariofania. É chegado o tempo do vestido branco das noivas, da difusão da Festa das Rosas e das Confrarias das Filhas de Maria.

O onanismo dos cônjuges, perigo maior

O onanismo conjugal obceca os clérigos, bem antes que os médicos o denunciem sob a expressão "fraude conjugal". Aos olhos dos teólogos, ele constitui um pecado mortal. O Abade Louvel, superior do seminário maior de Séez, o diz cruamente: "O marido não se serve do vaso feminino a não ser como um instrumento para ele e sua mulher se poluírem". Esta não deve, para evitar que ele se polua, "colocar sua vagina à sua disposição", tampouco "sua mão ou qualquer outro membro"[39]. Em contrapartida, os cônjuges devem fazer tudo o que lhes é possível para "a conservação do esperma no vaso feminino"[40].

A maneira com que este onanismo assombra os teólogos da primeira metade do século XIX constitui, por décadas, um objeto privilegiado aos olhos dos historiadores, mas os especialistas pouco enfatizaram que duas noções ordenavam à época a reflexão dos clérigos em matéria de pecado da carne: a noção da "comoção do espírito" e a da "poluição", mais rica para a reflexão do que a noção de masturbação; termo, aliás, muito pouco utilizado pelos membros do clero, contrariamente à sua onipresença do

---

39. LOUVEL, R. *Traité de chasteté – Questionnaire à l'usage des confesseurs pour interroger les jeunes filles qui ne savent pas ou n'osent pas faire l'aveu de leurs péchés d'impureté*. Paris, [1850?] [red. Jérôme Martineau, 1968, p. 285].
40. *Ibid.*, p. 287.

discurso médico. É que ele implica artifícios específicos e que, por conseguinte, coisifica excessivamente a análise.

A polução, aos olhos dos teólogos, não passa de masturbação. Convém, com efeito, distinguir a que resulta da lascívia dos pensamentos e da imaginação, a que provoca as manipulações solitárias, a que ocorre na sequência dos toques, dos afagos recíprocos entre parceiros, mesmo dentro do casamento, e a que constitui o coito interrompido visto como uma masturbação na vagina de uma mulher; sem falar das poluções involuntárias, geralmente noturnas, que podem, *in extremis*, solicitar o consentimento daquele que sofre as sensações voluptuosas.

Em todos estes casos, a polução é considerada ejaculação fora do vaso natural ou emissão de um pretenso sêmen feminino fora da cópula. É um pecado contra a natureza, de origem multiforme, que vem, por assim dizer, prolongar, coroar os pecados mortais de consentimento à tentação e deleite que são cometidos a montante e cuja emissão do sêmen demonstra a malícia. A "comoção do espírito", por sua vez, situa-se nesta trajetória pecaminosa, cuja gravidade, já vimos, não é verdadeiramente ascendente, embora os confessores se empenhem em reconstituí-la em sua totalidade. A "comoção do espírito" facilita, ou provoca a polução.

Esta, obviamente, pode associar-se às ações que entram na esfera de dois outros pecados contra a natureza: a sodomia e a bestialidade. Quando é questão de medir as gravidades, a polução constitui, de alguma forma, uma pedra de toque. Ela atesta o consentimento e o deleite. Quando é produzida uma emissão de sêmen, na sequência da vitória da tentação, não se trata mais de pecado venial; excepcionalmente, entretanto, aquela que é provocada por uma ação feita em vista do bem do outro. Fogem assim da falta mortal o médico ou o cirurgião que se poluem aportando cuidados a uma de suas pacientes ou o confessor que perde seu sêmen no exercício de seu ministério, ao ouvirem as confissões de uma penitente[41].

---

[41]. Sem esquecer a polução noturna, totalmente involuntária, que, por esta razão, não entra na gama dos pecados.

O onanismo conjugal, à época alvo privilegiado dos teólogos moralistas, sanciona e favorece, repitamo-lo, o desenvolvimento da autonomia do casal e a exploração dos estágios e das intensidades de uma volúpia buscada em si mesma. Este momento, enfatiza Claude Langlois, é exatamente o de uma privatização acentuada do leito conjugal, de um novo comportamento racional dos cônjuges. Pelo onanismo conjugal "o casal tornou-se agente ativo de suas escolhas e não mais sujeito passivo que as remete à Providência"[42]. Jean-Baptiste Bouvier, assim como muitos de seus colegas, detecta a emergência de uma geração de jovens casados, decididos a controlar os nascimentos, sem com isso privar-se dos prazeres. Sobretudo, ele destaca que nisso os dois esposos estão doravante de acordo. O que torna ainda mais espinhosos os problemas colocados pelos teólogos por este comportamento hedonista.

Como, de fato, aplicar a perspectiva paulina do *petere* (pedir) e do *reddere* (dar) a este acordo que embasa a autonomia do casal? Como passar de uma concepção das relações segundo a qual "pedir" constitui essencialmente uma exigência masculina e "dar" um assentimento feminino, diante da imagem de esposos agindo em um único corpo e em uma só alma?[43] Casal ao qual, escreve Claude Langlois, "poderíamos aplicar o que Kant diz do homem das Luzes: emancipação, autonomia [...], decisão racional de limitar os nascimentos", controle de seus atos, mas igualmente "vontade de inscrever seu comportamento num quadro moral"[44].

Era difícil aos clérigos substituir uma atitude compreensiva, ditada por uma preocupação pastoral e sugerida pela escuta de confissões majoritariamente femininas, pela ética teórica elaborada pela casuística de épocas anteriores[45]. Isto implicava o abandono da noção de obrigação

---

42. LANGLOIS, C. *Le Crime d'Onan – Le discours catholique sur la limitation des naissances (1816-1930)*. Paris: Les Belles Lettres, 2005, p. 173.
43. *Ibid.*, p. 81.
44. *Ibid.*, p. 443.
45. Esta dificuldade orienta o itinerário intelectual de Bouvier, minuciosamente retraçado em LANGLOIS, C. *Le Crime d'Onan... Op. cit.*

recíproca, igualitária na teoria, mas desigual de fato, mesmo na linguagem corporal efetiva dos dois parceiros.

O formalismo jurídico da casuística moderna havia petrificado o vocabulário. As novas interrogações relativas às práticas dos noivos, o abandono da teoria do duplo sêmen e a subsequente adoção da teoria da ovulação espontânea, bem como a existência eventual de períodos não férteis, doravante imporão problemas mais difíceis aos teólogos. É a fim de resolvê-los que se esforça o Padre Debreyne, médico e trapista. Destaca-se, aliás, que a proibição do onanismo no seio dos casais não diz respeito apenas aos esposos; ela se aplica igualmente aos fornicadores, aos adúlteros, aos culpáveis de estupro ou de sacrilégio.

É em vista de aportar uma solução, a melhor possível, a tão difíceis questões, que ocorre a difusão do ligorismo, sobre o qual devemos nos ater. O onanismo conjugal, embora só se tenha imposto com esta expressão na aurora dos anos de 1840, muito cedo foi condenado pelos teólogos[46]. Desde o final do século XVIII, quando Afonso de Ligório ainda vivia, o clero, em sua preocupação pastoral, denunciava o crescimento das práticas contraceptivas suscitadas pela busca exclusiva do prazer. Mas os padres do interior, especialmente, rapidamente se conscientizaram do risco de desvio que a excessiva severidade poderia fazer incorrer. Os confessores recebiam as reclamações dos jovens casais, doravante chocados com a intransigência. Estes últimos murmuravam contra o clero e abandonavam os sacramentos.

Em 1782, o Padre Féline[47] vociferava, por sua vez, contra o novo comportamento. Ele julga o pecado muito comum e alerta os confessores. Para

---

46. Desta forma Benedicti o denuncia em 1584.
47. A personalidade bastante misteriosa do Padre Féline é atualmente objeto de pesquisa. Sua obra datada de 1782 – mas Agnès Walch desconfia que ela pode ter sido escrita em 1743 – foi publicada em 1880, edição que utilizaremos. Cf. FÉLINE. *Catéchisme des gens mariés*. Caen: Leroy, 1782 [reimpr., Lemonnyer: Rouen, 1880. Cf. tb. LANGLOIS, C. *Le Crime d'Onan... Op. cit.*, p. 35.

ele, se a prática é masculina, a mulher exerce, muito frequentemente, o papel de instigadora. Os penitentes, deplora nosso autor, raramente se acusam de um pecado ao qual ele atribui a danação de um número muito grande de fiéis.

No início do século XIX, o desastre é sentido com grande acuidade pelos clérigos, e no exato instante em que a teoria do duplo sêmen é definitivamente abandonada pelo corpo médico, sem que ela o seja, no entanto, por alguns teólogos. Desde então, o clero desencadeia uma ofensiva contra o que constitui, aos seus olhos, um flagelo. Destaca-se, no entanto, que a campanha contra o onanismo conjugal não passou de um pretexto usado pelo clero desejoso de reencontrar um certo domínio sobre a conjugalidade. Esta campanha seria mais uma maneira de conter a laicização das normas sexuais mediada pelo corpo médico desde meados do século XVIII do que propriamente uma forma de os teólogos colocarem a "polução" em relação à masturbação e às perdas seminais que obcecam os médicos; ou seja, colocar o clero fora do monopólio do pesquisador. Os membros do clero, com efeito, nem mesmo os mais laxistas como Bouvier ou Debreyne, não consideram que a vida sexual deva permanecer sob a supervisão dos confessores.

Seja como for, a frequência do coito interrompido é doravante atestada em muitas regiões. Em 1822, o Abade Tailhan, padre da Diocese de Montpellier, lamenta o fato[48]; o mesmo pode ser dito do pároco de Jumilhac, na Dordonha[49]; e, em 1827, do próprio Jean-Baptiste Bouvier, que confessa há várias décadas. Em 1828, o lazarista de Lyon Vernier denuncia em seu manual a extensão do flagelo[50]. Dois anos mais tarde, examinadores das conferências eclesiásticas de Gap enfatizam a escalada do "mal"[51].

---

48. LANGLOIS, C. *Le Crime d'Onan... Op. cit.*, p. 122.
49. GIBSON, R. Rigorisme et liguorisme dans le diocèse de Périgueux, XVIIe-XIXe siècles. *Loc. cit.*, p. 327.
50. LANGLOIS, C. *Le Crime d'Onan... Op. cit.*, p. 149.
51. *Ibid*, p. 123.

Em 1843, Debreyne vocifera, por sua vez, contra o que se deve qualificar, sem dúvida o primeiro, como onanismo conjugal. Vimos que, por volta de meados do século, este é igualmente o caso do Abade Louvel. As queixas são às vezes acompanhadas de denúncias de pecados especificamente femininos. Assim, o último autor citado – mas não o único – ataca as esposas que se põem de pé logo após o ato conjugal na esperança de expulsar o sêmen; outras, com o mesmo objetivo, urinam imediatamente; outras ainda se lavam cuidadosamente. Algumas culpadas, segundo Louvel, se esforçam para distrair-se durante as relações carnais[52]; o que mostra que o confessor do seminário maior de Séez permanece, em meados do século, convencido do papel do prazer feminino no mecanismo da geração.

A partir desta perspectiva compreende-se que vários eclesiásticos inquietos, antes mesmo de Jean-Baptiste Bouvier, tenham colocado questões à Penitenciaria Apostólica relativas à atitude que conviria adotar em relação aos cônjuges onanistas, e, particularmente, em relação à mulher do marido culpado. A Cúria romana é interrogada 19 vezes sobre o tema em menos de trinta anos[53]. Acontece que, à época, o problema, assim colocado com tanta insistência, não diz respeito apenas à França. Sua emergência nos manuais de confissão é relativamente recente. Sobretudo, entre o início dos anos de 1820 e meados do século, o onanismo conjugal não era realmente objeto de um debate público. Não houve nenhuma tomada de posição pontifícia a respeito; tampouco intervenções episcopais em relação aos fiéis.

É a preocupação dos cônjuges, as questões que eles colocam aos confessores que alertam estes últimos, e que leva alguns deles a pedir opiniões

---

52. LOUVEL, R. *Traité de chasteté... Op. cit.*, p. 287.
53. Sobre todos estes pontos, cf. FLANDRIN, J.-L. *L'Eglise et le contrôle des naissances*. Paris: Flammarion, 1970. • STENGERS, J. Les pratiques anticonceptionnelles dans le mariage aux XIXe et XXe siècles; problèmes humains et attitudes religieuses. *Revue Belge de Philologie et d'Histoire*. T. 49, p. 403-481, 1.119-1.174, 1971. Cf. tb., de maneira mais específica, LANGLOIS, C. *Le Crime d'Onan... Op. cit.*

à Penitenciaria Apostólica, e outros, mais numerosos, a se informar sobre o conteúdo das respostas. Estas interrogações são feitas num ambiente de rigorismo, antes mesmo que o pensamento de Afonso de Ligório paulatinamente se difunda. Ralph Gibson estudou, com precisão, a atitude do clero da Diocese de Périgueux a este respeito. Desde 1832, escreve ele, a fim de fugir de uma situação que lhes parecia ter-se tornado intolerável, os confessores da Dordonha investiram contra a *Justification de la théologie moral du bienhereux Alphonse Marie de Ligorio,* [Justificação da teologia moral do bem-aventurado Afonso Maria de Ligório] de Thomas Gousset[54].

Por outro lado, a nuança, aqui, impõe-se. Por longo tempo pesa a influência do dominicano rigorista Charles Billuart, um contemporâneo de Ligório. Encontramos largamente o eco de seu ensinamento na *Theologie dogmatica et moralis*, de Louis Bailly, que foi objeto de vinte reimpressões entre 1804 e 1825, ensinamento que permaneceu em uso por muito tempo nos seminários, antes que a influência das obras de Bouvier e de Gousset o substituíssem[55]. O pensamento de Bailly dominou ao longo de decênios de ensino no Saint-Sulpice e constituiu a referência do clero galiciano; um exemplo disso pode ser encontrado na Diocese de Périgueux.

O triunfo do ligorismo, não obstante tudo, é essencial para o nosso estudo. Jean Delumeau resume o alcance desta mensagem da seguinte forma: "A moral afonsiana convida o homem moderno a garantir ele mesmo suas responsabilidades éticas e, portanto, a assumir os riscos. Mas, ao mesmo tempo, ela o conforta desculpabilizando-o quando se decide, em boa-fé, e assume as próprias decisões"[56]. O confessor, por essa razão,

---

54. GIBSON, R. Rigorisme et liguorisme dans le diocèse de Périgueux, XVIIe-XIXe siècles. *Loc. cit.*, p. 316. A ofensiva havia sido preparada em certas regiões pelos jesuítas e pelos Oblatos de Maria Imaculada, sem esquecer a ação de alguns bispos; por exemplo, de M. Devie, na Diocese de Belley.
55. DELUMEAU, J. *L'Aveu et le pardon – Les difficultés de la confession, XIIIe-XVIIIe siècles.* Paris: Fayard, 1990, p. 67, 147-149.
56. *Ibid.*, p. 167.

é convidado a respeitar o penitente como sujeito autônomo, cujos direitos de consciência convém levar em conta, mesmo se equivocados. Mais do que uma teologia moral propriamente dita, o ligorismo constitui uma atitude de espírito, uma vontade de tolerância compreensiva. Ele contradiz a antiga pastoral do medo. No momento em que o pensamento jurídico passa a considerar as circunstâncias do crime[57], Ligório atribui uma importância primordial às circunstâncias do pecado, das intenções, dos objetivos visados pelo penitente, isto é, dá prioridade à pessoa do pecador. Quando o confessor precisa mensurar as gravidades, é questão, segundo esta atitude, de tratamento de casos individuais.

O mesmo espírito guia a aplicação das penas enquanto formas de penitência. Importa que sejam leves e sempre confrontadas com as forças de cada penitente. O essencial, acima de tudo, é desdramatizar e apaziguar as consciências. Junto ao confessor que primeiramente visa a tranquilizar, a bem-querença, a indulgência e a compaixão devem estar acima de todos os outros sentimentos.

Esta corrente, que leva à benignidade e à justa medida, se expandiu mais lentamente do que o supúnhamos, mas revelou-se poderosa. Em 1832, quando Thomas Gousset publica sua *Théologie morale*, que populariza o ligorismo, este ainda não se havia imposto, salvo em alguns redutos isolados, como na Diocese de Belley. Mas isto se deu entre 1840 e 1845, ao longo do período que Claude Langlois chama de "anos de Ozanam". O trapista Debreyne, o Abade Rousselot e outros participam desta campanha e, em matéria de onanismo conjugal, reforçam as posições de Bouvier.

A propósito do ligorismo, o historiador Philippe Boutry falou de verdadeira "revolução copernicana"[58]. Encontramos seus efeitos na prática

---

57. Cf. PORRET, M. *Le Crime et ses circonstances – De l'esprit de l'arbitraire au siècle des Lumières selon les réquisitoires des procureurs généraux de Genève*. Genebra: Droz, *passim* [Col. Travaux d'Histoire Éthico-politique, 54].
58. BOUTRY, P. *Prêtres et paroisses au pays du Curé d'Ars*. Paris: Cerf, 1986, p. 419.

da confissão. Esta nova corrente permitiu, de fato, a volta à participação dos sacramentos. É por isso que vimos em seu sucesso mais uma questão de pastoral do que uma questão de teologia.

Assim estimulado à indulgência, o clero tateia, submete à experiência as três principais vias da desculpabilização. Não entraremos muito a fundo nos debates suscitados à época pelo probabilismo, pelo probabiliorismo e pelo equiprobabilismo. Basta dizer apenas que estes princípios permitem ao confessor hesitante deter-se, quando se trata de classificar o pecado e, sobretudo, de estabelecer sua gravidade, em meio às infindáveis opiniões enunciadas pelos teólogos desde a aurora do cristianismo, no pecado que lhe parece mais provável, menos provável ou tão provável quanto o outro. Fato que propicia ao confessor um espaço de liberdade e lhe facilita a indulgência.

Outra escapatória, já vivamente aconselhada por Ligório: demonstrar – ainda voltaremos ao tema – muita discrição ao longo do interrogatório dos penitentes, ou guardar silêncio sobre as violações do sexto e do nono mandamentos, a não ser que o fiel pergunte. Segundo Ligório, o confessor que interroga as esposas deve contentar-se em perguntar se elas aceitam ou não prestar o dever (dívida). Quanto ao resto, que o sacerdote se cale. Esta vontade de desculpabilização dos casais onanistas pelo silêncio é aprovada pela Penitenciaria Apostólica em 1822. Gousset, que se refere a Ligório, pede, por sua vez, que o confessor evite estes assuntos, a menos que seja perguntado. O Abade Gaume especifica que, de qualquer forma, o sacerdote questionado sobre estas matérias deve responder "com a maior brevidade e com a maior reserva possível"[59]. Sabemos que na França uma maioria dos clérigos fez a opção de não perguntar sobre estes temas sensíveis.

O reconhecimento da *boa-fé*, que perdoa o pecado mortal, e, melhor ainda, o que constitui aos olhos dos teólogos a *ignorância irrefutável*

---

59. GAUME, J. *Manuel des confesseurs*. Paris: Gaume Frères, 1837, p. 275.

propõem uma terceira maneira de isentar da culpa. Existe "ignorância irrefutável [...] da parte daquele que age a partir do momento que de seu espírito não emerge nenhuma dúvida, nenhuma desconfiança, nenhuma ideia, mesmo que confusa, que se refere à malícia da ação que julga permitida"[60]. Isto, repitamo-lo, aos olhos de Deus, é perdoável. Assim, escreve o Padre Féline em 1782: a maioria dos esposos pensa que tudo é lícito no casamento e apresenta geralmente uma argumentação motivada para justificar tal atitude[61]. Mas, para Ligório, a percepção incompleta da falta, a ausência de pleno conhecimento, uma perturbação imprevista, um consentimento imperfeito, um ato não deliberado bastam para isentar da culpa. Assim, dentre os camponeses italianos que costumavam confessar, muitos ignoravam a malícia do adultério[62].

A escapatória da boa-fé pode ser aplicada, segundo Bouvier e Gousset, a muitos esposos onanistas. É o segundo conselho a não ser mencionado ao penitente, vítima de uma ignorância irrefutável, já que ele não comete pecado mortal praticando o coito interrompido. Ensinar-lhe o alcance de seu ato seria imprudente, a menos que se trate de envolvê-lo, ao mesmo tempo, nos caminhos da espiritualidade conjugal[63]. Em 1842, a Penitenciaria Apostólica admite a possibilidade da existência da boa-fé. Debreyne, em contrapartida, assim como Valentin, não acredita que se possa recorrer ao tema. Pois, quando se trata de cópula, a lei natural se impõe com tamanha evidência que seria pura hipocrisia pretender ignorá-la.

Posturas e intensidade dos afagos no "ato conjugal"

Chegamos às relações que acontecem no leito conjugal na época que nos concerne. Cinco temas maiores ordenam o discurso dos teólogos de então:

---

60. LANGLOIS, C., citando GOUSSET, T. *Le Crime d'Onan... Op. cit.*, p. 210.
61. FÉLINE. *Catéchisme des gens mariés. Op. cit. Apud* LANGLOIS, C. *Le Crime d'Onan... Op. cit.*, p. 36.
62. DELUMEAU, J. *L'Aveu et le pardon... Op. cit.*, p. 161-162.
63. LANGLOIS, C. *Le Crime d'Onan... Op. cit.*, p. 201.

a especificidade do ato conjugal e a retomada do tradicional debate sobre o dever, as proibições que atingem o próprio exercício da cópula, a definição dos coitos lícitos e ilícitos entre os cônjuges, a lista, a duração e a intensidade dos afagos permitidos; enfim, tudo aquilo que compete ao onanismo conjugal propriamente dito; o que constituía à época, como já vimos, o essencial.

Os teólogos de então não inovam nada a respeito do dever, mas fazem uma opção dentre as opiniões anteriores e se esforçam para especificar as proibições, pensando sobretudo nos confessores. A fim de poder facilmente exigir e cumprir o dever, os cônjuges são obrigados a coabitar, não apenas no interior de uma mesma casa, mas em uma mesma cama[64]; isto, tendo em conta a urgência com que, muito frequentemente, é necessário satisfazer os desejos de um e de outro. Entretanto, o homem pode licitamente fazer uma breve viagem por questões religiosas, de interesse da família ou por qualquer outro motivo decente; isto, mesmo contra a vontade de sua esposa. Em contrapartida, a mulher não pode fazê-lo sem o consentimento do marido; é que ela deve ficar-lhe submissa; em especial porque a necessidade masculina, em geral, revela-se mais intensa e mais premente do que o desejo feminino.

Nenhum dos cônjuges é obrigado a implorar seu direito, salvo se prevê que um dos dois corre o risco de encontrar-se em perigo de incontinência. A mulher não é obrigada a "oferecer-lhe acoplamento" se o marido não o solicita expressamente; a não ser que ela seja de uma natureza selvagem e de uma grande autoridade que, diante dela, o homem tenha dificuldade de expor seu desejo. Em contrapartida, basta que a esposa peça tacitamente, por sinais fáceis de decifrar, para que o homem se veja obrigado a aproximar-se dela[65]. É necessário, pois, que ele saiba penetrar os sentidos por convites sutis. Os cônjuges, segundo o Padre Féline, geralmente emitem

---

64. ALPHONSE MARIE DE LIGUORI, Œuvres complètes du bienheureux. T. 25. Paris: Parent-Desbarres, 1837, cap. De usu licite matrimonii, p. 333.
65. FÉLINE. Catéchisme des gens mariés. Op. cit., p. 4. • GOUSSET, T. Théologie morale à l'usage des curés et des confesseurs – T. 2: De debito conjugali aut usu matrimonii, p. 594.

"sinais que expressam suficientemente os desejos e a necessidade, tais como podem ser as buscas acompanhadas de afagos da parte das mulheres, cujo pudor e modéstia, que lhes são mais naturais, não permitem que as expressem diferentemente, e que, sem este subterfúgio, estariam privadas do remédio para a própria concupiscência, e expostas ao perigo da incontinência"[66]; tanto que "a experiência ensina que uma jovem pessoa a quem era muito fácil conter-se antes do casamento, e que sempre foi muito sábia, não pôde mais sê-lo, a não ser com muita dificuldade, uma vez casada e após ter experimentado o gosto dos prazeres do casamento"[67].

Os debates sobre a recusa de cumprir com a dívida (dever) dizem respeito essencialmente às mulheres. Não submeter-se à solicitação do outro constitui, de qualquer forma, um pecado, sobretudo quando a solicitação é séria e insistente. O pecado é particularmente grave se a mulher se recusa por capricho, mau humor ou espírito de vingança. Cada um dos cônjuges deve esforçar-se a fim de propiciar ao outro "todos os motivos de alegria e contentamento"[68]. Por outro lado, para Gousset, recusar uma ou duas vezes é apenas um pecado venial, se o outro solicita sem grande convicção ou cede facilmente às súplicas daquela ou daquele que se nega. Alguns teólogos permitem à esposa "retardar o dever", por exemplo, do dia para a noite ou da noite para a manhã seguinte[69].

É, portanto, lógico, como vimos, que o confessor possa interrogar as mulheres para saber se elas cumprem o dever; tendo em vista que, segundo Ligório, existem muitas que se danam por essas razões e que são causa de danação de seu esposo[70].

---

66. FÉLINE. *Catéchisme des gens mariés. Op. cit.*, p. 4.
67. *Ibid.*, p. 38.
68. *Ibid.*, p. 47. Sobre todos estes pontos, cf. DEBREYNE, P.-J.-C. *Moechialogie, traité des péchés contre les sixième et neuvième commandements du décalogue, et de toutes les questions matrimoniales qui s'y rattachent... suivi d'un abrégé pratique d'embryologie sacrée...* Bruxelas: Vanderborght, 1848, p. 297-298.
69. GOUSSET, T. *Théologie morale... Op. cit.* T. 2, p. 594.
70. ALPHONSE MARIE DE LIGUORI. *Œuvres complètes du bienheureux. Op. cit.* T. 26, 1837, p. 173.

Em determinados casos, e a lista é longa e estereotipada, é permitido recusar. Note-se, desde o início, que a idade jamais pode constituir-se em argumento lícito para quem pretende esquivar-se. Algumas interdições do cônjuge autorizam o adiamento. É o caso quando o outro solicita enquanto está em estado de pecado mortal relacionado ao "ato conjugal", quando solicita unicamente em vista de satisfazer sua volúpia ou por qualquer outro fim ilícito; o que inclui o desejo de "semear fora do vaso". Da mesma forma, avalia o Padre Féline, na perspectiva da medicina humoral, a mulher pode recusar o marido que somente a solicita para descarregar os humores e preservar assim sua saúde. Enfim, cada um dos cônjuges pode recusar um parceiro adúltero, desde que não o seja ele mesmo, e de ainda não tê-lo perdoado[71].

O estado físico pode justificar uma recusa. Ninguém é obrigado a cumprir o dever com um cônjuge que mergulhou na loucura ou que se encontra em estado de embriaguez; desde que esteja completamente louco ou podre de bêbado. Por outro lado, a recusa não é obrigatória em tais circunstâncias, a menos que "cumprir o dever" nestas condições se transforme em risco de escândalo. Se o marido está doente, definhando, está dispensado de "cumprir o dever" enquanto a doença, a fraqueza e a enfermidade perdurarem. O mesmo vale para a mulher afetada por uma febre puerperal.

A esposa pode recusar se a "coabitação conjugal" apresenta, a seus olhos, um risco de contágio; por exemplo, no caso de escrófula, raquitismo, epilepsia, bem como, segundo Gousset e sobretudo Debreyne, lepra, tuberculose e sífilis[72]. Obviamente, a lista não corresponde à nossa concepção de doença contagiosa. Poderia a mulher esquivar-se quando percebe que a criança

---

71. Sobre todos estes pontos: listas de motivos de recusa, cf. ALPHONSE MARIE DE LIGUORI. Œuvres complètes du bienheureux. Op. cit. T. 25, p. 328ss. • FÉLINE. Catéchisme des gens mariés. Op. cit., p. 21ss. (quanto à descarga dos humores, p. 24). • GOUSSET, T. Théologie morale... Op. cit. T. 2, p. 594ss. • DEBREYNE, P.-J.-C. Moechialogie... Op. cit., p. 298s.
72. GOUSSET, T. Théologie morale... Op. cit. T. 2, p. 595. • DEBREYNE, P.-J.-C. Moechialogie... Op. cit., p. 314-315.

que vai nascer é malformada ou é portadora de uma doença grave? A este respeito, os teólogos não são unânimes. Alguns pensam que o risco não justifica o não cumprimento do dever; cabe a Deus decidir se o eventual nascituro, mesmo que marcado por uma deficiência, deva ou não nascer[73].

Se "o ato conjugal" apresenta um risco grave para a saúde da mulher, esta pode negar-se a "cumprir" o dever; mas não poderia recusar seu esposo se o perigo não fosse evidente. Cada um dos cônjuges pode não aceitar quando seu parceiro lhe pede para copular em um lugar sagrado ou em um local público; a menos que aquele que solicita esteja em perigo de iminente incontinência.

Permanece o problema posto pela exigência imoderada. A mulher ou o marido seriam obrigados a cumprir o dever quando o cônjuge solicita com demasiada frequência seus "préstimos"? Desta vez, já não se trata mais de matéria, mas de quantidade. A quase totalidade dos teólogos avalia que a ausência de moderação justifica a recusa; mas divergem quando se trata de definir as frequências autorizadas. Para Ligório, parece que pedir quatro vezes consecutivas na mesma noite seria um exagero[74].

Existem circunstâncias em que o ato conjugal é proibido. Segundo Jerônimo, o cristão deve abster-se dele antes de comungar. Gregório, menos rigoroso, pensa que o fiel deve ser afastado da mesa sagrada se tiver sido levado ao ato conjugal apenas pela necessidade de volúpia e não pelo desejo de procriação. O afrouxamento pós-tridentino e salesiano havia flexibilizado a atitude dos clérigos a este respeito. Segundo Ligório, quando a cópula acontece sem culpa, em vista de procriar, certamente é preferível adiar a comunhão, mas os cônjuges não têm nenhuma obrigação de afastar-se da mesa sagrada. O desejo de engendrar corrige o ato[75]. Sanchez

---

73. Cf. ALPHONSE MARIE DE LIGUORI. *Œuvres complètes du bienheureux... Op. cit.* T. 25, p. 332. Ligório se refere, notadamente, a Tomás de Aquino.
74. *Ibid.* T. 25, p. 328.
75. *Ibid.* T. 24, p. 507.

havia, outrora, defendido o reconhecimento de uma série de exceções à proibição: parecia-lhe lícito comungar após ter tido relações conjugais nos dias de devoção especial, por ocasião de festas solenes, quando a recepção da Eucaristia era acompanhada de uma indulgência, bem como em todos os casos em que abster-se corria o risco de provocar um escândalo ou propiciar conjecturas desagradáveis. Tais argumentos são incansavelmente retomados no século XIX[76].

Era, além disso, tradicional distinguir, neste caso, a situação daquele que solicita e a situação da esposa, que se satisfaz em cumprir o seu dever; o que constitui um ato de virtude. Logicamente, os teólogos aconselham à mulher que age desta maneira pela caridade ou simples submissão de abster-se de comungar, mas não fazem disso uma obrigação. A esposa benevolente poderá, pois, sem escrúpulo, aproximar-se da mesa sagrada, contanto que, uma vez tendo cumprido o dever, não apresente forte perturbação e se esforce em afastar as imagens da união recente. Ela se manterá longe do sacramento se este ato lhe encheu o espírito de pensamentos carnais e a tornou incapaz de ocupar-se das coisas espirituais[77].

Afonso de Ligório recomenda aos esposos que acabam de comungar que se abstenham de solicitar-se, mas a solicitação em si não constitui, a seus olhos, um pecado. Em contrapartida, o fato de cumprir o dever é, como sempre, meritório[78].

Quanto ao ato conjugal realizado durante o período menstrual, os pareceres divergem. Gousset avalia que copular é então lícito se os fluxos são de natureza extraordinária e se são duráveis. Em contrapartida, se sua forma é natural, os esposos cometem um pecado, embora venial[79]. O

---
76. Cf. tb. LOUVEL, R. *Traité de chasteté... Op. cit.*, p. 276.
77. *Ibid.*
78. ALPHONSE MARIE DE LIGUORI. *Œuvres complètes du bienheureux. Op. cit.* T. 24, 1837, p. 508; T. 25, p. 324.
79. GOUSSET, T. *Théologie morale... Op. cit.* T. 2, p. 597. Neste domínio, Afonso de Ligório parece mais indulgente. Cf. *Œuvres complètes du bienheureux. Op. cit.* T. 25, p. 322.

Padre Féline considera que as mulheres não podem recusar-se a cumprir o dever durante as regras. Mas devem advertir o marido de seu estado[80]. Debreyne mostra-se mais rigoroso. Para ele, o período da menstruação é pouco favorável à geração; os cônjuges cometem, portanto, um pecado, obviamente venial, quando se unem neste período[81].

Segundo Ligório, a cópula durante a gravidez constitui apenas um pecado venial, exceto se o ato é suscetível de provocar um aborto. O coito lhe parece lícito quando um dos esposos apresenta um risco grave de incontinência[82]. Realista, o Padre Féline considera que a união carnal não constitui então um pecado, já que os maridos, segundo ele, teriam muitas dificuldades em conter-se, uma vez que suas necessidades "são mais frequentes, ordinariamente mais prementes do que as das mulheres"[83]. Thomas Gousset avalia, por sua vez, que a cópula é então permitida se não existe perigo de abortamento[84]. Debreyne, enquanto médico consciente dos riscos, mostra-se menos permissivo[85].

Segundo Gousset, copular pouco tempo depois de um parto constitui apenas um pecado venial, exceto se o ato coloca a saúde da mulher em risco[86]. Da mesma forma, os teólogos mostram ter esquecido o tabu que atingiria a cópula durante o período de lactação. Sanchez, Ligório, bem como, mais tarde, Gousset avaliam que a união carnal é então permitida[87].

---

80. FÉLINE. *Catéchisme des gens mariés. Op. cit.*, p. 35.
81. DEBREYNE, P.-J.-C. *Moechialogie... Op. cit.*, p. 304.
82. ALPHONSE MARIE DE LIGUORI, *Œuvres complètes du bienheureux. Op. cit.* T. 25, p. 325.
83. P. FÉLINE, *Catéchisme des gens mariés. Op. cit.*, p. 36.
84. GOUSSET, T. *Théologie morale... Op. cit.* T. 2, p. 597.
85. DEBREYNE, P.-J.- C. *Moechialogie... Op. cit.*, p. 307. • DEBREYNE, P.-J.- C. *Essai sur la théologie morale considérée dans ses rapports avec la physiologie et la médecine – Ouvrage spécialement destiné au clergé. Op. cit.*, p. 100, 171.
86. GOUSSET, T. *Théologie morale... Op. cit.* T. 2, p. 597.
87. ALPHONSE MARIE DE LIGUORI. *Œuvres complètes du bienheureux. Op. cit.* T. 25, p. 322. • GOUSSET, T. *Théologie morale... Op. cit.* T. 2, p. 597.

Eles se demoram nas discussões acerca das condições ordinárias que tornam a cópula lícita ou ilícita entre os cônjuges. É possível "usufruir do casamento", escreve o Padre Féline, tanto de dia quanto de noite. Por conseguinte, "as necessidades podem fazer-se sentir a qualquer hora"; ora, o coito constitui o remédio "mais rápido e mais seguro" para a concupiscência, tanto para os homens quanto para as mulheres; "é o que temos que inculcar sobretudo às jovens mulheres que, por um pudor malcompreendido, não ousam solicitar o dever conjugal ao marido e assim se poluem"[88].

Os cônjuges, acrescenta o Padre Féline, neste período em que o curso da teoria higienista incentiva a desincumbir os corpos, devem dormir em cômodos separados do resto da casa e em camas fechadas por cortinas, a fim de evitar qualquer risco de invasão ocular. Se isto lhes for impossível, devem tomar as maiores precauções a fim de que os outros não "percebam o que acontece com eles"[89]. Que não admitam ninguém na própria cama; nem mesmo as crianças de 5 ou 6 anos, e que não usem por pretexto o sono dos pequenos!

Todos os teólogos permitem que o idoso copule, mesmo que ejacule fora do vaso; desde que sempre haja o desejo de emitir o sêmen dentro do órgão feminino. Este tipo de argumento vale para os casais estéreis: nada indica, na verdade, que a incapacidade de engendrar seja definitiva[90]. O exemplo bíblico de Sara constitui, aqui, a referência obrigatória.

Antes vimos que os teólogos alertavam os esposos contra a copulação excessiva. Isto visava particularmente os jovens casados e correspondia às recomendações dos médicos. A união conjugal implicava o respeito a uma série de normas que embasavam sua especificidade. Ela devia submeter-se à decência, à moderação, à honestidade. Nesta lógica, o homem evitaria liberar sua brutalidade, os excessos que acompanham os fornicadores

---

88. FÉLINE. *Catéchisme des gens mariés. Op. cit.*, p. 32-33.
89. *Ibid.*, p. 33.
90. A título de exemplo, GOUSSET, T. *Théologie morale... Op. cit.* T. 2, p. 597.

e os adúlteros em suas libertinagens. Aos olhos dos clérigos daquela época, o coito normal é definido pela penetração e pela ejaculação do sêmen viril. Já não se trata mais, a não ser raramente, daquela emissão feminina que o Padre Sanchez em seu tempo julgava necessária não somente à geração, mas a essa "afinidade verdadeira" que fazia com que, segundo a mensagem paulina, os esposos, uma vez casados, passam a ser uma só carne. Salientando o erro que constitui a teoria do duplo sêmen, Debreyne retira da reflexão teológica a atenção outrora dada às manifestações fisiológicas do prazer feminino.

O ato conjugal é ilícito se realizado em vista unicamente da volúpia e quando a emissão do sêmen se dá fora do órgão feminino; mais grave é quando despejado no "vaso posterior", mesmo que este procedimento ocorra no início das relações carnais[91]. A proibição atinge, por vezes, as ginásticas indevidas a que se entregam os cônjuges, por ocasião de um coito que respeita o vaso natural. Fato este que leva a examinar a carga pecaminosa das diversas posições: em pé, sentado, à maneira dos animais etc. Segundo Ligório, este conjunto de exercícios não leva a cometer faltas veniais, mas desde que seja praticado em vista de uma justa causa – por exemplo, a fim de facilitar a concepção – e que aconteça sem efusão de sêmen fora da vagina[92]. Féline mostra-se menos permissivo; ele rejeita qualquer manobra destinada a propiciar maior prazer do que aquele oferecido pela posição natural[93]. Louvel, em contrapartida, meio século mais tarde, autoriza todas as posições; a elas ele acrescenta a que consiste, para a mulher, deitar-se de lado, seja de frente ou de costas para o homem. Ele enfatiza, no entanto, que a mulher sempre tem o direito de dizer o que tenciona aceitar ou recusar quando for levada a cumprir o dever[94]. Seria

---

91. ALPHONSE MARIE DE LIGUORI. *Œuvres complètes du bienheureux. Op. cit.* T. 25, p. 322-323.
92. *Ibid.* T. 25, p. 323.
93. FÉLINE. *Catéchisme des gens mariés. Op. cit.*, p. 28.
94. LOUVEL, R. *Traité de chasteté... Op. cit.*, p. 280.

um pecado mudar de posição durante "o ato do casamento", e desta forma perder o sêmen? Os teólogos do século XIX pouco se preocupam com este problema. Sanchez outrora avaliava que isto não se constituía pecado, visto que a intenção do homem não era, neste caso, ejacular fora.

O mais interessante para o nosso estudo diz respeito à proibição que atinge o trabalho culpável da imaginação durante a cópula. Todo "exercício matrimonial" é ilícito se acompanhado por um adultério mental, isto é, consumado na mente ou no coração. Sonhar com uma mulher estranha para propiciar-se um prazer mais intenso, deleitar-se com a beleza de outra, mesmo imaginariamente, constitui um pecado mortal. O mais grave, neste tema, seria excitar-se olhando para imagens sagradas. Acrescentemos que, além do pecado de adultério, este pecado pode ser de espécie diferente – fornicação, estupro, sacrilégio, sodomia – segundo a qualidade do indivíduo que ocupa a imaginação do homem ou da mulher em vias de realizar o "ato conjugal"[95].

O esposo que se retira antes da ejaculação comete um pecado mortal; exceto se a desistência for de comum acordo e sem nenhum perigo da perda de sêmen. Em contrapartida, não é permitido interromper a relação quando existe um "perigo iminente de polução"[96], visto que esta pode acontecer fora da esposa. Segundo a lógica da teoria do duplo sêmen, cuja crença perdura por longo tempo junto a alguns teólogos, o homem que se retira quando a mulher já emitiu o "sêmen" comete um pecado mortal, mesmo quando não ejacula. O mesmo vale para a mulher quando abandona toda participação depois que o homem "semeou", mas sem que ela tenha realizado plenamente o "ato matrimonial"[97]. O que leva, repitamo-lo, a perguntar se a esposa pode excitar-se por toques depois

---

95. Sobre todos estes pontos, cf., p. ex., GOUSSET, T. *Théologie morale... Op. cit.* T. 2, p. 599. • FÉLINE. *Catéchisme des gens mariés. Op. cit.*, p. 25.
96. Cf. LOUVEL, R. *Traité de chasteté... Op. cit.*, p. 283.
97. ALPHONSE MARIE DE LIGUORI. *Œuvres complètes du bienheureux. Op. cit.* T. 25, p. 323-324.

que o homem que ejaculou já se retirou. Os teólogos daquela época respondem afirmativamente[98]: uns porque julgam o sêmen da mulher necessário ou, pelo menos, útil à geração; outros porque consideram que as volúpias que a emissão propicia fazem parte da plenitude do ato destinado a apagar a concupiscência.

Debreyne raciocina diferentemente. Enquanto médico de seu tempo, ele sabe que a mulher emite apenas uma secreção vaginal. Ele avalia que o artifício através do qual a esposa se estimula após a retirada de seu marido é apenas uma simples poluição, portanto, um pecado grave contra a natureza. Se a mulher insatisfeita com uma cópula não deve masturbar-se, não há para ela outro remédio "para a necessidade de satisfazer-se [...] senão o prolongamento do ato, ou um novo ato que seja completo e normal"[99]. Segundo Debreyne, estas "ações pós-coitais" podem inspirar na mulher a paixão pelo onanismo solitário, "como a experiência, afirma ele, no-lo ensinou ultimamente"[100].

Além do comum acordo, sem risco algum de poluição indicado precedentemente, só um perigo de morte – por exemplo, a irrupção de um inimigo, de arma em punho... – ou um provável escândalo – ameaça que representa cotidianamente o eventual surgimento de uma criança ou de domésticos na hora do ato – autoriza a interrupção do coito. Quando o "ato matrimonial" termina, a mulher, como vimos, não deve levantar-se ou erguer-se muito rapidamente, ou lavar-se ou urinar imediatamente; mas o Abade Louvel, conciliador, especifica que ela não é obrigada a continuar por muito tempo imóvel.

Os afagos conjugais permitidos, sua natureza, sua intensidade são objeto de debates dos teólogos. Afonso de Ligório destaca: o casamento

---

98. Cf., p. ex., *ibid.*, p. 324.
99. DEBREYNE, P.-J.-C. *Essai sur la théologie morale... Op. cit.*, p. 189.
100. DEBREYNE, P.-J.-C. *Moechialogie... Op. cit.*, p. 340.

torna legítimos os toques impudicos entre os esposos, embora estes não possam ser praticados ou ser recebidos sem o comprometimento sensual e a comoção do espírito[101]. O casamento torna igualmente lícito deleitar-se com o coito. Os toques e o prazer que propiciam são permitidos quando têm por objetivo tornar a pessoa apta ao exercício da cópula. São pecados veniais quando não respondem diretamente a este objetivo, caso contrário os cônjuges seriam muitas vezes culpados; mas constituiriam um pecado mortal se visam a uma polução. O próprio Billuart, não obstante seu notório rigorismo, admite que todos os beijos, toques, olhares, ou propósitos libidinosos, são permitidos entre os esposos, quando dentro dos quadros da honestidade natural, quando não apresentam, em si mesmos, nenhum risco de polução e acontecem ordenadamente e com a intenção de copular[102].

Thomas Gousset, nesta questão, não faz senão copiar Ligório, deixando bem claro que jamais o toque deve ser de natureza de "uma polução iniciada"[103]. Se os esposos preveem que de seus afagos seguirá uma emissão de sêmen, o pecado é mortal. Quando houver perigo iminente na sequência de um toque, mesmo recatado, este não deve ser praticado, mesmo quando qualquer consentimento à polução é excluído. Neste caso, o afago só pode ser autorizado se indispensável ao reaquecimento de um ardor de difícil reavivamento.

O Padre Féline, por sua vez, concordando com Ligório, afirma que "os cônjuges podem permitir-se tudo o que for necessário para chegar à consumação do comércio carnal"[104]. No entanto, proíbe tudo o que tem por objetivo "fazer durar por mais tempo o sentimento de prazer"[105] ou,

---

101. ALPHONSE MARIE DE LIGUORI. *Œuvres complètes du bienheureux. Op. cit.* T. 25, p. 325-326.
102. *Apud* GOUSSET, T. *Théologie morale... Op. cit.* T. 2, p. 599.
103. *Ibid.* T. 2, p. 600, bem como para o que segue.
104. FÉLINE. *Catéchisme des gens mariés. Op. cit.*, p. 26. Cf. tb. LOUVEL, R. *Traité de chasteté... Op. cit.*, p. 289.
105. FÉLINE. *Catéchisme des gens mariés. Op. cit.*, p. 26.

simplesmente, aumentar a volúpia. O Padre Féline enuncia um princípio que constitui a antítese daquilo que à época (1782) estruturava a literatura pornográfica, fundada na busca da gradação lenta das sensações. Fiel à sua lógica, ele proíbe "estas espécies de incontinências, ou destilações de sêmens, ocasionadas pelas *preparações excessivamente longas*, demasiadamente vivas e prolongadas"[106]. Estas são culpadas à medida que o perigo de polução as acompanha. Por outro lado, nosso autor reabilita os penitentes vítimas de poluções provenientes de "surpresas involuntárias"; que podem, às vezes, advir dos mais honestos afagos conjugais. Em contrapartida, Féline condena com força o marido que "se permite, desnecessariamente, introduzir seus dedos no corpo de sua esposa, o que não pode deixar de fazê-lo *cair em polução*, e fazê-lo espalhar seu sêmen antes que o ato matrimonial se realize"[107]. Acrescente-se que a *irrumatio* (felação ou coito bucal) é totalmente rejeitada por todos os teólogos, por considerá-la uma forma de bestialidade. Ela entra, como a sodomia imperfeita, no rol das condenações que atinge as relações realizadas fora do órgão natural[108]. Vale lembrar, no entanto, que os teólogos continuam discretos sobre esta prática bastante usual no interior das casas de prostituição, não obstante certa resistência da parte das "moças"[109]. Obviamente, o Padre Féline ordena não mais continuar, após "a ação do casamento, aquilo que [o homem e a mulher] haviam começado a fazer antes, visando a preparar-se para o ato"[110].

Os teólogos proíbem os esposos de acariciar-se a si mesmos apenas por prazer. Esta prática acumula dois pecados mortais: o perigo de polução e

---

106. *Ibid.*, p. 27.
107. *Ibid.*, p. 7.
108. Sobre todos estes pontos, cf. BECHTEL, G. *La Chair, le diable et le confesseur*. Paris: Hachette Littérature, 1994, p. 260 [Col. Pluriel]. O autor pensa que as propostas de Louvel voltam, por outro lado, a tolerar e a autorizar a felação, mas não a polução na boca da parceira.
109. Cf. BENABOU, E.M. *La Prostitution et la police des mœurs au XVII siècle*. Paris: Perrin, 1987, p. 392-394.
110. FÉLINE. *Catéchisme des gens mariés. Op. cit.*, p. 27.

o escândalo do cônjuge. Este artifício, no entanto, parece totalmente lícito quando o marido não consegue, de outra maneira, tornar-se apto à cópula. Em meados do século XIX, Louvel mostra-se permissivo a este respeito: "Os doutores [escreve ele referindo-se a Sanchez e a Ligório] aconselham inclusive as mulheres de temperamento frio que elas mesmas se excitem por toques a fim de chegar ao *termo do coito* simultaneamente ao marido, e que continuem os toques [...] após um prurido que as tentações da concupiscência as fariam experimentar"[111]. Note-se, mais uma vez, a atenção de um teólogo voltada para a plenitude do prazer feminino.

Considerando a complexidade da casuística neste domínio, Thomas Gousset aconselha aos confessores que evitem constranger as mulheres perguntando-lhes se permitiram aos maridos alguns toques impudicos. Os esposos, neste domínio – fato que constitui o perigo do estado matrimonial e que funda a necessidade da graça sacramental –, podem ter a sensação de sentir-se permanentemente sob o fio da navalha: precisam estimular-se sem consentir uma eventual polução.

Quanto às conversas que os cônjuges podem licitamente intercambiar, as admoestações são claras. O Padre Féline os convida a apenas falar "com muita moderação e modéstia sobre tudo o que diz respeito ao seu estado"[112]. Ele sugere, para tanto, uma especificidade de linguagem que os especialistas de análise das correspondências intercambiadas entre os esposos, por sua vez, realçaram[113].

Permanece um problema recorrente, já decidido por Ligório: os esposos separados poderiam licitamente deleitar-se da lembrança de uma cópula ou de pensamentos de prazeres num coito a ser realizado no futuro? Alguns teólogos pensam que, nos dois casos, trata-se de um pecado

---

111. LOUVEL, R. *Traité de chasteté... Op. cit.*, p. 290.
112. FÉLINE. *Catéchisme des gens mariés. Op. cit.*, p. 2.
113. Cf. GRASSI, M.-C. Des lettres qui parlent d'amour. *Romantisme*, n. esp.: Amour et société, n. 68, 1990, p. 23-33.

mortal. Eles assemelham, a exemplo de Billuart, tal conduta a uma poluição iniciada. No entanto, aos olhos da maioria, isto não constitui um pecado mortal, mas desde que esta cogitação não seja acompanhada de um risco de perda de sêmen e não resulte apenas da busca de prazer[114]. "A previsão dos atos conjugais e as sensações que os acompanham, ou sua simples recordação"[115], escreve Debreyne, não são em si, da parte dos cônjuges, deleite de um ato erótico. Assim pensava, outrora, Afonso de Ligório. Entretanto, segundo Bouvier, o risco permanece elevado se essa lembrança ou essa previsão provocam "titilações" voluptuosas e se, longe de referir-se apenas à mente, visam ao deleite carnal. Em suma, é melhor os esposos evitarem tais pensamentos ou fantasmas[116].

É óbvio que as viúvas, sobretudo quando jovens, são fortemente tentadas a viver das lembranças de relações passadas. Da parte delas, trata-se aqui de um pecado grave, visto que seus pensamentos voluptuosos não correspondem à sua finalidade legítima, que seria a realização de uma futura cópula. Em igual medida, a imaginação dos noivos estimula a reflexão dos teólogos. Ligório coloca claramente o problema: o prometido pode deleitar-se de uma copulação com a que lhe será futuramente destinada, por exemplo, "pensando no tempo em que será sua mulher?"[117] Sanchez e Ligório, embora reconhecidamente permissivos, cada qual à sua maneira, considera não ser lícito, já que o deleite torna o objeto presente; ora, realizar esse "deleite" só será legítimo no futuro. Outros teólogos, neste caso menos rigoristas, avaliam que tais sonhos são permitidos desde que, uma vez mais, não ameacem despertar o apetite sensual, e desde que

---

114. Esta é a opinião de ALPHONSE MARIE DE LIGUORI. Œuvres complètes du bienheureux. Op. cit. T. 25, p. 326.
115. Debreyne volta inúmeras vezes a este tema em sua Moechialogie... Op. cit., esp. p. 167 (de onde é extraída a citação).
116. Esta é a conclusão de ALPHONSE MARIE DE LIGUORI. Œuvres complètes du bienheureux. Op. cit. T. 25, p. 326.
117. ALPHONSE MARIE DE LIGUORI, Œuvres complètes du bienheureux. Op. cit. T. 23, 1837, p. 186.

não sejam acompanhados de uma comoção do espírito capaz de criar o risco de poluição.

A esposa do onanista deve "provisionar o acoplamento"?

Chegamos aos problemas específicos relativos ao que, a partir de 1842, os clérigos qualificam de onanismo conjugal. O essencial da reflexão e das proibições dos teólogos incide sobre a atitude da mulher cujo marido pratica o coito interrompido. O debate visa a determinar a inocência ou a culpabilidade da esposa. A discussão se embasa no quadro de uma antropologia do casal fundada nos pressupostos de uma atitude feminina dependente e restritiva, e de uma "dominação física do homem sobre a mulher nas relações conjugais"[118]. O "cenário teológico" que ordena o debate designa inequivocamente um culpado: o marido; esta convicção guia inclusive os que, como Bouvier, consideram que muitas esposas estimulam seus maridos a um comportamento onanista. Se estes pressupostos serviam para tranquilizar as mulheres escrupulosas, eles também estimulavam muitos homens a abandonar toda prática religiosa.

A teologia moral daquela época impunha à mulher sábia uma difícil posição psicológica. Aquela que regularmente era abraçada por um "marido criminoso" devia, a qualquer preço, reconduzi-lo à razão, mesmo nos instantes mais fortes de seu ardor.

A esposa onanista, aquela que, por consequência, age em conformidade com seu marido, ou, pior, aquela que o incita ao pecado, peca mortalmente, sobretudo quando é ela que se retira antes do escoamento do sêmen, contra o desejo de seu marido.

---

118. LANGLOIS, C. *Le Crime d'Onan... Op. cit.*, p. 174. Esta obra faz um balanço das controvérsias evocadas e analisa minuciosamente o papel exercido por Bouvier sobre o tema. Debreyne, que Claude Langlois considera um divulgador das posições de Bouvier – mas ele não é apenas isso –, apresenta, em diversos lugares, resumos da discussão em meados dos anos de 1840. Cf. *Essai sur la théologie morale. Op. cit.*, cap. 5: De l'onanisme conjugal, p. 162-169.

O problema espinhoso consiste em saber se a mulher do onanista deve recusar-se a prestar o seu dever quando ciente, antecipadamente, de que a cópula *corre o risco* de ser incompleta. Deveria, em caso de dúvida, exigir dela a recusa? Em 1827, Bouvier responde negativamente a esta questão. A esposa, avalia ele, poderá, neste caso, prestar seu dever, mas será necessário advertir seu marido de sua desaprovação e, sempre que possível, afastá-lo deste comportamento detestável[119]. No final desta admoestação, ela deve "pagar sua dívida" se o marido promete realizar o ato em sua integralidade, e se ele, *ao menos algumas vezes,* já tiver cumprido sua promessa. Por consequência, paira, neste caso, dúvida sobre a conduta abusiva; o que faz com que o direito incontestável do marido de gozar da sua mulher não seja abolido. Debreyne acrescenta a isto um argumento relativo à fisiologia: seja qual for a habilidade do esposo em matéria de contracepção, a experiência prova que sempre restam algumas chances de gravidez[120].

Quando a esposa sabe, *desta feita inquestionável,* que o marido se retirará antes de ejacular, ela deveria cumprir o seu dever? Os rigoristas, desde o século XVIII, acenam positivamente. Claude Langlois, a este respeito, cita Habert e Collet, os redatores das *Conférences d'Angers* e *de Paris,* coletâneas muito consultadas até o início do século XIX[121]. De fato, a esposa, não se recusando, participa dos artifícios de seu marido, cujo único objetivo é estimular a poluição. Trata-se, neste caso, de colaboração num ato contra a natureza. É a razão pela qual Bailly não diferencia o onanismo conjugal da sodomia imperfeita. Aliás, o que ele professa é ensinado nos seminários no primeiro quarto do século XIX[122].

Segundo outros teólogos, a mulher, diante da certeza das práticas onanistas de seu esposo, não é, no entanto, obrigada a negar-se a cumprir o seu

---

119. Cf., p. ex., GOUSSET, T. *Théologie morale à l'usage des curés et des confesseurs... Op. cit.* T. 2, p. 599. Ele se baseia nas opiniões da Penitenciaria Apostólica, que data de 1822 e 1823.
120. DEBREYNE, P.-J.-C. *Essai sur la théologie morale... Op. cit.*, p. 166.
121. LANGLOIS, C. *Le Crime d'Onan... Op. cit.*, p. 125-126.
122. *Ibid.*, p. 126.

dever. Aceitando, ela não faz senão usar de um direito que o Sacramento do Matrimônio lhe conferiu; desde que, uma vez mais, ela desaprove totalmente o ato contra a natureza. O marido não peca ao penetrar sua esposa; ele só peca se se retirar antes do final do ato, espalhando seu sêmen fora da esposa. Ou seja, a malícia não intervém senão no final do coito, e assim a mulher não comete pecado ao deixar-se penetrar. Este era o parecer de Sanchez, bem como o de Ligório. Bouvier associa-se aos dois, mas atenua a indulgência pela referência às causas graves.

Esta posição se inscreve na série de táticas de isenção de culpa já indicadas anteriormente. Thomas Gousset admite este recurso, embora o problema relativo à abrangência da noção de causa grave permaneça[123]. Se o marido onanista profere, contra sua mulher que se recusa, ameaças de morte ou de sevícias, o caso toma novos ares: a esposa pode então ceder ao desejo de seu cônjuge. A Penitenciaria Apostólica o admite em 1822. Mas os teólogos que inspiram os confessores alargam ao infinito a lista das causas graves que permitiriam à mulher prestar o seu dever, embora desaprovando completamente a atitude de seu marido. Só o medo de que ele a maltrate poderia ser suficiente, bem como o medo de ver seu cônjuge frequentar prostitutas, corromper outras mulheres, introduzir uma concubina no leito conjugal. A esposa que imagina que sua recusa poderia levar seu marido a blasfemar, a torná-lo hostil à religião, a injuriar os confessores – o que escandalizaria os domésticos e as crianças –, pode, por essa simples razão, tornar lícito o cumprimento de seu "dever". A vergonha, o medo de causar uma cena escandalosa ou uma separação entram assim na lista das causas graves. As mulheres tímidas, educadas, as habituadas às boas maneiras e as dotadas de uma alma sensível podem prestar seu dever ao marido onanista simplesmente para evitar um despeito. Em

---

123. GOUSSET, T. *Théologie morale à l'usage des curés et des confesseurs... Op. cit.* T. 2, p. 599. Sobre este tema e sobre a interpretação das causas graves pela Sagrada Penitenciaria e para Bouvier, cf. LANGLOIS, C. *Le Crime d'Onan... Op. cit.*, p. 119-120.

contrapartida, nos ambientes populares habituados a intrigas, as marcas de tais desacordos seriam consideradas meros inconvenientes.

O essencial da dificuldade, no entanto, está alhures. Deveríamos, no mínimo, exigir a passividade da parte da esposa do marido onanista que, por uma ou outra causa admissível, decidiu aceitar a prestar o seu dever ao marido? Deveria a mulher multiplicar então seus esforços para colocar-se num estado "de impassibilidade erótica", a fim de "evitar as sensações próprias ao coito?"[124] Em uma palavra: seria necessário renunciar a qualquer emoção carnal? Em 1822, a Penitenciaria Apostólica responde afirmativamente a estas interrogações. Neste caso, continuar insensível seria proteger-se do pecado. Resta saber o que significa, exatamente, nesta situação, o termo "passividade". Seria apenas a não emissão do sêmen – o "espasmo venéreo" dos médicos –, ou a rejeição ao consentimento interior de um certo deleite? Os rigoristas exigem estas duas formas de passividade. Bouvier, por sua vez, avalia que é permitido à mulher que não aceita interiormente o pecado de seu marido gozar de "tudo o que lhe seria permitido se o marido realizasse normalmente o ato conjugal"[125].

Debreyne considera o problema do ponto de vista do fisiologista. Ele distingue passividade, isto é, não participação no crime, e impassibilidade. Segundo nosso autor, é impossível, para algumas mulheres, furtar-se à experiência do prazer ao longo das relações carnais. "Na maioria dos casos, a sensação própria e inerente ao ato conjugal não se subtrai sistematicamente ao império da vontade humana, à semelhança da sensação do prazer experimentado por um homem que sacia sua fome [...]; a insensibilidade, portanto, é impossível"[126]. Existem, obviamente, acrescenta Debreyne, algumas mulheres privilegiadas, capazes de tornar-se insensíveis,

---

124. DEBREYNE, P.-J.-C. *Essai sur la théologie morale... Op. cit.*, p. 185, retomado em LANGLOIS, C. *Le Crime d'Onan... Op. cit.*, p. 169.
125. *Ibid.*, p. 138.
126. DEBREYNE, P.-J.-C. *Essai sur la théologie morale... Op. cit.*, p. 185.

embora seu "número deva ser muito pequeno"; e outras o são "naturalmente, e de forma idiossincrática"[127]. Além disso, na agitação do "orgasmo erótico" – o termo aparece, desta vez num sentido próximo ao que lhe emprestamos –, a mulher "é perfeitamente capaz de observá-lo, de analisar suas sensações, de decidir o que se passa em sua alma, para poder regrar suas afeições e sua vontade?"[128], que o constrangimento de consciência e os escrúpulos correriam o risco de intimidar a passividade...

Segundo o mesmo Debreyne, alguns confessores aconselham uma tática inversa. Eles pedem que a esposa "se entregue ao ato conjugal com toda a intensidade de sua vontade, que faça todos os seus esforços para reter seu marido – notadamente abraçando-o com ardor – e para conduzi-lo física e eroticamente ao orgasmo comum [sic]"[129]; tornando-o, assim, incapaz de se retirar.

Outra questão, que ultrapassa a simples aceitação, é posta: poderia a mulher solicitar o dever ao seu marido onanista? Bouvier responde afirmativamente. A esposa simplesmente faz valer o seu direito. No entanto, Gousset considera que ela só pode solicitar o seu cônjuge se ele estiver realmente em perigo de incontinência e se a tentação que o assalta for muito forte[130].

Claude Langlois tenta imaginar a situação psicológica da desafortunada esposa do onanista. "Como entregar-se [escreve ele a este respeito] ao prazer normal da partilha dos corpos quando urge incessantemente perguntar-se para saber se ela não consentiu ao que o outro decidiu tão comodamente por ela [...]? Como [...] não se ater à imobilização de um corpo que ela abandona ao outro, tranquilizada pela ausência de prazer sentido,

---

127. *Ibid.*, p. 185-186.
128. *Ibid.*, p. 187. Cf. *supra*, p. 108.
129. *Ibid.*, p. 185.
130. GOUSSET, T. *Théologie morale à l'usage des curés et des confesseurs... Op. cit.* t. 2, p. 599. A este respeito, ele se reporta, mais uma vez, a Ligório.

prova ao menos tangível de que a inocência está lá, uma vez que ela foi tão afetuosamente adquirida?"[131]

Como pano de fundo de todos esses debates desenha-se a urgência da intervenção compreensiva dos clérigos diante da privatização do leito conjugal e da emergência desse novo casal autônomo precedentemente evocado. Este processo tem seu coroamento naquilo que podemos qualificar de "era Gury", que, cronologicamente, corresponde à "era Roubaud" da literatura médica.

O jesuíta Jean Gury faz mais do que tentar um despoeiramento; ele se esforça para romper a rigidez da casuística e do legalismo tradicional da teologia moral para adaptá-la decididamente à sensibilidade do novo casal. Para ele, as proibições relativas ao tempo litúrgico, sejam elas quais forem, bem como as que dependem da fisiologia feminina, não têm fundamento algum. Gury, desta forma, dissocia o tempo coletivo da liturgia do tempo da piedade individual. O ato conjugal não contém, segundo ele, a mancha suscetível de privar o recebimento da Eucaristia. Não há posição proibida, desde que a fecundação seja possível. Toda gestualidade conjugal parece ser boa para Gury, exceto a que envolve a sodomia e a poluição. Mais radical ainda: no capítulo oitavo, intitulado *De debito conjugali*, de seu *Compendium*, ele considera que "a união dos corpos no matrimônio não se realiza se não for deixado a cada um *o tempo que lhe é necessário* para encontrar sua satisfação"[132]. Acertadamente justificou-se que o jesuíta reabilitou o valor do prazer, em um casal cujo amor se enriqueceu. Segundo a mesma lógica, Gury avalia que a mulher pode excitar-se sozinha se a cópula, excessivamente rápida, não lhe proporcionou o prazer esperado. Por consequência, o apaziguamento da sensualidade afasta o risco do pecado. Como outros teólogos antes dele, Gury reconhece, portanto, a

---

131. LANGLOIS, C. *Le Crime d'Onan... Op. cit.*, p. 176.
132. *Apud ibid.*, p. 288. Extraímos desta obra a descrição do aporte de Gury.

necessidade do prazer feminino. Mas sua convicção não se embasa mais na teoria do duplo sêmen. Seu raciocínio se refere ao prazer considerado em si mesmo e não mais como sinal de uma emissão necessária à fecundação. O acento posto na duração favorável ao desenvolvimento do prazer é vinculado à referência explícita à gradação constitutiva da volúpia, que governa, repitamo-lo, as obras eróticas do século precedente.

Esta "era Gury" foi de curta duração[133]. Em Roma, já em 1851, o Santo Ofício intervinha na matéria. Não se tratava mais, desta vez, de simples opinião da Penitenciaria Apostólica. Esta transferência institucional da palavra de autoridade e a desonra de Bouvier, que a acompanha, marcam o abandono da abordagem pastoral e compreensiva que até então Roma havia dado prova de benevolência em relação aos casais franceses. O retorno à afirmação dogmática traduz o neorrigorismo pontifício. Urge deixar claro que, a partir de então, o onanismo conjugal se alastra Europa afora. A dimensão do problema que ele impõe, portanto, mudou. Em 1857, Mons. Pie, bispo de Poitiers, numa carta sinodal que teve um certo impacto, denunciava o crime que, a seus olhos, constitui o onanismo conjugal, que se alastra por contágio. Para ele, os casuístas modernos – ele visa principalmente a Bouvier, Gousset, Gaume, Gury... – se situam nos limites do indefensável. A recusa de questionar os penitentes sobre o sexto e o nono mandamentos provoca uma verdadeira deserção. Na França, o rigorismo é apoiado pela campanha dos médicos contra a "fraude conjugal". A partir de 1871, quando começa a surgir o fantasma do despovoamento, a contracepção passa a ser um problema nacional.

---

133. Para o que segue, nos reportaremos a LANGLOIS, C. *Le Crime d'Onan...* Op. cit.

9
SOFISTICAÇÃO DO EXAME INTERIOR DA LUBRICIDADE

O exame de consciência e a confissão feita nos confessionários não dizem respeito apenas à luxúria, mas, no período que constitui o objeto deste livro, igualmente se referem às tentações da carne, ao deleite sensual e a todos os atos que de alguma forma constituem a ausência de castidade. Eles estão na linha de frente da busca por pecados cometidos pelo penitente. "Pensamentos desonestos, desejos impuros, olhares indecentes, palavras obscenas, beijos lascivos, toques desavergonhados", escreve Thomas Gousset referindo-se uma vez mais a Ligório, oferecem "a matéria mais comum, mais abundante das confissões", e são "o motivo da perda do maior número de pessoas danadas"[1]. A impureza é talvez o vício mais comum, garante por sua vez o Abade Joseph Pochard: "Geralmente é por este infame pecado que somos obrigados a protelar a absolvição; os confessores estão quase sempre ocupados em combatê-lo [...]"[2]. É impossível compreender a maneira com que as normas precedentemente evocadas impregnam e perturbam as consciências e ordenam os comportamentos sem demorar-se sobre os procedimentos e o exame de consciência que elas suscitam.

Jean Delumeau delineou a longa história da introspecção imposta desde a aurora do cristianismo e, mais amplamente, a história relativa a

---

1. GOUSSET, T. *Théologie morale à l'usage des curés et des confesseurs... Op. cit.* T. 1, p. 284.
2. POCHARD, J. *Méthode pour la direction des âmes dans le tribunal de la Pénitence et pour le bon gouvernement des paroisses.* T. 1. Besançon: Gauthier, 1821, p. 337.

tudo o que diz respeito à busca interior de si mesmo[3]. Doravante percebe-se claramente as etapas que marcam a evolução. Em 1215, por ocasião do IV Concílio de Latrão, o exame de consciência é elevado a um grau superior. Ele passa a ser um exercício espiritual essencial, englobado num processo mais amplo de aculturação religiosa. O interrogatório realizado pelo confessor efetivamente lhe oferece uma ocasião de catequisar. A importância das obras do teólogo Gerson, na aurora do século XV, foi, igualmente, destacada. Desde a Idade Média, como demonstrou, por sua vez, Jacques Le Goff, a contrição interior, que implica não apenas a análise dos pecados, mas também a das intenções, é grandemente beneficiada.

Entre os séculos XVI e XIX opera-se uma sofisticação crescente dos procedimentos da introspecção, ligada ao valor sempre maior acordado à consciência individual e à responsabilidade pessoal. A ascensão da curiosidade inquisitorial em relação a si mesmo e o interrogatório incessante que ela suscita acompanham um obsessivo medo de si. Incessantemente o cristão é convidado a rastrear e a perscrutar seus pensamentos, seus desejos, bem como a maneira de deleitar-se e de consentir o mal, com o objetivo de se ver mais claramente. O exame de consciência, escreve Jean Delumeau, "encontra seu lugar natural na história do homem ocidental ativo, lúcido e preocupado [...], propenso a contínuos aprimoramentos de si e de outrem"[4].

No final do século XVIII, como já vimos, esta curiosidade está englobada num processo mais amplo de escuta e de escrita sobre si mesmo, encorajados por aqueles que detêm uma parcela de autoridade; quer se trate da análise ordenada pelos médicos, da redação do diário íntimo, cuja realização é às vezes aconselhada pelos confessores, ou daquela relativa às anotações em cadernetas, em agendas, sobre a ocupação do tempo que

---

3. DELUMEAU, J. *Le Péché et la peur – La culpabilisation en Occident, XIIIe-XVIIIe siècles.* Op. cit.
4. DELUMEAU, J. *L'Aveu et le pardon...* Op. cit., p. 172.

muitos indivíduos se obrigam a ter; conjunto de escritos frequentemente acompanhados de correções, quando não de penitências. Ao mesmo tempo, a literatura erótica exalta o sentimento de liberdade do sujeito libertino vivida enquanto indivíduo autônomo. A emancipação em relação à moral de salvação, o reconhecimento do primado da lei natural e a busca de prazeres extremos estimulam, por sua vez, a análise interior.

Quanto à luxúria, os teólogos colocam uma questão crucial: até onde, no calor da ação, é possível analisar precisamente as intenções e determinar o momento em que se realiza o consentimento da vontade? Encontramos tais interrogações na abordagem da esposa do onanista. Por outro lado, inúmeros são os apelos à prudência e à discrição em matéria de exame de consciência e confissão. Atardando-se inteiramente na análise dos próprios pecados o penitente não correria o risco de cair no escrúpulo ou até mesmo reavivar a tentação?

O exame de consciência refinado e a sutileza do trabalho mental que o constitui, sobretudo quando se trata de uma confissão geral, parece destinado apenas a uma elite cujos membros são submetidos a uma direção de consciência, ou quando um confessor se concede, no mínimo, o tempo necessário para ouvir com extraordinária paciência.

É necessário "tateá-las uma a uma", como as cordas de um alaúde, recomenda Francisco de Sales às suas leitoras, as paixões que arrebatam o vosso coração a fim de detectar e consertar suas dissonâncias[5]. O exame, para ele, impõe detectar bem mais que os simples motivos imediatos do pecado. Trata-se de descobrir suas raízes, que perpassam os costumes, as atitudes, as más inclinações[6]. Urge avaliar sua duração a fim de medir melhor a força de sua incrustação na alma e o risco de suas recorrências.

Para todos os teólogos do período que nos concerne, o caminho que leva ao pecado passa por três etapas: a tentação – o que Thomas Gousset,

---

5. FRANÇOIS DE SALES. *Introduction à la vie dévote*. Op. cit., p. 305.
6. *Ibid.*, p. 115.

por sua vez, denomina sugestão –, o deleite e o consentimento. Não compreender estas distinções seria condenar-se a uma total incompreensão daquilo a que o fiel é constrangido. A penitente, escreve Francisco de Sales, deve ser "exímia observante" da diferença entre sentir a tentação e consenti-la. "Nem sempre está em poder da alma o não sentir a tentação, embora esteja sempre em seu poder o não consenti-la"[7]; assim evoca-se um jogo permanente entre a exterioridade – a tentação vem do diabo e se insinua frequentemente pela porta dos sentidos – e a interioridade, onde reside a volição.

Os teólogos não se cansam de repetir desde os tempos de Paulo: a tentação não constitui um pecado em si. Francisco de Assis teve que se jogar numa espinheira para afugentá-la; São Bento rolava na neve; e a bem-aventurada Ângela de Foligno sofria tantas tentações carnais que causava dó só em ouvir suas narrativas. Mas ela jamais consentia[8]. Com o talento de pedagogo que tinha, Francisco de Sales multiplicava, em sua *Introdução à vida devota*, as cenas, em parte inspiradas na *Legenda dourada*, de Voragine, a fim de fazer compreender perfeitamente os níveis e as etapas da introspecção, bem como o caminho da graça. Aproveitemos desse talento para entrar nessa topologia interior; ouçamo-lo relatar o combate levado por Catarina de Sena contra as tentações da mais extrema lubricidade[9]: "O espírito maligno tirou férias de Deus para atacar a pudicidade desta Virgem Santa com a maior raiva de que dispunha. [...] Ele realizou, pois, toda espécie de impudicas sugestões ao seu coração, e para comovê-la mais ainda, vindo com seus companheiros em forma de homens e mulheres, realizavam juntos mil sortes de carnalidades à sua vista, acrescentando palavras e advertências muito desonestas; e embora todas estas coisas fossem exteriores, é bem verdade que através dos sentidos

---

7. *Ibid.*, p. 259.
8. *Ibid.*, p. 258.
9. *Ibid.*, p. 260-261.

elas muito antes penetravam no coração da virgem, que, como ela mesma confessou, estava repleta delas, não mais lhe restando senão o mais puro desejo da vontade superior que não fora atingida por esta tormenta de perversidades e de deleite carnal. Fato que se alastrou por muito tempo, até o dia em que Nosso Senhor apareceu-lhe [...]".

Seguiu-se então este diálogo: "Onde estavas, meu doce Senhor? [...] Habitavas meu coração, dentro do qual havia tantas perversidades? Habitavas, pois, em lugares desonestos?" E Nosso Senhor lhe diz: "Respondas-me, estas tuas sujas cogitações do coração te davam prazer ou tristeza, amargura ou deleite?" Ela responde: "Extrema amargura e tristeza". E Ele replica: "Quem era aquele que lhe infundia esta grande amargura e tristeza em teu coração, senão eu que permanecia escondido dentro de tua alma? Acreditas, minha filha, que se eu não estivesse presente estes pensamentos que giravam ao redor de tua vontade e não podiam ser expulsos teriam sem dúvida prosperado e teriam invadido, teriam sido recebidos com prazer por teu livre-arbítrio, e assim teriam levado tua alma à morte; mas, porque eu estava lá dentro, impus esse desgosto e essa resistência em teu coração, pela qual ele rejeitava o mais que podia a tentação..."

Aqui está condensado tudo aquilo que, segundo Francisco de Sales, importa dizer, nesta matéria, às suas leitoras; em primeiro lugar a violência e a força das tentações da carne. Vale ressaltar, a este respeito, as orgias paroxísticas que se desenvolvem entre os demônios, na ocasião, sexuados. Ora, estas representações assaltam a consciência de uma mulher de alma pura. Tais cenas apresentadas a jovens moças sábias e devotas respondiam à vontade de Francisco de Sales de inquietá-las ao lhes descrever tentações que correriam o risco de obcecá-las, por mais castas que fossem. O autor brinca com os limites extremos do pecado da luxúria. No centro da luta que Catarina de Siena trava, o inimigo conseguiu introduzir o deleite bem no coração de sua vítima, sem, no entanto, subjugar sua vontade, isto é, sem obter seu consentimento. A santa soube sustentar o cerco armado pelo demônio, através de toda espécie de "amarguras", de "desgostos", e graças a uma "aversão" ao mal solidamente ancorada. A vitória, duramente conquistada, é devida à presença de Cristo no cerne de sua alma. Esta topologia interior que leva a distinguir o apetite, o espírito, o coração, a vontade, pode ser encontrada, algum tempo mais tarde, amplamente detalhada no *Tratado do amor de Deus*.

Fixemo-nos, por enquanto, na primeira etapa, isto é, *na tentação*. No que lhe diz respeito, os teólogos, unânimes, enunciam uma primeira proibição: jamais o penitente deve ser, ele mesmo, a causa da tentação. Importa evitar qualquer "ocasião próxima"[10]. Quando a tentação aparece, não devemos "encará-la de frente"; isto é, demorar-se nela, lembrar-se interiormente dela, provocando assim o perigo de avivá-la ou de fazê-la renascer. Não temais demasiadamente a tentação, aconselha o Abade Valentin, pensando nas pessoas "extraordinária e exteriormente atormentadas pelo demônio contra a castidade"[11], pois quanto mais a temeis, mais atormentadas ficais. "Devemos evitar cuidadosamente discutir com as tentações contra a castidade; os esforços excessivos para afastá-las em geral só aumentam o perigo, e sempre provocam perturbações na alma. Um dos melhores meios de se ver livre delas é ignorá-las, ocupando o próprio espírito com outra coisa: o demônio é facilmente vencido quando lhe damos as costas"[12].

Os teólogos, unânimes mais uma vez, aconselham as obras que lhes parecem mais eficazes para opor uma resistência firme e segura às tentações. Obviamente, quando falam em tentações, primeiramente sonham com as da carne, e particularmente com todos os aguilhões que correm o risco de levar à poluição. Francisco de Sales afasta de cara as pequenas

---

10. Cf. *supra*, p. 378-380.
11. VALENTIN. *Le prêtre juge et médecin au tribunal de la Pénitence ou méthode pour bien diriger les âmes*. T. 1. 3. ed. Paris: Mellier, 1847, p. 196-197.
12. *Ibid.*, p. 198.

incitações ao mal que são "como moscas e mosquitos"[13]. Estas, devem ser desprezadas. Quanto ao penitente que é vítima de "grandes tentações", este deve correr ao pé da cruz, imaginar Jesus crucificado diante dele[14]. É necessário que a vítima entretenha o espírito por ocupações "boas e louváveis", o que leva a sonhar com as recomendações – mais tardias – dos médicos preocupados em preservar seus pacientes do desejo de masturbar-se. Enfim, o penitente deve confiar-se ao seu diretor espiritual.

Ligório mostra-se menos brando, talvez por sofrer com mais violência "o espírito de fornicação" do que Francisco de Sales. Ele também recomenda orações fervorosas ao pé do crucificado e o recurso a Maria, embora represente o penitente "chorando, gemendo, implorando a misericórdia do Senhor"[15] a fim de que este se digne afastar dele a tentação. Nesta circunstância, Ligório recomenda fugir o mais rápido possível de todos os prazeres sensíveis e apressar-se em comungar. Também sugere táticas mais específicas quando se trata de eliminar os fantasmas lascivos e os pensamentos impuros que levam ao vício solitário. Que o penitente repita para si mesmo, sem cessar, que não pretende consentir com as sugestões e prazeres que o demônio lhe faz sentir. Afonso de Ligório aconselha que o penitente carregue no peito alguma relíquia de santos, que tenha consigo o Evangelho de João, que faça o sinal da cruz, que borrife o quarto e a cama com água-benta, que exorcize a si mesmo (em privado) e multiplique os atos de humildade.

"No momento da tentação, aconselha Joseph Pochard aos confessores, prescrevei prontamente orações fervorosas, e que o penitente não perca Deus de vista, que invoque a Rainha das Virgens, que se coloque de joelhos, que se humilhe beijando a terra, que reze com os braços em forma de cruz...

---

13. FRANÇOIS DE SALES. *Introduction à la vie dévote. Op. cit.*, p. 268.
14. *Ibid.*, p. 266.
15. ALPHONSE DE LIGUORI, *Œuvres complètes du bienheureux. Op. cit.* T. 26, p. 216, e para o que segue, p. 217.

que não permaneça por muito tempo na cama; se a tentação é mais violentamente sentida enquanto está nela, que coloque os braços para fora dos cobertores, que beije o crucifixo, que se entregue às orações, à leitura dos santos evangelhos; e que recite uma dezena do terço, de mãos juntas; e, inclusive, se a tentação continuar, que saia da cama para rezar"[16]. No século XIX, a gama de conselhos e proibições se enriquece. Mais do que nunca, a polução continua no horizonte de reflexão dos clérigos. Bouvier, verdade seja dita, é muito contido em suas recomendações. Ele recomenda à pessoa que se sente tentada que "invoque a Deus com calma", que reze à Virgem, ao seu anjo da guarda, ao seu santo protetor e que ocupe seu espírito com "outros assuntos". Debreyne, por sua vez, prescreve às vítimas de pensamentos e desejos lascivos confessar-se ao menos uma vez por semana[17]. O Abade Valentin, além dos conselhos dispensados por Afonso de Ligório e Bouvier, pede a quem sofre as tentações da carne que evite a tristeza, que se represente os suplícios do inferno se o penitente vier a morrer logo após a consumação do pecado, que pense que Deus frequentemente reserva as piores lacerações de consciência aos cristãos a fim de melhor prová-los e permitir que suas almas se elevem à perfeição. Quando a tentação desaparecer, ele também aconselha que se evite examinar imediatamente se ela foi consentida ou não, por medo de despertá-la novamente. O demônio, avalia o Abade Valentin, venceu muitas pessoas "fazendo-as voltar sem cessar aos pensamentos sedutores, quando pretendiam examinar se haviam sido seduzidas. Esqueçam, pois, a espécie e a ocasião, a duração do combate e as próprias perplexidades que ele vos proporciona"[18]. Estes

---

16. POCHARD, J. *Méthode pour la direction des âmes... Op. cit.* T. 1, p. 336-337. • BOUVIER, J.-B. *Manuel secret des confesseurs ou Diaconales, traduction de Dissertatio in sextum decalogi praeceptum (Dissertation sur le VIe commandement du Décalogue).* Paris: Arléa, 1999 [tradução mais recente, apresentada por Emmanuel Pierrat, p. 79]. Vale lembrar que a difusão deste texto foi muito limitada antes que os anticlericais não o assumissem como alvo, no final do século XIX.
17. DEBREYNE, P.J.C. *Moechialogie... Op. cit.*, p. 59.
18. VALENTIN. *Le prêtre juge et médecin... Op. cit.* T. 1, p. 199.

debates interiores relativos "ao espírito de fornicação" são, segundo a opinião do confessor Valentin, particularmente violentos junto às mulheres.

O deleite, por sua vez, deriva de uma velha noção médica: a do "deleite sombrio", que se define pelo prazer de abandonar-se aos pensamentos obscenos. Ele parece particularmente responsável, para os teólogos, pelo fato de geralmente estar acompanhado de "comoções sensuais" ou "comoções do espírito", que correm o risco de fazer a pessoa culminar na "poluição". "O deleite sombrio *diz respeito ao tempo presente* [escreve Afonso de Ligório], e acontece quando a pessoa imagina para si uma consumação real do pecado e se deleita como se ela o tivesse realizado. O denominamos sombrio [...] em razão desta *postura deliberada* que a vontade produz na pessoa"[19]. Ele difere do desejo que diz respeito ao futuro e da alegria maliciosa da lembrança de um pecado realizado no passado. Bouvier, por sua vez, sublinha que "o deleite sombrio ou contemplativo se especifica não pelos objetos externos, mas pela *representação* que a pessoa se faz destes objetos, e que é nisto que ele difere dos desejos".

Estas definições não são isentas de contradições. Acabamos de ler que, aos olhos de Afonso de Ligório, existe no deleite uma decisão da vontade; portanto, um evidente consentimento. É a razão pela qual Thomas Gousset e o Padre Debreyne não admitem leviandade de matéria neste prazer carnal. Este sempre constitui, aos olhos de nossos autores, um pecado mortal na medida em que consiste numa *postura voluntária* do pensamento[20].

Debreyne, no entanto, diferencia este "deleite carnal" do "deleite natural e orgânico" suscitado, por exemplo, pelo simples fato de avistar uma bela mulher. Concordando com Billuart e com seu contemporâneo Bouvier, ele avalia que o segundo não é mau em si; mas não é menos perigoso.

---

19. ALPHONSE MARIE DE LIGUORI. *Œuvres complètes du bienheureux. Op. cit.* T. 23, p. 183. • BOUVIER, J.-B. *Manuel secret des confesseurs... Op. cit.*, p. 98.
20. GOUSSET, T. *Théologie morale à l'usage des curés et des confesseurs... Op. cit.* T. 1, p. 285. • DEBREYNE, P.-J.-C. *Moechialogie... Op. cit.*, p. 1.

E diz ter conhecido indivíduos que "o pensamento, a lembrança, a voz de uma mulher, um objeto feminino, e, menos do que tudo isso, uma simples sombra, um fantasma, uma insignificância ativavam tamanha perturbação erótica que às vezes o levava à *contaminação corporal*"[21]. Debreyne acrescenta que, longe de poupar as mulheres, o deleite natural e orgânico corre o risco de ameaçá-las particularmente, já que são totalmente "moldadas" pelos nervos. Por conseguinte, "muito frequentemente junto às mulheres, acrescenta nosso médico, que se fez trapista e confessor, a sensação erótica não se limita ao sentido genital; ela abarca o corpo inteiro e domina todo o seu ser físico e moral"[22].

Acontece que, segundo Francisco de Sales, e outros teólogos, o deleite que resulta imediatamente da sensação não depende ainda, necessariamente, de uma decisão da vontade; daí a contradição aludida acima. Para eles o deleite, de fato, não pode ser confundido com o *consentimento* ou com a *postura deliberada*, ou fixar-se num pensamento lascivo e no prazer que ele proporciona. Mas, para todos, não resistir fortemente contra ele constitui-se em pecado mortal. "Os *movimentos deliberados*, dos quais o intelecto percebe plenamente a malícia, ao menos confusamente [escreve Afonso de Ligório], aos quais a *vontade consente*, são pecados graves: esta é a doutrina comum a todos os teólogos"[23]. A diferença de definição do deleite, que acabo de enfatizar, situa-se, portanto, na fronteira que sutilmente separa o sentir e o consentir.

---

21. DEBREYNE, P.-J.-C. *Moechialogie... Op. cit.*, p. 4. A obra comporta (p. 156ss.) uma análise muito refinada do estado da questão ("do deleite sombrio") na aurora dos anos de 1840. O autor sublinha a grande diferença entre o "sentimento do deleite" e o "consentimento ao deleite" (p. 166). Ele define, além disso, o deleite sombrio como residindo unicamente na "representação do objeto" (p. 160), sem desejo nem vontade de realizar um ato.
22. *Ibid.*, p. 5.
23. ALPHONSE MARIE DE LIGUORI. *Œuvres complètes du bienheureux. Op. cit.* T. 23, p. 168. Jean-Baptiste Bouvier retoma fortemente a distinção entre o sentir e o consentir; cf. *Dissertatio in sextum decalogi praeceptum – Dissertation sur le VIᵉ commandement du Décalogue* [Trad. francesa: *Manuel secret des confesseurs. Op. cit.*, p. 100].

O consentimento, em sua definição plena, total, designa um momento específico, aquele em que o combate cessa, em que a vontade se rende, ou o momento em que a lascívia toma conta da alma. O pecado de luxúria não reside no fato de experimentar o prazer, que é comum ao homem e ao animal; ele trabalha no interior da alma, devastando-a. Este momento do consentimento é às vezes denominado *concupiscência subsequente*, diferente da *concupiscência antecedente*. A segunda precede a capitulação da vontade; a primeira intervém quando a alma se submete ao império da paixão.

Obviamente, os teólogos indicam igualmente os meios próprios a deter o consentimento; o que significa não ceder à tentação, embora já se sinta, no interior da alma, todas as delícias do eventual pecado (deleite). Ligório volta ao tema. As armas destinadas a opor uma resistência positiva ao consentimento, bem como aos "deleites carnais", cuja distinção ele não faz, são, para ele, a oração, o agarrar-se aos pensamentos piedosos sobre o inferno, sobre a Paixão de Jesus Cristo e sobre a morte. É igualmente necessário que o cristão em vias de consentir pense nos remorsos que dilacerarão sua alma ao ver-se privado de Deus.

Tendo em conta a gravidade do pecado mortal, a desgraça que constitui a interrupção da graça e o risco de danação incorrido, o fiel deve fazer de tudo para fugir do caminho do mal. As duas principais precauções a este respeito são, para ele, evitar as ocasiões e fechar as portas dos sentidos às tentações; o que implica, simultaneamente, fazer um policiamento das palavras, dos entretenimentos e das leituras. Se os homens fugissem das ocasiões, garante o Abade Gaume, poucos pecados aconteceriam. Para cair na tentação e no mal, acrescenta o Abade Valentin, duas condições são necessárias: uma fragilidade consciente, ou, se preferirmos, uma propensão interior, e uma circunstância exterior que provoque ou facilite a queda.

Particularmente perigosa em matéria de prazeres sensuais, salienta o Abade Gaume, é a ocasião que constitui um "perigo provável e próximo"; pois quem se encontra nesta situação sabe por experiência que quase sempre, ou muito frequentemente, cai no pecado; seja pelo olhar, pela palavra, por toques licenciosos, por desejos, ou por atos "da mais nojenta lubricidade"[24]. Os teólogos por nós pesquisados aperfeiçoam as distinções. Existe uma ocasião próxima voluntária; ou seja, quem se envereda por esse caminho o faz em total consentimento e não quer sair dele, embora não lhe seja difícil afastar-se. Quer a ocasião seja contínua ou não, um pecador desses é denominado *occasionnaire* (que busca as ocasiões).

Para tornar-nos claros, urge citar alguns exemplos emprestados de Joseph Pochard, de Thomas Gousset e do Abade Gaume. Aquele ou aquela que frequenta noitadas, que participa de reuniões ou bailes noturnos organizados no interior de cabarés e, obviamente, que entra num bordel, ou que decide assistir a um espetáculo obsceno ou lê um livro pornográfico está escolhendo livremente uma ocasião próxima de pecar. O mesmo vale para o penitente que mantém em sua própria casa uma mulher com a qual está habituado a fornicar, aquele que regularmente visita uma amante, ou que frequenta uma casa no interior da qual já pecou, ou sofreu uma forte tentação à qual ainda não sucumbiu. Os casos mais bem documentados nas obras dos teólogos dizem respeito aos amores servis, às visitas que os noivos se fazem e às relações amorosas entre os jovens. O Abade Gaume cita ocasiões próximas voluntárias que não pertencem a estas categorias: aquela, por exemplo, na qual se encontra o libertino que pôs o retrato de uma amante desejada num quarto frequentemente visitado por ele, quando poderia removê-lo imediatamente; ou o caso de um jovem moço "dissoluto" que se "apaixonou por uma moça, que por ela nunca se declarou, que com ela tampouco se encontrou, que não lhe deu nenhum sinal de seu amor desonesto; mas que todas as noites põe-se de sentinela debaixo de sua janela, e que, ao vê-la, seu coração se inflama, e frequentemente se permite pensamentos indignos"[25].

---

24. GAUME, J. *Manuel des confesseurs*. Paris: Gaume Frères, 1842, p. 317.
25. *Ibid.*, p. 318, 322 para o libertino e o retrato.

Existem, em contrapartida, "ocasiões próximas necessárias ou involuntárias"; ou seja, das quais não é possível afastar-se; aquelas nas quais se encontra, por exemplo, a esposa de um marido onanista, ou um jovem de família instalado na casa paterna cujo dever não é o de despedir a empregada, objeto de suas tentações. O Abade Gaume cita ainda o caso da mulher casada que não pode livrar-se do empregado que a perturba, ou do amigo de seu marido que regularmente a visita. O mesmo vale quando a tentação resulta da presença de um irmão, de um cunhado, de uma irmã ou de uma cunhada[26]. Uma separação exporia estes últimos a um grande escândalo, ou seja, a uma infâmia. Dentre os casos de separação difícil, os teólogos evocam com frequência a empregada importunada por seu empregador, mas cujo salário é sua única fonte de renda. Da mesma forma, é difícil demitir uma empregada tentadora quando esta é indispensável à boa condução da casa daquele que a contrata. Em suma, uma "ocasião próxima" é dita "necessária" quando não é possível evitá-la sem escândalo ou sem grave inconveniente.

Os teólogos também distinguem as *ocasiões próximas por natureza*, válidas para todos – por exemplo, a "frequentação noturna, e a sós, de pessoas de diferentes sexos", ou as "reuniões secretas" com um homem ou uma mulher com os quais já se pecou[27], e as *ocasiões próximas por acidente*, relativas à pessoa implicada. O que poderia parecer inocente para muitos, constitui-se, no entanto, em fonte de tropeço para um indivíduo que experimentou, em tal circunstância, uma inclinação particular para o mal. Várias situações profissionais, à primeira vista respeitáveis para alguns, poderiam constituir-se em ocasiões de tentações difíceis de evitar para outros. Isto vale para os ofícios do comércio, da medicina, da magistratura, dos escritórios, incluído o exercício da confissão. Os indivíduos que sabem que já pecaram no exercício de suas profissões, ou de seu

---

26. *Ibid.*, p. 319.
27. POCHARD, J. *Méthode pour la direction des âmes... Op. cit.* T. 1, p. 198.

ministério, devem ter consciência da própria fragilidade e abandoná-las o mais rapidamente possível[28].

Além disso, as ocasiões se distinguem segundo a frequência das faltas que elas favoreceram: elas podem ser raras, episódicas, habituais, diárias. Joseph Pochard imagina o caso de um caixeiro viajante que de seis em seis meses viaja para Lyon, para fins comerciais. Ao longo de sua estada, ele tem encontros com uma amante que reside naquela cidade. Eis um exemplo de ocasião próxima, voluntária e periódica[29].

Quanto às "ocasiões afastadas", elas estão em toda parte. Trata-se de todas as que apenas raramente se constituem em ocasião de pecado. Obviamente, uma mesma ocasião pode ser próxima para alguns e afastada para outros. É o caso da situação de dois indivíduos que frequentam os mesmos bordéis por motivos diferentes: o primeiro para entregar-se às piores torpezas e o segundo porque deseja converter as prostitutas. Realista, Thomas Gousset conclui: "Não somos absolutamente obrigados a fugir das ocasiões afastadas; do contrário seria necessário o nosso afastamento do mundo"[30].

A fim de prevenir a tentação, o fiel deve, permanentemente, vigiar as mensagens dos sentidos. Alguns confessores tentam inclusive, a este respeito, estender o modelo de vigilância monástico à totalidade dos penitentes. "A pessoa devota [escreve o Abade Valentin] deve fazer um exame de consciência cotidiano a fim de descobrir os ímpetos e o desregramento dos sentidos." Será necessário que ela aplique "todo o seu entendimento, a fim de fazer morrer seus sentidos a cada instante [...], mortificando o gosto e o apetite, privando-se de tudo aquilo que não é necessário ou útil à sua subsistência e à sua saúde [...], mortificando igualmente os outros sentidos, como o olfato, a audição, o tato, recusando-lhes tudo aquilo que apenas poderia contribuir para a satisfação deles mesmos"[31].

---

28. *Ibid.*, p. 198, parafraseando Carlos Borromeu.
29. *Ibid.*, p. 208.
30. GOUSSET, T. *Théologie morale à l'usage des curés et des confesseurs... Op. cit.* T. 2, p. 370.
31. VALENTIN. *Le prêtre juge et médecin... Op. cit.* T. 1, p. 297-298.

Sem visar a tamanho grau de controle e mortificação, outros teólogos convidam a vigiar estas portas do diabo que colocam a alma em perigo, fazendo-a comunicar-se com o mundo exterior. Note-se que não se trata ainda, para eles, do sexto sentido, cujo poder é enfatizado pelos médicos de então; a menos que não invoque a noção de "comoção sensual" que prepara a poluição.

A urgência de um policiamento do olhar constitui um lugar-comum desde a aurora da teologia moral. Não remontaremos ao período anterior a Afonso de Ligório. Para ele, demorar o olhar sobre uma jovem mulher, sem que se manifeste o desejo de tocá-la, já constitui um pecado[32]. Thomas Gousset enuncia os princípios segundo os quais pode manifestar-se a gravidade dos usos do olhar. Aplicar estas normas implica, da parte do fiel, uma permanente introspecção, uma análise exata da maneira com que ele experimenta o desejo e seus efeitos. Para avaliar a chance pecaminosa de um olhar é necessário considerar: 1) a natureza das coisas sobre as quais ele se demora; 2) o motivo que o faz demorar-se; 3) o sentimento que o acompanha; 4) as manifestações que ordinariamente o seguem[33].

Desta forma, dirigir o olhar para as partes vergonhosas de uma pessoa de um sexo diferente do seu é pecado mortal, exceto se for feito a uma distância muito grande; fato que preserva de qualquer perigo de deleite. Segundo a categoria da pessoa olhada, o pecado mortal será identificado como fornicação, adultério, estupro ou sacrilégio. Em contrapartida, Bouvier, seguido por Debreyne, especifica que os olhares pousados por nadadores sobre os órgãos genitais de seus companheiros de natação, ou por mulheres sobre os órgãos de nadadoras que tomam banho juntas

---

32. ALPHONSE DE LIGUORI. *Œuvres complètes du bienheureux. Op. cit.* T. 23, p. 462.
33. GOUSSET, T. *Théologie morale à l'usage des curés et des confesseurs... Op. cit.* T. 1, p. 287.
• DEBREYNE, P.-J.-C. *Moechialogie... Op. cit.*, p. 182. Sobre tudo o que diz respeito ao policiamento do olhar e do tato, Debreyne não faz senão diluir as opiniões de Ligório e de Bouvier (*Dissertatio in sextum decalogi praeceptum – Dissertation sur le VIe commandement du Décalogue*). Trad. cit.: *Manuel secret des confesseurs.* Sobre este ponto, cf. p. 105-114. Os parágrafos que seguem resumem a opinião dos teólogos.

não constituem pecados com tanta gravidade. Eles só serão considerados mortais se se transformarem em deleite. Cabe a cada um, portanto, analisar tais circunstâncias[34].

Olhar as partes pouco honestas, mas não vergonhosas de uma mulher – por exemplo, o peito, o pescoço, os braços nus – não constitui, em si, um pecado mortal, a menos que o olhar seja pousado em espírito de lubricidade. Na mesma lógica de pensamento, Debreyne avalia que é permitido contemplar aquela que amamenta; mas somente quando ela se comporta com decência, sem buscar escandalizar os homens; o que reenvia à forma com que a mulher deve, em geral, evitar a provocação da sensualidade masculina exibindo, notadamente, a "nudez do pescoço".

Obviamente, alimentar-se da visão de um casal em vias de copular constitui um pecado mortal. Contemplar os órgãos genitais de um animal, sobretudo quando ele está em vias de se acasalar, é, com certeza, perigoso, mas não constitui, em si, um pecado grave. Admirar esculturas ou pinturas que representam a nudez não é um pecado mortal, quando realizado apenas por curiosidade; mas este tipo de olhar torna-se pecaminoso se representa um perigo de deleite e de "comoção sensual". Em contrapartida, os que encomendam tais obras, os que as fazem e os que as expõem cometem sempre um pecado mortal, visto que criam o escândalo e provocam as pessoas jovens à lubricidade[35].

Resta o olhar pousado por um indivíduo sobre os seus próprios órgãos genitais. Se este olhar se justifica pela necessidade, não há pecado. Se se trata, no máximo, de um olhar de curiosidade, o pecado é apenas venial; mas se esse olhar depende de uma observação condescendente de si, feita num espírito de concupiscência subsequente, ele é mortal.

---

34. DEBREYNE, P.-J.-C. *Moechialogie... Op. cit.*, p. 184.
35. Sobre estes pontos, cf. ALPHONSE DE LIGUORI. *Œuvres complètes du bienheureux. Op. cit.* T. 23, p. 462. • BOUVIER, J.-B. *Manuel secret des confesseurs... Op. cit.*

O uso do tato revela-se, para a alma, mais perigoso do que o olhar. Afonso de Ligório afirma com todas as letras: fora o casamento, qualquer toque suscitado por um desejo de deleite constitui um pecado mortal[36]. Pode ser o tato exercido pelo penitente sobre seus próprios órgãos genitais ou até mesmo, acrescenta Debreyne, sobre as regiões próximas; isto sem necessidade, com "comoção do espírito", ou simples perigo de deleite. Billuart, rigorista, desculpa de tais atos, no entanto, apenas os indivíduos que o fazem por brincadeira[37]. Bouvier, mais indulgente ainda, avalia que existem pessoas que se assemelham à pedra e à madeira. Estas, portanto, podem "tocar-se" sem risco de deleite, de comoção ou de escândalo. Debreyne, como bom médico, autoriza apalpar os próprios órgãos genitais por ocasião do banho ou, simplesmente, para acalmar um prurido; desde que este seja de origem doentia, e não libidinosa[38]. Ligório mostra a mesma indulgência, mas desde que o toque seja feito de passagem, sem delongas, sem escândalo – privado, obviamente –, e sem que ele se repita sem motivo, visto que poderia transformar-se em caminho insidioso rumo ao deleite. Em suma, como resume Debreyne, "Toda a malícia destes atos deriva do perigo a que expõem"[39].

Em contrapartida, os toques dos órgãos genitais do outro sexo, feitos fora do casamento, são sempre mortais; vimos que nem todos os permitidos aos esposos são, em si, inocentes. O tato sobre as próprias partes do corpo do outro sexo, consideradas não vergonhosas, constitui, quando estas partes estão nuas, um pecado grave; exceto se o contato é feito por necessidade, como é o caso de um exame médico, de uma intervenção cirúrgica ou de uma peritagem.

Por outro lado, a mulher que se deixa tocar pudicamente, segundo os bons costumes, desde que esteja convencida da pureza das intenções

---

36. ALPHONSE DE LIGUORI. Œuvres complètes du bienheureux. Op. cit. T. 23, p. 459-460. Cf. tb. VALENTIN. Le prêtre juge et médecin... Op. cit. T. 1, p. 249-250.
37. DEBREYNE, P.-J.-C. Moechialogie... Op. cit., p. 171, 173.
38. Ibid., p. 174.
39. Ibid., p. 175.

de quem a aborda, é preservada da falta grave. Mas ela peca gravemente quando sua sensualidade se delicia com o toque. Quando se referem aos problemas suscitados pela violação, os teólogos daquela época apenas consideram a salvaguarda da pureza da alma. Trata-se, para eles, que a alma da vítima seja preservada de qualquer consentimento a esta lubricidade à qual ela se vê provocada pela violência. Para mostrar que sua vontade afasta a tentação, a mulher – ou a virgem – deve resistir fisicamente e gritar. Por conseguinte, escreve Afonso de Ligório, a ausência de qualquer grito seria consentimento presumido. O que não significa, aqui, aceitação do ato violento; mas, em certo grau, consentimento ao prazer provocado pela evolução da união carnal. Não esqueçamos: os médicos, como os teólogos e os autores de romances eróticos, desenterram então a ideia de que é difícil para uma mulher evitar o prazer quando se sente necessitada. Ora, neste caso, a mulher violentada deve fazer o possível para evitar seu consentimento à lubricidade. No entanto, Ligório, indulgente, considera que conviria escusá-la de qualquer pecado mesmo se ela se encontrasse, num determinado momento, em perigo iminente de consentir[40].

Além disso, a jovem moça ou a mulher violada seriam desculpadas por não gritar se corressem o risco, atraindo assim a atenção, de fazer recair sobre elas a infâmia do ato, embora sentindo-se, interiormente, preservadas de qualquer eventual consentimento. Por outro lado, não gritar não as impede do dever de resistir fisicamente, com todas as forças.

Na prática cotidiana dos confessores, é *o beijo*[41] que, em matéria de toque, atrai mais a atenção e comporta o maior número de problemas. Já consideramos aquele que se davam os esposos enveredados no caminho

---

40. ALPHONSE DE LIGUORI. *Œuvres complètes du bienheureux. Op. cit.* T. 23, p. 460-461: longo desenvolvimento sobre o estupro. Sobre este tema, cf. VIGARELLO, G. *Histoire du viol, XVIᵉ-XXᵉ siècle.* Paris: Du Seuil, 1998 [Col. L'Univers Historique].
41. BOUVIER. *Dissertatio in sextum decalogi praeceptum – Dissertation sur le VIᵉ commandement du Décalogue.* Trad. cit., p. 103-105. • DEBREYNE, P.-J.-C. *Moechialogie... Op. cit.,* p. 178-182. Sobre este tema, cf. BECHTEL, C. *La Chair, le diable et le confesseur... Op. cit.,* p. 208-212.

da espiritualidade conjugal. Mas, aqui, não se trata disso. Entre indivíduos de sexo diferente que se casaram, qualquer beijo desonesto constitui um pecado mortal, visto que ele tende, por natureza, à cópula. Isto é particularmente verdadeiro em relação ao chamado "beijar à pomba", isto é, o beijo que implica a introdução da língua, sobretudo quando acompanhado de abraços apertados. O mesmo vale para qualquer beijo no seio ou, pior, nos órgãos genitais. Os teólogos têm dificuldade de imaginar efetivamente que tais gestos podem ser feitos sem nenhum risco de "poluição". Beijar o rosto do outro pelo prazer sensual que ele propicia é pecado mortal. O verdadeiro problema para os pastores está nos beijos que comumente os jovens se dão, particularmente os noivos. Cabe a cada jovem moço ou jovem moça avaliar os efeitos de cada carícia e de cada tipo de conversação; e ao confessor, o dever de abrir-lhes a consciência sobre os perigos.

A dança impõe problemas da mesma ordem. Ela não é, segundo Debreyne, "criminosa nem ilícita por natureza"[42], mas muito frequentemente se revela perigosa. Tudo depende das *intensões* dos que a ela se entregam[43]. Esta é a opinião de Afonso de Ligório e, mais tarde, de Bouvier e Thomas Gousset. Estes são tolerantes, portanto, a uma indulgência nova, visto que, desde sempre, menos para Francisco de Sales, a dança era denunciada, quer nos reportemos a Orígenes, a João Crisóstomo, ou, bem mais tarde, a Carlos Borromeu, para quem "ela leva aos prazeres da carne e a toda espécie de sensualidades". Os teólogos do século XIX avaliam que os párocos e capelães podem tolerar a dança em suas paróquias, mas reconhecem que eles jamais deveriam permitir que ela se implantasse em seus domínios[44]. Seria necessário, além disso, fazer o possível para impedir que ela se realizasse em lugares suspeitos e durante os ofícios religiosos. Apesar dessa relativa indulgência, a dança sempre parece constituir uma

---

42. DEBREYNE, P.-J.-C. *Moechialogie... Op. cit.*, p. 199.
43. GOUSSET, T. *Théologie morale à l'usage des curés et des confesseurs... Op. cit.* T. 1, p. 295.
44. *Ibid.*

"ocasião próxima" de pecado. A acreditar nos pastores, a experiência prova a cada dia suas inconveniências: hábitos indecentes, "grandes imodéstias e palavras obscenas que nesses ambientes podemos perceber". O pior, segundo Debreyne, consiste na prática da valsa e da "galopada"[45]. Já o baile de máscaras é, para Bouvier e Thomas Gousset, totalmente inescusável.

Lícitos, no contexto em questão, apenas parecem ser o baile de família e o baile de sociedade, notadamente quando jovens moças e mulheres participam tão somente para atender à solicitação de seus pais ou maridos. O lugar, o contexto da dança, sua duração, as circunstâncias em que ela acontece, a natureza e a idade dos que dela participam, o grau de fragilidade moral de seus participantes, a frequência desses encontros: eis os critérios segundo os quais o perigo do baile deve ser avaliado. Se apenas se dança algumas vezes ao ano, se a ausência de um rapaz ou de uma moça ao encontro corre o risco de ser motivo de zombaria, a participação ao baile não constitui um pecado[46].

Quando os teólogos se referem à audição, é sobre a honestidade dos propósitos que eles dissertam. "Ao cair num coração frágil [escreve Francisco de Sales], a palavra desonesta se expande e se dilata como uma gota de óleo sobre uma folha; e às vezes ela se apossa de tal forma do coração que o sobrecarrega de incontáveis pensamentos e tentações indecentes"[47]. Em contrapartida, as palavras desonestas "ditas dissimuladamente, com astúcia e sutileza" são as mais "venenosas, visto que, assim como é verdade que quanto mais pontiagudo for o dardo mais facilmente ele entra nos corpos, da mesma forma, quanto mais maliciosa é a palavra, mais ela

---

45. DEBREYNE, P.-J.-C. *Moechialogie... Op. cit.*, p. 201, bem como a citação de Carlos Borromeu.
46. Esta é, p. ex., a opinião de Bouvier. Cf. DEBREYNE, P.-J.-C. *Moechialogie... Op. cit.*, p. 208. A mesma opinião sobre a dança está em VALENTIN. *Le prêtre juge et médecin... Op. cit.* T. 1, p. 105-110.
47. FRANÇOIS DE SALES. *Introduction à la vie dévote. Op. cit.*, p. 206. Para as citações abaixo, p. 206-207.

penetra em nossos corações". Dois séculos depois, Debreyne mostra-se mais categórico ainda: "Qualquer discurso impuro, qualquer palavra desonesta ou simplesmente com duplo sentido, dita por um mau motivo, pelo simples fato de levar à libertinagem ou à impureza constitui-se com certeza em pecado mortal"[48].

A este respeito, o médico parece ser mais rigoroso do que outrora o fora Afonso de Ligório. Este sublinhava que as palavras obscenas não se constituíam, em si mesmas, em um pecado mortal, conquanto proferidas num momento de raiva ou de descontração, como muito frequentemente podia acontecer, por exemplo, entre os ceifeiros e os vinhateiros. Elas só deveriam ser consideradas pecados graves se, em razão da fragilidade de espírito dos ouvintes, causassem um verdadeiro escândalo. Em contrapartida, proferir palavras luxuriosas se constituiria em pecado mortal se ditas por razões de deleite, de estímulo da paixão, ou para levar o outro à libertinagem. Igualmente seria pecado mortal proferir palavras obscenas aos jovens visando a ensinar-lhes maus comportamentos ou a incentivá-los aos desregramentos. O mais grave, entretanto, seria vangloriar-se em público por ter cometido algum ato libidinoso. Neste caso, o culpado acumularia três pecados: o resultante de palavras obscenas, o resultante do escândalo causado e o resultante do fato de vangloriar-se por uma falta anteriormente cometida[49].

Tudo o que foi dito acima vale para as músicas obscenas. Compô-las, cantá-las, ouvi-las constitui-se, o mais frequentemente, em muitos outros pecados mortais. Quanto ao ouvinte, ele está longe de ser inocentado. Entretanto, só será acusado de cometer um pecado venial se simplesmente

---

48. DEBREYNE, P.-J.-C. *Moechialogie... Op. cit.*, p. 193.
49. Sobre estes pontos, cf. ALPHONSE MARIE DE LIGUORI. *Œuvres complètes du bienheureux. Op. cit.* T. 23, p. 463. Bouvier e Gousset se alinham com Ligório; cf. GOUSSET, T. *Théologie morale à l'usage des curés et des confesseurs... Op. cit.* T. 1, p. 290ss., bem como, para o que segue, sobre as músicas, BOUVIER. *Dissertatio in sextum decalogi praeceptum.* Trad. cit., p. 118-119. Bouvier (p. 120) sublinha a periculosidade particular da mulher que acha graça de palavras indecentes.

ouviu músicas por curiosidade, sem qualquer perigo de deleite. No entanto, o pecado será mortal se ouviu músicas intencionando a luxúria. Joseph Pochard explica claramente a gravidade das palavras obscenas: "Este veneno mortal, escreve ele: 1) contagia facilmente; daí as tentações frequentes, importunas, fortes, que sucedem estas palavras maléficas; 2) este veneno age eficazmente; com tais palavras rimos – Cristo, segundo os evangelhos, jamais riu –, delas falamos, as transmitimos, com elas sentimos prazer; 3) este veneno fere quase universalmente, visto que quase todas as pessoas que pecam contra a pureza o fazem em consequência daquilo que ouviram; quase todos os que pecaram em razão da audição desse gênero ainda seriam castos se jamais tivessem ouvido algo contra tão amável virtude"[50] – qual seja, a castidade.

Denunciar os estragos da leitura e seus efeitos sobre a imaginação constitui, desde sempre, o *topos* da literatura clerical. "Encorajando a vós mesmos pelas máximas de vossos livros [trovejava Massillon na aurora do século XVIII], vós sacudis o jugo, vos abandonais ao império dos sentidos; nada vos detém; não tendes outro freio senão um instinto brutal, outra regra a não ser vossos desejos, outra ocupação senão saciar vossas paixões"[51]. Quase um século mais tarde, Joseph Pochard não é menos categórico quando trata dos livros que atentam ao pudor: "Devemos retirá-los das mãos de quem os detém, e não fazer deles outro uso senão queimá-los"; senão, "as pessoas os leem, e os releem [...], os emprestam, os vendem [...]"[52]. Ainda temos presente a desconfiança dos médicos em relação a esta literatura que estimula a masturbação. Mais nova se revela a diatribe de Debreyne que, por sua vez, acusa a literatura de "inflamar a imaginação da juventude", de levá-la à libertinagem ou, ao menos, de "exaltar imensamente a sensibilidade nervosa e erótica". Ele ataca essencialmente as novelas dos jornais "que

---

50. POCHARD, J. *Méthode pour la direction des âmes... Op. cit.* T. 2, p. 292.
51. MASSILLON. *Discours inédit sur les dangers des mauvaises lectures* (1717).
52. POCHARD, J. *Méthode pour la direction des âmes... Op. cit.* T. 2, p. 294.

penetram em todos os cantos, nas famílias, nos salões, nos vestiários, nos lugares públicos, nos ambientes de leitura"[53] e as considera "uma verdadeira praga social", uma "invenção satânica" que constitui "quase a única literatura dos jovens de hoje"[54], juntamente com a das peças de teatro, não muito menos nociva; ele igualmente pede aos confessores que neguem a absolvição aos leitores destes textos devastadores[55].

---

53. DEBREYNE, P.-J.-C. *Moechialogie... Op. cit.*, p. 196, 198.
54. *Ibid.*, p. 198.
55. Vale lembrar que a quase totalidade dos autores de romances daquele tempo, que hoje nos causam admiração, à época foi inscrita no index; cf. BOUTRY, P. Papauté et culture au XIXe siècle - Magistère, orthodoxie, tradition. *Revue d'Histoire du XIXe siècle*, n. 28(1), p. 31-58, 2004.

10
METICULOSIDADE DA CONFISSÃO E ARITMÉTICA DAS FALTAS

No interior do "tribunal da consciência", que é o confessionário, o diálogo do penitente e do padre evoluiu. Ao mesmo tempo que acontece o alargamento, o aprofundamento e o aperfeiçoamento do exame de consciência, a meticulosidade da confissão vai se impondo; fato que testemunha uma "psicologização progressiva"[1] da confissão católica. Sua história, repitamo-lo, acompanha a ascensão do modelo autobiográfico e em seguida a acentuação do domínio de tudo aquilo que depende do privado e do íntimo. Ao longo do século XIX, a interiorização crescente de uma moral exigente e angustiante, bem como o gosto secular pela expiação e pela penitência, reforçam e enriquecem a prática da confissão[2]. O conjunto deste processo, além disso, leva a privilegiar tudo aquilo que diz respeito à carne.

O encontro penitencial é original. Esta "conversação sacramental"[3] se inscreve na ordem da cultura oral. Jamais esqueçamos, por consequência, a importância do lugar e do momento em que ela se desenvolve, bem como as etapas que a compassam. A obrigação de expressar-se *mezzo voce*, numa atitude de submissão e de contrição, dentro de um espaço

---

1. Sobre estes pontos, cf. CASAGRANDE, C.; VECCHIO, S. *Histoire des péchés capitaux...* Op. cit., p. 333.
2. BOUTRY, P. Réflexions sur la confession au XIXe siècle: autour d'une lettre de sœur Marie-Zoé au curé d'Ars (1858). *Pratiques de la confession...* Op. cit., p. 238.
3. BOUTRY, P. *Prêtres et paroisses...* Op. cit., p. 384.

escurecido por uma grossa cortina, o sentimento da presença indecisa daquele que a ouve em silêncio, do outro lado de uma grade, as fórmulas rituais que o penitente pronuncia, as orações que precedem e sucedem a confissão de seus pecados, a certeza de que tudo aquilo permanecerá no mais completo sigilo conferem ao encontro um colorido muito particular e exige uma alocução que não é ordinária. A ritualização da palavra contribui para a sensação de mistério que tanto impressiona os contemporâneos. A sombra do confessionário ensombra particularmente os anticlericais; tanto que o Sacramento da Penitência subverteu as hierarquias sociais e torna evidente a igualdade das almas diante de Deus.

A confissão auricular difere da confidência; isto é, da confissão espontânea, pouco codificada, chegada ao ouvido de uma pessoa previamente escolhida, da qual espera-se apoio e reconforto. O exame de consciência e a confissão são prescritos pela autoridade eclesiástica. O fiel deve periodicamente confiar em um padre que esta autoridade lhe designa, em relação ao qual existe uma relação de autoridade e não de amizade. É necessário confessar-se com o pároco da própria paróquia, a não ser que ele delegue essa função a um missionário de passagem. O confessor não é um confidente; é um pai, um juiz e um médico da alma. Ele exige confissões completas. Ele interroga. Ele averigua a aventura espiritual daquele que atende. No final do encontro fixará uma penitência, após ter dispensado conselhos, ou promulgado uma regra de vida[4].

O intercâmbio que acontece no interior do confessionário pode ser o momento de uma intensa emoção. De fato, o julgamento último constitui o horizonte deste encontro. O que o penitente confessa, e sobretudo o que esconde, será então conhecido, em um momento de confusão e de vergonha. Então Deus "irá procurar e penetrar em todos os meandros" mais

---

4. Sobre estes pontos, cf. DELUMEAU, J. *Le Péché et la peur – La culpabilisation en Occident, XIIIe-XVIIIe siècles*. Paris: Fayard, 1983. • *L'Aveu et le pardon... Op. cit.*, passim.

secretos da alma, expostos a todos[5]. Compreende-se a angústia que pode então suscitar a ameaça que pesa sobre a salvação. Chateaubriand retraçou a importância do momento que sucede a confissão: "Se me tivessem tirado o peso de uma montanha, não me teriam aliviado mais: eu chorava de felicidade"[6]. O Cura d'Ars misturava frequentemente suas lágrimas de piedade às de seu penitente. Tamanho intercâmbio lacrimal diferencia a confissão sacramental da confidência ordinária.

Tudo isso contribui para explicar a fascinação temerosa que exerce este tipo de confissão quando se trata de uma mulher. É a razão pela qual o encontro penitencial entra na história da união carnal, particularmente no século XIX. A confissão feminina cria no homem um triplo sentimento de mal-estar. O primeiro resulta da ideia de que a filha, a esposa ou a amante vão confessar suas faltas, num lugar sombrio, a um homem que as escuta, no mais profundo isolamento; em especial porque o padre é um celibatário, contaminado, nas palavras de Michelet, pelo ensinamento recebido e pela leitura de manuais muito licenciosos. O padre, por essa razão, junta à inexperiência dos sentidos uma "imaginação recheada de casos monstruosos"[7]. "Perguntai confidencialmente às mulheres, aconselha Francisque Bouvet, se a primeira ideia do mal não lhes veio através da indiscrição de um confessor, na idade em que o pudor natural parecia dever preservá-las por muito tempo ainda"[8]. Inversamente, Michelet se ri

---

5. DELUMEAU, J. *Le Péché et la peur... Op. cit.*, p. 523. O autor cita Bourdaloue.
6. CHATEAUBRIAND. *Mémoires d'outre-tombe*. Ed. de N. Perot. Livro II, 6. Paris: Garnier-Flammarion, 1997, Livre II, 6, p. 119-120.
7. *Apud* BOUTRY, P. *Prêtres et paroisses... Op. cit.*, p. 438. A confissão do pecado de luxúria no encontro penitencial foi objeto de estudos relativos a períodos anteriores. A título de exemplo, a respeito da Espanha nos séculos XVI e XVII, cf. HALICZER, S. *Sexuality in the confessional – A sacrament profaned*. Nova York: Oxford University Press, 1996. O autor considera o confessionário um dos lugares mais eróticos da Espanha moderna, um oásis de fantasia erótica. Ele descobriu 223 casos nos arquivos da Inquisição. Em geral, as "vítimas" dos confessores são empregadas, mulheres pobres ou mulheres malcasadas e consensuais. Algumas se esforçavam para seduzir os padres. Em resumo, a confissão teria conseguido concentrar a atenção sobre os prazeres que ela visava abolir.
8. *Ibid.*

da bela pecadora que sabe mais do que seu interlocutor e da lição que, de joelhos, a este oferece uma "mulher espiritual e debochada"[9]. De fato, Victor Marchal conta em suas *Souvenirs* [Lembranças], a respeito dos anos de 1852: "Eu confesso mulheres com uma candura que a muitas impressionava"[10]. Os escritores anticlericais, Courier, Michelet, Zola e, mais tarde, Léo Taxil e Sar Péladan, sempre sublinharam e denunciaram o controle do confessor sobre a sensualidade das penitentes.

Ora, o essencial não reside nisso. Dois outros sentimentos criam uma perturbação maior. O primeiro depende da infração contra a autoridade marital. As proibições enunciadas pelos confessores limitam a liberdade das relações conjugais. Assim, as admoestações da esposa do onanista, sua passividade imposta, sua contrição e a reserva que esta determina suscitam a ira dos maridos; pelo menos os autores citados assim o deixam entender. "Será já muito, escreve Michelet, se o marido, viúvo da alma, mantiver involuntária e inerte a morte da posse. É humilhante nada poder obter do que era seu, a não ser sob a autorização e por indulgência, e ser visto e seguido na mais íntima intimidade por *uma testemunha* que vos regula e vos faz a vossa parte"[11].

O padre que está entre o marido ou o amante da mulher que confessa sabe tudo das pulsões sensuais e das práticas lascivas daquele que não é e jamais será seu penitente. Michelet se indigna mais ainda com a possibilidade "de encontrar na rua um homem que conhece melhor do que ele mesmo suas mais secretas fraquezas, e que humildemente o cumprimenta e ri de sua cara [...]"[12]. Que haja, em tudo isto, sinais de uma imaginação alucinada, não impede a permanência da perturbação. O pior é que o confessor sabe dos desejos, das tentações, dos eventuais deleites, dos

---

9. *Ibid.*, p. 439.
10. *Ibid.*
11. BOUTRY, P. *Prêtres et paroisses...* Op. cit., p. 444-445.
12. *Ibid.*

consentimentos, das incontinências secretas, ou dos adultérios da filha, da esposa ou da amante daquele que ignora tudo sobre estas deambulações. "Este homem [escreve ainda Michelet a respeito do confessor] sabe sobre esta mulher o que seu marido não pôde saber durante as longas noites e dias de seu convívio"[13].

A indignação dos anticlericais, ao lhes darmos crédito, é acompanhada da denúncia das obscenidades contidas nos manuais de confissão, que se apressam em traduzir. Estas edições, que Claude Langlois trata à parte atacando-as[14], continuam hoje em dia. Inclusive é possível perceber, junto aos autores e aos historiadores católicos, uma tendência, mais ou menos sub-reptícia, de considerar essas obras um pouco licenciosas ou lastimando seu teor numa perspectiva apologética, recheada de anacronismo. Tantas posturas, é escusado dizer, que não são as nossas.

Tais posturas suscitam, junto aos teólogos, longas páginas consagradas às precauções que o confessor deve adotar e às advertências contra a confissão complacente, destinada a criar confusão. Existem pessoas, assegura Joseph Pochard, que tentam seduzir o confessor, sobretudo se ele for jovem, acusando-se de abominações que não cometeram[15], ou que simplesmente as enumeram "para ter o detestável prazer de pronunciá-las". Este é o caso da irmã Marie-Zoé que confessa: "Eu confessei muitas vezes meus pecados porque sentia um certo prazer ao falar destas tristes coisas"[16]. Os teólogos

---

13. *Ibid.*, p. 444.
14. Cf. LANGLOIS, C. *Le Crime d'Onan... Op. cit.*
15. POCHARD, J. *Méthode pour la direction des âmes... Op. cit.* T. 1, p. 175. Vale lembrar que esta obra, também denominada "Méthode de Besançon", foi publicada em 1784 e reeditada 16 vezes entre 1811 e 1855, antes que fosse substituída pela obra citada do Abade Gaume, que foi 12 vezes reeditada até 1872. Nota-se que, diferentemente da obra de Joseph Pochard, ela é essencialmente fruto de uma compilação de textos anteriores, mas sua tonalidade se afasta do rigorismo, ainda evidente no outro livro. Segundo Marcel Bernos (Saint Charles Borromée et ses Instructions aux confesseurs". *Pratiques de la confession... Op. cit.*, p. 199), o manuscrito de Joseph Pochard dataria de 1772, e estaria presente em Besançon desde 1783. Acrescente-se que ele continua fortemente inspirado por Carlos Borromeu.
16. BOUTRY, P. Réflexions sur la confession au XIXe siècle... Artigo cit., p. 237.

deploram igualmente, mas em outra perspectiva completamente diferente, as meias-confissões, particularmente frequentes quando se trata de polução e bestialidade, horrores difíceis de ser ditos pelo penitente.

Não exageremos, no entanto, a intensidade da cena cotidiana que se desenvolve no interior do confessionário. O intercâmbio muito frequentemente se revela banal. No final do século XVII, o prior de Sennely-en-Sologne constatou que "ao confessionário [...], não nos acusamos de nada, rimos, contamos a própria miséria e pobreza, pedimos desculpa"[17] e buscamos enganar o confessor contando-lhe os pecados maiores, na surdina. Em Dordonha, no século XIX, as confissões ordinárias eram o mais frequentemente desleixadas. Elas não duravam mais do que dois ou três minutos, sobretudo por ocasião das grandes afluências no tempo pascal[18]. Compreende-se então que dirigir-se "ao confessionário" é o preço a ser pago a fim de garantir-se os serviços do pároco para o resto do ano. Rimos e tagarelamos ao aguardarmos a nossa vez diante do confessionário. Não há aqui, absolutamente, nenhuma investigação prolongada das almas. As mulheres, se necessário, se confessam para preservar a própria reputação. Os domésticos, os inquilinos e as crianças são obrigados a ir ao confessionário a fim de confessar suas faltas. O que Philippe Boutry chama de "confissão na dependência"[19] se reveste de uma verdadeira utilidade social: ela salvaguarda a pureza das jovens moças e a fidelidade das esposas.

Em contrapartida, algumas pessoas da elite escolhem um *diretor de consciência*; o que vai além da confissão ordinária. A partir dos anos 1660, a literatura penitencial está em plena expansão[20]; ao mesmo tempo, a

---

17. *Apud* DELUMEAU, J. *Le Péché et la peur... Op. cit.*, p. 518.
18. GIBSON, R. Rigorisme et liguorisme dans le diocèse de Périgueux, XVIIe-XIXe siècles. *Loc. cit.*, p. 340.
19. BOUTRY, P. *Prêtres et paroisses... Op. cit.*, p. 403.
20. BERNOS, M. Saint Charles Borromée et ses Instructions aux confesseurs... Art. cit., p. 185.

prática da direção de consciência se desenvolve[21]. É um movimento que deve ser diferenciado da simples difusão do recurso ao Sacramento da Penitência. No século XVIII, a população católica mais zelosa começa a feminilizar-se; e as direções espirituais ganham mais importância ainda[22]. Elas visam a um aperfeiçoamento incessante da alma que supõe, segundo Afonso de Ligório, um trabalho específico em vista de guiar as quatro operações principais que constituem: "a meditação, contemplação, mortificação e participação dos sacramentos"[23].

Neste quadro de direção de consciência, o exame não se resume à investigação sobre si; é avaliação do nível alcançado no processo de elevação. Este é acompanhado por um distanciamento da carne. Assim, enquanto o penitente sobe os degraus da oração de contemplação, ele acede a uma "aridez sensível"[24], a um desapego em relação às criaturas em benefício de um desejo, sempre mais vivo, de uma união com Deus. O penitente cai num estado de trevas dolorosas que lhe inspira uma verdadeira "repugnância a todos os prazeres sensuais"[25]. Esta "aridez dos sentidos" introduz numa fase de "contemplação jubilosa"[26] ao longo da qual, escreve Afonso de Ligório, a alma se separa "das inclinações sensuais e materiais recheadas de formas, de imagens e de rostos". Mais tarde, ele acede a um degrau superior, marcado pela desolação e por terríveis tentações carnais, como vimos em relação a Catarina de Siena, até que sua alma "se torne apta à união com Deus"[27]. Contentemo-nos com este simples esboço, já que este modo de elevação da alma ultrapassa o nosso escopo. Não esqueçamos, no entanto, que no

---

21. DOMPNIER, B. Missions et confession au XVIIe siècle. *Pratiques de la confession...* Op. cit., p. 220.
22. BERNOS, M. *Femmes et gens d'Eglise dans la France classique (XVIIe-XVIIIe siècles).* Op. cit., passim.
23. LIGUORI, A.M. *Œuvres complètes du bienheureux.* Op. cit. T. 26, p. 395.
24. *Ibid.*, p. 403.
25. *Ibid.*, p. 404.
26. *Ibid.*
27. *Ibid*, p. 407.

século XIX, notadamente, muitas mulheres tinham sede de direção espiritual e que os padres eram obrigados a suprir suas demandas[28].

Para os confessores, muitas ideias, advertências e instruções práticas haviam sido publicadas ao longo dos séculos precedentes, notadamente por Carlos Borromeu[29], Philippe Néri, Francisco de Sales, Afonso de Ligório e Leonardo de Porto-Maurício. Estes teólogos concordam num ponto, que Thomas Gousset resume com uma formulação clara: confessar constitui-se na função "mais perigosa para o padre"[30]. Trata-se, enfatiza, por sua vez, Joseph Pochard, de um ministério perigoso[31]. O sexto mandamento sempre apresenta o risco de inflamar a imaginação. Uma análise mais específica leva a detalhar as tentações que assaltam o padre. A primeira depende, simplesmente, da curiosidade excessiva "que leva a aprender coisas que não são necessárias, circunstâncias inúteis [...], por querer saber a maneira com que o pecado foi cometido"[32]. Isto constrange o penitente, que é levado então a expressar-se em termos pouco modestos e a ferir assim tanto a sua imaginação quanto a do confessor. A segunda tentação, mais terrível, consiste, para o sacerdote, em cometer os pecados dos quais o penitente se acusa. Este apresenta "aberrações das quais brotam os maus pensamentos; o demônio se insinua no coração do confessor, e busca a partir daí estimular maus desejos ou condescendências impuras"[33]. Assim, o padre se vê exposto a ciladas particulares que "não havia talvez encontrado no comércio do mundo". Ele corre o risco de "manchar-se purificando os

---

28. Destacado em BOUTRY, P. *Prêtres et paroisses... Op. cit.*, p. 404. • Réflexions sur la confession au XIXe siècle... Art. cit., p. 235.
29. Os escritos deste último constituem referência onipresente. O arcebispo de Milão desejava que os confessores considerassem a qualidade das pessoas, as circunstâncias do pecado; ele insistia sobre sua necessidade de circunspecção, sem nuanças, como um apóstolo do rigorismo.
30. GOUSSET, T. *Théologie morale à l'usage des curés et des confesseurs... Op. cit.* T. 2, p. 329.
31. POCHARD, J. *Méthode pour la direction des âmes... Op. cit.* T. 1, p. 171. O autor enumera as precauções que se impõem ao confessor.
32. *Ibid.*, p. 115.
33. *Ibid.*, p. 116, para as duas citações seguintes, p. 116-117.

outros". O Abade Valentin avalia, pois, que o confessor deve "estar atento sobre si mesmo [...] a fim de não se contaminar ao ouvir todos estes horrores: se não usar da autovigilância, sua imaginação se contaminará", e se afundará "naquele abismo de impurezas e horrores"[34].

O personagem do confessor sedutor figura no *Tiers livre* [Terceiro livro] de Rabelais e no *Heptameron*, de Margarida de Navarra. Por outro lado, Tallemant des Réaux evoca, alguns anos mais tarde, uma mulher que tenta, por todos os meios, seduzir o padre que a ouve confessar seus pecados. Em seguida, a literatura erótica se aproveita do tema. Ao ouvir, no romance de Sade, a recitação das aventuras da desafortunada Justine, o confessor se masturba. Este *topos* já figurava no *Le portier des Chartreux* (O porteiro dos cartuxos); o encontramos, em 1803, no *L'Enfant du bordel* [O garoto do bordel], de Pigault-Lebrun.

Daí, segundo Gousset, que se inspira em Carlos Borromeu, a necessidade de orações e mortificações. O padre jamais deve esquecer que está permanentemente na presença de Deus. Será necessário aconselhar-se com ele, elevar de tempos em tempos o seu coração em direção ao seu criador, sobretudo quando se sente em perigo. Que então ele grite como os apóstolos na tempestade: "*Domine, Salva nos, perimus* [Senhor, salva-nos, pois estamos perecendo]"[35]. Na presença de todos estes pecados expostos pelos penitentes, o confessor deve desconfiar de si mesmo. Será necessário evitar interrogar longamente sobre esta matéria, disposto a não retornar a ela. Que conserve, sempre, quando se sentir perturbado pelos pecados de luxúria, uma grande pureza de linguagem; e mostre total moderação. Segundo o Abade Gaume, a confissão deve ser meditação e prece contínua,

---

34. VALENTIN. *Le prêtre juge et médecin... Op. cit.* T. 1, p. 244. Quanto ao que segue, cf. RABELAIS, F. *Œuvres completes*. Paris: Gallimard, 1955, p. 419 [Col. La Pléiade]. • TALLEMANT DES RÉAUX. *Historiettes. Op. cit.* T. I, p. 85, a respeito de Mme. de Villars. • DE NAVARRE, M. *L'Heptaméron*. Paris: Gallimard, 2000, p. 519-520 [Col. Folio].
35. GOUSSET, T. *Théologie morale à l'usage des curés et des confesseurs... Op. cit.* T. 2, p. 412.

ao passo que o padre deve vigiar permanentemente para "guardá-la no coração"[36], e, portanto, guardar também a moderação dos olhos e da língua.

Um perigo particular ameaça o diretor de consciência. Durante o longo caminho que leva à elevação progressiva da alma, a penitente e seu diretor podem, inadvertidamente, ver os vínculos espirituais transformar-se em vínculos carnais; tanto que os dois interlocutores não se dão conta imediatamente do perigo. Pouco a pouco, estas pessoas "vão se buscando mutuamente com olhares, se inflamam por ternas palavras que parecem partir ainda de sua primeira devoção; em seguida desejam a presença uma da outra"; enfim, a "devoção espiritual se converte em devoção carnal"[37].

Para avaliar melhor todos estes riscos, consideremos o ritual do Sacramento da Penitência. O confessionário[38] deve estar localizado em um espaço aberto, visível de todos os lados. É recomendável, no entanto, colocar um obstáculo em suas proximidades, a fim de garantir a discrição do diálogo que ali se desenrola. No interior, uma grade fixa separa o padre de seu ou de sua penitente. Quando vai à casa de um doente que deseja ser atendido, o confessor, repitamos o conselho de Carlos Borromeu, deve manter sempre aberta, ou ao menos entreaberta, a porta do quarto, a fim de poder ser visto do exterior. Além disso, será necessário que ele desvie o olhar daquele de sua penitente.

Segundo o ritual romano, o confessor deve estar portando batina, sobrepeliz e estola. Deve manter a cabeça coberta e esconder o máximo possível seu rosto. Sem fitar demasiadamente seu penitente, aproxima sua

---

36. GAUME, J. *Manuel des confesseurs*. Op. cit., 1837, p. 250. Todo o capítulo "Précautions qui doivent accompagner le confesseur dans ses fonctions" (p. 243-272) será citado.
37. LIGUORI, A.M. *Œuvres complètes du bienheureux*. Op. cit. T. 26, p. 221. Retomado em GAUME. *Manuel des confesseurs*. Op. cit., 1837, p. 258.
38. Visto que o encontro penitencial é feito, sempre que possível, neste móvel, e não, como geralmente acontece em paróquias do interior, sobre duas cadeiras ou poltronas e na sacristia. Para tudo o que segue, cf. as obras de Thomas Gousset, do Abade Gaume, do Abade Valentin e, obviamente, de Afonso de Ligório e de Joseph Pochard. Não existe, neste domínio, diferença sensível entre os rigoristas e os discípulos de Ligório.

orelha em sua direção a fim de ouvir perfeitamente e deve acenar-lhe que está ouvindo atentamente.

As qualidades gerais do confessor que são o zelo, a paciência, a ciência, a prudência e a discrição exigem uma postura modesta e honesta, que inspire gravidade e devoção. Será necessário que ele, portanto, evite todas as coisas contrárias à dignidade sacerdotal; por exemplo, não ter um cigarro, flores ou um leque à mão. Dentro do confessionário, o padre jamais deve falar alto. Aqui impõe-se abaixar, simultaneamente, o tom e o olhar.

A obsessão pela precaução concerne particularmente às "pessoas do sexo", que os teólogos, desde Jerônimo, Agostinho e tantos outros, apresentam como "tentadoras". O padre não deve atendê-las nem na aurora nem depois do crepúsculo. Do contrário, será necessário um círio aceso nas imediações do confessionário. Ele garantirá a retenção de uma pessoa no santuário até que tenha atendido a última penitente, a fim de jamais encontrar-se a sós com uma mulher no interior da igreja.

"Com as que são jovens, o confessor deve em geral ser mais severo do que afável. Não deve permitir-lhes que falem perto de seu rosto, tampouco beijar-lhe a mão. Quando as confessar, não deve apresentar um ar de quem já as conhece [...]. O confessor não deve parar para falar com elas na igreja; deve evitar qualquer espécie de familiaridade; tampouco deve aceitar pequenos presentes"[39]. Ao passo que lhe é permitido dizer "meu querido filho" a um penitente, deve evitar a expressão "minha querida filha". "Enfim, publica o Abade Gaume, deveis ser muito mais breves em vossos encontros com elas [as penitentes], pois desta forma elas vos confessarão grandes fraquezas e grandes pecados em matéria de impureza"[40]. De qualquer forma, a palavra do confessor deve ser breve e austera. Além disso, este jamais deve passar a impressão, por uma excessiva diferença de

---

39. GAUME, J. *Manuel des confesseurs. Op. cit.*, 1837, p. 257.
40. *Ibid.*, p. 255.

motivos, que ele negligencia os homens. É melhor mantê-los frequentando o sacramento do que perdê-los.

Carlos Borromeu esboçou um quadro, interminavelmente retomado, sobre a atitude do penitente. Este – ou esta – se põe de joelhos e, assim, prosterna-se aos pés do confessor. Inclina-se, humildemente, de mãos juntas diante do peito. Os homens podem permanecer com o rosto descoberto, mas as mulheres, se tiverem um, abaixem seus véus. Após ter feito o sinal da cruz, o penitente pede a bênção ao padre. Ele declara seus pecados, em seguida recitará o ato de contrição a fim de mostrar claramente seu arrependimento.

Os teólogos intimam o confessor a estudar cada indivíduo que a ele se confia, a analisar suas disposições, a averiguar sua situação e a esforçar-se para detectar seu temperamento. Estas são as três rubricas maiores que ordenam o interrogatório inicial. Desde o início, o padre deve fazer uma análise psicológica, conhecer *o estado atual* da consciência do penitente. Será necessário saber se este foi ao confessionário com boas ou más disposições e detectar os vínculos que seu caráter pode levá-lo a criar entre seus diversos pecados. "Assim [escreve Joseph Pochard], as faltas graves contra a pureza muitas vezes não passam de castigos de um orgulho secreto." É essencial, acrescenta ele, discernir "qual é o pendor, a fraqueza, a *paixão dominante* do penitente. Esta paixão é a fonte de quase todas as suas faltas"[41]. Não é menos importante medir seu saber em matéria de religião e de moral. Encontra-se ele numa ocasião próxima de pecado, num hábito mortal, na ignorância das verdades da religião e de seus deveres? As respostas a estas questões permitirão ao confessor oferecer ao seu penitente avaliações "proporcionais ao estado presente de sua alma"[42].

Igualmente será necessário que ele inquira sobre as condições e o estado social do penitente. "Está ele livre ou casado? Tem filhos, domésticas?

---

41. POCHARD, J. *Méthode pour la direction des âmes... Op. cit.* T. 1, p. 40-41, 139.
42. *Ibid.*, p. 140.

Que profissão exerce? É comerciante, trabalhador etc."[43] O padre deve, muito rapidamente, instruí-lo sobre os deveres de seu estado e informar-se sobre a maneira com que ele os exerce. Trata-se aqui de uma noção à qual o clérigo dedicará uma atenção crescente ao longo do século XIX[44].

A verdadeira novidade, no entanto, consiste na importância doravante acordada à noção de temperamento. O Abade Valentin, e sobretudo o trapista Debreyne que lhe serve aqui de modelo, consagram longas páginas a esta matéria. Os confessores, segundo estes autores, devem adaptar ao temperamento de cada penitente o regramento de vida que são levados a aconselhar e as táticas que convém utilizar contra as tentações. Assim, a título de exemplo, com os sanguíneos, inimigos da penitência e da mortificação cristã, "eternamente dominados pela lei de seu organismo" e pela atração pelos prazeres delinquentes, convém evitar as macerações, já que estas poderiam simplesmente aquecer tais prazeres. Por outro lado, urge "levá-los particularmente a odiar o próprio corpo [...], pois não existem indivíduos que amem tanto seus corpos quanto os sanguíneos". Quanto aos biliosos [fleumáticos], é necessário, acima de tudo, evitar que "se incendeiem"; o confessor lhes falará com a maior moderação e com toda a "candura possível"[45].

Sobre estas tipologias enxertam-se as categorias propriamente teológicas. Alguns penitentes são assim vítimas de simples pecados de fraqueza; isto é, cometidos no "primeiro movimento de uma paixão violenta ou em uma ocasião [isolada] sedutora, imprevista, ou em uma tentação forte", nascida de uma ocasião externa[46], não precedida de um trabalho interior. Outros penitentes, em contrapartida, caem por malícia. É o caso das

---

43. *Ibid.*, p. 139.
44. Sublinhado em BOUTRY, P. Réflexions sur la confession au XIXe siècle... Art. cit., p. 233.
45. VALENTIN. *Le prêtre juge et médecin...* Op. cit. T. 1, p. 341, 343, 348, 350.
46. POCHARD, J. *Méthode pour la direction des âmes...* Op. cit. T. 1, p. 177.

vítimas de pecados habituais e que, por essa razão, encontram-se profundamente presas ao próprio pecado; fato que, pouco a pouco, sufoca todo remorso, qualquer contrição e impede o acesso à graça.

"Entendemos por hábito [escreve Thomas Gousset], este pendor, esta propensão, esta facilidade que contraímos para o pecado pela repetição dos atos do mesmo gênero"[47]; o que cria a adição e forma "uma segunda natureza"[48]. O hábito pode ser, segundo os casos, mais ou menos "inveterado". Além disso, ele "se torna muito mais perigoso quando procede de uma ocasião próxima"[49]; Afonso de Ligório outrora havia ilustrado o modo com que concebia o hábito: "Em matéria de fornicação, sodomia e bestialidade não são absolutamente necessárias cinco recaídas [num mês] para que isto se constitua em hábito; assim, por exemplo, aquele que se entrega à fornicação uma vez por mês no espaço de tempo de um ano, este pode muito bem ser visto como tendo contraído o hábito"[50]. Os teólogos consideram "habitudinários" os que "contraíram o hábito de algum pecado do qual ainda não se confessaram"[51]; Thomas Gousset acrescenta a esta categoria "aquele que se confessa pela primeira vez de algum mau hábito"[52]. Estes pecadores terão mais ou menos dificuldade de se corrigir segundo o tempo passado em um "hábito criminoso", e de acordo com sua "maior ou menor perversidade"[53].

Erradicar o mal significa frear a "continuidade de atos difíceis e repetidos"[54]. Desta forma, os "habitudinários" merecem uma compaixão

---

47. GOUSSET, T. *Théologie morale à l'usage des curés et des confesseurs... Op. cit.* T. 2, p. 357-358.
48. POCHARD, J. *Méthode pour la direction des âmes... Op. cit.* T. 1, p. 182.
49. GOUSSET, T. *Théologie morale à l'usage des curés et des confesseurs... Op. cit.* T. 2, p. 358.
50. ALPHONSE MARIE DE LIGUORI. *Œuvres complètes du bienheureux. Op. cit.* T. 26, p. 149-150.
51. GAUME, J. *Manuel des confesseurs. Op. cit.*, 1842, p. 352.
52. GOUSSET, T. *Théologie morale à l'usage des curés et des confesseurs... Op. cit.* T. 2, p. 358.
53. *Ibid.*, p. 359.
54. *Ibid.*

particular e encorajamentos insistentes. Embora desejosos de corrigir-se, eles correm o grande risco de cair na categoria dos "reincidentes". Assim são denominados "os que, após a confissão, recaíram *da mesma maneira, ou aproximativamente*, sem emendar-se"[55], vítimas de uma *"fragilidade intrínseca"*. Segundo Thomas Gousset, o *"reincidente* é aquele que, tendo sido advertido por seu confessor de um mau hábito, recaiu no mesmo pecado"[56].

Quando os teólogos dos séculos XVII e XVIII abordam a questão dos "reincidentes", a atenção deles centra-se primeiro nas "incontinências secretas", e em seguida no onanismo conjugal; ou seja, privilegiam as categorias de pecados que, em geral, impõem a extirpação lenta e progressiva de um hábito. Em caso de reincidência, a fornicação com uma mulher sedutora ou com uma concubina, ou adúltera, trata-se de pecados mais fáceis de erradicar, de casos mais fáceis de o confessor resolver, de casos que exigem pouca mudança do penitente. Em contrapartida, será necessário ajudar os outros "reincidentes", dia após dia, e prescrever os meios que lhes permitirão, aos poucos, evitar a recaída.

O "reincidente" que "se polui" deve beneficiar-se de uma verdadeira reabilitação moral. O Abade Gaume recomenda a este respeito muita bondade e paciência da parte do confessor, a fim de que o penitente não caia no desespero. Quando o penitente retorna para confessar suas faltas, o confessor deve evitar qualquer sinal de espanto ou de aborrecimento. Valentin aconselha estimulá-lo a uma confissão geral precedida de um exame rigoroso, de orações e de mortificações. Ele espera que a revisão de tantos pecados o confunda, o humilhe, o estimule a um arrependimento mais intenso e o disponha a receber no Sacramento da Penitência as graças que lhe permitirão não mais recair[57].

---

55. GAUME, J. *Manuel des confesseurs. Op. cit.*, 1842, p. 353, 358.
56. GOUSSET, T. *Théologie morale à l'usage des curés et des confesseurs... Op. cit.* T. 2, p. 358.
57. VALENTIN. *Le prêtre juge et médecin... Op. cit.* T. 1, p. 141.

O que os médicos chamam de masturbação obceca os teólogos sob os termos polução ou incontinência secreta. Este pecado justificou, portanto, um tratamento especial, talvez desde o final do século XVI; fato este que leva a matizar as afirmações de Jean Stengers, Anne Van Neck seguidos por Thomas Laqueur. Assim, Phillipe Néri, morto em 1595, convida aquele que se polui a confessar-se o mais rapidamente possível, após cada pecado. "Sejam quais forem os números dessas recaídas, nunca tenham medo delas"[58], acrescenta três séculos mais tarde o Abade Gaume.

Para mensurar com exatidão o pecado de "reincidência" é necessário informar-se sobre uma série de dados, garante o rigorista Pochard: notadamente a idade, o caráter, a natureza das ocasiões, segundo foram ou não previstas ou buscadas. Convém avaliar a força e o número das tentações, a qualidade e a quantidade dos esforços dispensados em vista de resistir-lhes, o arrependimento e a dor do pecador, após cada recaída. Nesse sentido, seria incorreto ater-se unicamente ao número de incontinências secretas. Joseph Pochard imagina que Titus e Caius se poluíram ao longo do último mês. "Vós deveis perguntar a um e a outro, escreve nosso autor ao confessor: 1) se eles haviam caído no mês anterior; 2) se eles caíram mais de uma vez por mês, e quantas vezes; 3) se são frequentemente tentados, se a tentação é violenta, se a ela ofereceram ocasião ou se ela aconteceu sem que lhes tenham oferecido ocasião; 4) se gemeram sobre suas quedas; se se impuseram eles mesmos penitências. Vós absolvereis os dois, se eles não haviam recaído antes, ou se haviam caído apenas uma vez no mês

---

58. GAUME, J. *Manuel des confesseurs. Op. cit.*, 1842, p. 338-339. Jean Stengers e Anne Van Neck (*Histoire d'une grande peur: la masturbation. Op. cit.*, p. 30-48), após sublinhar que Cajetan, em seguida o franciscano Benedicti, em sua *Somme des péchés*, haviam lembrado que a polução voluntária, por cogitação, por deleite ou por toques, constituía um pecado mortal, garantem que embora a teologia moral continuasse estável, os confessores não faziam da luta contra a masturbação uma prioridade antes da metade do século XVII, que abre nossa pesquisa. Eles seriam influenciados por uma medicina galênica que temia acima de tudo a retenção e a corrupção dos humores. Este debate não nos diz respeito, mas inúmeras referências dos teólogos que escreveram ulteriormente estimulavam a temperar esta pretensa negligência; lembrando, além disso, que convinha raciocinar em termos de polução, e não de masturbação propriamente dita.

precedente, e se foram frequente e fortemente tentados; visto que estas duas quedas seriam mais fraqueza do que hábito; sobretudo se gemeram, e se impuseram a si mesmos penitências. Mas, supondo que um deles foi muito tentado, e o outro não o tenha sido senão uma ou duas vezes, e que, entretanto, este, depois de vários meses, tenha voltado a reincidir uma vez por mês [em polução ou em toques impudicos sobre sua pessoa], nesta hipótese um será absolvido e o outro não; neste segundo caso, é, ou ao menos em breve o será [...], pecado de hábito e de malícia"[59].

A fim de fazer confessar, sorrateiramente, a frequência das recaídas dos "reincidentes" ao longo do período que precedeu a última confissão, o interrogatório é desnecessário. Joseph Pochard propõe um meio simples de informar-se: o confessor perguntará ao pecador quais penitências lhe foram precedentemente impostas. Como ele teve o cuidado, de maneira geral, de graduá-las segundo o número de faltas cometidas por seus penitentes, será automaticamente informado. "Se costumais ter [escreve ainda Joseph Pochard ao confessor], o costume de ordenar àquele que cai todo dia que diariamente ele faça uma mortificação e que pense no inferno de manhã e de noite após sua oração, quando ele voltar ao confessionário e vos disser que vós lhe impusestes estas duas penitências, saberíeis tanto quanto se ele vo-lo dissesse, como em sua primeira confissão, que ele está em um hábito diário de incontinências secretas"[60].

Ao longo do interrogatório, o confessor tem a obrigação de não escandalizar em nada o penitente. Deve mostrar muita prudência a fim de que a confissão não se torne odiosa aos fiéis. Jamais deve esquecer que a salvação da alma, ou seja, a emenda do pecador, constitui a única finalidade do Sacramento da Penitência. O Abade Gaume[61] define com precisão

---

59. POCHARD, J. *Méthode pour la direction des âmes... Op. cit.* T. 1, p. 179-180.
60. *Ibid.*, p. 186-187.
61. GAUME, J. *Manuel des confesseurs. Op. cit.*, 1837, p. 340. Considerações idênticas na obra citada de Thomas Gousset.

esta necessária "prudência espiritual". Ao longo de seu diálogo com o penitente, o confessor não deve pressioná-lo. Evitará colocar-lhe questões sem sentido e inúteis, por pura curiosidade, ou repreendê-lo enquanto enumera suas faltas, ou falar daquilo que não tem nenhuma relação com a confissão. Jamais deverá repreendê-lo. O padre, repitamo-lo, deve ser, simultaneamente, um pai, um médico, um doutor em Ciências Religiosas e um juiz. Ele deverá, por conseguinte, ser dotado deste saber que lhe permitirá instruir o penitente sobre a fé e os costumes. Dessa forma ensinará aos noivos na véspera de seu casamento, e os receberá de novo quinze dias após as núpcias.

Em relação ao confessor, Afonso de Ligório insiste mais em sua função de pai, doutor e médico, do que na função de juiz. Esta é a razão pela qual o confessor deve, segundo ele, seguir passo a passo o exame de consciência dos penitentes incapazes de qualquer introspecção sobre suas vidas. É o caso de manobristas, de cocheiros, de domésticos, de soldados, de servos, de taberneiros "e outros semelhantes"[62].

A realização do encontro penitencial é codificada pelo ritual romano. O padre começa perguntando ao fiel há quanto tempo ele não se confessa e se cumpriu as penitências que lhe tinham sido impostas. Em seguida ouve, o mais frequentemente na ordem escolhida por seu interlocutor, a confissão dos pecados cometidos desde a última confissão; se necessário os comenta e pede para especificá-los. Segundo Afonso de Ligório, é melhor proceder assim do que reservar as questões e os comentários para o final do encontro[63]; em sentido inverso, como vimos, o Abade Gaume aconselha a jamais interromper o penitente.

Quanto ao interrogatório propriamente dito, o confessor é obrigado a conciliar dois imperativos à primeira vista contraditórios: não deve ser

---

62. ALPHONSE MARIE DE LIGUORI. *Œuvres complètes du bienheureux. Op. cit.* T. 25, p. 134.
63. *Ibid.*, p. 135.

muito minucioso; desta forma o confessor não questionará o penitente senão sobre os pecados que Afonso de Ligório qualifica de usuais. Acontece que o objetivo do confessor é também conhecer a espécie, o número e a origem dessas mesmas transgressões. Portanto, ele deverá inquirir sobre as causas e as circunstâncias de cada falta. Ligório aconselha, além disso, informar-se sobre o tempo que separa a decisão do pecador do momento em que o pecado foi cometido[64]. A insistência do interrogatório sobre as intenções e as circunstâncias constitui um dos dados fundamentais do ligorismo.

Quando o confessor decide conduzir o interrogatório, deveria começar pelas faltas mais pesadas e descer a escala das gravidades ou proceder em sentido inverso? A este respeito as opiniões são compartilhadas. Segundo Ligório, quando o confessor atende os "habitudinários", deve, após ter-se informado do endereço e da maneira de viver do penitente, fazê-lo especificar, o máximo possível, a quantidade de seus pecados. Ele poderá, com este objetivo, "destacar vários números" relativos ao dia, à semana, ao mês; propor "por exemplo três ou quatro vezes, ou oito ou dez vezes", a fim de ver em qual número o penitente se encontra; e se for no mais alto número apresentado, "é melhor interrogá-lo de novo oferecendo-lhe um número ainda maior"[65]. Quando se trata de pensamentos, de desejos, de deleites, ou seja, de "atos interiores", o confessor em geral deverá contentar-se com quantidades aproximativas; portanto, "julgar de maneira menos categórica". Valentin, como Debreyne, aconselha, quando o confessor suspeita o penitente de um "criminoso silêncio"[66], supor abertamente que este cometeu alguma coisa maior em termos de "espécie e número" a fim de facilitar a confissão; sobretudo quando "se trata de faltas contra a castidade, que lhe custa mais a acusar do que as outras".

---

64. Sobre estes pontos, cf. ALPHONSE MARIE DE LIGUORI. Œuvres complètes du bienheureux. Op. cit. T. 25, p. 140; T. 26, p. 291-292.
65. Ibid. T. 25, p. 136, também para a citação seguinte.
66. VALENTIN. Le prêtre juge et médecin... Op. cit. T. 1, p. 78, assim como para as duas citações seguintes.

Com um jovem penitente, malcriado, que reza pouco, que não frequenta senão raramente os sacramentos e que não confessa nada, o Abade Valentin convida o confessor a ter a seguinte linguagem: "'Bem, meu filho, você teve algumas vezes maus pensamentos, não é verdade?' Se o penitente nega, não deveis deixar de assumir suas negações como afirmações; continuai, e dizei-lhe: 'Você fez isto com prazer?' Mesmo que ele vos responda não, continuai, e dizei-lhe ainda: 'Não se preocupe, não se desencoraje, mesmo se o tiver consentido; isto lhe aconteceu com frequência? Quantas vezes?... e depois desses atos, você cometeu alguma má ação, não foi?' Muito frequentemente acontece que o penitente, surpreso em ver que entendendo mal vós adivinhastes a verdade, vos dirá baixinho: *sim, meu pai*. Então continuai procurando novas faltas, ou o número das confessadas; em seguida, após tê-lo feito confessar tudo aquilo que ele queria esconder, tranquilizai-o, e com toda a caridade e o mais cerimoniosamente possível, dizei-lhe: 'Você não se sente feliz por eu tê-lo feito confessar estes pecados [...]?'"[67]

Nessas obras, destinadas a guiar os confessores, as faltas cometidas contra a castidade invadem o texto. Este primado da carne resulta, em parte, da dificuldade evidente de rastrear, de especificar a espécie e o número dos pensamentos libidinosos, bem como dos desejos sensuais, de tudo aquilo que, nesta matéria, depende da tentação, do deleite e do consentimento. O confessor deve não somente "examinar o penitente tocando seus desejos ou vontades puramente interiores", mas igualmente, especifica o Abade Gaume, "remover os maus pensamentos, mesmo que eles não tenham [ainda] sido acompanhados pelos desejos e pela vontade"[68].

Gaume, aqui, não faz senão seguir Afonso de Ligório, que pedia ao confessor que interrogasse seu penitente sobre seus pensamentos, seus desejos, seu "deleite sombrio", o grau de seu consentimento. Ele deve saber

---

67. *Ibid.*, p. 79-80.
68. GAUME, J. *Manuel des confesseurs. Op. cit.*, 1837, p. 357.

se a falta imaginada dizia respeito a uma jovem moça, a uma viúva ou a uma mulher casada. Será necessário, além disso, fazê-lo especificar qual espécie de mal o penitente havia pensado ou intencionado cometer com ela; ou seja, deve perguntar-lhe se consentiu em tal pecado, do fundo do coração, cotidianamente, quantas vezes por semana ou por mês...[69] Um século mais tarde, o Padre Debreyne prescreve por sua vez ao confessor que interrogue sobre o que diz respeito aos pensamentos, aos assuntos, à duração, à intensidade do deleite, seus efeitos deploráveis. Ele até propõe um modelo de interrogatório: "Você teve por acaso alguns pensamentos desonestos ou contra a castidade?" Se o penitente responde pela afirmativa, o confessor continua: "Estes pensamentos o ocuparam por muito tempo? Neles você se deteve voluntariamente e com alguma condescendência? Sobre qual objeto os pensamentos se demoraram? Você teve então algum mau desejo, por exemplo, fazer aquilo sobre o qual estava pensando, seja em relação a si mesmo, seja em relação a outra pessoa? Era esta pessoa de outro sexo ou não, casada ou não, familiar, amiga ou não etc.? Seus pensamentos foram seguidos de olhares, de movimentos, de toques desonestos? Tudo isso foi acompanhado por algum efeito sensível? Qual era esse efeito? Era inconveniente?"[70] E assim o confessor conduz, progressivamente, seu penitente até a confissão da poluição. Alguns penitentes, acreditando nos relatos de Debreyne, após acusar-se de atos graves, "não incluem pensamentos e desejos desonestos voluntários, olhares libidinosos"[71] que, sem dúvida, consideram irrelevantes. Urge então fazê-los compreender que se trata de pecados diferentes, mas que convém examinar e confessar.

Quando o penitente se acusa de toques, ou de "uniões carnais", é necessário levar o interrogatório mais longe e perguntar onde, com quem, em que ocasião ele cometeu estes atos, e se foram ou não interrompidos.

---

69. ALPHONSE MARIE DE LIGUORI. *Œuvres complètes du bienheureux. Op. cit.* T. 26, p. 290.
70. DEBREYNE, P.-J.-C. *Moechialogie... Op. cit.*, p. 255-256.
71. *Ibid.*, p. 256.

O confessor deverá igualmente inquirir sobre o número e a duração. E deve saber, repitamo-lo, quanto tempo antes de serem perpetrados os atos foram decididos. Quando se trata de poluição, o padre perguntará se esta resultou ou se ela foi acompanhada de um deleite, e se, naquele momento, o penitente se satisfez no pensamento de copulação com uma ou com várias mulheres, ou com crianças. Convém, por conseguinte, não confundir um pensamento em si e um pensamento associado a uma poluição ou a uma união carnal[72].

No que se refere, mais precisamente, à incontinência secreta das jovens moças e das mulheres, Bouvier, Debreyne e, mais tarde, Louvel aperfeiçoam o questionamento. Urge saber se as pecadoras se "tocaram", ou, como e durante quanto tempo; o que constitui outras tantas questões usuais. Mas, neste caso, o questionário incide sobretudo na natureza e na intensidade da volúpia experimentada. É necessário decifrar se a penitente alcançou ou não "o apogeu da sensação". E é essencial, portanto, perguntar-lhe se, após ter-se acariciado, e ter "experimentado um espasmo voluptuoso muito forte", ela se sentiu saciada, se "a flacidez dos órgãos" e a calma apaziguaram seu ser; o que indica, com certeza, que ela de fato se poluiu[73].

O Padre Debreyne, por sua vez, se pergunta enquanto fisiologista: será que a mulher, após ter constatado uma "efusão externa ou interna mais ou menos aprazível", uma "exsudação de matéria mucosa" e experimentado "um sentimento mais ou menos forte de prazer carnal no aparelho genital,

---

72. Sobre todos estes pontos, cf. GAUME, J. *Manuel des confesseurs. Op. cit.*, nas páginas citadas precedentemente.
73. Cf. LOUVEL, R. *Traité de chasteté... Op. cit.*, p. 310-311, no tocante ao objeto dos pensamentos durante a poluição, o estatuto da pessoa poluída, o lugar do crime, a eventual cumplicidade, o instrumento utilizado e sobretudo o grau de volúpia experimentado. Cf. tb. BOUVIER. *Dissertatio in sextum decalogi praeceptum.* Trad. cit., p. 86-87. • DEBREYNE, P.-J.-C. *Moechialogie... Op. cit.*, p. 77-80. Inútil dizer que estas páginas de Bouvier, de Debreyne e de Louvel fizeram as delícias dos anticlericais, mas vale lembrar que os clérigos não fazem senão inspirar-se, no que diz respeito ao quadro fisiológico, no discurso médico que analisamos; o essencial, para eles, depende do foro interno; trata-se, acima de tudo, de perceber o percurso que leva àquilo que levou ao pecado; isto é, o consentimento da vontade à lubricidade.

tornado a sede de um movimento erétil ou espasmódico" acompanhado de um "movimento desordenado ou orgasmo erótico [sic]", teria chegado a um "estado de saciedade, de resolução e de repouso do sistema gerador?"

A propósito da castidade conjugal, de Leonardo de Porto Maurício e Afonso de Ligório ao Abade Valentin, encontramos a mesma restrição. Sobre este tema, o confessor pode interrogar com precisão os homens, mas deve mostrar muita discrição em relação às penitentes. Assim, aos maridos, pergunta-se se, "fazendo uso do casamento", desejaram outras mulheres, quando e quantas vezes se deleitaram em pensamento, e de quais condições eram aquelas com as quais sonharam. Às penitentes é suficiente perguntar se elas cumprem o seu dever com modéstia, submissão e, além disso, se fazem bom uso do casamento[74].

Em seu conjunto, os textos destes especialistas de teologia moral não se eximem de uma profunda contradição. Neles lemos modelos de interrogatórios fechados; mas, ao mesmo tempo, também vemos inúmeros apelos à prudência e à discrição, dirigidos, notadamente, aos jovens confessores. O próprio Afonso de Ligório, que detalha as questões, solicita que os pecados contra a castidade só sejam objeto de interrogações curtas e reservadas, e aconselha a que, muito frequentemente, o confessor deixe os pecadores de boa-fé em sua ignorância irrefutável.

O discurso dos teólogos às vezes se detém em algumas categorias específicas de penitentes. Assim, Joseph Pochard se demora no caso particular dos que se preparam para o casamento e que, no entanto, se poluem ou fornicam[75]. As viúvas e os viúvos igualmente são tratados com especial atenção. As primeiras, repitamo-lo, exigem um cuidado particular do confessor. Este averiguará se são verdadeiramente viúvas; isto é, castas.

---

74. Sobre todos estes pontos, cf. ALPHONSE MARIE DE LIGUORI. Œuvres complètes du bienheureux. Op. cit. T. 26, p. 292. • VALENTIN. Le prêtre juge et médecin... Op. cit. T. 2, p. 46-51.
75. POCHARD, J. Méthode pour la direction des âmes... Op. cit. T. 1, p. 274.

Ele as advertirá sobre as tentações advindas de seus domésticos masculinos e de seus funcionários. Elas deverão particularmente desconfiar dos encarregados de seus negócios temporais. Quanto aos viúvos, às vezes "sujeitos a tentações ao longo de quase toda a sua vida"[76], estes serão perguntados se não aprontam contra suas empregadas ou enteadas. Se for esse o caso, avalia Valentin, o confessor deverá obrigá-los a recasar-se o mais breve possível.

Os apelos à prudência dizem respeito sobretudo à confissão de crianças. Sobre este tema os teólogos se dividem entre o medo de ensinar-lhes muito, de estimulá-las ao vício por suas questões e o medo de não saber erradicar o mal a partir de sua origem. Ligório, e mais tarde Bouvier, Gousset, Gaume, Valentin consagram páginas repetitivas a este problema. Não esqueçamos que, desde o Concílio de Latrão IV (1215), é recomendada a confissão de crianças bem antes da primeira comunhão, a partir da "idade da discrição", isto é, desde os 6 ou 7 anos. Segundo Gaume, este era o costume comum em meados do século XIX; fato confirmado por Michel Lagrée, a respeito da Bretanha. Obviamente, o essencial do problema diz respeito à "pureza" e, mais especificamente, à poluição.

Convirá, portanto, interrogá-las com prudência sobre este vício. Lhomond, em seu *Méthode pour confesser les enfants* [Método para confessar as crianças], aconselha inclusive não falar. Segundo o Abade Valentin, urge sobretudo não aterrorizar os pequenos. Obviamente, convém dizer-lhes que nunca façam nada "que elas não queiram que as pessoas vejam". No máximo poderíamos perguntar a uma criança se ela não teve maus pensamentos, "e se ela responde sim", perguntar-lhe: "Em que pensavas?" É lícito interrogar as crianças para saber com quem elas dormem, e se elas "brincam ao deitar-se, ao levantar-se da cama ou na cama; se ali fazem alguma bobagem e qual. Deixem-nas dizer o que fizeram, e tomem cuidado

---

76. VALENTIN. *Le prêtre juge et médecin... Op. cit.* T. 2, p. 54.

para não lhes ensinar o mal"[77]. Infelizmente, existem casos em que "a malícia se antecipa à idade". O Abade Valentin propõe um modelo de interrogatório destinado às crianças com menos de 10 anos de idade e claramente "corrompidas". Este questionário incide nas palavras desonestas e em "coisas vergonhosas" que devem ser especificadas. Mas os autores citados concordam com Ligório ao solicitar que os confessores se abstenham de perguntar aos meninos e às meninas se seus atos se concretizaram por uma emissão seminal.

A confissão geral, ainda denominada extraordinária, constitui, repitamo-lo, uma prática muito interessante na medida em que estende ao infinito o tempo do exame e da confissão. Esta introspecção, feita ao longo de uma vida inteira, foi pregada por Inácio de Loyola em seus *Exercícios espirituais*, por Vicente de Paulo e por Leonardo de Porto-Maurício, autor de um *Tratado da confissão geral*[78]. Para eles, esta deve ser "o início de uma vida santa"[79]; outros a apresentam como o momento de uma "transformação da vida"[80], de uma "revolução espiritual"[81]. Nesta ocasião "coloca-se fogo em todas as partes, e purifica-se bem a consciência"[82]. A confissão geral rompe com o aspecto mecânico do ritual da confissão ordinária, geralmente incompleta. Muitos penitentes, com efeito, têm vergonha de relatar seus pecados de luxúria ao pároco que conhecem.

Existem três momentos privilegiados para se fazer uma confissão geral. O primeiro diz respeito à coletividade paroquial, por ocasião de uma missão. Difundir a confissão geral é um dos objetivos essenciais que

---

77. *Ibid*, p. 228, 230-231.
78. Tradução francesa: DE PORT-MAURICE, L. *Traité de la confession générale – Composé à l'usage des missions*. Tournay: J. Casterman, 1834.
79. *Ibid.*, p. 11-12.
80. DOMPNIER, B. Missions et confession au XVIe siècle. *Pratiques de la confession... Op. cit.*, p. 220.
81. BOUTRY, P. Réflexions sur la confession au XIXe siècle... Art. cit., p. 236.
82. DE PORT-MAURICE, L. *Traité de la confession générale... Op. cit.*, p. 8.

levaram à fundação da Congregação dos Missionários. No século XVII, este encontro penitencial extraordinário representa um dos grandes momentos da missão. Os fiéis se espremem ao redor do confessionário. Alguns veem nisto o meio de acalmar os medos noturnos que a consciência da gravidade de suas faltas suscita. Naqueles dias, lá, a Igreja ouve os choros, os soluços, os gemidos dos penitentes. Alguns dentre eles desmaiam. Os missionários confessam então seis horas por dia[83]. No século XVII, a missão sobrevaloriza a confissão e facilita a das faltas graves. A intensidade do clima afetivo, no seio da coletividade, torna a confissão possível, já que aviva o desejo de uma libertação da alma. Em pleno coração do século XIX, o Abade Valentin sublinha longamente a necessidade das confissões gerais e as vantagens usufruídas pelo penitente[84].

Outros momentos favorecem a confissão: o tempo pascal, obviamente, ou por ocasião de uma visita pastoral[85]. O mesmo vale para uma data jubilar; e mais ainda em momentos de epidemias, sobretudo quando sua gravidade leva a sonhar com a morte e com o além. Durante as quarentenas, escreve Joseph Pochard, por ocasião de algumas solenidades e, de uma maneira geral, quando é possível beneficiar-se de indulgências, "nos questionamos um pouco mais [...], as graças são então mais abundantes, nos sentimos mais tocados"[86]; trata-se de confissões intermediárias de que falamos anteriormente. A preparação para a Primeira Eucaristia e o tempo que precede as núpcias oferece duas outras ocasiões de confissão geral.

Existem igualmente acontecimentos favoráveis, relativos à vida pessoal. Uma conversão imprevista, o aniversário de comemoração de uma aposentadoria, um contratempo ou uma provação recente, o sentimento

---

83. DOMPNIER, B. Missions et confession au XVIe siècle. *Pratiques de la confession... Op. cit.*, p. 211-212.
84. VALENTIN. *Le prêtre juge et médecin... Op. cit.* T. 2, p. 192-211.
85. LAGRÉE, M. La confession dans les visites pastorales et les statuts synodaux bretons aux XIXe et XXe siècles. *Pratiques de la confession... Op. cit., passim.*
86. POCHARD, J. *Méthode pour la direction des âmes... Op. cit.* T. 1, p. 284.

de insuficiência das confissões ordinárias, o desejo brusco de confiar-se a um confessor aureolado de uma reputação de santidade, como era então o caso do Cura d'Ars, constituem tantos outros indicativos que estimulam uma confissão geral.

Mas ela não é isenta de perigos. A "multidão e o intrincado" de "impurezas já antigas" quase esquecidas podem despertar "as paixões e as tentações pela volta a determinados temas", ou fazer renascer "escrúpulos, tristezas e desgostos"[87] prejudiciais ao penitente. Em contrapartida, a confissão geral é particularmente aconselhada aos "reincidentes" quanto aos pecados de luxúria.

O Abade Gaume define claramente o conteúdo desta prática extraordinária. Trata-se, para o penitente, de remontar a todo o passado de sua vida, até a idade de 7 ou 8 anos. O problema é fixar a sequência dessa confissão de uma profundidade abissal. Uns aconselham proceder por etapas, após ter fracionado o passado em períodos distintos. Leonardo de Porto-Maurício, assim como o Abade Valentin, desaprovam este método que leva à repetição da confissão de pecados idênticos. O Abade Gaume propõe o fracionamento do exercício em uma série de sessões; o penitente poderia, desta forma, confiar-se, três vezes em uma semana, ao mesmo confessor. Ele sugere, além disso, que se comece por aquilo que concerne ao sexto mandamento, imaginando que, por esse caminho, o essencial seria realizado; fato que evidencia no espírito dos teólogos moralistas a supervalorização dos pecados da carne.

Seria demasiadamente longo citar aqui, *in extenso*, o modelo de interrogatório proposto por Leonardo de Porto-Maurício para esta ocasião. Contentemo-nos com um pequeno estrato, transcrito na obra do Abade Gaume[88]. Ele centra-se, notadamente, no penitente culpado de

---

87. GAUME, J. *Manuel des confesseurs. Op. cit.*, 1842, p. 345.
88. *Ibid.*, p. 344-345.

incontinências secretas: "'Em tua juventude, pergunta o confessor, te entregaste ao execrável hábito de te poluir? Durante quantos anos te obstinaste a cometer tão grave enormidade? E com quanta frequência a cometeste? Quantas vezes por mês ou por semana? Responde sinceramente o que te parece mais provável [como frequência], explique também para quais temas teu espírito te deixava levar durante este ato indigno, que ofende a Deus'. 'Sim, meu pai, uma vez tendo sido iniciado nesta desastrosa prática por um maldito companheiro, nunca mais me corrigi. Há aproximadamente doze ou treze anos comecei a cometer este pecado, e a ele me entregava duas ou três vezes por semana, e, às vezes, até mesmo diariamente [...] Meu espírito construía diversas imagens, e de aparências distintas: às vezes era um tipo de mulher, às vezes outro. Pouco importava se solteira ou casada: a todas eu desejava. Ao longo de todo esse tempo, nunca fiz qualquer esforço para corrigir-me [...]. Cometi este pecado sete ou oito vezes em um lugar sagrado'. [...] 'Já que dizes ter sido iniciado nesta abominação por um companheiro [...], pergunto: iniciaste da mesma forma outros, e quantos? Dentre os que desviaste do bom caminho, havia algum parente? Cometias o pecado com ele separadamente, ou estimulando-vos um ao outro [...]; e cometeste o ato de sodomia, e quantas vezes, e com um destes companheiros? Compadeço-me de ti mesmo se confessares ter cometido tais crimes com animais, não obstante seja um pecado de malícia inominável e indizível'. 'Sim, dez ou doze vezes em minha infância. Além disso, confesso ter iniciado no vício dez ou doze jovens praticando a poluição recíproca quarenta ou cinquenta vezes, sendo um deles meu parente: com ele pequei sete ou oito vezes. [...] Em número muito maior, com três ou quatro dos acima mencionados, cometi o pecado abominável quinze ou vinte vezes [...] me unindo a eles quase sempre e ativamente'"[89].

E o penitente confessa ter continuado a masturbar-se, uma ou duas vezes por mês, mesmo depois de casado. Ao longo de trinta anos quase

---

[89]. Cf. figura de linguagem em *ibid.*, p. 447-448.

todas as semanas ele beijou mulheres. Com cinco ou seis delas realizou a cópula umas vinte ou trinta vezes; sem contar as vezes em que esteve na iminência de fazê-lo. Esta confissão-tipo, que se prolonga infinitamente, é particularmente carregada de pecados, já que se trata de passar a limpo a gama de faltas possíveis. Mas Leonardo de Porto-Maurício e o Abade Gaume são confessores que se dirigem a companheiros de ofício. São, portanto, obrigados por um imperativo de credibilidade. Sobretudo, este encontro penitencial-modelo prova que, aos olhos dos membros do clero, a confissão extraordinária é primeiramente esforço em vista de estabelecer uma autobiografia sexual. Ela oferece ocasião ao penitente de voltar-se para os próprios pensamentos, desejos e comportamentos sucessivos em matéria de união carnal.

Também é possível fazer uma confissão geral por escrito. É necessário então, segundo Valentin, eliminar tudo o que possa parecer inútil e abster-se de fazer a história dos fatos e das circunstâncias acessórias, pouco significativas[90]. A confissão geral junta-se, aqui, à autobiografia; ela se assemelha a alguns aconselhamentos epistolares. Mas, seja qual for a sua forma, ela impõe um problema particular: como satisfazer a exigência do número que é o da teologia moral? Como, no "caos de pecados"[91] de uma vida, fazer, por exemplo, o cálculo exato dos pensamentos lascivos, dos autotoques ou das poluções? A insistência na aritmética depara-se aqui com a intensidade da atividade pecaminosa; sem considerar a necessidade de associar à precisão dos números o cálculo retroativo das frequências e das durações. Esta dificuldade atinge o pico quando se trata da incontinência secreta, que, no discurso desses teólogos, tende a tornar-se, de alguma forma, a unidade que permite a medição precisa de um pecado. Estamos aqui diante de uma abordagem que se assemelha à constatada nos catálogos de casos médicos.

---

90. De qualquer forma, ao longo de uma confissão geral, é possível omitir os pecados veniais.
91. VALENTIN. *Le prêtre juge et médecin... Op. cit.* T. 2, p. 209.

Valentin propõe um método que poderíamos denominar técnico "do número provável, da forma como ele se apresenta na memória". O penitente se contenta em acrescentar o termo "aproximadamente"; "desta forma, que se diga, por exemplo: cometi este pecado quinze ou vinte vezes, aproximadamente; com isso englobamos os pecados da mesma natureza que não se apresentam à memória, mesmo que muito provavelmente os tenhamos cometido; e embora não os tivéssemos imaginado no exame de consciência, eles se encontram suficientemente confessados"[92].

Quanto à duração e à frequência, elas permitem aproximar o número provável. Poderá dizer, por exemplo: "Eu tinha 15 ou 20 anos quando comecei a cometer tal pecado, e continuei cometendo-o até os meus 30 anos, duas ou três vezes por semana, e por intervalo uma única vez; outras vezes passei uma semana inteira sem nele cair, algumas vezes, 15 dias etc."[93] Tais dados permitem, segundo um cálculo aritmético bastante complexo, alcançar o número provável.

Compreende-se, portanto, que o rigorista Jules Pochard possa considerar que uma das vantagens da confissão geral é a de chamar a atenção do penitente sobre "a enorme quantidade de seus pecados". "Quantos milhares de pecados mortais cometeste durante um ano? Cada dia três ou quatro pensamentos desonestos voluntários: eis, ao longo de um ano, mais de 1.200 pecados mortais cometidos; o mesmo número ou mais de desejos e de palavrões, de maus olhares e de ações infames: eis-te, ao longo de um ano, imerso em mais de 5 mil pecados mortais; passados seis, oito, dez anos: eis-te envolto em mais de 40 mil pecados mortais [...]. Quantos desaprovados não cometeram tantos pecados quanto tu!"[94] Além da obsessão aritmética, note-se que a contabilidade se refere apenas aos pecados de luxúria, e, mais precisamente, sobre as faltas que resultam da interioridade e da poluição.

---

92. *Ibid.*, p. 208.
93. *Ibid.*
94. POCHARD, J. *Méthode pour la direction des âmes... Op. cit.* T. 1, p. 319-320.

O que distingue a atrição – o arrependimento dos pecados por medo do castigo – da contrição – o remorso por ter ofendido a Deus, por ter atentado contra o amor que lhe é devido – diz respeito à teologia moral propriamente dita e não diretamente ao nosso objeto de estudo. É sobre este ponto que rigoristas e partidários de um certo permissivismo ou, ao menos, de uma condescendência inscrita na perspectiva de Afonso de Ligório, se diferenciam verdadeiramente. Os debates que dizem respeito aos adiamentos ou à recusa de absolvição o mostram claramente. Esta divisão se alicerça na maneira de levar em conta as disposições e as intenções do penitente e na importância acordada aos riscos de desencorajamento ou de afastamento da prática. O ligorista Gousset pede assim, acima de tudo, que se leve em conta a salvação do penitente.

Existem diversas maneiras de avaliar a forma e a intensidade dos sinais da contrição e do firme propósito; ou seja, sobre a vontade sincera de evitar o pecado. Ligório, Gousset, Gaume e Valentin dissertam longamente sobre o problema. Os rigoristas exigem uma verdadeira contrição, uma forte determinação de fugir do mal por detestá-lo. Para os discípulos de Afonso de Ligório, a intenção do momento é suficiente. O confessor apenas deve assegurar-se de que o penitente está atualmente – no momento da confissão – disposto a evitar o pecado. Se ele tem alguma esperança de correção do pecador, pode contentar-se com uma promessa de resistência à tentação futura; o que não significa que os dois interlocutores considerem a inclinação como antecipadamente vencida.

Existem sinais ordinários da atrição e da contrição; por exemplo, a promessa feita ao confessor de resistir com todas as forças ao pecado. E existem sinais extraordinários: pode então tratar-se, segundo Thomas Gousset, de lágrimas, de suspiros, de "palavras que lhe partem o coração"[95]. Alguns penitentes multiplicam as orações, as esmolas, as macerações... tudo é claro

---

95. GOUSSET, T. *Théologie morale à l'usage des curé est des confesseurs... Op. cit.* T. 2, p. 364.

em tais casos, mas como avaliar a contrição do "reincidente", já que, ao longo das semanas, eis que ele recai e volta a confessar a mesma falta? É o caso, mais uma vez, de quem se polui. Como o confessor deve comportar-se neste caso? Aqui atingimos o nosso objeto de estudo; visivelmente, é, mais uma vez, "a incontinência secreta" que ordena estes debates.

Segundo Philippe Néri, repitamo-lo, a confissão frequente constitui o melhor dos remédios contra a poluição. Isto impõe a complacência e leva a excluir qualquer adiamento e, com mais razão, qualquer recusa de absolvição. Philippe havia obrigado um rapaz a voltar a confessar-se após cada emissão de sêmen. Ele o absolvia regularmente. Assim conseguiu curá-lo em poucos meses. No século XIX, a maioria dos confessores mostra ser menos indulgente. À imagem de Valentin, eles exigem uma diminuição do número das quedas – contudo, tendo em conta o número das ocasiões e da violência das tentações –, bem como uma forte resistência às solicitações do demônio; daí a complexa equação que ordena a atitude a ter em relação a Titus e Caius, os dois masturbadores[96].

Estas precisões confirmam aparentemente o pensamento de Michel Foucault segundo o qual a teologia moral participa do inexaurível discurso sobre o sexo que manifesta uma intensa vontade de saber e constitui um escape ao desejo contido – quer se trate do confessor ou do penitente. Esta interpretação resulta de uma abordagem genealógica, que consiste em interrogar-se sobre as conscientizações da sexologia. Obviamente, como sempre em casos semelhantes, o anacronismo espreita. Seja como for, trata-se, aqui, de provocar a mudança de cenário adotando uma abordagem compreensiva, desconhecendo o que virá a seguir. Acontece que, na perspectiva adotada por Michel Foucault e seus epígonos, a interpretação dificilmente se revela discutível.

Existe, em contrapartida, um argumento sem alcance: aquele que consiste em provar a autonomia desta vontade de saber sobre o sexo pela

---

96. Cf. *supra*, p. 406.

necessidade que os teólogos sentem de questionar infinitamente sobre os movimentos da carne, ao passo que o pecado já estava inteiramente no espírito do pecador. Parece-me um pouco incompreensível a lógica dos procedimentos do encontro penitencial. Não é fácil para o confessor classificar o pecado e decidir sobre sua gravidade. Esta depende do grau de conhecimento da malícia do pensamento ou do ato, do nível de consentimento, da força da tentação relacionada a uma eventual fragilidade intrínseca. A estimativa da gravidade impõe levar em conta as circunstâncias e as intenções. Todos estes dados justificam o questionamento.

Mas há algo mais importante. O confessor não é apenas doutor e juiz; ele é igualmente pai e médico. Sua missão é formular opiniões, admoestações, conselhos, fixar uma penitência, e estipular um regulamento de vida. Ele tem o dever de preservar seu penitente da perdição, de permitir-lhe experimentar os benefícios da graça e assim aceder, após a morte, à felicidade eterna. É realmente necessário reconhecer que este encargo da alma justifica, em si, um questionamento, que os teólogos, no entanto, recomendam torná-lo o mais discreto possível.

O essencial permanece para nós que, para a época escolhida neste estudo, estes procedimentos do exame de consciência e da confissão são familiares a muitas mulheres e homens, mesmo que estes últimos fossem anticlericais. As normas, os esquemas mentais da teologia moral impregnam mais ou menos intensamente os espíritos e pesam sobre os comportamentos dos contemporâneos.

TERCEIRA PARTE
O auge dos prazeres

A distinção entre o erótico e o pornográfico proposta pelos especialistas de história literária nos pareceu pouco convincente; a maioria das obras de nosso *corpus* pertencentes ao obsceno, as remetemos ao gênero pornográfico, mesmo sabendo que o termo "pornografia", atribuído a Rétif de la Bretonne, é tardio.

II
FASCINAÇÃO PELO OBSCENO E PROPEDÊUTICA DO PRAZER

O livro pornográfico tem por objetivo excitar seu leitor e estimulá-lo a partir para a ação; simultaneamente manual e coadjuvante, ele indica os gestos de uma volúpia à qual o leitor é convidado a conformar-se. Neste domínio, uma reviravolta se opera ao longo da segunda metade do século XVII. As obras eróticas começam então a formar uma literatura de segunda categoria cuja leitura implica uma "apropriação singular e escondida"[1]. As obras que a compõem não se aproximam mais das formas admitidas na prática literária. Já não se admite mais deleitar-se com *L'École des filles* [A escola de moças] ou *L'Académie des dames* [A academia de damas], de Nicolas Chorier (1680), como era possível vangloriar-se do prazer propiciado pela leitura das obras de Rabelais ou, mais tarde, os romances de Sorel. O livro pornográfico passa a fabricar desde então as condições de sua leitura e impõe a figura de um virtual leitor.

Entretanto, pelo número de suas referências compartilhadas com obras rapidamente consideradas clássicas e pela hierarquia das obras que são produzidas em seu seio, a literatura erótica conquista pouco a pouco um verdadeiro *status* cultural; pelo menos no círculo dos

---

1. Sobre o que segue, a obra essencial – da qual abundantemente nos servimos – é GOULEMOT, J.-M. *Ces livres qu'on ne lit que d'une main – Lecture et lecteurs de livres pornographiques au XVIIIe siècle*. Paris: Minerve, 1994, p. 30, 17 [1. ed., 1991].

intelectuais e eruditos, junto a uma elite privilegiada e nos círculos ligados à venalidade sexual[2]. Ao longo do século XVIII, quando o texto com pretensões literárias e o texto científico passam a diferenciar-se, os desejos masculinos podem, sempre mais abertamente, encontrar sua expressão autônoma no romance[3].

Excitar os leitores e as leitoras

O herói da narrativa erótica constrói um discurso na primeira pessoa. Nele opera-se uma duplicação do sujeito "ao mesmo tempo ator e narrador, experimentando o prazer e [...] percebendo-o como exterior a si mesmo"[4]. O leitor, em sua solidão, tem a certeza de forçar um segredo[5], o mais íntimo de todos. Ele adora contemplar modelos que, absorvidos em seu prazer, não têm consciência de serem vistos, e agem como se não houvesse qualquer testemunha[6]. É exatamente por isso que os teólogos moralistas temem tanto esse tipo de literatura, e consideram incontroláveis as tentações a que ela induz.

Imaginar-se em situação de invasão de privacidade constitui-se, portanto, em procedimento indispensável ao funcionamento do texto e da iconografia erótica. O leitor, de alguma forma, deve sentir-se surpreendido, invadido e seduzido pela situação insólita em que se encontra. Muito frequentemente esta situação concerne igualmente ao narrador, na condição de não ator; daí a sorte literária do diabo perneta que descobre os

---

2. *Ibid.*, p. 11ss.
3. DELON, M. Le prétexte anatomique. *Dix-huitième Siècle*, n. 12 (Représentations de la vie sexuelle), p. 46-47, 1980.
4. GOULEMOT, J.-M. Des mots et des images – L'illustration du livre pornographique: Le cas de Thérèse philosophe. *Revue de la Bibliothèque Nationale de France*, n. 7 (Erotisme et pornographie), p. 32, jan./2001.
5. CHARTIER, P. Asmodée ou l'effraction. *Dix-huitième Siècle*, n. 12, p. 215, 1980.
6. GOULEMOT, J.-M. *Ces livres qu'on ne lit que d'une main... Op. cit.*, p. 66.

segredos dos apartamentos, do *Sopha* que experimenta as relações carnais[7], das "joias indiscretas"[8] que dizem os prazeres constatados, senão experimentados. A porta secreta, a claraboia, a fenda das paredes divisórias, o buraco da fechadura, o espelho sem a camada de estanho atraiçoam a nudez que se acreditava escondida: a da mulher adormecida ou que simula um sono que descobre a beleza de suas formas secretas, a da mulher que se masturba, a das lésbicas que se divertem, a dos amantes em vias de copular. Os interstícios da veste revelam a verdade do seio, da coxa ou da vulva. O brilho da carne, furtivamente entrevista, explica o sucesso da cena do balanço de cordas. No final do século XVIII, à medida que as relações carnais se privatizam e se internalizam, o alcance da efração se intensifica. Assim se explica o fascínio exercido pelos segredos, tão avidamente perseguidos, do leito de Luís XIV e de Maria Antonieta.

As gravuras eróticas instalam mais radicalmente do que o texto uma situação de invasão. No caso da masturbação feminina, a posição de uma mão, ou de um dedo que aponta para a virilha, deixa adivinhar o devaneio desejado ou recém-apaziguado. Além disso, sobre estas obras, muitas mensagens estereotipadas eram, à época, de fácil decifração[9]; quer se trate do cachorrinho enfiado entre as pernas, do pássaro fugido de sua gaiola, ou da ostentação de objetos da *toilette* íntima. Sobre estas representações figuradas, o realismo desigual das partes do corpo, a distorção anatômica que evidencia o sexo, a nudez que vira estátua, as luzes, o ângulo sob o qual o coito é representado intensificam os processos de excitação. O auge do requinte é representar, em um desconcertante desdobramento, as relações de um espectador que surpreende uma jovem comovida por uma leitura licenciosa, que a levou a entregar-se à masturbação.

---

7. CRÉBILLON. *Le Sopha*.
8. DIDEROT, D. *Les Bijoux indiscrets*.
9. GOULEMOT, J.-M. Des mots et des images... *Op. cit.*, p. 33. • GUILLERME, A. Le système de l'iconographie galante. *Dix-huitième Siècle*, n. 12, 1980.

Não esqueçamos, além disso, o vínculo estabelecido, ao longo de todo o período que nos ocupa, entre os instrumentos de ótica e a obscenidade[10]; a alusão insistente ao uso da luneta, ou do telescópio, testemunha o desejo de esconder os segredos mais íntimos, considerados eximiamente escondidos; e a excitação redobra quando é uma mulher que viola as intimidades. Efração e surpresa instalam o leitor em um estado de tensão e de carência dos quais deve libertar-se pela masturbação ou pelo ataque a uma parceira disponível[11].

Para funcionar plenamente, o texto pornográfico jamais deve colocar em cena uma resistência à realização da união carnal[12]. Nisto ele difere radicalmente de um romance libertino. Desejos espontâneos, nudez oferecida, volúpias imediatas, prazeres compartilhados garantem uma "fantasiosa disponibilidade [de] corpos", sempre enamorados, sempre desejantes. O leitor sente-se incomodado por qualquer propósito didático e pretensioso que imponha um adiamento à satisfação da necessidade de satisfazer-se. Contrariamente ao que ordinariamente se pretende, aqui o discurso filosófico está fora de questão. O leitor se sente tentado a saltar a passagem inoportuna a fim de reencontrar o fio de sua excitação. O prazer sensual constitui seu verdadeiro objetivo; a escrita, o mais frequentemente, é igualmente "monossêmica e hostil a qualquer efeito de interferência"[13].

Os processos destinados a atormentar e em seguida a inflamar não se resumem à efração e à ostentação da disponibilidade dos corpos. A

---

10. ABRAMOVICI, J.-C. *Entre vision et fantasme: la réception en France des curieux microscopes*. ENS Éd., 1998, p. 386-387. • MATLOCK, J. Voir aux limites du corps – Fantasmagories et femmes invisibles dans les spectacles de Robertson. In: LE MEN, S. (dir.). *Lanternes magiques – Tableaux transparents*. Paris: Réunion des Musées Nationaux, 1995. Cf. esp. Censoring the realist gaze. COHEN, M.; PRENDERGAST, C. (eds.). *Spectacles of realism, gender, body, genre*. Mineápolis: University of Minnesota Press, 1995, notadamente p. 37-46. • *Mémoires de Suzon, scur de Dom Bougre, portier des Chartreux, écrits par ele-même. Romanciers libertins du XVIIIe siècle*. T. II. Paris: Gallimard, 2005, p. 940-942 [Col. Bibliothèque de la Pléiade].
11. GOULEMOT, J.-M. *Ces livres qu'on ne lit que d'une main... Op. cit.*, p. 145.
12. *Ibid.*, p. 67.
13. *Ibid.*, p. 94.

transgressão dos interditos mais fortes leva ao seu auge a excitação; é por isso que a literatura pornográfica desenrola sistematicamente toda a gama ascendente de pecados de luxúria: fornicação, adultério, estupro, incesto, sacrilégio; sem esquecer os piores, os cometidos contra a natureza: masturbação, sodomia, bestialidade. A descrição da orgia leva a um efeito fisiológico tão forte, que reúne os pecados mais graves. Assim se explica a carga erótica do convento, que permite associar a masturbação e o lesbianismo ao estupro e ao sacrilégio. Junto aos heróis de Sade, a reserva de esperma se reconstitui mais ou menos rapidamente segundo a intensidade da emoção suscitada pela transgressão[14].

Como proceder, além disso, pergunta-se Jean-Marie Goulemot, para que o leitor interiorize mais rapidamente as palavras[15] e, assim procedendo, se excite e, finalmente, "espermatize?" O registro da confidência, ou da confissão, a redação de um texto de uma autobiografia enunciada oralmente por um dos atores são fatores que concorrem para a realização destes projetos. A exibição do íntimo na primeira pessoa, mesmo do que deveria ser o mais cuidadosamente oculto; isto é, a masturbação feminina, o desvelamento do "eu" erótico dos personagens de ficção, associados à teatralização dos gestos e à evocação da presença de uma voz potencializam o efeito do real. Este recurso à história erótica de uma vida, sob a forma de uma confissão real, permite, além disso, a divisão do texto em uma sucessão de episódios; o que autoriza a entrada na narrativa de novos personagens, a redistribuição dos parceiros ou dos grupos e, sobretudo, o desenrolar esperado das situações e das relações carnais. Ao mesmo tempo, é da natureza do romance erótico nunca concluir[16].

Por outro lado, as histórias de vida relatadas nessas confidências permanecem enganosas. Essas narrativas – contrariamente à gama de

---

14. GARBOUJ, B. L'infraction didactique: notes sur la "Philosophie dans le boudoir". *Dix-huitième Siècle*, n. 12, p. 225, 1980.
15. GOULEMOT, J.-M. Lumières et pornographie. *Equinoxe*, n. 19 (Pornographie), 1998.
16. GOULEMOT, J.-M. *Ces livres qu'on ne lit que d'une main... Op. cit.*, p. 152.

pecados analisados por ocasião de uma confissão geral e à profundidade do exame de si que os aconselhamentos epistolares revelam – não têm por objetivo explicar os temas de ficção através de sua história. Do herói ou da heroína são descritos, no máximo, o temperamento, a morfologia, a forma do pênis, as coxas ou seios, o estado social.

Às vezes o autor, tentando construir uma narrativa dentro da narrativa, aperfeiçoa os processos de excitação. Em *Les Cent Vingt Journée de Sodome* [Os cento e vinte dias de Sodoma], os discursos das "historiadoras", cujo efeito de realidade é potencializado por sua evidente experiência, e pelo acúmulo de *detalhes* relativos às "manias" relatadas, têm por missão fazer descarregar/liberar os que as ouvem, do mesmo modo que o autor deve incitar seu leitor à masturbação. Nos dois casos, junto aos espectadores de ficção como este último, bem real, trata-se de produzir um desejo imediato que se revele irresistível. Os que prestam atenção nas narrativas das "historiadoras" ficam à espera da pulsão irrepreensível que os levará – ao menos alguns deles – a retirar-se para algum recinto a fim de deleitar-se. Esta ausência redobra a excitação dos que permanecem na presença das narradoras; tanto mais quando escutam os uivos daquele que se descarrega, em companhia de sua esposa, de virgens e homossexuais que formam seu grupo. Estes episódios preparam a cena final da orgia, que eleva ao extremo a insanidade coletiva e, por consequência, a do leitor fechado em sua solidão; ao menos é o que o autor pressupõe.

O excesso corporal se apresenta aqui como outra "necessidade narrativa"[17]. Contrariamente às proibições dos médicos, não há, no texto erótico, prazer moderado ou monótono. Aos olhos de Jean-Marie Goulemot, isto se harmoniza com a prodigalidade da aristocracia, indiferente à perda. Acontece que, muito frequentemente, a narrativa respeita uma progressão que leva o efeito de surdina[18] inicial ao paroxismo do ardor e do

---

17. GOULEMOT, J.-M. Lumières et pornographie. Art. cit., p. 17.
18. BENREKASSA, G. L'article "jouissance" et l'idéologie érotique de Diderot. *Dix-huitième Siècle*, n. 12, 1980, p. 19.

delírio à escravização da razão. A ladainha superlativa usada para descrever prazeres infinitamente renovados, a incessante reiteração, permitida pelo acúmulo e pelo encaixe dos episódios, têm por efeito manter o leitor em suspense e impedir que esmoreça a sua excitação. Deste ponto de vista, importa que os heróis não tenham uma verdadeira espessura psicológica[19], que poderia distraí-los do seu prazer fulminante, aliás, desprovido de qualquer vestígio suscetível de impedir sua disponibilidade para o bom desenrolar dos episódios posteriores.

Se o leitor decidiu obter o livro, e em seguida devorá-lo, é porque ele já estava na expectativa, atormentado pelo desejo de deleitar-se, ansioso para encontrar uma obra de qualidade; ou seja, obra que saiba excitá-lo sem delongas. Jean-Marie Goulemot, a este propósito, enfatiza a importância das técnicas de propaganda que estimulam a aquisição: quer se trate do título, dos frontispícios, dos exergos, das ilustrações, da menção dos lugares de edição e das editoras... conjunto de dados facilmente decodificados pelo conhecedor[20].

Por outro lado, muitos livros eróticos não respondem ao conjunto das qualidades esperadas pelo leitor ansioso. Muitos deles são um amontoado de páginas que realçam o orgânico, o fisiológico, o sentimental, o social. Em outros, o entusiasmo é acabrunhado pela "distância irônica"[21], pela leviandade, pela apatia, inimigas do paroxismo; quando não pela improbabilidade que corrói o efeito de realidade.

O que define o obsceno, garante Jean Mainil, é "o corpo sexual desejando, à espera da ejaculação"[22]; é ele que leva imediatamente à entrega irrestrita, à fascinação pela aberração, postergando qualquer escrúpulo.

---

19. GOULEMOT, J.-M. *Ces livres qu'on ne lit que d'une main... Op. cit.*, p. 153.
20. *Ibid.*, p. 10-11.
21. DELON, M. *Le Savoir-vivre libertin*. Paris: Hachette Littératures, 2000, p. 73.
22. MAINIL, J. *Dans les règles du plaisir – Théorie de la différence dans le discours obscène, romanesque et médical de l'Ancien Régime*. Paris: Kimé, 1996, p. 25.

O obsceno, portanto, é o que faz agir. A necessidade de deleitar-se com urgência se confunde com o desejo de ler. "O livro [escreve ainda Jean-Marie Goulemot] é mais forte do que todas as resoluções"[23]. Ele priva de qualquer lucidez e de qualquer capacidade de análise. O leitor da obra erótica é "orientado à ausculta de si mesmo e à autarquia do gozo"[24]. Ele experimenta a "afirmação brutal da realidade do mundo físico", que desmascara os preconceitos. Mas imediatamente, ao sair desse brusco e imperioso retorno ao real, será necessário que ele reencontre o cotidiano de um corpo que acaba de ser subvertido e que, não menos igualmente, se sente "de novo fora destes seres de papel".

Falta exigir as provas desses efeitos fisiológicos da leitura, tão bem percebidos e tão fortemente denunciados por Massillon e Rousseau. Brantôme já havia descrito minuciosamente os sinais orgânicos produzidos em 32 damas da corte pela contemplação de um cálice sobre o qual figuravam várias posturas descritas por Aretino. Por outro lado, ele garante que outrora muitas moças se "emocionavam, se poluíam, se desvirginavam com a leitura dos *Amadis de Gaule*"[25]; e ele se recusa a mensurar a quantidade das que, desta forma, se perderam lendo as obras de Ovídio. Jean Mainil se demora longamente na prática da leitura obscena pelas mulheres do Antigo Regime[26]. Bussy-Rabutin relata que vários seguidores da Dauphine [Dolfina] foram pegos em vias de ler *L'École des filles* [A escola de moças]. Em 1746, Adelaide, a quarta filha de Luís XV, com a idade de 14 anos, é surpreendida se deleitando com o *Portier des Chartreux* [Porteiro dos cartuxos]. Em 28 de fevereiro de 1657, a descoberta da *Art d'aimer* [A arte de amar] levou o jovem Drummond a masturbar-se duas vezes. Um outro dia, ele se "alivia" lendo *L'École des filles*. Em seguida, descreve outras

---

23. GOULEMOT, J.-M. *Ces livres qu'on ne lit que d'une main... Op. cit.*, p. 56.
24. *Ibid.*, p. 90, bem como as citações que seguem, e p. 92.
25. BRANTÔME. Recueil des Dames, poésies et tombeaux. *In*: VAUCHERET, E. (org.). *Recueil des Dames*. T. I, 263-265; T. II, IV, p. 482.
26. MAINIL, J. *Dans les règles du plaisir... Op. cit.*, p. 31ss.

duas emissões seminais provocadas por leituras[27]. Sabemos com qual requinte Samuel Pepys se abandonava a este tipo de prática[28]. Os médicos, como já vimos, vinculam estreitamente a proliferação do vício solitário à difusão da leitura secreta.

No século XVIII, a evocação daquilo que vincula a masturbação a esta prática constitui um lugar-comum. Rousseau evoca subliminarmente o efeito das cartas de Julie ao desafortunado Saint-Preux. Miss Howes pergunta a Clarisse Harlowe, sua amiga, se as cartas de Lovelace a fazem corar, e se aceleram os batimentos de seu coração. Alexandre Wenger dedica-se ao estudo das representações literárias e médicas dos efeitos somáticos e psíquicos, à época atribuídos à leitura[29]. A maciez das fibras, o poder da imaginação, a sensibilidade aguçada, quer se trate de moças ou mulheres, são tidas por submetê-las, com uma intensidade particular, às emoções suscitadas pela narração de cenas eróticas. A leitura de romances parece ser mais temível ainda, já que, repitamo-lo, frequentemente feita na cama, na mais total solidão noturna, e fora da supervisão familiar.

No século XIX, as testemunhas desta engrenagem dos prazeres se referem mais aos homens. O Prof. Lallemand relata o caso de um jovem que se masturba ao ler Piron[30]. Stendhal confessa os movimentos sensuais nele provocados pela leitura dos contos de La Fontaine e, sobretudo, pelas aventuras de Felícia. A prática não é apenas masculina: Anne Lister deleitou-se pela primeira vez ao ler Juvenal[31]. Por outro lado, nem

---

27. STEVENSON, D. Recording the Unspeakable: masturbation in the diary of William Drummond, 1657-1659. *Journal of the History of Sexuality*, v. 9, n. 3, p. 223-239, jul./2000.
28. Cf. LAQUEUR, T. *Le Sexe en solitaire – Contribution à l'histoire culturelle de la sexualité*. Paris: Gallimard, 2003, p. 201-203.
29. Cf. WENGER, A. Lire l'onanisme – Le discours médical sur la masturbation et la lecture féminines au XVIIIe siècle. *Clio – Histoire: Femmes et Sociétés*, n. 22 (Utopies sexuelles), p. 227-243, 2005.
30. Cf. *supra*, p. 198.
31. Sobre o dossiê e o conjunto das obras sobre Anne Lister, cf. CLARK, A. Anne Lister's Construction of Lesbian Identity. *Journal of the History of Sexuality*, v. 7, n. 1, p. 23-50, jul./1996. Em língua francesa, para situar Anne Lister (1791-1840), cf. MARCUS, S. Entre femmes: l'amitié et le jeu du système dans l'Angleterre victorienne. *Revue d'Histoire Moderne et Contemporaine*, 53-54, p. 32-52, out.-dez./2006.

por isso devemos considerar que naquela época todo leitor de livro erótico se masturbava. Convém considerar o efeito de distância, de ironia, de tensão eventual que se instaura entre a adesão e a resistência; e não considerar desta forma homens e mulheres como ceras derretidas[32]. As mesmas questões podem ser postas em relação aos efeitos da leitura de obras médicas ou quanto à prática da confissão. O mais interessante é que o conjunto dessas interrogações nutre hoje muitas pesquisas, dentre as mais fecundas.

O projeto filosófico

O projeto filosófico, como já vimos, não constitui o essencial da literatura erótica, principalmente pelo fato que ele pode distrair o prazer. Mas não podemos negligenciá-lo, sobretudo se o confrontarmos com as normas do discurso médico e com as proibições da teologia moral. Como tudo o que depende da produção clandestina, também o texto erótico acarreta contravalores. Assim, o reconhecimento de uma primazia absoluta da natureza, que nada transcende na representação da "vida sexual", valoriza ao extremo a necessidade de deleite; o que implica a negação do sentimentalismo[33].

O prazer é aqui concebido como manifestação da autonomia de um indivíduo que o considera como sendo sua verdadeira finalidade, e como sinal de sua própria liberdade. Assumindo plenamente sua busca erótica, o sujeito se assume a si mesmo por fim. Ele rompe totalmente com a transcendência; esquece a busca de uma eventual salvação. Ao mesmo tempo,

---

32. No que diz respeito ao domínio anglo-saxão, Tim Hitchcock – e, em sua senda, Karen Harvey – enfatizou a dificuldade de saber como os indivíduos eram afetados pelos textos; qual era a parte da adesão e qual da resistência. Cf., p. ex., HARVEY, K. The Century of sex? – Gender, bodies and sexuality in the long eighteenth century. *The Historical Journal*, v. 45 (4), p. 915, dez./2002.

33. A este respeito, cf. TROUSSON, R. Préface. In: *Romans libertins du XVIIIe siècle*. Paris: Robert Laffont, 1993, p. I-LXVIII, *passim*, notadamente p. XIX e XX.

quem se consagra ao prazer com avidez satisfaz a necessidade que sente de aumentar a sua consciência de ser o tanto quanto é possível.

O autor de cenas eróticas de ficção provoca outra ruptura. O prazer que ele busca e que experimenta não tem nada a ver com a alteridade[34]. Ele não repousa sobre a comunhão ou sobre algum sonho fusional. Ele não deriva absolutamente de um desejo de prolongar a união carnal. Contrariamente à perspectiva médica, o prazer não passa, nesta perspectiva, de puro consumo, de desperdício de esperma, de pura perda, de um esquecimento total do caráter funcional do útero. Seu horizonte, por essa razão, é a extinção da espécie. Sade eleva esta lógica ao extremo, visto que, em sua obra, o "*phallus*" [...] paradigmaticamente se opõe ao ânus e não à vagina"[35]. O corpo do outro só conta enquanto princípio de deleite, e seu eventual prazer só é admissível se proporciona volúpia àquele que o provoca. Uma psicologia e uma estética do desejo e da volúpia são substituídas aqui pela moral sexual dos teólogos, sempre indiretamente presente[36]. A importância de tais rupturas, de tais inversões, embasa a gravidade da literatura erótica[37]. Obviamente, em tudo isso transparece a onipresença da referência a Lucrécio, enunciada ou não. À visão filosófica desses diversos textos some-se uma tentativa, geralmente implícita, de ancoragem desta mensagem aos corpos excitados. No entanto, tal como salienta Michel Delon, esta literatura – excluindo a obra de Sade – é mais desculpabilizadora do que transgressora.

Existe outro aspecto que é hoje objeto de reflexão e debates. Os romances obscenos, que dizem e redizem a relação carnal entre o homem e a mulher, dividem, por natureza, os sexos, a fim de falar melhor de suas

---

34. BENREKASSA, G. L'article "jouissance"... Art. cit., p. 17.
35. GARBOUJ, B. L'infraction didactique... Art. cit., p. 227.
36. TARCZYLO, T. *Sexe et liberté au siècle des Lumières. Op. cit.*, p. 185.
37. Destacado em LEBRUN, A. Volupté perdue. *Revue de la Bibliothèque Nationale de France*, n. 7, p. 23, jan./2001.

relações e, assim procedendo, excitar mais intensamente o leitor ou a leitora. É por essa razão que Jean Mainil considera, sem dúvida com razão, que, desde 1655 – data da aparição da obra *L'École des filles* [A escola de moças] –, este dimorfismo estava inscrito na literatura erótica. Para ele[38], dessa forma os pornógrafos teriam se antecipado aos médicos e, de alguma forma, usado um atalho ideológico, criando precocemente a diferença. A tomada de consciência de uma natureza feminina pelas atrizes das cenas eróticas só podia servir de exaltação do desejo e do prazer. O que faz com que o romance obsceno em geral culmine num triunfo da conjugalidade; o que, *in fine*, o aproxima do discurso médico. Acrescentemos que esta literatura, embora longe da preocupação com a perpetuação da espécie, não deixa de realçar a energia das relações carnais. Como o testemunham as referências antigas desta literatura, ela traduz uma nostalgia do vigor.

As referências temporais e espaciais

As referências que estruturam a literatura erótica, assim como, aliás, as obras médicas que se referem à função genital, combinam uma série de estratos temporais. Este ecletismo é particularmente evidente no final do período que nos concerne, como, a título de exemplo, podemos constatar no *Dictionnaire Érotique*, de Alfred Delveau, editado em 1864. Esta obra se limita a compilar aquilo que o leitor amador desse tipo de literatura deve conhecer; nela se misturam, dentre outras, citações de Brantôme, de Théophile de Viau, de Sorel, de Tallemant des Réaux, bem como, em relação a La Fontaine, extratos do *Parnasse* [Parnaso] e do *Cabinet satyrique* [Consultório satírico], ou textos de Piro, de Parny, de Andréa de Nerciat, de Grécourt e de Louvet de Couvray; sem esquecer os contemporâneos, como Louis Potrat. A obra expõe com ostentação este fundo cultural comum, este segundo vislumbre que já dispõe de seus clássicos, consagrando-os.

---

38. MAINIL, J. *Dans les règles du plaisir...* Op. cit., p. 215.

Especifiquemos as referências mais usuais, que constituem o gênero. O leitor, primeiramente, se impressiona, notadamente ao consultar as obras médicas, pela importância do recurso à Bíblia e pela convicção, à época muito difundida, segundo a qual os patriarcas se teriam beneficiado de um poder sexual colossal[39], acompanhado de uma lenta degenerescência, não efetivamente real junto aos romanos.

Os latinos eram reconhecidamente membros das elites masculinas do período que haviam frequentado os colégios e, mais tarde, os liceus, e que se tinham limitado aos exercícios da tradução. A leitura do *De Rerum Natura*, de Lucrécio, impregna então a maioria dos escritos, mais ou menos profundamente. A denúncia dos simulacros – ou seja, do papel da imaginação e dos fantasmas amorosos – que irritam inadvertidamente os órgãos ensopados de sêmen, a redução do desejo à necessidade de arremessar o esperma no corpo da mulher, a impossível penetração verdadeira do outro, por consequência o caráter inextinguível da sede que ele inspira, a indicação do esgotamento e da amargura que segue o coito, a busca, não obstante tudo, dos prazeres compartilhados, a lista das vantagens respectivas das diversas posturas em vista da concepção, a descrição dos movimentos que a mulher sabe praticar para não ser fecundada e, mais do que tudo, a enunciação do princípio segundo o qual é necessário restringir a satisfação ao que é necessário para fazer cessar o sofrimento da necessidade constituem tantos lugares-comuns e referências geralmente implícitas que colocam no mesmo pacote o discurso dos médicos e, parcialmente, o dos pornógrafos. Estes últimos, de fato, não entendem nada das mensagens visando à limitação dos desejos e não se demoram na insatisfação pós-coital; é por isso que urge guardar-se de chamá-los de epicuristas.

A figura de Messalina, emprestada de Juvenal, é onipresente tanto nos escritos dos autores eróticos quanto nos livros dos médicos. A imperatriz

---

39. O conjunto das obras de Virey que citamos alimenta esta convicção.

"cansada de homem, mas não satisfeita"[40] delineia o modelo da ninfomaníaca. Suas saídas noturnas, suas visitas ao bordel, antes de regressar ao leito de Cláudio, já no alvorecer, inspiram as sátiras que assumem por alvo Maria Antonieta; e os bacanais vespertinos ou noturnos das mulheres romanas, insaciáveis, que se chafurdam perto das fontes e não recuam diante dos serviços de um asno, formam o pano de fundo de muitas cenas romanescas.

A presença de Ovídio é mais pesada ainda, notadamente nas páginas consagradas à sua experiência desastrosa do fracasso. O que deveríamos, posteriormente, ler em Montaigne, em seguida nos escritos dos médicos, já está exposto aqui. Por outro lado, ainda o veremos, os pornógrafos muito raramente recorrem à evocação desta experiência debilitante. Em contrapartida, eles emprestam de Ovídio a lista das posições, alguns elementos do desenho da beleza do corpo das mulheres, os hinos inflamados dos prazeres da copulação e, mais ainda, a exaltação do prazer propiciado pelo obstáculo e pela transgressão, da forma como ele se manifesta na leitura dos *Amours*[41].

O mais lido destes textos eróticos latinos suscetíveis de inspirar os autores – e os leitores – permanece, sem dúvida, *La Vie des douze Césars* [A vida dos doze Césares], de Suetônio. As páginas que expõem os prazeres e orgias de Tibério envelhecendo, em seus dias de aposentado em Capri, bem como as fúrias indecentes de Nero por ocasião dos jogos, estimularam à época a imaginação de muitos colegiais. Estes quatro autores antigos acima são as referências às quais os pornógrafos e os médicos aludem com predileção quando é questão de união carnal. Existem outros, geralmente citados, mas de forma acidental. Curiosamente, em minhas leituras poucas alusões encontrei aos *Dialogues des courtisanes* [Diálogos das meretrizes], de Luciano de Samósata, a não ser em Brantôme. Tíbulo,

---

40. JUVÉNAL. *Satires*. Paris: Les Belles Lettres, 1931, 6ª sátira, p. 63.
41. A título de exemplo, Andréa de Nerciat se refere a isto; cf. *Felicia ou mes Fredaines*.

Propércio, Catulo e Marcial[42] são, quando necessário, evocados, mas geralmente de maneira alusiva, como se o autor apenas procurasse entrar em conivência com seus leitores cultos.

Este conjunto de referências mais ou menos apoiadas na literatura latina se sobrepõe às referências que dizem respeito às obras da Renascença. Se, curiosamente, Bocácio parece pouco presente, as traduções e as edições de Aretino se multiplicam no século XVIII; mas, à época, quase todas as alusões feitas a essas obras se resumem à enunciação de posturas. Evidentemente, é Brantôme que obceca, particularmente ao longo da primeira metade do século XIX. Suas obras completas se beneficiaram de seis edições entre 1822 e 1853[43]. Alguns anos depois, Prosper Merimée, em um prefácio às suas obras, o situa na linha de frente dos autores eróticos. Quanto a Montaigne, como vimos, ele constitui-se em referência obrigatória quando é questão de fracasso sexual. É citado quando urge insistir na contradição que, às vezes, se instaura entre o desejo e o prazer, e quando se deseja reconduzir o amor à simples necessidade de descarregar o sêmen. Rabelais é, obviamente, muito conhecido dos autores e leitores. Os debates e as manipulações que dizem respeito ao casamento de Panúrgio estão nas memórias, mas isso, entretanto, não suscita um grande número de referências. No máximo, evoca-se o autor do *Tiers Livre* [Terceiro livro] quando se trata de vangloriar o amor às escondidas ou de enumerar o que se opõe ao desenvolvimento do poder sexual: o vinho, as drogas, o excesso venéreo, o labor excessivamente assíduo, o estudo...

Um grande espaço é reservado, no século XIX, aos clássicos da literatura erótica ao *Le Parnasse* [O Parnaso] e *Le Cabinet satyrique* [O consultório satírico]. As alusões à *L'École des filles* [A escola de moças] e à obra

---

42. Não esqueçamos que a tradução das obras destes autores dissimula – para não dizer censura – os textos; como a célebre Collection Budé. Assim, foi necessário esperar uma data mais recente para que fosse publicada uma tradução das obras eróticas de Martial (*Epigrammes érotiques et pédérastiques*) na tradução de T. Martin. G.K.C., 2000.

43. Mais especificamente, em 1822, 1827, 1832, 1834, 1841, 1853.

erótica de Cornélio, ou de La Fontaine, se revelam mais raras. Às vezes existem referências a Sorel quando se trata de vangloriar os atrativos da criada, da moça do albergue, oriunda do povo, que sabe lançar na cara de sua patroa a insolente reivindicação de um direito ao prazer. Esta evocação entra na genealogia da fuga social, tão preponderante no século XIX.

A influência exercida pela literatura do século XVIII nos decênios seguintes à Revolução coloca um problema. Conhecemos a onda de obras pornográficas nos quinze últimos anos do Antigo Regime, quando "a espermania fazia estrago"[44]. São suas testemunhas a indignação de um Louis-Sébastian Mercier descrevendo o comércio que, à época, rolava em Paris, no Palais-Royal, nas Tulherias, nos arredores da Ópera, no pátio do Hotel de Soubise, bem como em Versalhes, na cidade, no castelo, nos quintais e por ocasião das feiras. Robert Darnton[45], primeiramente, depois Antoine de Baecque, Maurice Lever, Michel Delon, Jean-Marie Goulemot, sem esquecer Michel Porret, sobre a Suíça, analisaram longamente essa profusão, que combina com a implantação do amor venal. Os sucessos estrondosos de Mirabeau, de Andréa de Nerciat, de Louvet de Couvray e de Sade ilustram esse apogeu.

Infelizmente, não temos estudos equivalentes relativos ao século XIX[46]. Sabemos que à época as autoridades perseguiam muito ativamente a literatura pornográfica, notadamente ao longo do período da Restauração. Não terminaríamos jamais de enumerar as destruições exigidas antes do Segundo Império. A de *Félicia ou mes fredaines* [Felícia e minhas

---

44. LEVER, M. *Anthologie érotique – Le XVIIIᵉ siècle*. Paris: Robert Laffont, 2003, p. 1.029 [Col. Bouquins].

45. DARNTON, R. *Edition et sédition – L'univers de la littérature clandestine au XVIIIᵉ siècle*. Paris: Gallimard, 1991. • DE BAECQUE, A. *Le Corps de l'histoire – Métaphores et politique, 1770-1800*. Paris: Calmann-Lévy, 1993. • PORRET, M. Il libro osceno. *Sul luogo del delito – Pratica penale, inchiesta e perizia giudiziara a Ginevra (XVIII-XIX)*. Bellinzona: Casagrande, 2007, p. 117-129.

46. Com exceção de *L'Erotisme au XIXᵉ siècle*. Org. e apres. de S. Alexandrian. Paris: Jean-Claude Lattès, 1993 [Col. Les Romanesques].

travessuras], de Andréa de Nerciat, o foi por três vezes[47]; fato que não impediu uma edição em Londres (1834) e outra em Bruxelas. A destruição do *L'Enfant du bordel* [O garoto do bordel], de Pigault-Lebrun, foi decidida por duas vezes (1827 e 1838), a do *L'Enfant du plaisir* [O garoto do prazer], o foi em 1825. A obra de Diderot, *Les Bijoux indiscrets* [As joias indiscretas], proibida no mesmo ano, foi condenada à destruição em 1835. O mesmo vale para *Margot la ravaudeuse* [Margot a cerzidora], três vezes (1815, 1822 e 1869), a de *Thémidore*, de Godard d'Aucourt, duas vezes (1815, 1822), e a *Erotika Biblion*, de Mirabeau, em 1826 e em 1833. Se acrescentarmos a essas decisões a censura que, por exemplo, se opôs às coletâneas de canções obscenas que rondava toda a produção erótica, sem esquecer o *Index* romano que alcançou a quase totalidade dos romancistas e poetas contemporâneos[48], compreendemos que é difícil avaliar a difusão deste tipo de literatura nesse período nefasto.

Entretanto, as apreensões, a reiteração das condenações sugerem um sucesso persistente. Urge, a este respeito, considerar as reedições feitas fora da França e a defasagem que faz com que várias obras compostas no final da Revolução só sejam publicadas na aurora do século seguinte. Sob o Consulado e o Império, omite-se – ou remodela-se e prolonga-se – as obras dos decênios precedentes a fim de tirar proveito de sucessos anteriores. Em suma, lê-se a literatura erótica, ao longo da primeira metade do século XIX, sem que por isso seja possível mensurar sua difusão. Em 1813, Stendhal recomenda à sua irmã Pauline a leitura das *Confessions du Comte de...* [Confissões do Conde de...], de Pinot Duclos[49]; ele imaginava, portanto, que lhe seria fácil obter a obra. Sem a leitura de Sade, a literatura delirante

---

47. Em 21 de dezembro de 1822 pelo Tribunal Real do Sena, em 9 de agosto de 1842 pelo Tribunal de Justiça do Sena, em 12 de maio de 1865 pelo Tribunal Correcional do Sena.
48. Philippe Boutry publicou, repitamo-lo, um estudo exaustivo sobre estas inscrições ao *Index* ao longo do século XIX: Papauté et culture au XIXe siècle – Magistère, orthodoxie, tradition. *Revue d'Histoire du XIXe siècle*, n. 28 (1), p. 31-58, 2004.
49. *Apud* TROUSSON, R. *Romans libertins du XVIIIe siècle. Op. cit.*, p. 165.

à maneira de *Gamiani* dificilmente seria concebível. *L'Ode à Priape* [A ode a Príapo], de Piron, triunfa no interior das sociedades cantantes cujos membros não cessam de retomar as obras do século XVIII. A litografia obscena dos anos de 1830 como a caricatura licenciosa à maneira dos *Amours secrètes de Mayeux* [Amores secretos de Mayeux] se inspiram em gravuras do Antigo Regime.

Sem dúvida, e igualmente tão importante quanto o recurso aos escritores do passado, revela-se, sobretudo junto aos médicos, mas igualmente em alguns autores de ficção, a expansão planetária das referências eróticas. Este tema mereceria vários volumes. Aqui nos contentaremos com algumas observações. Junto aos especialistas franceses de história literária, a atenção concentrou-se nas viagens de Bougainville[50]. Ora, muitas outras narrativas de alcance universal nutriram à época o imaginário e a reflexão, e demonstraram a relatividade das normas e das práticas segundo a situação geográfica ou, se preferirmos, segundo o que à época era denominado "climas".

No final do século XVIII, por essa razão, o comportamento sexual constitui um dado maior da geografia humana e da antropologia[51]. A constatação da relatividade permite situar-nos no planeta e tomar consciência da especificidade de nosso próprio comportamento. Isto se revela particularmente evidente, repitamo-lo, ao lermos as obras grandiosas de Virey e de Moreau de la Sarthe. Passar em revista os costumes das mulheres das diversas partes do globo permite situar melhor a França, e a França parisiense. À época foi estabelecida uma hierarquia espacial das

---

50. Sobre este tema cf. PUJOL, S. Notice du Supplément au voyage de Bougainville. *In*: DIDEROT, D. *Contes et romans*. Ed. org. por M. Delon. Paris: Gallimard, 2004, p. 1.098-1.107 [Col. La Pléiade].

51. Sobre a antropologia daquele tempo, a obra fundamental continua sendo DUCHET, M. *Anthropologie et histoire au siècle des Lumières*. Paris: Albin Michel, 1971. Sobre a revolução do imaginário do sexo e a influência dos relatos de viagem na Grã-Bretanha e na França, cf. CHEEK, P. *Sexual antipodes: enlightenment globalization and the placing of sex*. Stanford: Stanford University Press, 2003.

belezas e das luxúrias. Esta escala se estendeu das regiões de Kamschadal [Rússia] aos Hottentots [pastores nômades da África do Sul], das mulheres do Taiti [Polinésia] às da Tasmânia, das Canadenses às indígenas da América do Sul, das que devem suportar um frio extremo às que vivem sob um calor tórrido.

Todas as análises levam a exaltar a superioridade de um Ocidente – que se estende do Atlântico à Geórgia – cujos costumes atestam o equilíbrio, a moderação, a moralidade, associados a uma situação geográfica privilegiada. A associação à relatividade dos comportamentos leva igualmente a reavaliar as proibições relativas à nudez, ao valor atribuído à virgindade, ao alcance da defloração. A tolerância constatada em relação às práticas incestuosas, a existência de formas de agir que sugerem uma prostituição hospitaleira, a variabilidade do papel respectivo dos dois sexos na solicitação, a diversidade de modos de aprendizagem, a das morfologias postas em relação com a intensidade dos ardores e dos desempenhos segundo o "clima"[52], as desiguais aptidões das mulheres a proporcionar prazer, a frequência comparada das relações carnais: tudo isso incomoda, questiona secretamente; mas, abertamente, reforça os costumes europeus.

Obviamente, a literatura erótica, diferentemente das obras médicas, deixa pouco espaço a estas considerações que correriam o risco de afastá-la de seu objetivo; mas também podemos pensar que seus leitores eram, igualmente, afeiçoados aos relatos de viagem. Além disso, alguns romancistas, e mais ainda os filósofos, se faziam portadores desta relatividade; disso dá provas, desde 1741, *Les Confessions du Comte de...* [As confissões do Conde de...], de Pinot Duclos; sem mencionar as *Réflexions critiques* [Reflexões críticas] do Abade Dubos e, obviamente, os escritos de Montesquieu[53]. O importante, para o nosso objetivo, reside na invenção, pelos

---

52. Cf. TARCZYLO, T. *Sexe et liberté... Op. cit.*, p. 79-80.
53. Sade sublinha longamente esta relatividade. Cf. SADE. Histoire de Juliette. Œvres. Op. cit., III, p. 242-244, 344-348.

homens daquela época, de uma cultura erótica taitiana que sabemos ser, hoje, totalmente equivocada.

O preconceito dominante consistia em querer a qualquer preço perceber nessa experiência dos primeiros contatos dos viajantes com as populações do Taiti as manifestações de uma natureza que seria, naquelas terras, a única legisladora pertinente; o que sugere considerar artificiais os costumes dos europeus. Alguns comportamentos das moças da ilha e dos adultos que as acompanhavam são à época falaciosamente interpretados como manifestações da vivacidade ostensiva do desejo feminino, do reino do amor livre, da prática corrente da hospitalidade sexual.

Tudo acontece como se os autores das narrativas de viagem e, depois deles, os comentaristas, tivessem então "ficcionado" a relação sexual praticada no Taiti para questionar as normas relativas ao pudor, à castidade, ao culto à virgindade, à fidelidade conjugal e ao incesto; estas normas eram então percebidas como artifícios opostos à natureza, portanto, à razão.

A nudez branca das mulheres taitianas, oferecendo-se abertamente, a publicidade das relações, a ausência de apropriação de seus corpos pelo casamento, o caráter julgado natural de sua inconstância e de sua pretensa prática do incesto constituíam tantas interpretações suscetíveis de fazer vacilar as modalidades admitidas da expressão do desejo, a pertinência dos interditos, a natureza das paixões[54]. Ao mesmo tempo, manifesta-se o remorso nascido da convicção de que a irrupção dos europeus iria destruir um paraíso terrestre ao insuflar a vergonha e ao introduzir a doença venérea. As consequências psicológicas desta representação de um mundo de inocência definitivamente perdido, de um resto de pensamento que seria

---

54. Sobre estes pontos, cf., RICHARDOT, A. Cythère redécouverte: la nouvelle géographie érotique des Lumières. *Clio – Histoire: Femmes et Sociétés*, n. 22, p. 83-100, 2005. • TCHERKEZOFF, S. La Polynésie des vahinés et la nature des femmes: une utopie occidentale masculine. *Clio – Histoire: Femmes et Sociétés*, n. 22, p. 63-82, 2005, bem como toda a série de trabalhos deste mesmo autor, notadamente sobre a longa história da visão dos antropólogos sobre o tema.

rapidamente abolido, são, inegavelmente, temperados pela convicção de que a relatividade geográfica dos ardores resulta do "clima".

Hoje sabemos que essa leitura da sociedade taitiana repousava sobre uma gama de mal-entendidos, sobre uma interpretação que reenviava, acima de tudo, ao país de origem. Mas esta é outra história. Acrescentemos, a este respeito, que as narrativas de viagens de Antoine Bruny d'Entrecasteaux na Tasmânia (1791-1794) iriam rapidamente contradizer, radicalmente, o quadro dos costumes oceânicos desenhados por Bougainville e seus companheiros[55].

A literatura erótica da segunda metade do século XVIII se afeiçoa a alguns lugares, que privilegia. O convento, e mais particularmente o claustro, constituem seu melhor exemplo[56]. Eles se revelam, nesses romances, mais presentes do que o bordel. Isto é facilmente compreensível. A clausura favorece a acumulação das transgressões, portanto, o vigor da excitação. Ao abrigo dos muros germinam os piores pecados: a masturbação, o tribadismo, ou a sodomia, que ofendem a natureza; o estupro e o sacrilégio, que constituem os pecados mais graves que podem ser cometidos entre um homem e uma mulher. Acrescente-se que tudo o que dessa forma se desenrola no convento pertence à blasfêmia.

Deliciar-se no interior da clausura é questionar as autoridades mais sagradas; é romper o voto de obediência e de castidade. É introduzir a luxúria num lugar que deveria ser o do domínio do corpo, o da repressão da carne e o das macerações[57]. Além disso, o claustro constitui, por

---

55. RICHARD, H. *Une grande expédition scientifique au temps de la Révolution française: le voyage d'Entrecasteaux à la recherche de La Pérouse*. Paris: CTHS, 1986. • HARRISON, C.E. Ethnographie française et masculinité dans la mer du Sud à l'époque de la Révolution. *Hommes et masculinités de 1789 à nos jours – Contributions à l'histoire du genre en France*. Paris: Autrement, 2007.

56. Jean-Marie Goulemot, a este propósito, dedicou-se a um estudo quantitativo abrangendo duzentos títulos.

57. ARNOLD, O. *Le Corps et l'âme – La vie des religieuses au XIXe siècle*. Paris: Du Seuil, 1984 [Col. L'Univers Historique].

excelência, o território do segredo, individual e coletivo, o mais difícil de ser penetrado; aquele que, por consequência, proporciona mais prazer a ser roubado. No interior da cela, lá onde impõe-se à jovem religiosa que se dedique inteiramente à oração, ela pode entregar-se, sem reserva, ao deleite sensual.

Este segredo cobre as práticas de experimentações sexuais apresentadas pelo autor, bem como tantas vitórias da natureza sobre o celibato imposto. Descrever as travessuras que se desenrolam no convento é proporcionar ao leitor o prazer que suscita o espetáculo de uma libertação pela fruição. A cena implica, da parte da religiosa, a revelação – inicialmente muito improvável – da intensidade de seu desejo[58]. A cela se transforma assim no teatro de uma iluminação, que é conversão. Esta resulta de uma exploração de si que perverte os procedimentos do exame de consciência. Em seguida, esta metamorfose se justifica pela satisfação colhida da ação voluptuosa.

No interior do convento, dois lugares são privilegiados pelos pornógrafos: a cela, primeiramente, lugar de intimidade por excelência que, melhor do que o quarto da jovem moça, guarda o segredo da masturbação; único lugar de exceção da regra que garante a tranquilidade das relações lésbicas. Em segundo lugar, o parlatório e a grade, por sua vez, que favorecem o desenrolar de cenas eróticas, mas de outra natureza. Aqui, o contato com o exterior combina com o obstáculo que aviva e desafia o desejo. O parlatório, que se transforma facilmente em teatro da sedução, pode tornar-se lugar de exibição, de toques, às vezes de copulação.

A ler os romances eróticos, tanto as jovens quanto as velhas, ao abrigo seguro das próprias celas, se entregam à masturbação, o mais frequentemente com a ajuda desses onipresentes *godemichés* [dildos] que permitem

---

58. Sublinhamos a importância, sobre todos estes pontos, de DU PRAT. *Vénus dans le cloître ou La religieuse en chemise* (1672). Arles: Actes Sud, 1994.

"a intromissão estática"[59]. O autor do romance pornográfico efetivamente adora brincar com o vocabulário místico. A iniciação de uma jovem freira por uma companheira mais avisada e mais experimentada é a imagem do lugar-comum. Às vezes, a aprendizagem erótica que se desenvolve na cela se duplica com uma propedêutica filosófica. A relação lésbica desfrutada não é verdadeiramente o resultado de uma escolha deliberada, da consciência de uma identidade sexual. Ela não é a prova de um modo alternativo de desejo. Não proporciona um prazer considerado específico. As uniões carnais entre mulheres praticadas no convento não passam de um substituto imposto por uma ausência, um mal menor, às vezes uma espécie de obra de caridade, senão uma diversão inconsequente. Seja como for, como escreve o Abade Du Prat, o autor de *La Vénus dans le cloître* [A Vênus no claustro], trata-se tão somente de um fraco prazer, se comparado ao outro, aquele a ser revelado pelo coito, quando a hora tiver chegado.

A apresentação da masturbação e do lesbianismo responde ao desejo de aferir a qualidade das emoções, segundo um itinerário ascendente que leva destas fruições fúteis ao ápice dos prazeres, remetidos para depois. Christopher Rivers[60] discerne, a este respeito, um paradoxo: no interior do convento, estes dois modos de satisfação do desejo concentram a atenção, ao passo que fora da clausura eles são relegados, pelos mesmos romancistas, aos escalões inferiores do prazer. O convento, por essa razão, teria por função aquartelar ou marginalizar o lesbianismo, bem como proteger a sociedade dele e, simultaneamente, tranquilizar os leitores que porventura pudessem sentir-se perturbados pela ameaça que ele representa. O convento dos pornógrafos prefiguraria assim a casa de tolerância regulamentada no século XIX, ela também caracterizada pela clausura e pela

---

59. DU PRAT. *Vénus dans le cloître ou La religieuse en chemise. Op. cit.*, p. 17. No romance, a fórmula que utiliza a mestra de noviças para qualificar o emprego do *godemiché*.
60. RIVERS, C. Safe Sex: the Prophylactic Walls of the Cloister in the French Libertine Covent Novel of the 18th Century. *Journal of the History of Sexuality*, v. 5, n. 3, p. 381-402, 1995.

prática do tribadismo[61]; só que, ao contrário das religiosas enclausuradas, as "moças submetidas" acabam "entrando no mundo", como o deplora amargamente Parent-Duchâtelet[62].

A hipótese de Christopher Rivers é sedutora; ainda faltaria provar que os leitores sentem os temores indicados e que a estratégia dos autores é deliberada; quanto aos devotos que poderiam sentir-se perturbados pela ameaça lesbiana, eles não encontrariam, com certeza, nada de tranquilizador na pintura de tais excessos de vício dentro de um dos espaços mais sagrados como o convento; tanto que os pornógrafos, não se contentando em fazer do convento o paraíso da masturbação e dos prazeres sáficos, adoram apresentar ali orgias cabeludas, cujo desenrolar paroxístico se encontra protegido pela clausura.

O bordel, ou melhor, o "harém", tão bem-descrito por Erica-Marie Benabou[63], constitui o outro teatro privilegiado dos pornógrafos. Isto reflete a proximidade evidente que se instaura, durante a segunda metade do século XVIII, entre seus textos e os relatórios de policiais encarregados da vigilância dos costumes ou da repressão das desordens que ameaçam as famílias[64]; não há necessidade de insistir.

Se às vezes o castelo torna-se o centro de narrativas, é porque frequentemente ele se duplica com o subterrâneo, ou com os labirintos que preservam os segredos; Silling, a fortaleza de Sade, cuja inacessibilidade é reforçada pelo isolamento no meio de uma montanha nevada, constitui o arquétipo desse lugar trágico. "Não fazemos ideia de como a volúpia,

---

61. CORBIN, A. *Les Filles de noce – Misère sexuelle et prostitution au XIXe siècle*. Paris: Aubier, 1978, *passim*.
62. PARENT-DUCHÂTELET, A. *La Prostitution à Paris au XIXe siècle*. Apr. de A. Corbin. Paris: Le Seuil, 1981, p. 176-177.
63. BENABOU, E.M. *La Prostitution et la police des moeurs au XVIIIe siècle*. Paris: Perrin, 1987, p. 215ss.
64. FARGE, A.; FOUCAULT, M. *Le Désordre des familles – Lettres de cachet des archives de la Bastille au XVIIIe siècle*. Paris: Gallimard/Julliard, 1982 [Col. Archives, 91].

declara o autor na aurora da décima quarta jornada, é servida por estas garantias, e do que somos capazes quando podemos dizer-nos 'estou aqui sozinho, neste fim de mundo, longe dos olhos de todos e sem que qualquer criatura possa chegar até mim; não existem mais nem freios nem barreiras'. A partir desse momento os desejos se abraçam com uma impetuosidade sem limites, e a impunidade que os favorece aumenta deliciosamente toda a sua embriaguez"[65].

Bem sabemos o quanto este mesmo quadro se presta à época ao romance negro ou macabro inglês, afeiçoado à pintura de jovens moças terrificadas por tudo o que ameaça sua virgindade. O castelo, na obra de Sade, abafa os gritos, facilita a tortura, preserva da intervenção exterior. Alhures, ele permite ao idoso que se sabe privado de seu vigor de antanho, mas que sabe imaginar novos recursos para, com toda tranquilidade, dar provas de refinamento na ciência da volúpia[66].

Os autores também apreciam a descrição do ato sexual na natureza. Mas, antes dos últimos dias do século XVIII, raramente se trata da zona rural – ou mesmo da região provinciana. O desenrolar dos prazeres exigia à época um "biótipo artificial", "bifurcações abstratas"[67], aqueles da mundanidade urbana e aristocrática; lá onde o luxo e a luxúria se associam para sugerir a pertinência do deleite amoroso[68]. Os jardins, as alamedas, seus bosques constituem, por essa razão, o teatro de muitas cenas. Eles têm por efeito desarmar a virtude. Seu poder é suficiente, às vezes, para desencadear a intriga. Em um lugar desses, um único beijo[69]

---

65. DE SADE, D.A.F. *Les Cent Vingt Journées de Sodome, ou l'École du libertinagem. Œuvres.* T. 1. Paris: Gallimard, 1990, p. 193 [Col. Bibliothèque de la Pléiade].
66. DELON, M. *Le Savoir-vivre libertin. Op. cit.*, p. 61.
67. TROUSSON, R. *Romans libertins du XVIIIᵉ siècle. Op. cit.*, p. XXX.
68. DELON, M. *Le Savoir-vivre libertin. Op. cit.*, p. 99.
69. ROUSSEAU, J.-J. *La Nouvelle Héloïse.* Intr. de J.-M. Goulemot. Librairie Générale Française, 2002. T. I, lettre 14, p. 117.

decidiu o destino de Julie e Saint-Preux. As cenas de jardim abundam nos romances[70]. Os autores apreciam o "leito de relva", o "berço misterioso", sobretudo quando a noite duplica o desejo e libera os corpos. Além disso, o jardim propõe essa variedade de lugares que facilita a sucessão dos episódios e dos prazeres.

Comparada à que se implanta na Inglaterra no final do século[71], a literatura erótica parece, na França, menos apreciadora da descrição das relações que se desenrolam no quadro privado dos apartamentos. Mas existem exceções: as que constituem o salão do hotel aristocrático, o camarim, "espaço de vacilação e de audácia"[72], o escritório dos fundos e, sobretudo, o "bangalô". Às vezes, o autor poupa seus efeitos. De um compartimento ao outro, ele impõe ao seu leitor um itinerário genial, concedido ao caminho interior do desejo. Aqui se estabelece uma equivalência entre os corpos desejados e os objetos que os cercam. Uma harmonia hipnotizante se cria, "do remoinho ao afago, da cerâmica à epiderme"[73]. Assim, no salão da *Nouvelle Justine*, escreve Michel Delon, "todo o espaço é erotizado, à espera dos corpos, convite ao prazer, acompanhamento do gozo"[74]. Não esqueçamos jamais que a escrita erótica tende a saturar o espaço tanto quanto o tempo, antes que, ao longo do século XIX, se opere uma centralização no bordel.

O leitor também pode notar a frequência das cenas eróticas que acontecem no interior das viaturas: "Os joelhos e as pernas estavam entrelaçados um no outro; os rostos, frente a frente e muito próximos, se reenviavam mutuamente o calor da paixão que os animava. Separados

---

70. Cf. DORAT, C.-J. *Les Malheurs de l'inconstance* (1772) – *Romans libertins du XVIIIe siècle. Op. cit.*, p. 977.
71. Cf. *infra*, p. 477s.
72. DELON, M. *Le Savoir-vivre libertin. Op. cit.*, p. 119. O autor expõe o papel da arquitetura, da pintura, dos espelhos, dos perfumes e da música no encaminhamento do desejo, segundo os itinerários.
73. *Ibid.*, p. 101.
74. *Ibid.*, p. 105.

do resto do mundo e olhando-se como se estivessem na mais completa solidão, tudo predispunha à volúpia"⁷⁵. O papel de todo o aparato já se impõe desde o início do século XVII, no *Roman comique de Francion* (1622) [Romance cômico de Francion]. Também encontramos seu eco no *Cosmopolite* [Cosmopolita] de Fougeret de Montbron, nas *Mémoires de Suzon* [Memórias de Suzon], no *L'Enfant du bordel* [O garoto do bordel] de Pigault-Lebrun e, mais tarde, nas obras de Balzac, subsequentemente nas de Flaubert...

Quando, já no ocaso do século XVIII, as relações carnais que se desenrolam na zona rural se banalizam, talvez sob a influência da denúncia da patologia urbana, já não se trata mais do território de Lignon e da zona rural cômica de Sorel; os prados e as margens dos rios passam a figurar como espaços em que jovens provincianas impacientes e gulosas, portanto, totalmente acessíveis, se divertem nuas, e às vezes se masturbam, no aguardo da intromissão masculina. Pigault-Lebrun no *L'Enfant du bordel* descreve assim uma cena de educação coletiva de jovens moças desejantes, sem qualquer tipo de filosofia. Aqui, a literatura erótica faz-se próxima das experiências populares, que merecia ser analisada em outro volume, mas que Ménétra, assim como Rétif de la Bretonne descrevem com infatigável entusiasmo.

O despertar da curiosidade feminina

Os pornógrafos dedicam um espaço importante ao despertar, ao ensinamento da curiosidade, ao itinerário que conduz, sobretudo as moças, da surpresa ao deslumbre. É no centro deste percurso que se situa, obviamente, a masturbação, sobre a qual silenciaremos por enquanto. A educação sensual parodia a escola, com a ressalva que aqui o aprendizado se revela

---

75. LA MORLIÈRE. Angola – Histoire indienne (1746). *Romans libertins du XVIIIᵉ siècle. Op. cit.*, p. 405.

imediato. A proximidade da literatura erótica e da literatura pedagógica, constatada na Itália, na França, assim como na Inglaterra, se traduz pela forma adotada: a lição, embasada no apelo à imitação. Nisto, tanto a primeira quanto a segunda se vinculam ao humanismo e à modernidade[76].

Na França, a aparição da *L'École des filles ou la Philosophie des dames* (1655) [A escola de moças ou a filosofia das damas] – e, secundariamente, *La Vénus en rut ou vie d'une célèbre libertine* [A Vênus no cio ou vida de uma célebre libertina] – constitui uma data importante. Ela marca, repitamo-lo, esse momento decisivo em que se impõe uma produção erótica pensada enquanto tal. Por volta de 1660 (em latim) e 1680 (em francês), *L'Académie des Dames* [A academia das damas], convidada a tornar-se uma referência maior no século XIX, não faz senão sancionar a nova autonomia do gênero.

A lição dos prazeres se dirige a uma jovem moça com um corpo malformado, com um clítoris pouco desenvolvido, que tudo ignora do sexo, embora nela o desejo já trabalhe[77]. O ensinamento diz respeito, portanto, a uma virgem à espera implícita da defloração. Muito mais tarde, em 1800, Pigault-Lebrun descreve assim, no *L'Enfant du bordel*, a impaciência da meiga Cécile: "Um leve movimento convulsivo que agitava o ventre e as coxas da bela vítima demonstrava perfeitamente que ela usufruía por antecipação dos prazeres que ela vai conhecer numa

---

76. MAINIL, J. *Dans les règles du plaisir... Op. cit.*, de que nos servimos aqui, realça, no tocante ao século XVIII, as lições de anatomia que se desenrolam na região de Caux [La Cauchoise], com o auxílio de um *godemiché* (p. 26). Quanto à proximidade da literatura pedagógica e da literatura pornográfica, cf. TURNER, J.G. *Schooling sex: Libertine literature and erotic education in Italy, France and England*. Oxford: Oxford University Press, 2003. O autor enfatiza a capacidade que muitos leitores têm de ler as obras publicadas nestas três línguas.

77. GARBOUJ, B. *L'infraction didactique... Op. cit.*, p. 221-222. Numa perspectiva mais ampla sobre as representações da sensibilidade da jovem moça, "máquina sexual ou estátua sensível", cf. RICHARDOT, A. Lumières sur les jeunes filles: éloquence et artifices de la physiologie. *In*: BRUIT, L. *et al. Le Corps des jeunes filles de l'Antiquité à nos jours*. Paris: Perrin, 2001, p. 264-294.

dimensão bem maior"[78]. A inocência inicial é necessária ao romance de aprendizagem; e Jean Mainil observa que as Agnes povoam a cena pornográfica do Antigo Regime[79].

A pedagogia não pode ser realizada senão em um lugar fechado, longe dos olhares e ouvidos, isto é, na mais total intimidade[80]. Na obra *La Vénus dans le cloître* [A Vênus no claustro] (1672), as lições acontecem, como já vimos, no interior de uma cela. Saber que a intimidade de duas mulheres não poderá, de forma alguma, ser surpreendida, aviva a excitação do leitor.

As etapas do acesso ao conhecimento são rapidamente codificadas. A aprendizagem cujo objetivo é levar "à lição magistral que só pode ser ministrada pelo homem"[81], ou a educação erótica da jovem moça, não passa, de fato, de uma expectativa. Isto explica a prática do safismo, perdoado por seu alcance didático. Note-se que nesses romances o prazer feminino é descrito em forma de "alívio" e que, para aprimorar a lição, o papel do homem é ativamente imitado, mas não se trata de clítoris monstruosos. Repitamo-lo: este gozo, como o revelado pela masturbação, por mais intenso que seja, deve fazer sentido apenas em relação ao "soberano prazer" do qual representa apenas uma antecipação, uma paródia, ou um disfarce.

Descrever a surpresa das jovens moças diante da evidência do corpo masculino, em seguida o delicioso assombro proporcionado pelas sensações até então desconhecidas da cópula constitui, após a masturbação e a eventual prática do safismo, a segunda passagem obrigatória da aprendizagem. A surpresa, simultaneamente sedenta e temerosa, das duas heroínas de *Fanny Hill, la fille de joie* [Fanny Hill, a garota do prazer], em face do pênis desmesurado de um cretino, capaz de proporcionar prazer inaudito

---

78. PIGAULT-LEBRUN. *L'Enfant du bordel*. *Op. cit.*, p. 1.243.
79. MAINIL, J. *Dans les règles du plaisir... Op. cit.*, p. 46.
80. *Ibid.*, p. 87.
81. *Ibid.*

àquela que superou o medo inicial que seu tamanho inspira, constitui incontestavelmente a grande cena do romance[82]. A aprendizagem dos termos completa a lição das coisas. A denominação facilita a compreensão e acentua esta curiosidade ávida "de experimentar as doçuras da cópula" que atormenta Margot a cerzidora[83].

A aprendizagem faz rapidamente passar da experiência visual à experiência tátil. O espetáculo eventual das paixões carnais de um casal é um convite à imitação dos movimentos e, como vimos, torna incontrolável a masturbação da jovem heroína, quase imediatamente seguida da defloração. A sensação da iminência do gozo, para além da dor inicial, a fascinação do mistério do prazer enfim sentido deste momento em que a volúpia desejada pela natureza faz bruscamente irrupção oferece ao autor a ocasião de uma cena intensa; tanto que, em seu texto, a lógica quer que a virgem seja entregue aos "dispositivos" mais volumosos[84], como é a intenção de Dolmancé na obra *La Philosophie dans le boudoir* [A filosofia no camarim]. Muitos pornógrafos se comprazem igualmente em descrever a segunda defloração; isto é, a revelação do prazer através da sodomia, sem que este seja verdadeiramente explicitado nem detalhado. O acúmulo de prazeres propiciados pela orgia e pelas reuniões conclui as aprendizagens.

No final do século XVIII, o romance erótico tende a abandonar certas etapas do itinerário-tipo, ou, ao menos, certos requintes desta sábia propedêutica. A defloração pode mostrar-se então desastrada, brutal, popular, o que não a impede de culminar num êxtase. Em 1748, Fougeret de Montbron relata como Margot foi, com extrema dificuldade, deflorada, posta em pé, imprensada contra um muro, sofrendo "morte e paixão", até que o "reduto das volúpias" se abrisse[85].

---

82. CLELAND, J.; DE MONTBRON, F. *Fanny Hill: la fille de joie*. Arles: Actes Sud, 1993, p. 78 [Col. Babel, 61].
83. DE MONTBRON, F. Margot la Ravaudeuse. *Romans libertins du XVIIIe siècle. Op. cit.*, p. 680.
84. GARBOUJ, B. L'infraction didactique... *Op. cit.*, p. 222.
85. DE MONTBRON, F. Margot la Ravaudeuse. *Op. cit.*, p. 681.

A partir de então, a ciência dos mentores se complica. A este respeito, a obra *Le Rideau levé ou l'éducation de Laure* [A cortina levantada ou a educação de Laure] é muito significativa. Aqui, o pai e sua amante se associam para dispensar-lhe suas lições. Um longo noviciado lhe é inicialmente imposto a fim de que, segundo o ensinamento dos médicos, ela não fosse vítima das doenças suscitadas pelos "prazeres antecipados"[86]. Este tempo de espera a condena a alimentar-se apenas da visão do espetáculo das paixões de seus modelos. Esta longa lição de coisas de família termina, em seu devido momento, pelo incesto, entendido como uma simples iniciação. Neste "mais belo [dia] de minha vida", confessa a heroína, "eu não cabia mais em mim". "Deliciava-me naquelas sensações excessivas, que raramente podemos satisfazer"[87]. Esta lição magistral é rapidamente seguida pela descoberta dos prazeres mais intensos que a sodomia proporciona.

Uma vez apresentada a masturbação, notadamente feminina, na literatura e na iconografia eróticas, urge que se lhe dedique uma especial atenção. Onipresente nos romances, ela é situada o mais frequentemente ao longo da aprendizagem. Ela coloca o leitor em uma curiosa situação: "Observador de um ato que em si mesmo é incompleto ou um mal menor"[88], mas que manifesta, o mais fortemente, a descoberta da autonomia do eu na busca solitária de seu próprio prazer. *La Vénus dans le cloître, Le Portier des Chartreux, Thérèse philosophe* são obras que comportam as grandes cenas de masturbação feminina. Consideremos primeiramente o hino ao prazer solitário masculino entoado no *Le Portier des Chartreux* [O porteiro dos cartuxos]. Ele prefigura o que os historiadores de nosso século analisam[89]. O prazer solitário, garante-nos um padre, "não é tão

---

86. Cf. *supra*, p. 175.
87. *Le Rideau levé ou l'Education de Laure* (1788) atribuído de maneira duvidosa a Mirabeau. Cf. *Œuvres érotiques de Mirabeau – L'Enfer de la Bibliothèque nationale*. T. 1. Paris: Fayard, 1984, p. 352, 355.
88. GOULEMOT, J.-M. *Ces livres qu'on ne lit que d'une main... Op. cit.*, p. 52.
89. LAQUEUR, T. *Le Sexe en solitaire... Op. cit.*, esp. p. 233ss.

grande quanto você o considera, mas você tem a capacidade de repeti-lo tantas vezes quanto o julgar oportuno. Sua *imaginação* fantasia, esvoaça por sobre todos os objetos que encantaram os seus olhos: é a morena, é a loira, é a pequena, é a grande, e com um golpe de mão você põe tudo por terra! Seus desejos não têm limites, eles vão até o trono; e as belezas mais orgulhosas, forçadas a ceder, lhe concedem tudo aquilo que lhes pedir"[90].

Em *Thérèse philosophe* [Teresa filósofa], os benefícios desta prática de prazer, aqui feminino, são longamente teorizados, como se se tratasse de produzir um contradiscurso, oposto à campanha contra a masturbação, totalmente contemporânea. A heroína recebe as lições de seu diretor de consciência: "Estas são necessidades de temperamento, tão naturais quanto a fome e a sede, nos garante ele [...]. Não há nenhum inconveniente em servir-vos de vossa mão, de vosso dedo, para aliviar esta parte pela fricção que lhe é então necessária [...]. Este mesmo remédio contribuirá em breve no restabelecimento de vossa instável saúde, e vos devolverá o vosso aspecto brilhante". Com efeito, confessa Teresa, "eu nadava aproximadamente seis meses em uma torrente de volúpia, sem que me acontecesse nada [...] Minha saúde havia se restabelecido inteiramente"[91].

O quadro da masturbação apresentado pelos pornógrafos afasta-se radicalmente, portanto, do tom trágico dos médicos. O discurso dos pesquisadores, com efeito, só analisa a prática solitária feminina "através dos efeitos aos quais ela não visa. Nenhum discurso sobre o prazer a acompanha"[92]. Nos textos médicos, o acento é imediatamente posto na degradação física e moral que a masturbação causa; "o que torna impossível, de fato, a formulação de um discurso sobre o gozo"[93]. Segundo os médicos, quando se morre em razão de masturbar-se, já não é mais questão de prazer. Entre

---

90. *Le Portier des Chartreux. Op. cit.*, p. 136.
91. BOYER D'ARGENS, J.-B. *Thérèse philosophe, ou Mémoires pour servir à l'histoire du P. Dirrag et de Mlle Eradice*. Arles: Actes Sud, 1992, p. 53-56 [Col. Babel]. Este texto contradiz a indiferença pretendida pela literatura erótica em relação à campanha antimasturbadora; cf. TARCZYLO, T. *Sexe et liberté... Op. cit.*, p. 222.
92. GOULEMOT, J.-M. Fureurs utérines. *Dix-huitième siècle*, n. 12, p. 101, 1980.
93. *Ibid.*, p. 102, bem como para o que segue.

eles, sublinha Jean-Marie Goulemot, o vício solitário constitui uma atividade suicida, sem compensação.

O discurso erótico, em contrapartida, enfatiza fortemente a intensidade dos prazeres que a masturbação feminina propicia. Ele se demora na especificidade de uma volúpia na primeira pessoa, desejada e experimentada no segredo da autonomia do "eu", num total isolamento afetivo que aguça a oitiva das sensações e abre livremente as portas à imaginação, sem nenhum desconforto temporal. A rejeição de qualquer intercâmbio, a atenção absoluta em relação às "impressões e movimentos das fibras interiores dos órgãos"[94] abre a uma busca infinita de prazeres sutis e suscita o desejo de levar ao extremo as reiterações; busca que combina então com o que é dito sobre a impressionabilidade dos nervos da mulher. Se o leitor estiver excitado, e de maneira particular em razão de todas as suas manobras, é que a gama de prazeres que elas propiciam lhe permanece hermética e que o olhar exterior apenas pode compreender sua morbidez[95].

O prazer suscitado na mulher pelo vício solitário apenas pode ser, portanto, verdadeiramente imaginado e, com mais razão ainda, sentido pelo autor e pelo leitor-observador como diferente daquele que resulta da masturbação masculina. Ele é apresentado como um prazer ambivalente, que acumula a interioridade dos prazeres vaginais e a exterioridade do gozo clitoridiano, as manobras do "dedo do meio" e as do *godemiché* [dildo]. É por isso que Jean-Marie Goulemot evoca um prazer "de uma interioridade que se comunica com o exterior"[96], que associa o delírio da ejaculação à volúpia que propicia a umidificação do conjunto dos órgãos, sobretudo internos. Mas em *Margot a cerzidora*, assim como em muitas outras heroínas dos romances eróticos, a "fúria" que provoca a masturbação de expectativa, aos 14 anos, não é senão estimulação do desejo de

---

94. *Ibid.*, p. 99.
95. *Ibid.*, p. 102.
96. *Ibid.*, p. 103.

gozar. Relatando suas "recreações solitárias", ela declara: "Eu me acabava, me enfraquecia em vão; ficava cada vez mais ardente, mais furiosa. Desfalecia de fúria, de amor, de desejos"[97]. Como se percebe, o tom não é o de *Teresa filósofa*.

Jean-Marie Goulemot salienta com sutileza que, no desenrolar das aprendizagens, a masturbação corre o risco de criar perturbação. Buscando a ilusão de um prazer compartilhado, a jovem moça descobre "uma satisfação que se basta a si mesma"[98]; daí a complexidade da relação entre prática solitária e imaginação. Ela provoca a passagem de uma atividade fundada no imaginário – quer se trate de sonho confuso, de carícias ou de penetração – ao surgimento de emoções bem reais, verdadeiramente autossuficientes, que permanecerão para sempre específicas. Em si mesmo, o prazer propiciado pela masturbação, da forma como é descrito, é revelação de fontes do corpo, primeira experiência do "destino autônomo do *ego* erótico"[99]. Como o safismo, que muitas vezes ocorre nesses romances, o prazer corre o risco de sair dos caminhos da grande experiência, que é a do coito. Mas, diferentemente de alguns pacientes dos médicos, as heroínas da literatura erótica evitam este impasse pelo cuidado que os autores aportam ao afastar estes caminhos.

Theodor Tarczylo se dedica a uma contagem minuciosa destas cenas eróticas que figuram nessas obras[100]. E conclui que, para a maior satisfação dos leitores masculinos, a masturbação apresentada é majoritariamente feminina (73%). Além disso, ela diz respeito apenas aos adultos. Diferentemente do que podemos ler nas obras médicas, os bebês e as crianças pequenas não teriam, aqui, espaço algum. O essencial, para os autores, é mostrar que a mulher, inundada pelo desejo, está no aguardo do homem;

---

97. DE MONTBRON, F. Margot la Ravaudeuse. Art. cit., p. 680.
98. GOULEMOT, J.-M. Fureurs utérines. Art. cit., p. 106.
99. *Ibid.*, p. 107.
100. TARCZYLO, T. *Sexe et liberté...* Op. cit., p. 223.

que é este sentimento que a leva a gozar com tanta intensidade, e não a necessidade de experimentar um prazer autônomo.

A masturbação feminina constitui, portanto, um tema essencial do romance. Ela produz um efeito de leitura tão intenso que, nessas obras, frequentemente é provocada pelo espetáculo da cópula. É pela visão das relações carnais que se desenrolam entre Lucette e seu pai que Laure se afaga[101]. Por essa razão, seu pai lhe impõe uma roupa interior antimasturbatória que ela não deverá abandonar antes dos 16 anos; evidente intrusão de convicções médicas dominantes na literatura erótica. Outra prova desta influência: Mirabeau, em "Thabala", da *Erotika Biblion*, detalha os malefícios de uma excessiva prática solitária[102].

A fim de evitar o impasse a que a masturbação correria o risco de levar, e porque a narrativa erótica não é o lugar de uma rejeição radical dos interditos, o autor, após ter sugerido a intensidade e o caráter misterioso e indescritível dos prazeres que provoca, transforma rapidamente o prazer solitário num mal menor, em simples mímica, prefigurando futuras volúpias partilhadas. A masturbação será rapidamente abandonada após a revelação do ápice dos prazeres propiciados pela cópula; à exceção daquela que, eventualmente, tem por objetivo agradar o homem quando ele exige o espetáculo e, obviamente, aquela que praticam reciprocamente os dois amantes; mas isso não depende mais da autonomia sexual da mulher[103].

Para ser franco, o prazer solitário, essencialmente masculino desta vez, já se fazia presente nos escritos anteriores, mas sem que respondesse,

---

101. Trata-se de um lugar-comum, e o encontramos também em *Thérèse philosophe*.
102. Mas não os malefícios que poderiam levar à intimidade entre parceiros de sexo diferente. Cf. *Œuvres érotiques de Mirabeau – L'Enfer de lad Bibliothèque nationale. Op. cit.* T. 1. • Le Thabala. *Erotika Biblion. Op. cit.*, p. 514-515.
103. A este respeito, Theodor Tarczylo, na passagem citada, distingue cuidadosamente, no quadro que ele estabelece após a leitura dos romances que constituem seu *corpus*, a masturbação suscitada pelo espetáculo das relações carnais, aquela que a mulher se propicia com ajuda de instrumentos – notadamente se friccionando, coxas abertas, na coluna da cama; aquela que constitui um *topos*, a que é feita por um terceiro e aquela que se pratica por reciprocidade.

o mais frequentemente, ao desejo de excitar o leitor. Na aurora do século XVII – e talvez antes – Malherbe lhe consagra um admirável soneto no qual diz, simultaneamente, o papel da imaginação e a independência do membro viril em relação à vontade. Por ter-se deliciado, em pensamento, dos encantos da vagina de Nerea, o narrador ejacula sem querer, mas se sente deliciosamente apaziguado. O soneto, enfatizemo-lo, é de um século anterior (1606-1607) à publicação de *Onania*[104]. Ao mesmo tempo, o alarme relativo ao que é percebido como um flagelo é insistente. Em 1622, Charles Sorel garante que, nos pensionatos, a masturbação é quase geral, que ela não cessa de se desenvolver, que ela concerne inclusive às jovens virgens e revela-se incurável[105]. Em sua biografia, Jean-Jacques Bouchard denuncia, por sua vez, a intensidade deste vício no interior dos colégios. Em seu caso, dos 13 aos 18 anos (1619-1624) ele se "espermatizou" todos os dias, "duas vezes habitualmente". Ele descobriu o prazer com a idade de 11 anos, e o ensinou às crianças da vizinhança, mais aos alunos do colégio da *Petite Sorbonne*. Naquele início do século XVII, estes alunos apostam no trabalho da imaginação – ora, estamos longe das Luzes –, "querendo ter sempre diante de nós algum belo objeto, como mulheres nuas, ou vaginas e pênis de cera quando estivéssemos a sós"[106]. Tallemant des Réaux evoca as masturbações do jovem Luís XIII, e Sénac de Meilhan compôs a "masturbomania"[107]. Mas, nesses textos, à exceção daquele de Malherbe, sempre se trata de um mal menor, imposto pela carência.

Na corte como na cidade, a masturbação provoca risos no início do século XVII; no entanto, é proibido confessá-la, falar muito sobre ela, já que é desprestígio. Na Grã-Bretanha, segundo o historiador David Stevenson, ela começa, tardiamente, a alimentar as conversações sob a Restauração

---

104. MALHERBE. *Œuvres*. Paris: Gallimard, 1971, p. 168 [Col. Bibliothèque de la Pléiade].
105. SOREL, C. Histoire comique de Francion. *Romanciers du XVIIᵉ siècle*. Paris: Gallimard, 1958, p. 210 [Col. Bibliothèque de la Pléiade].
106. *Apud* ALEXANDRIAN, S. *Histoire de la littérature érotique*. Paris: Payot, 1989, p. 117.
107. *Ibid.*, p. 166.

(1661)[108] no momento em que, na França, a literatura erótica se autonomiza. Por outro lado, raramente é evocada no presente, mas quase sempre de modo retrospectivo. Alguns anos antes, o jovem Drummond havia começado a proceder os registros de seus prazeres solitários. Para aternos à literatura que não depende de um projeto erótico reivindicado, lembramos que, 150 anos mais tarde, Julie denuncia, em uma carta a Saint-Preux, esses "tristes prazeres", não compartilhados, "insípidos e desprezíveis" que a masturbação propicia. "Estas volúpias solitárias [escreve ela ainda] são volúpias mortas"[109]. E se persuade que a castidade de seu amante o condene a tais manobras: "Infortunado! Do que gozas tu, acrescenta ela, quando estás sozinho a gozar?" Note-se que a diatribe não visa exatamente o mesmo alvo que o discurso contra a masturbação dos médicos, que Rousseau conhece bem, pois a interrogação e a denúncia incidem sobre a natureza e a qualidade dos prazeres, sem que seja feita qualquer alusão aos riscos mórbidos.

---

108. STEVENSON, D. Recording the Unspeakable... *Op. cit.*, p. 226ss.
109. ROUSSEAU, J.-J. *La Nouvelle Héloïse. Op. cit.*, lettre 15, p. 295. Sobre Rousseau e a masturbação, cf. LEJEUNE, P. Le dangereux supplément – Lecture d'un aveu de Rousseau. *Annales ESC*, 29, p. 1.005-1.032, 1974.

12
"ARTE DE TRANSAR" E DELÍRIOS ERÓTICOS

O corpo da mulher ou a elasticidade da carne

Em qualquer texto erótico que date do período que nos concerne, o corpo da mulher tem que ser oferecido, ou provocante, e suscetível de se tornar ativo, imediatamente. Este corpo disponível parece estar no aguardo, à espera; daí a frequência do espetáculo da beleza de uma mulher estendida sobre uma cama ou um sofá, às vezes adormecida em uma posição de Dânae [como na mitologia grega]. O corpo da mulher assim surpreendido é vivenciado como imediatamente explorável, maneável, inflamado instantaneamente pelos surtos de desejos espontâneos. Enfatizemos a importância efetiva da cláusula da imediatez nesses textos[1]. Neste aspecto, o contraste entre esta disponibilidade instantânea e a retórica abstrata, que depende do registro cultural ao qual o leitor está habituado, funciona como uma das mais poderosas maneiras da estimulação de seu desejo.

O autor apresenta ao leitor, em uma percepção fragmentada, um corpo despedaçado, de certa forma desmembrado, tamanha a dissociação de seus elementos. A descrição se inscreve na tradição do brasão[2] – e, se

---

1. GARBOUJ, B. L'infraction didactique... *Op. cit.*, p. 223. • HÉNAFF, M. *Sade, l'invention du corps libertin*. Paris: PUF, 1978, cap. V.
2. A este respeito, é essencial a obra de Lawrence D. Kritzman (*The rhetoric of sexuality and the literature of the French Renaissance*. Columbia University Press, 1991, esp. p. 97-114), considerando Roland Barthes (*S/Z*. Paris: Le Seuil, 1970) e Susan Rubin Suleiman (ed.) (*The Female body in western culture: contemporary perspectives*. Cambridge: Harvard University Press, 1986).

necessário, do contrabrasão – fundada na desumanização e na reificação das partes em que cada uma se torna objeto de contemplação; fragmentação que autoriza uma poética dos detalhes, pela detenção em ideias fixas destinadas a produzir uma vertigem obsessiva, mas que constitui um obstáculo à representação da morfologia da mulher em sua totalidade[3].

Na literatura da época, diferentemente dos brasões do período da Renascença, há uma recomposição do corpo, organizada de acordo com o que separa a parte superior da parte inferior, ou o de cima e o de baixo[4]. A parte superior, tudo aquilo que emerge do visível, do público, do social, mas igualmente do cerebral: expressividade do rosto, fogo ou brilho dos olhos, forma da boca... partes sobre as quais o autor de obras pornográficas pouco se detém. A parte inferior é o domínio do dissimulado, do privado, do íntimo. É o lugar da verdade, a dos órgãos, dos tecidos eréteis, do útero. Deste centro da função genital se opera uma irradiação em direção aos outros sistemas, notadamente em direção ao cérebro, pela interação entre fibras e nervos[5]. No quadro que apresenta o pornógrafo, o que é descrito, sugerido ou implícito conduz a imaginação ao "centro dos prazeres".

Georges Benrekassa observa, a este respeito, o duplo vocabulário destinado a descrever o corpo da mulher: um exalta as formas externas, "magníficas", outro diz respeito às partes secretas, "encantadoras"[6]; as que Diderot denomina indiscrições[7]. Que se trate da descrição física ou da tradução ulterior das emoções, a irrupção de uma linguagem obscena, o emprego de termos sem conotação[8] abre brutalmente as cenas que vão levar ao auge dos prazeres.

---

3. GOULEMOT, J.-M. *Ces livres qu'on ne lit que d'une main... Op. cit.*, p. 156.
4. Segundo as divisões das tradições oriundas de Marelle Ficin e da sátira.
5. Cf. *supra*, Primeira parte.
6. BENREKASSA, G. L'article "jouissance"... Art. cit., p. 12.
7. DIDEROT, D. *Les Bijoux indiscrets. Op. cit.*
8. GARBOUJ, B. L'infraction didactique... Art. cit., p. 225.

Obviamente, no quadro, são oferecidos ao olhar do narrador e do leitor os alvos privilegiados, suscetíveis de excitá-lo com particular intensidade. A este respeito, impõe-se a condição particular do "pescoço" ou dos "seios" – os médicos falam em mamas. A descrição dos seios, desencadeadores do desejo, é uma via obrigatória. Não é uma ênfase nova. Já na Renascença ela está presente nos hinos à beleza dos "seios" dos quais Marot e Ronsard exaltam a circularidade, a suavidade, a repleção, constituindo-a em objeto de veneração, em hipérbole do desejo e em símbolo da diferença sexual[9].

Obviamente, o "pescoço" pertence à parte superior do corpo, e há ocasiões em que ele é inclusive exibido; mas ele também pertence à esfera dos órgãos genitais aos quais está vinculado; é o lugar de uma intensa sensibilidade erótica. O afago dos seios acende a volúpia de ambos os parceiros. Sobretudo – e a noção aqui é essencial – os seios pertencem à série de órgãos eréteis.

Neste contexto, vale a pena demorar-nos um pouco no trabalho de Simon Richter, embora ele se reporte essencialmente à Alemanha do século XVIII; a fronteira aqui, no entanto, é de pouca importância, em razão da repercussão dos trabalhos de Haller. Os homens daquele período tinham uma fascinação particular pela capacidade erétil do seio, sempre evocado complacentemente, ou apaixonadamente. Segundo Richter, os fisiologistas alemães – mas isto não se limita unicamente à esfera médica – fizeram do seio um "falo", e um símbolo do tato[10]. Percorrer o "pescoço" com a mão leva a imaginar-se tocando todas as partes eréteis, por conseguinte particularmente sensíveis, do corpo feminino. Os fisiologistas, depois de enfatizarem sua intensidade, demoram-se na complexidade dos prazeres que propicia à mulher, segundo as circunstâncias e os afagos dos seios: emoção de senti-los "manuseados" pelo amante ou pela criança amamentada,

---

9. KRITZMAN, L.D. *The rhetoric of sexuality... Op. cit.*, p. 97ss.
10. RICHTER, S. Wet-nursing, Onanism, and the Breast in 18th century Germany. Art. cit. Esta volta à medicina tem por objetivo esclarecer os textos pornográficos.

sensações voluptuosas que o mamilo faz experimentar quando beijado ou sugado, prazer de nele acolher todas as fantasias masculinas, que se escalonam das carícias do pênis contra sua "resistência elástica" à ejaculação.

Para Richter, a ênfase posta em tudo o que é experimentado por estes órgãos erógenos, e em tudo o que eles fazem ressentir, evidencia a assimetria estabelecida entre os dois sexos. O seio transforma-se então em símbolo da mulher que, diferentemente do homem, se vê submetida a incessantes secreções: da saliva, das lágrimas[11], das regras, do sêmen, do leite... O conjunto dessas emissões, dotadas de um valor erótico global, promove a imagem metonímica da mulher enquanto seios. Tudo acontece, acrescenta Simon Richter, como se seu corpo se tivesse tornado, no século XVIII, mais sujeito às secreções do que nunca. Talvez tenhamos que ver nisto uma das explicações da crença persistente de alguns estudiosos, e de todos os pornógrafos, na teoria do duplo sêmen. A campanha a favor do aleitamento, que começa a se desenvolver, não se inscreve unicamente na perspectiva da ascensão da função materna.

O homem, por contraste, é intimado a conter as secreções de seu corpo. Este domínio atesta a virilidade. À época, e mais ainda no século XIX, abster-se de chorar, de masturbar-se, de desperdiçar seu sêmen é sinônimo de cidadão forte, autônomo, *self-complete, self-nourishing*[12].

O imaginário do seio ecoa sobre os prazeres da cópula e do aleitamento, percebidos pelos fisiólogos como entrelaçados. Os especialistas, como vimos, se demoram sobre o que vincula os prazeres que propiciam à mulher a emissão do sêmen e a do leite. Outra face desta homologia: o homem ressentiria que a vagina aspira o esperma, à maneira com que a criança suga o seio[13]. Entrego, desordenadamente, estas interpretações do

---

11. Cf. VINCENT-BUFFAULT, A. *Histoire des larmes, XVIIIe-XIXe siècles*. Marselha: Rivages, 1986.
12. RICHTER, S. Wet-nursing... Art. cit., p. 21.
13. *Ibid.*, p. 15.

incontestável enfoque da literatura do tempo, seja ela médica, erótica ou teológica sobre as mamas, os seios, os "bicos do peito" ou os "peitos".

No centro do corpo feminino se desenha uma linha sem cessar evocada pelos pornógrafos do século XVIII sob o termo *charnière* (charneira); o que Brantôme designava outrora com o termo *mitan*. Estes termos se referem a esta zona situada na altura dos quadris que, por ocasião da cópula, autoriza a cinética das relações carnais. Ela é o centro de gravidade destes movimentos sobre os quais os autores se demoram com tanto deleite. Os textos citados desde a introdução deste livro colocam claramente em evidência esta linha divisória. Ela delimita as manifestações dos prazeres, reservando à parte inferior do corpo a expressão insaciável de sua verdade enquanto que a parte superior pode simular, enganar, metamorfosear em artifícios as emoções daquilo que é ressentido abaixo desta zona denominada *charnière*.

Consideremos agora o que, segundo os pornógrafos, constitui a beleza do corpo feminino; esta beleza é acima de tudo espetáculo excitante que, no entanto, se desfaz quando se atinge o auge das volúpias. De fato, aquele que goza, sublinha o narrador do *Portier des Chartreux*, não vê mais o corpo de sua parceira[14]. O uso de seus olhos só lhe será devolvido no final do prazer. Todo leitor se impressiona, desde o início, com a insistência dos autores sobre o brilho da carne. Diferentemente do academicismo e de tudo o que, no domínio das belas-artes, se refere ao neoclassicismo, a literatura erótica insiste mais na cor do que no traçado. Essencial é o que, no traço das partes visíveis, deixa prever o encantamento que o espectador tenta adivinhar. A descrição da beleza feminina é apenas um prelúdio dos futuros prazeres; em uma palavra, a visão deve imediatamente excitar, fazer, se possível, entrar em ereção o narrador, ou o leitor.

Além disso, Michel Delon faz lembrar que, nesta literatura, frequentemente o corpo da mulher se dissolve numa auréola, situada no coração

---

14. *Le Portier des Chartreux – Histoire de dom Bougre écrite par lui-même*. Éd. Actes Sud, 1993, p. 114.

da penumbra; o que, simbolicamente, concilia exaltação e retenção. A semiobscuridade torna o corpo inacessível "no exato instante da possessão"[15]. Graças a ela, de fato, o desejo jamais se confunde com o real. Uma defasagem permite que o abraço de um instante se perpetue, ao passo que a luz plena, que destrói todo espaço, "reduz a nudez e o acasalamento às realidades fisiológicas". Ora, a literatura daquele tempo mostra-se cada vez mais sensível aos detalhes da luminosidade.

Sem dúvida avalia-se mal o papel da penumbra na erótica do século XIX. Só se percebe a cópula à meia-luz como consequência de pesadas proibições. Ora, ao meu ver só é possível compreender e figurar-nos os prazeres experimentados antes da irrupção da "fada eletricidade"[16] se levarmos cuidadosamente em conta o tipo de brilho das várias luzes, ainda que menos intensas, nas quais as relações carnais, à época, aconteciam.

Sem dúvida sabemos da importância das funções do espelho nesta literatura; quer se trate da descoberta inicial do corpo da mulher ou, da parte desta última, da compreensão sub-reptícia do efeito que ela produz[17]; sem esquecer a excitação suscitada pelos espelhos destinados a multiplicar o espetáculo do acoplamento.

A brancura de alabastro das carnes da mulher sempre constitui um imperativo. Este modo de apreciação culmina, no final do século, nos textos que resultam do neoclassicismo, notadamente os da arqueóloga Winckelmann, desejosos de apresentar um tipo ideal inspirado na arte greco-romana: "Como a brancura é dentre todas as cores a que mais reflete os raios e a que por consequência mais sensivelmente impressiona, resulta que um belo corpo aumenta em razão proporcional à sua brancura [...]. Não precisamos culpar os que preferem uma beleza morena a uma beleza

---

15. DELON, M. *Le Savoir-vivre libertin. Op. cit.*, p. 150, bem como a citação seguinte.
16. Cf. CORBIN, A. Préface. *In*: BELTRAN, A.; CARRÉ, P.A. *La Fée et la servente – La société française face à l'électricité, XIXᵉ-XXᵉ siècle*. Paris: Belin, 1991.
17. DELON, M. *Le Savoir-vivre libertin. Op. cit.*, cap. IX: Le miroir et le roman, p. 230ss.

branca. Tudo o que podemos inferir é que os partidários das morenas se deixam encantar mais pelo tato do que pela visão"[18].

A aversão à pele morena e bronzeada é, à época, quase geral. O rosto, pois, assim como os seios, as coxas e os glúteos devem ser de uma brancura leitosa; a da parte superior do corpo antevendo a de baixo. O rosado – notadamente do mamilo – simboliza a virgindade, a graciosidade e o pudor. O ardor e o fogo são evocados pelo vermelho forte; aquele dos lábios designa o encarnado provável da vulva. Isto não exclui o arrebatamento propiciado pela aliança da brancura rosada das carnes e as manchas de fogo com a abundância de uma cabeleira castanha; tanto que o contraste, outrora muitas vezes destacado nos brasões, anuncia a feliz contiguidade das coxas, das nádegas e de um pelo pubiano da cor de ébano. Ela tinha "coxas [relata o narrador do *Portier des Chartreux* a respeito de Mme. d'Invile], cuja brancura encantava, redondas, suaves, firmes, um púbis de um vermelho carmim cercado por uma sebe de pelos mais pretos que o azevinho"[19].

Para maravilhar a vida do narrador e a imaginação do leitor, a corpulência é então necessária; a dos seios, em primeiro lugar. Sozinha, ela antevê a riqueza das coxas e das nádegas, já que o visível – ou o entrevisto – reenvia permanentemente ao oculto. Saint-Preux deplora amargamente a ausência de pescoço das parisienses, embora, graças ao espartilho, "elas tentem impor sua consistência"[20].

Curiosamente, à época fazia-se pouca alusão ao cheiro e à elegância do corpo da mulher, excluídas algumas menções evocando um perfume

---

18. WINCKELMANN, J.J. *Histoire de l'art de l'antiquité*. T. II, 1781. Apud LAFORGUE, P. *L'Eros romantique – Représentations de l'amour en 1830*. Paris: PUF, 1998, p. 230-231.
19. *Le Portier des chartreux. Op. cit.*, p. 113. Este contraste se encontra nas obras de Sade, de Louvet e de Couvray, bem como em *Messaline française*. Para uma melhor precisão sobre estes pontos, cf. DELON, M. Les couleurs du corps: roman pornographique et débats esthétiques au XVIIIe siècle. In: GOODDEN, A. (ed.). *The Eighteenth Century body art, Art History, Litterature, Medecine*. Berna: Peter Lang, 2002, p. 59-72.
20. ROUSSEAU, J.-J. *La Nouvelle Héloise. Op. cit*, p. 325.

delicado. Alhures tentei mostrar o que explica este caráter módico, em uma época em que começa a passar de moda o almíscar, o âmbar, ou o almiscareiro[21]. O discurso erótico antecipa, a este respeito, o código de higiene que mais tarde vai impor-se. Ele prega implicitamente o banho frequente, a higiene, a livre-perspiração da carne. A mulher malcheirosa constitui, aqui, um contramodelo absoluto; e desde sempre. É bem verdade que os personagens postos em cena pertencem, o mais frequentemente, a uma aristocracia já familiarizada com o uso do bidê. Mas existe uma exceção nas dimensões deste requisito: nos textos de Sade, o odor das axilas, do suor, do corpo mal-lavado desencadeiam ou exacerbam o desejo.

Permanece o principal, no tocante à relação estabelecida entre o uso dos sentidos e o corpo excitante da mulher, isto é, a extrema importância acordada ao tato e a todas as sensações que lhe dizem respeito. A literatura erótica – e isto diferencia os escritos dos médicos da literatura dos teólogos – se concentra na intenção de fazer ressentir no leitor as emoções propiciadas pelas carícias do corpo.

A carne – branca – da mulher deve ser firme. Não é questão, aqui, daquela "suavidade dos contornos" em que se demoram os estudiosos. Lá onde ela generosamente se oferece – quer se trate dos seios, das nádegas, das coxas –, a carne deve revelar-se resistente e reativa. E dotada de uma qualidade sempre reiterada: elasticidade. Demoremo-nos um instante neste atrativo que rarissimamente me parece ter sido enfatizado pelos especialistas.

Já fiz alusão à "resistente elasticidade" dos seios de Julie, posta à prova no bosque[22]. Esta qualidade, associada ao prazer do olhar, está presente em várias páginas da obra *La Nouvelle Héloïse*. Saint-Preux, após ter proclamado sua admiração pelos grandes seios e pela deslumbrante brancura de que são dotadas as garotas de Valais, compara aqueles ricos chamarizes

---

21. CORBIN, A. *Le Miasme et la jonquille – L'odorat et l'imaginaire social (XVIIIe-XIXe siècles)*. Paris: Aubier, 1982.
22. Cf. *supra*, p. 22.

aos de Julie, "de contornos furtivamente observados". Efetivamente, "apesar da mais zelosa vigilância, ele transpõe o bem-articulado ajuste de alguns leves interstícios através dos quais sua *visão exerce o efeito de tocar*. O olhar, ávido e temerário, então se insinua impunemente por entre as flores de um buquê, e vagueia sob a seda aveludada e a gaze, e *faz a mão sentir a resistência elástica* que ela não ousaria experimentar"[23]. Esta alusão à correspondência das sensações produz, aqui, um forte efeito de realidade.

Jamais terminaríamos de realçar as ocorrências à resistência e à elasticidade das carnes nos textos eróticos da segunda metade do século XVIII. Já em 1741, o futuro *Portier des Chartreux* [O porteiro dos cartuxos] realça "a firmeza elástica" do seio da aristocrata que o inicia. O Príncipe Angola declara que o pescoço da fada Zobeide era sustentado "por sua própria elasticidade"[24]. Com 16 anos, a donzela recatada de Salency, apresentada por Mirabeau na obra *Ma conversion* [Minha conversão] dispõe de um pescoço "elástico". Na obra *L'Enfant du bordel* [O garoto do bordel] alude-se à "elasticidade das carnes" de Cécile. No escrito *La Nuit merveilleuse* [A noite maravilhosa], redigido em 1812, e que constitui uma versão ampliada de *Point de lendemain* [Experiências de uma única noite, ou Sem amanhã], de Vivant Denon, por duas vezes o narrador retorna às nádegas de Mme. de Terville, cujas qualidades detalha: redondez, elasticidade, maciez, maleabilidade, e, mais à frente, quando se demora na descrição das relações carnais, evoca o movimento "bem-ordenado das formas elásticas" de sua parceira. Ouçamos um breve trecho do narrador: "Seu pescoço que cedia sob o toque, mas com uma elasticidade apropriada", seus seios, finalizados por "dois botões de rosas que agradavelmente repelem a ponta de meus dedos [...]"[25].

---

23. ROUSSEAU, J.-J. *La Nouvelle Héloise. Op. cit*, p. 135.
24. LA MORLIÈRE. Angola – Histoire indienne (1746). *Romans libertins du XVIIIe siècle. Op. cit.*, p. 419.
25. DENON, D.V. *Point de lendemain*. Apr. De M. Delon. Paris: Gallimard, 1995, p. 178 [acréscimos à versão de 1777] [alterado em 1812 com o título *La Nuit merveilleuse*].

A elasticidade de uma carne, que a mão experimenta, que resiste e que cede à pressão dos dedos, mas que tende a voltar ao seu lugar, simultaneamente preanuncia e testemunha a qualidade bem torneada do corpo da mulher, sua mobilidade, seu funcionamento. Ela se opõe à maciez que indica a provável passividade. No final do século, a elasticidade da carne é simbolizada pela figura erótica do balão, "corpo aéreo totalmente arredondado"[26]. Ela é igualmente associada ao prazer sensual que resulta do efeito de leveza e da ascensão. O desejo de "fazê-lo no ar" retorna regularmente como um refrão, nos garante Patrick Lasowski.

Urge que o corpo estendido da mulher se mantenha elástico, confortável, em harmonia com a maciez do sofá e da almofada, adaptado à reatividade do molejo. A corpulência das nádegas e das coxas aumenta a volúpia das sensações do homem que pratica relações carnais "à canzana", que sodomiza ou "se delicia entre as coxas". Como o sublinha Michel Delon, as nádegas, nesta literatura, constituem uma zona erógena privilegiada[27]; tanto que a beleza do ventre é raramente evocada, à exceção da parte umbilical. Parece-me que o que foi dito precedentemente pode contribuir na explicação desta insistência. É aqui que convém lembrar a apreciação real e imaginária das nádegas de Juliette por Belmor: "Eis vossas nádegas, Juliette; elas estão sob meus olhos, eu as acho lindas, mas minha imaginação, sempre mais brilhante do que a natureza, é, ouso dizer-vos, mais habilidosa em torná-las mais belas ainda; não seria preferível o prazer que esta ilusão me propicia àquele que a verdade me faz deliciar? O que vós me ofereceis é apenas belo, o que eu invento é sublime"[28]. Este texto, diga-se de passagem, mostra o quanto o recurso à imaginação, nas práticas eróticas, ultrapassa largamente a masturbação. Ao querer vinculá-las entre

---

26. Cf. Le Petit fils d'Hercule. *Romanciers libertins du XVIIIe siècle*. Nota de P.W. Lasowski. *Op. cit.* T. 1, p. 1.554-1.555. Sobre esta importância do balão no imaginário, cf. LASOWSKI, P.W. *L'Ardeur et la galanterie*. Paris: Gallimard, 1986.
27. DELON, M. *Le Savoir-vivre libertin. Op. cit.*, p. 108.
28. SADE. *Œuvres. Op. cit.* T. III, 1998, p. 648.

si, limitamos abusivamente o campo. Os prazeres da "ilusão" impregnam também a cópula.

Tudo o que precede combina, obviamente, com a objeção generalizada à magreza, este "inferno das mulheres", já sublinhado em relação ao parecer dos médicos. Brantôme, frequentemente citado três séculos mais tarde, se deleitava com grossos braços, amplas coxas, barriga das pernas potentes, e condenava as magras que só podem mostrar sua "estaca", seus ventres enrugados e seus "peitos caídos"[29]. No século XVI, as magras eram alvos privilegiados dos contrabrasões[30].

Para encerrar a gama das sensações táteis almejadas, vale sublinhar ainda que a mulher deve ser dotada de uma "parte íntima" estreita. Do século XVI até meados do século XIX, a obsessão é a mesma; e idêntica continua a rejeição à excessiva largura da mesma parte. Os homens sempre estão à espreita de vulvas apertadas; tanto que desconfiam que mulheres "largas" se queixem do pequeno número de Hércules capazes de satisfazê-las. A busca por orifícios estreitos é associada à atração pela sodomia, qualificada pelos teólogos de imperfeita. Brantôme faz-se eco das queixas do marido que descobriu sua mulher "tão vasta e tão copiosa em amplitude", e um "caminho [...] tão amplo e batido" que, segundo nosso autor, "imaginava não ter qualquer possibilidade de nele extraviar-se"[31]. Ora, repitamo-lo, um *topos* pretende que a forma da boca – tanto por semelhança quanto por contraste – permite presumir o conjunto das dimensões da mulher.

Este sistema de avaliação masculina explica o uso que é feito de adstringentes, independentemente da vontade de maquiar a virgindade. Ele igualmente presta contas de todos os "espartilhos" a que se submetem as mulheres. A literatura erótica está impregnada de tudo isso.

---

29. BRANTÔME. *Recueil des Dames... Op. cit.* T. II, II, p. 408, 410-411.
30. P. ex., a caneta de Marot.
31. BRANTÔME. *Recueil des Dames... Op. cit.* T. II, I, p. 297.

Existem sensações visuais ou táteis que qualificam a obscenidade e que violam as proibições que pesam sobre a representação pictórica; e igualmente sobre atração exercida pela consistência do tosão pubiano. O púbis raspado, na literatura que estamos analisando, não é valorizado; ele não passa de um eventual atrativo convidado a manter seu recato, e a constituir-se, no máximo, em uma penugem curta e encaracolada; isto é, levemente mais delicado do que o famoso aforismo alardeado por Brantôme: "Caminho embrenhado e vulva felpuda são vias propícias à cavalgadura"[32].

Resta, para arrematar o quadro desta beleza erógena, centrada nos seios e na parte inferior do corpo, a evocação das partes visíveis, mais frequentemente negligenciadas do que parecem. Desconfio aqui da influência da futura noção de fetichismo, talvez por ter concentrado demasiadamente a atenção em alguns raros textos. A mão feminina, quando descrita – com raríssima frequência – é branca, suave e, ao mesmo tempo, fina e rechonchuda; em suma, é desenhada em vista de propiciar ao homem as agradáveis sensações dos "manuseios". Falar aqui dos pés faz imediatamente pensar nos escritos de Rétif de la Bretonne, notadamente ao *Pied de Fanchette* [Pé de Fanchette], sobre o qual os especialistas se debruçaram. De fato, a evocação desta porção do corpo permanece uma raridade em nosso *corpus*. Obviamente, trata-se da única parte de baixo do corpo que é visível em toda a sua nudez, o mais frequentemente parcial; o que permite à imaginação trabalhar; o tornozelo e o pé preanunciando as coxas e o traseiro. Jean-Marie Goulemot mostrou claramente que o pé calçando uma pantufa é metonímia do corpo, ao mesmo tempo nu e vestido[33]. Um pé delicado sugere que todo o corpo é à imagem dessa beldade. Ele pode, portanto, suscitar um violento desejo de total possessão, nascido unicamente dessa contemplação. No caso específico do herói do *Pied de*

---

32. Ibid., p. 411.
33. GOULEMOT, J.-M. Le Pied de Fanchette. Apres. de R. de la Bretonne. *Romanciers libertins du XVIIIe siècle*. Paris: Gallimard, 2005, p. 1.409-1.427 [Col. Bibliothèque de la Pléiade].

Fanchette, a fascinação, sem dúvida, procede do fato que este só percebeu da mulher na sacada a parte superior do corpo; isto é, tudo o que está acima da "charneira".

O quadro da morfologia feminina vai se especificando sempre mais e se torna definitivamente obsceno na pornografia, e acaba triunfando no final do Antigo Regime e sob a Revolução. Esta, dada a sua ampla difusão, pesou sobre a imaginação em proporção igual ou superior à dos romances eróticos que a haviam precedido. Uma avalanche de prospectos, de catálogos, tanto em Paris quanto em Londres, elogia a beleza, as qualidades, os méritos e as especialidades das prostitutas. Estes dados foram objeto de estudos para além do Canal da Mancha. Os números da *Harry's List* [Lista de Harry], surgidos entre 1764 e 1793, foram igualmente analisados por Elizabeth Campbell Denlinger[34]. Trata-se de uma literatura que teatraliza o corpo de mulheres passíveis de ser contempladas, e ao bel-prazer, em sua total nudez; o que, à época, constituía a primeira qualidade de uma prostituta. Os autores se entregam à tarefa de detalhar a individualidade das formas. O acento posto em determinadas partes do corpo não surpreende; ele confirma o que precede. Estes "prospectos publicitários" destacam a beleza dos seios, estes "globos nevados", a nediez do corpo, seu peso, que cede à "pressão do amor", bem como sua destreza. Eles igualmente direcionam a atenção para as nádegas e, de uma maneira geral, para um corpo carnudo cujo peso é compensado pela vivacidade dos nervos e pela destreza do músculo. A vulva é proclamada deliciosa quando penetrada; a habilidade com a qual estas mulheres sabem dar-lhe movimento é abundantemente elogiada. O mesmo vale para as qualidades dos lábios e dos braços, aptos a apertar. Em suma – e isso é compreensível –, o retrato desenhado está em relação direta com os prazeres esperados de uma

---

34. CAMPBELL DENLINGER, E. The Garment and the man: Masculine desir in Harry's list of Covent garden ladies, 1764-1793. *Journal of the History of Sexuality*, v. 11 (3), p. 357-394, jul./2002.

cópula. Fala-se igualmente, a título de exemplo, que uma destas mulheres sabe perfeitamente guardar os olhos semiabertos quando dominada. A arte com que a jovem moça consegue, simplesmente através do espetáculo de seus órgãos, convidar o membro masculino a penetrá-la torna-se onipresente como um atrativo de primeira grandeza.

Do outro lado da Mancha [Inglaterra], estes retratos transgrediam radicalmente a proibição de qualquer descrição da nudez física. Esta estimulava, notadamente no cerne da *gentry* [aristocracia], a usar da metáfora que transfigurava o corpo da mulher em uma paisagem pitoresca[35].

Bem no final do século XVIII, os impulsos do desejo masculino se transformam. O londrino que doravante busca uma "jovem" atribui grande importância a tudo o que "oferece conforto", e a referência ao apartamento se acentua[36]. A literatura obscena elogia a atração de um corpo aquecido, bem-enfeitado, de fácil acesso, no qual é possível, de alguma forma, instalar-se pelo tempo que se desejar. Isto reflete a atenção a tudo o que precede e que gira ao redor da relação carnal. Antes de desfrutar, importante é sentir-se bem-acolhido, bem-servido pela mulher que vai ser "possuída". O calor do alojamento, a delicadeza da bebida e da comida devem harmonizar-se com as modalidades suaves da oferenda do corpo. Estamos longe do "harém" parisiense da mesma época; mas o relato de uma futura escapadela londrina de Stendhal, em 1821, ilustra com inveja este novo clima[37].

Este contexto permite abrir espaço à compaixão para com a boa moça desejável, de alta estirpe, que desceu aos infernos em razão de um revés,

---

35. Convém enfatizar, do outro lado da Mancha, esta associação do desejo e da paisagem que acompanha o interdito da narração da atividade sexual feminina; daí a necessidade de algumas mulheres, como Anne Lister, de sexualizar seu espaço de vida.
36. CAMPBELL DENLINGER, E. The Garment and the man... Art. cit. Cf. o que concerne à lista de 1793, p. 385ss.
37. Cf. o relato da "parte das jovens" no Bairro Westminster: STENDHAL, R. *Souvenirs d'égotisme, œuvres intimes*. T. II. Paris: Gallimard, 1982, p. 483-485 [Col. Bibliothèque de la Pléiade].

que se sente envergonhada, mas que saberá, por essa razão, enaltecer os prazeres. Trata-se de um conjunto de sentimentos que tende a exorcizar o que poderia ser vivido como culpabilização de qualquer eventual referência a uma escravização sexual. O clima descrito nesta literatura obscena, e que diz respeito à Inglaterra, antecipa a atmosfera da litografia erótica, da forma como ela se desenvolverá na França ao longo da primeira metade do século XIX[38].

A estimulação do homem pelo corpo da mulher se resume quando a beleza desejável se revela plenamente no intercâmbio dos afagos e dos estímulos dos prazeres da cópula. Consideremos primeiramente o que prepara e acompanha a penetração e em seguida a fusão dos corpos, isto é, a progressão e a cinética que antecipam o "auge dos prazeres".

O imaginário dos afagos e dos prazeres epidérmicos

A tomada de consciência do próprio corpo revelado pelos afagos do outro, a capacidade de escuta das sensações voluptuosas, a atenção dada ao ritmo da respiração, às reações, aos suspiros da parceira, enfim, o aprofundamento compreensivo do momento em que se experimenta o "eu" erótico ao longo dos primeiros episódios do encontro carnal constituem os objetos maiores da literatura erótica que nos concerne.

A redação destas cenas iniciais é submetida a uma série de ordens formais, além da imediatez já sublinhada. A variação das circunstâncias, das situações, das posturas, das sensações experimentadas e propiciadas é imperativo, bem como, na sequência, a variação das posições da cópula e da orgia como um todo.

O homem sempre deve tomar a iniciativa; e precisa ser ousado. Estes romances eróticos, salienta Raymond Trousson, dependem do registro do

---

38. Cf. *infra*, p. 434-438.

hic et nunc (aqui e agora)[39]. A audácia masculina reflete o acento do dimorfismo dos papéis sexuais da época. Desde os primeiros intercâmbios, a sutileza dos afagos responde à necessidade de salvar-se do não ser, não mais pelo recurso à transcendência, mas pela intensidade das sensações. Para os atores da cena erótica, escreve ainda Raymond Trousson, "ser é sentir, portanto, ser causa de si mesmo"[40] e do sentimento de existir propiciado ao outro. Nesta perspectiva, a carícia impõe-se como primordial; infelizmente, mais do que um gesto, trata-se de um tema deixado de lado pela pesquisa histórica.

Consideremos inicialmente os primeiros alvos, da forma como são evocados na literatura erótica daquele tempo. Diderot, na obra *Les Bijoux indiscrets* [As joias indiscretas], desenha um itinerário segundo o qual o amante beija as mãos, em seguida o pescoço, passa a seguir para a boca antes de dirigir-se à parte inferior do corpo, partindo da canela para subir aos joelhos e culminar no "centro dos prazeres"[41]. Na verdade, o percurso, da forma como é descrito, raramente revela-se tão complicado. Permanecem dois dados essenciais. A impetuosidade inicial, que precipita o homem em direção à carícia dos seios, abre a relação. Desde o início, o "pescoço" é avaliado, manuseado, beijado e sugado. Esta é a verdadeira preliminar. Ela permite, tanto no homem quanto na mulher, que os órgãos da volúpia se inflamem. A carícia dos seios de Zobeide devasta Angola: "O príncipe, embriagado [...] leva sua mão a um pescoço carnudo que se abandona aos seus delírios. Deuses, que encantos! que brancura! que firmeza! que rotundidade! que maciez de pele! Depressa ousará pousar nele a boca e saciar-se [...]"[42]. Mesmo fora de qualquer carícia direta, os seios têm

---

39. TROUSSON, R. *Romans libertins du XVIIIᵉ siècle. Op. cit.*, p. XXI.
40. *Ibid.*, p. LIII e LIV.
41. A respeito das carícias de Amisadar no corpo de Fanni, cf. DIDEROT, D. *Les Bijoux indiscrets. Op. cit.*, p. 285.
42. LA MORLIÈRE. Angola – Histoire indienne (1746). *Romans libertins du XVIIIᵉ siècle. Op. cit.*, p. 410.

o poder de exacerbar o desejo do amante, nem que seja indiretamente por um desenho vazado. A visão e em seguida o manuseio do espartilho abandonado por Julie são suficientes para desencadear em Saint-Preux uma necessidade física da mulher que ele espera e da qual saboreia a dedilhação dos mamilos[43].

O qualificativo "mulher peituda", que Mirabeau usa e abusa – inclusive na obra *Ma conversion* –, e que também é encontrado com frequência na pluma de Flaubert, é suficiente para evocar os poderes de atração de uma mulher; sobretudo quando seu "pescoço" é "de uma suscetibilidade que a faz estremecer"[44].

Esta carícia dos seios, que manifesta o arrebatamento inicial, produz, em geral implicitamente, a ereção do parceiro. Ora, durante todo o período evocado neste livro, só a constatação deste estado já é suficiente – ao menos é o que se diz – para exacerbar o desejo feminino. Um século mais tarde, esta convicção é encontrada no *Dictionnaire Universel du XIXe Siècle*, do rigoroso Pierre Larousse[45]. Nós vimos qual curiosidade intensa e qual apetite são tidos por atormentar a jovem virgem que descobre pela primeira vez esta rigidez.

É raro que sejam detalhadas carícias mais sutis e mais audaciosas. Tudo acontece como se o leitor já devesse estar suficientemente estimulado pela descrição do corpo da mulher e pela evocação destas preliminares. É assim que, em geral sem maior precisão, se diz que o amante, deixando de lado o afago dos seios, vai logo "apiloar a parte inferior". O essencial, de fato, dadas as injunções da instantaneidade, da variação e da audácia, é, para o homem, abrir rapidamente para si o caminho do "centro dos prazeres".

---

43. ROUSSEAU, J.-J. *La Nouvelle Héloïse. Op. cit.*, 1ª parte, carta LIV, p. 202.
44. *Ma conversion*, atribuída, de maneira duvidosa, a Mirabeau. Cf. *Œuvres érotiques de Mirabeau. Op. cit.*, p. 117, 85.
45. LAROUSSE, P. *Dictionnaire Universel du XIXe Siècle*. Verbete "Génital".

No máximo é feita alusão, ao longo desta "pilhagem" que precede a penetração, a alguns afagos com o dedo sobre o clítoris e, mais raramente, com a língua. Como frequentemente acontece, os textos de Sade, notadamente *Les Cent Vingt Journée de Sodome* [Os cento e vinte dias de Sodoma], se diferenciam, a este respeito, por uma focalização no traseiro das mulheres, que o homem contempla, manuseia, perscruta como duas páginas de um livro, antes de inundá-lo ou sodomizá-lo.

No corpo feminino, voltemos a ele, é a parte de baixo que diz a verdade e que, por essa razão, atrai e ofusca, simultaneamente, pois, desvendar seu mistério, é transgressão intensa. *As joias indiscretas* detêm, além disso, o segredo do saber erótico da mulher; são elas que vão revelar o grau de sua experiência. Em suma, desvendar, explorar, penetrar o traseiro é aceder a um conhecimento verdadeiro e total daquela que desencadeou a fúria do desejo masculino.

Pode inclusive acontecer que a descoberta física da parte de baixo do corpo reserve agradáveis surpresas. Brantôme garante que, misteriosamente, as mulheres não envelhecem abaixo da cintura, e que em geral elas conservam belezas que a contemplação das partes visíveis sequer permitiria imaginar. Para ele, elas são como fundações de ruínas antigas, sobretudo quando, em seu devido tempo, elas foram "muito bem ensinadas e treinadas"[46].

Ao longo da investida masculina, pouca referência é feita a uma eventual resistência feminina; de qualquer forma, esta não poderia ser nem forte nem prolongada. O próprio desvanecimento não passa de um estratagema destinado a preservar o pudor. Cabe ao amante saber detectar a astúcia; o que Angola não sabe fazer, ao assustar-se com a aparente perda de consciência da fada Zobeide[47].

---

46. BRANTÔME. *Recueil des Dames... Op. cit.* T. II, V, p. 600.
47. LA MORLIÈRE. Angola – Histoire indienne (1746). *Romans libertins du XVIIIe siècle. Op. cit.*, p. 411.

A literatura pornográfica, portanto, se afasta radicalmente do erotismo médico. Este último aposta nas vantagens de uma resistência, na imposição de um prazo, ou de uma longa espera, prelúdio de uma verdadeira disputa; e isto em vista de permitir a exacerbação do desejo masculino, uma boa elaboração do sêmen e o vigor da ejaculação. No dizer dos romances eróticos o homem, em contrapartida, é supostamente tido por estar pronto, permanentemente, sempre fácil e rapidamente excitado. Aqui, o entendimento entre os parceiros faz-se veloz; o que deixa antever a união fogosa dos prazeres. A harmonia dos corpos é postulada e, portanto, não necessita absolutamente ser demonstrada. O homem é jovem, ou carrega uma longa experiência; nos dois casos, seu potencial não tem por que ser posto em dúvida. A penetração do "abismo dos prazeres" é uma questão de tempo, que, por sua vez, abre às sensações voluptuosas da cópula.

Entretanto, os autores nem sempre silenciam o trabalho prévio a que a mulher se entrega sobre seu parceiro. Percebe-se, nos textos eróticos, a evidente reticência da mulher à prática da felação; o que também se constata nos locais de prostituição. Não fosse o devido cuidado que se deve ter com o anacronismo, esta recusa poderia impressionar. A felação, ao menos a que se conclui com a absorção do esperma, às vezes é assemelhada à coprofagia. A Duclos, uma das "historiadoras" dos *Cento e vinte dias de Sodoma*, o diz claramente; e o que aconteceu em Silling confirma a comparação. Excluindo-se as especificações relativas à felação na obra *Académie des Dames* [Academia de damas], e algumas alusões feitas a esta prática antiga, por exemplo, sob a pluma de Mirabeau, em sua *Erotika Biblion*, quando evoca a *fellatrix*, não podemos senão constatar, na sequência de Jean Mainil[48], a raridade da descrição desta carícia no romance erótico do Antigo Regime. Mas, diga-se de passagem, os homens parecem não ter nenhuma necessidade disso.

---

48. MAINIL, J. *Dans les règles du plaisir...* Op. cit., p. 109.

Com uma única exceção, importante, que combina felação e sexo de língua, com o objetivo de obter duas descargas simultâneas na boca dos parceiros. Esta prática, que se inscreve na lógica da teoria do duplo sêmen, já se encontra minuciosamente descrita no *Le Portier des Chartreux* [O porteiro dos cartuxos]. Mais tarde, Mirabeau especifica seu desenrolar no livro *Ma conversion*; ele a apresenta como uma invenção. No final do século, de fato, muitos autores se demoram nesta ginástica erótica. São testemunhas as belas páginas do livro *Rideau levé ou l'éducation de Laure*[49] [A cortina levantada ou a educação de Laure] e a obra *Hic et Haec*. Citemos um trecho deste último escrito: "Mme. de Valbouillant salta por sobre a minha glória, a esprime entre os seus lábios carinhosos, e, com uma língua amorosa agradando seu contorno, causa-me um prazer tão forte que [...] levei a dama até uma espreguiçadeira e, colocando minhas pernas entre a sua cabeça e minha boca sobre o seu templo, bombeava com minha língua o néctar do prazer, enquanto sua boca me convidava à volúpia. Saboreamos por alguns minutos as delícias desta posição, que logo em seguida nos propiciou uma emissão recíproca do bálsamo precioso [...]; nós o bebemos um e outra com uma embriaguez inexprimível [...]"[50].

A insistência dos autores na prática do manuseio contrasta com a relativa reticência em relação à felação. A primeira prática constitui um saber que a mulher precisa adquirir. Este manuseio parece à época menos um preparativo – evitemos o termo anacrônico "preliminar" – do que um prazer específico. Ela pertence mais à esfera da volúpia solitária do que a dos prazeres da cópula. A habilidade feminina, no assunto, depende de uma *ars erotica* da gradação e da contenção, capaz de garantir a intensidade da "convulsão final do prazer" propiciada ao parceiro masculino. Em sua história de *Fanny Hill, la fille de joie* [Fanny Hill, a garota do prazer], John Cleland, segundo a tradução de Fougeret de Montbron, descreve assim

---

49. *Le Rideau levé ou l'Education de Laure... Op. cit.*, p. 363.
50. Hic et Haec. *Œuvres érotiques de Mirabeau. Op. cit.*, p. 214.

um manuseio do pênis: "Às vezes Polly o apalpava, o balançava como fazem as crianças com seus chocalhos. Às vezes ela o prendia e o apertava entre as suas coxas; outras vezes o colocava entre os seus charmosos seios como um enorme botão de rosa"[51].

É, no entanto, Mirabeau, conhecido como cliente assíduo dos bordéis, que propõe o mais belo texto consagrado a este tipo de afago. O citamos por completo, já que se trata de uma das mais elevadas análises das sensações propostas pela literatura erótica do século XVIII. Numa alcova rodeada de gelo: "A garota [...] em primeiro lugar, com muito cuidado, evita tocar as partes da geração: suas aproximações são lentas, seus apertos suaves, seus beijos mais ternos do que lascivos, os golpes de língua comedidos, o olhar voluptuoso, os enlaçamentos de seus membros plenos de graça e brandura; ela excita seus dedos com um leve prurido nas pontas dos mamilos [do homem]; rapidamente se dá conta que o olho faz-se úmido; ela sente que a ereção se estabelece em toda parte; então coloca levemente o polegar sobre a extremidade da glande que ela encontra banhada com seu licor linfático; desta extremidade, o polegar desce mansamente até a raiz, retorna, torna a redescer, contorna a coroa; e em seguida o suspende, percebe-se que as sensações aumentam demasiadamente rápidas; ela não emprega senão as titilações gerais; e não é senão após os toques simultâneos e imediatos da mão, em seguida das duas, e dos *toques em todo o seu corpo*, que, a ereção, tornando-se extremamente violenta, a jovem conclua que chegou *o instante no qual faz-se necessário deixar agir a natureza* ou ajudá-la, ou provocá-la, para que chegue ao objetivo; visto que o espasmo que se estabelece no homem se torna tão forte, e o *apetite sensitivo* tão violento, que ele desmaiaria se não fosse posto um basta. Mas, para alcançar este gênero de perfeição, este *tom de prazer*, a jovem moça tem que esquecer-se de si mesma para estudar, acompanhar e aprender todas as *nuanças de volúpia* que a alma de Thabala [onanista] percorre, para usar

---

51. CLELAND, J.; DE MONTBRON, F. *Fanny Hill: la fille de joie*. Op. cit., p. 33.

refinamentos sucessivos que exigem estes aumentos de prazeres que ela provocou. Normalmente só se chega a algum grau de perfeição nesta arte através de um fino tato, ou por um toque certeiro [...]"[52].

Percebe-se claramente a perspectiva pedagógica do autor. As garotas que devem aprender a manusear os homens podem, com efeito, adquirir experiência graças a lições presenciais, como é o caso na obra *Les Cent Vingt Journées de Sodome*[53]. Nestes textos didáticos, a atenção aos requintes da carícia, como foi visto, direciona o alvo para os dedos da mulher e sua agilidade.

A pornografia do final do século XVIII[54], enquanto tende a fazer-se bordeleira, multiplica as sequências que colocam em cena velhos libertinos debilitados, com dificuldades de deleitar-se, apreciadores, por essa razão, do manuseio feminino que, mais uma vez, parece uma proibição menos rigorosa do que a felação. Sabemos, graças a Erica-Marie Benabou, que isto corresponde a uma prática de prostituição, e muito usual. O Marquês de Paulmy (Antoine-René de Voyer d'Argenson) tinha por costume fazer-se manusear nos vários haréns da capital[55]. Não existem outras carícias evocadas na literatura erótica daquele tempo, a não ser algumas raras alusões a dedos delicadamente escorregados no ânus ou na vulva.

É raro que os autores evoquem o recurso a afrodisíacos; a não ser que associemos este recurso à flagelação e ao açoitamento, aliás, amplamente em uso junto às prostitutas. Ao longo da narrativa de Sade, estas se inscrevem naturalmente numa gama de práticas lascivas. O corpo da mulher não passa, aqui, de um "móvel", no sentido que este termo adquire nos

---

52. MIRABEAU. *Erotika Biblion. Op. cit.*, p. 517-518.
53. SADE, D.A.F. *Les Cent Vingt Journées de Sodome... Op. cit.*, p. 108.
54. Sobre o paroxismo e o esgotamento da obscenidade sob a Revolução, cf. WALD LASOWSKI, P. Introduction – La Science pratique de l'amour. *Manuels révolutionnaires érotiques*. Arles: Picquier, 1998, p. 7-45.
55. MUZERELLE, D. Moeurs de bibliophile: le marquis de Paulmy. *Revue de la Bibliothèque Nationale*, n. 7, p. 39-42.

"bordéis", qual seja, um objeto destinado a satisfazer as luxúrias. O texto não se situa mais nas esferas do masculino e do feminino – portanto, do dimorfismo –, mas na esfera do neutro; a mulher não passando de uma máquina a ser manuseada, manipulada, flagelada, fustigada, sugada, ou urinada e defecada.

De uma maneira mais trivial, o romance pornográfico do final do século XVIII reflete, em matéria de carícia, as preferências suscitadas pela frequentação dos bordéis. Ele transcreve uma exigência que resume de maneira densa um "pedido de masturbação": "Posturas lascivas, mão suave e rechonchuda, língua aveludada e rápida, púbis disponibilizado e elástico", temperamento fogoso e, para concluir, garota "provida de uma abundância de esperma inesgotável"[56].

A abertura da grande cena da cópula

Uma vez feita a intromissão, tem início a grande cena da cópula, para a qual tende a narrativa. A literatura erótica daquele tempo expõe em detalhe o encontro e a fusão de corpos masculinos e femininos, reunidos em duplas ou em grupos. Esta cena se inscreve em vista do outro episódio maior: o da masturbação feminina.

A teatralização dos gestos, a ritualização dos comportamentos e o que Jean-Marie Goulemot qualifica de escalada em potencial do olhar[57] impõe-se quando o pornógrafo precisa descrever a cópula. A narração do obsceno, a partir de então, deve ser analisada como um dispositivo cênico. Ao longo das relações – mas já era o caso do momento dos afagos – opera-se uma duplicação do narrador. Este descreve o que vê, o que ouve, o que constata das reações do corpo da mulher e, ao mesmo tempo, ele se

---

56. Requête et décret en faveur des putains, des fouteuses, des macquerelies et des branleuses... Les Enfants de Sodome à l'Assemblée Nationale. Apres. de P. Cardon, *Cahiers Question de Genre*, 57, p. 80, 2005.
57. GOULEMOT, J.M. Lumières et pornographie. *Equinoxe*, n. 19, p. 12, 1998.

representa agindo; "ele é, portanto, uma voz que serve um olhar"[58], para uma maior excitação do leitor, provocada pela identificação.

Isto explica a pobreza ou a ausência de análise específica das sensações experimentadas pelo pênis, pelo clítoris ou pelas paredes da vagina, uma vez realizada a intromissão. Tudo isso, com efeito, se refere à interioridade e não somente ao gestual, à cinemática, à teatralidade da cena. Jean-Marie Goulemot, que sublinha esta reticência, a atribui ao interdito que, no próprio coração do texto obsceno, atinge tudo aquilo que depende da interioridade orgânica[59]. Aborda-se aqui o que à época distinguia o mais radicalmente esta obscenidade daquela que hoje se desprende da literatura. Esta análise das sensações internas não teatralizáveis à maneira com que em geral são os movimentos, os desencadeamentos gestuais, urge buscá-la antes nos textos didáticos, já que aquele ou aquela que ensina as volúpias é levado a descrevê-las. Uma das lições da obra *L'École de filles* [A escola de moças] (1655) é assim consagrada à evocação das titilações, das fricções, das contrações, dos pequenos abalos e da maneira de ressentir os espasmos e as emoções da descarga recíproca[60].

Na literatura erótica da segunda metade do século XVIII e dos decênios seguintes, a cópula, o desejo que ela suscita, as sensações que ela deve implicitamente provocar são suficientes ao prazer. Não há necessidade da referência aos sentimentos, aos fantasmas ou às falsas aparências. Neste ponto de vista a narrativa pornográfica contradiz, repitamo-lo, o teor do verbete "gozo", que figura na *Enciclopédia*. Segundo Michel Delon, isto justifica a frequência de cenas de mal-entendidos[61]. O belo parceiro –

---

58. GOULEMOT, J.-M. *Ces livres qu'on ne lit que d'une main... Op. cit.*, p. 155.
59. Interdito que pesa sobremaneira na história da sexualidade.
60. Destacado em MAINIL, J. *Dans les règles du plaisir... Op. cit.*, p. 64. Estes textos da obra *Escola de moças*, que evocam a interioridade das sensações, fazem parte de *Romanciers libertins du XVIIe siècle*. Paris: Gallimard, 2000, esp. p. 1.126, 1.128, 1.140, 1.144, 1.182 [Col. Bibliothèque de la Pléiade].
61. DELON, M. *Le Savoir-vivre libertin. Op. cit.*, p. 312-313.

quer se trate de um homem ou de uma mulher – é substituído às vezes, na penumbra, por uma hediondez não desejada, que não fará gozar menos fortemente, pois toda cópula é tida por levar ao mesmo resultado; e a felicidade não é senão a soma dos prazeres reiterados[62].

Outro lugar-comum ou, se preferirmos, outro postulado ordena a grande cena da cópula. Em todos os romances que se distribuem entre o surgimento do *Portier des Chartreux* [O porteiro dos cartuchos] (1741) e a obra *L'Enfant du bordel* [O garoto do bordel] (1803), ambos os sexos gozam por ocasião da cópula. Perante o desejo e o prazer são iguais. Fato indispensável à excitação do leitor. Mas, simultaneamente, os dois parceiros são considerados, intrinsecamente, em suas diferenças. A este respeito, como já foi visto, podemos seguir Jean Mainil quando nos garante que a literatura erótica, antes da própria ciência natural e da medicina, estabeleceu a certeza da profundidade do dimorfismo que diferencia os sexos. O prazer feminino não é percebido simplesmente como causa ou consequência do prazer do homem. Ele não é avaliado em função deste último. Frequentemente, as heroínas tomam iniciativas tanto para aumentar o prazer do parceiro quanto para usufruir melhor de seu próprio corpo[63]. Urge enfatizar com força este conjunto de constatações.

Voltemos à teatralização das relações amorosas, da forma como ela se impõe na narrativa erótica do período que nos concerne. A análise nos obriga aqui a uma volta ao passado, na medida em que três esquemas mentais, que se haviam imposto no século XVI, ainda pesam sobre os escritos, de uma forma, obviamente, muito intensa. Duas metáforas insistentes e fortes diziam respeito outrora à mulher entregue ao ardor das relações carnais. Segundo o vocabulário do autor de *Recueil de Dames*, "ir a pé" significa renunciar ao coito. Aquele que se mostra pouco ativo, que está exausto,

---

62. TROUSSON, R. Préface. *Romans libertins du XVIII siècle. Op. cit.*, passim.
63. DELON, M. *Le Savoir-vivre libertin. Op. cit.*, passim.

é comparado a um "cavalo de charrete"[64]. Por outro lado, toda boa cópula é uma *cavalgada*. O homem figura um cavaleiro, a mulher uma montaria. O primeiro, sobre sua égua, percorre uma estrada – a vulva –, larga ou estreita, mais ou menos tortuosa, mais ou menos sombreada; se necessário, ele conta o número de "posições" "realizadas" ao longo da noite[65].

Nesta perspectiva cavaleiresca, a mulher torna-se objeto de um adestramento. É recomendável, com efeito, conhecer a doma e "contê-la com rédea curta". O homem sente-se então orgulhoso de sua "bela montaria". Segundo Brantôme, aquela que se encontra no auge da excitação às vezes se revela capaz de apear o parceiro. O autor, a este respeito, deixa um largo espaço à inversão das posições: a mulher muitas vezes cavalga o homem e revela-se então capaz de "grandes saltos"; e Brantôme faz várias alusões à sua recusa de ser dominada, expressa pela mulher que não consente, nestes casos, ser "subjugada, dobrada"[66].

Esta metáfora da cavalgadura desaparece da literatura erótica do século XVIII, mas ela trabalha secretamente os textos até meados do século XIX, como é possível constatar no *Dictionnaire Érotique*, de Aldred Delveau, editado em 1864. Outrora ela aparecia na exigência do movimento, da cadência das relações carnais e na participação obrigatória dos dois parceiros em vista de uma cinética harmoniosa e cadenciada. Sem cessar reitera-se o ódio, expresso por Brantôme, pela mulher inerte, mais imóvel "que um rochedo"[67].

Uma segunda metáfora impõe-se com a mesma insistência: trata-se da "fornalha feminina", essencial na literatura erótica do século XVI, e que se harmoniza à época com a influência da teoria humoral. A mulher produz humores que correm permanentemente o risco de se corromper,

---

64. BRANTÔME. *Recueil des Dames... Op. cit.* T. II, I, p. 358; T. II, I, p. 273.
65. *Ibid.* T. II, I, p. 239.
66. *Ibid.*, p. 272.
67. *Ibid.* T. II, I, p. 373.

de se putrificar. Por essa razão ela deve ser "lustrada"[68], descongestionada, desinfectada. Urge que ela seja exprimida, e que se expulse – sobretudo no verão – estas perigosas matérias corruptíveis. Somente um bom macho dispõe dessas prerrogativas. No caso de uma mulher muito lasciva, um único homem pode ser insuficiente. Nesta operação específica, a lésbica, por natureza, se veria desqualificada, já que ineficaz.

Se esta corrupção se revela tão ameaçadora é porque o útero é um "forno", uma "fornalha", que convém "ingurgitar"[69] para *refrescá-la*, e impedir assim qualquer eventual ressecamento. A mulher em fogo, tornada demasiadamente seca, imperativamente deve ser, nesta perspectiva igualmente, consolada[70]. É necessário que o marido alimente esta fornalha, mas sem aquecê-la em demasia; igualmente ele precisa saber que a mulher não pode "manter por longo tempo seu calor", sobretudo se se trata de um velho forno – outro *topos* – "mais fácil de ser aquecido que um novo"[71], e que, por conseguinte, guarda melhor o calor e faz o melhor pão. As mulheres mais velhas são, de fato, particularmente "calorentas" e ressecadas; o que explica sua aptidão particular de "alambicar"[72] – sugar – o suco de seu parceiro.

O casamento justifica-se, pois, plenamente. Neste estado, a fornalha "geralmente é bem-inflamada e atiçada"[73]. Ela só precisa de material apropriado: água, madeira ou carvão para manter permanentemente seu calor. Infeliz da mulher, no entanto, cujo fogo "tem outra profundidade de fornalha" que a de seu marido; esta precisaria de vários homens para "enfurná-la", para que desta forma o amor a impeça de secar-se e virar "esqueleto"[74].

---

68. O termo volta com muita frequência sob a pluma de Brantôme, bem como o de "brunimento". Cf., p. ex., T. II, I, p. 347.
69. *Ibid.* T. II, V, p. 588, com inúmeras ocorrências.
70. Aqui Brantôme concorda plenamente com os teólogos.
71. BRANTÔME, *Recueil des Dames... Op. cit.* T. I, I, p. 262; T. II, IV, p. 555.
72. *Ibid.* T. II, IV, p. 556.
73. *Ibid.*, p. 574.
74. *Ibid.*, p. 460, 462.

Em contrapartida, a lésbica, segundo esta mesma lógica, é totalmente ineficaz, já que não consegue agir senão nas "bordas do vaso", ao passo que convém que as mulheres, para que possam ser bem lustradas e refrescadas, façam-se "sondar o mais profundamente possível"[75].

Em suma, a cópula, aqui, é fisiologicamente concebida como um remédio. Ela responde ao medo do "aquecimento", tanto exterior – comichões – quanto interior, e ao desejo de arrefecimento; necessidades físicas a ser contentadas pela penetração, pelo vai e vem, pela ejaculação; e não pelo único deleite da visão ou da voz, menos ainda pelo simples toque.

Esta rede de metáforas faz entender claramente que, se o homem necessita da mulher, a mulher igualmente partilha das mesmas necessidades. Estas imagens subsistem ao longo dos séculos XVIII e XIX, não obstante o declínio da teoria humoral. Elas subentendem as noções de necessidade, de ardor necessário, de risco provocado pela contenção, pela abstinência e pela carência, sem esquecer a inegável violência do desejo feminino. A literatura erótica, nisto, se harmoniza com o discurso médico, mas segundo evidentes discrepâncias. A primeira, fiel à teoria do duplo sêmen, abandonada pelos médicos, permanece por longo tempo tributária, embora sub-repticiamente, da antiga visão humoral do corpo. Ocorre que, em meados do século XVIII, esta metáfora continua intacta ainda. É assim que Voltaire evoca o "braseiro" da virgem; e a referência já não é mais ao braseiro de Ruen. Este tipo de imagem, como ainda veremos, persegue a canção chula do século seguinte, testemunhada pelo sucesso da referência ao "braseiro em Suzon".

Em contrapartida, uma terceira metáfora desaparece: a que se refere à justa, à disputa, ao ataque guerreiro, ao combate remetendo a Tancrède e Clorinde, cuja evocação vem acompanhada da soma dos golpes desferidos madrugada adentro. Este esquema, no século XVIII, passa a fazer

---

75. *Ibid.* T. II, I, p. 365.

parte do código libertino, embora deixe de fazer parte da literatura pornográfica. Vencer, impor o próprio desejo, apresentar-se como um novo Alexandre, tornar pública a lista das conquistas significa apresentar-se como "guerreiro de alcova"[76], apto a uma violência ritualizada que induz seu inimigo da resistência à derrota: todas estas peripécias, que são parte da própria consistência do romance libertino, são estranhas à literatura pornográfica. Não se trata, para seus atores, de conquistar, porém mais simplesmente de usufruir sem obstáculo.

Permanece não mais uma metáfora, mas um dilema, que é objeto de debate, do século XVI até meados do século XIX. O que conviria melhor: copular "sob os lençóis"[77], por pura diversão, no interior de uma alcova, sob tecidos de cetim, ou praticar "o amor às escondidas", fora do lar, às pressas? O prazer de "abater" uma mulher em suas vestes suntuosas valoriza muito, para alguns, o ato; propicia sensações e prazeres particulares; constitui, em certos casos, uma falta de distinção; evidencia a transgressão, sendo a efração um avivamento dos prazeres[78].

Este dilema impõe-se constantemente. A litográfica erótica do século XIX adora encenar o amor às escondidas; e inúmeras anedotas relatadas nos escritos íntimos daquele tempo falam da intensidade dos prazeres furtivos que se harmonizam então com a fascinação exercida pelo adultério e pela escapadela social. Muito frequentemente não se dispõe de outra maneira de gozar senão com a criada, com a costureira e, sobretudo, com a empregada da taberna.

---

76. Sobre todos estes pontos, cf. DELON, M. *Le Savoir-vivre libertin. Op. cit., passim*, esp. p. 52-53.
77. Cf., *supra*, p. 325.
78. "Não há nada [escreve Brantôme], apenas o golpe furtivo. Quando pensamos que somos corajosos, aglomeramos, pressionamos e, gananciosos, derrubamos e carregamos folhas de ouro, prata, enfeites, tecidos de seda; com as pérolas e joias, o ardor, o contentamento aumentam muito mais [...]. Alguns dos seus companheiros confidenciaram-lhe que prefeririam mulheres assim 'descobertas e deitadas nuas entre duas mortalhas, e numa cama muitíssimo enriquecida com bordados que sabemos fazer'" (BRANTÔME. *Recueil des Dames... Op. cit.* T. II, II, p. 402-403).

Abandonemos esta genealogia para voltar à forma com que os autores do período que nos concerne apresentam a cópula. A novidade parece ser na atenção mais específica posta na cinética e na cadência ou, se preferirmos, na erotização do movimento e do andamento. Desde a estruturação da literatura erótica como gênero autônomo, em meados do século XVII, aparecem "as lições de movimento". Sua necessidade, da parte da mulher, mesmo fora da posição cavalgante, com a qual se deliciava Brantôme, é longamente ensinada na obra *L'École des filles* [A escola de moças]. Nela alerta-se a aprendiz contra a imobilidade e a passividade[79]. Não esqueçamos, além disso, a virtude anticoncepcional à época atribuída ao movimento[80]. Ela é às vezes evocada pelos autores de romances obscenos, mas revela-se secundária neste contexto.

Esta erotização da cadência reenvia, obviamente, ao que precede em relação à atenção posta na "charneira" e na apreciação da elasticidade. Ela se refere igualmente à mecânica, isto é, ao autômato, num tempo em que triunfa Vaucanson. Os dois corpos imbricados, escreve Jean-Marie Goulemot, acabam "por não constituir senão uma espécie de máquina de gozar"[81], no período em que se multiplicam as mecânicas destinadas a aumentar as volúpias e que se inventa a guilhotina, a máquina de matar.

A cena da cópula é frequentemente apresentada pelo autor de romance erótico como um movimento da mulher. Em *Ma conversion* [Minha conversão], de Mirabeau, que aprecia essas "beldades que se remexem", existem vários exemplos relativos a estes procedimentos. Mais tarde, as relações carnais que se desenrolam entre o narrador de *La Nuit merveilleuse* [A noite maravilhosa] e Mme. de Terville se resumem em solavancos, golpes de quadris e bundas desferidos, cintilações da vulva. Mirabeau, ainda retornaremos a este autor, apresenta inclusive a agilidade feminina

---

79. MAINIL, J. *Dans les règles du plaisir... Op. cit.*, p. 72.
80. Cf., *supra*, p. 357.
81. GOULEMOT, J.-M. *Ces livres qu'on ne lit que d'une main... Op. cit.*, p. 99.

como critério de pertença social. A "camponesa", ou qualquer provinciana, se caracteriza por sua inércia inicial: "Aquela lá [escreve nosso autor] não tem nem charneira nem movimento"[82]. Obviamente, esta apreciação só tem sentido em comparação com a suposta atividade da citadina. Em contrapartida, a proximidade da natureza confere progressivamente ao corpo da camponesa uma força, um poder, uma verdade de ardor desconhecidos na cidade. Diferentemente dos movimentos da parisiense, frequentemente desordenados, às vezes artificiais, "Minha Nannette", que Mirabeau descreve em *Ma conversion*, dá prova de qualidades inegáveis: "sua lombar é vigorosa [declara o narrador], range sobre mim; logo em seguida ela me oferece tremores sobre tremores" e sua "bela e estreita vagina se remexe". Enfim, "quando ela descarrega, cada fibra se movimenta, e inclusive seu espasmo se inflama"[83]. Nesta véspera de Revolução perfila-se a fascinação pela fuga social em direção ao povo, natural e primitivo, que caracteriza o século XIX.

Em 1783, Choderlos de Laclos[84] reforça este modo de apreciação ao evocar a mulher selvagem, gelada, enorme – o que permite multiplicar os pontos de contato, portanto, os prazeres da cópula, como pretendem os médicos –, e sobretudo o poder do abraço. Neste autor encontra-se o elogio à elasticidade, que, segundo ele, deve ser associada a força da compressão que acompanha o movimento. Destaca-se que nas uniões que constituem a orgia nas obras de Sade, a importância desta qualidade foi recentemente enfatizada por Guy Poitry.

Por outro lado, a mobilidade da mulher pode igualmente inspirar medo, na medida em que o movimento excessivamente forte designa, em geral, uma lubricidade julgada excessiva, quando não entediante. Neste sentido,

---

82. *Ma conversion*, atribuída a Mirabeau. Cf. *Erotika Biblion. Op. cit.*, p. 118.
83. *Ibid.*, p. 122.
84. CHODERLOS DE LACLOS, P. *De l'éducation des femmes*. Grenoble: Jérôme Millon, 1991, esp. p. 114-118.

a literatura erótica faz eco da diatribe antiga contra a mulher que se mexe em demasia e que, se necessário, faz "desapear", como já salientamos.

Há outra forma de dizer o movimento, que vem na esteira da tradição do erotismo da Renascença: trata-se de descrever a linguagem da cama e dos ruídos que traduzem a atividade dos amantes. Balzac, muito mais tarde, declara, em forma jocosa, que tais rangidos constituem um risco certo para os esposos adúlteros[85]. O herói do romance de Guillard de Servigné era advertido, graças a um engenhoso sistema de campainhas religadas às suas camas, com a intensidade e a cadência das relações carnais de seus hóspedes.

De uma maneira geral, o autor de romance erótico era obrigado então a prestar muita atenção ao andamento e a evitar tudo o que poderia sugerir uma diminuição das ações e a sucessão dos episódios, sobretudo quando o tédio, sempre à espreita, parece ameaçador. Inicialmente – ou seja, bem antes da cópula – interessa, como na prática da libertinagem, o ajuste do instante em que o homem não deve estragar tudo; daí a atenção dos autores à gama de circunstâncias privilegiadas, notadamente o momento favorável da jornada. No romance erótico, esta vigilância combina com o tema da inconstância que acompanha as loucuras da mocidade. Ele impõe, escreve Raymond Trousson, que se substitua à continuidade perdida dos sentimentos "a contiguidade serial dos instantes"[86]. A mensagem é endereçada ao leitor, convidado a libertar-se dos preconceitos e a saborear, multiplicando-os, os desafios de sua existência. Em suma, neste final de século XVIII, a duração, aqui, tende a ser apenas um rosário que vem coroar – ainda voltaremos à questão – o momento intenso do acasalamento.

Mas o andamento das relações carnais que unem o homem e a mulher deve permanecer subordinado à arte da gradação. Toda cena de sofá ou

---

85. BALZAC, H. *Physiologie du mariage*. Apres. e elab. de S.S. Sacy. Paris: Gallimard, 1971, p. 218.
86. TROUSSON, R. *Romans libertins du XVIIIᵉ siècle. Op. cit.*, p. LIV.

de cama se desenrola segundo a tensão instaurada entre a vivacidade do desejo, o imperativo da energia e o de um sábio retardamento, fonte de volúpias saboreadas. Seja como for, escreve Jean-Marie Goulemot, a gradação responde a um imperativo textual: o desenvolvimento do cenário deve ser o esperado pelo leitor, que está investindo no espetáculo de sua própria experiência[87]. Ele sabe o que esperar; duvidamos até que ele deseje algo novo. O caminho de sua excitação está balizado, e ele se apressa em segui-lo. Michel Delon, por outro lado, considera que o andamento e os ritmos da cena erótica se harmonizam com os que são familiares aos músicos da época[88]; ou seja, a harmonia dos amantes em ação refletindo os acordes vocais e instrumentais, ou até mesmo as danças que, talvez, os tinham unido no salão.

Seja como for, o próprio princípio da gradação, claramente exposto por La Mettrie em sua *Art de jouir* [Arte de gozar][89], infringe radicalmente as proibições dos teólogos moralistas que condenam qualquer deleite, mesmo entre os cônjuges, e qualquer volúpia buscada em si mesma. E contradiz igualmente as opiniões dos médicos, obviamente parceiros da exacerbação regulada do desejo antes do coito, mas inimigos de qualquer retardamento, de qualquer concessão, uma vez a penetração realizada; estes procedimentos concebidos como enfraquecedores da qualidade e da densidade do esperma e atenuadores da força da ejaculação, sem esquecer que demorar-se provoca a fadiga e compromete, por essa razão, a possibilidade de uma reiteração enérgica[90]. A vontade de diminuir o ritmo e as volúpias teatraliza, portanto, a transgressão de vários interditos; fato que, aos olhos dos pornógrafos, intensifica o prazer.

---

87. GOULEMOT, J.-M. *Ces livres qu'on ne lit que d'une main... Op. cit.*, p. 153-154.
88. DELON, M. *Le Savoir-vivre libertin. Op. cit.*, p. 183.
89. Justamente enunciado em LA METTRIE. L'Art de jouir (1751). *Œuvres completes*. T. II. Paris: Fayard, 1987, p. 314-315.
90. Cf. *supra*, Primeira parte, *passim*.

"Gradações", "progressões", "graus"[91] da natureza e da intensidade dos afagos e das diversões carnais, daqueles que induzem à penetração como os que a acompanham, pertence, além disso, a uma estética da carne, abertamente em ação. A este respeito, é artificial diferenciar estas duas fases. Importa, com efeito, que os afagos que saturaram as possibilidades eróticas de cada uma das partes do corpo se prolonguem sem interrupção na cópula[92]; a ausência de qualquer conflito ao longo do desfrute dos prazeres é uma necessidade. A imagem de um deslocamento em direção ao apogeu das sensações é um imperativo. O Príncipe Angola, que penetra a vulva de Clénire, "chega [assim] por gradação aos prazeres mais intensos"[93]. "De gradação em gradação [declara Saint-Fond em sua obra *Histoire de Juliette*], só é possível chegar realmente ao verdadeiro objetivo desta sorte de prazeres levando a confusão dos sentidos aos limites das faculdades de nosso ser."

Beneficiar-se do intervalo que separa do "auge dos prazeres", manifestar uma preocupação com os detalhes, praticar, com maestria, os requintes da progressão, da gestão das expectativas e dos retardamentos facilita o trabalho da imaginação, concilia o devaneio e a conservação da consciência viva. Nesta literatura erótica, a gradação dos prazeres, a arte da contenção, a preocupação em conceder-se tempos mortos, alongam a presença da sensação. À época apreciava-se a ciência da mulher que sabia fazer afluir e refluir temporariamente a volúpia. Além disso, brincar dessa maneira com a delicadeza da intensificação dos afagos e das emoções significa realçar a reciprocidade; isto facilita "a descoberta do outro e de si". "Toda pressa é um erro sensual", lê-se na obra *Point de lendemain* [Experiências de uma única noite, ou Sem amanhã]; e Michel Delon, a este respeito, enfatiza que os prazeres da cama se opunham, à época, ao ritmo dos prazeres que constituíam a mundanidade.

---

91. DELON, M. *Le Savoir-vivre libertin. Op. cit.*, p. 82.
92. *Ibid.*, p. 82, 190s.
93. LA MORLIÈRE. Angola – Histoire indienne (1746). *Romans libertins du XVIIIe siècle. Op. cit.*, p. 459. • SADE. Histoire de Juliette. *Œuvres. Op. cit.* T. III, p. 482.

Entretanto, os atores e os leitores jamais perdem de vista que o deleite se situa no final do caminho e que sua interrupção, sempre brusca, continua sendo o objeto real e intenso do desejo. A gradação, repitamo-lo, não deve, de forma alguma, levar ao enfraquecimento da energia, ao esquecimento do necessário vigor, ao desprezo deste "repentinamente" que depende do amor-próprio masculino. A continuidade da referência ao duplo sêmen exige, além disso, que o homem desencadeie, pela força de sua ejaculação, a emissão do esperma da mulher, manifestação de um prazer que ainda não é percebido como um simples tremor nervoso.

A tensão estabelecida entre o imperativo da gradação e o da energia às vezes se resolve na sucessão de dois tempos da narração. O que, sem dúvida, aplaca a decepção que o leitor poderia sentir. A primeira cena, a da ejaculação rápida, é manifestação da impaciente energia do homem. Sucede-lhe uma segunda etapa, a da "repetição", que permite *detalhar os prazeres* tão apressadamente consumidos na primeira; em suma, trata-se de acessar aquele instante no qual melhor se desfruta, já que a pretensão é a de gozar menos apressadamente. Obviamente, por ocasião deste segundo episódio, a parceira deve saber praticar deliciosos manuseios que levem ao reinício do combate, mesmo que através do subterfúgio de uma mão delicada. Este cenário se assemelha ao da masturbação. Seria efetivamente abusivo reservar a esta última a manifestação de uma preocupação consigo mesmo, de uma autonomia do sujeito em busca de prazeres, de um trabalho da imaginação, ou de uma ciência do manuseio e de sua cadência. A maneira de deleitar-se a dois e o prazer solitário estão envolvidos em um mesmo processo definido pela modernidade, mesmo que não se possa negar que o segundo seja privado de qualquer possibilidade de intercâmbio.

Resta saber o que os pornógrafos dizem das posições amorosas. Todo romance didático implica consagrar uma lição a este tema trivial. É o que ocorre em *L'École des filles* [A escola de moças] e, de uma maneira mais específica ainda, na obra *L'Académie de Dames* [A academia de damas][94]. Infelizmente, exceto nestes dois textos, a lista depende mais de uma taxinomia descritiva do que de uma análise das sensações induzidas pela virtuosidade das ginásticas.

Paradoxalmente, a literatura erótica daquele tempo pouco acrescenta aos discursos médico e teológico relativos ao capítulo das posições. Ela inclusive, muito frequentemente, parece à margem. De fato, ela fornece poucas precisões sobre as vantagens e os inconvenientes sensuais das diversas maneiras de realizar este ato. Por outro lado, nos textos pornográficos, percebe-se uma progressão aritmética da lista das posturas, inicialmente inspirada em Ovídeo. Enquanto Brantôme propunha doze, e que, em seus *Sonnets luxurieux* [Sonetos luxuriosos], Pietro Aretino culminava no número 16, o *Dialogue de Madeleine et Julie* [Diálogo de Madalena e Júlia] evoca 32 posições, e o prelado italiano de *Hic et Haec* sugere 30, no aguardo das *Quarante menières de foutre* [Quarenta maneiras de transar], obra publicada em 1790. Obviamente, esta progressão aritmética implica uma complicação crescente testemunhada, a título de exemplo, pelas *Mémoires de Suzon* [Memórias de Suzon]. Neste romance, a ginástica torna-se realmente acrobática. Outro belo exemplo de requinte é proposto na obra *Ma conversion*, de Mirabeau. Uma página didática deixa o leitor totalmente confuso, tamanho seu desconforto em seguir ao pé da letra uma lição que se revela extremamente difícil: "Após os dois primeiros golpes, pois é preciso estar em perfeita posição, agarrai vossa bela ao longo do corpo; deitai-a sobre vós diagonalmente, e levemente inclinada; aí deveis introduzir o vosso braço esquerdo no vazio que sua posição necessariamente

---

94. Esta obra de Nicolas Chorier, muito citada – ao passo que *L'École des filles* é pouquíssimo mencionada do final do século XVII até o século XVIII –, foi publicada em 1660, numa edição clandestina em latim sob o título *Satyre sotadique de Luisa Sigea de Tolède sur les secrets de l'amour et de Vénus*. Em 1680 foi traduzida, em versão reduzida, sob o título *Aloysa ou Entretiens académiques des dames*. A obra é composta de seis diálogos. O último diálogo é dedicado às lições de Tullia sobre as posturas e as pausas aconselhadas a Ottavia e ao seu amante.

produzirá, e a mão dobrada do mesmo alcançará o mamilo esquerdo; sua cabeça pendida sobre a vossa, no entanto, vos permitirá manter as línguas entrelaçadas e a mão direita apoiando-se no clítoris... Imaginai tudo isso ao mesmo tempo: o movimento paralelo das duas charneiras, os dois pulsos agindo, o das línguas que se esticam, os das mandíbulas que mordem... isso faz a mais fria das mulheres viajar"[95].

Este exemplo da literatura sobre as posições requer a imaginação do leitor, convidado a fazer-se uma imagem da cinética desta excitante e complexa mecânica da obtenção do prazer.

Entretanto, a obra mais interessante neste domínio continua sendo a *Art de foutre en quarante manières ou la science pratique des filles du monde* [Arte de transar em quarenta posições ou a ciência prática das garotas mundanas], publicada em 1833, e recentemente prefaciada por Michel Delon[96]. O livro integra-se naturalmente ao processo de tipificação característico da primeira parte do século XIX. Mesmo que de forma irrisória ele responde à vontade de especificar a taxinomia social; projeto que deveria ser realizado integralmente, sob a Monarquia de Julho, pela série *Fisiologias*. Esta vontade de elaborar catálogos também se traduz na literatura pornográfica, sobretudo na virada dos dois séculos através da classificação em série das especialidades eróticas das mulheres da Antiguidade e através da divisão das prostitutas em categorias específicas; prática trivial que Parent-Duchâtelet eleva ao seu mais alto nível de precisão sob a Restauração; sem esquecer o catálogo dos "gostos bizarros", das "preferências" e das "paixões" que, por exemplo, as "historiadoras" dos *Cent Vingt Journées de Sodome*[97] [Cento e vinte dias de Sodoma] desfiam.

---

95. *Ma conversion*, atribuída a Mirabeau. Cf. *Erotika Biblion. Op. cit.*, p. 135. • *Mémoires de Suzon dans Romans libertins du XVIII⁰ siècle. Op. cit.* T. II, p. 943. Sobre este tema, cf. tb. LASOWSKI, P.W. *La Science pratique de l'amour – Manuels révolutionnaires érotiques. Op. cit.*
96. ANONYME. *Art de foutre en quarante manières ou la science pratique des filles du monde* (1833). Notas e posfácio de M. Delon. Paris: Fayard/Mille et Une Nuits, 2005.
97. Cf. *infra*, p. 513.

Nesta perspectiva, o interesse da *Art de foutre en quarante manières* reside principalmente no confronto entre as ginásticas descritas e a prática dos diversos ofícios, notadamente artesanais; como se do chão da fábrica, do escritório do funcionário público, da venda do atendente, da caserna ao leito conjugal ou habilidades equivalentes devessem ser equiparadas; ou seja, tentar lidar diferentemente com a mulher aproveitando-se das habilidades do corpo, adquiridas no trabalho. Além disso, diga-se de passagem, estas maneiras de deleitar-se se inscrevem no quadro da conjugalidade, que as coloca na lógica revolucionária da união formada entre o Hércules popular e a esposa citadina; tanto que as posições atribuídas a cada um deviam parecer lógicas às mulheres habituadas aos gestos laboriosos de seus maridos. Desta forma o autor imagina a maneira de trabalhar do merceeiro, dos caixeiros ambulantes da região lombarda, dos vidraceiros, dos vendedores de vinho de Bercy, dos jesuítas de Montrouge, dos costureiros, modistas ou franqueiros, bem como dos alunos do curso de farmácia.

Apesar da negligência assinalada precedentemente, observamos, na leitura dos romances eróticos daquele tempo, a frequência, sem que necessariamente tenha que ser descrita, da posição considerada natural. Nisto teólogos, médicos e pornógrafos são concordes.

Observa-se, por outro lado, a insistência com que é apresentada a mulher em posição dominante. Exaltada, em meados do século XVII na obra *L'École des filles* [Escola de moças], este cavalgamento do homem pela mulher facilita, enfatizemo-lo, a precisão dos afagos, notadamente os dos seios, do umbigo, do ventre e do clítoris; o prazer tátil masculino sendo avivado pela vivacidade feminina, sempre excitante para o leitor. Suzanne, a professora da *Escola de moças*, que pretende enumerar mais de cem posturas – mas sem detalhá-las –, salienta que cada uma proporciona um prazer diferente. Ela se demora na posição segundo a qual a mulher cavalga seu parceiro. E, em particular, destaca os prazeres da visão à época experimentados pelo homem: "O homem vê e sente a agitação natural que ela faz sobre ele [...]; admira de frente quem faz todas essas coisas [...]; grita de prazer a cada investida que ela faz, sente-se transportado ao receber seus toques, aprecia mais a sua boa vontade do que o resto, certo de estar sendo amado". E quando a mulher se deleita nesta posição, ele faz o mesmo intensamente: "Ele vê fundir seu prazer em seus olhos e, comparando a luminosidade que deles brota [...] com as posições dos trejeitos naturais que ela faz com seu corpo, com seus seios, com sua cabeça, com suas coxas e com a parte mais secreta onde ele tem o prazer de alojar seu membro inteiro", chega assim ao orgasmo.

Segundo Suzanne, esta posição estimula a imaginação do homem; além disso, este faz então prova de humildade e civilidade; e a reversão, que é transgressão, revela-se muito mais excitante e – da mesma forma que o carnaval – transitória. Através deste artifício, "o homem se reveste inteiramente das paixões da mulher, e a mulher reciprocamente se imagina transformada em homem perfeito [...], dominada pelo desejo de exercer as mesmas funções". É evidente que todo estudo sobre as modalidades da construção do gênero não poderia negligenciar a análise do discurso consagrado a esta experiência. O texto da *Escola de moças* mostra claramente a força do imaginário da diferença, visto que o prazer é acentuado pela inversão temporária. Como enfatiza Jean Mainil – contrariamente à opinião de Brantôme, citado mais acima – supõe-se que, como sugere Suzanne, o homem permitiu e consentiu que a mulher assumisse esta posição[98].

A cinética que, nesta posição, leva ao êxtase está justamente descrita na obra *Le Portier des Chartreux* [O porteiro dos cartuxos], bem como na obra *La Nuit merveilleuse* [A noite maravilhosa], setenta anos mais tarde: "Seus seios – relata o narrador do primeiro destes romances, referindo-se agora à sua parceira – cediam com os pequenos tremores dos movimentos

---

98. L'École des filles. *Libertins du XVIIe siècle. Op. cit.*, p. 1.190-1.191. • MAINIL, J. *Dans les règles du plaisir... Op. cit.*, p. 69-73.

de seu corpo e vinham repousar sobre minha boca, de onde eu os sugava: uma sensação voluptuosa me advertia a proximidade do sublime prazer. Juntei então minhas enlevações às da minha parceira: eu despejava, ela despejava, e me vi coberto do sêmen com que ela havia me inundado"[99].

O mais nítido, na virada dos séculos, é o lugar crescente que vai ocupando a posição "retrô", ou seja, realizada por trás, que sugere a fragilidade da fronteira que separa o coito da sodomia. Note-se, enfim, a ausência, nestes romances, de qualquer descrição sobre as posições ditas "à bicho-preguiça", inadequadas a sugerir os arroubos e, por conseguinte, a excitar o leitor. Por outro lado, Boyer d'Argens ressalta judiciosamente que o mais importante não é entregar-se a tal ou tal ginástica, mas garantir a renovação dos desejos por novas posturas, ao longo da mesma sessão.

Dentre os afagos decisivos, nesta fase da relação carnal, um concentra a atenção. O modo de satisfazer-se "à florentina", ou "à pomba", parece secundário na gama dos exercícios que precedem a intromissão. Em contrapartida, esta postura impõe-se quando começa a viagem rumo "ao momento dos prazeres". Esta postura, tida por ser procedente da Itália, parece inovadora ao longo da segunda metade do século XVIII. Ela é objeto, como vimos, de uma curiosa permissividade da parte de Francisco de Sales. No século XVIII ainda, ela parece não ter sido totalmente banalizada; mas urge, a este respeito, precaver-se de qualquer anacronismo. As línguas entrelaçadas são então tidas por produzir um poderoso efeito complementar no jogo das penetrações, levando a excitação ao seu auge; desta forma este procedimento muitas vezes entra neste quadro.

O Abade Du Prat enfatiza seu poder, em 1672, na obra *Vénus dans le cloître* [Vênus no claustro]: Angélica, propondo entrelaçar "amorosamente sua língua" àquela de Agnes, confessa que, quando dá um beijo à maneira das damas de Florença, sente "em todo o seu corpo uma titilação

---

99. *Le Portier des Chartreux – Histoire de dom Bougre écrite par lui-même.* Op. cit., p. 119.

extraordinária [...]; é um beijo que se espalha universalmente por todas as minhas partes mais secretas, que penetra o mais profundo de meu coração, e que tenho o direito de nomeá-lo um resumo da soberana volúpia"[100]. Um século mais tarde, Vivant Denon nele se demora em sua obra *Point de lendemain* [Experiências de uma única noite, ou Sem amanhã], e no livro *La Nuit merveilleuse* [A noite maravilhosa].

O paroxismo do descaminho ou a despossessão do eu

Passemos aos sinais do descaminho experimentado pelos dois parceiros no auge do encontro; pois, repitamo-lo, nesta literatura, o prazer é sempre compartilhado, e não há mulheres frias; estas podem estar, quando muito, ressentidas por raros insucessos, sempre temporários.

O autor, visando ao maior prazer de seu leitor, deve permanecer fiel à teoria do duplo sêmen. Este, com efeito, explica claramente a manifestação mais intensa do prazer feminino, bem como a fácil realização da perfeita harmonia dos prazeres. Compreende-se desde então que o enigma de Tirésias – embora aqui a resposta penda implicitamente em favor da mulher – não suscita um discurso tão prolixo quanto o dos médicos.

Na narrativa do jogo das excitações e das manifestações da aproximação do auge dos prazeres, o autor precisa abrir espaço à palavra, notadamente à função estimuladora da palavra da mulher. Aqui existe um enorme contraste entre os balbucios femininos e o mutismo masculino. Geralmente o narrador relata o que ouve, e não o que se diz; é que o leitor, na expectativa da excitação, espreita acima de tudo os efeitos que a penetração na mulher produz; ele está desejoso por manifestações audíveis. A diferença de grau na formulação do prazer participa do dimorfismo que constitui o sexo. De qualquer forma, enfatiza Jean-Marie Goulemot, trata-se de uma linguagem inarticulada. Como efetivamente traduzir os

---

100. DU PRAT. *Vénus dans le cloître... Op. cit.*, p. 99-100.

suspiros femininos, mais frequentemente evocados do que os gritos, ao passo que o homem saboreia, junto à sua parceira, "o olhar úmido da volúpia prestes a atingir o seu objetivo?"[101] "Como traduzir o que, à época, assemelhava-se ao soluço?"[102] "Como fazer ressentir o desfalecimento – que não é desvanecimento, com o qual tem-se a tendência de confundi-lo? Como restituir ao texto a linguagem entrecortada, a síncope da palavra, senão por proposições inacabadas, por pobres interjeições, por três pontinhos?"[103] Ah! Deus meu [...] – grita a mulher de Valbouillant, na obra *Hic et Haec* [de Mirabeau], enquanto faz-se sodomizar pelo narrador; já não sei mais onde estou, minha cabeça gira, meu corpo está em chamas; ah! que luxúria, me desmancho, ah... ah... não aguento mais"[104]. Salientemos, de passagem, o sabor especial da linguagem da freirinha nesta circunstância, já que, quando gozam – refiro-me às religiosas de romance e às devotas em geral –, apimentam seus gemidos com termos que dependem do sagrado, e que são blasfemos. Assim, o narrador de *Minha conversão* transcreve a linguagem de uma destas "virgens imaculadas", naquele instante supremo: "Ó, Salvador meu – diz ela –, ah... ah... que felicidade... já posso morrer... Jesus meu!... Ah! meu caro... desfaleço"[105].

A fala da mulher que está prestes a morrer de prazer – nunca realmente descrita antes da publicação de alguns raros textos eróticos no século XIX[106] – não depende realmente da aliança estabelecida entre *eros* e *thanatos*, da forma como a vivem os médicos, aliás, mais preocupados com os duvidosos danos dos quais o homem pode ser vítima, em razão de sua desmesurada prática do coito. Trata-se, tão somente, por parte da mulher

---

101. *Hic et Haec. Op. cit.*, p. 257.
102. Cf. *supra*, p. 99.
103. GOULEMOT, J.-M. *Ces livres qu'on ne lit que d'une main... Op. cit.*, p. 158: discurso inarticulado do prazer.
104. *Hic et Haec. Op. cit.*, p. 200.
105. *Ma conversion*, atribuída a Mirabeau. Cf. *Erotika Biblion. Op. cit.*, p. 101.
106. Cf. D'AUREVILLY, J.B. *Le Rideau cramoisi*.

absorvida inteiramente pelo trabalho da carne, de anunciar a despossessão de seu próprio eu, ou, se preferirmos, de comunicar sua sensação de estar fora de si, de perder suas faculdades racionais, em razão da intensidade das sensações experimentadas. Trata-se, portanto, de uma linguagem de morte, no exato instante em que a sensação de existir atinge o seu auge.

Este não é o lugar de utilizar o vocabulário médico. No romance pornográfico não se fala em "espasmo venéreo", nem em "espasmo cínico", mas em "suaves êxtases", em "deslumbrantes convulsões" de Margot, em "auge dos prazeres", no máximo em uma desarticulação dos gestos. Com efeito, o corpo da mulher não passa de uma máquina de prazer, treinada no jogo de espasmos e acrobacias, prelúdio da emissão de um fluxo de sêmen.

Este quadro justifica a convicção, à época dominante junto aos médicos, aos teólogos e, com maior razão ainda, junto aos pornógrafos, de que a mulher violentada, ainda que após forte resistência, se sente invadida por um irrepreensível prazer orgânico. Segundo *Le Colporteur* [O vendedor ambulante], de François-Antoine Chevrier, a Duquesa de D., violada por um assaltante na estrada principal, no coração da floresta de Senlis, "inteiramente entregue ao prazer que sentia, gritava em um daqueles instantes em que a alma parece evanescer-se: Ah! Meu amado assaltante!"[107] Sade descreve o prazer sentido e manifestado pela virgem, embora sofra intensamente a violência que lhe é feita e saiba perfeitamente a hostilidade do homem em seus confrontos. Assim ela se sentia simultaneamente arruinada e experimentava na pele a vergonha de ser arruinada[108]; ilustração extrema da visão agostiniana do pecado, que se traduz pela desobediência da carne às ordens da vontade.

O prazer feminino expresso pelo autor do texto erótico basta a si mesmo. Não encontramos, de sua parte, nenhuma alusão aos arrepios e às

---

107. CHEVRIER, F.-A. Le Colporteur – Histoire morale et critique (1761). *Romans libertins du XVIIIᵉ siècle. Op. cit.*, p. 782.
108. SADE, D.A.F. *Les Cent Vingt Journées de Sodome... Op. cit.*, p. 113-114.

eventuais sensações que anunciam a fecundação. Jamais faz-se referência ao resplendor da geração; tampouco é questão de indiferença, de tristeza ou de desprazer que sucedem ao ato; é que aqui o "auge dos prazeres" é apenas um prelúdio para a reiteração.

Por outro lado, verificamos, no final do século XVIII, notadamente na obra *Le Rideau levé ou l'éducation de Laure* [A cortina levantada ou a educação de Laure], a emergência, no coração do texto erótico, de uma dissertação didática consagrada ao coito interrompido com intenção anticoncepcional, bem como a indicação das dificuldades com que se defrontam o homem e a mulher, ávidos de prazeres, quando desejosos de praticá-lo. O autor, além disso, trata do uso da esponja vaginal (diafragma) amarrada por um fino cordão de seda[109]. O romance erótico reflete, pois, as práticas ascendentes, que oferecem a oportunidade de opor-se aos preceitos.

Curiosamente, para além da referência à linguagem, o quadro da mulher no auge do prazer se revela, no fim das contas, mais pobre e menos específico do que o oferecido pela literatura médica. Existem, no entanto, algumas exceções. É o caso, na obra *Le Portier des Chartreux* [O porteiro dos cartuxos], da descrição do prazer de Toinette: "Ela tinha os olhos moribundos e o rosto coberto do vermelho mais vivo; estava totalmente sem fôlego; seus braços estavam pendidos, seu pescoço se elevava e se abaixava com espantosa precipitação. Ela fechava de tempos em tempos o traseiro enrijecendo-o, e soltava fortes suspiros"[110].

Em 1803, Andréa de Nerciat detalha, com uma arte digna de um clínico, os sintomas da chegada do prazer na mulher. O autor se orgulha em discernir a verdade do gozo feminino graças à observação de indícios fisiológicos que permitem desmascarar as "que querem fazer crer que gozam se contorcendo e gemendo". A verdade do prazer se detecta "com este

---

109. *Le Rideau levé ou l'Éducation de Laure... Op. cit.*, p. 342-344.
110. *Le Portier des Chartreux – Histoire de dom Bougre écrite par lui-même. Op. cit.*, p. 15.

leve ruído intestinal que os especialistas perfeitamente conhecem"; assim, "Philippine está completamente imóvel; mas um imperceptível tremor das nádegas e uma certa pulsação interior do clítoris, semelhante às batidas de um relógio, são sintomas" impossíveis de simular[111].

Antes de abordar a maneira masculina de "aliviar-se", urge compreender que a continuidade da teoria do duplo sêmen não implica que os pornógrafos considerem idênticas as duas formas de gozar. Elas não apenas diferem, mas também proporcionam sensações diferentes; tanto que o auge dos prazeres femininos, aqui como no discurso médico, continua um mistério, e só é passível de avaliação por meio de sinais voluptuosamente espreitados. O que diferencia os dois modos de deleitar-se, na literatura erótica, não resulta apenas da sensibilidade desigual, devida à textura das fibras e dos nervos. A considerar os termos usados para descrever esses modos, ou para evocar seus efeitos, a consistência dos dois sêmens difere. O homem descarrega um "suave licor", um "doce néctar", um "elixir precioso" que acalma, refresca e/ou desencadeia por sua projeção o auge do prazer na mulher "exasperada" pelo simples contato desta substância. É óbvio que o sêmen do homem, aqui, é referência absoluta. Os autores não descrevem nem consideram suficientemente – em razão de ele não existir – a substância supostamente emitida pela mulher que "goza". O homem contenta-se em manter uma contabilidade atenta dessas supostas projeções. A maneira com que ele observa que a mulher ejacula seu sêmen é muito vaga; no máximo faz referência a um eventual fluxo escorrendo ao longo das coxas e das pernas, como no caso da empregada sodomizada pelo narrador, na obra *La Nuit merveilleuse*[112]. Em suma, a permanência da teoria do duplo sêmen não implica a descrição clara de uma dupla ejaculação. Teoria mais compreensível do que a outra, dizendo que só é possível conceber a mulher a partir do mistério de seus órgãos internos.

---

111. NERCIAT, A. *Le Diable au corps* [1777] [prim. publ. integral, 1803]. *Apud* ALEXANDRIAN, S. *Histoire de la littérature érotique. Op. cit.*, p. 172.
112. Cf. *infra*, p. 517-518.

Para o homem, em contrapartida, a cópula é claramente uma caminhada rumo àquilo que, nesta literatura, é identificado com as expressões "descarga" ou "fluxo do sêmen". Os autores se divertem apresentando o catálogo dos substitutos vaginais próprios a acolher o pênis – raramente emprega-se o termo "falo": as axilas, os seios, as orelhas, os cabelos, as mãos, ou os olhos. "Nenhuma de suas partes secretas", escreve Béchir Garbouj a respeito do corpo, "é irredutível ao desejo"[113]; dois centros, no entanto, se destacam: a vagina e o ânus.

Sodomizar a mulher é frequentemente proposto como uma simples preliminar[114], tida por propiciar prazer à parceira. Mas isto transforma-se em crime se o homem, provocado pela intensidade da volúpia, ejacula neste lugar prévio. Quanto aos prazeres sentidos pelo vai e vem realizado no interior da vagina, repitamo-lo, raramente são descritos, como se uma simples proibição pesasse sobre qualquer evocação aos prazeres ligados à interioridade orgânica[115].

As manifestações somáticas e a análise das sensações suscitadas pela "descarga" continuam sendo, não obstante tudo, telegráficas; ao menos até o final do século XVIII, ou seja, até que o domínio do sublime se imponha, particularmente com os textos de Sade. Desde então, quando o homem ejacula, de alguma forma é a natureza em seu estado bruto que se manifesta. Assim sendo, o indivíduo que ejacula seu sêmen depara-se com uma perda total do domínio de seus órgãos que, esquivando-se de sua vontade, simultaneamente agem de forma mecânica e incontrolável. Trata-se de uma submersão, de uma amnésia total de todas as outras sensações que permitem experimentar a circulação e a projeção do esperma. Jean-Marie Goulemot, interrogativamente, enuncia o problema posto ao autor: como

---

113. GARBOUJ, B. L'infraction didactique... Art. cit., p. 226.
114. A propósito das lições de *L'Académie des Dames*, cf. MAINIL, J. *Dans les règles du plaisir...* Op. cit., p. 106-108. Em última análise, a sodomia é aceitável na medida em que pode aumentar o prazer vaginal.
115. Veremos que certas linhas da *La Nuit merveilleuse* (*infra*, p. 516-517) são exceções.

tornar o momento da descarga narrativamente presente senão silenciando a palavra do narrador?[116] Nas obras de Sade, de fato, a ejaculação é frequentemente acompanhada de gritos, de furor, de ordens destinadas a corpos-objeto, reduzidos a meros instrumentos do prazer.

A "descarga", da forma com que Sade a descreve, merece nossa atenção. No final do exagero das transgressões, permitido pela renúncia a qualquer limite e pelo emprego de uma energia tirânica, a ejaculação do herói se assemelha a uma erupção vulcânica. Ela, de alguma forma, é liberada no final de um trabalho telúrico. Quando não explode numa vagina ou num rabo, ela assume a forma de uma inundação, de uma pilhagem, de um quadro ou de uma cobertura das partes escolhidas do corpo do outro. Assim aparecem as inúmeras descargas descritas ou sugeridas na obra *Les Cent Vingt Journées de Sodome* [As cento e vinte noites de Sodoma]. O homem em fúria orienta o esperma na direção da face, da boca, do rabo da moça ou do sodomita; se necessário, ele o espalha nos cômodos do imóvel ou escadarias abaixo.

A descarga é um certificado da existência do esperma, ou, melhor, sua ostentação. Ela, na tradição da medicina antiga, resulta de uma espécie de epilepsia. E, em alguns textos de Sade, é acompanhada de sinais sonoros que atestam a expulsão de si, tendo por efeito atrair sobre si as atenções e excitar o leitor[117]. Mas autores e narrador, no fim das contas, esbarram na impossibilidade de "compreender o esperma"[118], ou seja, na ausência de uma ciência enunciável do sexo.

O que conta, por conseguinte, é a concussão elétrica, o momento sublime em que o ser se confunde com a sensação imposta pela natureza,

---

116. GOULEMOT, J.-M. *Ces livres qu'on ne lit que d'une main... Op. cit.*, p. 157, 161.
117. Sobre estes episódios, cf. DELON, M. *Le Savoir-vivre libertin. Op. cit., passim.* • POITRY, G. Sade ou le plaisir de l'entre-deux. *Equinoxe – Revue de Sciences Humaines*, n. 19, p. 76, 1998.
118. Curval, respondendo ao Duque de Blangis, declara: "Que enigma é o homem!" "Melhor seria enrabá-lo do que compreendê-lo." Um enigma substitui o outro. Cf. SADE. *Œuvres. Op. cit.*, T. I. p. 255.

com a qual se vê deliciosamente e horrivelmente confrontado e sem a menor influência de sua vontade; choque voluptuoso, no entanto, modelado segundo o temperamento de cada um. Na obra *Le Cent Vingt Journées de Sodome*, o bispo, muito sensitivo, desmaia no espasmo; o Duque de Blangis, muito sanguíneo, se enfurece, relincha, sente uma contração das mãos que pode levar ao crime; o presidente de Curval solta gritos e às vezes entra em estado de cólera cruel, causada pela perda da ilusão que acompanha a do esperma; o magnata Durcet, levado à beira do espasmo pelas "maldades", só consegue ser sodomizado por um de seus "criados".

Sade especifica ao presidente o sentido do que ele profere no momento da descarga: "Aqueles gritos lá, meu amigo, declara ele ao Duque de Blangis, vêm da extrema sensibilidade do organismo: os objetos de nossas paixões causam uma comoção tão forte ao fluido elétrico que circula em nossos nervos, e o choque recebido pelos espíritos selvagens que compõem este fluido é de tamanha violência que toda a máquina é abalada, e, desta forma, não somos mais capazes de reter os gritos em face destes *abalos terríveis do prazer*, assim como somos incapazes de conter as poderosas emoções da dor"[119].

Vemos, nestas linhas, o uso dos termos paixão, comoção, abalos, choque dos nervos; é um vocabulário que, em última análise, se refere à fisiologia da época; no entanto, mantém-se sempre em segundo plano o medo, ou a assombração, de perder imprudentemente o sêmen; isto é, de um desperdício desacompanhado de um sublime prazer e, assim, ver-se em estado de relativa inferioridade quando o desejo de reiteração reaparecer. Em uma palavra: se contenção existe em tal contexto, é em razão da necessidade de preservar-se para uma descarga que mereça o esforço.

Assim se desenha a estratégia decidida em Silling. Ela repousa na gradação, ou na mais longa contenção possível; o que poderia parecer uma

---

119. SADE, D.A.F. *Les cent vingt journées de Sodome... Op. cit.*, p. 249.

maneira de recuperar os benefícios da contenção temporária defendida pelos médicos. A proibição inicial da defloração da "vagina" como a do "ânus" e a obrigação de contentar-se com o substituto, isto é, "gozar entre as coxas", ilustram esta estratégia. Na outra extremidade da cadeia das emoções situa-se, obviamente bem mais tarde, o auge dos prazeres propiciados pela orgia, a que deve culminar essa gradação. Trata-se de ir de excesso em excesso e de estimular-se com o horrendo, já que, no romance de Sade, são as piores atrocidades que produzem a mais elevada excitação.

Não devemos imaginar, no entanto, que o prazer da descarga de Sade, recheada de violência, corresponda à que geralmente é apresentada no romance pornográfico daquele tempo, visto que, em geral, esta descarga resulta de um êxtase compartilhado por dois seres inundados de desejos.

Seja como for, em todas as ocorrências, impõe-se a reiteração imediata. Michel Delon enfatiza, a este respeito, a necessidade de uma "virilidade hiperbólica e repetitiva", de um "priapismo geral"[120] que se revele à altura da insaciabilidade feminina.

Esta necessidade se exacerba no final do século com o aumento da atenção dispensada à precisão da aritmética das cópulas. Por isso, a literatura erótica se afasta mais decididamente do que nunca da prudência, do medo do excesso, da moral da moderação pregada pelos médicos. É bem verdade que é igualmente possível interpretar a insistência nas explorações quantitativas como resultado de uma necessidade de exorcizar o fantasma de uma eventual perda da potência viril.

À intensidade paroxística da descarga deve corresponder uma incrível rapidez da reconstituição dos fluxos do sêmen. Os dois dados sendo necessários à felicidade buscada. Jean-Marie Goulemot salienta que é dessa forma que triunfa uma ideologia aristocrática do consumo e passa a

---

120. DELON, M. *Le Savoir-vivre libertin. Op. cit.*, p. 261-262. O autor assume como exemplo: NERCIAT, A. *Le Diable au corps. Op. cit.*

imperar um otimismo baseado na crença de um aperfeiçoamento interminável das capacidades naturais, muito longe da mística utilitária, característica da burguesia[121].

Sobre este quadro geral dos afagos e das relações carnais que produzem o encontro dos corpos, especifica-se, no final do século, a descrição das "manias", dos "gostos", ou das "paixões", aqui concebidos como estados afetivos intensos e não mais como movimentos da alma. A multiplicidade desses estados deve ser relacionada com a autonomia dos indivíduos, com a noção essencial de idiossincrasia, familiar aos médicos, ou seja, nas palavras de Michel Delon, relacionada com a maneira com que os órgãos de cada indivíduo são conformados e se afetam; o que faz com que "as paixões" não possam ser modificadas.

A diversidade de "gostos" como dos modos de deleitar-se corresponde à multiplicidade de temperamentos. Michel Delon, através deste raciocínio, consegue classificar os personagens de Sade, notadamente os heróis presentes na obra *Cento e vinte dias de Sodoma*, segundo uma grade elaborada pelos médicos. Estas referências à idiossincrasia e ao temperamento não impedem que "manias" e "paixões" possam, em última análise, depender do inexplicável. Sua frequente irracionalidade em relação à estética dos corpos é muitas vezes destacada. Os personagens de Sade levam esta discordância ao extremo, como é enfatizada a atração exercida sobre suas imaginações ardentes pelo assombroso, pelo nojento, pelo horrendo e pela degradação; esta última sendo suscetível de levar a excitação e a comoção a um nível assustador.

As quatro "historiadoras" da obra *Cento e vinte dias de Sodoma* resumem, classificam e ilustram as "manias" luxuriosas, geralmente apresentadas em seus mínimos detalhes[122]; empreendimento enciclopédico

---

121. GOULEMOT, J.-M. Lumières et pornographie. *Equinoxe*, n. 19, p. 18-19, 1998.
122. DELON, M. *Le Savoir-vivre libertin. Op. cit.*, p. 221.

da libertinagem humana que envolve todas as idades. Estas mulheres, recuperando a lógica dos discursos dos médicos e dos teólogos moralistas, mostram como a história destas "manias" está impressa em seus corpos por indeléveis e infames cicatrizes. A enunciação destes "gostos" ou preferências sempre desencadeia a curiosidade, muito frequentemente o assombro, às vezes a estimulação das atrizes em satisfazê-los.

Por outro lado, estas mesmas "manias", cuja descrição romanesca proporciona aos relatos um grande efeito de realidade, correspondem fortemente àquelas que aparecem nos relatos policiais. A literatura das casas de prostituição da época abre um espaço considerável aos "caprichos", às "fantasias", às "extravagâncias", à arte da variação dos prazeres. Os regulamentos dos "haréns" buscam satisfazer tudo isso. Há alguns que, com este objetivo, guardam "registros de paixões". A abadessa pergunta pelo "gosto" do visitante, a fim de oferecer-lhe a garota mais idônea num quarto equipado com os "utensílios" necessários à sua satisfação; o que permite satisfazer imediatamente a "mania", sem necessidade de preliminares, de provas, e sem limite de tempo[123].

Sob a Revolução, e mesmo antes, se nos reportarmos à *Margot a ravaudeuse* [Margot a cerzidora], a literatura pornográfica abre um grande espaço à venalidade. Sátiras, petições e libelos participam deste entusiasmo exagerado, sem dúvida ligado à ampliação das práticas de prostituição. Assim, na aurora da Revolução, uma consulta imaginária do "cavaleiro de Couille-Platte à Viscondessa de Con-Fendu" propõe uma tarifa, paga com antecedência, como acontece nos "haréns [...] proporcional às posições mais ou menos lascivas que [o cliente] exigirá, da abertura da vul-

---

123. Sobre haréns e bordéis, cf. BENABOU, E.-M. *Les Sérails de Paris ou vies et portraits des dames Pâris, Gourdan, Montigny et autres appareilleuses – Ouvrage contenant la description de leurs sérails, leurs intrigues et les aventures des plus fameuses courtisanes...* [Reed., LEVER, M. *Anthologie érotique – Le XVIIIᵉ siècle*. Paris: Laffont, 2003, p. 861-1.025 [Col. Bouquin]. Cf. tb. CHABANNES, R.; D'ANGERVILLE, M. *Les Cannevas de la Pâris ou Mémoires pour servir à l'histoire de l'hôtel du Roule*, 1750, p. 557-622. • *Correspondance de Madame Gourdan dite la Petite comtesse*, 1783, p. 623-703.

va, da elasticidade – outra vez – do monte de vênus, do contorno das coxas, da firmeza dos mamilos"[124]; o que lança um brilho vago sobre os desejos e as exigências dos homens da época. Percebe-se, neste caso, a ausência de referência à felação e ao manuseio; é que, aqui, toda a atenção é direcionada para a cópula.

Em resposta – não menos imaginária – ao texto precedente, uma prostituta elabora o repertório de seus clientes segundo suas "manias": "abanar o pênis", "beijar ou acariciar a vulva", "transar entre as pernas", "puxar os mamilos", e, mais adiante, "transar nas axilas"[125]. Em suma: a necessidade de elaborar uma "tarifa" leva a escrever a dispersão das práticas.

A este gênero de catálogo e ao dos caprichos e manias compilados pelas "historiadoras" dos *Cento e vinte dias de Sodoma* se integram naturalmente as práticas de sodomia – entre homens, entre homens e mulheres, ou da parte das mulheres munidas de um aparelho – e toda sorte de exigências já passadas em revista – de manuseio, de felação, de lesbianismo, de açoitamento. Seria possível, além disso, integrar a esta série o prazer solitário inveterado, que, como as outras "paixões", dão prova da autonomia do sujeito.

Uma conclusão finalmente impõe-se no espírito dos autores e, sem dúvida, dos leitores daquele tempo: nenhum indivíduo sente prazer como o outro; e convém buscar satisfazer todos os gostos. O que contradiz radicalmente a regulação visada pelos médicos.

Mas não nos deixemos enganar por esta intrusão de "manias". As relações carnais desprovidas de tais requintes constituem o arcabouço da maioria das cenas eróticas. Passemos, pois, ao relato de cópulas, e em seguida de sodomia presentes na obra *Nuit merveilleuse* [Noite maravilhosa]; ou seja, numa versão corrigida e aumentada, datada de 1812, do texto

---

124. Les Enfants de Sodome à l'Assemblée nationale (e outros escritos). *Op. cit.*, p. 82.
125. *Ibid.*, p. 86-87.

de Vivant Denon, intitulado *Point de lendemain*[126] [Experiências de uma única noite, ou Sem amanhã]. Este romance, com efeito, recapitula os lugares-comuns da literatura erótica do século XVIII, antecipando-se.

O narrador, em vias de copular, descreve as coxas de sua parceira: "admiravelmente afastadas", pescoço virado, "concha encantadora" delicadamente úmida, "palpitações encantadoras do corpo", total abandono. O homem imediatamente distingue, na mulher, a ação dos quadris, seu estremecimento "macio" e "apressado", em seguida seu movimento, os "tremores deslumbrantes" que marcam a cadência ou o "forte e rápido tremor", sustentado pelas "ondulações cadenciadas de suas nádegas". A sábia variação das intensidades nesta cinética, a arte de multiplicar os matizes, de prolongar o êxtase pelo jogo da "admirável charneira" do corpo, as línguas que "se unem, se cruzam, se colam uma à outra", se sugam mutuamente, tudo acompanhado enfim de um "grito estrangulado", em seguida suspiros prolongados, de uma linguagem sincopada e de alusões à morte... tudo ilustra o que precedeu. No entanto, os braços da heroína, jogados sobre o canapé são ora rígidos, ora enlaçados ao redor dos flancos do homem. Chegada a hora da reiteração, o trabalho das mãos se junta ao das "agradáveis mordidas" da boca para conferir-lhe "o vigor de Alcides".

A riqueza mais rara do texto concerne à cena que apresenta a mulher instalada sobre o homem. De fato, o autor, desta feita, tenta analisar as sensações táteis masculinas produzidas pelo mistério feminino: "Entrouxada tanto quanto possível, até a parte superior das ancas, Mme. de Terville havia sentado sobre mim: o contato imediato de suas formas arredondadas e maravilhosamente roliças coadjuvava a ação enérgica do instrumento de nossos prazeres. Este, de repente, escondeu-se no centro das volúpias; estava lá, por assim dizer, detido, fixado, agarrado pela união do pelo dela ao meu. Uma umidade encantadora, provinda da incrível atividade dos

---

126. Para as citações seguintes, cf. DENON, D.V. *Point de lendemain* [versão de 1812]. *Op. cit.*, p. 180-181, 183-184, 186-189.

desejos desta amável mulher, agregava mais à vivacidade de meus devaneios; uma de minhas mãos deslisada ao longo de sua coxa, agitava docemente a parte abaixo do promontório que coroava o santuário do amor, no qual sentia-me como se estivesse em casa, ao passo que a outra, errante por sobre seus mamilos equidistantemente situados, propiciava alternadamente comichões aos dois desavergonhados botões. O doce frescor do zéfiro, que, em intervalos compassados, o movimento bem ritmado de suas formas elásticas deixava passar por entre suas formas e a parte alta de minhas coxas, nutria admiravelmente o fogo desta intrépida fornalha. Uma língua que deslizava ao longo de minhas bochechas, entre meus lábios ansiosos por sugá-la, lançava-me néctar e ambrósia. Enfim, esta língua tão suave e tão doce, este pescoço tão firme e tão redondo, estes quadris tão ágeis, esta garupa magnífica, estas coxas tão versáteis, tão lustrosas, este pelo negro como azeviche e sedicioso como uma mola, este reduto de todos os prazeres, umedecido de todas as lágrimas do amor afortunado; e, ainda por cima, aquele ser adorável e incompreensível que dava a tudo isso movimento e vida, tudo, naquele delicioso momento, concorria para transformar esta postura a mais voluptuosamente picante de todas..."

Imediatamente segue a grande cena de sodomia em companhia da empregada, morena fogosa e muito viçosa, dotada de um "traseiro de ladina, isto é, firme, rechonchudo, branco e duro qual mármore". O texto inaugura uma análise do prazer sodomita, aquele provado pela verga "introduzida jubilosamente" na "via que leva ao asilo secreto do mistério [...]. Que volúpia [exclama o narrador], lisonjear com a mão estes quadris flexíveis e arqueados, esta garupa arredondada e divina, estas nádegas ágeis e palpitantes [...], e sentir sua doce fricção ao redor de minha animada e ardente adaga, e provocar, não obstante, com um dedo ágil e suave, estas vastas libações com as quais essa adorável e inteligente doméstica inundava suas coxas, as minhas, a mobília e meu dardo, que uma de suas mãos buscava manter com cuidado na aljava do amor, ao passo que, com a outra, excitava com uma suavidade, uma habilidade e uma expressão acima de qualquer lisonja estes dois universos..." E ao longo desse abraço furtivo, feito às escondidas, o ritmo difere daquele da cópula com a amante. Aqui, por medo de ser surpreendidas, as volúpias são "fortes, imediatas e rápidas".

No final do século XVIII, enquanto se inflava a referência às "manias", às "extravagâncias", aos excessos, também crescia a busca de paroxismos e desempenhos vertiginosos. Os homens são mais do que nunca dotados de um pênis desmesurado, derramando ondas de esperma e se beneficiando de uma capacidade inesgotável de reiteração. Junto às mulheres, a insaciabilidade é geral. A sombra da Messalina antiga e o quadro da ninfomania esboçado pelos médicos assombra a pornografia.

O Antigo Regime já em seu ocaso e a Revolução correspondem, simultaneamente, à maior difusão desta literatura e ao seu esgotamento na obscenidade paroxística. Ao mesmo tempo, é visível a vontade de aprofundar a análise do prazer carnal, notadamente o experimentado pela mulher. Este desejo está presente tanto nos textos dos médicos quanto no dos pornógrafos. Ele diz respeito, mais especificamente, à busca da irradiação das sensações da volúpia na totalidade do corpo; busca que, a partir de então, se associa, de maneira mais clara, à exaltação do benefício físico do prazer.

A literatura erótica tende, além disso, a centrar-se numa demanda – e numa oferta – feminina insaciável, multiforme, que se manifesta, notadamente, pela curiosidade impaciente de jovens moças da elite e, sobretudo, pela sujeição total das mulheres da corte a um desejo permanente. Estas aristocratas emergem, nos romances, dotadas de uma excepcional habilidade de adivinhar e de avaliar os desempenhos masculinos. Um sólido saber associa-se à apetência aguçada. Aquelas que os pornógrafos apresentam ao leitor sempre estão preocupadas com as dimensões, a robustez, os desempenhos. Elas se alimentam das qualidades dos eventuais parceiros que as cercam. Elas visam a instrumentalizar os pênis dos Hércules populares. Elas formam sociedades, organizam orgias ritualizadas.

É à lista destas coortes de personagens femininas que se integra a seita das *anandrynes* (lésbicas).

Diante delas, e em face de seus apetites desenfreados, a literatura do final do século apresenta homens-máquinas, que se diferenciam radicalmente dos sedutores preocupados com conquistas. Estes heróis advindos do povo e, muito frequentemente, "vindos" de regiões provincianas, se beneficiam de uma fulminante promoção social e gozam, às vezes, de uma fama internacional. Mas também é possível ver neles os ancestrais do "copulador hercúleo", descrito por Antoine de Baecque, protagonista de uma "regeneração copular", no momento em que se opera uma transferência de virilidade ou, se preferirmos, uma transferência seminal, do sexo real ao sexo chovinista.

O leitor, desorientado, não sabe mais exatamente, ao ler o *Petit-fils d'Hercule*[127] [Pequeno filho de Hércules] – e é apenas um exemplo –, quem domina este copulador ou os aristocratas lascivos e experimentados. As narrativas se entusiasmam então e se fragmentam em uma série de episódios numa sequência mais rápida do que outrora. Ocorre, como é o caso do *L'Enfant du bordel* [O garoto do bordel], de Pigault-Lebrun, editado em 1803, que o texto, cheio de vivacidade, impõe ao leitor um ritmo narrativo que leva alguns especialistas a considerar as obras deste gênero como as ancestrais dos romances populares e, mais especificamente, dos romances de novela do século XIX.

Assim, diante do *phallus* sem vida de alguns aristocratas de Sade, esgotados ou alucinados, impõe-se o pênis monstruoso de copuladores de inesgotável força, mas que não são jamais sacrificados no final da orgia, à imagem dos que são disponibilizados aos hóspedes de Silling.

É nesta perspectiva que convém inscrever o personagem, hoje amplamente documentado, da Rainha Maria Antonieta. Bons estudos

---

127. Cf. *Petit-fils d'Hercule* in *Romanciers libertins du XVIIIᵉ siècle. Op. cit.* T. II, p. 1.077-1.132.

enfatizaram o peso, na construção desta ficção pornográfica, da privatização do casal real. O levantamento mostrou o quanto a ascensão do íntimo e da vontade de preservação do secreto haviam instigado rumores. A literatura pornográfica que assume por alvo Maria Antonieta era apenas o decalque daquela que põe em cena os aristocratas lúbricos do Antigo Regime agonizante. Convém, portanto, integrar a rainha a esta coorte, com a ressalva de que as sátiras, a este respeito, acentuam ao extremo o retrato do gênero[128].

Maria Antonieta, de grandes seios, corpo feminino hiperbólico[129], assume, nestes textos, todos os elementos do catálogo, sem cessar desfiado, dos "gostos", das "manias", das "paixões". Ela copula com o Conde de Artois, seu cunhado; entrega-se sexualmente aos homens do povo que, se necessário, os encontra à noite; entrega-se com furor a múltiplas relações lésbicas; comete incesto com seu filho; pratica inclusive a zoofilia. Ela precisa instrumentalizar todos os seres submetendo-os à sua insaciável lubricidade. E aprecia, tem "preferência" por todos os afagos: excitar uma zona erógena com a língua, felação, sodomia. Esta preferência demanda orgias.

Esta "rainha de papel, fantasiosa", enfatiza com razão Maurício Lever, é "produto de uma criação coletiva". Ela é a Messalina absoluta, o manequim sobre o qual se fixam todos os *topos* da literatura pornográfica do Antigo Regime. A este respeito, as sátiras que a assumem por alvo podem ser consideradas um ponto culminante, mas a ela soma-se também a figura da bruxa, isto é, do monstro político[130].

---

128. O conjunto dos textos pornográficos relativos a Maria Antonieta foi publicado em LEVER, M. *Anthologie érotique... Op. cit.*, p. 1.039-1.157: Sexe et politique: une reine de papier.
129. SAMINDAYAR-PERRIN, C. L'insaisissable corps du peuple dans le cycle révolutionnaire d'Alexandre Dumas. *In*: ROULIN, J.-M. (dirs.). *Corps, littérature, société (1789-1900)*. Saint-Etienne: Universidade de Saint-Etienne, 2005, p. 148.
130. Cf. DUPRAT, A. L'affaire du collier de la Reine. *In*: DELPORTE, C.; DUPRAT, A. (dirs.). *L'Evénement, représentation, mémoire*. Paris: Créaphis, 2003, p. 13-31.

Acessórios e máquinas de gozar

Para não romper com a coerência de nosso propósito, nós omitimos tudo o que diz respeito aos artifícios e acessórios, ou às máquinas, apresentados sem cessar na literatura erótica e com o objetivo de provocar ou intensificar os prazeres.

Dentre estes instrumentos de prazer, destaca-se o dildo (*gaude mihi*). Diz-se que ele surgiu em Londres ao longo dos anos de 1660, acompanhando a liberdade excessiva que triunfa sob a Restauração, e que teria sido, como o preservativo, importado da Itália. Esta afirmação é falsa[131]. Os autores que sustentaram esta tese foram vítimas do preconceito segundo o qual, no Ocidente, tudo o que diz respeito ao *eros* teria por origem a Península [Itália]. De fato, excitar-se com o dildo parece bastante comum no século XVI, tanto na França quanto na Inglaterra. Brantôme, que desaconselha seu uso, o descreve com precisão. Ronsard o vitupera. Ele acusa a moda, da qual se beneficia, de desviar as mulheres dos atrativos masculinos. No século seguinte, descobriu-se dildos no quarto das jovens da corte, por ocasião de um mandado de busca. Claude Le Petit apresenta na obra *Le Bordel de muses* [O bordel das musas] uma caixa de tabaco de marfim em forma de falo. A literatura erótica do século XVIII se detém com deleite nesse órgão artificial, intensamente voluptuoso.

Sua forma, óbvia, seu tamanho, em geral, considerável, é descrita como proporcional à da vagina mais lasciva. Suas grandes dimensões são tidas por responder, junto à mulher, à necessidade de sensações paroxísticas, ou ao desejo de ser dilacerada. Na obra *L'Enfant du bordel* [O garoto do bordel], Mme. de Senneville usa um dispositivo de dez polegadas de cumprimento (34cm) e de seis polegadas de diâmetro (20cm)[132].

---

131. Em relação à Inglaterra, no que diz respeito à pornografia e política sob a Restauração, cf. HUNT, L. (ed.). *The Invention of pornography: obscenity and the origins of modernity, 1500-1800*. Nova York: Zone Books, 1996, esp. p. 30ss.
132. PIGAULT-LEBRUN, *L'Enfant du bordel. Op. cit.*, p. 1.276.

A rigidez do dildo, da forma como é descrito, é garantida pelo metal, o mais frequentemente a prata, e sua suavidade, por um revestimento de veludo. Às vezes, seus contornos são trabalhados para oferecer pontos de contato mais íntimos. No interior dos mais aperfeiçoados, uma mecânica em forma de mola ou pistão garante projeções de leite, ou de uma produção engenhosa, destinada a imitar o mais perfeitamente o esperma. Uma fita ou uma cintura permite à lésbica adaptá-lo ao seu uso. É até mesmo possível que o aparelho em questão chegue a ter duas cabeças. A Cauchoise [mulher da região de Caux, Normandia], por ocasião de uma das lições destinadas a aperfeiçoar sua educação, deleita-se com a ajuda de um dildo ejaculador munido de uma mola. As descrições mais exatas que figuram nesta literatura são as apresentadas na obra *Le Rideau levé*[133] [A cortina levantada], e na obra *Hic et Haec*[134]. A primeira é acompanhada de indicações relativas à desmontagem do aparelho; a segunda indica os calibres diferentes dependendo tratar-se, no convento evocado, de postulantes, noviças ou professas.

Vimos que médicos fazem alusão aos dildos a bom preço ou sofisticados, utilizados por mulheres lascivas. A literatura erótica não fica de fora. *Margot a cerzidora* acalma a excitação produzida nela pelo espetáculo das relações carnais de um franciscano e sua amante, Mme. Thomas, recorrendo a uma vela que, por sorte, está próxima de sua mão, em cima de uma "perversa prateleira [...]. Eu a empunhei com raiva, relata nossa protagonista, e a introduzi o máximo que pude, com os olhos sempre fixos em meus dois atores"[135].

Apesar da repressão, o dildo se populariza no século XIX. Apreensões importantes de "consolos de borracha" são feitas pela polícia do Segundo

---

133. *Le Rideau levé ou l'Education de Laure... Op. cit.*, p. 398-399.
134. *Hic et Haec. Op. cit.*, p. 258-259.
135. DE MONTBRON, F. Margot la Ravaudeuse. *Romans libertins du XVIIIe siècle. Op. cit.*, p. 703.

Império[136]. Na ordem da ficção, Stendhal imagina que Otávio possa propor um à pobre Armance[137]. A litografia erótica daquele tempo a ele se refere abundantemente. Representar lésbicas vestidas, penteadas, adornadas, mas com os seios nus, instaladas sobre um sofá ou numa alcova e dando-se prazer com a ajuda de um dildo constitui um lugar-comum.

Obviamente, aqui o pênis artificial tem a função de reinscrever os manuseamentos das mulheres entre si na esfera da virilidade[138]. Ocorre que os consolos de borracha propiciam prazer[139]. Michel Delon disserta judiciosamente sobre o alcance do aparelho. Ele enfatiza a eliminação, nesta literatura de ficção destinada à excitação do leitor ou da leitora, da diferença entre um sexo artificial, infinitamente disponível, e que, por essa razão, combina com o caráter insaciável do desejo feminino, e um sexo natural, sempre ameaçado de esgotamento, por mais vigoroso que seja. Graças ao dildo, a mulher pode fugir "das restrições da realidade orgânica"[140]. Este é o sentido das linhas exaltadas que Suzon, em suas *Memoires* [Memórias], consagra ao dildo, no qual ela encontra, aliás, efeito muito superior ao de seus dedos.

A literatura erótica reserva um grande espaço, repitamo-lo, a grandes espelhos que multiplicam os pontos de vista sobre a orgia, bem como a todos os móveis que convidam às relações carnais e que as facilitam: canapés para duas pessoas, sofás, espreguiçadeiras ou redes, como as usadas por Juliette. No palácio em que Angola e a fada Zobeide se preparam para

---

136. AUBENAS, S. Auguste Belloc et la photographie pornographique sous le Second Empire. *Revue de la Bibliothèque Nationale*, n. 7, p. 55.
137. STENDHAL. *Lettre à Prosper Mérimée*. Paris, 23/12/1826.
138. Fato acentuado em BONNET, M.-J. *Un choix sans équivoque – Recherches historiques sur les relations amoureuses entre femmes (XVI-XXe siècles)*. Paris: Denoël, 1981. Cf. tb. *Les Relations amoureuses entre les femmes*. Paris: Odile Jacob, 1995.
139. Há sexólogos que atualmente aconselham a prática com este objetivo.
140. DELON, M. *Le Savoir-vivre libertin. Op. cit.*, p. 109; a respeito do romance de Sade, cf. *Juliette ou les prospérités du vice*. • *Mémoires de Suzon dans Romans libertins du XVIIIe siècle. Op. cit.* T. II, p. 897.

os prazeres, "muitos vidros, pinturas suaves e sensíveis, uma duquesa, pastoras, espreguiçadeiras, pareciam tacitamente desenhar o uso ao qual eram destinadas. Bancos eram banidos deste lugar adorável"[141]. Meio século mais tarde, Balzac adverte: "nada mais perigoso do que uma cadeira"[142] para o marido que teme ser chifrado; o que reenvia à litografia erótica daquela época. Note-se que à época estava em uso, na alta sociedade, divertir-se furtivamente dessa maneira. É assim que Maxime Du Camp goza pela primeira vez com Valentine Delessert[143]; e o fiel Michelet põe-se à procura da pequena cadeira que facilitaria suas cópulas com Athénaïs[144].

Além desses móveis usuais, existem os que se constituem em verdadeiras máquinas de prazer. Estas agem com eficácia, sem falhar. E conferem aos homens o poder de manipulação sobre as mulheres provocando admiração no leitor por sua magia e sua encenação teatral. Em 1785, a obra *L'Espion anglais* [O espião inglês] sublinha a inflação de tais aparelhos. A obra também faz alusão às espreguiçadeiras voadoras e às cortesãs chinesas instaladas em redes. *Les Mémoires de Suzon* [As memórias de Suzon] apresenta um catálogo de máquinas de propiciar prazeres: a heroína faz-se assim penetrar ao ritmo de um balanço em movimento e, com uma companheira, ela utiliza as rotações de uma roda de fiar munida de dildos[145]. Algumas camas de ficção, sempre munidas de molas que aumentam os

---

141. LA MORLIÈRE. Angola – Histoire indienne (1746). *Romans libertins du XVIIIe siècle. Op. cit.*, p. 415.
142. BALZAC, H. *Physiologie du mariage. Op. cit*, p. 192.
143. Carta de Maxime Du Camp a Gustave Flaubert. Terça-feira à noite, fim de agosto, início de setembro de 1851. Cf. FLAUBERT, G. *Correspondance*. T. II. Paris: Gallimard, 1980, p. 860 [Col. Bibliothèque de la Pléiade]. Sobre Valentine (Delessert): "Ela sentou-se, eu me ajoelhei, eu exibi Thomas, ela o pegou e o introduziu". A descrição da cena é interessante enquanto se adequa totalmente às posturas de estampa erótica daquele tempo. Cf. *infra*, p. 556.
144. MICHELET, J. *Journal*. T. II. Paris: Gallimard, 31/10/1858, p. 438: "um dos assentos foi homenageado com um doce sacrifício da natureza", a título de exemplo.
145. ANÔNIMO. Mémoires de Suzon... [1778 ou 1783] [não publicado antes de 1830 em Bruxelas]. In: *Romanciers libertins du XVIIIe siècle. Op. cit*. T. II, p. 927, 948. Cf. LAFON, H. Machines à plaisir dans le roman français du XVIIIe siècle. *Revue des Sciences Humaines*, n. 186-187, p. 116-117, 1982.

ruídos e facilitam os serviços, são especialmente desenhadas em vista de intensificar as relações carnais e torná-las confortáveis. Em 1765, Jonval, na obra *Les Erreurs instructives* [Os erros instrutivos] descreve um desses móveis mecânicos que avivam os prazeres. "Quando os primeiros devaneios se foram [conta o narrador], tive a curiosidade de examinar a estrutura dessa cama singular. Vinte lâminas de aço, largas e finas como molas de pêndulo, se cruzam em linhas oblíquas, propiciando um movimento delicioso. Aplaudi do fundo de minha alma o inventor desta agradável máquina"[146]. A cama que é utilizada por ocasião dos torneios de amor evocados na obra *Les Aphrodites* [As afrodites], de Andréa de Nerciat, permite aos concorrentes copular com facilidade e realizar belos desempenhos. A mulher é aí jogada para trás, sobre um minicolchão recoberto de cetim, que a apoia da cabeça aos quadris; suas coxas são suspensas no ar e seus pés postos em estribos fixos e acolchoados. O homem que se deita sobre ela tem sob seus joelhos uma travessa larga e aconchegante, e apoia seus pés contra um graminho. Graças a este móvel extraordinário os embalos do casal são mais vivos, mais fáceis e menos cansativos"[147]. A máquina de violar, poltrona que, abaixando-se, se transforma num sofá sobre o qual a mulher fica ao mesmo tempo virada de costas e acorrentada, assombra o imaginário da época. Em 1779, Pidansat de Mairobert descreve aquela que funciona junto a Gourdan. Casanova conseguiu observar em Londres um móvel deste tipo[148]. Aqui, impõe-se naturalmente referência à guilhotina.

Nós evocamos a cama elétrica – real, desta vez – posta à disposição dos clientes pelo Dr. Graham; ora, os autores de romances eróticos imaginam móveis ainda mais aperfeiçoados. Eles descrevem aparelhos que fazem

---

146. JONVAL. *Les Erreurs instructives*. Londres/Paris, 1765. *Apud* ANONYME. *Art de foutre en quarante manières... Op. cit.*, p. 90-91.
147. ALEXANDRIAN, S. *Histoire de la littérature érotique. Op. cit.*, p. 175. Esta obra resume NERCIAT, A. *Les Aphrodites*, 1793.
148. Sobre estes pontos, cf. DELON, M. *Le Savoir-vivre libertin. Op. cit.*, p. 63-66. Para o que segue, cf. SADE. *Œuvres. Op. cit.* T. III, p. 1.062-1.064.

mulheres gozar, que prefiguram as máquinas orgásticas construídas hoje em dia pela indústria pornográfica. A que é utilizada por Juliette e suas companheiras, feita de alçapões móveis e munida de dildos automatizados, capazes de criar uma orgia mecânica, revela-se particularmente interessante nesta perspectiva.

Os leitores habituados a contemplar o quadro da *Enciclopédia* e maravilhar-se com os autômatos inovativos de Jacques de Vaucanson estavam preparados para a evocação de tudo o que depende da analogia instaurada entre o corpo e a máquina; tanto que a arte do engenheiro podia assim permitir uma quantificação exata dos desempenhos e das sensações, divididas segundo o grau de sua intensidade. Na obra *Les Aphrodites* funciona uma máquina capaz de medir exatamente, com a ajuda de um conjunto de pesos, a qualidade de ereções[149].

Referindo-se à analogia introduzida pela filosofia empirista das Luzes entre os nervos e as cordas vibratórias, Michel Delon aproxima o conjunto desses aparelhos aos instrumentos de música. Ele se baseia no sucesso da metáfora do cravo forte.

Os tubos dos órgãos evocam o acoplamento de corpos; e seus toques figuram as zonas sensíveis à carícia. Suzon relata em suas *Memórias* os dedilhados de seu mestre de música: "Enquanto eu fazia o meu trabalho, ele alongava suas mãos por sobre as minhas costas, sobre o teclado do órgão, e tocava sem perder o compasso [...]; eu não me continha em mim com esse movimento ritmado"[150]. O romance erótico faz deste instrumento da espiritualidade e do sagrado o cúmplice mais blasfemo das mais horrendas depravações.

Já fizemos alusão aos usos terapêuticos do chicote. Mesmo fora da esfera médica [sic], ele foi usado para castigar as crianças, os alunos nos

---

149. ALEXANDRIAN, S. *Histoire de la littérature érotique. Op. cit.*, p. 174.
150. ANONYME. *Mémoires de Suzon. Op. cit.*, 929. Michel Delon lembra, a este respeito, que Félicia se definiu como um instrumento.

pensionatos, os militares nas casernas e, às vezes, os domésticos. Também serviu de instrumento de suplício das prostitutas de Gênova. Mas também foi objeto de moderação, estando presente na cela dos monges e das monjas; com frequência recorre-se a ele nos bordéis. Em suma, seu uso não tem nada de excepcional, inversamente ao que poderíamos ser levados a pensar hoje. Nos romances pornográficos, o chicote favorece a excitação. Ele está presente no relato das aventuras de Fanny Hill[151]. Já o Abade Du Prat, analisando os efeitos da disciplina em uso nos claustros, enfatiza a ambiguidade do gesto da flagelação que leva ao êxtase[152].

Nos romances de Sade, os usos se complicam: ao lado do chicote ou das varas, os atores se servem de picadas de agulhas, de queimaduras provocadas por velas, de ferros ou pedras quentes. O objetivo não é apenas excitar a si mesmo ou o outro. Aquele que chicota ou queima tenta acalmar e subjugar; tenta usufruir da comparação estabelecida entre sua situação dominante e a de sua vítima. Desta forma busca aprofundar o prazer provocado pela consciência de uma desigualdade. Além disso, deseja cravar na pele do outro um traço indelével que tornará impossível o esquecimento[153].

A orgia e a arte das "conciliações"

A literatura erótica gosta de desempenhos e paroxismo. O pornógrafo associa a obsessão pela quantificação à qualidade das sensações. Ele se condena simultaneamente a uma escalada permanente. Urge-lhe suprimir qualquer ilusão à alternância que poderia instaurar-se entre a satisfação do desejo e a lassitude, entre o prazer e a aversão.

---

151. A título de exemplo, cf. CLELAND, J.; DE MONTBRON, F. *Fanny Hill: la fille de joie*. Op. cit., p. 81.
152. DU PRAT. *Vénus dans le cloître... Op. cit.*, p. 94. O autor explica a lógica e os efeitos das chicotadas dadas "no traseiro".
153. Sobre todos estes pontos, cf. DELON, M. *Le Savoir-vivre libertin. Op. cit.*, p. 217, 223.

O quadro dos paroxismos não difere radicalmente daquele que, se necessário, desenham os médicos, com a ressalva de que o que era diatribe, denúncia do excesso, não passa, aqui, de simples procedimento para excitar o leitor. Rose, submetida ao desejo dos homens ao longo de mais de cinco horas, navegando no prazer e sem cessar descarregando-se, tendo apenas o tempo de respirar, retoma 22 vezes o combate, e se vê regada de esperma 39 vezes. Pouco tempo depois ela morre. Mas seu trespasse, que sanciona a qualidade do desempenho, não comove absolutamente o leito da obra *Le Rideau levé*[154] [A cortina levantada].

O paroxismo é buscado na prática da orgia, à qual ele confere todo o seu sentido. Esta implica uma arte meticulosa das conciliações[155] em vista de sempre realizar "transas inéditas"[156]. Aqui, sublinha Jean-Marie Goulemot, tudo é unidade. A orgia compõe "um único corpo em parto de desejo e de prazer"[157]. Ela amalgama uma sociedade. "Nossos quatro corpos se fundiram em um"[158], declara já em 1741 o narrador do *Portier des Chartreux* [O porteiro dos cartuxos], num texto que podemos considerar modelo da orgia na literatura francesa.

Ao longo das relações carnais, importa eliminar toda cópula ordinária; por ser tão simples, importa realizar a perfeição de um quadro, garantir a simultaneidade das descargas – em Sade, o paroxismo das blasfêmias – e permitir assim a circulação dos sêmens e dos influxos nervosos que provocam sua expulsão. A orgia compõe-se de conciliações que são como que máquinas de transmissão de movimento. Ela visa a um prazer que podemos considerar caritativo, já que resultante da amplitude dos

---

154. *Le Rideau levé ou l'Education de Laure... Op. cit.*, p. 421-422.
155. Cf. GARBOUJ, B. L'infraction didactique... Art. cit., p. 228.
156. ABRAMOVICI, J.-C. Sade et les corps fantômes. In: ROULIN, J.-M. (dir.). *Corps, littérature, société... Op. cit.*, p. 62. Sobre todos estes pontos, mas numa perspectiva mais ampla, cf. HENAFF, M. *L'Invention du corps libertin*. Paris: PUF, 1978. Cf. tb. clássico FRAPPIER-MAZUR, L. *Sade et l'écriture de l'orgie*. Paris: Nathan, 1991.
157. GOULEMOT, J.-M. *Ces livres qu'on ne lit que d'une main... Op. cit.*, p. 162.
158. *Le Portier des Chartreux – Histoire de dom Bougre écrite par lui-même. Op. cit.*, p. 190.

intercâmbios e das reciprocidades. Ela tem, enfim, por objetivo, facilitar a reconstituição das reservas de esperma – sem esquecer a dos sacrilégios –, graças ao ardor que ela suscita. A incessante recomposição das combinações deve, com efeito, permitir uma reiteração quase contínua das ejaculações. Se necessário, a orgia proporciona a oportunidade de exibir caprichos, manias, gostos de cada um dos participantes e facilitar sua satisfação. Às vezes, o uso de aparelhos – balanços, trapézios etc. – ajuda à realização da pirâmide audaciosa dos corpos.

Assim concebida e encenada, a orgia constitui uma festa do *eu*. As combinações sucessivas são simultaneamente os lugares de uma convergência e de uma circulação. É a razão pela qual a posição privilegiada é do *entre-dois*, quando o corpo, envolvido pela frente e por trás, é ao mesmo tempo passivo e ativo. Assim, na literatura de Sade, o prazer obedece às leis da mecânica. Ele nasce da fricção, do movimento e da compressão do membro viril. Na posição entre-dois, é todo o corpo que, "friccionado, apertado, comprimido", é identificado com um pênis. "Estar no centro [escreve Guy Poitry], é concentrar sobre o eu todas as energias que o rodeiam, o absorvem, tendo dado apenas para receber melhor"[159]. Esta posição confunde a distinção entre o interior e o exterior.

Esta festa do eu resulta igualmente daquilo que o conjunto dos prazeres recíprocos libera da identidade social atribuída. A orgia é extravagância pela multiplicidade dos sexos ao redor de mim, sobre mim, em mim[160]. Por outro lado, a liberdade aqui não é total. Seu sucesso implica respeitar um regulamento, como aparece claramente na obra *Hic et Haec*. Além disso, os atores são obrigados a um excesso quantitativo. O fogo da orgia mal suporta não ser sempre alimentado; até que, se necessário, a simultaneidade dos prazeres inumeráveis não venha coroar os encontros carnais. O grande bacanal descrito por Mirabeau em *Ma conversion* termina quando

---

159. POITRY, G. Sade ou le plaisir de l'entre-deux. *Op. cit.*, p. 72, 76.
160. *Ibid.*, p. 76.

trinta mulheres descarregam simultaneamente, para o maior deleite do leitor, sempre fascinado pela profusão feminina.

A orgia em Sade – que se diferencia radicalmente da orgia de Fourier, sobre a qual ainda falaremos[161] – não é, por sua vez, organizada exclusivamente em função da satisfação das idiossincrasias. Ela é socialmente hierarquizada. Os papéis sexuais, ativos e passivos, nela são estritamente definidos pelo poder. A insistência evidente sobre a analidade leva ao extremo, no leitor daquele tempo, o pânico suscitado pela perda das referências e, sobretudo, pela confusão dos sexos; e, quando o deleite sodomita é manifestado, parece ser apenas a realização do sonho acariciado por alguns homens de gozar da mesma forma que as mulheres[162].

Os prazeres "antifísicos" (contranaturais)

A literatura erótica do final do século XVIII deixa muito pouco espaço à união carnal entre indivíduos do mesmo sexo. Por outro lado, as lésbicas estão muito mais presentes do que as sodomitas. Resumamos em grandes traços a maneira com que são descritas suas relações carnais. As mulheres que se entregam ao lesbianismo experimentam, nos garantem os autores, fortes prazeres, e estes resultam de fricções, de afagos recíprocos ou do uso de dildos. A este respeito, um texto de Brantôme é reconhecido como fundador[163]. Os prazeres das lésbicas são frequentemente apresentados, como já vimos, no quadro de lições. Eles se inscrevem ao longo de uma propedêutica que visa a preparar para a revelação do verdadeiro prazer, aquele que será propiciado pelo homem. É assim com os personagens da obra *L'École des filles* [A escola de moças], *La Vénus dans le cloître* [A Vênus no claustro] e, mais claramente ainda, na *Fanny Hill, la fille de joie*

---

161. Cf. *infra*, p. 569-573.
162. A propósito dessa sensualidade polimorfa, cf. DELON, M. *Le Savoir-vivre libertin. Op. cit.*, p. 272ss.
163. BRANTÔME. *Recueil des Dames... Op. cit.* T. II, I, p. 364-365.

[Fanny Hill, a garota do prazer]. Recebendo os afagos da impudica Phoebé, a heroína, ainda noviça, se sente penetrada por um "fogo sutil" nas veias; ela experimenta um "aniquilamento delicioso [...]. Eu era só devaneio [declara ela]; meus sentidos estavam tão confusos que poderia ter expirado se as lágrimas deliciosas que me escapavam na vivacidade do prazer não me tivessem de alguma forma acalmado o fogo do qual me sentia devorada"[164]. As relações carnais que rolam entre duas mulheres são, o mais frequentemente, apresentadas como prazeres anódinos, como uma brincadeira, uma paródia, ou uma farsa. Nesta literatura erótica, quando se trata de lésbicas, não encontramos absolutamente alusão aos clítoris monstruosos que assombram os médicos. As mulheres aí são ditas provadas de prazeres clitorianos tanto quanto vaginais, desejosas que estão de imitar a cópula.

Por outro lado, o prazer das lésbicas também é descrito como convulsivo, frenético. Estas mulheres insaciáveis, capazes de infinitas reiterações, parecem devastadas pela sensação de uma ausência que pode levá-las ao paroxismo[165]. Às vezes, entre elas, quando numerosas, buscam imitar os bacanais antigos. A grande cena do *Portier des Chartreux* [O porteiro dos cartuxos], emerge, a este respeito, como um modelo. Encontramos aqui, como na orgia a que se entregam as trinta mulheres de *Ma conversion*, as etapas, o cenário e os ritmos do prazer carnal experimentado entre homens e mulheres; ou seja, a gradação e o movimento que levam ao auge dos prazeres, sem o uso de dildos, e até mesmo sem a presença virtual do macho; mas isto não passa de um prelúdio, no aguardo da explosão do bacanal.

Uma vez dado o sinal, relata o narrador, "o primeiro tempo do exercício é uma agitação geral", em seguida "som de beijos, murmúrio de suspiros, sons entrecortados se fazem ouvir... Até os sofás gemem; leves soluços

---

164. CLELAND, J.; DE MONTBRON, F. *Fanny Hill: la fille de joie. Op. cit.*, p. 18-19.
165. Sobre esta representação, cf. BONNET, M.-J. *Un choix sans équivoque... Op. cit., passim.*
• *Les Relations amoureuses entre les femmes. Op. cit.*, p. 62-65.

ecoam; tremores tomam conta delas; elas desmaiam, navegam por entre torrentes de sensações. Que quadro! Como pintar trinta mulheres que se descarregam! [...] Terminada a rodada, a orgia começa [...] minhas lésbicas se transformam em verdadeiras bacantes [...]. De repente, gritos, imprecações, furores se elevam em meio aos prazeres; suas fisionomias se alteram; não se reconhecem mais; batem uma na outra; seus seios ficam feridos, lívidos, ofegantes; suas cabeleiras se esparramam por terra [...]. Pois bem! suas forças não respondem mais à sua fúria; tombam esgotadas sobre os tapetes que sujam de sangue, de vinho e alimentos". E pensar que as atrizes deste "bordel infernal" são "mulheres da corte"[166]. Por outro lado, a orgia apresentada na obra *Hic et Haec* parece mais calma: "E suas pernas se enlaçam, seus seios se comprimem, seus lábios se entreabrem e suas línguas se unem; seus olhos se fecham, suas mãos se extraviam, seus sentidos se acendem, seus lábios úmidos exalam ternos suspiros, seus quadris se agitam convulsivamente, seus dedos ágeis são inundados de volúpia [...]. E a palavra lhes falta [...]"[167].

Repitamo-lo: os prazeres lésbicos, no romance erótico daquele tempo, são, o mais frequentemente, mera consequência de uma privação. Este modo de gozar é imposto pelo isolamento, por um claustro ou confinamento que priva do prazer do coito. Gozar entre mulheres resume-se numa prática substitutiva.

Contrariamente ao que podemos ler nas obras médicas, a literatura erótica apresenta alguns raros personagens femininos que experimentam, de maneira idiossincrática, o gosto por mulheres, mas sem que, no entanto, os autores se dediquem à análise de um desejo específico. É o que acontece com a superiora cujas emoções Diderot descreve na obra *La Religieuse*. Por outro lado, em lugar algum é questão de construir uma verdadeira identidade lésbica, positiva ou negativa.

---

166. *Ma conversion*, atribuída a Mirabeau. Cf. *Erotika Biblion. Op. cit.*, p. 128-129.
167. *Hic et Haec. Op. cit.*, p. 265.

Já falamos do caso de *Mademoiselle Sapho* e da misteriosa seita das *anandrinas* apresentada na obra *La Confession d'une jeune fille* [A confissão de uma jovem moça] que Pidansat de Mairobert publicou em 1784. Esse texto se apoia num jornalismo clandestino aberto ao boato, às bisbilhotices, ao "ruído mundano". Seu estatuto é de difícil definição[168]. Já não se trata mais aqui de lesbianismo de iniciação, de aguardo ou de substituição, mas de uma prática vivida radicalmente como um fantasma masculino, estimulado pela dificuldade de conceber um eventual desejo específico; dificuldade da representação que não significa, longe disso, hostilidade radical. O termo *anandryne* – mulher que se passa por homem – não tendo qualquer conotação hostil.

O texto exibe, em uma atmosfera onírica, uma *arte erótica* de mulheres mundanas, instaladas no luxo. Segundo Pierre Saint-Amand, a heroína, pela magia do ritual das anandrinas, da arquitetura de seu templo fundada na evocação dos órgãos femininos, seria o objeto de uma "fixação identitária narcisista e repetitiva em relação ao seu próprio sexo"[169], até que se realize, desta vez ainda, a volta à natureza, ou seja, a revelação do verdadeiro prazer, o do coito.

Ao mesmo tempo, Mirabeau, em um capítulo de sua *Erotika Biblion*, se limita, por sua vez, a retomar os *topoi* concernentes às anandrinas e colocar nos olhos do leitor, necessitado de excitação, "este ardor das lésbicas, que aspiram sem cessar os fluxos que se sucedem sem jamais estancar-se"[170].

---

168. Sobre a interpretação que segue, cf. SAINT-AMAND, P. Présentation. *In*: PIDANSAT DE MAIROBERT. Confession d'une jeune fille. *Romanciers libertins du XVIIIe siècle. Op. cit.* T. II, p. 1.577-1.587.
169. *Ibid.*, p. 1.584. O autor, considerando que as crônicas sobre o tribadismo continuam moralizadoras e conservadoras, contradiz a tese de Marie-Jo Bonnet, para quem os libertinos já teriam despatologizado o tribadismo, transformando-o num fenômeno social. Cf. *Les Relations amoureuses entre les femmes. Op. cit.*, p. 150-177. Sobre este complexo dossiê, cf. RICHARDOT, A. La secte des anandrynes: un difficile embarquement pour Lesbos. *Tangence*, 57, mai./1998.
170. MIRABEAU. *Erotika Biblion. Op. cit.*, p. 530: L'anandryne.

Uma questão aqui se impõe: haveria à época representações culturais favoráveis à eventual construção de uma consciência de ser lésbica? Ou, se preferirmos, as mulheres daquele tempo poderiam adquirir uma identidade cujo modelo não estava presente na sociedade em que viviam? Este debate, bem o sabemos, foi empreendido por Michel Foucault.

A tendência atual é a de remontar muito antes no tempo e tentar buscar a eventual possibilidade de tal construção identitária, e tentar inventariar suas condições de possibilidade: desejos pessoais, intrínsecos, situação material dos indivíduos implicados, circunstâncias favoráveis, acessibilidade de referências culturais… Tudo isso é como perguntar qual é a parte, em tal construção identitária, da elaboração íntima de uma representação de si e aquela da eventual adoção de um modelo pré-construído, de uma bricolagem de papéis e de modelos existentes, retrabalhados pelo indivíduo em seu interior.

Estas perguntas permanecem estranhas aos autores da literatura erótica daquele tempo. Em contrapartida, um estudo de caso, brilhantemente documentado, permite imaginar os recursos culturais então à disposição das mulheres. A experiência vivida por Anne Lister[171] autoriza, com efeito, a medir o papel da leitura em um tal processo. Esta jovem inglesa, membro da *gentry* [pequena aristocracia] teve que ler entre as linhas e reconstruir imaginariamente relações lesbianas, a partir de fontes clássicas que sugeriam a existência de amores entre homens. Confundida com a leitura de Byron, da qual ela copia o *Don Juan*, Anne Lister sabe que seus amigos e ele liam Platão, Catullo, Martial, Juvenal, em grego e em latim, pois as traduções dissimulavam então as passagens julgadas escabrosas. É dessa forma que ela consegue, em 1820, localizar as referências a Safo em Horácio, Martial ou Juvenal. Por outro lado, Anne Lister está mergulhada numa cultura anglicana que, na ausência da prática da confissão, incita ao autoexame espiritual. Ela compartilha a fé dos anglicanos, sentindo-se atormentada por poderosos desejos sexuais.

---

171. Cf. *supra*, nota 31, p. 474.

O diário que ela mantém escrupulosamente a revela em vias de se masturbar com a leitura da VI sátira de Juvenal, que encena as escapadelas das mulheres romanas, antes de implorar o perdão de Deus. Rapidamente, porém, a jovem moça assume o contrapé das imagens negativas que Juvenal, e mais ainda Martial, ofereciam das relações lésbicas. Ela não se mostra nem horrorizada, nem mesmo chocada ou enojada com o comportamento da Bassa, a que se refere o segundo autor, perguntando-se apenas se esta usava um dildo. Nessas obras, o safismo só era apresentado em fragmentos; ora, Anne Lister, guiada por seu próprio desejo, revela-se capaz de inscrevê-lo nos espaços em branco desses textos. Ela anota as passagens das *Metamorfoses*, de Ovídio, que tratavam das andróginas e das aventuras de Tirésias. Os romances a perturbam, mais particularmente as obras de Rousseau. A grande chave que lhe permitirá a revelação da especificidade de seus desejos, portanto, de sua identidade, não obstante, é a leitura das obras de Byron e, secundariamente, de Thomas Moore, o autor de *Lalla Rookh*.

Entretanto, Anne Lister, que não parece, à época, ter usado dildos, não participa de nenhuma instituição relacionada com uma subcultura lésbica. O interesse deste caso, tendo em conta o nosso objeto de estudo, reside no fato de que se trata de uma revelação e de uma *self-construction* identitária, operada graças às leituras clássicas.

Saliente-se, além disso, que não encontramos, a seu respeito, nenhum eco do modelo de intimidade ideal, estabelecida entre mulheres, na Inglaterra da primeira metade do século XVIII; desta relação de amizade apaixonada, da forma como a que liga as *ladies* de Langallen ou Charlotte Brontë e suas companheiras, desejosas de viver sem constrangimentos sociais, na ausência de qualquer dominação masculina[172].

---

172. Sobre esta corrente, cf. MARCUS, S. *Revue d'Histoire Moderne et Contemporaine*. Art. cit. Nele encontramos uma abundante bibliografia relativa à amizade entre mulheres na Inglaterra dos séculos XVIII e XIX. A título de exemplo citamos: FADERMAN, L. *Surpassing the love of men: Romantic friendship and love Between women from the Renaissance*

Seja como for, por meio dessas leituras, pela transcrição em seu diário e nas cartas sobre suas experiências sensuais, sempre numa linguagem codificada, ela pouco a pouco, sempre mais decididamente, vai tomando consciência de uma identidade lésbica, não necessariamente negativa; o resto de sua existência, ela se entrega a práticas físicas com suas conquistas..., mas esta é outra história.

Quando se trata de indicar os homens que praticam as relações carnais com indivíduos do mesmo sexo, o vocabulário das sátiras, no final do século XVIII, é bastante extenso. Estes são igualmente chamados de infames, patifes, sodomitas, quando não se trata de "anticonistas", de "enrabadores", e, sobretudo, de "antifísicos" [contranaturais]. Sob a Revolução, também são considerados, por ironia, "cidadãos retroativos"[173].

Naquela época havia, em Paris especialmente, uma verdadeira subcultura reagrupando indivíduos conscientes de sua identidade sexual. A sociabilidade dos sodomitas, suas práticas e a repressão policial que os persegue alimentam um setor hoje muito ativo e fecundo da pesquisa histórica[174], ordenado pelos debates que se opõem à tese essencialista e

---

to the presente. Nova York: Morrow, 1981. • DONOGHUE, E. *Passions between women: British lesbian culture, 1668-1801*. Londres: Scarlett Press, 1993. • BALLASTER, R. *Seductive forms: Women's amatory fiction from 1684 to 1740*. Oxford: Oxford University Press, 1992. • WAHL, E.S. *Invisible relations: Representations of female intimacy in the age of enlightenment*. Stanford University Press, 1999. Pontus de Tyard enftiza, no tocante à França, o contraste entre o discurso médico, centrado na anatomia, e a literatura do século XVII, para a qual o amor entre mulheres se tornou lugar-comum (cf. TYARD, P. *Elégie pour une dame énamourée d'une autre dame*). Mas, ao mesmo tempo, esse amor é descrito como fadado ao fracasso, condenado a jamais ser consumado fisicamente e destinado a culminar num retorno ao homem. Nas correspondências entre mulheres, essa inclinação se traduz por um ideal de relações entre as almas e os espíritos.

173. Cf., entre outros escritos: *Les Enfants de Sodome à l'Assemblée nationale*. Apres. de P. Cardon, p. 12, 22.

174. No tocante à França, cf. REY, M. Police et sodomie à Paris au XVIIIe siècle – Du péché au désordre. *Revue d'Histoire Moderne et Contemporaine*, 29, p. 113-124, 1982. • REY, M. 1700-1750: les sodomites parisiens créent un mode de vie. *Cahiers Gai Kitsch Camp*, n. 24: Les infâmes sous l'Ancien Régime [doc. recolhidos por P. d'Estrée, p. XI-XXXIII] [trata-se de um excelente estudo]. • MERRICK, J.; RAGAN JR., B.T. *Homosexuality in modern France: Studies in the history of sexuality*. Oxford: Oxford University Press, 1996. Os mesmos autores (cf. *Homosexuality in early modern France – A documentary collection*. Oxford:

histórica[175]. Os partidários desta última se esforçam para situar o momento em que teria sido operada a modernidade de uma identidade, negativa ou positiva, sofrida ou reivindicada. Difícil reflexão, complicada pela multiplicidade, pela sucessão ou pela sobreposição dos modelos e tipos. Avalia-se geralmente que antes da aurora do século XVIII, a sodomia europeia, ou seja, aquele que pratica o "vício italiano", se apresenta como um indivíduo simultaneamente interessado por adolescentes e por mulheres, sem que seja definido por comportamentos efeminados; o que não impede de ser objeto de escárnio, de hostilidade e vítima de repressão. Na verdade, esta tese não se sustenta.

Na França, Tallemant des Réaux, descrevendo o Príncipe Henry de Bourbon ou o arcebispo de Reims[176], Saint-Simon, autor do retrato avassalador de Vendôme ou de Huxelles[177], os mostram exclusivamente interessados por jovens garotos, notadamente pelos "escolares", mordomos, soldados ou "oficiais subalternos". A partir de então, diz-se, teria sido desenhado o quadro de novos sodomitas efeminados, interessados por homens adultos e não por mulheres, razão pela qual são atacados.

As obras médicas e teológicas, como vimos, permanecem fortemente telegráficas a este respeito; elas traduzem o desconforto de autores que

---

Oxford University Press, 2001) reuniram textos sobre este tema, relativos às tradições, às representações, à repressão... Ou seja, textos teológicos, jurídicos, médicos relativos à sodomia e às práticas dos sodomitas. Sobre a repressão, cf. LEVER, M. *Les Bûchers de Sodome – Histoire des infames*. Paris: Fayard, 1985.

175. Sobre este debate, a título de exemplo, cf. NORTON, R. *Mother claps – Molly house: The gay subculture in England, 1700-1830*. Londres: G.M.P., 1992. O autor é partidário da tese essencialista. Outros (Michel Foucault, Jeffrey Weeks) datam a homossexualidade moderna do final do século XVIII. Outros ainda (Michael Rocke, Theo Van der Meer, Rudolph Trumbach) antecipam o tempo desta aparição, mas com as evoluções que já assinalamos... Em suma, as incertezas dizem respeito à data: 1700, 1720, final do século XVII.

176. TALLEMANT DES RÉAUX, *Historiettes*. T. I. Paris: Gallimard, 1960, p. 417-418, 424 [Col. Bibliothèque de la Pléiade].

177. SAINT-SIMON. *Mémoires*. T. II (1701-1707). Paris: Gallimard, 1983, p. 303, 693ss. Le vice italien (*In: Mémoires*) é atribuído a uma série de personagens, como o Cardeal Bouillon. Acusava-se (T. II, p. 1.244) o Duque de Nevers, sobrinho de Mazarin, de tê-lo importado. Também é denominado "o pecado filosófico".

conspiram e se desviam de tais comportamentos contranaturais (*antifísicos*). Com os pornógrafos é diferente. A sodomia está presente em seus textos; elemento que se situa na lógica da busca da variação e da transgressão. O tema encontra seu apogeu na literatura satírica, durante a Revolução, quando se impõe a figura do Marquês de Villette e a *Ordem da Manchette* [clube reservado exclusivamente aos homens].

Três situações são então privilegiadas: 1) a situação vivida pelos eclesiásticos prisioneiros de seu voto de castidade, o que assemelha seu estatuto ao das lésbicas dos conventos, condenadas ao claustro e à privação; 2) a situação conhecida por um marido que, surpreendendo sua mulher com um amante, impõe a este a submeter-se a uma união a três parceiros; 3) a situação escolhida por aristocratas que participam de uma orgia e se encontram, por essa razão, adstritos a uma sodomia indispensável à realização das reuniões.

Mas em parte alguma, a não ser nas obras de Sade e em algumas raras sátiras na época da Revolução, não é questão de sensações específicas e de prazeres particulares, nem da eventual identidade da pessoa[178]. Não encontramos, nas obras pornográficas, sodomitas definidos especificamente por uma morfologia, uma característica, um gênero de vida, uma história, uma infância particular.

A sodomia parece integrar-se naturalmente ao catálogo das manias, dos gostos, das "paixões"; ou seja, seu estatuto não difere radicalmente da sodomia praticada com mulheres; e o mesmo vale para as sensações induzidas. Ela é frequentemente apresentada como uma consequência da usura do depravado, condenado a uma função passiva, se ainda quiser figurar na literatura pornográfica.

---

178. Jean Mainil (*Dans les règles du plaisir... Op. cit.*, p. 113) enfatiza que, na obra *L'Académie des dames*, a sodomia é praticada entre um homem e uma mulher ("sodomia imperfeita" dos teólogos) e que o livro apresenta as possibilidades sexuais entre homens como uma violação monstruosa da natureza.

A reflexão filosófica vai numa direção completamente diferente. Neste meio, a sodomia nutre, na França especialmente, amplas reflexões, mas sem visar absolutamente a excitação do leitor[179]. Estes discursos, obviamente, contribuem para forjar as representações. Além disso, dentre as sátiras consagradas a este tema sob a Revolução, há as que se apresentam como catálogos de reivindicações, segundo o princípio enunciado na obra *Les Enfants de Sodome* [Os filhos de Sodoma]: "meu pênis e meus colhões me pertencem [...]; que eu os coloque dentro de uma vulva ou de um rabo ninguém tem o direito de reclamar do uso que faço deles"[180]; conjunto de textos recheados de argumentos históricos, geográficos, médicos ou referindo-se à sensualidade. Os autores garantem assim a fraqueza do risco sanitário das práticas sodomitas. Eles lembram sua extensão na Antiguidade, e em algumas partes do globo. Eles exaltam os prazeres da justeza do instrumento, ou os propiciados pela firmeza das coxas.

O fracasso e a varíola na literatura de ficção

Dois fantasmas se perfilam e atenuam o otimismo que domina a literatura erótica do século XVIII: o fracasso e a varíola. Na verdade, não se deu muita atenção, não obstante a incidência, ao fracasso e ao risco sanitário.

---

179. Um dossiê a este respeito e uma coleção de documentos estão em: BENTHAM, J. Essai sur la pédérastie (1785). *Question de Genre*, n. 55, 2003. Aqui, a tradução da obra de Jeremy Bentham é seguida de uma série de textos sobre a homossexualidade, datando do século XVIII e atribuídos a Beccaria, Blackstone, Diderot (verbete "Sodomie" da *Enciclopédia*), Helvétius, Montesquieu e sobretudo Voltaire. Quanto a este último, cf. VOLTAIRE. Verbete "L'amour socratique". Apr. de C. Courouve. *Dictionnaire Philosophique Portatif.* • *Cahiers Gai Kitsch Camp*, 24, p. 79-87, 1994. Sobre estes temas, cf. DELON, M. The priest, the philosopher and homosexuality. *Enlightenment France: unauthoried sexual behaviour during the Enlightenment.* Cambridge: Cambridge University Press, 1988. Cf. tb. o artigo pioneiro de Pierre Peyronnet: Le péché philosophique. In: VIALLANEIX, P.; EHRARD, J. (dirs.). *Aimer en France, 1760-1860.* T. II. Université de Clermond-Ferrand, 1980, p. 471-477.
180. Réponse de M. Grand Maître des Enculeurs et de ses adhérents. *Les Enfants de Sodome à l'Assemblée Nationale* (1790). *Op. cit.*, p. 95-96.

A impotência que obceca o discurso médico, o aconselhamento epistolar[181] e o relato de cura não encontram realmente espaço no texto pornográfico, dado que a impotência contradiz o projeto de excitação do leitor. O fracasso diz mais respeito ao romance libertino que, por sua vez, faz-se eco da impotência dos "janotas"[182]. Mais do que o fiasco, os pornógrafos se preocupam com a pressa que correria o risco de secar o esperma.

Por outro lado, o insucesso se encontra, aqui e acolá, em suas obras, mas é óbvio que se trata então de uma impotência temporária, que será resgatada e mais do que compensada por belos desempenhos ulteriores. Por volta de 1650, Corneille – senão Cantenac, já que a atribuição é objeto de controvérsia – detalhou assim, com a maior precisão, sob a forma de quarenta versos, as diferentes etapas do drama e seu final feliz. Apesar de todas as formas imagináveis de solicitação, Lysandre não consegue gozar de Cloris, que se irrita muito. Enlouquecido de desgosto, de joelhos lhe pede perdão e jura que vai se matar. No dia seguinte, o desafortunado encontra sua amante adormecida e oferecida, a coxa descoberta deixando ver a "delícia dos deuses". Ele goza, mas sem despertá-la. Cloris, voltando a si e "envergonhada de ver-se molhada", lamenta não poder partilhar dos prazeres. Tudo entra em sua devida ordem ao longo de um terceiro ato, numa enorme "trepidação" da cama. Este texto pertence, portanto, à literatura erótica[183]. O mesmo vale para o fiasco público e espetacular vivido pelo herói do *Porteiro dos cartuxos*, cuja intervenção de uma coorte de mulheres, profissionais em manuseios de toda sorte, exibindo sua nudez lasciva, manipulam seus dildos, mas ele revela-se incapaz de excitar-se[184].

---

181. Cf. o caso de Elie de Beaumont (*Obèse et impuissant – Le dossier d'Elie de Beaumont, 1765-1776*). Textos reunidos e apresentados por D. Teysseire. Grenoble: Jérôme Million, 1995 [Col. Mémoires du Corps].

182. Muito bem-tratado em CITTON, Y. *Impuissances – Défaillances masculines et pouvoir politique de Montaigne à Stendhal*. Paris: Aubier, 1994, p. 227-301: Perversions des petits-maîtres.

183. CORNEILLE, P. [?]. L'occasion perdue recouverte. O tema da impotência já havia sido tratado em BELLEAU, R. Jean qui ne peut (1577).

184. *Le Portier des Chartreux – Histoire de dom Bougre écrite par lui-même. Op. cit.*, p. 198-199. A cena evoca uma página do *Satyricon*, de Petrônio.

O fracasso vivido por Angola, em companhia da fada Zobeide, se enquadra, por sua vez, no quadro desenhado pelos médicos. Lemos no relato do desastre temporário, a humilhação, o desespero do príncipe, as reações desapontadas da mulher, "o devaneio amargo" dos dois parceiros ao amanhecer[185]. Mas as futuras bebedeiras farão esquecer este contratempo. Quanto à *Margot a cerzidora*, enganada por um investidor depois de uma libertinagem de três quartos de hora, ela se limita a relatar, com indiferença, este episódio sem consequências.

A incapacidade de Luís XVI assombra, obviamente, as sátiras pornográficas que visam o casal real. O senhor solicitado tende a representar nessas obras o impotente por excelência, mas estes textos só adquirem pleno sentido na perspectiva da fúria contra Messalina austríaca. O fracasso só assumirá um viés realmente dramático no início do século XIX. A este respeito, algumas páginas de *Mademoiselle Javotte*, obra publicada em 1757, podem ser consideradas predecessoras[186]. Desta vez, já não se trata mais de fiasco, mas de impotência total. Um jovem advogado sofre de impotência por sentir-se abandonado pelo amor, em face de uma parceira à espera de prazer. Este jovem rapaz, castrado pelo sentimento, não é o "efeminado", o libertino vítima de seus excessos. Ele é a antítese do Hércules popular onipresente na literatura erótica às vésperas da Revolução. Ele é o impotente descrito pelos médicos, vítima dos fantasmas contra os quais outrora já alertava Lucrécio. Ele anuncia o desespero que apresenta a literatura dos primeiros decênios do século seguinte.

Ao mesmo tempo, a varíola assusta. Lembramos que antes de 1837 – ao menos – não se distingue a varíola da gonorreia[187]. A doença suscita fortes

---

185. LA MORLIÈRE. Angola – Histoire indienne (1746). *Romans libertins du XVIIIe siècle.* Op. cit., p. 476.
186. Mademoiselle Javotte, ouvrage moral, écrit par ele-même et publié par une de ses amies (1757). In: LEVER, M. *Anthologie érotique...* Op. cit., p. 466-467.
187. Cf. QUÉTEL, C. *Le Mal de Naples – Histoire de la syphilis.* Paris: Seghers, 1986. Sobre a Inglaterra, sobretudo, cf. MERIANS, L.E. (org.). *The Secret malady: Venereal disease in 18th*

advertências que Theodor Tarczylo considera simétricas às que dizem respeito à masturbação: procedimentos alarmistas idênticos, mesmo exagero retórico, vínculo similar com o charlatanismo, angústia silenciosa que nutre a obsessão do despovoamento e da degeneração. Também, neste domínio, o discurso médico se impregna de referências religiosas. Ele transpõe para a esfera da nosologia as consequências do pecado original e a busca de salvação[188]. Neste ponto de vista, os autores da primeira metade do século XIX se situam no prolongamento dos decênios precedentes. Detecta-se assim, tardiamente, no romance *Dombey and son* [Dombey e filho], de Dickens, editado em 1848, um entrelaçamento de referências à doença venérea, associada ao pecado sexual e à corrupção moral que assombram o imaginário da *Middle class*[189] [classe média].

Ora, a literatura erótica só reflete esta preocupação superficialmente; é que o medo da varíola correria o risco de impedir a necessária hiperatividade sexual que a definia. Os autores utilizam a doença para versificar sua narrativa, para facilitar o recorte em episódios, para livrar-se de um personagem ou para culminar em um colapso moral; o castigo do herói desencadeando um pouco o escândalo criado pela narrativa de seus prazeres. Esta parece ser a função da doença venérea na obra *O porteiro dos cartuxos*.

Quando se trata de doença, o autor se contenta com alusões ao fato de "transpirar a varíola" – ir para a Suécia ou para a Síria – ou para "bavar" – viajar para a Baviera. Em caso de necessidade, a doença pode estar sujeita à chacota. Segundo Tallemant des Réaux, Malherbe se orgulhava de ter,

---

century Britain and France. Lexington: University Press of Kentucky, 1996. Susan P. Canner e Philip K. Wilson estudam os tratamentos. Em resumo, a sífilis, ainda fonte de sátira no final do século XVII, estaria em vias de se tornar um problema social real no final do século XVIII. O que me parece uma boa análise.

188. TARCZYLO, T. *Sexe et liberté... Op. cit.*, p. 167-172.

189. Cf. MILLER, A.H.; ADAMS, J.E. (orgs.). *Sexualities in Victorian Britain*. Bloomington: Indian University Press, 1996.

desta forma, transpirado três vezes a varíola[190]; ou seja, de tê-la tratado instalando-se sobre uma cadeira, sem dúvida, para aí receber vapores de mercúrio. No campo da ficção, *Margot a cerzidora*, a heroína de Fougeret de Montbron, recebe cuidados à base de enxofre no hospital penitenciário de Bicêtre. Alguns personagens desses romances, aliás pouco eloquentes sobre o uso de preservativo, retornam da Baviera. É possível pensar, como sugere François-Antoine Chevrier no *Le Colporteur* [O vendedor ambulante], que esta desenvoltura, não obstante tudo, reflete uma relativa atenuação[191] da angústia. Na França, ao longo da primeira metade do século XIX, esta atitude sarcástica persiste. Obviamente, a varíola, mais tarde a sífilis propriamente dita, continuam, repitamo-lo, inspirando a apreensão – a experiência vivida por Stendhal basta para prová-lo –, mas elas podem igualmente não ser levadas a sério; e é esta exatamente a atitude de um Flaubert e de um Maxime Du Camp.

A literatura relativa à prostituição, que se desenvolve entre 1793 e 1819, se mostra assombrada com a varíola. Esta produção do Palácio Real, feita de um conjunto de petições, de protestos, de viagens pitorescas nos "haréns" parisienses compõe um gênero híbrido, ao mesmo tempo erótico e policial. Nessa literatura, a doença venérea assusta, no exato instante em que se elabora o controle sanitário que culminará na criação dos centros de saúde[192].

E a política?

O que, naquele final de século XVIII, liga a produção erótica à reivindicação política quase monopolizou a pesquisa dos historiadores; é que,

---

190. TALLEMANT DES RÉAUX. *Historiettes. Op. cit.* T. I, 1960, p. 119.

191. CHEVRIER, F.-A. *Le Colporteur. Op. cit.*, p. 769. A respeito da evolução da angústia suscitada pela sífilis, cf. CORBIN, A. L'hérédosyphilis ou l'impossible rédemption. *Le Temps, le désir et l'horreur – Essai sur le XIXe siècle. Op. cit.*, p. 141-171. Em âmbito literário, cf. LASOWSKI, P.W. *Syphilis – Essai sur la littérature française du XIXe siècle*. Paris: Gallimard, 1982.

192. Cf. HARSIN, J. *Policing prostitution in XIX century*. Princeton University Press, 1985.

segundo Lynn Hunt[193], a literatura pornográfica do Antigo Regime é, acima de tudo, crítica da autoridade, sátira política, social e religiosa. Ela não visa, principalmente, a titilação sexual. De fato, como vimos, o debate político é à época fortemente sexualizado. Este tipo de visão culminaria, segundo esta historiadora, entre 1789 e 1795. Subsequentemente, a preocupação em garantir a moralidade teria triunfado.

É difícil afirmar que a sátira erótico-política, obra de uma boemia marginal que se desenvolve no início do período revolucionário, não visava igualmente – e talvez sobretudo – a excitar os eventuais leitores e engajá-los a frequentar prostitutas sempre mais numerosas. A este respeito é necessário desconfiar do preconceito do qual poderiam ser vítimas os historiadores – e mais ainda as historiadoras – pouco desejosos de se demorar no alcance sensual dos textos que estudam e propensos, por escrúpulos, a centrar suas próprias análises em interpretações políticas que lhes pareciam mais convenientes.

Jean-Marie Goulemot lembra, com razão, a complexidade da mensagem política dessa literatura cujos alvos são pouco claros, ou incoerentes[194]. Mais do que uma sátira sistemática, este conjunto heteróclito de textos parece traduzir um ofuscamento dos valores. Os autores se ocupam com práticas prazerosas dos aristocratas, dos emigrados, dos parlamentares, dos cartuxos, dos jacobinos... ridicularizam tanto padres juramentados quanto inobedientes, sodomitas, prostitutas. Além disso, as sátiras pornográficas são portadoras de reivindicações múltiplas e díspares. Em suma, sem negar o alcance contestatório desta literatura, sua incoerência neste domínio leva a perguntar sobre suas finalidades últimas. Talvez tenha servido apenas para oferecer fontes a maus escritores oportunistas, pouco preocupados com a política, mas dispostos a fornecer munição a

---

193. HUNT, L. (ed.). *The Invention of pornography... Op. cit.*, esp. o capítulo intitulado: Pornography and the French Revolution.
194. GOULEMOT, J.-M. *Ces livres qu'on ne lit que d'une main... Op. cit.*, p. 43-45.

quem os pagaria. Por essa razão, as interpretações inicialmente não são radicalmente contraditórias. O importante, naquilo que nos concerne, continua sendo o aumento da solicitação dos leitores e a banalização de uma literatura obscena suscetível de difundir largamente procedimentos textuais de excitação.

Mais novo poderia revelar-se, neste domínio, o estudo do eco da Revolução Francesa para além do Canal da Mancha. Na Grã-Bretanha, igualmente, o discurso político era então fortemente sexualizado, mas de outra maneira. A crer em Katherine Binhammer[195], os acontecimentos que se desenrolavam na França, atribuídos à libertinagem das mulheres, teriam, a partir de 1790, suscitado um "pânico sexual". O reino britânico vive a partir de então o temor de um contágio da imoralidade vinda do continente; daí a necessidade crescente de regulamentação, e, previamente, um questionamento da *sexuality* – o termo existe em inglês – feminina. Uma denúncia aguda do risco do furor uterino, a exaltação da passividade das esposas durante o coito, o apelo a certa contenção dos corpos e a vontade de maximizar a função materna teriam provocado respostas diversificadas a este pânico.

Um novo vínculo teria sido então estabelecido entre a castidade das mulheres e a honra nacional, qualquer desvio sexual sendo apresentado desde então como um crime político. A análise dos documentos dos arquivos judiciários revela, de fato, uma vontade aguda de repressão do adultério. Em suma, este decênio crítico teria garantido o triunfo da ideologia doméstica elaborada no final do século XVIII e preparado assim a modernidade. Desta demonstração salientamos a existência de um pânico sexual, ao passo que, ao mesmo tempo, a crer desta vez em Rudolph Trumbach, a identidade dos sodomitas, mais fortemente exibida do que nunca, teria suscitado uma "heterossexualidade compulsiva". A moral dita vitoriana perfila-se, além-Mancha, no horizonte destes processos.

---

195. BINHAMMER, K. The Sex panic of the 1790's. *Journal of the History of Sexuality*, v. 6(3), jan./1996.

13
O SÉCULO XIX E A BUSCA DE INOVAÇÕES

Em matéria de saber médico como de teologia moral, já o vimos, a primeira metade do século XIX não faz senão, muito longe disso, prolongar o Antigo Regime e a Revolução. Ao mesmo tempo, vários processos tendem a alterar as representações das práticas carnais nos ambientes envolvidos na literatura.

O dimorfismo se aprofunda, fato que diferencia os dois sexos. A masculinidade se aprofunda. Cabarés[1], grêmios[2], cafés, salões, sem falar das casas de tolerância, se constituem em muitos e diferentes lugares onde os homens se encontram entre si. O uso do fumo que os reúne nos fumódromos, por ocasião de recepções mundanas, e a discussão política que lhe é reservada favorecem um *entre si* que libera a palavra masculina sobre as mulheres e que, se necessário, prepara a corrida às "prostitutas".

Entretanto, a feminidade se constrói sempre mais claramente. Obviamente, a este respeito convém evitar qualquer exagero: os homens e as mulheres se encontram no salão, nas caminhadas, no espetáculo, nos jantares, e, obviamente, na cama. Mas os historiadores não se enganam ao destacar a expansão da esfera privada e a ênfase posta no papel da maternidade então em curso[3]. O código civil de 1804, por sua vez, tende a alterar

---

1. GAUTHIER, M.-V. *Chanson, sociabilité et grivoiserie au XIXe siècle*. Paris: Aubier, 1992.
2. AGULHON, M. *Le Cercle dans la France bourgeoise (1810-1848)*. Paris: Colin, 1977.
3. ARIÈS, P.; DUBY, G. (orgs.). *Histoire de la vie privée*. T. 3. Paris: Le Seuil. • PERROT, M. *De la Révolution à la grande guerre*, 1987, *passim*.

as relações. A mulher adúltera corre um grande risco. Fato que conforta, no espírito dos homens, o sentimento de possessão. A evolução das normas tende a colocar o leito conjugal e o vínculo de alguma duração no centro do sistema erótico. Os prazeres transgressivos e os amores furtivos são avivados. A intimidade crescente do casal estimula, junto aos homens, a tentação da fuga social para as mulheres do povo, muito acessíveis, e que, muito frequentemente, lembram emoções da juventude: criadas, garotas de albergue, costureirinhas galantes e, mais ainda, prostitutas. Este não é o lugar para elaborar o catálogo de todas estas carnes oferecidas.

Estes processos são justamente contemporâneos da revolução sentimental que, ao menos no domínio da literatura, constituem as representações da paixão romântica. Esta complica – e sem dúvida exalta – o encontro dos corpos, afasta do sensualismo anteriormente exibido, impõe modos inéditos de idealização da mulher: musa e santa[4] tanto quanto amante. Sem contar que, sobretudo sob a Restauração, o culto à virgindade, à pureza, bem como o eco que encontra o tema da espiritualidade conjugal e a extensão do sentido da penitência contradizem a inclinação luxuriosa das representações que impera nas conversações e nas correspondências masculinas.

Enquanto o dimorfismo sexual se aprofunda, as divisões imaginárias se fazem sempre mais restritas. Os homens do início do século XIX têm necessidade de enquadrar as mulheres segundo categorias sempre mais numerosas e específicas: virgens, esposas, amantes, cortesãs, mulheres de vida fácil, "prostitutas"... segundo o uso que delas esperam. Contentemo-nos em evocar, em grandes linhas, os elementos maiores da renovação do imaginário erótico daquele período, ou seja: 1) crescimento de uma história picante situada sob o signo do vigor sexual masculino e da devastação da mulher; 2) obscenidade de litografias que, exatamente ao contrário, apresentam

---

4. MICHAUD, S. *Muse madone – Visages de la femme de la Révolution française aux apparitions de Lourdes.* Paris: Le Seuil, 1985.

majoritariamente relações carnais cômodas; 3) novas figuras do erotismo conjugal e do adultério, muitas vezes estreitamente vinculadas; e 4) os fantasmas de uma literatura marginal revelada, submetida ao imaginário de transgressões radicais ou fascinada pela beleza da medusa; sem esquecer um meteoro, de fato inclassificável: a orgia proposta por Fourier no quadro de um novo mundo amoroso que só será revelado mais tarde.

O triunfo da história picante

A história picante que triunfa ao longo dos primeiros decênios do século XIX, notadamente no bojo das sociedades cantantes[5], se inscreve no prolongamento das poesias e canções eróticas do período precedente. As comédias do Antigo Regime, as de Voisenon, de Bernis, de Grécourt e sobretudo de Piron, são lidas, cantadas, imitadas, multiplicadas. Assim, *L'Ode à Priape*[6] [A ode a Priapo = Deus da fertilidade] é muitas vezes citada.

As temáticas antigas são conservadas. É no bosque, na floresta, no jardim que Suzon é levada para transar. O antissentimentalismo, que enche o bordel, se intensifica. Importa, entre os homens, proclamá-lo. "Quanto menos amor, melhor a transa"; "perto de uma vestal suspira-se; perto de prostitutas o sêmen ferve"[7]. Aqui, o amor físico não passa de uma "transa de prostíbulo"; e o tema da charneira, que separa a parte de cima da parte de baixo, é onipresente.

No entanto, alguns "gostos" ou preferências se especificam; acima de tudo a preferência pela menina nova, ou "brotinho". A canção muitas vezes faz eco do confronto, numa casa fechada, entre um velho senhor e uma menina de 13 ou 14 anos, munida de um dom do manuseio inato, mas

---

5. Cf. GAUTHIER, M.-V. *Chanson, sociabilité et grivoiserie... Op. cit.* Nas páginas que seguem seguimos o essencial desta obra. O autor soube decodificar admiravelmente o imaginário masculino da história picante daquela época.
6. Sobre Piron, cf. *ibid.*, p. 14-16.
7. *Ibid.*, p. 240.

sempre descrita como uma "menina". Isto se prolonga na apreciação dos prazeres saboreados com jovens empregadas, funcionárias de albergues, camponesas, que copulam com total naturalidade, mas associada à mais profunda ingenuidade. "Vem, Margot [se contenta em dizer o autor da canção], vem, vamos fazer amor"[8]. Desavergonhadamente e sem o tom jubiloso dos autores do século precedente, os cancioneiros atribuem doravante a estas meninas uma linguagem do corpo instintiva e direta. Não esqueçamos que, desde a infância[9], os homens que frequentam as sociedades cantantes tiveram por costume confiar seus corpos e tudo o que resulta da cultura somática às mulheres do povo que foram suas iniciadoras: babás, diaristas, empregadas, prostitutas. Eles não se sentem absolutamente expatriados, tampouco preocupados com o devido respeito, ao longo de tais relações.

A canção indecente associa-se naturalmente à venalidade sexual. Esses homens, em fraternidade, adoram divertir-se juntos antes de encontrar-se com as prostitutas. Estas criam verdadeiras obsessões em suas conversas e fanfarrices. O que eles querem no bordel é encontrar pessoas virtuosas no ofício. O grande sucesso da canção de Louis Potrat, *L'Examen de Flora* [A prova de Flora], condenada pela censura, mas incessantemente recopiada e aprendida de cor, permite perceber quais são, neste ambiente de masculinidade exacerbada, as representações da "boa transa" bem como a lista das preferências comuns. Testemunha disso é a estrofe consagrada à posição mais apreciada do autor: "O macho sobre as costas da mulher se instala, / Seu corpo com o outro é fortemente enlaçado; / A mulher, com uma mão, lhe acaricia as bolas, / Com a outra, por mil lugares e em todos os sentidos o faz sentir comichões / O homem, com sua mão direita, ou lhe *fait postillon*[10] / Ou a escorrega para baixo e lhe titila

---

8. *Ibid.*, p. 220.
9. Cf. CORBIN, A. La mauvaise éducation de la prostituée au XIX siècle. *Le Temps, le désir et l'horreur... Op. cit.*, p. 107-115.
10. *Faire postillon*: Introduzir o dedo, geralmente o indicador, no traseiro de uma mulher ou de um homem, durante o ato sexual, para aumentar o prazer.

a vulva / [...] / Do traseiro ele admira os saltos impetuosos, / Que se eleva, semelhante a fluxos desordenados, / Descendo para imediatamente elevar-se / Alimentando e nutrindo desta forma o fogo que o devora!"[11]

Quando se trata de evocar as relações carnais, o acento é posto no vigor, na energia, na violência do homem. Nas canções, ri-se da noite de núpcias, da violação, da passagem brutal da soldadesca que força a pastora; e o tema do "ultraje bem-aventurado", isto é, da mulher violentada que pede para ser violentada mais uma vez, é onipresente[12].

A isso se presta a metáfora guerreira e chovinista. A história picante, à época, é exaltação do nacional. A canção vangloria o sexo galhofeiro inerente à natureza do francês que sabe deliciar-se. Os heróis dessas peças destinadas a ser gritadas coletivamente impelem o vigor ao aniquilamento do corpo da mulher, cuja "parede" deve ser "rachada", cujo "cilindro" deve ser "arrebentado" ou "sangrado"[13]. Lembramos a homologia, à época transparente na obra de Parent-Duchâtelet, entre a prostituta e a pele morta, ou seja, carne[14]. Esta é a parte assombrosa desses textos, que refletem a presença entorpecida de Sade e que, por outro lado, se pretendem alegres e jocosos.

Neste caso, o medicinal não está vinculado ao erótico. O pano de fundo destas canções reflete, simultaneamente, o medo da impotência, da varíola, dos malefícios da masturbação, o medo dos "aborrecimentos" e, finalmente, a angústia suscitada pela mulher devoradora, pela ninfomaníaca em estado de carência crônica.

A evocação específica da união carnal ofusca os quadros do século precedente. Estes textos, como o *Dictionnaire Érotique*, de Alfred Delveau,

---

11. *Apud* GAUTHIER, M.-V. *Chanson, sociabilité et grivoiserie... Op. cit.*, p. 223. • DELVEAU, A. *Dictionnaire Érotique Moderne. Op. cit.*
12. *Ibid.*, p. 219.
13. *Ibid.*, p. 236.
14. PARENT-DUCHÂTELET. *La Prostitution à Paris au XIXe siècle. Op. cit.*, p. 14, 41.

são construídos sob o signo do ecletismo. A metáfora da fornalha é reiterada. O baixo-ventre da mulher, repitamo-lo, emerge como um aquecedor – "a estufa de Suzon"[15]. O corpo, dividido em partes, jamais é compreendido como um todo. É o braço, a perna, o pé, o "corpete" que é descrito; e, mais do que tudo, fala-se do medo suscitado por uma vagina excessivamente larga.

As carícias descritas nessas histórias picantes prolongam a ladainha da pornografia revolucionária: o acento é posto no trabalho da língua sobre as partes erógenas, mas somente com prostitutas. A zoofilia não é exceção. Ela diz respeito acima de tudo às mulheres que posicionam os cachorrinhos dos quais esperam suas delícias. A novidade, que reflete o que sabemos do "sexo em luto" no século XIX, é que o órgão masculino sempre é visto como totalmente desprovido de beleza[16]. E desprezível é a mulher que se alimenta dessa ignomínia. Mas este mesmo órgão, sobretudo quando relativo ao de um indivíduo desvalido – de um corcunda, por exemplo –, vê-se dotado de uma potência hiperbólica; e Marie-Véronique Gauthier percebe, na abundância dos versos que enaltecem os desempenhos, um alcance encantatório.

Contrariamente ao que caracteriza as comédias do século precedente, a ênfase é geralmente posta na presença das regras, no excremento, no enfadonho, no medo da "vagina preta" da qual "fugimos"[17]. Enfim, a forte presença do lesbianismo serve de prevenção contra as cenas frenéticas de *Gamiani*.

Os modos de estimulação a que visa a canção indecorosa ou "suja" não são os da literatura pornográfica. Não se trata aqui de leitura silenciosa, feita na solidão. A canção é berrada, coletivamente. Ela tem primeiramente por função animar, provocar e despertar a virilidade. Seu objetivo

---

15. GAUTHIER, M.-V. *Chanson, sociabilité et grivoiserie... Op. cit.*, p. 256.
16. CORBIN, A. Le sexe en deuil et l'histoire des femmes. *Le Temps, le désir et l'horreur... Op. cit.*, p. 91-105.
17. GAUTHIER, M.-V. *Chanson, sociabilité et grivoiserie... Op. cit.*, p. 243.

não é produzir uma excitação imediata. Ela não tende a fazer o cantor ou o ouvinte a "descarregar". Sua finalidade é aumentar progressivamente o desejo. Ela prepara a visita ao bordel. Algumas estrofes, enfatiza Marie-Véronique Gauthier[18], investem na visualização da descarga masculina vindoura, uma vez o cantor instalado nos braços da jovem prostituta: "Ajude-me, minha pequena... / É isso... / Mais devagar... mais rápido... / Calminha aí! / Para o inferno.... Coragem... / A virtude! / Ah!... ah! Já! eu flutuo... / Tu me amas?..."

Não esqueçamos, no entanto, que estes textos são às vezes lidos, recopiados ou cantados na solidão; o que muda, assim, seus efeitos.

A história picante, da forma como é expressa nas canções, se harmoniza estreitamente com a arte erótica que Alfred Delveau tenta transformar em objeto da cultura popular. Em seu *Dictionnaire* (1864) importa acima de tudo o deleite do homem. O eventual prazer da mulher apenas demonstra o bom funcionamento dos órgãos genitais do parceiro. Ele resulta automaticamente da energia do macho, de sua atividade, de sua capacidade de reiteração. Mas o protagonista precisa ter uma boa ereção, penetrar profundamente, e imediatamente ser ativo antes de inundar e reiterar até o esgotamento total. A estimativa das carícias e das posturas resulta destes imperativos. É assim que a posição "estilo cachorrinho" é considerada por Delveau como a que facilita o desenvolvimento da energia e que, por consequência, propicia o máximo de prazer. Ela lhe parece, a este respeito, muito superior àquela denominada "à burguesa", ou seja, "ventre a ventre".

A qualidade da mulher é medida por sua arte de estimular esta energia masculina da qual será sua beneficiária. Em suma, facilitando a necessidade de seu parceiro por sua atividade ela prepara a sua própria volúpia. Aliás, ela só deve esperar dele ser bem "espermatizada". O autor do *Dictionnaire Érotique* espera que ela o excite bastante, que se movimente

---

18. *Ibid.*, p. 259.

a contento, que deixe, se necessário, que o homem goze em todas as partes de seu corpo.

Este erotismo que Delveau se aplica em difundir mantém-se à distância da técnica exigida pelos sexólogos de hoje. Exceto algumas alusões às "bagatelas sobre a porta de entrada", às "carícias íntimas indiscretas", à "língua enfiada", à "excitação do clítoris", praticamente não existem preliminares. Estas são de pouca monta se comparadas às da energia do ato. Aqui não se menciona a arte de sabiamente produzir o aumento do prazer feminino pela carícia, pelo prolongamento das relações carnais, pela alternância das posições. A frigidez é objeto de pouquíssimas alusões. Apenas o eventual fiasco gera angústia. É a eventual falta de energia que preocupa, e não a inexperiência masculina. Em suma, a pornografia de meados do século XIX, da forma como ela aparece no *Dictionnaire Érotique*, de Alfred Delveau, que fecha o período evocado neste livro, é feita de um acúmulo de referências aos clássicos do gênero. Seu ecletismo se harmoniza, repitamo-lo, com a canção indecente e não rompe com a tradição; com a ressalva, no entanto, de que ela parece secretamente trabalhada pela influência de Sade.

A representação figurada das relações carnais confortáveis

A consulta às litografias eróticas conservadas na Biblioteca Nacional da França e em algumas raras coleções privadas ajuda a definir o que este suporte traduz do imaginário das elites daquele tempo[19]. Trata-se, para a maioria, de obras anônimas de artistas menores, à exceção das efetuadas por Achille Devéria e por membros de sua escola.

---

19. Cf. litografias coloridas da Bibliothèque Nationale de France, estampadas e fotografadas, Ae 76 Pet.Fol.Res. • *Romantique – L'art érotique au début du XIX siècle*. The Pepin Press, 2000. • *Revue de la Bibliothèque Nationale de France*, n. 7. Algumas dessas estampas estão reproduzidas em CORBIN, A.; COURTINE, J.-J.; VIGARELLO, G. *Histoire du corps*. T. 2. Paris: Le Seuil, 2005, figuras 15, 23-25. É o conjunto destas obras que comentamos nas páginas que seguem.

Obviamente, estas imagens não ensinam sobre as práticas, com a ressalva de que seus atores eram submetidos a um certo imperativo de credibilidade. Elas nos introduzem, em sua quase totalidade, na esfera do realizável cotidiano e não na do exotismo ou do onírico. Pela escolha de seus temas, elas estimulam a imitação.

Os artistas encenam um ambiente mundano, ao qual se afeiçoam a juventude das escolas e, quando muito, os *calicots* [pessoas que, por imitação, se vestem como a pequena burguesia, na Paris de meados do século XIX]. Eles jamais se rebaixam aos escalões inferiores da sociedade; o que nos ensina sobre a natureza do público visado. Ao longo das relações carnais figuradas, os homens geralmente permanecem vestidos; no máximo, são um pouco desleixados; e isso, mesmo que se trate de cenas campestres. Assim, os militares continuam cingidos em seus uniformes. O corpo masculino, por consequência, é totalmente escondido, à exceção do rosto, das mãos... e do pênis. Este órgão, motivo de obsessão destas cenas, se apresenta como um objeto sobreposto às vestes, uma espécie de dildo erigido acima de duas bolas que representam os testículos. Ele é às vezes isolado, multiplicado enquanto motivo decorativo. Evidentemente, ele suscita o apetite ocular de parceiras femininas, que em geral o manuseiam, se necessário até à ejaculação, ou o sugam – mais raramente – e, às vezes, o apanham e o enfurnam. Em suma, postula-se que dentre todas as partes do corpo masculino, o pênis se constitui naquilo que realmente interessa às mulheres.

Esta pobreza de afagos resulta da convicção de que a morfologia masculina é feia; é o que testemunha, como vimos, a canção indecente. O homem que figura nessas estampas aparece, com efeito, pouco orgulhoso de seu corpo, mas apresenta ostensivamente a rigidez da ereção, a que se sente obrigado.

As representações da mulher centram-se na nudez daquilo que se encontra abaixo da "carneira", essencialmente o ânus que, por efeito de *zoom*, geralmente ocupa o centro da representação; ânus arredondado que parece um pouco irreal, como o de uma boneca; esta centralização corresponde à frequência da posição "à canzana" nestas cenas figuradas. Por outro lado, a vulva é bastante ostensível, exibida entre as coxas largamente abertas. Contrariamente ao que é constatado nas gravuras do século precedente, a "fenda" é cuidadosamente desenhada. Tudo isso manifesta a expectativa da mulher: obviamente sempre concordante, olhos semifechados, pernas afastadas ou nádegas tensionadas. Não há cena de "vergonha", de resistência, ou de pudor manifesta nessas séries; fato que contrasta com as representações da *Noite de núpcias*, como as que figuram nas obras decentes[20].

No centro deste corpo de boneca, "o centro dos prazeres" é tudo. O que justifica, às vezes, uma delicada masturbação clitoriana pelo parceiro masculino e, quando se trata de trios ou orgias, excitações com a língua de uma zona erógena, imposta pela necessidade de constituir um conjunto. Quanto aos seios, sempre apresentados na nudez, sob a forma de globos, de uma brancura e de arredondamentos perfeitos, eles só raramente são objetos de beijos do parceiro; que, por sua vez, já passou para outro estágio das relações carnais – ou que para isso está se preparando; é que os litógrafos colocam primeiramente em cena a cópula. Com frequência, o pênis já está engajado na mulher, às vezes até com a ajuda desta última. A ação não exige, nestas obras, uma ginástica complicada. Não se trata de ilustrar a *Art des Quarante manières de foutre* [Arte das quarenta maneiras de transar]. Aqui reina a simplicidade. Tudo se resume às três posições maiores, a menos frequente sendo a que apresenta a mulher cavalgando o homem.

A intromissão não parece produzir devaneios. Apesar da evidência da penetração, os dois parceiros, à imagem de manequins de cera, guardam sua calma e parecem estar longe do "auge dos prazeres". Discerne-se, às vezes, da parte da mulher representada, uma simples curiosidade, quando

---

20. Cf. CORBIN, A.; COURTINE, J.-J.; VIGARELLO, G. *Histoire du corps*. Op. cit. T. 2, figura 1: La nuit de noces.

não uma expectativa matizada de tédio. Por outro lado, seu olho reflete mais a velhacaria, a diversão desavergonhada e a zombaria do que a febre ou a busca do êxtase.

Várias cenas traduzem a atração pelo furtivo, o das relações carnais feitas às pressas, roubadas. Algumas cópulas realizadas às pressas, longe da dança que rola no salão contíguo, parecem recheadas de perigos. Mas não por medo do olhar, já que os atores não são surpreendidos. O furtivo emerge nas vestes masculinas, quase sempre intactas; e bastará à mulher, levemente amarrotada, abaixar a sua saia e suas roupas para parecer virtuosíssima. Além disso, em muitas destas litografias, as posturas são determinadas pela preocupação em não desalinhar os cabelos.

A cena transcorre sobre uma cadeira – notadamente nas obras de Devéria –, um sofá, ou um canapé. Os gestos lascivos se harmonizam com os tons aveludados; e tecidos luxuosos emolduram as relações carnais. Nessas obras frequentemente reina a dominância do azul. Esta cor doravante prevalecerá sobre os tons pastel, rosa, verde, branco, e igualmente sobre o vermelho vivo, cores características da arte do século precedente. Este aveludado, que sugere e simboliza o interior feminino, esta roupagem e este luxo emolduram a união de corpos visivelmente familiarizados ao conforto. O salão é propício às relações carnais, quando estas não se realizam no interior de uma alcova, sob lençóis e roupas íntimas amarrotados.

O prazer de tal coito, simultaneamente furtivo e confortável, explica a raridade da posição em pé. A mulher quase nunca é representada apoiada ou imprensada contra um móvel estático; seria uma prática demasiadamente popular. O duo não evoca uma cena de bordel, mas a união de um homem e de uma amante, ou de um homem e de uma esposa. Os desenhos eróticos da época testemunham a ascensão do íntimo, ou seja, o reino da *privacy* [privacidade].

Esta cópula que se apresenta destituída de devaneios o é igualmente em termos de sentimento: raramente ela reivindica o acompanhamento de beijos "à florentina", ou seja, de línguas entrelaçadas. A razão principal é que o espectador está alhures. Esta tranquilidade diante do obsceno contradiz as manifestações da paixão romântica e, em muitos aspectos, prolonga a pornografia representada no século precedente. Em contrapartida, as cenas representadas contradizem um tema maior da história das canções indecentes ou chulas: não existe grande contraste etário entre os atores; o imperativo estético faz com que estes, quer formem um duo ou um trio ou um grupo, apareçam jovens e belos. A harmonia das morfologias, um pouco irreais, cria o encanto dessas litografias.

Algumas representam orgias. Estas reúnem jovens aristocratas, artistas e estudantes que formam uma geração romântica, ávida por uma transgressão destinada a desafiar o burguês. As vestes e as atitudes das parceiras femininas evocam dançarinas, atrizes de teatros líricos, cortesãs do alto escalão, no máximo costureirinhas galantes; em seguida cortesãs, mas não "jovens prostitutas submetidas" ascendendo no quadro do sistema regulamentar.

Inscrevendo-se inteiramente em sua filiação, as "posições" representadas nestas cenas de orgia, que combinam a penetração vaginal, a masturbação de mulheres isoladas, excitadas pelo espetáculo e por manuseios recíprocos, aparecem, em última análise, mais simples – mas igualmente mais realistas – das que eram representadas no final do século XVIII. Novidade importante: o vinho e a bebedeira são, à moda antiga, onipresentes nestas cenas caóticas. Os copos erguidos celebram as relações carnais a partir do momento em que a reunião alcança um determinado número de participantes. A orgia representada evoca uma sociabilidade festiva, sem dúvida familiar ao espectador dessas obras.

A frequência das cenas de lesbianismo contrasta, neste *corpus*, com a raridade das cenas da sodomia masculina. Já vimos de qual lógica resulta esta presença desigual. Várias litografias apresentam mulheres entregando-se a uma masturbação recíproca, que se lambem, que se servem de um dildo, ou que, muito mais raramente, recorrem aos serviços de um cachorrinho. Quando o homem está ausente, uma criada presta seus serviços, sem, contudo, participar dos prazeres. As cenas de lesbianismo assim desenhadas não evocam em nada as relações carnais cabeludas apresentadas nos textos eróticos da época.

Quer se trate de duo, de trio ou de grupos, o deleite sugerido é tranquilo. Ele é visivelmente saboreado em comum acordo, sem indicar qualquer violência. Nenhuma litografia evoca uma eventual dominação, tampouco um verdadeiro excesso. Nesse sentido, as produções de Devéria e artistas de sua escola não se inscrevem na filiação das obras de Sade.

No momento em que o adultério tende a fazer-se presente na vida conjugal[21], a orgia, ao menos a que se refere a um grupo restrito, flui naturalmente no molde da esfera privada da qual reflete a exigência de conforto. A que diz respeito a efetivos mais numerosos não é cena de bordel, tampouco "parte" organizada com prostitutas. Ela pertence à devassidão festiva que triunfa no interior das Belas-Artes, e é testemunhada pelo Baile da Ópera ou pelas cenas de charivari. Esta orgia participa da animação, do arrebatamento, dos modos de distração de uma idade da vida: os da juventude que contesta, pela imitação, uma ordem conjugal à qual estes atores acabarão por dobrar-se[22] após terem armazenado lembranças que os consolarão em sua exigente monotonia.

As sutilezas do erotismo conjugal

Paradoxalmente, enquanto aumenta a importância acordada à união carnal entre esposos, devido à intensificação do desejo de intimidade, a literatura romanesca – maiormente "celibatária", como Jean Borie costumava

---

21. Um belo exemplo: *Vingt-cinq ans d'amours adulteres – Correspondance sentimentale d'Adèle Schunck et d'Aimé Guyet de Fernex, 1824-1849*. Apr. de P. Cossart. Paris: Fayard, 2005.
22. A título de exemplo, encontramos em Eugène Sue (*Le Juif errant*) inúmeras cenas que refletem este clima.

enfatizar[23] – pouco nos fala do leito conjugal. É preciso ler nas entrelinhas para vagamente conseguir decodificar as poucas alusões que ensinam sobre as emoções do casal, nem que seja pelos vestígios deixados inscritos nos corpos. O que se pode deduzir dos estímulos do desejo às vezes evocados é que os modos de sua satisfação pouco ensinam sobre a maneira com que à época as relações conjugais são representadas. Esta pobreza da literatura romanesca é explicável: o caráter sagrado do matrimônio proíbe implicitamente qualquer descrição do prazer dos cônjuges. O leitor, e mais ainda a leitora, poderiam sentir-se afetados pelo desejo de desenvolver o que depende do mistério; tanto que os médicos, além de defensores do erotismo conjugal, também avaliam que os prazeres sensuais desfrutados no casamento desaparecem com o tempo, com a sucessão das maternidades. As desordens e as dores da paixão romântica podem ser melhor expressas na transgressão do adultério do que na suposta atonia dos mistérios do casal. Quem posteriormente quisesse compreender as práticas devia recorrer, portanto, aos diários íntimos e às correspondências, ainda que o leitor geralmente continuasse sem poder saciar convenientemente sua fome[24].

Falta o didatismo lúdico das *Fisiologias*. Consideremos, pois, a clássica obra de Balzac, consagrada à fisiologia do casamento, mas lendo-a a partir de todas as páginas precedentes, notadamente as que concernem à canção indecente e à litografia erótica. O que impressiona de cara – mas urge, a este respeito, considerar a censura – é a pobreza das descrições, se comparada ao nível de precisão que figura nas obras dos médicos e dos teólogos.

Convencido da importância da necessidade e da violência dos "desejos [...] de deleites genésicos"[25] – o que corresponde às convicções dos

---

23. BORIE, J. *Le Célibataire français*. Paris: Sagittaire, 1976.
24. A obra de Marie-Claire Grassi, consagrada à relação epistolar entre esposos, constitui um aporte considerável. Cf. *Correspondances intimes (1700-1860) – Étude littéraire, stylistique et historique*. Tese de doutorado. Université de Nice, 1985. O artigo cit. Des lettres qui parlent d'amour permite medir, de forma sucinta, seu aporte.
25. BALZAC, H. *Physiologie du mariage. Op. cit.*, p. 71.

teólogos –, Balzac busca harmonizar o erotismo conjugal com os ensinamentos dos ideólogos, notadamente os ensinamentos de Cabanis e Destutt de Tracy. A exemplo dos médicos, o acento recai sobre a noite de núpcias, da qual depende, segundo Balzac, a sorte do casamento; o marido "nunca deve permitir-se um prazer cujo talento não conseguiu despertar em igual medida em sua esposa"[26], já que ela lhe é entregue "com todos os seus desconhecimentos e desejos"[27]. Em seguida, será necessário fazer do leito conjugal o lugar de uma inventividade, de uma inovação, de uma estética infinitas; cabe a ele, ao longo dos meses, saber "escolher habilmente os matizes do prazer, desenvolvê-los, dar-lhes um novo estilo, uma expressão original". É nisto que consiste a "genialidade do marido"[28] artista. De fato, "fazer nascer um desejo, nutri-lo, desenvolvê-lo, aumentá-lo, satisfazê-lo, é todo um poema"[29].

Balzac usa, a este respeito, uma fórmula que resume um dos elementos maiores do erotismo da época, mas muito frequentemente negligenciado pelos especialistas em história literária: "A mulher casada, mesmo a mais casta, também pode ser a mais voluptuosa"[30]. O hábito dos prazeres, tão celebrado pelos médicos, abre a um aperfeiçoamento de natureza diferente dos prazeres experimentados no bordel à medida que o homem, no leito conjugal, menos ávido de afagos, pode brincar ao som de uma verdadeira lira cujos acordes ele mesmo produz e dos quais se deleita; paradoxalmente, considerando seu objeto, Balzac se refere ao catálogo das especialidades femininas do erotismo antigo. A leitura das correspondências

---

26. *Ibid.*, p. 88.
27. *Ibid.*, p. 111.
28. *Ibid.*, p. 88.
29. *Ibid.*, p. 89.
30. *Ibid.* Todas estas observações mostram a importância, segundo Balzac, de uma harmonia dos desejos e dos prazeres no matrimônio. A este respeito, o autor da *Physiologie du mariage* estava em plena harmonia com os médicos de seu tempo. Balzac, ao pregar a *ars conjugalis*, estava convencido de que a mulher se realiza espiritualmente na família pelo amor e na maternidade. Sobre todos estes pontos, cf. MICHEL, A. *Le Mariage chez Honoré de Balzac, amour et féminisme*. Paris: Les Belles Lettres, 1978.

conjugais, finamente analisadas por Marie-Claire Grassi, e as dos diários íntimos, confirmam à porfia as observações do autor relativas à *cadência* específica do erotismo no casamento; "o conhecimento da *cadência* conjugal [escreve ele], exigiria um livro inteiro"[31].

Simultaneamente, o adultério espreita. Mostrando-se hábil, diz nosso autor, o marido "secou lenha verde para um fogo futuro"[32]. Ele suscitou um apetite em sua esposa que será difícil satisfazer, a menos que esteja em perfeitas condições de saúde. Além disso, a subitaneidade dos desejos dificilmente se harmoniza com um "amor de hora marcada"[33], que define a conjugalidade. Ora, é difícil detectar os pequenos sinais que a mulher projeta na cama. Nisto Balzac se junta aos teólogos, preocupados com o marido que, por sua vez, deve adivinhar a concupiscência da outra.

O leito conjugal também é cenário de sutis desconfortos: o marido, pouco orgulhoso de seu corpo e da impetuosidade de seus desejos, às vezes sente uma forte sensação de ridículo quando precisa manifestar o próprio desejo a uma mulher inerte. Contrariamente, ele igualmente pode sentir uma certa repulsa misturada à apreensão diante de uma esposa que expõe de maneira excessiva suas emoções. Balzac chega a afirmar que algumas consortes, abandonadas pelo marido, usam, paradoxalmente, estes sinais excessivos a fim de afastá-los através deste subterfúgio.

No século XIX, o erotismo conjugal – fortemente distanciado daquele do bordel – vincula-se estreitamente ao adultério. Este se nutre simultaneamente da atração que suscita a transgressão furtiva, da curiosidade em relação aos saberes da mulher ou da esposa do outro, do desejo, para o homem, de dar provas de sua superioridade erétil, do prazer que à época proporcionava a mais valiosa privação da propriedade, qual seja, o corpo da mulher; sem esquecer a necessidade de desforra que atormenta o marido enganado.

---

31. BALZAC, H. *Physiologie du mariage. Op. cit.*, p. 358.
32. *Ibid.*, p. 124.
33. *Ibid.*, p. 223.

De fato, as condenações empunhadas pelo código civil renovaram radicalmente o erotismo ao acentuar o valor da possessão da carne. Ao mesmo tempo, enfatiza Balzac, a mulher descobre no adultério um "delicioso abismo de medos, prazeres, angústias e volúpias"[34]. O marido se vê, a partir de então, condenado a perscrutar sem descanso sua esposa; e Balzac prima em aconselhar esta decriptação infinita dos sinais mais sutis. Quem se acredita enganado se esforçará por obter uma confissão do corpo de sua mulher. A observação aguçada do passo, do andar, da motricidade – à maneira de um Dr. Roubaud em busca do grau das lascívias –, a análise de tudo o que aflora na superfície do corpo e que revela a força incontrolável dos prazeres e das emoções interiores, notadamente a atenção posta na semiótica do rosto, são alguns dos tantos imperativos impostos a um marido com problemas de lucidez. "O menor movimento dos lábios, a mais imperceptível contração das narinas, as menores indiferenças no olhar, a alteração da voz, e essas nuvens indefiníveis que envolvem as feições ou estes raios que as iluminam, tudo é linguagem para vós [...]; para vós, a pupila ficou mais ou menos colorida, alargada ou fechada; a pálpebra oscilou; a sobrancelha se agitou; uma ruga, apagada tão rapidamente como um sulco no mar, surgida na testa; o lábio que se encolheu, ligeiramente diminuiu ou se movimentou [...] tudo isso vos diz que a mulher está falando"[35].

Entretanto, por ocasião de encontros entre amantes, o adultério é vivido como uma união conjugal turbinada pelo risco, avivada pelo obstáculo e espaçamento das volúpias. Permanece, no entanto, uma diferença radical: os prazeres almejados da união carnal não são, aqui, salvo raras exceções, maximizados pelo desejo de procriação. No entanto, o adultério pode, ocasionalmente, propiciar emoções específicas. Gabrielle Houbre enfatizou os prazeres do ensinamento das disciplinas do amor dispensado pela amante adúltera ao jovem moço que convém denegar[36]. Um

---

34. *Ibid.*, p. 137.
35. *Ibid.*, p. 200.
36. HOUBRE, G. *Les Disciplines de l'amour*. Paris: Perrin, 1997.

vínculo culpável propicia, às vezes, à mulher de meia-idade, o despertar inesperado do fogo mal-apagado recentemente pelo marido.

Em seu devido tempo tentou-se ilustrar esta gama de situações por uma série de estudos de caso. Infelizmente, os trabalhos dos especialistas se centraram no adultério, deixando de lado, por pudor, as volúpias brutais do bordel e, por desprezo, os matizes infinitos do erotismo conjugal; como se, dos três, apenas o primeiro revelasse o segredo da paixão. Ora, basta pensar em Benjamin Constant, em Vigny, em Gautier e, mais ainda, em Michelet, que é necessário, para compreender a maneira com que um homem – e igualmente uma mulher[37] – agencia suas satisfações eróticas, levar em conta, simultaneamente, os três lados de sua atividade: a venalidade, a conjugalidade e o adultério. E mais: isto corre o risco de levar a negligenciar os limites do *eros* daquele período, da forma como a literatura os revela.

As pinturas da alteridade inconfessável e das identidades incertas

Naqueles tempos de rigor da censura, tanto administrativa quanto eclesiástica, multiplicam-se, paradoxalmente, romances de grande densidade escandalosa, de assuntos inconfessáveis, tanto para o autor quanto para o leitor, e que comportam temas de largo alcance transgressivo. À época vemos uma quantidade enorme de obras que impõem limites e que permanecem estranhas à norma romanesca previsível[38]. Nesses livros, a mensagem é feita sob o signo do segredo, já que se trata de casos monstruosos, que devem permanecer na esfera do sigilo. Anne-Emmanuelle Demartini mostrou assim como o personagem de Lacenaire influenciou a sociedade da Monarquia de Julho, duplo monstro, insondável,

---

37. Infelizmente, as fontes geralmente não permitem decodificar facilmente as engenhosidades, tanto na mulher quanto no homem.
38. LAFORGUE, P. *L'Eros romantique – Représentations de l'amour en 1830*. Paris: PUF, 1998.

que fascinava por sua inexplicável singularidade[39]. Como evidencia Jules Janin em 1834, a sombra de Sade impõe-se à literatura romanesca daquela época. Tudo é escrito em sua referência. Ele influencia o texto mesmo não sendo mencionado. Pierre Laforgue vê em sua obra o "palimpsesto perdido do romanesco"[40].

Estes delineamentos da alteridade dificilmente pronunciável, monstruosa, que se situam sutilmente à margem do dimorfismo dominante, semeiam perturbação e sugerem incerteza sobre as identidades de sexo e de gênero. É nisto que elas têm seu lugar no quadro que buscamos delinear. Sob o Império e a Restauração, estes romances de exceção já apresentavam o incesto sororal e fraterno – e não o cometido entre pai e filha, ao estilo de Restif de la Bretonne[41]. Pierre Laforgue elaborou o catálogo das obras perturbadoras que os sucederam: a encenação do castrado[42], de alteridade metafísica, a do andrógeno, que traduz o desejo de retorno à unidade primitiva, estreitamente ligada à figura do hermafrodita, constituem um bom exemplo. É neste registro que se impõe o personagem de Mlle. de Maupin e seu travestimento, que, muito mais do que um disfarce, é desnaturação da mulher. A indecisão da identidade sexual e o entre-dois de um indivíduo que visa a ser tudo o que pode ser perturbam profundamente o dimorfismo ambiente. Daí a importância deste tipo de romance, em nossa perspectiva, e a instauração que ele sugere de um eventual terceiro sexo. "Eu sou de um terceiro sexo, muito embora ele ainda não tenha nome [...]. Jamais poderia amar completamente alguém, seja homem ou mulher; alguma coisa de insaciado ressoa em mim, e o amante ou a amiga só responde a uma face de meu caráter [...]. Mas quimera seria ter alternadamente os dois sexos para satisfazer esta dupla natureza: homem hoje,

---

39. DEMARTINI, A.-E. *L'Affaire Lacenaire*. Paris: Aubier, 2000 [Col. Historique].
40. LAFORGUE, P. *L'Eros romantique... Op. cit.*, p. 43.
41. Pensamos, obviamente, em René de Chateaubriand.
42. LAFORGUE, P. *L'Eros romantique... Op. cit.* Cf. LATOUCHE, H. *Fragoletta ou Naples et Paris en 1799*. Paris: Desjonquères, 1983, p. 87-107. • BALZAC. *Sarrasine*, p. 128-146.

mulher amanhã [...], pois a verdadeira felicidade é poder desenvolver-se livremente em todos os sentidos e ser tudo aquilo que se pode ser"[43].

É desta forma que se pode compreender a perturbação causada, no seio do mundo parisiense, pelo corpo de George Sand, tão representado e tão frequentemente objeto de retratos caricaturais. Se ele assombra sua época e suscita inquietação, é pela tensão que se instaura entre sua hiperfeminidade, que manifesta, por exemplo, o desenho de um peito provocador, e a virilidade exibida, que cria confusão. George Sand, confundindo os sinais da diferença sexual, viola de maneira fundamental e, por conseguinte, intolerável o código dominante; e isto, apesar de uma evidente reserva em relação a si mesmo; o que remete às dificuldades da confissão feminina, mesmo num contexto de um diário íntimo[44].

É em perspectiva semelhante que se inscrevem os segredos escondidos no romance *La Fille aux yeux d'or* [A moça de olhos dourados], de efeito mais perturbador do que o produzido num quadro específico das práticas lésbicas; ou, ainda, a implícita zoofilia do soldado isolado no deserto em companhia de sua temível e fascinante pantera[45]. Tantas figuras indecisas que vagam à época nessa literatura reconhecida, às quais associa-se, de forma natural, a do impotente, cuja premência justifica que aqui nos detenhamos por um instante; tanto que ela é secretamente associada ao desejo sentido pelos homens[46].

---

43. GAUTIER, T. *Mademoiselle de Maupin*. Paris: Gallimard, 1973, p. 393-394 [Col. Folio]. Cf. análise em LAFORGUE, P. *L'Eros romantique... Op. cit.*, p. 205-224.
44. Sobre todos estes pontos, cf. PLANTÉ, C. "Signes particuliers: aucun" – Le corps de l'autobiographie dans Histoire de ma vie de George Sand. *Corps, littérature, société, 1789-1900. Op. cit.*, p. 253ss. À gama dos casos estudados por Pierre Laforgue, relativos à literatura do segredo e da transgressão das normas romanescas, é perfeitamente possível acrescentar Lélia.
45. BALZAC, H. Une passion dans le désert. *Comédie humaine*. T. VIII. Paris: Gallimard [Col. Bibliothèque de la Pléiade]. A este respeito, cf. LAFORGUE, P. *L'Eros romantique... Op. cit.*, p. 147-162.
46. Cf. a indecisão, o mistério e o segredo que caracterizam CUSTINE, A. *Aloys ou le religieux du Mont Saint-Bernard*.

O fiasco, à época, continuava muito presente na literatura; suas confissões são numerosas tanto nas correspondências quanto nos diários íntimos, tanto nos diários de Stendhal e Mérimée quanto nos de Goncourt. O primeiro consagra a esta evidência um famoso capítulo de seu ensaio intitulado *De l'Amor* [Sobre o amor]. Mas o essencial não está aí. Sob a Restauração, uma série de romances, iniciados pela publicação de *Olivier ou le secret* (1822) [Olivier ou o segredo], da Duquesa de Duras[47], seguidos do anônimo *Aloys ou le religieux du Mont Saint-Bernard* [Aloys ou o religioso de *Mont Saint-Bernard*], e levados ao seu auge de aperfeiçoamento pela obra *Armance*, de Stendhal, apresentam o tipo do *babilan* (vítima de *babilanisme*) [conceito médico para indicar a incapacidade de ereção].

Os autores abandonam o fracasso temporário e se consagram à análise dos horrores do impotente[48]. Desta forma opera-se um deslocamento de uma experiência traumatizante, a do fiasco, ou seja, a de um acidente inscrito na ordem do efêmero, para uma dramática descoberta identitária, que impõe silêncio àquele cujas confissões de impotência, doravante, são sempre abortadas. O que era simples inibição tornou-se mistério inconfessável, tanto para o herói quanto para o narrador. O primeiro tem consciência de ser vítima de uma doença sem cura. E parece inclusive nem sonhar mais com a possibilidade de exercer sua virilidade. Esta tomada de consciência de uma identidade inconfessável impõe uma escrita romanesca sobre o incerto e o sigiloso.

Nestes relatos, nem é questão de tentativa; é que o objeto do romance não é a impotência em ato, mas a angústia suscitada pela certeza da incapacidade, no melhor dos casos, por medo de falhar. A cena do fracasso, jamais mostrada, permanece um horizonte assustador, que assombra a história toda. Vale lembrar que os médicos são à época frequentemente

---

47. Inspirado pela personalidade indecisa de Astolphe de Custine.
48. Sobre todos estes pontos, cf. CITION, Y. *Impuissances... Op. cit.*, cap. V, p. 301-366: Complexe de jeunes privilégiés.

confrontados com a incapacidade de obter qualquer confissão deste tipo de doente; que, sempre que possível, nega ousar fazer a experiência da cópula[49].

Ora, a novidade não se limita à mudança evocada. Enquanto o fiasco geralmente era apresentado no quadro de um vínculo, ou da aventura de uma noite, a impotência, que é objeto destes romances publicados sob a monarquia censitária, se inscreve no quadro matrimonial. A atenção se concentra naquilo que a vincula à conjugalidade. Ela é percebida acima de tudo como uma desordem no cerne da aliança. O que leva a outro deslocamento: na sequência de um fiasco, a parceira sempre se mostra desapontada, ou furiosa. Nesses romances, em contrapartida, a demanda feminina jamais é claramente explicitada. Tudo acontece como se os esponsais ou os vínculos conjugais impusessem à mulher um silêncio sobre qualquer insatisfação. Em suma, a impotência à época apresentada não pode ser interpretada fora da alteração da situação de fato que se opera no seio do casal.

Existem outros tipos nesta galeria de retratos de indivíduos com doenças inconfessáveis; por exemplo, o da solteirona, torturada pela falta de prazeres que o homem poderia propiciar-lhe. A literatura, neste aspecto, se harmoniza com a lógica do discurso médico. É o caso, por exemplo, de Mlle. de Courson, que sem dúvida se masturba, ao menos se dermos crédito à descrição dos lençóis amarrotados de seu leito matinal, e o fato de que os dois machos envelhecendo brigam, sendo, por azar, escolhido aquele que só lhe fornecerá os "prazeres da porta", isto é, por masturbação clitoridiana. Mas tudo isso é sugerido, com infinita discrição, por Balzac[50]. Além disso, a literatura romanesca está repleta dessas mulheres com dificuldade de obter prazer, quer se trate de Indiana, de Lélia ou de Foedora da obra *La Peau de chagrin* [A pele de Onagro]. Também nelas o ardor do desejo paralisa a atividade sensitiva. "Perto dele, declara Lélia a propósito de seu

---

49. Cf. *supra*, p. 128.
50. BALZAC, H. *La Vieille Fille*.

marido, eu tinha uma espécie de avidez estranha e delirante que, bebendo de sua fonte nas mais primorosas potências de minha inteligência, não poderia ser saciada por nenhum abraço carnal [...]. O desejo, em mim, era um ardor da alma que paralisava a potência dos sentidos antes de tê-lo despertado; era um furor selvagem, que se alimentava de meu cérebro e que se concentrava exclusivamente nele. Meu sangue se congelava, impotente e pobre, enquanto crescia enormemente a minha vontade"[51].

Contrariamente, há uma veia literária, particularmente bem-ilustrada por Stendhal e, mais livremente ainda, por Pétrus Borel, que apresenta mulheres donas de suas escolhas, livres para entregar seu corpo de sujeitos autônomos a abraços apaixonados com amantes desejados, e ansiosas por aceder ao prazer. Estes seres, à época, assustam, assim como, mais amplamente, preocupam a erótica do natural face à escravidão licenciosa de mulheres venais e diante de toda instrumentalização dos corpos femininos pelo homem[52].

Tais retratos, de fato, surgem diante de uma nova escrita do desejo masculino, que, às vezes, traduz, inclusive nas obras dos autores mais lidos, como Eugène Sue, a fúria do macho à vista do corpo, ou mais à vista da carne e das formas da mulher, objetos de uma insaciável e possessiva avidez. É justamente o que fundamenta a escrita do desejo da prostituta, já tão fortemente expressa na obra *Novembre*, do ainda jovem Flaubert. A respeito da cortesã Marie, "tão triste na volúpia", nosso autor escreve: "De fato, os homens que a haviam possuído deixaram sobre ela um odor de perfume apagado, traços de paixões extintas, que lhe proporcionavam uma soberania voluptuosa; a devassidão a adornava de uma beleza infernal. Sem as orgias passadas, teria ela tido esse sorriso de suicida, que a

---

51. SAND, G. *Lélia*. Paris: Garnier, 1960, p. 174.
52. Cf. KERLOUÉGAN, F. Madame Putiphar de Pétrus Borel: historicisation du corps et incarnation de l'histoire. *Corps, littérature, société, 1789-1900. Op. cit.*, p. 191ss. E quanto à Stendhal, cf. PION, A. *Stendhal et l'érotisme romantique*. Tese de doutorado. Université Paris-XII, nov./2007.

fazia assemelhar-se a uma morta despertando no amor?" Flaubert, bem mais tarde, em sua correspondência[53], conferirá à expressão desta fascinação seu mais alto valor estético. Aquilo que, o mais frequentemente, era tratado por brincadeira no século XVIII, doravante se impregna de um sabor amargo de realidade e se junta à crueza do prazer expresso na canção indecente ou licenciosa.

Isto introduz na fascinação exercida pela beleza da medusa, outrora enfatizada por Mario Praz, ou, mais exatamente, na sororidade da morte e da carne desejável. A sedução fatal de algumas heroínas de Gautier e de Mérimée, ornadas de uma "beleza que gera um prazer tanto mais abundante quanto mais carregado de amargor for"[54], a fascinação exercida pela moribunda, minada pela doença, senão pelos primeiros danos da decomposição ou, mais simplesmente, a atenção voltada para os traços de paixões extintas, quando não de faltas inconfessáveis, no rosto e no pescoço de mulheres envelhecendo, o desejo que pode suscitar junto a alguns, como Baudelaire, a magra nudez, ou a beleza esquelética: tudo isso constitui tantos dados que testemunham a renovação dos modos de estimulação do desejo masculino por uma carne tornada opaca, sombrosa, refúgio de pulsões incomunicáveis[55]. Mas não podemos jamais perder de vista que tais novidades permanecem estreitamente confinadas.

É então que Fourier, meteoro inclassificável, elabora seu novo mundo amoroso deixado, à sua morte, em estado de manuscrito, e que, repitamo-lo, só encontrará eco um século mais tarde. Embora os textos maiores consagrados a este tema tenham sido divulgados apenas durante o

---

53. FLAUBERT, G. *Novembre*. Paris: Gallimard, 2001, p. 168, 184-185 [Col. Folio]. E sobretudo a longa carta a Louis Colet, escrita à meia-noite do dia 1º de junho de 1853: FLAUBERT, G. *Correspondance. Op. cit.* T. II, p. 339-340.
54. Em sua obra, tornada clássica: PRAZ, M. *La Chair, la mort et le diable dans la littérature du XIXᵉ siècle – Le romantisme noir*. Paris: Denoël, 1977 [1966, para a ed. italiana; 1998, Gallimard [Col. Tel]].
55. KERLOOEGAN, F. *Ce fatal excès du désir – Poétique du coup romantique*. Paris: Champion, 2006, *passim*.

período que nos interessa, o imaginário da orgia proposto por Fourier, que, simultaneamente, se inspira no imaginário do século XVIII e o inova profundamente, permite delimitar melhor o que, à época, revelava da ordem do pensável. Contentemo-nos, aqui, em reenviar aos trabalhos de Simone Debout, Roland Barthes, Jonathan Beecher e Michel Bozon[56], e em propor algumas reflexões que permitem situar as visões de Fourier no quadro dos discursos precedentemente analisados. A orgia de Fourier, elemento do novo mundo amoroso, representa, obviamente, o inverso em relação às normas editadas pelos médicos e pelos teólogos, ou pelos pornógrafos, mas ela é, ao mesmo tempo, determinada por seus sistemas de representações e proibições.

Lendo Fourier percebe-se que a busca dos prazeres traduzidos pela orgia passa pelo conhecimento de si, portanto, pela revisão pessoal; e este saber é obtido graças à assistência de um técnico – "confessor ou confessora" –, e pelo viés de uma série de procedimentos: introspecção, releitura dos arquivos do indivíduo, desejo de progressão e de criação de vínculos harmoniosos com o outro. No entanto, o encaminhamento não depende absolutamente do recurso a um ser transcendente e da busca de uma eventual salvação. Apesar da parte de paródia do catolicismo, a ideia de progressão diz respeito apenas aos prazeres. Não há pecado nem contrição nessa aventura interior. A orgia responde apenas ao desejo da natureza; mas esta confissão não diz respeito à reprodução, tampouco aos pornógrafos. Não se trata, aqui, da *callipédie* [conjunto de conselhos ou arte de criar filhos formosos] e de suas técnicas posturais.

---

56. Os parágrafos seguintes, centrados na orgia, inspiram-se nesta série de obras: DEBOUT, S. *L'Utopie de Charles Fourier*. Paris: Payot, 1978 [reed., Paris: Les Presses du Réel, 1998]. • BEECHER, J. *Fourier – Le visionnaire et son monde*. Paris: Fayard, 1993 [1. ed. americana, 1986]. • BARTHES, R. *Sade, Fourier, Loyola*. Paris: Le Seuil, 1971. Mais recentemente, BOZON, M. Fourier, le Nouveau Monde amoureux et mai 1968 – Politique des passions, égalité des sexes et science sociale. *Clio – Histoire: Femmes et sociétés*, 22/2005, p. 123-149: Utopies sexuelles, sem esquecer a tentativa de organização dos manuscritos deixados por Fourier e preparada por Raoul Vaneigem: FOURIER, C. *Des harmonies polygames en amour*. Paris: Fayot/Rivages, 2003.

Assim como os médicos, Fourier recorre à noção de obstrução. Ele invoca os horrores da continência e da privação, mas nele não encontramos a mesma denúncia quanto aos riscos do excesso. O furor uterino, a ninfomania, a satiríase não estão no horizonte de seu discurso, já que estas patologias são evitadas pela satisfação das necessidades. Fourier não evoca a regulação autoritária do coito, embora se imponham, aos seus olhos, a visão geral da harmonia e a estrita organização dos prazeres. Não encontramos, sob sua pluma, condenação de uniões entre parceiros com idades muito diferentes.

Contrariamente ao que estrutura o romance libertino, nos textos de Fourier está fora de questão a estratégia de sedução. Não existe guerra entre sexos. Aqui, tudo é verdade, inclusive o espaço, obviamente restrito, deixado à "*céladonie*"[57]. A noção de "momento", cara aos autores eróticos, desaparece diante da necessidade de evidenciar uma temporalidade mais regrada. Os afagos e as relações carnais são objeto de uma encenação coletivamente ordenada.

O autor empresta da literatura pornográfica a própria cena da orgia, dos grupos, da busca da satisfação dos cinco sentidos, da consideração dos gostos, das manias e tipos de "paixões". Mas não é, aos seus olhos, questão de reproduzir as orgias clandestinas e incoerentes dos civilizados. Fourier rejeita a harmonia da forma como a podiam conceber e experimentá-la os homens do século XVIII, prisioneiros de preconceitos, vítimas dos delírios da própria imaginação, inspirados em concepções julgadas simplistas sobre a diferença e a semelhança. Por conseguinte, a orgia de Fourier constitui o inverso da orgia dos pornógrafos. Ela é verdadeiramente harmoniosa porque resulta de uma organização cotidiana dos prazeres, fundada numa arte da variedade dos encontros, já que ela não recorre à noção de transgressão. Ela jamais é, em seu desenvolvimento, questão de destruição

---

57. Emoção sentimental amorosa, em referência a Céladon, personagem do *Astrée*, de Honoré d'Urfé.

do outro. Este, ao longo dos prazeres, jamais é tratado como objeto, como instrumento, rejeitado e convidado a desaparecer, uma vez consumidas as relações carnais. Nisto, segundo Fourier, a orgia se mantém afastada da relação de prostituição. Ela não é o lugar de uma educação somática vertical, feita de proibições, além das relativas aos entendimentos mínimos; ela, tampouco, implica uma educação, uma organização amorosa da juventude, uma aprendizagem regrada. Inclusive, impõe procedimentos de pesquisa que dependem da observação clínica[58], e que não existem sem evocar aquela à qual se entrega o Dr. Roubaud junto a uma coorte de mulheres cercadas de amantes. É que se trata de construir um sistema de emoções entre os indivíduos, prévia e cuidadosamente analisados.

Fourier, de fato, empresta o vocabulário da literatura pornográfica. Em seu projeto ele fala de matronas. A exposição da nudez, o espetáculo das gradações, os procedimentos das escolhas, as rotulagens dos corpos não deixam de evocar os costumes dos bordéis. Mas aqui não se trata de comércio, de circulação de dinheiro. A orgia de Fourier se desenrola aos moldes da reciprocidade entre homens e mulheres. O vínculo, o acordo, o intercâmbio são sobretudo visados; à rotulagem do outro responde a rotulagem de si, o essencial sendo a satisfação das necessidades de cada um. Isto implica uma benevolência, uma filantropia amorosa que transcende a simples harmonia dos corpos e dos temperamentos almejada pelos médicos. Esta benevolência deve ser exercida na liberdade, sem interditos, e, portanto, sem proibições, mesmo no tocante ao amor "unissexual".

O hedonismo de Fourier se diferencia, pois, da libertinagem do século XVIII e de sua pornografia, assim como da venalidade sexual do período seguinte do qual ele assume, obviamente, determinadas práticas, mas do qual subtrai a violência e a crueza. Não obstante a proximidade que poderíamos ressaltar com a obra de Sade no tocante às orgias, aos intercâmbios,

---

58. Destacado em BOZON, M. Fourier, le Nouveau Monde amoureux et mai 1968... Art. cit., *passim*.

às encenações bem-regradas, ao interesse pela série, pela mania aritmética, a orgia de Fourier se diferencia radicalmente da orgia de Sade. Acrescentemos que nela não há algofilia. O mundo amoroso proposto é de total transparência e sinceridade. Ele se define em oposição à mentira, à hipocrisia do mundo e, mais largamente, à poligamia disfarçada que resulta da frequência às prostitutas, à redução dos corpos ao estatuto de mercadoria. Ele reconhece, obviamente, a existência do "amor pivotante", mas não existe, em seu sistema, a persistência do vínculo, passado à saciedade e à usura do desejo. Nele não existe economia de lembranças.

Acontece que, por enquanto, trata-se apenas, para Fourier, de uma utopia a ser experimentada – o que a faria deixar de ser enquanto tal – no quadro de uma aldeola; projeto, sem dúvida, destinado a continuar sendo utopia por longo tempo, na medida em que sua realização se encontra submetida à erradicação da doença venérea, sob todas as suas formas.

CONCLUSÃO
O advento da sexologia e a retração temporária da harmonia dos prazeres

A escuta atenta dos médicos, dos teólogos e dos pornógrafos que nos mantiveram no tema da união carnal entre 1770 e 1860 nos sugere considerar central a busca pela harmonia dos prazeres. Os médicos de então centralizam a atenção no êxito da fecundação e, o mais frequentemente, na qualidade do nascituro. Nesta perspectiva, os prazeres do casal constituem a preocupação maior dos médicos, o que se inscreve no prolongamento do antigo sonho fusional, relançado pelos defensores do naturalismo.

Ao mesmo tempo, a teologia moral tende a exaltar o momento em que os cônjuges, que se abraçam sob o crucifixo e perto do genuflexório, gozam das emoções que a união das almas e dos corpos propicia, em vista do nascituro desejado. O que nós chamamos de "era Gury" ilustra esta economia dos prazeres, tão bem-exposta por Amélie Ozanam[1].

Falar de harmonia parece mais difícil em relação à ficção pornográfica, cujo estatuto, aliás, difere profundamente daquele das obras de medicina e de teologia moral. A fórmula surpreenderá o leitor de Sade; e ela contradiz esta indiferença em relação ao outro, frequentemente testemunhada por esta literatura. A história picante que triunfa no início do século XIX parece, por sua vez, muito longe desta busca. Entretanto, a

---

1. Cf. p. 336.

discordância caracteriza mais o romance libertino do que a pornografia propriamente dita e suas "artes de transar". Em última análise, depois de ler milhares de páginas que constituem o gênero, a reiteração infinita dos prazeres compartilhados, os deleites simultâneos e as satisfações recíprocas, estes textos acabam impondo ao leitor a sensação de uma harmonia, sem que para tanto intervenha qualquer referência à missão procriadora. Não esqueçamos que, além disso, o romance pornográfico geralmente comporta um *happy end* conjugal.

Entre meados do século XIX e final dos anos de 1860 a fórmula que escolhemos como título parece, pouco a pouco, relegada a um pano de fundo; e o leitor das obras médicas – exceção feita a seus popularizadores –, religiosas ou pornográficas tem doravante a sensação de penetrar em outro mundo. Note-se, por outro lado, que a importância da ambiência linguística no interior da qual nos situamos perde desde então sua importância em favor do espaço germânico. Basta, a este respeito, evocar os trabalhos de Krafft-Ebing, de Westphal, de Moll, aguardando os de Freud, Jung ou Hirschfeld, sem esquecer, em outro domínio, a obra de Sacher-Masoch, para medir a clareza deste deslocamento.

Detectamos, desde os anos de 1840, várias manifestações precursoras deste mundo novo. Os trabalhos de Kobelt consagrados à fisiologia do coito, e mais particularmente à do orgasmo, aquilo que lá atrás denominávamos "era Roubaud" relativa à frigidez e à autonomia do prazer feminino, a medicina de consultório praticada por Lallemand, fortemente marcada pela preocupação experimental, e a atenção então dedicada às pulsões da pequena infância constituem uma série de elementos desta transição. A isto se junta a retração do tema da impureza das menstruações, resultado de um conjunto de trabalhos no seio dos quais se destacam os de Brierre de Boismont e de Raciborski. As regras, tornadas ferida sagrada do útero ensanguentado, justificam doravante, aos olhos de Michelet, que as espreita com fascinação em seu *Athenaïs*, uma infatigável preocupação em relação à mulher.

Ocorre que, a partir de meados do século, profundas inovações acontecem. O livro de Benedict-Augustin Morel, publicado em 1857 e intitulado *Traité des dégénérescences physiques, intellectuelles et morales de l'espèce humaine* [Tratado das degenerescências físicas, intelectuais e morais da espécie humana], apresenta uma leitura da biologia, e também da psicologia, que imporá por longo tempo sobre as ciências humanas seu imperialismo. Não obstante o curso da ciência médica, a histeria, tanto na literatura de ficção quanto na linguagem popular, vem estigmatizar todo comportamento feminino suspeito de traduzir uma excessiva luxúria[2], o que suprime a antiga figura da ninfomania. Em 1860, o médico inglês Hutchinson propõe sua "tríade" de sintomas supostos designar o dano hereditário da sífilis. Desta forma, ele renova radicalmente o medo antigo da varíola e suscita o nascimento do trágico personagem do *heredo* [de hereditariedade], cuja impossível redenção alimenta o terror inspirado no "perigo venéreo". O essencial, nesta perspectiva, não deixa de ser a influência da psicopatologia que, esquecendo o casal, se concentra na autonomia do sujeito.

Os médicos cujos trabalhos analisamos eram fascinados pela força e pela intensidade do instinto de reprodução em vista de realizar o desejo da natureza; daí os hinos às suas manifestações anatômicas e fisiológicas; daí a exaltação do coito, objeto de todos os seus cuidados; daí seus temores em relação aos desregramentos deste instinto, aos excessos, aos abusos. Inspirados na busca permanente das relações que vinculam o físico e o moral, nas simpatias instauradas entre os órgãos e os sistemas, eles defendiam uma higiene do corpo e do espírito, um domínio da imaginação visando a uma sutil economia dos desejos e prazeres do casal.

Este edifício racha, e em seguida desmorona. Primeiramente vislumbra-se o enfraquecimento – mas não seu total desaparecimento – da noção de temperamento e da taxinomia dos seres a que ela induzia. O quadro

---

2. Cf. EDELMAN, N. *Les Métamorphoses de l'hystérique du début du XIXe siècle à la Grande Guerre.* Paris: La Découverte, 2003.

do "antifísico" (contranatural), fundado numa minuciosa observação anatômica, tende, por sua vez, a dissipar-se, assim como a diatribe que o estigmatizava. A higiene do espírito é substituída por uma atenção mais forte à fisiologia, fundada na patologização das condutas. A este respeito, o surgimento, em 1886, da *Psychopathia sexualis*, de Krafft-Ebing, constitui, como sabemos, uma data importante. Doravante a sexologia elabora e em seguida impõe sua dominação e seu catálogo de "perversões", seus procedimentos de confissão e formas de redação sobre si mesmo, bem como novas formas de seus estudos de caso.

Este trabalho se harmoniza com o peso da noção de herança genética. O congenital (ou congenial), a predisposição, a família neuropática, a temível metamorfose da tara, sempre possível, o alegado prolongamento de seus malefícios, tudo isso engendra, no final do século, uma nova noção do trágico.

A isto some-se, logicamente, a atenção aguda posta na precocidade, quer se trate da emergência do desejo sexual, dos primeiros sintomas da "inversão" ou de todas as manifestações, intercambiáveis, do defeito hereditário. O dossiê médico de cada paciente se dilata. Ele se infla doravante daquilo que diz respeito aos ascendentes, aos colaterais, às peripécias da pequena infância, aos traumatismos emocionais do sujeito, às circunstâncias de sua iniciação, às suas eventuais experiências da "perversão", aos sintomas de sua angústia etc. Ao mesmo tempo, os questionamentos específicos dos médicos com os quais nos deparamos, relativos à análise das sensações vividas ao longo dos prazeres ou dos regramentos do coito, pouco a pouco vão desaparecendo.

Entretanto, a literatura de ficção, à sua maneira, populariza o novo saber. Ela encena "a perversão", aos moldes de Goncourt ou de Mirabeau; ela expõe a lógica das transmissões do defeito hereditário, à maneira de Zola. A pornografia, que se encarrega desta aspereza, desenvolve então o mesmo catálogo.

Este casamento ou este entrelaçamento da psicologia experimental, da patologia e da ciência do sexo leva a centrar a atenção no indivíduo e a abandonar o estudo conjunto dos parceiros que formam o casal. Assim impõe-se um gênero individual que tende à readaptação, e, de certa maneira, a acentuar as exigências morais.

Não entrou em nosso propósito sequer tentar um simples esboço da história das práticas da relação carnal durante o último terço do século XIX. Apenas buscamos evocar algumas aquisições. A mais evidente diz respeito à popularização desta preocupação com a harmonia dos prazeres que realçamos. Uma plêiade de médicos lança à época no mercado uma abundante série de tratados, de manuais, de "pequenas bíblias", tendo por objetivo ordenar as relações carnais na esfera conjugal; sem dúvida eles contribuíram nesta erotização do casal, e existem muitos exemplos, alguns dos quais foram anteriormente mencionados. Desde o advento da III República, a censura foi se abrandando e os romances pornográficos do passado foram massivamente reeditados, ao passo que os perigos da leitura, notadamente feminina, não eram mais denunciados com o mesmo vigor com que foram em meados do século. Não parece, por outro lado, que o enrijecimento doutrinal manifestado em Roma e que a cruzada lançada por Mons. Pio, fortalecida pela propaganda populacional, tenham verdadeiramente desviado um grande número de cônjuges cristãos da prática do coito interrompido. A este respeito, a "era Gury" se prolonga, apesar do novo rigorismo e da intensificação do culto à virgindade.

Em resumo: não obstante as inovações assinaladas no domínio da ciência, o último terço do século ainda recebia o eco daquilo que estudamos a respeito do período precedente. Jamais devemos esquecer que a história cultural é feita, permanentemente, de sobreposições de diversos estratos e de discrepâncias temporais segundo os contextos e os indivíduos. É de fato inegável que, ao mesmo tempo, a campanha que denunciava o "perigo venéreo", sob suas formas renovadas, aumentou, e que a noção de degenerescência marcou profundamente os espíritos. Como explicar de outro modo o sucesso obtido, no final do século, pelo teatro de Brieux ou pela nova figura da venalidade sexual? Estes são apenas indícios escolhidos dentre muitos outros.

Em contrapartida, o que depende da sexologia propriamente dita permanece, por enquanto, confinado a uma esfera mais reduzida. Obviamente, a diluição das identidades de gênero que emerge no final extremo do século foi enfatizada, justificadamente, pelos historiadores e, sem dúvida, a ciência do sexo não lhe é estranha[3]. Não deixa de ser verdade que a impregnação da sociedade pelas conquistas da sexologia diz respeito ao século XX; e que esta é uma história completamente diferente da harmonia dos prazeres que foi o objeto de estudo neste livro.

---

3. Depois de Anne-Lise Maugue (*L'Identité masculine en crise au tournant du siècle*. Marseille: Rivage, 1987), uma obra mais recente explora a história da virilidade: RÉVENIN, R. (org.). *Hommes et masculinités de 1789 à nos jours – Contributions à l'histoire du genre en France*. Prefácio de A. Corbin. Paris: Autrement, 2007.

AGRADECIMENTOS

Agradeço ao Prof. Michel Delattre por sua releitura de todas as traduções latinas. Mme. Sylvie Le Dantec preparou o manuscrito deste livro; sou-lhe muito grato por isso. Sem a diligência dos especialistas da Bibliothèque de l'École de Médecine e da Bibliothèque du Saulchoir, teria sido difícil levar a cabo esta investigação, razão pela qual lhes dirijo meus sinceros agradecimentos.

ÍNDICE ONOMÁSTICO

Abramovici, J.-C. 430, 528
Acton, W. 227
Adelon, N.P. 30, 33, 35-37, 55-56, 93, 112, 246, 260
Agostinho, santo 69, 246, 253, 315-317, 328, 401
Agulhon, M. 546
Alexandrian, S. 442, 462, 508, 525, 526
Alibert, J.-L. 67, 167, 289
Ambrósio, santo 315
Ângela de Foligno 371
Aretino, P.B. 434, 441, 499
  Arnauld, A. 331
Arnold, O. 447
Aristóteles 72
Aubenas, S. 523

Baget, J.E.P., doutor 161, 163
Bailly, L. 343, 362
Ballaster, R. 536
Balzac, H. 14, 73, 453, 495, 524, 559-562, 564, 565, 567

Barailler-Laplante, P. 176, 177
Barras, V. 138, 194
Barthes, R. 464, 570
Barthez, P.-J. 251
Baslez, M.-F. 314
Baudelaire, C. 569
Bayard, H.L. 162, 164, 166, 167-168
Beaumont, E. 540
Bechtel, G. 358, 385
Beecher, J. 570
Bégin, L.J. 65, 96, 195, 198-199, 201-205, 208, 215, 218
Belmer, A.S. 143, 164, 209
Benabou, E.-M. 358, 450, 485, 514
Benrekassa, G. 37, 432, 437, 465
Bentham, J. 539
Béraud, B.J. 49, 88, 93-94, 98, 109
Bernos, M. 331, 332, 336, 395-397
Berthier, J.M.F. 88, 95, 121
Bichat, F.M.X. 89
Bienville, J.D.T. 109, 162

583

Billuart, C. 343, 357, 360, 376, 384
Bilon, F.M.H. 70, 87, 111
Binhammer, K. 545
Blanchet, pároco de Cours 158, 159
Boerhaave, H. 96, 190
Boissier de Sauvages, F. 152
Bonhomme, A. 75
Bonnet, M.-J. 235, 523, 531, 533
Bordeu, T. 25, 74
Borel, P. 568
Borie, J. 558
Borromeo, C. 336, 386, 398, 399, 402
Bouchard, J.-J. 462
Boudon-Millot, V. 133
Bougainville, L.A., conde 444, 447
Bouillaud, J.-B. 63
Bouley, H.-M. 83
Bourbon, A. 84, 146, 148, 204, 537
Bousquet, J. 122, 151, 153
Boutry, P. 344, 396, 415, 443
Bouvet, F. 393
Bouvier, J.-B. 339, 341, 342, 344, 346, 360-365, 367, 375-376, 382, 384, 386-387, 412, 414
Boyer d'Argens, J.B. 458, 503
Bozon, M. 570, 572
Brantôme 434, 438, 440, 441, 468, 474, 475, 481, 489-493, 499, 502, 521, 530
Brierre de Boismont, A.J.F. 24, 145, 576
Brontë, C. 535
Broussais, F. 162
Brown, P. 314
Buet, N.M. 197, 202, 210, 213
Buffon (G.-L. Leclerc) 23, 24, 32, 37, 39, 42, 47, 82, 100, 103, 158, 177, 246
Burdach, K.-F. 20, 32-34, 38, 42, 43, 54, 76, 79, 82, 89-90, 96, 98, 102-103, 105, 109, 116, 119, 123, 189, 191, 261
Bussy-Rabutin (R. de Rabutin, conde de Bussy) 434

Cabanis P.J.G. 22, 24, 26, 27, 29, 47, 61, 74, 78, 186, 246, 307, 560
Callard, F.M. 72, 73
Calvino, J. 322
Campbell Denlinger, E. 476
Campe, J.H. 198
Cangrain, A. 99, 119, 150, 156, 175
Capuron, J. 36, 43, 75, 129, 179, 188, 264, 281, 282, 301, 308
Carol, A. 31, 194
Carroy, J. 149
Casagrande, C. 316, 317, 391
Cassiano 317
Catarina de Sena 371, 372, 397
Chaline L.A. 301
Chambon, N.M. 57, 135, 152, 163, 197, 199, 207, 209, 265
Chaperon, S. 11
Chartier, P. 428
Chateaubriand, F.-R., visconde 393, 564
Chauffard, M.D.H. 62, 63
Chaussier, F. 246
Cheek, P. 444
Chevrier, F.-A. 506, 543
Choderlos de Laclos, P. 494
Chopart, F. 83
Chorier, N. 427, 499
Citton, Y. 540
Civiale, J. 84, 129-130, 179, 181-183, 263, 271, 283, 287, 290, 296, 303
Clark, A. 435
Cleland, J. 456, 483, 484, 527, 531
Cockburn, G. 251
Colombat de l'Isère, M. 40, 59, 73, 74, 123, 163, 164, 189, 208, 309
Coquin, J. 75
Corbin, A. 45, 138, 155, 232, 238, 450, 469, 471, 543, 549
Corneille, P. 540
Cossart, P. 558
Courby, P. 72, 95

Courouve, C. 539
Courtine, J.-J. 155, 553
Crébillon, C.P.J. 429
Crommelinck, C. 302
Cullen, W. 161
Cullerier, M.J. 242
Custine, A. 565, 566

Dance, J.-E. 108
Darnton, R. 442
Daumas, M. 323-325, 330, 333, 335
De Baecque, A. 442, 519
Debay, A. 302
Debout, S. 570
Debreyne, P.J.C. 155, 340, 341-342, 344, 346, 349, 352, 354, 356, 360-362, 364-365, 375, 376, 377, 382-390, 403, 409, 411, 412
Delon, M. 428, 433, 437, 442, 444, 451, 452, 468-470, 472, 473, 487, 488, 492, 496, 497, 500, 510, 512, 513, 523, 526
Delumeau, J. 318, 343, 346, 368, 369, 392, 393, 396
Delveau, A. 438, 489, 550, 552-553
Demarquay, cirurgião 86
Demartini, E. 563, 564
Denon, D.V. 472, 504, 516
Descourtilz, M.E. 245, 246, 251, 260, 265
Descuret, J.-B.F. 54, 109, 119, 175, 185, 308
Deslandes, L. 24-27, 49, 58, 60, 63, 71, 74, 88, 92, 95, 96, 110, 119, 127, 130-131, 134, 142, 145, 187, 195, 199, 202-206, 210-212, 214, 215, 218, 221-223, 257, 271, 278, 295-296, 298-301, 304, 307, 308
Destutt de Tracy, A.L.C., conde 64, 560
Devergie, A.M.G. 224-225
Devéria, A. 553
Dickens, C. 542
Diderot, D. 109, 429, 443, 444, 465, 479, 532, 539

Dionis, P. 95
Dompnier, B. 397, 415, 416
Donoghue, E. 536
Dorat, C.-J. 452
Doussin-Dubreuil, J.L. 126, 293, 294, 304
Drummond, W. 434, 435, 463
Dubos, J.-B., abade 445
Du Camp, M. 524, 543
Duchenne de Boulogne, G.B. 285
Duchet, M. 444
Dufieux, J.-E. 110, 155, 221, 232-234
Duprat, A. 520
Du Prat, abade 448, 449, 503, 527
Duprest-Rony, A.P. 156, 157, 158, 159, 160
Dupuigrenet-Desroussilles, F. 316, 317
Dupuis, A.I. 216
Dupuytren, G. 63, 208
Durand, J.A. 121, 126, 153, 188
Duras, duquesa 566

Edelman, N. 577
Eder, F.X. 293
Ehrard, J. 19, 539
Entrecasteaux, A.R.J.B., cavaleiro 447
Esquirol, J.-E.D. 164, 167

Fabre, A.F.H. 122, 162, 163, 189, 207
Faderman, L. 535
Farge, A. 450
Féline, pai 340, 346-349, 352, 353, 354, 357, 358, 359
Fénelon, F.S. 306
Flandrin, J.-L. 326, 342
Flaubert, G. 14, 142, 274, 280, 453, 480, 543, 568-569
Flourens, P. 63
Fodéré, J.B. (François Emmanuel) 70, 116, 179
Foucault, M. 12, 19, 48, 125, 200, 238, 249, 422, 534

Fougeret de Montbron, L.C. 453, 456, 483, 543
Fourier, C. 530, 548, 569-573
Fournier de Pescay, F. 65, 70, 82, 96, 115, 195, 198, 199, 201-205, 207-208, 210, 212, 215, 218, 241, 243
Francisco de Sales, santo 327-333, 370-374, 377, 386, 387, 398, 503
Frappier-Mazur, L. 528
Friedlander, M. 302
Frédéric, T. 60

Galeno, C. 101, 169, 190
Gall, F.J. 25, 62, 163
Ganne, L.A. 247, 252, 255, 265, 280, 281, 290, 299
Garbouj, B. 431, 437, 454, 456, 464, 465, 509, 528
Gardanne, C.P.L. 135, 154, 173, 189
Gaume J., abade 345, 367, 378, 379, 380, 395, 399-401, 404-408, 410, 412, 414, 417, 419
Gauthier, M.-V. 546, 548, 550, 551, 552
Gautier, T. 14, 563, 565, 569
Georget, É.J. 162, 163, 195
Gerson, J.C. (Jean de Gerson) 369
Gibson, R. 336, 341, 343, 396
Godard d'Aucourt, C. 443
Goncourt, E. 566
Goncourt, J. 566
Goulemot, J.-M. 162, 427, 428-434, 442, 447, 451, 457-460, 475, 486, 487, 493, 496, 504, 509, 512, 528, 544
Gousset, T. 324, 335, 343-349, 351-353, 355, 357, 359, 363, 365, 367, 368, 370, 376, 379, 381, 382, 386-388, 398-400, 404, 405, 407, 414, 421
Grassi, M.-C. 359, 559, 561
Grécourt, J.-B. (Joseph Willart de Grécourt) 438, 548
Gregório, santo 350
Groneman, C. 168
Guilbert, J.N. 132

Guillard de Servigné 495
Guillerme, A. 429
Gury, J. 313, 366, 367, 575, 579

Haguette, A. 70, 72, 89, 115, 122, 153
Haliczer, S. 393
Hallé, J.-N. 170, 195, 300
Haller, A. 35, 46-47, 59, 79, 102, 213, 220, 268, 466
Harrison, C.E. 447
Harsin, J. 543
Harvey, K. 436
Hébert, F.C.L. 115, 116, 122
Hénaff, M. 464, 528
Herpain, J. 108, 163, 164, 165
Hipócrates 25, 47, 48, 72, 90, 97, 100-101, 123, 152, 169, 190, 246-247, 277
Hoerni, B. 125
Hoffmann, F. 95, 96, 190
Hoffmann, P. 19
Houbre, G. 562
Huguier, P.C. 59, 86, 146, 189
Hunt, L. 521, 544
Hunter, J. 220
Hutchinson, J., sir 577

Inácio de Loyola, santo 415

Janin, J. 564
Jerônimo, santo 315, 350, 401
João Crisóstomo, santo 386
Jonval, J. 525
Joubert, L. 251, 252, 261, 263
Juvenal 80, 163, 435, 439, 534, 535

Kerlouégan, F. 568
Knibiehler, Y. 19
Kobelt, G.L. 56, 59, 92-94, 98-100, 108, 109, 267, 576
Krafft-Ebing, R. 576, 578
Kritzman, L.D. 464, 466

586

Labrunie, E. 28, 64, 65, 120, 125, 150, 151, 153, 189, 190
Lafon, H. 524
La Fontaine, J. 198, 435, 438, 442
Laforgue, P. 470, 563, 564, 565
Lagrée, M. 414, 416
Lallemand, C.F. 56, 62, 63, 91, 104, 116, 126, 131, 140-144, 151, 155-156, 180-182, 184, 186-187, 192, 195-198, 200-202, 205-207, 210, 216-217, 221-231, 249-250, 255-256, 258-259, 270, 295-298, 300-302, 435, 576
La Mettrie Julien, O. 496
La Morlière, J.R. 453, 472, 479, 481, 497, 524, 541
Langlois, C. 339, 340, 341, 342, 344, 346, 361-362, 395
Langlois de Longueville, S.N.P. 202, 210, 302, 304
Laqueur, T. 19, 108, 193-194, 406, 435, 457
Larousse, P. 80, 480
Lebrun, A. 437
Le Cat, C.-N. 55
Le Goff, J. 369
Leites, E. 330
Lejeune, P. 463
Lemanski, J.S.L. 161, 166
Leonardo de Porto Maurício, santo 398, 413, 415, 417, 419
Lever, M. 442, 514, 520, 537, 541
Lhomond, C.F., abade 414
Lignac, L.F. 51, 76-79, 83-87, 97, 99, 101, 106, 108, 112-118, 121, 138, 150, 169, 175, 179, 186, 190-191, 195, 236, 251-252, 261-262, 277-278, 393
Ligório, A.M., santo 313, 326, 340, 343-346, 348, 350-352, 354, 356-357, 359-360, 363, 368, 374-378, 382, 384-386, 388, 397-398, 400, 404, 408-410, 413-415, 421
Lisfranc de Saint-Martin, J. 271
Lister, A. 435, 477, 534-535

Londe, C. 63, 95, 301
Louvel, abade 337, 342, 351, 354-359, 412
Louvet de Couvray, J.-B. 438, 442
Louyer-Villermay, J.-B. 63-64, 161-163, 165, 167
Lucrécio 76, 437

Mc Laren, A. 232
Mahon, P.A.O. 72
Maine de Biran, M.F.P. (Gontier de Biran) 87
Mainil, J. 433-434, 438, 454-455, 482, 487-488, 493, 502, 509, 538
Malherbe, F. 462, 542
Marc Charles, C.H. 81, 183, 184, 247-248, 252, 254-255, 259-261, 263, 278, 282, 283, 286, 290
Marchal, V. 394
Marcus, S. 435, 535
Margarida de Navarra 399
Maria Antonieta 519, 520
Marot, C. 466
Martial 534-535
Massillon, J.-B. 306, 389, 434
Matock, J. 430
Maugue, A.-L. 580
Maur, P. 223, 252, 254
Mauriceau, F. 72
Mayer, A. 104, 137
Menuret de Chambaud, J.-J. 194-195
Menville de Ponsan, C. 13, 31, 33-36, 41, 44, 58-59, 73-74, 85, 104-105, 178, 197, 216, 235, 236, 280, 285, 310
Mérat, F.V. 126, 128, 129
Mercier, L.-S. 442
Merians, L.E. 541
Mérimée, P. 441, 566, 569
Merrick, J. 536
Michaud, S. 547
Michel, A. 560

Michelet, J. 49, 152, 189, 278, 393-395, 524, 563, 576
Miller, A.H. 299, 542
Mirabeau, H.G., conde 442, 443, 457, 461, 472, 480, 482-484, 485, 493-494, 499, 500, 505, 529, 533, 578
Mollard, C.L. 72-73
Mondat, V. 116, 137, 253, 259-260, 273-274, 276-277, 282, 284-285, 299
Monfalcon, J.-B. 125, 126, 127-129, 132, 133
Montaigne, M. 246, 260, 440-441
Montègre, A.F.G. 54, 69, 115, 121, 150, 152, 154, 176, 195, 199, 215
Moreau de la Sarthe, J.L. 20, 23, 30, 32-38, 40, 42, 49, 52-53, 57-58, 68, 72-72, 84, 97, 102-103, 111, 154, 169, 172, 175, 186, 199, 444
Morel, B.-A. 577
Morel de Rubempré, J. 65, 67-69, 83, 97, 98, 118, 121, 178, 185
Moreno Mengibar, A. 19
Moscucci, O. 299
Muchembled, R. 323
Murat, cirurgião 59
Muzerelle, D. 485

Nerciat, A. 438, 440, 442-443, 507, 508, 512, 525
Néri, P., santo 398, 406, 422
Nicole, P. 331
Norton, R. 537

Orígenes 386
Ovídio 246, 434, 440, 535
Ozanam, A. 336, 575

Parent-Duchâtelet, A. 45, 183, 199, 238, 450, 500, 550
Parny, É.D., visconde 438
Pasquier, É. 325
Paulo, santo 313, 314, 371
Pavet de Courteille, C. 296

Pepys, S. 343
Perrot, M. 546
Peter, J.-P. 23
Petit, M.-A. 214
Peyronnet, P. 539
Pidansat de Mairobert, M.F. 525, 533
Pie, monsenhor 367
Pigault-Lebrun, C.A.G. (Pigault de l'Espinoy) 7, 8, 399, 443, 453-455, 519, 521
Pinel, P. 95, 161, 214, 246
Pinot Duclos, C. 443, 445
Pion, A. 568
Piron, A. 198, 435, 444, 548
Planté, C. 565
Plantier, F.C. 122-123
Pochard, J. 368, 374-375, 379-381, 389, 395, 398, 400, 402, 403-404, 406-407, 413, 416, 420
Poitry, G. 494, 510, 529
Porret, M. 344, 442
Potrat, L. 438, 549
Praz, M. 569
Pujol, S. 444

Quesnel, F.C. 151, 153
Quétel, C. 541

Rabelais, F. 399, 427, 441
Raciborski, A. 24, 25, 27, 29, 33, 110, 145, 197, 207, 576
Ragan, B.T. 536
Raspail, F.-V. 221, 296
Renauldin, L.J. 58, 236
Rétif de la Bretonne, N.E. 425, 453, 475
Révenin, R. 580
Rey, M. 239, 536
Rey, R. 19
Richard, H. 447
Richardot, A. 446, 454, 533
Richerand, A. 51, 58, 64, 73-74, 90, 93, 96, 103, 104, 151, 170, 173, 176, 177, 211

Richter, S. 198, 466, 467
Rieder, P. 138
Riolan, pai 106
Rivers, C. 449, 550
Robion, J.A., doutor 133, 164, 166
Roche, L.C. 157, 158, 165-166
Roger, J. 19, 106
Ronsard, P. 466, 521
Rosenman, E.B. 221, 227-228
Roubaud, F. 58, 84-85, 93-95, 98, 107, 134, 136, 138, 140, 145, 148-149, 151, 172-173, 181, 196, 207, 209, 212, 217, 224-226, 231, 238, 242, 245, 248, 250-255, 258-270, 272, 276-277, 281-290, 292, 309, 366, 562, 572, 576
Rousseau, J.-J. 22, 25, 66, 200, 293, 307, 434-435, 451, 463, 470, 472, 480, 535
Roussel, P. 21-22, 24-25, 27, 30-32, 36, 39, 40, 43, 54, 65-66, 89, 104-105, 107, 111, 178
Rousselle, A. 314
Rousselot, abade 344
Rozier, doutor 134, 199, 203, 204, 210, 211, 213, 214, 218, 292, 295, 300, 301-307,
Rullier P. 55, 56, 61, 62, 74, 78, 80, 122, 210, 211, 280, 283, 303

Sade, D.A.F. 399, 431, 437, 442-443, 445, 450-451, 470-471, 473, 481, 485, 493, 494, 506, 509, 510-513, 519, 527, 528-530, 538, 558, 564, 572, 573
Saint-Amand, P. 533
Sainte-Marie, É. 195, 220, 278, 283
Saint-Simon, L., duque 537
Samindayar-Perrin, C. 520
Sanchez, T., pai 326, 350, 352, 354, 355, 359-360, 363
Sand, G. 565, 568
Sanson, L.J. 157, 158, 165, 166
Sardet, F. 138, 139
Sarlandière, doutor 282

Schlumbohm, J. 146
Sélignac, A. 84, 86, 133, 134, 142, 187, 189, 280
Sénac de Meilhan, G. 462
Simon, G.T.R., doutor 119, 295
Singy, P. 194
Sorel, C. 427, 438, 442, 453, 462
Soto, D. 322
Stahl, G.E. 22
Stendhal, H.B. 435, 443, 477, 523, 543, 566, 568
Stengers, J. 295, 296, 299, 301, 302, 342, 406
Stevenson, D. 435, 462, 463
Stolberg, M. 194
Suetônio 440
Suleiman, S.R. 464

Tallemant des Réaux, G. 11, 399, 438, 462, 537, 542, 543
Tarczylo, T. 194, 437, 445, 458, 460, 461, 542
Tardieu, A. 239
Tauvry, D. 219
Tcherkezoff, S. 446
Tissot, S.A.D. 78, 83, 95, 152, 154, 190, 194, 195, 199, 218, 219, 259, 295, 303
Tomás de Aquino 318, 350
Trousseau, A. 99, 119, 120, 136, 197, 221-224, 226, 275-277, 282, 286
Trousson, R. 436, 443, 451, 478, 479, 488, 495
Trumbach, R. 537, 545
Turner, J.G. 454

Valentin, abade 346, 373, 375-376, 378, 381, 384, 387, 399, 400, 403, 405, 409-410, 413, 414-417, 419-422, 524
Van der Meer, T. 537
Vaneigem, R. 570
Van Neck, A. 295, 296, 299, 301, 302, 406
Van Swieten, G. 190

Vasquez Garcia, F. 19
Vecchio, S. 316, 317, 391
Velpeau, A. 138
Venette, N. 76, 77
Vianney, J.M. (Cura d'Ars) 344, 393, 417
Viau, T. 438
Vicente de Paulo, santo 306, 415
Vigarello, G. 155, 385, 553, 555
Villeneuve, doutor 91
Villette, marquês 538
Vio, T. (Cajetan) 322
Virey, J.J. 20, 28, 33, 42, 52, 57, 67, 69, 76, 78, 80, 87, 89, 105, 107, 175, 178, 179, 185, 207, 235, 241, 246, 247, 251, 253, 255, 257, 259, 260, 278, 290, 439, 444
Voisenon, C.-H.F. 548
Volney, C.F., conde 179
Voltaire, F.M.A. 491
Voyer d'Argenson, A.-R. (Marquês de Paulmy) 485

Wahl, E.S. 536
Walch, A. 323, 324, 325, 331, 333, 334, 335, 336, 340
Wald, L.P. 473, 485
Wenger, A. 435
Wichmann, E. 90, 141, 195, 220, 221, 279, 283
Willis, T. 63
Winckelmann, J.J. 469, 470

Conecte-se conosco:

 facebook.com/editoravozes

 @editoravozes

 @editora_vozes

 youtube.com/editoravozes

 +55 24 2233-9033

www.vozes.com.br

Conheça nossas lojas:

www.livrariavozes.com.br

Belo Horizonte – Brasília – Campinas – Cuiabá – Curitiba
Fortaleza – Juiz de Fora – Petrópolis – Recife – São Paulo

  Vozes de Bolso

EDITORA VOZES LTDA.
Rua Frei Luís, 100 – Centro – Cep 25689-900 – Petrópolis, RJ
Tel.: (24) 2233-9000 – E-mail: vendas@vozes.com.br